Von Hardy Krüger sind als
BASTEI LÜBBE TASCHENBÜCHER lieferbar:

14434   Wanderjahre
15071   Eine Farm in Afrika/Wer stehend stirbt, lebt länger
60377   Weltenbummler, Bd. 1
60433   Weltenbummler, Bd. 2
61533   Szenen eines Clowns

Über den Autor:

Hardy Krüger, geboren 1928 in Berlin, lebt mit seiner Frau Anita in
Hamburg und in den kalifornischen Bergen. Nach einer Karriere auf
deutschen Bühnen und im deutschen Film gelang ihm ein Aufsehen
erregender Erfolg mit dem englischen Film *Einer kam durch* (1956).
Seither spielte er in zahlreichen internationalen Produktionen.
Wesentliche Jahre seines Lebens verbrachte Hardy Krüger auf der
Farm Momella am Kilimandscharo. Die ARD sendete 35 Folgen seiner
filmischen Erzählungen *Weltenbummler*. Hardy Krüger hat zahlreiche
Bücher geschrieben.

HARDY KRÜGER
JUNGE UNRAST

ROMAN

BASTEI LÜBBE TASCHENBUCH
Band 15070

1. Auflage: Dezember 2003
2. Auflage: November 2006

Vollständige Taschenbuchausgabe

Bastei Lübbe Taschenbücher
in der Verlagsgruppe Lübbe

Neuauflage
© 2003 by Verlagsgruppe Lübbe GmbH & Co. KG,
Bergisch Gladbach
Einbandgestaltung: Tanja Østlyngen
Titelillustration: Archiv Hardy Krüger
Satz: hanseatenSatz-bremen, Bremen
Druck und Verarbeitung: Ebner & Spiegel, Ulm
Printed in Germany
ISBN-13: 978-3-404-15070-0 (ab 01.01.2007)
ISBN-10: 3-404-15070-8

Sie finden uns im Internet unter
www.luebbe.de

Der Preis dieses Bandes versteht sich einschließlich
der gesetzlichen Mehrwertsteuer.

*DIESES BUCH IST
ANITA KRÜGER
GEWIDMET*

1.

MÄDCHEN UND EISENBAHNER
Oktober 1899

Sie lief den Feldweg entlang zum Bahnhof und spürte, wie sich der harte Boden in ihre nackten Fußsohlen brennen wollte, und sie machte große Sprünge, um möglichst bald bei dem Zug zu sein. Bei jedem Sprung sprangen auch die dunkelblonden Zöpfe und die schweren Brüste des Mädchens, und sie griff mit beiden Händen nach ihren Brüsten, um sie im Laufen festzuhalten.

Es war ein ungewöhnlich heißer Herbst. Über den abgeernteten Weizenfeldern flimmerte die Luft. Weiter hinten im Tal lag das Dorf Wrexen. Zehn oder zwölf Dächer scharten sich um eine Kirche. Der Kirchturm hatte ein flaches Dach und vier Zinnen. Hinter dem Bahnhofsgebäude begann der Buchenwald. Seine Blätter malten Flammen in den wolkenlosen Himmel.

Der Zug war ein Güterzug. Niemand kümmerte sich um ihn. Er hielt nur kurz in Wrexen an, um Wasser aufzunehmen. Das Mädchen lief über den menschenleeren, staubigen Bahnsteig und stellte sich im Schatten des Lagerhauses unter. Vom Führerstand der Lokomotive kam Männerlachen. »Recht haste, Meeken, halt die Dingerchen nur fest, damit sie dir nicht auf und davon machen!« Die Stimme war jung. Hell und kehlig. Verwirrt nahm das Mädchen ihre Hände von den Brüsten. Ihre Handflächen waren nass. Sie rieb sie am Leinenkleid trocken.

Der Lacher trat aus dem Dunkel des Führerstandes.

Breitbeinig stellte er sich auf die Tenderbrücke. Er hatte semmelblondes Haar. In der Sonne leuchtete es silbrig. Der gehört noch nicht auf eine Lokomotive, dachte das Mädchen. Viel zu klein. Und ein Gesicht wie 'n Gymnasiast. Einer von denen aus der Stadt. Die kommen in den Ferien hierher und haben nichts als dummes Zeug im Kopf.

»Komm da runter«, rief sie.

Die Lokomotive ließ Dampf ab. Der Fremde legte die Hand ans Ohr.

»Komm runter«, rief das Mädchen. »Wenn dich der Gendarm erwischt, sperrt er dich ein!«

»Warum?«, brüllte der Fremde über das Schnaufen der Lokomotive hinweg.

»Kannst du nicht lesen?«, rief das Mädchen. »Das Betreten der Gleisanlagen ist bei Strafe untersagt!«

Der Semmelblonde sprang von der Brücke. Dann machte er einen Handstand und kam, Beine kerzengerade in die Luft gestreckt, auf den Händen laufend, zu dem Mädchen bei der Bretterwand.

»Der Gendarm kann mich nicht einsperren«, sagte er. »Ich hab die Gleisanlagen nicht betreten – ich habe sie behändet.« Er beugte die Arme, wurde rot im Gesicht, schnellte sich hoch, flog durch die Luft und landete auf den Füßen.

»Gemicke«, sagte das Mädchen.

»Hocherfreut, Sie kennen zu lernen, Fräulein Gemicke.« Der Fremde gab ihr seine Hand. »Mein Name ist Lehmann. August Lehmann.«

Das Mädchen prustete. »Ich heiße nicht Gemicke, und du brauchst dich nicht so zu haben.«

»Du bist ein wirklich hübsches Ding«, sagte der Fremde.

»Ich heiße nicht Gemicke«, sagte das Mädchen. »Kennst du das Wort Gemicke nicht?«

Der Fremde schüttelte den Kopf.

»Alle im Dorf sagen Gemicke«, erklärte das Mädchen. »Der Pastor hat uns verboten, ›ach du mein Gott‹ zu sagen oder ›Herrgott nochmal‹, und da sagen wir eben ›Gemicke‹. Es bedeutet dasselbe.«

»Ihr scheint lustige Leute zu sein in eurem Dorf«, sagte der Fremde. »Wie heißt du wirklich?«

»So wie du«, sagte das Mädchen.

Der Semmelblonde sah sie fragend an.

»Die Leute rufen mich Auguste.«

Der Fremde lachte sein kehliges Lachen und klatschte in die Hände und sprang im Kreis herum. »August und Auguste«, rief er.

»Hör auf«, sagte das Mädchen. »Es staubt, wenn du so rumhüpfst.«

Die Lokomotive fauchte zweimal und stieß zwei weiß gewaschene Wolken in den heißen Himmel.

»Ich werde dich Gemicke nennen«, sagte der Fremde. Schweiß lief dem Mädchen an der Nase entlang. Sie wischte das Rinnsal mit dem Handrücken weg. »Du bist ein hübsches Ding«, sagte der Fremde. »Rundes Gesicht, lustige Augen. Lippen, wie gemacht zum Küssen.«

»So was sagt man nicht«, murmelte das Mädchen.

»Stämmige Beine«, sagte der Fremde, »ein praller Hintern. Ein herrlicher Titt.«

Das Mädchen wurde rot. »Wenn das der Pastor hört ...«

Der Fremde legte seine Hand um ihre Hüfte. »Ich will, dass du mir gut bist, Gemicke.«

Das Mädchen schüttelte den Kopf. »Hei-Ho!«, rief eine Männerstimme vom Rangierschuppen her. »Wasser ist aufgenommen.«

Der Semmelblonde ließ das Mädchen frei. Er zog eine goldene Uhr aus der Westentasche und ließ den Deckel aufspringen. »Leg Kohle nach, Wenders«, rief er zum Schuppen hin.

Ein kräftiger Kerl kam hinter dem Schuppen hervor. »Zu Befehl, Herr Lokführer«, rief er. Dann kletterte er auf die Maschine.

»Gemicke«, sagte das Mädchen. »Ich habe Sie für einen Gymnasiasten gehalten.«

Der kleine Mann lachte. Dem Mädchen gefiel sein Lachen.

»Soll ich dir mal erzählen, was mir neulich passiert ist? In Kassel? Auf dem Verschiebebahnhof? Ich halte beim Stellwerk und seh so aus dem Fenster, da kommt der Rangiermeister angeschnauft und brüllt: ›Kommst du da sofort runter, du Lausejunge!‹ ›Nee‹, sage ich, und da schreit der Kerl: ›Dir Rotznase werde ich Beine machen!‹, und er will die Leiter zur Lok rauf. Na ja, ich nicht faul, lehne mich raus und sage: ›Das Betreten der Lokomotive ist nur mit Genehmigung des Lokführers gestattet.‹ Gemicke, das war äußerst blamabel für den Mann. Der hat sich 'n Knoten in die Zunge geredet, von wegen noch nass hinter den Ohren und nich mal 'n Bart unter der Nase, aber schon Lokführer, und ich sage zu ihm: ›Mein guter Mann‹, sage ich so leger und doch leicht, ›Seiner Majestät bin ich nicht zu jung gewesen, am Sedanstag den Kaiserzug zu fahren!‹«

»Sie flunkern«, sagte das Mädchen.

»Auf Ehre!«, rief der Fremde. »Ich habe den Zug gefahren, und der Adjutant des Kaisers hat mir ein Dankschreiben geschickt. Willst du wissen, warum?«

»Ja, bitte.« Ihr Mund stand offen.

»Es ist mir gelungen, den Zug auf den Zoll genau zum Stehen zu bringen. Verstehst du?«

»Nein.« Sie hatte volle Lippen und kleine, spitze Zähne.

»Die Schwierigkeit ist der rote Teppich auf dem Bahnsteig«, erklärte August Lehmann. »Die Honoratioren von Kassel versammeln sich bei dem Teppich, um Seine Majestät zu empfangen. Nun kommt es darauf an, den Zug auf den Zoll genau da zum Stehen zu bringen, wo der rote Teppich liegt. Die Tür des Salonwagens muss sich direkt über dem roten Teppich öffnen lassen. Keinen Deut davor und keinen danach, verstehst du? Stell dir die Blamage vor, wenn der Kaiser aussteigen will, in großer Gala, mit Federhelm und Säbel und-was-weiß-ich, und der Teppich liegt zwei Meter zu weit links! Was macht Seine Majestät in solch einer blamablen Lage? Nimmt den Helm ab? Was? Greift den Säbel? Wie? Macht einen gewaltigen Satz nach links vom Abteil zum Teppich? Oho! Und die Menschenmasse jubelt ›Dunnerlüttich! Noch einmal!‹ Kannst du dir das vorstellen?«

»Nein«, sagte das Mädchen.

»Eben.« Der Eisenbahner zog die Kleine an sich.

»Wie stark Sie sind.«

August Lehmann grinste. »Überall, Meeken, überall.« Er sah zur Bahnhofsuhr. »In drei Minuten springt das Signal auf Freie Fahrt. Gemicke, die Pflicht ruft.«

Sie hüpfte neben ihm her auf dem Weg zur Lokomotive.

»Was macht ein junges Ding wie du mutterseelenallein sonntags auf dem Bahnhof?«, wollte er wissen.

Sie hob die Schultern. »Ich seh so gern den Zügen zu. Und lese, was dransteht, wo sie herkommen und wohin sie fahren.«

Bei der Lokomotive hörte sie mit ihrem Hüpfen auf. »Ich bin erst zweimal aus Wrexen fortgekommen. Einmal nach Korbach zum Rossmarkt mit dem Bauern. Und letztes Jahr mit meinem Vater zum Schützenfest in Arolsen.«

»Wenders«, rief der Fremde, »fassen Sie mal mit an.«

Der Heizer kam auf die Tenderbrücke. »Zu Befehl.«

August Lehmann hob das Dorfmädchen hoch in die Luft, und der Heizer zog sie zu sich hinauf.

»Gemicke, ich fahr dich jetzt nach Scherfede«, sagte der Lokführer. »Zurück musst du allerdings per pedes.«

»Freie Fahrt«, rief der Heizer.

»Na, denn man los ins volle Menschenleben«, brüllte August Lehmann. »Wenders, Sie übernehmen den Zug. Ich übernehme die junge Dame hier.«

Die Maschine schnaufte und stöhnte und wollte voran, aber die Waggons hielten sie kreischend fest. Puffer stießen zusammen, Kupplungen zerrten aneinander, und der Eisenboden bebte unter den nackten Füßen des Mädchens.

August Lehmann setzte sich auf den Klappsitz und zog die Kleine auf seinen Schoß. »Gemicke, wenn du was Hartes spüren solltest, denk nicht, es sei mein Taschenmesser.«

Der Zug rollte an den Schuppen entlang und wurde allmählich schneller.

Das Mädchen musste ihre Handflächen trockenreiben. Abgemähte Wiesen zogen eilig vorüber, Stoppelfelder, fleckige Kühe, ein paar alte Eichen, und urplötzlich sprang der Fluss am Bahndamm hoch. Das Mädchen stieß einen gellenden Schrei aus. »Ich sah uns schon ins Wasser stürzen.«

Die Hand des Fremden hob ihren langen Rock hoch und schob sich sachte nach oben, tätschelte die Knie, wollte zwischen ihre Schenkel. Die Lokomotive fauchte und schwankte von einer Seite zur anderen, und das Mädchen wehrte sich nicht mehr und keuchte leise, und dann brüllte der Heizer: »Wir laufen in Scherfede ein.«

Die Hand ließ von ihr ab. »Bück dich, Gemicke, dass der Stationsvorsteher dich nicht ins Visier bekommt.«

Die Kleine hockte sich auf den heißen Eisenboden, und dann hielt der Zug unter lautem Kreischen, und der Lokführer brachte sie über die Schienen auf die Straße zum Lagerschuppen.

»Morgen Abend, Schlag sieben Uhr zwölf, laufe ich wieder in Wrexen ein. Diesmal aus Richtung Kassel.« Er gab ihr Geld. »Bring mir einen Kanten Brot zum Bahnhof, Wurst und Käse, und eine Flasche helles Bier.«

Das Mädchen nickte noch einmal. Sie zeigte strahlend ihre spitzen Zähne. Dann lief sie die Straße entlang. Bei den letzten Häusern drehte sie sich um. Sie konnte nur noch zwei, drei Waggons des langen Zuges sehen.

Am nächsten Abend war sie viel zu früh am Bahnhof. Zwölf Minuten nach sieben lief der Güterzug in Wrexen ein und schob sich auf das Abstellgleis. Der Mann sprang von der Lok. »Meeken, dass du da bist!« Er zog sie an sich und presste seine Lippen auf ihren Mund. »Gemicke, du hast einen prachtvollen Titt, aber vom Küssen nicht den blassen Schimmer.«

Sie wollte davonlaufen, aber er hielt sie fest und lachte sein kehliges Lachen. Später saßen sie auf den Schienen im Schatten der Lokomotive. Er aß die Mettwurstbrote, die sie ihm geschmiert hatte, und wollte sie aus seiner Flasche trinken lassen, aber sie schüttelte den Kopf.

»So ein Eisenbahner kommt ganz schön in der Welt herum«, sagte sie, »oder?«

»Und ob«, kaute er, »Meschede. Brilon. Warburg. Kassel.«

Es wurde dunkel, und sie fragte, wann er weiter müsse.

»Morgen früh, fünf Uhr einunddreißig.« Er kaute seine Stullen und wollte wissen, wie der Fluss da drüben hieße. »Das ist die Diemel«, sagte sie. »Mein kleiner Bruder ist darin ertrunken. Erst nach drei Tagen haben sie ihn gefunden. Er hing da unten im Wehr.«

Der letzte Zug war abgefahren. Im Bahnhofsgebäude gingen die Lichter aus. Der Heizer kam über die Gleise und bat um Erlaubnis, sich niederlegen zu dürfen. Der Lokführer schickte ihn davon.

»Lange kann ich nicht mehr bleiben«, sagte das Mädchen. »Würden Sie noch einmal für mich auf den Händen laufen?«

»Gemicke«, rief er, »für dich mach ich alles.« Dann lief er auf den Händen über den Schotter.

Das Mädchen lachte hell. »Waren Sie mal beim Zirkus?«

Er schnellte sich wieder auf die Füße und schenkte ihr noch einen Salto rückwärts als Zugabe. »So was lernt man auf der Feste Rastatt bei den Füsilieren. Und im Turnerbund.«

Als sie nach Hause wollte, sagte er: »Ich werde die Rettungsmedaille am Band bekommen.«

Gemicke sperrte den Mund auf.

Er nickte. »Der Einsatz liegt schon gut drei Monate zurück. Ein Kollege von mir und sein Heizer hatten sich an Fisch vergiftet. Sie verloren die Besinnung. Auf der Lok! In voller Fahrt! Meeken, stell dir das mal vor: Da liegen die beiden besinnungslos auf dem Boden des Führerstandes, und der Eilzug Kassel-Paderborn rast herrenlos durch den Bahnhof von Obervellmar, und die Leute wollen aussteigen und können nicht und schreien: ›Halt! Anhalten!‹ Aber nichts da, es kommt Hofgeismar, und die Menschen hängen aus den Abteilfenstern und brüllen: ›Hilfe! So haltet den Zug doch an!‹ Aber es ist keiner da, der den Zug anhalten kann.«

»Gemicke!«, rief das Mädchen. »O Gott! Und dann?«

»Ich bin in Warburg beim Rangieren, da kommt der Bahnhofsvorsteher angerannt und sagt, es wird alles am Prellbock ein schlimmes Ende nehmen. Mir nichts, dir nichts hänge ich meine Wagen ab und fahre dem rasenden Zug entgegen. Kurz vor Obermeiser sehe ich ihn um die Kurve kommen. Ich bremse und gebe Volldampf rückwärts. Wie eine Kanonenkugel kommt der Eilzug dahergerast. Mein Heizer hat sich in die Hosen geschissen.«

»Und dann?«

Er zuckte die Schultern. »Ich habe den Eilzug bei mir auflaufen lassen. Himmel und Hölle, hat das gekracht! Meine Lok wollte wohl aus den Schienen springen. Meeken, Meeken, das war was! Ich hab gebremst und gebremst, aber ich hab bis Beverungen gebraucht, bevor ich den Zug endlich zu stehen hatte.«

»Den Orden würd ich gern mal sehen.«

Er nickte. »Ich werde ihn dir schenken.« Sein helles Haar leuchtete in der Nacht. Am letzten Güterwagen hing ein Bremserhäuschen.

»Bisschen eng«, sagte er, »aber wir sind ja Gott sei Dank nicht groß geraten.«

Er setzte sie auf das schmale Brett und hockte sich vor sie hin und schob ihren Rock hoch und zog an den Bändern ihrer Unterhose, und sie spürte wieder die Hand zwischen ihren Schenkeln, und sie wollte schreien, aber er presste seinen Mund auf ihre Lippen, und da öffnete sie ihre Beine für seine Hand.

»Gemicke«, sagte er, »du hast eine herrliche Futt! So eng. Ich werde kaum hineinkommen.«

»Bitte«, sagte sie leise. »Bitte nicht.«

»Meeken«, sagte er, »da hilft nun gar nichts mehr. Naturgesetz. Ich reiche dir den Degen. Und du schenkst mir dein Futteral.«

Im Bremserhäuschen hingen eine Uhr und der Reichsbahnkalender.

Es war der 3. Oktober 1899.

Es war die letzte Stunde jenes Tages.

Es war der Tag, an dem mein Großvater meiner Großmutter ein Kind machte.

DIE TOCHTER
August 1914

Die Jungens hockten in der Krone des Kastanienbaumes
auf dem Friedhof. Der Baum war alt und wuchtig und vollkommen zugewachsen. Niemand konnte die drei auf den
Ästen hocken sehen.

Guste stand unter dem Baum und rief: »Wo seid ihr?«

»Ganz oben. Komm rauf. Wir rauchen«, sagte der eine.

»Lass die bloß unten«, sagte der andere, »wir brauchen
hier keine Meekens.«

»Guste is kein richtiges Meeken. Die is 'n Freund.«

Guste legte ihre Schulbücher neben die Ranzen der Jungen in den Rasen, hockte sich hin und zog Schuhe und
Strümpfe aus. Dann raffte sie ihre Röcke hoch und hielt
den Saum mit den Zähnen fest und schwang sich auf den
ersten Ast.

»Dunnerlüttich«, sagte der eine.

»Fabelhafte Unterhosen. Weiß mit roten Bändern an
den Knien«, sagte der andere.

»Idiot«, sagte der dritte. Er rauchte einen Stumpen.
»Willste einen Zug machen?«, fragte er das Mädchen. Guste schüttelte den Kopf. Ihre dicken blonden Zöpfe schlugen dem Raucher ins Gesicht. »Ich finde es schrecklich,
wenn Frauen rauchen.«

Der Junge auf dem Ast über ihr sagte, er hieße Ewald
und der andere ganz oben in der Krone sei der Franz, und

dann wollte er wissen, wie alt sie sei. »Vierzehn«, sagte Guste, »und du?«

»Fuffzehn«, sagte er. »Wär ich nur drei Jahr älter, ich tät mich freiwillig melden.«

»Alle sprechen nur vom Krieg«, sagte Guste. »Auch in der Schule nichts anderes. Selbst im Rechenunterricht nur Krieg, Krieg, Krieg.«

»Ich würde nicht freiwillig ins Feld ziehn«, sagte der Raucher. »Bloß, weil der österreichische Thronfolger von einem Serben ermordet wird, muss ganz Europa in den Krieg?«

»Klar«, sagte Ewald.

»Seh ich nicht ein. Die Österreicher haben den Serben ein unannehmbares Ultimatum gestellt. Mein Vater sagt, die Österreicher fangen den Krieg mit Serbien nur an, weil sie uns Deutsche als Verbündete haben. Und jetzt müssen wir bluten.«

»Dein Vater ist Sozialdemokrat«, sagte Ewald. »Sozialisten sind nur halbe Deutsche.«

Gustes Freund nahm die Zigarre aus den Zähnen. »Wenn du das nochmal sagst, prügle ich dich windelweich.«

Das Mädchen strich dem Jungen über die Haare. »Sei friedlich. Wir sind jetzt im Krieg. Alle müssen zusammenhalten. Der Kaiser hat es selbst gesagt. Wir haben es vorhin in der Schule gelernt.«

»Was hat der Kaiser gesagt?«

»Er verzeiht allen Deutschen, die ihn bisher angefeindet haben. Vom Balkon in seinem Schloss in Berlin hat er gesprochen. Er hat gesagt, er kenne keine Parteien mehr, er kenne nur noch Deutsche, und wir müssten jetzt alle wie Brüder zusammenstehen, damit Gott uns zum Sieg verhelfen kann.«

»Der Kaiser kann mich am Arsch lecken«, sagte der Raucher.

»Hör auf, Wilfried«, rief Guste. »Du solltest dich was schämen!«

»Die Russen haben gegen uns mobilgemacht«, sagte Ewald. »Eine Generalmobilmachung ist 'ne Kriegserklärung. Drei Tage später haben die Franzosen mobilgemacht. Sie möchten uns bedrohen, im Westen und im Osten. Unsere Feinde fallen über uns her. Dass du das nicht einseh'n tust!«

»Unsinn«, sagte Wilfried. »Wir sind über Belgien hergefallen. Oder sind wir etwa nicht in Belgien einmarschiert?«

»Das hat sein müssen!«, rief Ewald. Er kramte einen Zeitungsartikel aus der Hosentasche. »Hier is 'ne Rede von Reichskanzler Bethmann Hollweg. Das war neulich. Vor dem Reichstag.«

Wilfried zog an seinem schwarzen Stumpen, holte den Rauch tief in seine Lungen und hustete kräftig.

Ewald las aus dem Artikel vor: »Sollten wir weiterhin warten, bis etwa die Mächte, zwischen denen wir eingekeilt sind, den Zeitpunkt zum Losschlagen wählten? Dieser Gefahr Deutschland auszusetzen wäre ein Verbrechen gewesen. Unsere Truppen haben Luxemburg besetzt und belgisches Gebiet. Das widerspricht den Geboten des Völkerrechts. Das Unrecht, das wir damit tun, werden wir wieder gutmachen, sobald unser militärisches Ziel erreicht ist. Wer so bedroht ist wie wir und um sein Höchstes kämpft, der darf nur daran denken, wie er sich durchhaut.«

»Siehst du, er gibt es zu!«, rief Wilfried. »Der Reichskanzler ist ein Versager. Und der Kaiser weiß nicht, was er will.«

»Hört jetzt endlich auf mit eurer Politik«, schimpfte Guste. »Es ist schließlich Krieg. Wir sollten zum Bahnhof gehen und den Soldaten zuwinken, wenn sie an die Front fahren.«

»Gute Idee«, rief Ewald. »Wie wär's, wenn wir ihnen Blumen in die Gewehrläufe stecken würden?«

»Wo willste Blumen herkriegen?«, fragte der Junge, der ganz oben in der Baumkrone saß und bisher geschwiegen hatte.

Das Mädchen deutete auf die Gräber unter dem Baum. »Blumen in Hülle und Fülle.«

Sie schwangen sich von Ast zu Ast und ließen sich in den Rasen fallen. Ein alter Mann saß auf einer Bank neben einem Grab. Er hatte die Hände gefaltet und die Augen geschlossen.

Aus der Stadt schallte Marschmusik herüber.

Sie schleppten Schulbücher und Blumen den weiten Weg von Rothenditmold bis zum Hauptbahnhof. »Wo hast du den Namen Guste her?«, wollte Ewald wissen.

Das Mädchen lachte. »Meine Eltern heißen August und Auguste. Als ich geboren wurde, sagte meine Mutter: ›Dass du mir ja nicht das Kind Auguste nennst!‹ ›Wie denn?‹, fragte mein Vater, und meine Mutter sagte: ›Victoria.‹ ›Wunderbar!‹, soll mein Vater gerufen haben. ›Wir taufen das Kind nach der Gemahlin Seiner Kaiserlichen Majestät: Auguste Victoria!‹ Auf dem Weg zum Pfarramt hat mein Vater einen Eisenbahner-Kollegen getroffen, und die beiden sind im nächsten Wirtshaus eingekehrt, um August Lehmanns Tochter zu begießen. Was soll ich euch sagen? Vor dem Standesbeamten hat mein Vater nur noch lallen können. Und den Namen hatte er vergessen. Er hat sich am Kopf gekratzt und gekratzt, aber auf Victoria ist er nicht gekommen. ›Ach was‹, hat er dann gelallt, ›schreiben Sie Auguste.‹ Aber er soll einen fürchterlichen Schluckauf gehabt haben, und die Silbe ›Au‹ hat er verschluckt, und da hat der Standesbeamte nur ›Guste‹ ins Taufregister geschrieben.«

Wilfried fielen vor Lachen Schulbücher und ein paar Blumen aus der Hand, und Ewald sagte: »Guste kann gut erzählen.« Wilfried hob seine Sachen auf. »Guste ist einmalig.« Er wurde rot dabei.

Vor dem Bahnhof drängten sich die Menschen, und Truppen zogen in langen Kolonnen vom Königsplatz herüber. Eine Militärkapelle spielte den *Preußischen Füsiliermarsch*. Aus allen Fenstern hingen schwarzweißrote Fahnen. Die Balkons der roten Backsteinhäuser waren voll gepfropft mit Menschen. Frauen warfen den Soldaten Kusshände zu. Die Männer in den grauen Uniformen winkten zurück. Schulbuben schlugen Rad am Straßenrand. Junge Männer in Strohhüten marschierten mit den Bataillonen und riefen im Chor: »Wir haben uns gemeldet! Wir rücken euch bald nach!« Pferdehufe ließen Funken sprühen auf dem Kopfsteinpflaster, und das Stampfen Tausender von Stiefeln wurde zum Gewittergrollen. An einer Kanone hing ein Spruchband BEKANNTMACHUNG! DIE PARZELLIERUNG FRANKREICHS BEGINNT MORGEN FRÜH 8 UHR!

»Oh, mein Gott«, murmelte Wilfried, »die reinste Kirmes.«

»Ich tät mir kaum was Schöneres wünschen«, rief Ewald. »Die Deutschen sind geeint. Da gibt es jetzt kein Fragen mehr.«

Die Soldaten strahlten unter ihren stoffbezogenen Helmen. Einer von ihnen rief der Menge zu: »Denkt an uns!«

»Ja! Ja! Ja!«, schrien die Menschen zurück, und eine Frau holte sich einen Soldaten aus der Reihe und knutschte ihn ab.

Der dicke Franz warf die Friedhofsblumen in die Luft.

Sie regneten auf eine Kanone und blieben dort liegen. Guste lief neben einem Reiter her und hielt ihm eine Chrysantheme hin. Der Mann bückte sich und hob das Mädchen zu sich in den Sattel. Er stank nach Pferdekot und Leder und nach Schnaps. Die Bluse des Mädchens war aufgesprungen, und der Reiter griff in ihr Mieder. Die Frauen am Straßenrand kreischten. Guste saß wie erstarrt. Die eklige Männerhand kniff hart in ihre Brustwarzen. »Diss iss ja noch 'ne Baustelle für eine Weiberbrust.« Das Mädchen wollte dem Kerl das Gesicht zerkratzen. Wilfried griff dem Pferd ins Zaumzeug und schrie: »Lass das Mädchen los, du Schwein!« Der Reiter trat nach ihm und ließ Guste aus dem Sattel fallen. Die Menge am Rand der Straße grölte vor Begeisterung. Wilfried sagte: »Komm, ich bringe dich nach Hause.«

Schweigend liefen sie nebeneinander her. Franz kam ihnen nachgerannt. »Deine Schulbücher«, sagte er. Guste sah nicht auf. »Danke.«

An der nächsten Straßenecke blieb Wilfried stehen. »Du hast doch Französisch in der Schule, oder?« Guste nickte.

»*C'est la guerre*«, sagte Wilfried.

Guste lachte. Endlich kamen ihr die Tränen.

DER SOLDAT
Dezember 1917

Ein Wolkenschleier aus kaltem Grau machte das bisschen Sonne tot. Schienen in Dreierreihen streckten ihre breiten Finger zum Hauptbahnhof von Kassel hin. Bei der Böschung über den Schienen begann das Tannenwäldchen. Es waren nur ein paar kümmerliche Bäume, aber die Leute nannten es das Tannenwäldchen. Schnee hatte sich an den Tannen festgefroren. Auf dem Eis des kleinen Teiches liefen vermummte Kinder Schlittschuh.

Ein Mann ging neben Guste her. Er war gut zwei Köpfe größer als das Mädchen. Sein Säbel schleppte im Schnee. Das linke Bein zog er etwas nach. Er blieb stehen und sah sich um. »Spuren im Schnee. Sie verraten viel über uns. Kleine Abdrücke zarten Schuhwerks sehr nah neben den Spuren eines hinkenden Krüppels mit schleppendem Säbel.«

»Das ist aber auch alles, was es über uns zu erzählen gibt«, sagte Guste.

»Es muss mein guter Stern gewesen sein, der mich auf Ihr Amt geschickt hat.«

Das Mädchen hängte sich bei ihm ein. Die Kälte hatte sich in ihre Hände gebissen. Ihre Fingerspitzen waren tot. Es war, als hätten sie sich davongemacht.

»Kriegsrohstoff-Abteilung.« Der Mann verzog das Gesicht. »Was haben wir nur mit unserer Sprache geschehen lassen? Früher gab es Worte wie Abendsonnenschein.«

»Sie sind so leise«, sagte Guste.

Der Soldat sah sie fragend an.

»Die anderen Herren kommen aufs Amt und knallen die Türe zu und stehen stramm, und dann schnarren sie los. ›Jestatten, kleines Fräulein, Leutnant Westrich ist der Name, wie wär's denn, wenn Sie Ihr reizendes Profil mal dem Herrn Feldmeister zeijen würden, um ihm zu sajen, der jute Westrich langweilt sich bei mir im Vorzimmer.‹«

Der Mann griente. »Sie können die Leute gut nachmachen.«

»Dass Sie kein richtiger Soldat sind, hab ich sofort gesehen«, sagte Guste.

»Tatsächlich?«

»Ja«, sagte sie. »So leise. Tür leise auf und leise zu. Mütze ab. ›Guten Morgen.‹ Auch leise. ›Ich heiße Maximilian Unrast, und ich hätte gern den Herrn Feldmeister besucht.‹ Mütze unterm Arm. Mund offen. Abwarten. Dunkelblaue Augen, die alles sehen.«

»Sie sollten zum Theater gehen«, meinte der Soldat.

»Gott bewahre!«, lachte das Mädchen. »Dass Sie von der Ostfront kommen, hab ich an Ihrem Koppel gesehen. Warum tragen Sie nur dieses scheußliche Schloss mit dem Zarenadler?«

»Mein eigenes ist mir zerschossen worden.« Er kramte ein Stück Blech aus seiner Hosentasche. Das Wort MIT war in das Blech geprägt. »Als das Koppelschloss noch ganz war, hieß es GOTT MIT UNS. Ich habe es mir aufbewahrt und mich gefragt, was aus GOTT geworden ist. Und aus UNS.«

Guste zog ihre Handschuhe aus und blies die Fingerspitzen warm.

»Der Nachschub ist oft knapp. Koppelschlösser schicken sie nur selten. Zu dem nächsten toten Russen hab ich gesagt: ›Dir macht's ja nichts mehr aus, wenn dir die Hosen rutschen‹, und da er nicht widersprochen hat, hab ich ihm den Gurt abgenommen.« Er sah sie lange an. »Mein Gott, wie schön Sie sind.«

Guste streckte ihm ihre Hand entgegen. Die Hand war blau gefroren. »Freundschaft.«

Maximilian Unrast nahm die Hand. Er war verwirrt. »Was soll das?«

»Freundschaft ja. Küssen nein. Verstehen Sie?«

»Keineswegs.«

»Die Männer stehen in der Amtsstube und sagen: ›Morgen muss ich wieder ins Feld.‹ Und wer dann mit ihnen ausgeht, wird nur betatscht und abgeknutscht. Das ist alles, was die von einem wollen, diese ekelige Knutscherei.« Sie wischte sich mit dem Handrücken über die Lippen.

Der Soldat lächelte. »Ich habe vergessen, wie jung Sie sind.«

Sie gingen weiter. Der Schnee klirrte wie zerspringendes Glas unter ihren Füßen. Beim Schlittschuhteich setzte sich eine alte Frau auf einen Stuhl mit Kufen. Ein kleiner Junge schob die Frau mit ihrem Stuhl über das Eis. Die Frau lachte glücklich.

»Wie lange sind Sie schon im Feld?«, wollte Guste wissen.

»Seit den ersten Tagen«, sagte der Soldat. »Seit der Schlacht bei Tannenberg.«

»Tannenberg!«, rief Guste. »Das war ein großer Sieg!«

»Ja«, nickte der Mann. »Das ist wohl so gewesen. Aber die Russen waren miserabel vorbereitet. Sie haben schwer geblutet. Fünfzigtausend Tote, sechzigtausend gingen in Gefangenschaft. Das vergisst sich nicht so leicht.«

»Sicher sind Sie stolz, weil Sie dabei gewesen sind.«

Unrast hob die Schultern. »Damals schon. Jetzt nicht mehr.« Er sah dem Jungen zu und der Frau auf ihrem Stuhl mit Kufen. »Das ist so eine Sache mit dem Stolz. Er greift sich ab wie eine alte Münze. Irgendwann tauscht man ihn für was andres ein.« Er begann zu singen. »Taler, Taler, du musst wandern, von der einen Hand zur andern ...«

Guste hielt sich die Ohren zu. »Hören Sie auf! Sie singen ja ganz falsch!«

»Nun haben Sie schon wieder etwas über mich gelernt. Ich bin unmusikalisch.« Er griente.

»Lachen Sie niemals laut?«, fragte Guste.

»Weiß nicht«, sagte er. »Manchmal schon. Beim Kartenspielen. Oder wenn ein Kamerad einen faulen Witz erzählt.« Sie kamen zum Rand des Tannenwäldchens und zu der Brücke, die über die Gleisanlagen nach Rothenditmold führte. Unrast deutete nach drüben. »Sehen Sie die Fabrik da auf der anderen Seite?«

»Ja«, sagte Guste, »Henschel und Sohn. Sie bauen Lokomotiven dort.«

»Da habe ich gearbeitet«, sagte Unrast. »Vor dem Krieg. Im Konstruktionsbüro.«

»Als was?«, wollte Guste wissen.

»Anfangs war ich Zeichner«, sagte der Soldat. »Später Ingenieur.« Er sah sie an. »Darf ich fragen, wie alt Sie sind?«

»Siebzehn.«

Er hinkte auf die Brücke zu. »Lassen Sie mich nachdenken. Ich bin jetzt achtundzwanzig. Sechs Jahre vor dem Krieg hab ich bei Henschel angefangen. Sie müssen damals acht gewesen sein.« Er schüttelte den Kopf. »Man stelle sich das nur mal vor: An dem Tag, als ich zum ersten Mal durch das Fabriktor da drüben gegangen bin, hüpfte das Mädchen, das ich heute liebe, auf dem Schulhof über Kreidefelder mit den Worten HIMMEL und HÖLLE.«

DIE VORSTELLUNG
Weihnachtstag 1917

Es war das erste Mal, seit drei Jahren das einzige Mal, dass Unrast seine Beine unter einem gedeckten Tisch ausstrecken konnte. Er hatte seinen Waffenrock ausziehen dürfen und die Hosenträger, und Gustes Vater hatte Johannisbeerwein aus dem Keller geholt. Es war ein gelungener Abend, obgleich Gustes Vater zu viel getrunken hatte, aber das machte nichts, denn das Mädchen saß neben Unrast. Sie hatte ihre Haare hoch aufgesteckt und sah zerbrechlich schön aus, und das Lazarett war ganz weit weg, und sein

Bein schmerzte nicht mehr, und auf dem Vertiko standen noch ein paar Flaschen von dem Wein aus Johannisbeeren, selbst gemacht.

»Gemicke, pust die Kerzen aus«, sagte Gustes Vater. »Sonst brennt uns noch die Bude ab.«

Die Frau stand gehorsam auf und ging zum Weihnachtsbaum, die Kerzen löschen. Sie war klein und dick und arg verbraucht und Gustes Mutter. Mehr wusste Unrast nicht von ihr. »Wir haben Glück«, sagte der Vater. »Meine Frau stammt vom Lande. Wir haben ein Schwein dort stehen.«

»Vater!«, rief die Frau.

»Es hört doch keiner zu!«, sagte er.

»Trotzdem«, sagte sie leise.

»Was, so frage ich dich, hat mein Waffenkamerad hier denn gedacht, als du die Schweinskoteletts auf den Tisch gebracht hast?« Er schenkte noch etwas von dem Wein nach. »Glaubst du, er hätte das für Steckrüben gehalten?«

Seine Frau schüttelte lachend den Kopf.

»Die Nation hungert«, sagte der kleine Mann. »Da beißt keine Maus den Faden nicht ab. Nach drei Kriegsjahren nur Siege an allen Fronten. Und dennoch: Die Heimat hungert. Heldenmütig. Kohlrüben zum Frühstück. Steckrüben-Auflauf, Steckrüben-Pudding. Steckrübenklöße. Steckrüben mit Äpfeln.« Er holte Luft. »Wann, lieber Unrast, wann, frage ich Sie, wann werden wir endlich siegen?«

»Nie.«

Die Frauen nahmen die Teller vom Tisch.

August Lehmann war wie erstarrt.

Unrast sagte: »Keiner wird siegen. Die Franzosen sind am Ende. Wir haben keine Kräfte mehr, können nur noch unsre Stellungen halten. Die Russen haben Revolution gemacht und haben sich leer geblutet, und Lenin hat uns Frieden angeboten, und die Amerikaner sind angetreten mit frischen Kräften und unerschöpflichem Material. In der Heimat wird gestreikt, und wir kriegen nicht mehr genügend Munition nach vorn.« Er nahm einen kräftigen Schluck aus dem langstieligen Glas. »Wir sollten Frieden machen, Herr Lehmann. Wir sollten uns auf unsere Grenzen zurückziehen und dafür sorgen, dass Deutschland nicht von fremden Truppen besetzt wird. Das ist alles, was wir noch erreichen können.«

Der kleine Mann sah den Soldaten aus engen Augen an. »Unrast, das ist Defätismus!«

Der Mann nickte. Er hob sein Glas und sagte leise: »Ihr hier in der Heimat seid müde. Das macht mir Sorge.«

Gustes Mutter stellte eine Kiste mit Zigarren auf den Tisch. »Ich möcht so gerne einmal wissen, was der Herr Unrast so für Pläne hat.«

»Am liebsten würde ich wieder da anknüpfen, wo ich bei Kriegsbeginn aufhören musste. Bei Henschel.«

»In Kassel?«

Unrast schüttelte den Kopf. »In London.«

Gustes Vater ließ das Streichholz in den Aschenbecher fallen. »Sie haben bei den Briten gearbeitet?«

Unrast nickte. »Henschel hat mich dorthin geschickt. Wir haben gemeinsam mit den Briten Lokomotiven gebaut.«

»Mutter, schenk ein!«, schrie August Lehmann. Er sprang auf und küsste seine Frau auf beide Backen. »Das ist ein Mann nach meinem Herzen. Er baut Lokomotiven!«

»Und noch dazu in London«, sagte Guste.

»Mein lieber Unrast!«, rief ihr Vater. »Ich werde nunmehr aus Feier des Anlasses das Tischtuch wegzaubern!«

»Ach, Gemicke«, flüsterte die Mutter und legte still ihre Hände in den Schoß.

»Abrakadabra!«, rief der Vater. »Eins ... zwei ... drei!« Dann zog er mit einem großen Ruck an dem weißen Tischtuch, und der Adventskranz flog in die Luft und alles, was drumrumgestanden hatte, flog mit. Löffel, Gläser, Aschenbecher, Tassen. Alles.

»Dieses Mal ist es wohl nicht ganz gelungen«, sagte der Eisenbahner.

Unrast half den Frauen beim Aufsammeln. Dann schlug die Standuhr zehn, und er sagte: »Es wird Zeit.«

Gustes Vater lehnte an dem geschnitzten Vertiko. »Ich kann meinen Waffenkameraden Maximilian Unrast nicht in die Ferne ziehen lassen, ohne ein Hoch auf den Kaiser und unser geliebtes, unbesiegbares Vaterland auszubringen. Alle Anwesenden werden deshalb aufgefordert, sich von ihren Ärschen zu erheben.«

»Vater!«, flüsterte Gemicke Lehmann.

»Liebe Kameraden!«, rief ihr Mann. »Stimmt mit mir ein in das schöne Lied, das meine lieben Kameraden auf der Feste Rastatt immer so wundervoll intoniert haben.«

»Vater! *Das* Lied singst du jetzt nicht! Was soll Herr Unrast nur von uns denken ...«

Maximilian knöpfte die Hosenträger fest, zog sich den Waffenrock über und holte Mantel und Säbel aus dem Vestibül und hörte dem Sänger zu.

»Schenkt dir ein Mädchen Sonnenschein,
Und auch ihr Ding ganz klitzeklein,
Zum unentgeltlichen Betriebe,
Das ist Liebe,
Das ist Liebe!«

Unrast nahm die Mütze vom Haken und winkte dem Sänger zu. Der Sänger sang. Niemand hätte ihn mehr unterbrechen können.

>»Und wird das Ding dann mit der Zeit
Durch die Benutzung etwas weit,
Und du,
Du suchst dir keine Neue,
Das ist Treue,
Das ist Treue!«

Guste schloss die Haustür auf. Der Soldat trug sein Bündel unter dem Arm. Mütze, Mantel, Koppelzeug und Säbel. Er holte tief Luft. Die Kälte tat seinem trunkenen Kopf gut.

»Es kommt selten vor, dass mein Vater so ist«, sagte das Mädchen.

»Ihr Vater hat ein Herz aus Gold«, sagte Unrast. »Sie sollten es sich rahmen lassen.« Er machte ein paar Schritte in den gefrorenen Schnee hinaus. Dann drehte er sich noch einmal um. »Warten Sie nicht auf den Abschiedskuss«, sagte er. »Ich halte nichts von dieser Knutscherei.«

BRIEFE AUS RUSSLAND
Februar bis Oktober 1918

Guste, liebstes Mädchen,

du sollst dir keine Sorgen um mich machen. Es ist alles still an unsrer Front.

Heute ist Sonntag. Wir liegen in einem kleinen Dorf mit geduckten Katen und einer Kirche. Der Turm hat eine Kuppel wie eine Zwiebel. Sie ist vergoldet, diese Zwiebel, und leuchtet unsinnig und arrogant über die Armut hinweg, die sich im Dorfe eingenistet hat.

Mein Quartier ist das letzte Haus im Dorf, gleich neben dem Friedhof. Die Leute sind jetzt in der Kirche. Ich kann die Popen singen hören. Sie haben herrliche, gutturale Stimmen, und wenn die Popen singen, zieht ein Hauch Glückseligkeit über die Gesichter der Gläubigen. Wenn ich in diese Gesichter schaue, möchte ich fast selbst ein wenig gläubig werden ...

... Ich schlafe auf einem Ofen. Er ist aus Lehm und ziemlich breit. Der Ofen ist das Zentrum des Lebens dieser Russen. Wenigstens im Winter. Er ist oben flach und bietet genügend Platz für eine kinderreiche Familie. Als ich hier einquartiert wurde, nahmen die Leute still ihre Siebensachen und legten sich in der entferntesten Ecke der Stube auf dem Bretterboden zum Schlafen nieder. Da habe ich mich sehr geschämt und habe die Leute zu mir auf den Ofen gebeten, worauf mir die alte Frau die Hände geküsst hat, was mir hochnotpeinlich war. Nun schlafen wir alle drei Nacht für Nacht friedlich nebeneinander auf dem Ofen, Russ' und Deutscher, Männlein und Weiblein. Selbstverständlich sind wir bekleidet, denn für Nachthemden wäre es hier wirklich zu kalt. Diese Bauern sind nicht gerade reinlich zu nennen, stinken ganz grausig nach Knoblauch, aber es sind gute Menschen, die mich stets und ständig fragen, wann denn dieser Krieg zu Ende ginge und ihre vier Söhne endlich nach Hause kämen. In solchen Stunden ist mir doch recht elendig zu Mut ...

... Meine Gedanken kreisen oft um das, was wir Zukunft nennen. Manches Mal will mir scheinen, wir hätten keine.

Liebste Guste, wir haben es immer so genommen, wie es die Obrigkeit befahl. Doch als die Obrigkeit im Jahre '16 der Welt den Frieden anbot und niemand mit uns sprechen wollte, da habe ich erkennen müssen, wie einsam wir Deutschen dastehen ...

... Ich muss dir eine Eröffnung machen: Mein Haar ist weiß geworden. Neunundzwanzig Jahre alt und schon schlohweißes Haar! Es hat sich so zugetragen: Wir wachten auf und waren eingeschlossen. Abends hatten wir noch einen Hasen am Spieß gebraten, und ich bin durch den Schlamm in mein Zelt gewatet, und als ich aufwachte, war das Lager voller Russen. Den Rest der Ereignisse will ich dir ersparen. Wir haben uns befreit, und ich trage noch immer die Uniform, die ich so sehr schätze, aber er war doch ganz nah, der Fußmarsch nach Sibirien ...

... Ich versprach, dir über meine Zeit in England zu berichten. Anfang 1914 war's, als Henschel mir eine Fahrkarte nach London gab. Es war zwar damals schon von Krieg die Rede, aber niemand hat dran glauben wollen, denn schließlich ist der Kaiser ja selbst halber Engländer, Sohn der Victoria aus dem englischen Königshaus. Wer führt schon Krieg gegen seine eigene Verwandtschaft?

Es ist eine herrliche Stadt, dieses London. Ich habe Oxford besichtigt und Cambridge, und wenn ich jemals einen Sohn hätte, ich tät ihn gern auf eine dieser Universitäten schicken. Jedoch – was sind das nur für Hirngespinste! Wir sind kleine Leute und könnten uns diese Schulen für unsere Kinder gar niemals erlauben. Nur den Traum davon, den können wir uns leisten.

Mit den Menschen bin ich gut zurechtgekommen. Doch dann wurde es Herbst, und die Glückseligkeit nahm ein

Ende. Über die Kaiserliche Botschaft erhielt ich den Gestellungsbefehl. Die Pensionswirtin war voller Unverständnis, als ich meine Koffer packte. Sie hatte echte Tränen in den Augen, glaub es mir. Einer der anderen Mieter sagte zu mir: »Auf dem Schlachtfeld sehen wir uns wieder!« Ich habe fast darüber lachen müssen ...

HEIMKEHR
September 1919

Er kam am frühen Morgen in Kassel an und ritt geradenwegs zum Bahnhof. Die Stadt war noch nicht auf den Beinen, aber vor einer Bäckerei blieb ein Laufbursche stehen und winkte ihm verwundert nach. In der Nacht hatte es geregnet, und es roch nach frischen Blättern und weggewaschenem Staub. Das Klappern der Hufe hallte hart und befremdlich von den roten Backsteinhäusern wider.

Bei der breiten Brücke, die über die Gleisanlagen führte, stand eine Pumpe. Maximilian Unrast pumpte den Schwengel gut ein Dutzend Mal rauf und runter. Dann schoss endlich ein Wasserstrahl hervor, und das Pferd konnte vom Rinnstein saufen.

Die Tür zum »Gasthaus Stellwerk« stand offen, aber die Gaststube war leer. Der Wirt war ein breiter Mann mit gichtigen Händen.

»Deubel auch«, sagte der Wirt. »So was sieht man heutzutage nur noch bei Hindenburg.«

Unrast sah ihn fragend an.

»Einen Soldaten in der Uniform des Kaisers, mit Orden und Rangabzeichen und Säbel und Pistolentasche und allem, was dazugehört.«

Unrast nickte. »Gibt's bei Ihnen Frühstück?«

Der Wirt legte die Hand ans Ohr. »Sie sprechen so leise, Herr Wachtmeister!«

»Frühstück«, brüllte Unrast.

»Roggenbrot und Marmelade«, sagte der Wirt. »Mehr haben wir selber nicht. Und Ersatzkaffee.« Er holte alles aus der Küche und stellte es vor den Soldaten auf den Tisch.

»Ha'm die Kommunisten Ihnen nicht die Schulterstücke runtergerissen?«, fragte der Wirt.

»Sie haben es versucht«, sagte Unrast und schlürfte den heißen Kaffee. »Kennen Sie den Lokomotivführer Lehmann? Früher hat er hier sein Bier getrunken. Früher. Vor dem Krieg.«

»Sie meinen den August Lehmann?«

Unrast nickte.

»Aber ja«, brüllte der Wirt. »Wer sollte den nicht kennen?«

»Lebt er noch?«, wollte Unrast wissen, und der Wirt sah ihn schief an. »Warum sollte der Lehmann denn nicht mehr leben?«

»Nun«, sagte Unrast. »Viele leben heute nicht mehr.«

Der Mann machte den Mund ganz weit auf, aber er holte keine Luft. Er besah sich den Soldaten so, wie man sich ein fremdes Tier ansieht, und sagte: »Wo kommen Sie denn her?«

»Aus Minsk.« Unrast schob sich einen Kanten Brot in den Mund.

»Aus Russland? Mit dem Pferd da? Ganz allein?«

Unrast lachte. »Gott bewahre! Alle sind zurückgekommen. Die ganze Batterie. Das heißt, alle, die es durchgestanden haben.«

»Mit Kanonen und Tross und allem?«

»Ja«, kaute Unrast.

»Mann!«, brüllte der Wirt. »Der Krieg ist doch fast schon ein Jahr alle! Hat sich Ihnen denn niemand in den Weg gestellt?«

»Doch«, sagte Unrast.

»Ruskis«, brüllte der Wirt, »Polskis!«

Unrast nickte. »Und auch Deutschkis.«

»Ich weiß«, sagte der Wirt, »unsere eigenen Leute haben die Truppen entwaffnet. Schulterstücke runter, Offizieren ins Gesicht gespuckt. Schämen hat man sich können.« Er fuhr sich mit der Hand über den gewaltigen, kahlen Schädel.

»Ja«, sagte Unrast. »Deshalb haben wir uns ja auch etwas verspätet, auf dem Weg nach Hause.«

Der Wirt lachte brüllend und schlug dem Soldaten auf die Schulter. »Deubel auch!«

Zwei Eisenbahner kamen in die Gaststube und bestellten zwei Bier und zwei Klare. Unrast ging zu ihnen an die Theke und fragte, ob sie den Lokführer Lehmann kennen würden, aber die beiden kannten ihn nicht. Sie kippten die Schnäpse in ihre kohleverschmierten Münder. Der Jüngere der beiden ließ Unrast währenddessen nicht aus den Augen und setzte das Glas hart auf den Tisch. »Der Kaiser ist im Exil.«

»Ich weiß«, sagte Unrast.

»Wir sind jetzt eine Republik.«

»Ja«, sagte Unrast, »ich habe es in der Zeitung gelesen.« Er ging zurück an seinen Tisch und sah aus dem Fenster. Es war ein trüber Morgen. Das Wetter wusste nicht so recht, was es mit sich anfangen sollte. Draußen beim Brunnen stand das Pferd. Es hatte den Kopf gesenkt und döste.

»Sie könnten das Pferd verkaufen«, sagte der Wirt. »An einen Bauern oder an den Rossschlachter. Die Leute haben kaum was zu essen. Pferdefleisch ist sehr beliebt.«

Maximilian Unrast hörte ihn nicht mehr. Er war eingeschlafen. Sein Kopf lehnte an der kalkigen Wand, sein
Mund stand offen, und er röchelte ein wenig durch die Nase. Als er wieder aufwachte, war in seinem Kopf ein großes
Rauschen. Er hatte fünf Jahre Russland hinter sich und
wachte nicht so auf wie andere Leute. Er hatte sich angewöhnt, erst mit den Ohren aufzuwachen. Er ließ die Augen geschlossen und hörte am Straßenlärm, dass es Nachmittag war. Dann hörte er Lokführer Lehmann sagen:
»Das weiße Haar täuscht. Er ist erst dreißig Jahre alt.«

Unrast machte die Augen auf und besah sich den kleinen Mann, der vor ihm stand. Das Gesicht schien immer
noch ganz ungewöhnlich jung. Ein Schulbub mit Falten.

»Mann, Unrast!«, sagte August Lehmann. Er hielt ihm
beide Hände entgegen. »Warum sind Sie denn nicht zu
uns nach Haus gekommen?«

Unrast nahm die Hände und zog sich mühsam daran
hoch. Alle Muskeln wollten ihm zerspringen. Er knöpfte
die Tasche seiner Litevka auf und faltete einen Brief sorgsam auseinander. »Kassel, den 27. Oktober 1918«, las er
von dem Brief. Er sah auf den kleinen Mann hinunter.
»Das ist der letzte Brief, den ich von Guste habe. Danach
gab es keine Feldpost mehr, und die polnischen Partisa-
nen, die uns auf dem Rückweg an den Kragen wollten, wären sicher nicht bereit gewesen, meine Briefe zu beför-
dern.«

»Und?«, sagte August Lehmann.

»Ein Jahr Schweigen«, sagte Unrast. »Inzwischen ist
Guste neunzehn Jahre alt.«

»Und?«, wiederholte der Eisenbahner.

»Eine Frau. Kein Mädchen mehr.« – Lehmann nickte.

»Und was für eine Frau! Ein Bild von einer Frau!«
Unrast beugte sich vor. »Ich habe keine Blumen finden

können, Herr Lehmann, aber ich würde trotzdem gerne um die Hand Ihrer Tochter anhalten dürfen.«

August Lehmanns Mund stand offen, und er schluckte zweimal. »Auf der Stelle?«

Unrast schüttelte den Kopf. »Sobald ich entlaust bin und wieder Lokomotiven baue.«

Der Eisenbahner brüllte auf. »Herr Wirt! Eine Lokalrunde! Ich habe einen Schwiegersohn!« Dann dachte er nach, sah Unrast lange an und kniff die Augen zusammen. »Ist der Heiratsantrag Ihre Art herauszufinden, ob meine Tochter noch frei ist?«

Unrast faltete den Brief zusammen. »Wenn sie sich inzwischen einen anderen genommen hätte ...«, sagte er leise.

»Wenn! Wenn! Wenn! Wenn der Hund nicht geschissen hätte, hätte er den Hasen erwischt!«

Der Wirt brachte die Schnäpse. »Erlaube mir zu gratulieren, Herr Wachtmeister!«

August Lehmann hob sein Glas. »Schwiegersohn – soll ich dir mal sagen, was ich mit Guste gemacht hätte, wenn sie sich einen anderen genommen hätte?«

Unrast dachte nach. »Du hättest ihr den Arsch versohlt«, sagte er dann.

»Darauf kannst du einen trinken«, sagte der Eisenbahner. »Ich hätte ihr den strammen Arsch versohlt.«

EIN SONNTAGNACHMITTAG
Dezember 1919

Das Zimmer war groß, ein riesiges Quadrat, und es standen kaum Möbel in dem Zimmer, doch Unrast mochte es gern, denn es hatte ein Fenster, das auf einen Abstellplatz hinausging, auf dem Alteisen gelagert war. Über dem Schrott gab es viel Himmel, und das war es eben, was Unrast an dem Zimmer so gern mochte: Sein Blick endete nicht an einer öden Hauswand gegenüber. Er konnte den Himmel sehen.

Jeden Sonntag, wenn Guste ihn besuchen kam, wollte sie über die Zukunft sprechen, aber Unrast sagte: »Es wird lange dauern, bevor wir wieder eine Zukunft haben.«

»Wie meinst du das?«

»Hast du dir den Friedensvertrag von Versailles mal durchgelesen?«

Guste schüttelte den Kopf. »Ich verstehe nichts von Politik.«

»Sie haben uns alles weggenommen. Nicht nur das Elsass und Danzig und Schlesien. Auch unsere Flotte und die Kohlengruben und Stahlwerke.« Er faltete die Hände hinter dem Kopf und sah zur Zimmerdecke hin. »Und wir müssen alle Kriegsschäden bezahlen. Der Vertrag sagt aber nicht, in welcher Höhe. Weißt du, was das bedeutet?«

»Nein.«

»Wir werden arbeiten und arbeiten und bezahlen und bezahlen, und wenn wir glauben, dass wir alles bezahlt haben, werden sie sagen: ›Mehr!‹ Und wir werden weiterarbeiten und weiterzahlen.« Er holte tief Luft. »Wir sind zu Sklaven geworden.«

»Die Sache hat auch ihr Gutes«, sagte Guste. »Wie viele Lokomotiven mussten wir an die Siegermächte ausliefern?«

»Fünftausend.«

»Es waren gebrauchte Lokomotiven«, sagte Guste, »und jetzt bauen wir uns fünftausend nagelneue. Henschel hat dich sofort wieder angestellt, oder?«

»Das schon«, sagte Unrast und lachte.

»Na, siehst du!«, rief Guste. »Du wirst Lokomotiven bauen und jede Woche dein Gehalt nach Hause bringen. Und

wir haben keine Sorgen und heiraten bald. Die Siegermächte können mir den Buckel runterrutschen.«

»Gott, ich liebe deine Logik«, sagte Unrast.

»Na, endlich«, sagte Guste, »endlich lachst du wieder.
Möchtest du, dass ich mich noch einmal ans Fenster stelle?«

Unrast nickte. Das war die schönste Stunde der Woche
für ihn, sonntags, wenn Guste zu ihm kam und ihr Kleid
auszog und auch das Unterkleid und sich im Mieder ans
Fenster stellte und er sie schweigend betrachten konnte.
Anfangs hatte Guste sich gesträubt, hatte sich geniert und
sich gefürchtet vor dem befremdlichen Ausdruck in Unrasts Augen. Aber seit er ihr versprochen hatte, nichts Unrechtes zu tun, sie nicht anzurühren, da hatte sie sich ausgezogen und sehen können, wie glücklich es ihn machte,
wenn sie halb nackt am Fenster stand. Außerdem gab es sowieso kaum etwas, das sie nicht für ihren Max tun würde.

Das gelbe Licht der Nachmittagssonne ließ das Haar des
Mädchens aufleuchten, und ihre Haut schien wie aus Gold
gemacht.

»Im Naumburger Dom hängt eine Büste an der Wand,
die dir ähnlich sieht«, sagte Unrast. »Sie ist aber nicht so
schön wie du. Grau und aus Stein. Du lebst. Ich liebe
dich.« Unrast saß auf dem harten Stuhl am Tisch, und
Guste ging zu ihm und setzte sich auf seinen Schoß. Er zog
sie an sich und küsste sie und presste seine Zunge tief in ihren Mund. Seine Hände liefen über ihre Schultern und lös-
ten die Bänder an ihrem Mieder.

»Bitte nicht«, sagte sie. »Wir dürfen es nicht tun.«

»Spürst du mein Herz?«, fragte er.

Sie nickte.

»Ein alter Esel von dreißig Jahren, und sein Herz klopft
wie das eines Gymnasiasten.«

»Hast du schon viele Frauen gehabt?«

»Willst du es wirklich wissen?«

»Nein.«

»Ich liebe dich. Du musst mir das glauben.«

Sie nickte. »Ja.«

»Du bringst mich um den Verstand.«

»Bitte. Lass mich nach Hause gehn.«

»Nein«, sagte er. »Ich habe zu lange auf dich warten müssen.« Seine Finger hatten keine Schwierigkeiten mit den Bändern ihres Mieders.

»Bitte nicht, ich habe Angst, bitte!«

Er hörte sie nicht mehr. Die Mieder in den Bordellen fielen ihm ein und auch die Frauen der letzten Jahre, in Russland und in Polen, und er nahm sich vor, alles zu vergessen, was einmal gewesen war, denn er wollte in seinem Leben nur noch diesen Körper haben, diesen jungen, unberührten Körper, niemals wieder einen anderen, und er würde diesen Körper heiraten und zu seinem eigenen machen, und dieser Körper würde ihm Kinder gebären, und er warf das Mieder fort und presste sein Gesicht zwischen die festen Brüste, von denen seine Kinder trinken würden, und dann hob er den Körper von seinem Schoß und trug ihn durch das große, leere Quadrat zum Bett hinüber.

GUSTES BETT
Sommer 1923

Das Fenster stand weit offen. Eine leichte Brise kam über den Schrottplatz hinweg ins Zimmer und kühlte ein paar Atemzüge lang den Schweiß auf Unrasts Stirn und Hals. Ein Automobil lärmte die Straße entlang, doch dann bog es um die nächste Ecke, das grässliche Knattern wurde leiser, und schließlich hatte die Stille ihre Nacht wieder ganz für sich allein.

Sie lagen auf den Federbetten. Guste hatte sich seit Stunden nicht bewegt. Unrast sah den Lichtkringeln zu, die eine Straßenlaterne und ein Kastanienbaum über die Zimmerdecke tanzen ließen, und grübelte sich durch die letzten Jahre.

Was du auch machst, du machst es falsch. Wir hätten die Wohnung in Kirchdithmold nehmen sollen, damals, nach der Hochzeit. Aber ich alter Esel habe ja unbedingt sparen wollen. Ein schöner Batzen war da schon auf der hohen Kante. Und jetzt? Futsch, perdu und gibt's nicht mehr. Aufgefressen von der Inflation.

Er lag eine Weile still und hörte ihrem Atem zu. Wenn sie jetzt wach wäre, das wäre schön. Dann könnte er seine Sorgen laut vor sich hinreden, könnte seine Gedanken mit ihr teilen. Nur die Gedanken. Nicht die Sorgen.

Guste liest selten Zeitung. Sie weiß nicht, wie uferlos sie ist, diese Inflation. Um Kriegsschulden zu bezahlen, muss die Regierung Gold kaufen. Die Franzosen lehnen unsere Reichsmark ab. Sie nehmen nur Gold. Sonst nichts. Jetzt haben sie das Ruhrgebiet besetzt mit vierzigtausend Mann. Angeblich, weil wir mit unseren Zahlungen im Rückstand sind. Sie stehlen unseren Stahl und unsere Kohle und fragen sich überhaupt nicht, wovon wir denn noch zahlen sollen, wenn sie doch sowieso schon alles gestohlen haben. Verrückt ist das alles. Niemand weiß, wie's weitergehen soll. Wenn das Geld alle ist, druckt die Regierung neues. Es ist noch nicht lange her, da waren hundert Mark ein guter Wochenlohn. Dann wurden tausend draus, hunderttausend, Millionen. Und jetzt drucken sie Billionen auf die Scheine.

Jeden Abend haste ich nach Hause, schmeiße die Millionen aufs Bett, dann rennt Guste damit schnell zum Schlachter.

»Ein Pfund Rindfleisch? Bitte schön, neunzigtausend Mark.«

»Butter? Mal sehn, ob wir noch welche haben, und wenn ja, dann macht das hundertfünfzigtausend Märker für das Pfund.«

Er seufzte und wartete ein wenig. Dann flüsterte er, ob sie wach sei, aber sie antwortete nicht, und so starrte er weiter an die Decke.

Dieses Bett hier und unsere Billionen ... Vor zwei Jahren ist es Gustes Wochenbett gewesen. In diesen Kissen ist unser Kind zur Welt gekommen. Elsbeth. Das ist vielleicht was, Vater werden! Du hockst auf dem Rand der Badewanne und rauchst 'nen Stumpen, und die Schreie der Frau stoßen dir Messer durchs Herz. Erst kommen die Schreie der Frau und dann das dünne Weinen von dem Kind, und da schmeißt du den Stumpen ins Klo und stürzt ins Zimmer, und du siehst das blutige kleine Bündel, und es ist kein Junge.

Unrast fragte sich, ob Guste wohl glücklich sei. Ich glaube schon, sagte er zu sich selbst, meistens schon. Wenn wir nach Wilhelmshöhe rauffahren und Elsbeth auf meinen Schultern reitet. Oder wenn wir ihre Eltern besuchen. Oder wenn sie sich ein neues Kleid geschneidert hat und sieht, dass es mir gefällt. Dann schon. Dann ist sie glücklich. Außerdem komm ich von der Arbeit gleich nach Hause. Ich brauche keinen Schnaps. Ich ertränke meine Sorgen nicht in Alkohol. Mein Lebenselixier ist Guste. Wenn sie mich in die Arme nimmt, vergesse ich die Welt um uns herum. Ich verliere mich in meiner Frau. Ja, das ist wohl das richtige Wort. Ich ertränke mich und mein Dasein und meine Sorgen in meiner Frau.

Er wischte sich den Schweiß aus dem Gesicht. Manchmal denke ich, dass sie es nicht mag. Meist liegt sie still, bewegt sich kaum, lässt mich machen, lässt es mit sich geschehen. Sie sagt, ich sei ihr zu leidenschaftlich. Ob alle Männer wohl so sind, will sie wissen.

Was antwortest du darauf? Nichts. Du sprichst nicht von der Begierde, von der Lust auf die Frau, von dem Glück, das du zwischen ihren Beinen findest. Nein, sprechen darfst du nicht davon. Sag kein Wort. Nimm sie dir.

Unrast verschränkte die Arme hinter dem Kopf. Er gähnte.

»Woran denkst du?«, sagte Guste leise.

Er mochte es nicht, wenn sie ihn nach seinen Gedanken fragte. »Ich kann nicht schlafen.«

»Denk an was Schönes. Du wirst sehen, das hilft.«

»Gut«, sagte Unrast. »Ich werde von Berlin träumen.«

»Von Berlin?«

»Ja, Guste«, sagte er. »Ich will vorankommen in meinem Leben. Hier wird es mir zu eng.«

Er sah, wie sie sich auf ihre linke Seite drehte, und wollte sich dicht an sie legen, aber sie würde sicher sagen, dass es zu heiß sei, und so blieb er lieber auf seiner Hälfte des Bettes liegen und freute sich über die Lichterkringel an der Decke und wartete darauf, dass der Schlaf endlich auch zu ihm kommen würde.

GLÜCKLICHE JAHRE
Berlin-Wedding 1924–1927

Geliebte Eltern!

Wenn ihr unseren Max nur sehen könntet! Es ist ein neuer Glanz in seinen Augen. Sein Geist will nicht zur Ruhe kommen. Täglich zehn Stunden bei Lyntholm am Zeichentisch scheinen ihn nicht anzustrengen. Abends um sechs kommt er frisch und aufgekratzt nach Hause und kann es kaum erwarten, dass Elsbeth in ihrem Bettchen liegt, kurz nach dem Abendbrot, und schon muss ich mich »schön machen«, wie er sagt, weil er tanzen gehen will. Der neue Tanz heißt »Shimmy«. Max, der kein Lied richtig pfeifen kann, tanzt wie ein junger Gott, sei es Charleston, Walzer oder Tango ...

... Elsbeth ist ein wahrer Engel. Wegen der Autos und weil es hier dauernd Schlägereien gibt zwischen Kommunisten und den Nazis, lasse ich sie mit den anderen Kindern auf dem Hinterhof spielen. Der Wedding ist bekannt für seine Messerstechereien, aber die Miete für unsere vier Zimmer ist so niedrig, dass wir Anschaffungen machen können. So haben wir uns beispielsweise ein Motorrad zugelegt.

... Es fällt unserem Max wohl schwer, Freundschaften zu schließen. Sehr gesellig geht es bei uns nicht zu. Der Einzige, den er mal von der Arbeit mit nach Hause bringt, ist ein technischer Zeichner namens Kalle Wittmann. Er hat sein Pult bei Lyntholm neben dem von Max. Wenn ich ehrlich sein soll – ich mag ihn nicht. Sicher hat er ein gutes Herz, aber er ist auch äußerst ungebildet, und vom Waschen hält er nicht sehr viel. Jedes Mal, wenn er bei uns gewesen ist, reiße ich die Fenster ganz weit auf ...

... Wie sich doch alles geändert hat seit der Währungsreform. Könnt ihr euch noch erinnern? Schlangen vor den Geschäften und kaum Lebensmittel in den Regalen. Doch dann zieht die Regierung die Reichsmark ein und gibt neues Geld aus; wir geben eine Banknote ab mit dem Aufdruck EINE BILLION und bekommen eine neue Mark dafür wieder, und schon ist alles anders. Über Nacht sind da: Bananen aus Afrika ebenso wie Kleider aus Paris ... Wo war denn das alles vorher? Max hat es mir erklärt, aber ich glaube, so ganz richtig versteht er es auch nicht ...

AM GRUNEWALDSEE
Spätsommer 1927

Unrast lag auf dem Rücken und ließ die Beine ins Wasser baumeln und fand es wundervoll, dass seine Füße gekühlt wurden, während zur gleichen Zeit die aufgespeicherte Hitze des weißen Sandes Wärme in die Knochen schickte und seine Muskeln wohlig erschlaffen ließ.

Unrast liebte diesen kleinen See. Das dunkle Wasser gab selbst unter einem hellen Sommerhimmel nichts von der ewig-alten Wehmut auf. Die Birken am anderen Ufer erinnerten an endlos weite Tage Russlands.

Guste stelzte mit langen Schritten durch das Wasser. Kinn hoch. Arme gespreizt, eins, zwei und wieder zusammen. Die weit ausholenden Bewegungen hielten sie nicht über Wasser. Aber sie gaben ihr das Glücksgefühl des Schwimmers.

Elsbeth baute mit anderen Kindern eine Burg aus Schlamm beim Schilf.

Die Unrasts hatten den Strand nicht für sich allein. Unter einem Baum hockte eine dicke Frau und verteilte Brot und Waldmeisterbrause an fünf Kinder. Weiter hinten spielten ein paar Leute Faustball, und vor dem Jagdschloss Grunewald saßen ein Mann und eine Frau in Hosenträgern und Unterrock.

Gegen Mittag zerbrach der Friede. Aus dem Wald kam Grollen, rhythmisch, Holz wurde auf Holz geschlagen, und junge Stimmen schrien grell. Dann brachen sie aus dem Dickicht. Unrast zählte sie, so gut er konnte. Es waren achtzehn. Vielleicht auch zwanzig. Junge Kerle, schmutzig, abgerissen. Sie schwangen Äste in den Händen, schlugen Trommelwirbel auf den Boden, zerbrachen ihre Knüppel splitternd an den Bäumen. Eine Welle kalter Lava wälzte sich am Ufer entlang. Schrilles Gelächter knallte über den See.

Die Faustballspieler wurden von der Horde überrollt. Zwei Männer wehrten sich, taumelten und stürzten. Sie wurden durch die Luft geschleudert und klatschten auf den See. Frauenstimmen schrien nach Hilfe. Ein Mädchen löste sich von der dunklen Masse. Sie kam keine zwanzig Schritte weit. Die Kerle rissen ihren Badeanzug in Fetzen. Dann trugen sie die Schreiende zur Horde zurück, legten sie auf den Boden und warfen sich über sie, zwei und drei der Kerle, von links und rechts, und dann die nächsten, und sie lachten und schrien, und es wurde ein Turm daraus. Ein Turm aus Männerleibern.

Unrast ging zu seinem Motorrad hinüber. Er hatte das Rad an einen Baum gekettet und suchte nach seiner Hose und nach dem Schlüssel für das Vorhängeschloss. Guste stand wie erstarrt im Wasser. »Nimm Elsbeth«, sagte er laut. »Lauft in das Haus da drüben. In das Schloss.« Er fand den Schlüssel und löste die Kette vom Baum. Guste lief am Ufer entlang und zerrte Elsbeth hinter sich her. Sie rief dem älteren Paar am Strand etwas zu, aber Unrast konnte nicht mehr hören, was sie rief. Er hörte nur noch das schnelle, harte Pochen in den Ohren.

Die Kerle sahen Unrast mit seiner Kette bei dem Motorrad stehen. Sie deuteten auf ihn und rissen ihre Münder auf und stoben grölend auf ihn zu.

Unrast nahm wahr, dass die dicke Frau noch bei ihren Kindern am Ufer hockte. Sie nahm die Köpfe der Kinder Kopf für Kopf und drehte sie in die andere Richtung.

Dann standen sie sich gegenüber, die Ungleichen: Horde und Mann, Terror und Angst. Unrast roch den stinkigen Fusel, der mit dem Atem der Kerle zu ihm kam. Er besah sich die Augen. Lachende, schielende, verkniffene, kalte, wütende Augen. Auch ausdruckslose. So war es in den Jahren gewesen, an die er nicht mehr denken wollte. In den Kriegsjahren. In Russland. Damals hatte es kein Entrinnen gegeben. Und heute auch nicht.

Helles Licht sprang in den Tag. Der Wald nahm eine kalte, blaue Färbung an. Die Angst in Unrast wurde starr. Wurde zu Eis. Und ergab sich der Wut. Nicht plötzlich, ohne Übergang. Wut zog stets nur langsam ein in seinen Kopf. Wurde zur Befreiung. Er freute sich auf diese Wut, nahm sie nicht einfach hin, er sog sie ein, genoss die Wut mit allen seinen Sinnen und schickte sie in seine Arme, Beine, Hände. Sie war ihm notwendig geworden, diese Kraft, die immer wieder aus der Wut heraus zu ihm gekommen ist. Und sollte er jemals einen Sohn haben in dieser Welt, für den es sich zu streiten lohnte, dann würde er Gott bitten, diese Wut an seinen Sohn weitergeben zu dürfen.

Unrast schwang die Kette. Das schwere Vorhängeschloss an ihrem Ende blitzte nur kurz auf, dann wurde es zum schneidenden Rand einer silbrigen, singenden Scheibe. Die Kerle bückten sich, warfen sich flach zu Boden. Einer blieb stehen. Unrast machte einen Schritt nach vorn. Das

Schloss schlug schwer in ein vernarbtes Gesicht. Das Singen der Scheibe übertönte den Schrei. Blut spritzte über die Hockenden, und der Kerl fiel über sie hin wie ein vom Sturm gefällter Baum. Unrast sprang mit weiten Schritten über den weißen, harten Sand des Kampfplatzes. Die schwingende Kette über seinem Kopf folgte nicht mehr seinem Willen. Sie zog den Mann hinter sich her in ihrem Spaß an dem makabren Tanz, schnitt sich in angstverzerrte Gesichter, zersplitterte schützend vorgehaltene Hände und tobte am Ende in wirbelnder Drehung um einen Baum. Unrast stürzte zu Boden. Atemlos spürte er den ersten Schlag, der ihn von hinten traf. Es war nicht sein Kampf, er bestimmte ihn nicht länger, aber er wollte ihn zu Ende kämpfen. Er sah dem Knüppel zu, der von weit unten kam. Der Schmerz des Schlages riss ihn in die Knie. Keulen prügelten die Wut aus seinen Sinnen. Dann kam der Schlag des Henkers. Er war ihm fast willkommen.

Niemand sprach zu ihm in der Welt des Nichts. Und Lieder wurden nicht gesungen. Er spürte nichts. Bis Guste kam. Ihr Kölnisch Wasser leckte Höllenflammen durch sein zerschundenes Gesicht.

»Danke«, sagte er. »Hör lieber auf damit.« Er sah sich um. Guste wollte weitertupfen mit dem blutgetränkten Taschentuch.

»Nicht. Das schmerzt schlimmer als die Prügel.« Er wollte seinen Kopf zurücklegen. Aber da war kein trockener Boden. Wasser lief in seinen Mund.

»Wie bin ich in den See gekommen?«

»Sie haben dich hineingeworfen. Dich und dein Motorrad.«

»Ist die Bande noch hier?«

Sie schüttelte den Kopf. »Niemand ist mehr hier.«

»Und Elsbeth?«

Guste sah sich um. »Da hinten. Am Ufer.«

Unrast winkte seiner Tochter zu. Die Kleine winkte zurück.

»Lass mich aufstehen«, sagte er, »mir ist kalt.«

»Ich habe versucht, dich aus dem Wasser zu ziehen, aber du bist zu schwer.«

Er stützte sich auf Knie und Hände. Und verzog das Gesicht.

»Hast du Schmerzen?«

»Ja«, flüsterte er. »Ich hätte gern genickt. Aber das geht nicht.« Er stand auf.

»Glaubst du, du brauchst einen Arzt?«

»Nein«, sagte er. »So was deckt die Krankenkasse nicht.«

Guste sah sich um. »Wie sollen wir jetzt nur nach Hause kommen?«

»Mit dem Motorrad.«

»Meinst du wirklich?«

»Ja«, sagte er. »Erst trocknen wir mich ab. Dann trocknen wir das Motorrad ab.«

»Wenn du dich nur sehen könntest!«

»Ich möchte mich nicht sehen müssen.« Er machte ein paar Schritte auf das Ufer zu. Der See war wieder so friedvoll wie am Morgen. Und der Wald war auch noch so schön, wie die Wälder Russlands früher gewesen sind, aber es war nicht mehr dieselbe Schönheit. Die Kerle von vorhin hatten ihr Blut verspritzt und sein Blut verspritzt und wahrscheinlich auch sein Leben verändert. Guste hatte ihn nie zuvor geschlagen gesehen. Jetzt hatte sie ihn geschlagen gesehen.

»Guste«, sagte er, »es gibt da auf einmal eine Pause in meinem Leben. Füll die Pause. Mit Worten.«

Guste zählte Worte an ihren Fingern ab. »Ich hab nur drei.«

»Sag sie mir.«

»Ich bin schwanger.«

Er legte den Kopf auf die Seite und sah sie aus zugeschwollenen Augen an. Aus seinem Mund lief noch ein wenig Blut.

»Seit sechs Jahren habe ich darauf gewartet«, sagte sie. »Allmählich dachte ich, wir kriegen keine Kinder mehr.«

Er leckte sich das Blut aus den Mundwinkeln.

»Ich wollte es dir schon lange sagen. Aber nicht nur so, nach dem Abendbrot, an einem ganz gewöhnlichen Tag.« Sie seufzte. »Es sollte so ein Tag wie heute sein.«

Unrast zog seine Frau zu sich heran. Mit der einen Hand bog er ihr Gesicht zurück, mit der anderen griff er kräftig in ihren Hintern. Dann legte er sein blutendes Gesicht an ihren Hals und fing an zu lachen. Sein Lachen kam leise und stoßweise.

»Guste«, lachte er, »Guste, stell mir schnell mein Lachen ab. Der Schmerz bringt mich sonst um.«

DER SOHN
April 1928

Schneeflocken tanzten die Seestraße entlang. Harte Sturmböen peitschten von der Müllerstraße her und wirbelten die Flocken himmelwärts. Ab und an rissen die Wolken auf, zeigten einen Fetzen blauen Himmels und schickten kaltes, gelbes Licht auf die hässlichen Fassaden der anderen Straßenseite.

Unrast stand mit seinem Vater vor dem weit geöffneten Fenster und paffte den Qualm seiner Zigarre nach draußen. Der Alte rauchte auch. Polnische Zigarren. Er hatte sie aus Schlesien mitgebracht.

Die nasse Kälte machte das Wohnzimmer ungemütlich, aber Mutter hatte befohlen, dass diese grässliche Qualmerei nur bei geöffnetem Fenster stattzufinden habe, denn schließlich sei der Wöchnerin ein derartiger Gestank nicht zuzumuten, und wenn die blinde Hebamme Unrast einen Befehl erteilte, dann wurde der auch befolgt.

Elsbeth hatten sie auf den Hinterhof verbannt. Die Kleine war damit keineswegs einverstanden gewesen und hatte mit ihren Füßen auf dem Kopfsteinpflaster herumgetrampelt.

»Das machst du richtig«, hatte Unrast zu seiner Tochter gesagt, »stampf dir nur die Füße warm.«

Wenn aus dem Schlafzimmer die Schreie der Frau kamen, erstarrten die Männer.

»Du hast eine tapfere Frau«, sagte der alte Mann.

Unrast nickte.

»Daheim in Waldenburg macht deine Mutter so gut wie jeden Tag eine Entbindung«, sagte der Alte. »Die Hände von Blinden sollen ja besonders geschickt sein und gefühlvoll.«

Die Kälte kroch dem Alten in die Knochen. Unrast legte ihm eine Decke um die Schultern. Dann hörte er weiter auf die klagenden Rufe der Frau.

Kurz nach vier am Nachmittag brach der erste Schrei des Kindes durch die geschlossene Tür. Die Männer stopften ihre Zigarren in eine Blumenvase und stürzten an Gustes Bett.

»Max«, sagte sie. »Du hast einen Sohn.« Die Blinde legte ihr das Kind in den Arm. Dann tupfte sie der Frau den Schweiß vom Hals.

Unrast blieb mitten im Zimmer stehen. Seine Augen wurden nass.

»Allerdings ist er sehr hässlich«, sagte Guste.

»Was?«, rief die Blinde. »Wieso?«

»Die Oberlippe ist ihm über die Nase gestülpt, bis rauf zu den Augen«, lächelte Guste. »Ich mag gar nicht hinsehen.«

Die Blinde tastete das Gesicht des Kindes ab und zog ihm die Lippe von der Nase. »Wie sieht er jetzt aus?«

»Besser«, sagte Guste.

»Schöne Männer sind zu gar nichts nutze«, sagte die Blinde. Sie öffnete das Wickeltuch und ließ ihre Fingerspitzen über den kleinen roten Körper wandern. Dann lächelte sie ihr blindes Lächeln und legte ihre grobe Hand unter den Hodensack des Neugeborenen.

»Hier trägt der Mann seine Schönheit«, sagte sie. »Nicht im Gesicht.«

Unrast stand unbeweglich in der Mitte des Zimmers. Er weinte.

Es war zwei Minuten nach vier. An einem regnerischen Tag. Ich, sein Sohn, hatte mich brüllend in dieses Leben gedrängt. Er gab mir den Namen des Eisenbahners. August.

DER BALL
Frühjahr 1929

Geschenktes Glück ist wohl nicht lange festzuhalten. Unrast hatte es staunend, dankbar angenommen. Aber um seine Beständigkeit zu kämpfen erschien ihm ohne Sinn. Die Hand voll Jahre, die es bei ihm blieb, war weitaus mehr, als seine Skepsis ihn erwarten ließ. Für ihn stand fest, dass er nur Spielball war in Auseinandersetzungen von Mächten, die er nicht recht verstehen konnte. Washington, Weimar, London und Paris. Die Börse in New

York. Zum aktiven Spieler auf dem Fußballplatz des Lebens hatte ihn das Schicksal, wie er glaubte, nicht bestimmt. Eher zum Ball. Er nahm die Rolle an. Und wurde über Spielfelder getreten.

Unrast stand in jenem Frühling oft am Küchenfenster. Nachts, wenn Guste schlief. Er hat auch früher häufig nicht gut schlafen können. Damals, in den Jahren voller Sorge. Umgeben von Gefahr. Jetzt gab es nirgendwo Gefahr. Die Sorge hatte sich davongemacht. Und trotzdem lag er lange wach. Er zögerte, die Frau zu wecken, und malte seine Wünsche in den dunklen Raum:

Guste stieg langsam aus dem See. Die Träger des Trikots rutschten von ihren Schultern. Wasser lief über Brüste, von denen sein Sohn getrunken, in die sein Sohn gebissen, die der unersättliche Hunger seines Sohnes schlaff gemacht hatte. Die Frau kreuzte die Arme verlegen vor ihren Brüsten, aber Unrast rief: »Lass sie nur hängen, Guste. Ich will dich haben, wie du bist«, und sie rannte mit glühendem Gesicht zu ihm ans Ufer. Niemand sonst war zum See gekommen. Auch das kleine Schloss der Preußenkönige war menschenleer. Unrast legte seine Frau auf das Sofa im großen weißen Saal, wollte ihr das Trikot vom Körper reißen, aber sie half ihm dabei, hatte es auch eilig, wollte den Mann endlich tief in sich spüren, da, wo vorher das Kind gewesen war. Sie griff zwischen seine Beine, ebenso wie seine Mutter dem Sohn zwischen die Beine gegriffen hatte, fand seine Erregung und sagte: »Die Blinde hat Recht. Das ist es, was ein Mann haben muss.«

Unrast wischte den Traum aus seinem Gesicht. Er war beschämt. Vierzig Jahre alt. Und solche Fantasien. Er schlich sich aus dem Bett. In der Speisekammer waren noch zwei Flaschen Bier. Er nahm eine heraus und stellte sich ans Fenster. Er trank nur selten. Aber das Bier in der Nacht war ihm zur Gewohnheit geworden. Es breitete angenehme Wärme in seinem Magen aus. Nahm ihm die Unruhe. Gab ihm verlorenen Mut zurück.

Diese Demokratie, die es jetzt gab – er stand ihr mit Unverständnis gegenüber. Er hatte sie nicht mit aufgebaut. War allenfalls in sie hineingeraten. Es gab sie schon, als er sich endlich aus Minsk durchgeschlagen hatte. Er hatte der Obrigkeit das Pferd abgeliefert, die Uniform und alle Waffen, und sie hatten ihm ein bisschen was zurückgegeben: seine Orden, Kleingeld und eine Demokratie. Das Volk war jetzt die Obrigkeit. Also war auch Unrast ein Teil der Obrigkeit, und sein Vertreter saß in Weimar, in der Nationalversammlung. Er hatte den Mann nicht wählen können, kannte ihn nicht einmal. Januar '19? Da hatte er noch um sein Leben gekämpft. In Polen.

Ein paar Jahre später, bei den Wahlen zum 1. Reichstag, hat er geschwiegen. Guste hatte wählen wollen: »Es ist das erste Mal, dass Frauen Stimmrecht haben.« Unrast hatte keinen Sinn darin gesehen. »Geh nur. Ich weiß nicht, wen ich wählen soll.«

Unrast nahm einen Schluck aus der Flasche und wollte sehen, was es für Wetter geben würde. Die Häuser des Hinterhofes ließen oben ein Quadrat aus Sternen frei.

»Nein«, sagte er vor sich hin, »diese Demokratie ist nicht leistungsfähig.« Er dämpfte die Worte zu einem Flüstern. Denn er wollte die Kinder nicht wecken. Vor allem wollte er Guste nicht wecken.

»In England funktioniert das demokratische System. Aber schließlich gibt es da Monarchen. Und außerdem: England hat nur zwei Parteien. Der Wille der Mehrheit setzt sich bei zwei Parteien sehr viel leichter durch. Hier aber? Bei uns? Ich habe die Parteien nie gezählt. Schät-

zungsweise dreißig, das ganze Kroppzeug mitgerechnet.
›Enteigneter Mittelstand‹, oder ›Kleinrentner‹, oder ›Polen-
liste‹ und ›Deutsch-Hannoversche Partei‹. Sie stehen alle
auf der Wahlliste und nehmen den großen Parteien die
Stimmen weg. Wie soll denn da der Wille des Volkes an
den Stimmen abgezählt werden können? Überhaupt nicht.
Das führt zu faulen Kompromissen. Kuhhandel. Genannt
Koalition.«

Er schüttelte den Kopf. »Einmal habe ich gewählt. 1924.
Gustav Stresemann und seine ›Deutsche Volkspartei‹. Der
Mann ist ein Könner. Seine Gedanken sind richtig. Nur ge-
winnen tut er nicht.«

Unrast trank die Flasche leer. »Nee, ich hab die Schnauze voll. Mich kriegt keiner mehr zur Wahl.«

NACH EINEM FUSSBALLSPIEL
26. Oktober 1929

Unrast war nass bis auf die Knochen. Er stand in der Wohnungstür und schüttelte sich. Der Mann neben ihm hatte
einen Filzhut auf. Er nahm den Hut ab, und ein Wasserstrahl schoss auf das Linoleum vor der Wohnungstür. Die
Glatze des Fremden leuchtete im fahlen Licht des Trep-
penhauses. Sein ganzer Kopf war nackt. Auch die dunklen
Augen. Sie hatten keine Wimpern. Keine Augenbrauen.
Nur hintenrum, von den Ohren bis auf den Jackenkragen,
hing ein Vorhang brauner Haare.

Unrast nahm die beschlagene Brille ab. »Ich habe einen
Freund mitgebracht. Martin Weber.« Er küsste Guste auf
den Mund. Der Fremde hielt ihr seine Hand entgegen.
»Für den Fall, dass Sie einen teuren Teppich Ihr Eigen nennen, schicken Sie uns wohl am besten in die nächste Knei-

pe. Wir trinken ein paar steife Grog und kommen später wieder. Möglicherweise lallend, jedoch knochentrocken.«

Guste mochte den Mann. Sie fragte sich, warum sie ihn mochte, und fand keine Antwort. Sie mochte ihn. Was gab's da noch lange nachzudenken.

»Rein mit euch«, lachte sie, »wie ist das Fußballspiel gewesen?«

»Katastrophal«, sagte Unrast. »Hertha hat zwei zu null verloren.«

Der Fremde lachte. »Ich glaube, wir sind nur Anhänger von Hertha BSC des Mädchennamens wegen. Sonntag für Sonntag sitzen wir nebeneinander auf der Tribüne, wie ein altes Ehepaar, und sehen unserer zweiundzwanzigfüßigen Tochter Hertha zu. Wenn das so weitergeht, werden wir wohl bald Händchen halten.«

»Das fehlt mir noch.« Guste schüttelte sich. »Ab in die Badestube. Ich hole frische Handtücher.«

Die Männer zwangen sich in das kleine Bad, und Guste verlängerte die Bratensoße, und Elsbeth musste noch zusätzlich ein paar Kartoffeln schälen.

Unrast kam in die Küche und sagte: »Martin Weber ist schlecht dran. Er hat seine Frau in einem Lungen-Sanatorium. Im Schwarzwald. Eigentlich müsste sie nach Davos. Aber das ist unermesslich teuer.«

»Mein Gott«, sagte Guste.

»Keine offene Tuberkulose, du brauchst dir keine Sorgen zu machen. Die Kinder werden nicht angesteckt.«

Der Fremde kam aus der Badestube und sah sich suchend um.

»Du hast Vatis Sachen an«, sagte Elsbeth.

Er nickte und gab der Kleinen das nasse Handtuch. »Ich hab ein Rätsel für dich: Es hängt an der Wand und gibt mir jeden Morgen die Hand. Was ist das?«

Elsbeth hob ihm das Handtuch unter die Nase. Der Fremde lachte. »Also gut. Jetzt kommt was wirklich Schweres: Es hängt an der Wand, macht tick-tack, und wenn's runterfällt, ist die Uhr kaputt.«

Elsbeth lief lachend zu ihrer Mutter in die Küche. Sie mochte ihn auch, den Fremden mit dem nackten Gesicht. Unrast nahm ihn bei der Schulter. »Ich möchte Sie mit meinem Sohn bekannt machen.«

Der Kleine hockte im Kinderzimmer. Zwischen seinen Knien hatte er ein Huhn aus Blech. Er presste einen Schraubenzieher in den Rücken des Huhns. Das Ding sprang in zwei Teile. Der Junge trat mit dem Fuß auf das Blechgehäuse. Dann zog er mit aller Kraft die Antriebsfeder aus dem Hühnerbauch. »So – endlich – 'putt.«

Beim Mittagessen saß er auf dem Schoß des Vaters. Die beiden aßen vom gleichen Teller.

Guste sah auf die schlanken Hände des Fremden. Er hatte ihren Blick bemerkt.

»Maximilian«, sagte er, »Ihr Geschmack ist erlesen. Sie haben eine ungewöhnlich schöne Frau.«

»Ja, das ist wahr.« Unrast lächelte. »Danke für das Kompliment.«

Guste war verlegen. »Was machen Sie von Beruf, Herr Weber?«

»Mein Vater – ich hoffe, er ruht in Frieden, hat mir eine kleine Druckerei hinterlassen. Vier Maschinen.«

»Was drucken Sie? Bücher?«

»Bücher wäre herrlich. Ich muss Sie enttäuschen. Durch meine Rotation läuft Lapidares: Steuerformulare, Danksagungen, Handzettel.«

Um ein Uhr beendete der Rundfunk das Morgenkonzert und sendete Nachrichten.

»Wie bereits gestern berichtet, ist die New Yorker Börse

am vergangenen Freitag zusammengebrochen. Die Folgen sind in ihrem vollen Umfange noch nicht abzusehen. Amerikanische Rundfunkstationen sprechen von einem ›schwarzen Freitag‹. Laut Angaben der Polizei von New York haben bisher zwölf Personen, ausschließlich aus Kreisen der Hochfinanz, den Freitod gewählt. Stürze aus Fenstern von Wolkenkratzern seien an der Tagesordnung. Die Aufsichtsräte deutscher Großbanken sind trotz des heutigen Sonntages zu Sondersitzungen zusammengekommen. Wie es heißt, beraten sie über Maßnahmen zur Abwendung schlimmster Folgen dieses weltgeschichtlich einmaligen Vorfalles auf die deutsche Wirtschaft.«

Martin Weber saß wie erstarrt. Unrast schaltete das Radio ab. Guste sah ihren Gast mitfühlend an.

»Die Meldung scheint Sie hart zu treffen.«

»Sie wird uns alle treffen. Maximilian, hätten Sie wohl einen Digestif?«

Unrast setzte seinen Sohn auf Elsbeths Schoß und holte eine Flasche Weinbrand und zwei Gläser aus dem Vertiko.

»Lassen Sie uns Abschied nehmen von den ›goldenen Zwanzigern‹«, sagte Martin Weber.

»Ich verstehe nicht«, sagte Guste.

Die Männer verzogen beim Trinken ihre Gesichter.

»Dies ist der Beginn einer Wirtschaftskrise katastrophalen Ausmaßes. Keine Industrienation wird sie schadlos überleben.« Er hielt Unrast sein Glas hin. »Alles, was wir Deutschen uns in den letzten Jahren geschaffen haben, wird zusammenbrechen.«

Unrast schenkte nach. »Wie meinen Sie das?«

»Die riesige Welle der Destruktion wird von New York herüberschwappen und uns überfluten, wie nach einem Seebeben.«

»Sagen Sie es deutlich, Mann.«

»Unser wirtschaftlicher Aufschwung ist nur durch ausländische Kredite möglich geworden. Es sind kurzfristige Kredite, aber wir haben sie zur Errichtung fester Anlagen genutzt. Was bedeutet, dass wir kurzfristige Kredite langfristig angelegt haben.«

Guste schwieg. Unrast nickte. Der Junge wollte spielen. Elsbeth trug ihn aus dem Zimmer.

»Die Katastrophe von Wall Street wird Geldknappheit zur Folge haben. Man wird die Kredite von uns zurückfordern. Unser Staat und die Banken werden in ernste Liquiditätsschwierigkeiten geraten.«

Weber trank. Dann stieß er die Luft aus und setzte das Glas hart auf den Tisch. »Unsere Wirtschaft ist ganz besonders eng mit der amerikanischen Wirtschaft verbunden. Eine ganze Reihe deutscher Industriebetriebe ist von Amerikanern aufgekauft worden, oder nicht?«

»Ja«, sagte Guste leise.

»Die werden zweifelsohne als Erste von der Katastrophenwelle überspült.«

»Mein Gott«, flüsterte Guste.

Der Fremde sah sie fragend an. Er spürte die Hitze des Weinbrandes von tief innen. Sein kahler Kopf leuchtete rot im faden Licht des Zimmers.

»Die Firma, bei der ich arbeitete«, sagte Unrast, »Lyntholm ist im Besitz von Amerikanern.«

»Dann können wir nur zwei Dinge tun«, sagte der Fremde. »Trinken. Und ein wenig beten.«

DIE RADIKALEN
September 1930

Neben dem Küchenfenster hing ein großer Kalender. Die Vorderseite zeigte einen Frosch mit Krone. Der Frosch legte einen knubbeligen Finger an seine grüne Stirn: »Ich hab's. Urbin! Der gute Schuhputz!« Auf der Rückseite strich Unrast die Tage seiner Arbeitslosigkeit ab. Es war Tag Nummer 256. Ein Sonntag. Unrast besah sich die Striche und die Zahlen und suchte grinsend nach einem Federhalter. Dann schrieb er an den Rand des Blattes: »Tage der Freiheit ohne Unterbrechung.«

Guste war mit Elsbeth im Kindergottesdienst. Sie hatte zum Gebet zurückgefunden.

Das Schönste am Sonntag waren die Stunden mit seinem Sohn. Erst lagen sie lange im Bett zusammen und erzählten sich Geschichten. Später turnten sie gemeinsam im Kinderzimmer. Der Junge konnte schon ganz gut Kopfstand machen.

Unerwartet schrillte die Klingel an der Tür. Unrast wusste zunächst nichts mit dem Klingeln anzufangen. Wer klingelte denn schon mal bei ihnen? Dann hämmerte eine Faust fordernd auf das Holz, und Unrast ging öffnen.

Kalle Wittmann fiel ihm entgegen. Er hatte den Zeichner schon lange nicht mehr gesehen. 256 Tage. Das Gesicht war zerprügelt. Der Mann blutete aus Nase und Mund. Er hielt den linken Arm umklammert.

»Mach die Türe zu, Maxe. Se sind hinta mir her.«

»Wer?«

»Die Roten.«

Schritte polterten die Treppe hoch. Unrast beugte sich über das Geländer. Es war eine ganze Horde. Sie hämmerten an Türen, schrien, stürmten weiter.

»Mach zu, Maxe!«

Unrast schloss die Tür.

»Det is die Kommune«, sagte Kalle. »Wenn du die rinlässt, machen se Hackfleisch aus mir.«

Fäuste krachten gegen die Tür.

Kalle zuckte zusammen.

Unrast rief: »Was soll das?«

»Geben Sie den Mann raus.«

»Welchen Mann?«

»Das Nazischwein.«

Unrast sah den Zeichner an. Wittmann zog die Augenbrauen hoch. Er nickte.

»Raus mit der braunen Sau!« Die Tür splitterte.

Unrast hatte keine sehr kräftige Stimme. »Gehen Sie fort von meiner Tür. Was Sie da tun, ist Hausfriedensbruch.«

Die Horde heulte auf, lachte. Stiefel krachten gegen die Tür. »Licht aus! Messer raus! Heute wird geschlachtet!«

Die Angst war wieder da. Unrast ging zum Kinderzimmer. Der Junge stand immer noch auf dem Kopf und freute sich über den Lärm. Unrast schloss ihn in sein Zimmer ein. Dann kramte er seine alte Mauser hinter den Büchern hervor. Die Munition war in der Schublade rechts im Vertiko.

»Maxe, nich! Um Jottes willen, nee!«

Angst. In den Därmen. Übelkeit. Und der Kopf? Leer. Pochen ist da drin. Und Eis.

»Geh zur Tür, Kalle. Wenn ich dir ein Zeichen gebe, reißt du sie auf. Und schmeißt dich auf den Boden.«

»Maxe, bloß keen Blödsinn nich!«

»Mach, was ich dir sage, verdammt nochmal!« Unrast hörte seinem Brüllen zu. Er dachte, ich habe nicht gebrüllt. Die Wut hat gebrüllt.

Kalle Wittmann stellte sich an die Tür. Unrast nickte.

Der Zeichner riss die Tür auf und warf sich mit dem Rücken an die Wand.

Die ersten beiden flogen durch die enge Öffnung. Ihr eigener Schwung warf sie auf den Linoleumboden in die Lache aus Kalles Blut. Die nächste Welle wollte über sie hinwegspülen, sich in die Diele ergießen. Unrast zog durch. Überlaut hörte er die Patrone in die Kammer gleiten. Die Kerle erstarrten, sahen die Waffe, hielten es nicht für möglich. »Der traut sich doch nich ...«

Sie wollten sich weiter in die Wohnung drängen. Unrast schoss. Die Kugel fetzte dem Anführer zwischen die Füße. Der Mann sprang hoch, fiel rückwärts auf die Nachdrängenden.

»Mann, da hat keen Zentimeter mehr jefehlt!«

Unrast ging langsam auf den Mann zu. Er zielte ihm zwischen die Augen. »Ich hab noch sieben Schuss. Sieben Mal Notwehr.«

Kalle lachte. Aber es war kein richtiges Lachen.

»Was seid ihr? Kommunisten?«, fragte Unrast.

Der Anführer nickte.

Unrast sprach leise. Er nahm den Revolver nicht weg von dem Mann. »Ich habe euren Bolschewismus in Russland gesehen. Die Erhängten. Die abgebrannten Häuser. Die Furcht in den Menschen. Ich will sie nicht haben, eure Revolution, euer Proletariat. Eure Diktatur kotzt mich an. Ich will kein Sowjet-Deutschland. Es ekelt mich vor euren Wahlplakaten. Ihr schüttet kübelweise Dreck über ehrenwerten Männern aus. Ihr macht eine Kloake aus unseren Straßen. Mord und Totschlag, jeden Tag.«

Die Wut in seinem Kopf wollte seinen Schädel sprengen.

»Bleibt mit eurem Kübel Mist, wo ihr hingehört. Kippt ihn vor den Füßen eures Lenin aus. Aber bleibt weg damit von meiner Tür. Zwängt mir nicht euer Leben auf. Von meinen Hoffnungen ist mir so gut wie nichts geblieben. Es steht kaum was zu essen auf dem Tisch. Nur ein paar Werte gibt es noch für mich: meine Familie. Diese vier Wände hier. Und unsre Freiheit in diesen Wänden.«

Er fuhr sich mit der linken Hand über die Stirn. »Steht auf. Einer nach dem anderen. Geht rückwärts aus der Tür. Langsam.«

Er drückte den Lauf der Mauser hart auf die Stirn des Anführers.

»Bei der ersten falschen Bewegung stirbt dieser Kerl.«

Die Männer schoben sich rückwärts auf den Treppenflur hinaus. Dann hockte nur noch der Anführer am Boden.

»Raus«, sagte Unrast.

Der Mann sah ihn höhnisch an, stand auf und ging. Kalle schmetterte die Tür hinter ihm zu.

»Maxe, ick hab Angst vor dir jekricht. Det sah wirklich aus, als wolltest du die kaltmachen.«

Unrast legte den Revolver ins Vertiko zurück. Er sah nach seinem Sohn. Der war in sein Spiel vertieft. »Komm in die Küche«, sagte er zu Kalle Wittmann. »Wir müssen was für deine Wunden tun.«

Kalle zog die Jacke und das Hemd aus.

»Der Arm ist gebrochen«, sagte Unrast. »Ich bring dich rüber auf die Notstation.«

»Nee, lass man. Ick mach det alleene. Bisken späta, wenn die Meute weg is. Jetz häng’ se sicha noch in’n Hausflur rum.«

Unrast wusch ihm das krustige Blut aus dem Gesicht. Kalle kramte zwei Zigaretten raus.

»Maxe, du musst ’ne Weile untertauchen. Bei de Roten biste jetzt uff de Liste.«

Unrast schüttelte den Kopf. »Ich denke nicht daran. Außerdem wüsste ich gar nicht, wohin.«

Wittmann hielt ihm ein Streichholz hin. »Na jut, denn stell ick dir zwei SA-Männer vor de Türe.«

»Kalle, du bist verrückt.«

»Nee, bin ick nich. Du brauchst jetzt Schutz.«

Max paffte an der Zigarette. Er mochte das Zeug nicht, aber eine Zigarette hatte er schon Ewigkeiten nicht mehr zwischen den Fingern gehabt. »Bist du wirklich Nazi?«

Kalle nickte. »Erst war ick bei'n Stahlhelm. Aber jetzt sind die meisten rüba zu die NSDAP. Alle anständ'jen Deutschen jehörn in die Partei. Det is 'ne richtije Volksjemeinschaft. Alle jehör'n da rin, Unternehma und Arbeita. Ooch Mütta, Ingenieure, alle. Sollste ma seh'n, wie schnell wir Ordnung kriejen in den Laden! Haste den Hitler ma reden hör'n? Oder den Goebbels, den Dokta?«

Unrast schüttelte den Kopf.

»Mann, da stehste uff'n Stuhl! Da bleibste nich hocken uff dein' Arsch! Da erfährste jenau, wie wir Schluss machen mit de vier Millionen Arbeitslose! Wir müssen nur zusammenhalten, Ärmel hochkrempeln und ran. Denn ha'm wa ooch bald wieda Fluchzeuge und Zerstörer und schmeißen denen ihren Vertrach von Versailles vor de Plattfüße.«

Er presste sich ein nasses Tuch auf das zugeprügelte Auge. Die Zigarette hing ihm aus dem Mundwinkel und wippte beim Sprechen auf und ab. »Sach doch ma selber, Maxe – ha'm die janzen Rejierungen der letzten Jahre wat jeschafft? Nischt ha'm se. Korrupt sind se bis in die Knochen, und det Volk hat nischt zu fressen. Wir brauchen einen Mann, der Ordnung schafft.«

»Kalle«, sagte Unrast. »Ihr seid auch nichts anderes als eine Schlägerbande. Ihr verbreitet Terror auf den Straßen. Ebenso wie die Kommunisten. Wie viele Morde habt ihr schon begangen!«

Kalle nahm das nasse Tuch aus dem Gesicht. Er hob mit den Fingern das zugeschwollene Augenlid ein wenig an und legte den Kopf auf die Seite.

»Maxe«, sagte er, »du warst eben ooch janz schön nahe dran an ein'n Mord.«

Er ging zur Diele und wischte mit dem nassen Tuch sein Blut von dem Linoleum.

»Sach ma, Maxe, könnt ihr von de Untastützung leben, die Vata Staat für de Arbeitslosen austeilt?«

»Gott bewahre.« Unrast zog noch einmal an der Zigarette. »Guste näht für die Kirche. Ich hab mein Motorrad verkauft, zu einem guten Preis. Und manchmal geh ich zum Charlottenburger Bahnhof, Koffer tragen.«

Wittmann stand auf. »Der Arm tut ma doch janz scheen weh. Ick jeh ma lieba 'rüba, schienen lassen.« An der Tür drehte er sich noch einmal um. »Det Scheenste hab ick dir noch nich erzählt, Maxe. Heute morjen, bevor die mich jehetzt ha'm wie 'n alten Hasen, war ick bei de Roten uff 'ne Wahlversammlung. Noch 'n paar Kameraden von de SA und icke. Wir war'n da stör'n, vastehste? Teddy Thälmann hat jesprochen, der Unterzar aus Moskau. Mann, wat der allet so verzapft! Du kennst det, wenn er sich verquatscht?«

Unrast schüttelte den Kopf.

»Neulich hat er ma auf 'ner Versammlung rumjebrüllt: ›Die Straßenbahner stehen mit einem Fuß im Grab, und mit dem anderen nagen sie am Hungertuch.‹ Daruff brüllt eena aus de Menge: ›Und wer tritt uff de Klingel?‹«

Unrast legte den Kopf zurück und lachte.

»Wülste hör'n, wat der Teddy sich heute wieda jeleistet hat?«

»Ja. Erzähl.«

»Wahrscheinlich hat er sagen wollen, dass die Frauen für

die kommunistische Idee jewonnen werden müssen und dass det von die unteren Parteiorgane jemacht werden müsste, von de Betriebszellen und de Wohngruppen, und da sacht der doch glatt: ›Man muss die Frauen vor allem in den dazu bestimmten unteren Organen bearbeiten!‹«

Sie lachten beide, bis ihnen die Tränen kamen, und dann hörten sie Guste und Elsbeth die Treppen hochstapfen, und Kalle Wittmann machte sich auf die Suche nach einem Arzt für seinen Arm.

BRIEF NACH KASSEL
4. August 1932

Liebste Eltern,

nun haben wir endlich einen kleinen Sprung nach vorn gemacht. Max hat einen Posten als Hausverwalter gefunden! Geld bringt das zwar nicht ein, dafür aber eine mietfreie Wohnung.

Das Haus steht in Biesdorf, weit im Osten der Stadt. Schön ist es beim besten Willen nicht zu nennen. Vier Stockwerke hoch, gelb angestrichen, mit einem Gartenlokal davor und einem Anbau, der als Kino dient. Die Wohnungen sind gut geschnitten, geräumig und jede mit einem Balkon ausgestattet, der auf den Klopstock-Park hinabsieht. Ein regelrechter Park ist das zwar nicht, aber eine hübsche Grünanlage.

Als wir das Haus besichtigten, haben wir sofort an euch denken müssen, und wie schön es wäre, wenn ihr zu uns ziehen könntet. Sicher wird bald einmal eine der Wohnungen frei, und was hält euch eigentlich noch in Kassel? Du, Vater, bist pensioniert. Die Kinder würden sich jedenfalls unbändig freuen.

DER FACKELZUG
30. Januar 1933

Martin Weber stand vor der Grube mit dem Sarg seiner Frau. Es war ein Montag. Schwere Wolken legten sich über die Häuser am Rande des Friedhofes, und Nebel machte aus städtischer Hässlichkeit eine mystische Kulisse: dekadent, zerbrechlich, schutzbedürftig, liebenswert.

Der Mann stand barhäuptig am Grab. Sein kahler Schädel überragte die dunkel gekleideten Menschen. Sie ließen Blumen auf den Sarg fallen, warfen Erde darüber, legten schlaffe Hände in Martins Hand, sagten etwas mit leisen Stimmen und gingen wieder. Dann waren sie alle gegangen, und er sah die blonde Frau am Friedhofseingang warten. Martin Weber sagte sich, dass Guste schön war. Er sagte sich auch, dass er nicht an sie denken sollte. Aber sein Kopf gehorchte ihm nicht immer. Vielleicht war sie auch gar nicht richtig schön. Aber sie hatte etwas, das er nur selten bei anderen Frauen sehen konnte. Sie leuchtete von innen. Neben ihr stand Unrast. Er rieb Gustes Finger zwischen seinen Händen. Die Gesichter der beiden Freunde waren blau gefroren.

»Kommt«, sagte Weber. »Im Ratskeller gibt's einen guten Grog.«

Dann saßen sie in dem holzgetäfelten Erkerzimmer, ließen die Wärme des Kachelofens in sich hineinkriechen, schlürften an ihren Grogs und wussten nicht, was sie zueinander sagen sollten.

»Der Tod eines geliebten Menschen hinterlässt nicht immer Trauer«, erklärte Weber. »Allerdings eine gewisse Leere und etwas Ratlosigkeit, aber weit gehend doch auch ein Aufatmen.«

Guste sah ihn erschreckt an. Die braunen Augen in dem

nackten Gesicht lächelten. Unrast nahm ein Taschentuch heraus und putzte seine Brillengläser.

»Sieh einmal, Guste, das ist so«, sagte Martin Weber, »meine Frau hat mich nicht plötzlich verlassen. Nicht von einem Tag zum anderen. Der sagenumwobene ›Schnitter Tod‹ hat sich fünf Jahre Zeit gelassen. Am Anfang bist du verzweifelt, zerrst deine Frau von Lungenspezialist zu Lungenspezialist. Es kennt keine Grenzen, dein Mitleid mit der Kranken und das Mitleid mit dir selbst. Später wird das Leiden zur Gewohnheit. Ein jedes Mitleid nützt sich ab mit der Gewohnheit.«

Er schlürfte von dem Grog. »Mit der Übersiedlung in ein Sanatorium setzt die nächste Phase ein: die der Entfremdung. Der Gesunde, in der Stadt Zurückgebliebene baut sich erneut sein Leben auf. Er überspringt die Vergangenheit und fühlt sich trotzdem nur zur Hälfte frei.«

Vom Nebenzimmer kam Tumult. Eine Männerstimme brüllte »Hitler« und »Reichskanzlei«, aber mehr war nicht zu verstehen, denn Stühle wurden gerückt, und Menschen schrien durcheinander. Die drei Freunde sahen auf von ihren Gläsern und hoben voller Unverständnis ihre Schultern.

»Lungenkranke verfallen meist einer übersteigerten Lebensgier. Das ist bekannt«, sagte Martin Weber. »Der Hunger nach sexueller Erfüllung wird unstillbar. Bei jedem Besuch im Schwarzwald wurde es mir deutlicher gemacht. Todgeweihte Männer schlossen einen bedrohlichen Ring um meine Frau und mich, sahen uns beim Essen zu, hockten abwartend auf Parkbänken in unserer Nähe, verschlangen Esther im Schwimmbad mit den Augen. Meine Frau lächelte den Kerlen Einverständnis zu. Ich war zum störenden Element im schnell rinnenden Stundenglas ihrer Zeit geworden. Sie erwartete mit Ungeduld den flüchtigen Kuss des Abschieds. Meine Anwesenheit verzögerte ja nur den Beginn der Orgie.«

»Mein Gott«, flüsterte Guste.

»Das letzte Jahr bin ich nicht mehr hingefahren, und als sie starb, war ich nicht in ihrer Nähe.«

Der Wirt kam in das Erkerzimmer. Er wischte sich die nassen Hände an seiner weißen Schürze ab. »Noch 'ne Runde Grog, Herr Weber?«

Martin nickte. »Wenn Sie so freundlich sein wollen.«

Ein junger Mann stellte sich in die offene Tür. Er trug eine braune Uniform und schwarze Stiefel. »Es ist soweit«, rief er, »Adolf Hitler ist Reichskanzler!«

Weber starrte den Mann an. »Das ist nicht möglich.«

Das junge SA-Gesicht nickte eifrig. »Reichspräsident von Hindenburg hat heute Mittag die Ernennungsurkunde unterschrieben.«

Der Wirt schloss hinter ihm die Tür. »Es ist schlimm mit diesem Hindenburg«, sagte er. »Neulich hat eine Frau ihm Rosen gebracht und das Einwickelpapier auf seinem Schreibtisch liegen gelassen. Das hat er auch unterschrieben. Der alte Herr unterschreibt einfach alles.«

»Das Ganze ist nicht komisch«, sagte Martin Weber.

»Da haben Sie Recht«, sagte der Wirt, »aber wo's nun mal geschehen ist, da können wir nur noch lachen.«

Mit dem letzten Licht des Tages machte sich auch der Nebel davon, aber die Scheiben des DKW waren beschlagen. Sie kamen nicht bis zur Wilhelmstraße durch. Menschenleiber versperrten ihren Weg. Eine Springflut stürzte sich zur Reichskanzlei. Weber stellte das Auto ab und griff nach seinen Freunden und wurde vom Sog der menschlichen Springflut mitgerissen. Vor der Reichskanzlei drängten sich die Menschenleiber in ihren Wintermänteln aneinander. Die drei Freunde fühlten sich als Fremde. Sie hielten sich bei den Händen. Ihre Trauerkleidung machte sie zu einer schwarzen Insel. Sie standen da und horchten auf, wenn Stimmen über den Platz flogen.

»Ist es wirklich wahr?«

»Ick hab's am Radio jehört. Hindenburg hat et beschlossen. Schleicher is abjesetzt. Hitler is jetzt Kanzler.«

»Und neulich hat er noch jesacht, er will ihn nich haben, diesen ›böhmischen Gefreiten‹.«

Ein paar Leute lachten.

»Meine Verehrtesten, dass es da keine Unklarheit gibt: Der Herr Hitler ist ganz legal ernannt worden. Es ist äußerst demokratisch zugegangen.«

»Wurde auch höchste Zeit. Wir brauchen eine starke Hand.«

»Hitler ist der Mann der Stunde!«

»Hitler ist ein Bluthund!«

»Egon, polier du dem Kerl die Fresse. Mir is heute feierlich zu Mute.«

Von weit her kam das Grollen. Schwoll an. Nagelstiefel auf Kopfsteinpflaster. Singen aus Männerkehlen.

»Die Fahne hoch,
die Reihen fest geschlossen,
SA marschiert,
im ruhig festen Schritt ...«

Menschen drängten in der Dunkelheit auseinander, machten Platz für marschierende Kolonnen. Die Marschierer trugen brennende Fackeln in ihren Händen. Flammen leckten durch die Nacht.

Dann sprang ein Fenster auf. Oben in der Reichskanzlei. Adolf Hitler stellte sich in das Fenster. Der Schrei der Menge sprang durch die Nacht. Einer begann zu singen.

»Deutschland, Deutschland über alles,
über alles in der Welt ...«

Die Menge sang mit. Das Lied brach sich an den Häusern, kam zurück, mischte sich mit dem Lied der Marschierer. Der Mann im Fenster hob den rechten Arm zum Gruß, und die Arme der Menge flogen nach oben, reckten sich dem neuen Führer entgegen, und die Münder der Menge brüllten »Sieg Heil! Sieg Heil!«. Es waren Tausende von Mündern. Aber es war nur ein Schrei. Guste spürte den Schrei wie ein Beben in ihrem Körper. Und die Menge sang.

»Von der Etsch bis an die Memel,
von der Maas bis an den Belt ...«

Sie sang mit. Und drehte sich zu Unrast um.

»... brüderlich zusammenhält ...«

Ihr Mann hatte Tränen in den Augen. Neben Max standen ein Mann und eine Frau, die nicht mitsangen. Ihre Gesichter waren schmerzhaft verzerrt, nach unten gekehrt, hilflos beschämt. Guste wollte die Gesichter der Verstörten nicht länger ansehen. War dies nicht ein Anfang? Sie öffnete alle ihre Sinne diesem Jubel. Es waren ihre Landsleute, die da sangen. Sie stand nicht länger mehr allein. Es gab nicht nur Max und die Kinder und Martin und die Eltern. Es gab ein ganzes Volk, und diese Stunde war eine Geburt:

Das Volk hatte Guste in ihre Mitte hineingeboren. Sie nahm die Hand aus ihrem Muff und streckte den rechten Arm in die Nacht und rief im Rhythmus der anderen Rufer: »Sieg Heil! Sieg Heil! Sieg Heil!«

Hitler drehte sich ab vom Fenster. Vorhänge wurden zugezogen. Die Menge wandte sich den Fackelträgern zu. Hunderttausende marschierten durch die Nacht. SA-Männer, Mädchen vom BDM, SS-Männer, Mütter mit ihren Kindern, Hitlerjungen, Männer vom Stahlhelm. Stunden und Stunden und Stunden. Die Fackeln machten die Nacht hell.

Dann wogte ein neuer Schrei über den Platz: »Deutschland erwache! Juda verrecke!«

Martin Weber legte Guste die Hand auf die Schulter. »Ich friere. Können wir nicht gehen?«

Am Auto sagte er: »Hoffentlich kann Gott die Juden schützen.«

Unrast sah ihn an. »Was meinst du?«

Martin starrte vor sich hin. Plötzlich brüllte er los: »Deutschland erwache! Juda verrecke!« Er lauschte in die Nacht. Von Ferne kam das Grollen der Marschierer.

»Kein Echo«, sagte Martin Weber. »Ich wollte das Echo meiner Stimme hören.« Er sah Unrast an und brüllte noch einmal. »Juda verrecke!«

»Martin, hör auf«, sagte Unrast.

»Eine Jüdin ist schon verreckt«, brüllte Weber zu den Häusern hoch. »Esther war ihr Name. Ihr braucht sie nicht mehr umzubringen.«

Irgendwo wurde ein Fenster aufgerissen. »Ruhe, du Dreckskerl!«, rief eine Männerstimme. »Ruhe! Oder ich komme runter!«

Weber stand hoch aufgerichtet. Er lachte stoßweise. Schmerzhaft. »Esther hat ihnen den Spaß verdorben. Die

Bluthunde können sie nicht mehr verrecken lassen.« Ein
Beben lief durch seinen Körper. Er sackte zusammen. Unrast fing ihn auf. Weber schluchzte. Seine Lungen schmerzten ihn, und der Krampf in seinen Lungen machte ihm das
Atmen schwer. »Ich – habe – Esther – beim – Verrecken –
auch – nicht – helfen – können.«

NOTIZEN FÜR EINEN SOHN

Beim Aufräumen fand sie das Poesie-Album. Sie blätterte
in den Seiten der fast vergessenen Kindheit. Von Wilfrieds
Rose hingen noch ein paar kleine Flecken an dem sonst
leeren Blatt. Gleich danach kam die Eintragung des Reli-
gionslehrers:

> »Schiffe ruhig weiter,
> Wenn der Mast auch bricht,
> GOTT ist dein Begleiter,
> ER verlässt dich nicht.«

Guste lachte hellauf. Die letzte Eintragung trug das Datum
ihrer Hochzeit.

> »Wir sahen uns und lernten uns kennen.
> Wir liebten uns und mussten uns trennen.
> Hochachtungsvoll, dein Vater.
> PS. Ebenso deine dich liebende Mutter,
> Auguste Lehmann, geborene Rindenkirchen.«

Guste ließ sich auf das Sofa zurückfallen und war froh,
dass niemand da war, der sie fragen konnte, warum sie die
Beine in die Luft warf und nicht aufhören wollte mit ihrem

Lachen. Dann setzte sie sich an Unrasts aufgeräumten Schreibtisch und schrieb auf das nächste leere Blatt:

FÜR AUGUST UNRAST, MEINEN SOHN!

Dieses Buch soll dir gehören. Darin will ich vermerken, was ich dir, dem Fünfjährigen, heute noch nicht sagen kann.

Ich bete zu Gott, dass er mir den Federhalter führt und mich nichts Dummes schreiben lässt.

4. Februar 1933.

Du bist ein zarter Junge, sehr zum Kummer deines Vaters. Wenn er mit dir Fußball spielen will, ermüdest du sehr schnell.

Der Name August ist viel zu schwer für dich. Niemand nennt dich so. Kommt dein Vater nach Haus, fragt er: »Wo ist der Junge?« Die Nachbarn nennen dich ebenso, und nunmehr lautet dein Name: Junge Unrast.

28. Februar 1933.

Unbekannte Täter haben das Reichstagsgebäude in Brand gesteckt. Die Regierung sagt, es seien die Kommunisten gewesen.

2. März 1933.

Es herrscht große Aufregung wegen des Reichstagsbrandes. Der greise Reichspräsident von Hindenburg hat eine »Notverordnung zum Schutz von Volk und Reich« erlassen. Sie ist in der Zeitung abgedruckt. Wenn ich nur das herausnehme, was für unser Dasein in diesen Tagen von Bedeutung ist, dann liest es sich so:

»Aufgrund ... der Reichsverfassung wird zur Abwehr kommunistischer staatsgefährdender Gewaltakte Folgendes verordnet:

... es sind ... Beschränkungen der persönlichen Freiheit, des Rechts der freien Meinungsäußerung, einschließlich der Pressefreiheit, ... des Versammlungsrechts, ... Eingriffe in das Postgeheimnis, Anordnungen von Haussuchungen und von Beschlagnahmen des Eigentums auch außerhalb der sonst hierfür bestimmten gesetzlichen Grenzen zulässig.«

Ich bin eigentlich recht empört. Selbstverständlich richtet sich dieses Gesetz nicht gegen Menschen, wie es dein Vater und deine Mutter sind. Und dennoch: Gesetze werden für jedermann gemacht, also dürfen auch wir nicht mehr sagen, was wir denken; und jederzeit, ungehindert, könnten Organe des Staates von dem bisschen Hausrat, den wir besitzen, etwas beschlagnahmen. Dieses Buch zum Beispiel.

Dein Vater teilt meine Empörung. Er sagt jedoch, ich solle nicht alles immer so wörtlich nehmen. Er ist davon überzeugt, dass es sich nur um eine vorübergehende Maßnahme handelt.

3. März 1933.

Mein Sohn, du hast mir heute eine Szene des Lebens gezeigt, die in keinem Film zu sehen ist und die mich aufgewühlt hat, das muss ich wohl eingestehen.

Die kleine Uschi aus der vierten Etage hatte sich mit dir in der Garage versteckt. Ich konnte euch durchs Fenster sehen, auf einer Werkzeugkiste sitzend, die Kleine ohne ihren Schlüpfer, das Röckchen weit hochgeschlagen bis zum Hals, lehnte sie sich rückwärts auf ihre dünnen Arme, hob dir ihren kleinen Bauch entgegen. Sie wartete auf dein Streicheln. Deine Hand glitt zärtlich über ihren Bauch, streichelte die mageren Schenkel, strich um den kleinen Spalt herum und griff dann fest, wie ein Mann es tut, in den Popo des Kindes.

Das Bild wird mich mein Leben lang nicht mehr verlassen. Was in den Gesichtern vorging, bewegt mich, seit ich euch sah, zutiefst. Die Kleine schloss verzückt die Augen, und auch der Junge hielt die Augen zu. Er lächelte.

5. März 1933.

Gestern musste ich zum ersten Mal wählen. Es war kein weiter Weg. Das Wahllokal befand sich hier im Haus, in der Klopstock-Klause. Wir sind zu viert vor die Kabäuschen getreten, Opa, Oma, mein Mann und ich. Wo wir unsere Kreuze hingemalt haben, will ich dir ohne Zögern anvertrauen: Deutsch-National. Wir hatten es oben am Küchentisch so abgesprochen.

Draußen, im Biergarten, hielt ein Mann von der Zeitung deinen Opa am Ärmel fest und wollte wissen, wem er seine Stimme gegeben habe.

Opa kniff die Augen zusammen. Das spitzbübische Grinsen, das alle an ihm so gerne haben, trat in sein Gesicht. Er legte dem Herrn die Hände auf die Schultern und sang ganz laut mit seiner hellen, kehligen Stimme: »Wir wollen unsr'n Kaiser Friedrich Wilhelm wiederhab'n ...«

Alle Umstehenden mussten von Herzen lachen, sogar die beiden SA-Männer an der Tür zum Wahllokal.

6. März 1933.

Wir haben es wohl richtig gemacht, auch wenn wir es falsch gemacht haben. Die Partei unserer Wahl hat nur drei Millionen Stimmen bekommen, aber sie befindet sich im Bündnis mit den National-Sozialisten, und die wiederum erhielten mehr als siebzehn Millionen Stimmen, was wohl bedeutet, dass die unermesslich große Mehrheit der Deutschen unserem Reichskanzler Hitler das Vertrauen schenkt.

27. März 1933

Martin war gestern hier und brachte allerlei mit, nicht nur den Wein, sondern auch den ersten warmen Frühlingstag. Der Himmel strahlte über Biersdorf, wir hatten alle Fenster sperrangelweit offen, und trotz der leichten Sonntagskleider war es uns angenehm warm.

Nach dem wirklich gelungenen Essen konnten die Herren wieder einmal das Politisieren nicht lassen, und der Tag, auf den wir uns so sehr gefreut hatten, war damit zunichte. Martin Weber hatte die Zeitung vom Freitag dabei. Es war der *Völkische Beobachter*. Ich schreibe für dich, mein Junge, die Schlagzeilen ab:

DER REICHSTAG ÜBERGIBT ADOLF HITLER DIE HERRSCHAFT. ANNAHME DES ERMÄCHTIGUNGSGESETZES MIT DER ÜBERWÄLTIGENDEN MEHRHEIT VON 441 GEGEN 94 STIMMEN DER S.P.D.

Martin Weber hat uns erklärt, was es mit dem »Gesetz zur Behebung der Not von Volk und Reich« auf sich hat: Alle Regierungsvollmachten sind ab sofort dem Reichskanzler übertragen worden. Er braucht das Parlament nicht mehr um Zustimmung zu fragen, kann schalten und walten, wie er will.

»Wenn der Reichstag jetzt zusammentritt, dann nur noch, um sich die Beschlüsse des Nazi-Führers anzuhören«, sagte Martin, »anschließend brüllen die Abgeordneten SIEG HEIL und singen zwei Lieder, bevor sie auseinanderlaufen: Das *Deutschlandlied* und das *Horst-Wessel-Lied*. Der Deutsche Reichstag ist zum teuersten Gesangverein der Welt geworden.«

»Eine derartige Macht hat nicht einmal der Kaiser besessen«, sagte mein Vater.

Martin knüllte die Zeitung zusammen und warf sie zornig aus dem Fenster. »Das Parlament hat sich selbst umgebracht. Hitler ist ermächtigt worden. Und zwar zum Diktator.« Er trank den Wein aus und warf das Glas der Zeitung hinterher. Es fiel gottlob nicht auf die Klopstockstraße, sondern zerklirrte auf dem Fenstersims.

Ich war entsetzt, aber dein Vater holte so viele Biergläser aus dem Vertiko, wie seine Hände fassen konnten. »Hier«, sagte er zu Martin, »mach weiter. Und wenn die nicht reichen sollten, lauf ich schnell runter in die Kneipe.«

Martin Weber griff nach dem Kopf meines Mannes und küsste ihn auf die Stirn.

22. Juli 1933.

Mein Sohn, das große Ereignis ist eingetreten. Der Tag, den wir dreieinhalb Jahre sehnlich herbeigewünscht haben, ist da: Dein Vater hat wieder Arbeit!

Gestern ist das Wunder geschehen, beim Sommerfest, im Biergarten der Klopstock-Klause. Alle Tische waren besetzt, und die Kastanienbäume leuchteten blau, rot und gelb im Schein der Papierlaternen. Eine Ziehharmonika spielte zum Tanz auf, und die Stimmung war ausgelassen. Fast alle hatten ihre Kinder mitgebracht.

Unerwartet, wie aus dem Boden geschossen, stand ein alter Freund deines Vaters an unserem Tisch. Ich habe den eleganten Herrn nicht gleich erkannt. Früher war er immer schmuddelig gewesen, unrasiert, abgerissen oder in SA-Uniform. Nun jedoch stand er da im dunklen Nadelstreifen und einer grellen Krawatte, Parteiabzeichen im Knopfloch und Pomade im Haar.

»Mann, Kalle!«, rief dein Vater. »Du siehst ja aus wie

Graf Koks von der Gasanstalt!« Er freute sich mächtig. »Bist du in den Glückstopf gefallen?«

»Glück hat uff de Dauer nur der Tüchtije«, griente er, »aba ick bin nich tüchtich jenuch. Maxe, ick brauche dir!«

Er brachte eine Verbeugung zu Stande vor meinen Eltern. »Jestatten, Wittmann is der Name, und Ihr Schwiejasohn hat mir mal det Leben jerettet. Det is'n Deibelskerl, der Maxe.« Er nahm das Bierglas deines Vaters und trank es leer, in einem Zuge, ohne abzusetzen. Dann legte er ein paar Münzen auf den Tisch und rief über die Ziehharmonika hinweg: »Herr Wirt, noch 'ne Runde. SA marschiert nich nur. SA hat ooch 'n jewaltijen Durst.« Er legte seinen Arm auf die Schulter des Freundes. »Maxe, haste Arbeit jefunden?«

Dein Vater schüttelte den Kopf.

»Ab morjen haste welche«, sagte Kalle Wittmann.

Mir blieb das Herz stehen, und der seit vielen Jahren Entmutigte sah ungläubig auf.

»Also, det is so: In Spandau jibt's 'n Tanklager für Benzin. Riesije Kessel, so hoch wie Gasometer, und det Janze heeßt Spandauer Tanklager, vastehste?«

Dein Vater nickte.

»Bis vor'n paar Monate war da noch n' Jude druff jesessen. Aba denn is der Itzich abjehau'n. Üba Nacht, sozusajen. Nach Frankreich rüber.«

Er zündete sich eine Zigarette an. Nicht nur an seiner rauen Stimme war zu erkennen, dass er Kettenraucher war. Auch seine Finger waren gelblichbraun vom Nikotin.

»Der neue Chef is' SS-Sturmbannführer Kleimann. Ein feiner Pinkel. Immer parfümiert und hinta de Weiber her. Vom Arbeeten hält der nich allzu ville, und deshalb hat er mir 'n Titel jejeben: Betriebsführer. Nu sitz ick da mit mein' Glück. Der Führer sacht: Arbeit adelt. Demnach müsste ick mindestens 'n Herzog sein, weil ick allet alleene führen muss, Büro, Tanklager und Fahrzeugpark.«

Dein Opa schob ihm sein Bier über den Tisch, und Kalle Wittmann sagte leise: »Maxe, ick überjebe dir den Fahrzeugpark.«

Es war der schönste Augenblick des Lebens seit deiner Geburt, mein Junge. Wir sind aufgesprungen und haben uns geherzt, geküsst, und getanzt haben wir endlich auch mal wieder. Dann jedoch bekam unsere Freude einen Nasenstüber. Kalle Wittmann hat wissen wollen, ob dein Vater schon Mitglied sei in der Hitler-Partei. Als dies verneint werden musste, murmelte Kalle, dass er eigentlich nur Parteigenossen einstellen dürfe. Aber dann meinte er: »Wenn ick dem Sturmbannführer erzähle, wie du dem SA-Mann Wittmann det Leben jerettet hast, heldenmütich, jejen eine Überzahl von de Rotfront, denn jibt er dir den Fahrzeuchpark.«

Mein Mann war recht atemlos, hat wohl ein Schluchzen unterdrückt. Ich hingegen habe die Tränen nicht zurückhalten können und geflennt wie eine kleine Göre.

10. November 1933.

Ach, mein Kleiner, ich bin heute sehr verwirrt. Ein Brief von Martin Weber ist gekommen. Der Absender steht nicht auf dem Kuvert, aber ich habe ihn gleich an der Schrift erkannt. Außer einer Druckschrift war nichts in dem Kuvert. Nun, ich habe Martin angerufen. Er sagte: »Zeig Maximilian diesen ungeheuerlichen Text aus dem Munde eures geliebten Führers. Dann steck das Blatt in einen Ofen. Das nächste Mal, wenn wir uns sehen, werden wir darüber reden.«

Nein, ich werde nicht mit deinem Vater darüber reden. Mit meinem Zwiespalt will ich ihn jetzt nicht belasten. Er baut uns ein neues Leben auf. Aber wir beide, mein Junge, wollen eines Tages darüber reden. Und so werfe ich die Druckschrift auch nicht in den Ofen, sondern klebe sie hier für dich in mein Buch:

PROTOKOLL EINER ANSPRACHE HITLERS VOR EINEM KLEINEN KREIS VERTRAUTER PARTEIGENOSSEN.

»Und wenn links und rechts Verbockte dastehen und sagen: ›Aber uns bekommt ihr Nationalsozialisten nie‹, dann sage ich, Adolf Hitler: ›Das ist uns gleichgültig, aber eure Kinder bekommen wir. Sie erziehen wir von vornherein zu einem anderen Ideal!‹ Diese Jugend lernt ja nichts anderes als deutsch denken, deutsch handeln, und wenn diese Knaben mit zehn Jahren in unsere Organisation hineinkommen und dort zum ersten Mal überhaupt eine frische Luft bekommen und fühlen, dann kommen sie vier Jahre später vom Jungvolk in die Hitlerjugend, und dort behalten wir sie wieder vier Jahre. Und dann geben wir sie erst recht nicht zurück in die Hände unserer alten Klassen- und Standes-Erzeuger, sondern nehmen sie sofort in die Partei, in die Arbeitsfront, in die SA oder in die SS, in das NSKK und so weiter. Und wenn sie dort zwei Jahre sind und noch nicht ganze Nationalsozialisten geworden sein sollten, dann kommen sie in den Arbeitsdienst und werden dort wieder sechs und sieben Monate geschliffen, alles mit einem Symbol, dem deutschen Spaten. Und was dann nach sechs oder sieben Monaten noch an Klassenbewusstsein oder Standesdünkel da oder dort noch vorhanden sein sollte, das übernimmt dann die Wehrmacht zur weiteren Behandlung auf zwei Jahre, und wenn sie dann zurückkehren, dann nehmen wir sie, damit sie auf keinen Fall rückfällig werden, sofort wieder in die

SA, SS und so weiter, und sie werden nicht mehr frei ihr ganzes Leben ...«

Guste Unrast klebte die Druckschrift auf die nächste leere Seite. Ich, ihr Sohn, spielte neben ihr auf dem Kokosläufer. Meine Mutter legte die Notizen in eine Schachtel mit persönlichen Papieren. Sie hat das Buch nie wieder in die Hand genommen.

2.

GLÜCKLICHE FESTUNG
Winter 1933/1934

Ich erinnere mich an einen kleinen Jungen vor einem unermesslich hohen Zaun. Der Junge bin ich. Nein. Nicht ich. Wohl eher der Knabe, der ich einmal gewesen bin.

Er stand auf seiner Seite der Umzäunung. Das Eis des Maschendrahtes schnitt in seine Stirn. Er suchte die Straße ab. Da draußen herrschte die gleiche Kälte, und der Schnee war genauso schmutzig, hüben wie drüben, alles schien gleich. Doch das war ein trügerischer Schein. Hinter dem Zaun begann das Reich der Banden. Wer sich dorthin vorwagte, steckte Prügel ein.

Diesseits des Zaunes herrschte der Junge. Die Macht der Banden endete an den drei Eingängen zum großen Haus: Toreinfahrt, Biergarten und Kinokasse. Da trauten sich die Westgoten mit ihren Steinschleudern niemals rein. Und die Ostgoten mit ihren Messern erst recht nicht. Das gelbe Haus war seine Festung. In der Festung lebten seine Freunde.

Der beste aller Freunde war wohl Opa. Jeden Morgen bestrich er ihm das Frühstücksbrot: Schrippe, Butter, Himbeergelee. Obendrauf kam Schmand. Wenn Milch gekocht hat und sich abkühlt, bleibt oben eine Haut aus Fett. Das ist Schmand.

Opa sagte: »Iss das, Junge. Schmand gibt Kraft. Ein Mann braucht viel Kraft. Überall.« Dann begann er mit der Morgenwäsche. Der Badeofen wurde nur sonnabends geheizt. Unter der Woche wusch sich Opa in der Küche. Erst bürstete er den Kaiserbart an seinem Kinn. Dann zwirbelte er den Schnurrbart mit Pomade zu spitzen Spitzen. Später ließ er die Hose fallen. Oma stellte eine Emailleschüssel mit heißem Wasser auf das Linoleum vor dem Küchentisch. Opa schritt breitbeinig über die Schüssel und ging in die Hocke.

»Und jetzt das Gemächte«, sagte er. »Ein Mann muss immer sein Gemächte sauber halten. Das mögen die Frauen.«

Oma war empört. »Vater! Erzähl dem Kind nicht immer solche Sachen!«

Der Einwand wurde überhört. Opa hockte sich tiefer, ließ sein eingeseiftes Gemächte in lauwarmes Wasser baumeln und stöhnte voller Wonne.

Der Junge kaute sein Frühstücksbrot. »Gemächte ist ein komisches Wort für Struller.«

»Feine Leute nennen es ›Sonnengeflecht‹«, sagte Opa.

»Haben Frauen auch ein Sonnengeflecht?«

»Aber ja!«, rief Opa. »Es heißt nur anders.«

Das lange Hocken strengte ihn an. Er war ganz rot im Gesicht.

»Wie heißt es denn?«

Oma wurde auch ganz rot im Gesicht. »Vater!« Dann verließ sie die Küche.

Opa sah den Jungen an, kniff ein Auge zu und legte seinen Zeigefinger ausgestreckt auf die Lippen zwischen seinem Bart.

»Wie heißt es?«, flüsterte der Kleine mit vollem Mund.

»Oh, Junge, es hat so viele Namen«, flüsterte Opa zurück. »Du musst sie selber finden.«

An jedem Mittwoch rollten die Bierkutscher an. Das waren auch seine Freunde, zwei stämmige Kerle mit Lederschür-

zen vor den dicken Bäuchen, hoch oben auf dem Kutsch-
bock. Die Hufeisen der Zugpferde hörte der Junge schon
auf das Kopfsteinpflaster knallen, lange bevor der Braue-
reiwagen in die Klopstockstraße einbog. Sie schwangen
die Peitsche und pfiffen auf den Fingern. »Junge, komm
runter! Frühstücken!« Und dann saßen sie zu dritt am
Stammtisch, und die Männer schnitten Kanten von ihren
Stullen für den Jungen ab und schoben ihm ein Glas Malzbier rüber. Manchmal kam ein Gast rein und rief: »Heil
Hitler!« Dann brüllten die Kutscher zurück: »Heil du
ihn!«, und schlugen sich brüllend auf die feisten Schenkel
und hoben den Jungen hoch und warfen ihn hin und her,
quer durchs Lokal, wie man sich einen Ball zuwirft.

Dann war da noch das Kino in der gelben Festung, und
der Mann vom Kino hieß Emil Kalinke. Nachmittags um
fünf kletterte der Junge die steile Eisenstiege hoch zum
Vorführraum. Die beiden Maschinen sahen aus wie
schwarze Dromedare, und Herr Kalinke fädelte den Film
durch die vielen Walzen, und wenn er damit fertig war,
fragte er: »Kann's losgeh'n, Junge?«
    Dann klatschte der Kleine in die Hände, und die Ma-
schine sprang an, und aus dem Lautsprecher kam rau-
schend laute Musik, und er kletterte auf den Hocker zum
Kabinenfenster, und wenn dann Tom Mix auf seinem weißen Hengst durch den Wilden Westen ritt, dann ritt der
Junge mit.
    Es ist klar, dass Tom Mix auch zu seinen Freunden zähl-
te und dass die beiden sich meist eine ganze Menge zu sagen hatten, und wenn er sich bei dem Cowboy über die
Ostgoten und die anderen Horden beklagte, dann meinte
Tom Mix, dass ein Mann sich stets selber helfen müsse,
und der Junge nickte: »Ich weiß.«

Der König der Festung war sein Vater.

Jeden Sonntag zog er seinem Sohn den warmen Mantel über, stülpte ihm die Pudelmütze auf und nahm ihn mit zum Fußballplatz. Es war ein weiter Weg mit der S-Bahn bis zum Gesundbrunnen, aber der Junge liebte diese langen Fahrten, weil sie dann dicht gedrängt beieinander sitzen und sich was erzählen konnten. Auf der Tribüne von Hertha BSC war es windig und kalt, und Vater unterhielt sich meistens mit Martin Weber, aber manchmal setzte er sich den Jungen hoch auf seine Schultern, und dann hatte niemand einen besseren Blick aufs Spielfeld, dann war der Junge König. Und sein Vater war sein bester Freund.

LEHRER
April 1934

Der Schnee taute früh in dem Jahr. Zu Ostern wurde der Junge sechs und musste in die Schule. Es war sein erster Abschied. Der Schlusspunkt einer kleinen Freiheit.

Die Mütter standen aufgereiht an den Fenstern des Klassenzimmers. Ihre Hände krampften sich um Schultüten, für die auf den Pulten der Kinder kein Platz war. Neben der Tafel lächelte eine Frau mit grauem Haar und grauen Augen. Das Kinn war lang und spitz. Es ließ kaum Platz für einen Mund. Sie hielt eine kleine Rede, und dann gingen die Mütter aus dem Klassenzimmer. Der Junge wollte hinterherlaufen, aber ein dürrer Mann griff nach ihm und schleppte ihn zu seinem Pult zurück. Der Junge stieß einen gellenden Schrei aus. Das Echo brach sich an den kahlen Wänden. Der Lehrer brüllte über den Schrei hinweg: »Ich dulde in meiner Klasse keine Muttersöhnchen!«, und zog den Jungen an den Ohren auf das

Pult hinunter. Schmerz riss sich durch den Kopf des Jungen. Er zerrte die Hand von seinem Ohr und biss hinein. Der Lehrer erstarrte. Dann ließ er langsam einen Rohrstock aus dem Ärmel seiner Jacke gleiten, riss den neuen Schüler über sein Knie, spannte den Hosenboden und ließ den Stock herniedersausen. Einmal. Zweimal. Immer wieder.

Das Gesicht des Lehrers war blutrot angelaufen. »Die Zucht des Rohrstockes ist unerläßlich!«, schnaufte er. »Schon der große Soldatenkönig hat seine Garde mit dem Stock erzogen.«

Der Junge starrte den Lehrer an. Der Schmerz war schnell vorbeigegangen. So ein Schmerz war dem Jungen keinen langen Gedanken wert. Wichtig war nur das Neue, und es saß tief innen in ihm drin. Tief und einmalig und furchtbar: seine Wut.

DRESSUR
1936–1938

Er hatte schon geschlafen, aber dann war er wieder aufgewacht, weil es zu warm zum Schlafen war. Gegen Mitternacht kamen die Eltern von einer Versammlung der NSDAP nach Hause. Vater hatte seine neue Uniform an. Sie war hellbraun, und im Licht des Korridors blitzten silberne Tressen.

Die Wand zum Schlafzimmer war dünn, und alle Fenster standen offen. Er konnte seine Mutter deutlich hören.

»Max, die Lehrer gehen zu streng mit unsrem Jungen um. Du solltest mit der Direktorin sprechen.«

»Nein. Da muss er jetzt ganz alleine durch.« Er stöhnte. »Hilf mir mal aus diesen Stiefeln. Guste, hättest du mich geheiratet, wenn ich ein Jammerlappen gewesen wäre? Na also.«

Die Schranktür quietschte.

»Er geht durch eine harte Schule. Aber das bringt ihn voran. Jetzt ist er in allen Fächern gut, Rechtschreibung, Heimatkunde, Deutsch. Nur im Rechnen hapert's. Das kommt auch noch in Ordnung. Am besten gefällt mir der Turnlehrer. Kronenberg? Ja, Kronenberg. Der hat erkannt, dass der Junge Selbstvertrauen braucht. Wie oft hat er den Jungen blutend vom Schulhof tragen müssen, nach der großen Pause, weil die anderen ihn verprügelt haben! Wie oft! Jeder Junge in der Schule hat meinen Sohn verprügelt. Also gut, nicht jeder. Aber so gut wie jeder. Und warum? Weil er sich nicht gewehrt hat! Guste, ich hab es dir nie erzählt, aber ich habe es mitansehen müssen. Am Bahnhof. Im Schnee. Der Junge lag am Boden, und der andere hockte auf ihm drauf und hat ihm ins Gesicht geschlagen. Und was machte mein Sohn? Nichts! Er steckte die Schläge ein und haute nicht einmal zurück. Guste, ich habe mich geschämt. Und der Junge hat mich gesehen und hat sich auch geschämt. Irgendwie ist da ein Bruch entstanden zwischen uns. Er glaubt seitdem, dass er mich verraten hat. Das hat er natürlich nicht. Unsinn. Enttäuscht, das ja. Maßlos enttäuscht. Verraten keineswegs.«

Der Junge lag in seiner Kammer und konnte hören, wie der Vater sich auf dem Ehebett ausstreckte.

»Ich weiß noch, wie sehr du dagegen warst, als der Turnlehrer den Jungen in seinen Boxklub aufgenommen hat.« Er lachte. »Hast du dir die Schultern deines Sohnes jetzt mal angesehen? Er ist breiter geworden. Endlich.«

Sie gähnte. »Schlaf jetzt. Es ist spät.«

»Guste, da ist noch was, wovon du keine Ahnung hast.«

Die Matratze knarrte. Er hatte sich wohl aufgesetzt. »Ein

Mann namens Brunner hat mich darauf angesprochen. Er ist Maurer, sieht aus wie ein Zigeuner, aber scheint ein rechtschaffener Mann zu sein. Trinkt wohl ein bisschen viel, aber hat sich nie was zu Schulden kommen lassen. Der Mann hat zehn Kinder. Das elfte ist unterwegs.«

»Ich weiß«, sagte sie, »die Brunners leben in dieser erbärmlichen Baracke auf der anderen Seite des Klopstock-Parks.«

»Einer der Söhne ist ein Freund vom Jungen.«

»Ja. Horst. Alle nennen ihn Hotte.«

»Er ist ein Messerstecher.«

»Was?«

»Und unser Junge ist bei ihm in die Schule gegangen.«

»Das ist nicht möglich!«

»Du brauchst dich nicht gleich so zu erregen! Hör zu! Die Ostgoten sind eine Bande von Messerstechern. Und dieser junge Brunner, wie heißt er nochmal?«

»Hotte.«

»Richtig. Hotte war dabei, als unser Junge und der Anführer der Ostgoten aneinander geraten sind. Der Junge hat ihn glatt zusammengeschlagen, aber dann soll der andere plötzlich ein Klappmesser in der Hand gehabt haben. Guste, du brauchst nicht zu flennen! Es ist ja nichts passiert! Der Junge musste den Kampf aufgeben, weil er ja kein Messer hatte, und dieser Hotte hat ihn mit in seinen Garten genommen. Da haben sie jeden Nachmittag mit den Küchenmessern von Frau Brunner geübt.«

»Das hat Frau Brunner zugelassen?«

»Wahrscheinlich hat sie es nicht gesehen. Nur Herr Brunner, der hat die beiden beim Üben erwischt und es ihnen verboten. Er erzählte mir, dass sie sich jeder eine Decke um den linken Arm gewickelt hätten.«

»Wozu das?«

»Um den Stoß des Gegners abzufangen. Mit dem bandagierten Arm schlägst du das Messer des Gegners von tief unten hoch in die Luft. Dann stichst du selber zu.«

»Das soll mein Junge gemacht haben? Max, ich kann es nicht glauben.«

Er lachte. »Glaub es ruhig. Letzten Dienstag hat er sich den Kerl wieder vorgeknöpft, und da hat der sein Messer aufspringen lassen, und unser Junge hat sich ein Küchenmesser geholt und hat den Gotenkönig das Fürchten gelehrt. Mein Gott, wie gerne hätte ich dabei zugesehen!«

»Unsinn! Du wärst gestorben vor Angst um deinen Sohn.«

Er schwieg eine Weile. »Ja. Das ist wahr.«

»Hat er den anderen verletzt?«

»Nur unerheblich. Eine lange Schramme auf der Brust.«

»Komm her, du alte Heulsuse. Komm in meine Arme.«

»Bitte, sprich mit ihm.«

»Ja, ich sprech mit ihm. Erst werde ich ihn ausschimpfen. Und dann kauf ich ihm ein Malzbier unten in der Kneipe.«

Der Spätsommer war herrlich für ihn. Die Sportler der Welt kamen nach Berlin zur Olympiade, er hatte sechzehn Tage lang schulfrei, und sein Vater nahm sich Urlaub. Kalle Wittmann und Martin Weber sagten, so was gibt's nur einmal im Leben zu sehen, und lehnten es ab, arbeiten zu gehen.

In Biesdorf war von dem festlichen Fieber kaum was zu spüren. Am Bahnhof hingen nur zwei kümmerliche weiße Fahnen mit den fünf Ringen. Aber als sie am Reichskanzlerplatz aus dem U-Bahn-Schacht nach oben stiegen, standen sie lange sprachlos in der warmen Sonne. Fahnen aller Länder flatterten in dem leichten Wind, riesige Fahnen, nie gekannte Farben, auch Olympiafahnen, und überall hingen Girlanden, und von allen Balkons wehten Hakenkreuze, es waren so viele Fahnen, dass man die Häuser kaum mehr sehen konnte.

»Nur der Himmel ist noch frei«, sagte Martin Weber. »Er hat sich selbst geschmückt. Mit dem schönsten Blau des Sommers.«

Kalle Wittmann sah nach oben. »Führerwetter«, sagte er.

Sie schlenderten die Heerstraße entlang, und mit ihnen strebten Tausende dem Olympiastadion zu, und alle waren gut gelaunt und redeten miteinander in fremden Sprachen.

Ein spindeldürrer Amerikaner legte dem Jungen seine pechschwarze Hand auf den Kopf. *»My oh my, ain't he blond ...«*

Maximilian Unrast strahlte. Er hatte schon lange kein Englisch mehr gesprochen. *»This is my son.«*

»Mighty nice to meet you, sir«, sagte der Neger und schüttelte Unrast die Hand.

»Welcome to Germany«, antwortete Unrast, und als sie weitergegangen waren, untersuchte der Junge die Hand seines Vaters.

»Nur mal sehen, ob er abfärbt.«

»Dummkopf.« Unrast lachte und gab seinem Sohn einen Klaps auf den Hinterkopf.

Auch das Olympiastadion war ein Meer von Menschenköpfen und Fahnen. Eine neue Fröhlichkeit lag über diesem Tag.

Martin Weber beugte sich zu Unrasts Ohr hinunter. »Maximilian, ich möchte eine Bitte äußern.«

»Nur zu.«

»Meine Aufträge sind rapide zurückgegangen. Die Druckerei macht nicht unerhebliche Verluste.«

»Tatsächlich? Wie kommt das?«

Martin Weber sah auf das Parteiabzeichen in Unrasts

Knopfloch. »Ein großer Teil meiner Klientel ist ins Ausland geflüchtet oder verhaftet.«

Unrast sah auf den grünen Rasen hinunter.

»Und die politischen Gruppen, für die ich früher gedruckt habe, sind verboten worden.«

Unrast dachte nach. Dann lehnte er sich über den Jungen hinweg zu Wittmann. »Kalle, warum lassen wir eigentlich nicht unsere Transportberichte und Laufzettel und den ganzen Krempel bei Martin Weber drucken?«

Wittmann trank sein Bier aus der Flasche. »Gloobste, der is politisch sauber?«

»Er ist mein Freund.«

»Mehr brauch ick nich zu wissen. Mach det, wie de willst.«

Martin Weber legte den Kopf in den Nacken. Ein Zeppelin zog gemächlich durch den Himmel. »Danke, Maximilian.«

Als der Führer weit drüben auf der anderen Seite des riesigen Ovals die Ehrenloge betrat, jubelten die Massen, und dann marschierten die Athleten ein, erst Griechenland, dann die anderen Nationen. Als die deutsche Mannschaft einmarschierte, wurde der Jubel unermesslich, doch dann zogen die Franzosen in die Arena und streckten ihre rechten Arme der Führer-Tribüne zum Gruß entgegen, und da stiegen die Menschen auf ihre Bänke und jubelten und warfen ihre Mützen in die Luft und schrien: »Sieg Heil! Sieg Heil!«

»So 'ne ritterliche Geste hätte ick die Franzosen niemals nich zujetraut«, brüllte Kalle.

Martin Weber schüttelte den Kopf. Er lächelte Unrast zu. »Das ist der olympische Gruß, viel älter als der Hitlergruß. Aber enttäusche bitte deinen Nachbarn nicht.«

Jeden Tag waren sie draußen. Sobald die Tore aufgezogen wurden, erkämpften sie sich ihre Plätze. Martin Weber hatte sich einen Sonnenbrand geholt, und seine Glatze pellte sich, aber die drei anderen wurden von Ereignis zu Ereignis brauner.

Bei der 4 x 100-Meter-Staffel der Frauen fiel der deutschen Läuferin der Stab aus der Hand. Junge Unrast biss sich in die Hand.

»Sei nicht traurig«, meinte Martin Weber. »Wir gewinnen noch genug Medaillen.«

Sein großer Held war Jesse Owens, USA, und er hatte sich schon ein paar Fotos von dem Neger ergattert. Goldmedaille für 100 Meter. Gold für 200 Meter, für Vier-mal-hundert-Meter. Und für Weitsprung. Weltrekord im Weitsprung, 8 Meter 13!

Abends, auf dem Weg nach Hause, in der S-Bahn, schlief er meistens ein. Bevor ihm die Augen zufielen, war er Jesse Owens, sprintete die Aschenbahn entlang, ließ die anderen Läufer weit hinter sich, und in seinen Ohren brauste der Jubel der Hunderttausend.

Dann kam die Stunde der Siegerehrung. Kalle Wittmann stellte dem Jungen den Feldstecher ein, und da stand Adolf Hitler: lebendig und groß und deutlich, und er drückte allen Siegern die Hand, aber als Jesse Owens dran war, drehte sich der Führer um und ging davon.

»Wieso das?«, fragte der Junge.

Martin Weber hob die Schultern.

»Wieso?«

»Man sollte Nejer für 'ne Olympiade janich erst zulassen«, sagte Kalle Wittmann, »det is und bleibt 'ne unterjeordnete Rasse.«

»Aber der Neger hat gewonnen!«

Unrast legte seinem Sohn die Hand auf die Schulter. »Der Führer wird schon seine Gründe haben.«

»So is et, mein Kleener«, meinte Kalle Wittmann, »wat der Führer macht, is richtich.«

Der Junge sah seinen Vater an.

»Ja«, nickte Unrast, »was der Führer macht, ist richtig.«

Das Jahr darauf musste Martin Weber seinen DKW abstoßen. Unrast kaufte ihm den Wagen ab. Es wurde ein herrlicher Sommer. Jeden Sonntag fuhren sie zu den Seen. Der Werbellin-See war der schönste von allen. Im letzten Licht des Tages war das Wasser dunkel. Und das Ufer fast gelb. Elsbeth zog den Badeanzug aus. »Schnell, Junge, gib mir das Handtuch.«

Sie stand vor dem gelben Schilf und dem dunklen Wasser, und Silbertropfen liefen über ihre prallen Brüste, liefen über den Bauch und verloren sich in einem dunklen, wuscheligen Dreieck zwischen ihren Beinen.

»Was machst du?«, fragte Elsbeth.

»Ich seh dich an.«

»Hör auf. Ich schäme mich. Gib mir das Handtuch.«

»Lass mich das machen.«

Er ging auf sie zu und tupfte das Wasser von ihrem Körper. Sie rührte sich nicht.

»Findest du mich schön?«

»Ja.«

»Rubbelst du mir auch den Rücken ab?«

Er nickte.

»Du bist ein kleiner Kavalier.«

Als sie sich anzog, sah er ihr zu.

»Sag das bloß niemandem.«

»Was?«

»Dass du mich nackt gesehen hast. Dass ich mich habe

von dir abtrocknen lassen. Es muss unser Geheimnis bleiben. Versprochen?«

Der Junge nickte. »Versprochen.«

Im April war Führers Geburtstag, und der Junge wurde in das Jungvolk aufgenommen.

Sie hatten ein gewaltiges Feuer angezündet. Die Flammen leckten bis zu den Sternen hoch und machten den Park taghell, ließen die Bäume tanzen und flackerten über die Gesichter. Der Regen hatte sich verträufelt, und selbst die Mädchen brauchten keine Jacken über ihren weißen Blusen mehr. Es war noch früh im Jahr, aber die Kälte hatte sich schon davongemacht.

Die Erwachsenen standen auf der Tribüne. Unten die Führer der Hitlerjugend. Darüber der Ortsgruppenleiter und ein paar SA-Männer, dann kam die SS, und ganz oben standen die Eltern. Kalle Wittmann war auch gekommen. »An so einen wichtijen Tach darf ick nich fehlen.«

Es gab keinen Wind, und die Fahnen hingen schlaff an ihren dünnen schwarzen Stangen. Pfeifer und Trommler spielten den *Preußischen Füsiliermarsch.* Der Junge sah an sich herunter. Die schwarze Schulterklappe auf dem braunen Hemd hatte eine Nummer, und an dem Knopf auf der Schulterklappe stand auch eine Nummer, und am Arm hatte er ein Dreieck mit dem Wort BERLIN, darunter war ein blauer Kreis mit einer weißen Rune. Elsbeth hatte das alles angenäht.

Später stand ein Hitlerjugend-Führer vor dem Feuer, und der Junge fragte sich, wie der Mann die Hitze in seinem Rücken bloß aushielt, aber er hielt das aus und rief seine Worte durch die Nacht:

»Pimpfe und Jungmädel! Wir legen das Gelöbnis ab:

Ich verspreche, in der Hitlerjugend

Allzeit meine Pflicht zu tun
In Liebe und Treue zum Führer
Und zu unseren Fahnen,
So wahr mir Gott helfe.«

Der Sprecher sah alle der Reihe nach durch die Flammen an. »Wollt ihr dies geloben?«

»Ja!«, rief der Junge laut. Er hatte als Einziger gerufen. Die anderen bogen sich vor Lachen.

Der Sprecher kniff die Lippen zusammen. Das Lachen vertröpfelte.

»Hebt die rechte Hand zum Schwur.«

Sie streckten die rechten Hände steil in die Nacht.

»Ich gelobe es«, rief der Sprecher.

»Ich gelobe es«, riefen die Kinder.

Zu Hause gab es Kalbsbraten, Soße, Kartoffeln und Mischgemüse. Sie aßen in der guten Stube. Opa schnitt den Braten an.

»Jetzt seid ihr alle eingetreten«, sagte er. »Max ist in der Partei, Guste in der Frauenschaft und die Kinder in der Hitlerjugend. Gratuliere.«

»Wann trittst du ein, Opa?«, wollte Elsbeth wissen.

Er hob die Schultern. »Ich bin im Kyffhäuserbund.«

»Was ist das?«

»Der Kriegerverein. Da treffen sich die alten Soldaten von früher. Die passen nicht in die neue Zeit.«

Oma schenkte den Johannisbeerwein in die Gläser. »Zur Feier des Tages kriegen die Kinder auch was.« Dann betete sie für alle. »Lieber Gott, sei unser Gast, und segne, was Du uns bescheret hast.«

»Amen«, sagte Opa. »Witze sind ja neuerdings auch verboten. Aber ich hab einen guten gehört. Da treffen sich zwei Freunde, und der eine ist ganz stolz: ›Mein Vater ist SA-Mann, meine Mutter ist in der Partei, mein ältester

Bruder ist bei der SS, und ich bin in der Hitlerjugend.‹ ›Mannoh-Mann‹, sagt da der andere, ›bei dem vielen Dienst seht ihr euch wahrscheinlich nur noch selten.‹ Aber da grinst der erste: ›Im Gegenteil. Von jetzt an treffen wir uns regelmäßig. Jedes Jahr. Auf dem Reichsparteitag in Nürnberg.‹«

DIE GLASGLOCKE
September 1939

Sie waren zu Unrast zurückgekommen, die Schlaflosigkeit von damals, die Unruhe und die Zweifel in der Nacht.

Er war sicher, dass Guste aufwachte, wenn er aus dem Bett stieg, aber sie rührte sich nicht, und Unrast war ihr dankbar dafür. Er brauchte die Stille der Nacht für sich und seine Gedanken.

Guste hatte ein neues Wort nach Hause gebracht. Gedankenfreiheit. Sie hatte den Begriff aus *Don Carlos* mitgebracht, aber sie sagt, Schiller hat damit nicht einen Begriff geschaffen, sondern eine Forderung gestellt. Unrast hätte das gern selbst gesehen. Oben auf der Bühne steht ein spanischer Grande vor seinem König und ruft: »Sire, geben Sie Gedankenfreiheit!« Und unten, im Parkett, springen die Menschen von ihren Klappstühlen und applaudieren, und auch auf den Rängen stellen sich die Leute hin und schreien: »Bravo!« Minutenlang donnert der Applaus, und die beiden Schauspieler können nicht weiterspielen. Sie stehen unbewegt, dem Publikum zugewandt, auf der Bühne, und sehen den Menschen in die Gesichter, und das Publikum kommt nach vorn an die Rampe und sieht in die Gesichter der beiden Männer: »Bravo! Bravo!«

Unrast hatte viele Fragen an Guste gehabt, aber sie blieben alle ungefragt, denn Elsbeth hatte mit im Wohnzimmer gesessen. Dann lagen sie im Bett, und es war spät, und Guste wollte nicht mehr reden, weil sie müde war. »Morgen bei Tageslicht sieht alles anders aus.«

Unrast holte eine Flasche Bier aus der Speisekammer und ging auf den Balkon hinaus. Die Septembernacht war warm, und das Bier tat ihm gut, aber die Zweifel machten sich nicht davon. Dann liefen die Gedanken zu seinem Sohn.

›Wir haben ihm eine Glasglocke übergestülpt. Sie ist ziemlich groß, und er glaubt, in Freiheit zu leben, denn sie lassen ihn ja nie bis an den Rand der Glocke wandern. Kurz vor der Begrenzung schreit einer: »Abteilung halt!« Und die Knaben erstarren. Sie wissen nichts von der Welt hier draußen. Sie tollen herum in ihrer vermeintlichen Freiheit, wärmen sich in der Liebe Adolf Hitlers für seine Jugend und ahnen nichts von der klirrenden Kälte einer Kristallnacht. Der Junge weiß nichts von den Verhaftungen. Vom Abtransport der Juden hat er noch nichts gehört. Also fragt er auch nichts. Wenn er irgendwann einmal davon erfährt, was wird er tun? Elfjährige haben Sinn für Gerechtigkeit. Ich sehe ihn schon vor mir: »Wenn ich mit meinem Fußball eine Fensterscheibe zertrümmere, werde ich bestraft, aber wenn SA-Männer Schaufenster einschmeißen und Kirchen anzünden, werden sie gelobt.« Dann legt er seinen Kopf auf die Seite: »Warum?«

Alle macht er rasend mit seinem »Warum?«.

Hoffentlich wird er nie nach der Kristallnacht fragen. Ich wüsste nicht, was ich ihm sagen sollte.‹

Unrast nahm einen langen Schluck. ›Wie viel Freiheit man wohl braucht für so ein bisschen Glück im Leben?

Unglücklich ist der Junge nicht. Keineswegs. Außerdem

hat er wahre Freiheit nie gekannt. Wie sollte er sie da vermissen?‹

Unrast sah auf den Biergarten hinunter. Weinlaub und Kies und hochgestellte Stühle. Alle Fenster in den Häusern waren dunkel. Kein Mensch zu sehen. Nirgendwo. Eine Gaslaterne an der Ecke malte die Kastanienblätter blau.

›Möglich, dass der Mensch zur Freiheit bestimmt ist‹, dachte Unrast, ›aber frei geboren ist er auf keinen Fall. Nimm nur die Taufe. In der Prärie brennen die Cowboys jungen Stieren ihre Zeichen in das Fell. Wir brandmarken unsere Kinder mit Namen und fragen nicht: Möchtest du gerne August heißen, oder wäre dir Martin lieber?‹

›Und wie steht es mit der Religion? Kein bisschen anders. Die Wahl der Kirche nehmen die Eltern vor. Nicht das Kind. Nennst du das frei geboren?‹

Unrast schüttelte den Kopf.

›Einem Vater sollte das Abwarten erlaubt sein dürfen. Lass doch den Sohn namenlos herumlaufen, bis er groß genug ist, dass du zu ihm sagen kannst: Wie möchtest du gern heißen? Und wenn der Sohn antwortet: Martin, dann nennst du ihn Martin. Und wenn der Sohn sagt: Ich möchte gern getauft werden, und zwar katholisch, dann gehst du mit ihm zu einem Priester.‹

Unrast trank die Flasche aus und holte sich eine neue. Dann lehnte er sich wieder über die Balustrade und dachte: ›Sie werden meinem Sohn das *Warum* abgewöhnen müssen.

Die Glasglocke wird sonst einen Sprung bekommen.‹

Durch seinen Kopf zog ein Schmerz. Er schloss die Augen und befahl seinem Kopf, eine Weile still zu sein.

›Seit einer Woche ist wieder Krieg‹, dachte er dann. ›Der zweite in meinem Leben. Bisschen viel. Diesmal muss ich nicht ins Feld. Schon fünfzig. Viel zu alt. Und der Junge ist gottlob noch zu klein. Am 1. September ist er in seiner Glasglocke herumgehüpft und hat gerufen: »Seit fünf Uhr früh wird zurückgeschossen! Das hat der Führer gesagt! Ich habe es selbst gehört! Bei Brunners am Volksempfänger.«

Wir hätten den Krieg vermeiden müssen. Ich bin da ziemlich sicher. Diesmal hat der Führer sich geirrt. Was er jetzt wohl macht? Wo er wohl ist? Bei seinen Truppen? Vielleicht geht es ihm wie mir, und er kann nicht schlafen und trinkt ein Bier.‹

Unrast lachte.

›Dummerhaftige Gedanken. Wirr. Zum Verzweifeln, wenn du nicht schlafen kannst.

Mein Junge, ich möchte mir das Wort *Warum* für ein paar Augenblicke von dir leihen.

Ich bin aus Überzeugung ein Gefolgsmann deines Führers.

Warum?

Weil er uns alle aus einer großen Not befreit hat. Deshalb beuge ich mich auch dem Zwang.

Warum?

Manche Härten sind wohl unvermeidbar. Auf jeden Fall stemme ich mich nicht in den Wind.

Warum?

Hast du schon einmal einen Wald im Sturm gesehen? Bäume lehnen sich nach hinten, ergeben sich rückwärts der Gewalt.‹

Unrast setzte die Flasche an die Lippen.

›Mein Junge, ich hätte dich bei mir behalten sollen. Doch jetzt ist es zu spät.

Warum?

Sie gestatten mir nicht die Rückkehr in dein Leben. Der Zugang zu deiner Glasglocke ist mir verwehrt. Meine Ge-

danken sind unerwünscht. Ebenso wie deine. Ab jetzt
denkst du ihre Gedanken. Und selbst die Luft, die sie dir
zum Atmen lassen, haben sie schon für dich vorgeatmet.‹

AUSLESE
1939

Ich spüre noch immer die Erregung des Jungen vor jedem
Wettkampf, verdränge auch heute noch seine Tränen nach
einer Niederlage, und wenn er gewinnt, wische ich mir
den Schweiß von seinem glücklichen Gesicht.

Sie nahmen ihm die Sonntage weg und gaben ihm das
Olympiastadion dafür. Die Auslese begann an einem frühen Morgen im Oktober. Das Stadion war menschenleer.
Weiße Wolken zogen eilig unter einer kalten Sonne durch
einen Himmel, der verwaschen war. Er stand zwischen
zwölfhundert anderen Wettkämpfern auf dem Rasen und
fühlte sich erdrückt von diesem riesigen Oval, und dann
kam der Befehl zum Warmlaufen, und er steckte seine
klammen Finger unter den Trainingsanzug in seine Achselhöhlen und trottete als Letzter hinter den zwölfhundert her.
Er lief langsam über die Aschenbahn, auf der Jesse Owens
gelaufen war. Seine Spuren waren weggeharkt und wegge-
regnet, aber der Junge wusste, dass Jesse hier gelaufen war.
    Am Rand der Aschenbahn standen HJ-Führer mit sehr
hohen Diensträngen. Der Junge rannte und sprang und ge-
wann und verlor, und an jedem Sonntag traten weniger
Wettkämpfer an. Als der Winter die Stadt erstarren ließ,
gaben sie ihm Schlittschuhe und sagten: »Eishockey ist ein
Kampfsport.« Er kämpfte auf dem Eis und kämpfte im
Ring, und Heiligabend legte seine Mutter Lappen mit es-

sigsaurer Tonerde auf die Blutergüsse, und dann befahlen sie ihn zum Bahnhof und schickten ihn nach Storckow.

Vor dem See standen vier Baracken. Im Schnee steckte ein Schild. »AUSLESE-LAGER DER HITLERJUGEND. GEBIET BERLIN.« In der Schlafbaracke lagen fünfzig Strohsäcke. Der Junge erkämpfte sich einen Platz in der Nähe des Kanonenofens, aber gegen zwei Uhr früh ging das Feuer aus. Durch den Waschraum zog sich ein Emaille-Trog mit vielen Hähnen. Das Wasser war so eisig wie die Luft vor den Baracken. Er sah sich um, aber es war kein Vorgesetzter in der Nähe, und er wusch sich nicht. Sie hissten die Fahne und machten Frühsport, und dann gab es heißen Tee und Brot mit Marmelade. Nach dem Frühstück mussten sie ein großes Loch in das Eis hacken und zehn Meter weiter noch ein solches Loch. Das Eis war dick, aber gegen Mittag hatten sie es geschafft. Die Sonne brach sich einen Weg durch die Wolken und machte aus dem See und dem Wald und den Baracken eine Kreidezeichnung. Dann kam der Lagerführer. »Mal sehen, wer von euch Schiß hat.« Er befahl ihnen, sich auszuziehen. Sie hatten ihre Gesichter schon blau gefroren und die Hände auch, aber sie gehorchten dem Befehl. Dann befahl er ihnen, in das Eisloch zu steigen, einer nach dem anderen, und unter der Eisdecke hindurch bis zum nächsten Loch zu schwimmen.

Der Junge zog den Nacken ein. Angst presste sich zwischen seine Schulterblätter, und er wollte weglaufen, aber seine Füße hatten sich festfrieren lassen von dem Eis. Der Lagerführer rief: »Ihr müsst den inneren Schweinehund überwinden!«

Er wusste nicht, was das war, ein innerer Schweinehund.

Ein Bursche mit schwarzen Haaren und Mittelscheitel hockte sich vor das Loch und ließ sich in das Wasser gleiten. Der zweite sprang mit dem Kopf voran in das Loch. Wasser schwappte über den Rand, und der Junge wartete darauf, dass es in der Luft zu Eiszapfen erstarrte, zu aufrecht stehenden Eiszapfen, die niemand mehr zerschlagen konnte.

Der dritte stand vor dem Loch und schrie: »Nein! Ich will nicht! Ich kann da nicht rein! Die sind ja schon tot, da unter dem Eis!«

Sie waren nicht tot. Blaugesichtig und stolz zogen sie sich am anderen Ende aufs Eis. Der Lagerführer ließ ihre Namen in ein Buch schreiben. »Kerls«, sagte er, »in Baracke 3 sind heiße Duschen. Und in der Lagerküche gibt's Tee mit Rum. Richtige Kerls kriegen richtigen Rum!« Sie griffen sich ihre Bündel und rannten über den grauen See zu den Baracken.

Den anderen, der nicht wollte, warfen sie hinein. Zwei Gefolgschaftsführer schlidderten lachend über das Eis, hoben den Schreienden hoch und ließen ihn ins Wasser fallen. Er ging unter und kam wieder hoch und klammerte sich an das Eis und schrie nach seiner Mutter und seinem Vater und schrie noch ein paar andere Namen, und dann knallte das Lachen des Lagerführers durch den Wintertag, und die nackten Pimpfe lachten mit. Sie zogen den Feigling aus dem Wasser, und als er davonrennen wollte, hielten sie ihn nicht auf. »Kauft der Memme eine Fahrkarte!«, befahl der Lagerführer. »Schickt ihn nach Haus zu seiner Mutti.«

Junge Unrast dachte an den Kinomann und an eine Wochenschau mit Bildern aus Schweden. Dicke Männer waren in Eislöcher gestiegen, und als sie herauskamen, hatten ihre Körper gedampft. »Warum?«, hatte der Junge gefragt, und der Kinomann hatte gesagt: »Das Wasser unter dem Eis ist viel wärmer als die Luft. Draußen frierst du dir den Arsch ab, aber im Wasser selbst fühlst du dich pudelwohl.«

Er ging zum Eisloch, bevor er aufgerufen wurde. Tief in ihm drin steckte noch immer die Enttäuschung in den Augen seines Vaters. Damals. Die kampflosen Prügel.

Er sprang. Der Kinomann hatte Recht gehabt, das Wasser war warm, aber auch dunkel, und beim Schwimmen stieß sein Rücken ein paarmal an die Eisdecke und er wusste nicht, ob seine Richtung stimmte, und deshalb pinkelte er vor Angst ins Wasser, aber das sah ja niemand, und Umkehren kann ebenso deinen Tod bedeuten, wie Weitermachen, und dann war da auf einmal Licht und Himmel, und sie zogen ihn zu sich in ihre Mitte und schlugen ihm auf die Schulter und rubbelten ihn trocken und schrieben seinen Namen in das Buch.

Am nächsten Tag trafen zwei Autos der SS ein und brachten uniformierte Ärzte in das Lager. Der Dienstälteste legte seine Zigarette in den Aschenbecher und zog den Jungen zu sich heran. »Ich bin Medizinalrat Dr. Wollweber aus Frankfurt an der Oder. Und wie heißt du?«

»Junge Unrast.«

»Unrast«, sagte der alte Herr. »Klingt jüdisch.«

»Nein«, sagte einer der SS-Führer. »Hier ist seine Ahnentafel. Sie geht zurück bis 1812. Nicht ein einziger Jude in der Familie.«

Sie maßen seinen Kopf mit einem Zentimetermaß, und der alte Herr tastete seinen Schädel ab. Dann machten sie ein Foto vom Schattenriss seines Kopfes. »Arische Kopfform«, sagte der Medizinalrat. »Unerhört arisch.« Er drehte seine Zigarette genüsslich zwischen seinen Fingern.

»Junge, du weißt, dass die Juden unser Unglück sind.«

»Jawohl.«

»Woher weißt du das, Junge?«

»Ich habe es in der Schule gelernt.«

Einer der SS-Männer lachte. Er verschluckte sich und hörte eine ganze Zeit nicht auf zu husten. Die anderen Gesichter blieben kalt.

»Du hast eine Schwester.«

»Jawohl.«

»Würde sie einen Juden heiraten?«

»Nein.«

»Woher weißt du das?«

»Weil sie mit Bernd verlobt ist.«

»Wer ist Bernd?«

»Mein Freund. Er ist Artillerie-Leutnant und steht an der Westfront.«

»Na, das ist ja schön.« Der alte Herr zog an seiner Zigarette. »Junge, ich will dich mal was ganz Persönliches fragen. Was hättest du gemacht, wenn sich deine Schwester nicht mit Bernd, sondern mit einem Juden verlobt hätte?«

»Ganz unmöglich.«

»Meinst du?«

Der Junge nickte. »Bei uns in Biesdorf gibt's gar keine Juden. Wie kann sie sich da mit einem verloben?«

Die Männer hatten kalte Augen, und der Junge war sicher, dass sie ihn bestrafen würden, aber dann fragte der Medizinalrat: »Also hast du noch nie mit einem Juden gesprochen?«

»Nein.«

Der Lagerführer machte sich Notizen. Einer der Offiziere sagte: »Kommen wir zum Charaktertest.«

Er stellte sich dem Jungen gegenüber. »Ich bin Hauptsturmführer Weiland, und ich will dir mal ein paar Tatsachen mitteilen.«

Er schüttelte dem Jungen die Hand. »Vor einem Jahr,

also ein Jahr vor Kriegsausbruch mit Polen, lebten in Deutschland sage und schreibe 60 000 polnische Juden, und plötzlich, ohne Vorwarnung, hat die polnische Regierung die Grenzen für alles, was jüdisch ist, geschlossen. Kein polnischer Jude durfte mehr in sein Land zurückkehren. Was bedeutet das?«

Der Junge hob die Schultern.

»Es bedeutet, dass die Polen dieses Judenpack an uns ausgeliefert haben.« Er machte eine Pause. »Wie findest du das?«

»Schlimm.«

»Schlimm? Eine Sauerei ist das! Nun, Junge – ich frage dich: Was machst du in einer solchen Lage?«

»Ich überlasse die Entscheidung dem Führer.«

»Richtig. Und was, glaubst du, ordnet der Führer an?«

»Das Richtige.«

»Und was ist das Richtige?«

Der Junge strengte sich an, aber er wusste die Antwort nicht und sagte: »Das, was der Führer befiehlt.«

Der Lagerführer senkte seinen Kopf tief über das Buch. Seine Füllfeder kratzte über das Papier.

»Nächste Frage«, sagte der Hauptsturmführer. »Wo liegt Madagaskar?«

»Im Indischen Ozean.«

»Kennst du den Judenplan für Madagaskar?«

»Jawohl.«

»Woher kennst du ihn?«

»Aus der Weltanschaulichen Schulung.«

»Na, dann erzähle mal. Erzähl uns, was du da gelernt hast, bei eurem Heimabend.«

Der Junge holte tief Luft. Das war eine knifflige Frage. »Die Juden wollen ihr eigenes Land haben«, sagte er und stockte.

»Richtig.« Der SS-Mann nickte. »Palästina. Aber da sind die Araber, und die wollen was?«

»Die wollen Palästina behalten.«

»Genauso ist es. Und nun?«

»Nun hat eine Regierung ... nicht die Reichsregierung ... sondern eine andere Regierung, hat einen Plan entworfen ... aber ich weiß nicht mehr, welche Regierung es war.«

»Die polnische Regierung.«

Er stand allein vor den langen Tischen, und die Offiziere warteten.

»Die polnische Regierung hat gesagt, warum schicken wir nicht alle Juden nach Madagaskar? Das ist eine französische Kolonie, und die Franzosen wissen sowieso nicht, was sie mit der Insel anfangen sollen, denn es leben viel zu wenig Menschen auf der Insel, aber wenn die Juden erst mal da sind, können sie kräftig arbeiten und die Bodenschätze herausholen aus der Erde.«

Die Offiziere nickten. »Und?«

»Der Führer war mit dem Plan einverstanden und hat den Franzosen vorgeschlagen, dass sie ihre Kolonie den Juden schenken, damit sie da ihren eigenen Staat aufbauen können mit Judenschulen und so ... aber dann ist der Krieg gekommen, und jetzt wissen wir nicht, wie die Franzosen zu dem Plan stehen.«

»Sehr gut«, sagte der alte Herr.

»Warum fragen Sie mich das?«, wollte der Junge wissen.

»Junge Unrast, stell dir vor, du hast die Verantwortung. Was würdest du tun?«

»Fragt sich, ob es Krieg gibt«, sagte er dann. »Wird es Krieg mit Frankreich geben?«

»Sieht ganz so aus.«

»Werden wir den Krieg gewinnen?«

»Selbstverständlich. Da gibt es keinen Zweifel.«

»Also«, sagte der Junge. »Wenn wir den Krieg gewonnen haben, nehmen wir den Franzosen Madagaskar weg und schenken die Insel den Juden.«

Die SS-Führer blieben vier Tage, und alle Pimpfe mussten vor sie hintreten, und die Offiziere fragten und fragten, von früh bis spät, manchmal auch nachts, und dann fuhren sie ab; und der Lagerführer rief 39 Namen auf und verteilte 39 Fahrkarten für die Rückkehr nach Berlin.

Abends, beim Einholen der Fahne, spiegelte sich das Lagerfeuer in den Barackenfenstern. Die Übriggebliebenen fühlten sich ein wenig einsam.

»Abzählen«, rief der Lagerführer. Sie rissen ihre Köpfe herum und riefen dem Nächsten ihre Zahl zu. Die Zahlen liefen von eins bis elf.

»Das Fähnlein der elf Aufrechten«, sagte der Lagerführer. »Leute, ich gratuliere euch! Wir haben hier das große Sieb geschüttelt, und die meisten sind durchgerutscht durch die Maschen dieses Siebes. Sie waren wohl eine Nummer zu klein. Ihr aber seid die Besten dieser ersten Runde. Es wird noch viele Runden für euch geben. Vier weitere Auslese-Lager warten auf euch in den nächsten zwölf Monaten, und nur der unbestreitbar Beste steigt auf den Ehrenplatz, den der Führer bereithält: einen Platz unter der Elite der Jugend des Großdeutschen Reiches. Auf der Ordensburg Sonthofen. In einer Gemeinschaft, die den Namen des Führers trägt: Adolf-Hitler-Schule.

Leute, das ist ein hohes Ziel! Die besten Lehrer Deutschlands sind nach Sonthofen berufen worden, um die zukünftige Führungsschicht unseres Staates heranzubilden. Dem Adolf-Hitler-Schüler stehen Möglichkeiten offen, die dem normalen Sterblichen nicht erreichbar sind: Motorsport, Segeln, Reiten, Skilaufen, Tennis, Segelfliegen.

Leute, dies sind die Worte, die der Führer seinen Schülern zuruft:

›Ihr seid das kommende Deutschland.

Ihr seid unsere ganze Hoffnung.

Ihr seid die Garanten der Zukunft.

Deutschland blickt mit Stolz auf euch,

Uns allen geht das Herz über vor Freude,

Wenn wir euch sehen und wenn wir in euch

Das Unterpfand erblicken können,

Dass unsere Arbeit nicht umsonst gewesen ist,

Sondern dass sie fruchtbringend wird für unser Volk.‹«

In der Nacht konnte er nicht schlafen. Er lag auf seinem Strohsack und starrte in die Dunkelheit und steckte sich sein nass geweintes Taschentuch in den Mund, denn die anderen in der Baracke sollten nicht sein Schluchzen hören. Er wollte nicht nach Sonthofen. Er wollte nicht mehr kämpfen müssen. Er wollte nicht der Beste sein. Er wollte nicht von seiner Mutter fort. Das Unglück saß tief in seiner Brust. Er presste seine Hand auf die Stelle, wo das Unglück am meisten schmerzte. Es half nichts. Die Traurigkeit ließ ihn nicht los.

Am nächsten Morgen hatte er hohes Fieber. Sie gaben ihm Aspirin und ließen ihn auf dem Strohsack liegen. Zwei Tage später holte Maximilian Unrast seinen Sohn mit dem Auto ab. Guste hatte Kissen und eine Daunendecke mitgebracht. Der Junge durfte sich auf dem Rücksitz in ihren Schoß legen. Sie deckte ihn zu, und Vater fuhr schweigend los, und Mutter roch nach Sorge. Er schlief ein. Dann wachte er auf und wusste, dass er kein Fieber mehr hatte.

»Wo sind wir?«, fragte er.

»Friedrichshagen«, sagte sein Vater.

»Ich glaube, der Junge hat kein Fieber mehr«, sagte Guste.

»Nein«, sagte er. »Ich war nicht krank. Ich hatte Heimweh.«

BRIEF AUS SONTHOFEN
Frühjahr 1941

Liebe Eltern,

auf den Bergen liegt noch Schnee, und die Wiesen davor sind saftig grün, und mitten in diesem Grün liegt die Ordensburg. Den Turm kannst du schon von weitem sehen, und wenn du auf dem Großen Hof stehst, dann umrahmen dich die langgestreckten Gebäude in einer Höhe, die dich ganz klein und winzig fühlen lässt.

Alles ist gewaltig hier, Wohnhäuser, Schulgebäude, Turnhalle, Fuchsbau, und selbst der Sportplatz. Ihr solltet uns im Speisesaal erleben! An lang gestreckten Tischen sitzen 1500 Schüler in einem einzigen, unermesslich großen Saal! Die Südseite des Speisesaals besteht nur aus Fenstern, vom Boden bis zur Decke, und dahinter sind die Wälder, Wiesen und die Alpen. Wie auf einer Postkarte. Sobald alle im Speisesaal sind, fassen wir uns an den Händen. Dann stellt sich der Erzieher vom Dienst auf die Treppe und ruft: »Wir haben ...« Und dann brüllen alle Mann im Chor: »Hunger!« Ich sage euch, da scheppern die Fensterscheiben, wenn wir »Hunger« schreien und beim Hinsetzen mit den Stühlen scharren.

Wenn ich ein wenig freie Zeit habe und an euch denken will, gehe ich zum »Schönen Hof« hinüber. Das ist eine Rasenfläche, die an drei Seiten von einem malerischen Gebäude eingerahmt wird. Das Gebäude ist so wie die Natur hier: Flusssteine und dicke Baumstämme. Oben ist eine Balustrade und unten, auf dem Rasen, blühen Blumen, und Brunnenwasser plätschert in hölzerne Bottiche. An der vierten Seite ist der Hof offen und lässt den Blick in die Berge frei.

Meine Stube ist geräumig und hat eine Terrasse davor. Ich teile sie mir mit drei Kameraden. Alle sind zwölf oder dreizehn Jahre alt. Ich bin übrigens mal wieder der Kleinste. Ob ich jemals wachsen werde?

Pit Wolters ist der Größte bei uns auf Stube 7. Er stammt auch aus Berlin, und zwar aus Charlottenburg. Sein Vater war Chemiker von Beruf, aber er ist mit einem U-Boot untergegangen.

Walbusch heißt eigentlich Walter Busch. Bisschen langweilig. Sagt kaum mal was. Seine Eltern haben eine Schuhmacherei in Stettin. Die Mutter schmeißt den Laden jetzt alleine, weil der Vater Feldjäger in Frankreich ist. Nach dem Krieg will er seine Schusterei nach Verdun verlegen, so gut gefällt es ihm da.

Den dritten kenne ich schon seit dem Ausleselager Schwerin. Wenzel und ich sind dicke Freunde. Wenzel Fredersdorf. Sein Vater ist Bauschreiner. Vor dem Krieg haben sie in Güstrow gewohnt, aber jetzt besitzen sie ein Sägewerk in Kattowitz. Wenzel hat ein riesiges Problem. Sein ganzes Gesicht ist voller Pickel. Manchmal, wenn er das Jucken nicht mehr aushalten kann, nimmt er eine Nagelbürste und bürstet sich das Gesicht damit. Anschließend sieht er aus wie ein Kirschkuchen.

Ihr Lieben, ich muss den Brief unterbrechen, weil ich zum Fechtunterricht muss.

Alles ist anders hier. Nehmt nur den Unterricht. Da geht es zu wie auf einer Universität. Der Erzieher hält eine Vorlesung, und wir machen uns Notizen. Wenn Klassenarbeiten geschrieben werden, schreibt der Erzieher die Aufgaben an die Tafel. Dann verlässt er den Raum. Es wäre sehr leicht, vom Nachbarn abzuschreiben. Anfangs hat das einer gemacht. Er hat sofort seine Fahrkarte nach Haus bekommen. Seitdem schreibt keiner mehr ab.

Die Erzieher werden mit Du angesprochen. Anfangs ist mir das schwer gefallen.

Einmal in der Woche kommt eine Theatertruppe her. Letzte Woche war es das Staatstheater aus München. Sie spielten *Iphigenie in Aulis* von Gerhart Hauptmann. Es war gut. Besonders gut war die Schauspielerin Heidemarie Hatheyer. Kennt ihr die in Berlin auch?

Mein Deutschlehrer sagt, dass ich Talent zum Schreiben habe. Er hat mich mit dem Bibliothekar bekannt gemacht. Jetzt sitze ich abends nur noch in der Bibliothek. Auch die ist riesig. Alle Bücher der Welt stehen mir zur Verfügung. Ich meine alle Bücher, die erlaubt sind. Die verbotenen Bücher stehen in verschlossenen Gitterschränken. Der Bibliothekar ist Professor Wendeklee. Manchmal gibt er mir Sachen zu lesen, die noch nicht veröffentlicht sind. Ich habe mir ein Führerwort abgeschrieben. Es geht um die Ordensburg:

»Meine Pädagogik ist hart. Das Schwache muss weggehämmert werden. In meinen Ordensburgen wird eine Jugend heranwachsen, vor der sich die Welt erschrecken wird. Eine gewalttätige, herrische, unerschrockene, grausame Jugend will ich. Jugend muss das alles sein. Schmerzen muss sie ertragen. Es darf nichts Schwaches und Zärtliches an ihr sein. Das freie, herrliche Raubtier muss erst wieder aus ihren Augen blitzen. Stark und schön will ich meine Jugend. Ich werde sie in allen Leibesübungen ausbilden lassen. Ich will eine athletische Jugend. Das ist das Erste und das Wichtigste. So merze ich die Tausende von Jahren der menschlichen Domestikation aus. So habe ich das reine, edle Material der Natur vor mir. So kann ich das Neue schaffen.«

So hat der Führer es aufgeschrieben, und so werden wir auch geschliffen. Die Schleiferei hört nicht auf. Glücklich bin ich hier nicht. Das sollt ihr ruhig wissen. Ich habe die Sache angefangen. Nun mache ich sie auch zu Ende.

Die älteren Jahrgänge machen uns das Leben nicht gerade leicht. Manchmal kommen sie nachts und machen »Rabatz«. Sie zerren uns aus den Betten und prügeln los und schmieren uns die Hintern mit Schuhwichse ein. Niemand verpfeift die Großen bei den Erziehern, weil es sonst nur noch schlimmer wird. Seit dem ersten »Rabatz« schlafe ich mit meinem Fahrtenmesser. Als die Großen das zweite Mal kamen, habe ich sie mit meinem Messer aus der Stube gejagt. Ihr könnt das ruhig mal dem Hotte erzählen. Er wird sich darüber freuen. Leider ist bei dem Rabatz auch was passiert, aber ihr braucht euch nicht aufzuregen, denn es ist in Notwehr geschehen. Ich habe einem Jungen den Trainingsanzug aufgeschlitzt. Ein anderer hat einen Schnitt am Bein abgekriegt, und dann ist da noch einer, der musste genäht werden. Am Oberarm. Und nun soll ich bestraft werden. Es gibt harte Strafen. Fünfzig Mal um den großen Hof rennen, feldmarschmäßig, mit gepacktem Tornister, ist eine der geringeren Strafen, aber du denkst, du schaffst es nie.

Sie haben die ganze Schule antreten lassen, und ich musste vortreten. Der Schulführer hat mich einen gefährlichen Messerstecher genannt. Dann durfte ich zu meiner Rechtfertigung etwas vortragen. Da habe ich gefragt: »Warum tragen wir eigentlich ein Fahrtenmesser? Es gehört zu meiner Uniform. Es ist ein Teil meiner Ausrüstung. Wir benutzen das Fahrtenmesser zum Holzspalten, zum Kartoffelnschälen und zum Schnitzen. Zuallererst aber ist ein Messer eine Waffe. Warum darf mein Fahrtenmesser nicht meine Waffe sein?«

Sie haben das nicht gelten lassen. Da habe ich den Zettel mit dem Führerwort aus der Brusttasche geholt und es ganz laut vorgelesen: »Eine gewalttätige, herrische, unerschrockene, grausame Jugend will ich.«

Da waren sie platt. Konnten nichts mehr sagen. Der Führer hat mir seine Sätze geschenkt und hat mich verteidigt: »Das freie, herrliche Raubtier muss aus ihren Augen blitzen.«

Vater, ich sage die Wahrheit. Sie haben mich wütend gemacht, denn sie haben mich vor der ganzen Schule abgekanzelt. Deshalb habe ich genauso laut geantwortet, wie der Schulführer mich vorher angebrüllt hat, weil die »gewalttätigen, grausamen« Rabatzer, die mich im Schlaf überfallen, aus mir ein »Raubtier« machen, und ich habe gebrüllt: »Dann blitzt es nicht nur aus meinen Augen, sondern es blitzt auch mein Fahrtenmesser! Denn das ist meine Raubtierkralle, und wenn mich noch einmal einer im Schlaf überfällt, wird das Raubtier wieder zuschlagen.«

Normalerweise bestrafen sie einen auf der Stelle, aber das haben sie sich wohl nicht getraut. Denn wenn sie mich jetzt um den großen Hof hetzen, dann hetzen sie doch auch den Führer um den großen Hof. Oder nicht? Vater, was hättest du an meiner Stelle gemacht?

Ihr müsst nicht denken, dass ich hier nur Schwierigkeiten habe. Wir erleben auch sehr viel Schönes. Die Feierstunde beispielsweise, als wir vom Jahrgang 41 in die Gemeinschaft aufgenommen wurden, war wunderschön. Es war das schönste Bild, das ich bisher gesehen habe, außer dem Einmarsch der Athleten bei der Olympiade. Wir standen im Schönen Hof. Es war Dämmerung. Ringsum auf den Bergen leuchteten die Osterfeuer. Die Kameraden auf der Balustrade hielten Fackeln in ihren Händen, und auf der Mauer standen die Fahnenträger. Die Fahnen der zehn Adolf-Hitler-Schulen wehten leicht vor dem Himmel, der schnell dunkel wurde. Dann rief ein Sprecher: »Schule Ostpreußen?« Und von der Balustrade über uns schallte es: »Hier!« Die Trommler schlugen einen Trommelwirbel. »Schule Brandenburg?« Und hundert Stimmen riefen: »Hier!« So ging es fort bis zu den Bayern, und dann spielten die Trommler und die Pfeifer den Preußischen Füsiliermarsch. Es war ein Abend, den ich nicht vergessen werde.

Das Essen ist gut, aber ich habe oft Hunger.

Grüßt mir alle. Elsbeth, Oma und Opa, Hotte und den Kinomann.

Euer Junge.

DER ZWANG
Sommer 1941

Es kam selten vor, dass er in seinen Träumen lachte. Meist schlief er wie im Zwang erstarrt. Dann knallten Nagelstiefel über die Steinplatten im Korridor, und eine Trillerpfeife schnitt seine Ängste in zwei Hälften, trennte die gestrige Angst von der Angst vor diesem Tag, der jetzt begann.

Über Nacht hielten sie die Zeit immer an. Morgens um sechs holten sie die Uhren in seine Welt zurück und ließen die Zeiger wieder vorwärts springen. Metallisch klickten sie den Dienstplan durch den Tag:

Wecken. Bettenbauen. Waschen. Sport.
Frühstück.
Weltanschauung. Latein. Physik. Chemie. Mathematik.

Mittagessen.

Dreißig Minuten Pause.

Englisch. Kunsterziehung. Deutsch. Biologie.

Anschließend Leichtathletik.

Oder Waffenkunde.

Oder Strategie.

Oder Geräteturnen.

Manchmal Fechten.

Samstags Boxen.

Anschließend duschen.

Zweimal wöchentlich Musik.

Und Marschieren. Rechts ... um! Abteilung ... marsch!

Auf dem Weg zum Frühstück: Abteilung marsch!

Nach dem Frühstück: Abteilung marsch!

Auf dem Weg zur Turnhalle: Abteilung marsch!

Links, zwei, drei, vier! Trott, Trott, Trott, Trott.

Nur abends, auf dem Weg zur Bibliothek, schwiegen die Kommandostimmen. Der Bibliothekar half ihm bei den Schularbeiten und suchte Bücher für ihn heraus. Er gab ihm die *Kritik der reinen Vernunft.* »Junge, du kannst gar nicht früh genug mit Kant beginnen.«

Er verschlang alle Bücher, die Professor Wendeklee ihm gab, und hörte nichts und sah nichts, und dann tippte der Bibliothekar ihm auf die Schulter: »Fünf vor neun. Lauf, oder du kommst zu spät zum Zapfenstreich.«

Jeden Monat einmal kamen BDM-Mädchen aus dem Dorf zur Tanzstunde. Es war keine dabei, die ihm gefiel. Er lernte Walzer und Foxtrott und wie man eine Dame zum Tisch geleitet und war jedes Mal froh, wenn die Stunde vorbei war und er in die Bibliothek rennen konnte.

Ende Juli steckten sie ihm das Schießabzeichen ans Hemd. Sie zählten ihn zu den besten Scharfschützen der Burg und brachten ihm bei, wie man Schwere Maschinengewehre mit verbundenen Augen auseinander nimmt, ölt und wieder zusammensetzt.

Sonntags standen Bergwanderungen auf dem Dienstplan. Jeder Aufstieg begann vor Sonnenaufgang, mittags trugen sie ihre Namen in die Gipfelbücher ein, und dann lagen sie in der Sonne und sahen auf die winzigen Dörfer hinunter, und der Junge fragte: »Warum dürfen wir noch nicht fliegen?«

»Segelflieger fangen in der Werkstatt an«, sagte der Erzieher. Er ritzte seine Initialen in das Gipfelkreuz. PP. Paul Paikinger. Die Jungens nannten ihn Paike. Keiner mochte ihn. Das Gesicht war pockenvernarbt, und in seinen dunkelbraunen Augen fand sich niemand zurecht.

»Flieger bauen sich ihre Maschinen selber.«

»Wo?«

»In der Tischlerwerkstatt.« Er grinste. »Wer fliegen will, soll vortreten.«

Drei Schüler sprangen auf. Der Junge und Wenzel und noch einer namens Willy Volkert.

»Sieh mal an«, sagte Paike. »Drei nagelneue Udets.«

Paike unterrichtete in Biologie. Was Charles Darwin an Pflanzen und Tieren beobachtet hatte, übertrug er auf die Menschen:

»Das Überleben des Stärkeren ist ein ungeschriebenes Gesetz der Natur. Nur die Besten überstehen den Kampf ums Dasein. Unsere nationalsozialistische Weltanschauung stützt sich auf die Bedeutung der Menschheit in ihren rassischen Urelementen. Es gibt keine Gleichheit der Rassen.

Menschliche Kultur und Zivilisation sind gebunden an das Vorhandensein des Ariers. Er personifiziert den aristokratischen Grundgedanken der Natur.

Das Judentum ist keine Religionsgemeinschaft, sondern eine Rasse. Eine minderwertige Rasse. Sollte es dem Juden jemals gelingen, mit Hilfe seiner marxistischen Glaubensbekenntnisse über die Völker dieser Welt zu siegen, dann wird seine Krone der Totentanz der Menschheit sein. Dann wird dieser Planet wieder wie einst vor Jahrmillionen menschenleer durch den Äther ziehen. Die ewige Natur rächt unerbittlich die Übertretung ihrer Gebote.«

Im darauf folgenden Winter brach er sich beim Skispringen beide Knie. Sie nagelten ihm die Kniescheiben zusammen und legten ihn drei Monate in Gips. Zu Weihnachten saß Guste Unrast in seiner Krankenstube. Sie hatte einen winzigen Tannenbaum mitgebracht und zwei Flaschen Mosel. Der Wein war der erste Wein seines Lebens, und Mutter konnte auch nichts vertragen. Sie lachte unentwegt, und ihm drehte sich alles, aber das war herrlich, denn er lag im Bett, und am nächsten Morgen wussten sie beide nicht mehr, warum sie eigentlich so gelacht hatten.

Mutter konnte nur eine Woche bleiben. Sie ließ den Weihnachtsbaum auf dem Fensterbrett stehen, weinte ein bisschen und schloss die Tür so leise hinter sich, als wollte sie einen Schlafenden nicht stören.

PHALLUS
1942

Sie brachten seine Beine in Ordnung, gaben ihm neue Ski und ließen ihn wieder Rennen fahren. Kurz nach Ostern wurde der Schnee schwer und nass und machte sich über Nacht davon, und dann kam ein Fluglehrer aus Krumbach mit den Plänen für ihren SG 38.

Manchmal träumte er von seiner Schwester. Sie lag im Gras. Nackt. Wenn er sie ansah, verbarg sie ihr Gesicht hinter einem Lachen. Seine Hände griffen nach ihren Brüsten, und das gesichtslose Gesicht stieß wieder helles Gelächter aus. Das erschreckte ihn. Er wachte auf und sah, dass sein Gemächte sich aufgerichtet hatte. Groß und steif und heiß. Er tastete danach und spürte Hitze und Beben in seinen Händen. Der Phalluskopf schwoll an, forderte, drängte, wollte aus seiner Haut heraus, und der Junge presste ihn glücklich gegen seinen Bauch und war atemlos und fühlte das Schlagen seines Herzens zwischen seinen Fingerspitzen.

DIE WENDE
März 1943

Es war Föhn. Alle Fenster der Bibliothek standen offen. Der Professor lehnte über seinem Pult und stopfte sich eine Pfeife. Als er sie anpaffte, konnte der Junge es bis in die weit entfernte Ecke der Erstausgaben hören. Die beiden waren allein in dem großen Saal. Wie jeden Abend um diese Zeit.

Gegen halb neun tippte ihm der Professor auf die Schulter. Der Junge klappte das Buch zusammen. »Zapfenstreich?«

»Nein«, sagte der Bibliothekar. »Hier ist ein Herr, der mit dir sprechen will.«

»Guten Abend«, sagte der Fremde.

Der Junge stand auf. »Heil Hitler.«

Der Fremde lächelte. »Heil Hitler. Darf ich mich zu dir setzen?« Er hatte ein junges Gesicht, aber wenig Haare.

»Gern.« Der Junge räumte die Bücher vom Hocker.

Der Fremde legte seine Hand auf die des Jungen. »Ich heiße Bertram Weyland. Und du bist Junge Unrast.«

»Ja«, sagte der Junge. »Warum?«

»Ich habe dir beim Boxen zugesehen. Der Schulleiter hat mir deinen Namen verraten.«

»Und?«

»Dein Gegner war größer als du. Gut eine Gewichtsklasse höher.«

»Schon«, sagte der Junge. »Der Kerl ist ziemlich stark. Er kann prügeln. Aber er kann nicht lachen.«

»Du meinst, Boxer sollten lachen, wenn sie kämpfen?«, fragte der Professor.

»Warum nicht? Wenn sie gut sind, lachen sie sowieso. Nur Nieten nehmen alles ernst.«

Der Professor legte dem Jungen seine Hand auf die Schulter, und der Fremde schüttelte den Kopf. Er schob sich die Brille auf die Stirn. »Was liest du da?«

»*Gil Blas.*«

»Von wem ist das?«

»Le Sage«, antwortete der Professor. »Der Junge zeigt keinerlei Interesse für zeitgenössische Autoren wie Ernst Jünger oder Gerhart Hauptmann.« Er paffte an seiner Pfeife. »Übrigens schreibt er selbst ganz ausgezeichnete Geschichten.«

»Tatsächlich? Wovon handeln sie?«

»Alles Mögliche.«

»Letztens schrieb er von einem Knaben und einem Bussard«, sagte der Bibliothekar. »Der Knabe schuf sich ein Segelflugzeug. Ein langes Jahr ging darüber hin. Im Frühling stürmten Gewitter über das Land. Sobald sie hindurchgezogen waren, hockte der Knabe im Gras und schaute dem regennassen Bussard zu. Der Vogel hinwiederum hockte auf dem Geäst und entfaltete seine Schwingen, streckte sie dem Wind entgegen, ließ sie von der Sonne trocknen, wie man ein Wäschestück zum Trocknen auf eine Leine hängt. Die beiden sahen sich an. Beide waren noch nicht reif für den ersten Flug. Geduld, Knabe. Und auch du, Bussard: Geduld.«

»Er hat es altmodisch erzählt«, sagte der Junge. »Aber sonst stimmt die Geschichte.«

»Ich bin ein alter Mann«, lächelte der Professor. »Du wirst es mir nachsehen müssen.«

Der Fremde lehnte sich in seinem Stuhl zurück. »Ich habe eine Frage an dich.«

»Fragen Sie nur«, sagte der Junge.

»Möchtest du zum Film?«, fragte der Fremde.

Der Professor nahm die Pfeife aus dem Mund.

»Als was?«, fragte der Junge.

»Als Schauspieler.«

»Nee.«

»Wie ist Ihre Frage zu verstehen?«, wollte der Bibliothekar wissen.

»Wir machen einen Film. Bei der Ufa in Babelsberg. Ich suche drei Jungens für die Hauptrollen. Das ist wie die Suche nach fünf Stecknadeln in einem Heuhaufen.«

»Warum?«

»Die Burschen müssen Talent haben.« Er zündete sich eine Zigarette an. »Hast du schon mal irgendwo mitgespielt?«

»Nein«, sagte der Junge. »Bei Veranstaltungen muss ich meist die Gedichte sprechen. Aber das zählt wohl nicht.«

»Wie alt bist du?«, fragte der Fremde.

»Vierzehn. Nächsten Monat fünfzehn.«

»Und du hast keine Lust, in einem Film zu spielen?«

»Nee.«

»Was wirst du mal machen, ich meine, von Beruf?«

»Bücher schreiben.«

»Im Ernst?«

»Warum lachen Sie?«

»Ich dachte, die Ordensburg lässt dich was ganz andres werden.«

»Was, zum Beispiel?«

»Gauleiter von Moskau.« Sein Lachen wurde von den Büchern weggeschluckt. Der Junge und sein Professor sahen dem Mann beim Lachen zu und wussten nicht, ob sie mitlachen sollten.

Am nächsten Abend stürmte der Junge früher als sonst in die Bibliothek.

»Sie haben mir eine Fahrkarte gegeben. Nach Berlin.«

Der Professor stopfte Tabak mit dem Daumen in seine Pfeife. »Und einen Marschbefehl zu Probeaufnahmen bei der Ufa.«

»Haben die Erzieher dir das schon erzählt, Professor?«

»Nein. Mit mir spricht nur selten jemand.« Er riss ein Streichholz an. »Es ist endlos«, sagte er dann.

»Was?«

»Das Gewässer, in dem wir leben.«

»Wie meinst du das, Professor?«

»Unsere Zeit.«

»Was ist mit unserer Zeit?«

»Sie ist wie ein endloses Gewässer. Du, Junge Unrast, bist

der Fisch und schwimmst an den Rändern dieser Tage. Was jedoch, wenn eine Welle dich aufs Trockene schwappt? Was dann?«

SPIELEN UND STERBEN
April 1943

An einem Montagmorgen, Punkt acht Uhr, nannte er dem Pförtner bei der Ufa seinen Namen. Sie ließen ihn lange vor dem Pförtnerhäuschen warten. Er lehnte sich mit dem Rücken an die Scheiben und sah dem Regen zu, der Schneeflocken verjagte. Den Kragen seiner Uniform hatte er hochgeschlagen, weil er nicht wollte, dass ihm der Regen den Hals entlang über Brust und Rücken lief. Es war kalt, aber er fror nicht. In Sonthofen hatten sie ihm das Frieren abgewöhnt.

Dann ließen die Filmleute ihn vor dem Schminkraum warten. Er lief in dem blendend hellen Korridor auf und ab, und als eine Stimme »August« rief, war ihm sein Name fremd. Ein Mann mit Glasauge setzte ihn in einen Drehstuhl, wie ihn Friseure haben, und tupfte Schminke in sein Gesicht und rote Farbe auf seine Lippen.

Später ließen sie ihn in einem Zimmer warten. Er wollte aus dem Fenster sehen, aber außer einer endlos langen Hallenwand gab es nichts da draußen. Neben dem Waschbecken hing ein Handtuch. Er nahm es und wischte sich die Farbe aus dem Gesicht. Möglich, dass sich manche Mädchen schminken. Jungens nicht.

Er wartete etwas mehr als eine Stunde. Dann ging er.

Der Wind hatte den Regen davongejagt. Auf der breiten Straße zum Pförtnerhaus kam ihm ein Mann nachgesprungen. Der Kerl war klein und hatte einen Klumpfuß. Mit dem guten Fuß machte er lange Sprünge. Mit dem klumpigen berührte er jedes Mal nur flüchtig den Asphalt. Seine Arme fuchtelten in der Luft herum. Wie auf der Suche nach einem Halt.

»He! Warte! Komm zurück!«

Der Junge blieb stehen.

»Du – bist – das – Trumpf-Ass von olle Weyland!«, brüllte der Kerl. »Komm zurück – oder – schattandreh – wie die Franzosen – zu sagen – pflegen.« Der Kleine war außer Atem. Er lehnte sich an einen Baum und griff nach seinem Herzen. Der Junge ließ ihm Zeit.

»Du hast wohl nich warten jelernt?«

»Nein.«

»Mein Jott, du hast ein Unikum jeschaffen!«, brüllte der kleine Mann zum Himmel. »Sonst nischt wie Faulköppe, und der hier will nich arbeiten!«

Der Junge musste lachen. Früher, im Osten dieser Stadt, auf dem Weg zur Schule, hatten die Arbeiter sich so ihre Sorgen zugerufen. Das war schon zwei Jahre her. In Sonthofen redeten sie anders.

»Wenn ick dir jehen lasse, schießen se mir durch die deutsche Brust direktemang ins schwache Herz.« Der Mann streckte ihm die Hand entgegen. »Ick bin Aufnahmeleiter in dem Laden hier. Fritz Patschke ist der ehrenwerte Name. Nu komm aber ooch mit. Du bist jleich dran.«

»Wann?«

»Nach dem Mittagessen.«

Der Junge sah auf seine Armbanduhr.

»Ick weiß et ja.« Patschke zog den Jungen am Arm. »Det is noch zwei Stunden hin. Und deshalb mach ick mit dir einen Diel. So nennen det die Amerikaner in ihre Filme, wenn se sich wat versprechen: einen Diel. Komm mit. Ick

zeige dir allet, wat et hier zu sehen jibt. Die janze Traum-
fabrik. Und dann lade ick dir zum Mittagessen ein.« Er
biss sich auf den Daumen. »Haben se dir Lebensmittelkarten mitjejeben?«

»Nein.«

»Macht nischt. Denn klau ick vorher welche im Büro
von die Kantine.«

Fritz Patschke humpelte neben ihm durch eine unwirkliche
Welt. Schlaraffenland. Die Frauen waren echt, aber ihre
Kleider stammten aus einem anderen Krieg. Das war ein
Zirkus mit acht Manegen. In Atelier 2 stand eine Landschaft wie aus einem Bild von Albrecht Dürer, und in Halle 5 prügelten sich Matrosen, und in der größten aller Hallen brüllte Musik aus gewaltigen Lautsprechern. Mädchen
auf Schlittschuhen tanzten über grünes Eis mit gelben
Streifen. Hoch oben über dem Eis hingen hölzerne Lauf-
stege an langen Ketten. Grelle Scheinwerfermonde leuchteten von den Stegen. Ein weit gespanntes Netz zerriss,
und bunte Luftballons regneten auf das Eis hernieder. Das
waren riesige Schneeflocken in allen Farben, und die Mädchen ließen die Flocken auf ihren Händen zergehen, wie
Kinder es machen, aber es waren keine Kinder, es waren
Frauen mit den schönsten Gesichtern, die der Junge je gesehen hatte, und es wurde ganz hell vor seinen Augen, und
ein Schmerz drängte sich in seine Brust, eine Sehnsucht,
ähnlich traurig wie Heimweh, nur suchender. Glücklicher.
Schmerzhafter. Ein glücklicher Schmerz. Aber er wusste
nicht, was das war.

»Miezen uff Schlittschuhe ha'm einen janz besonderen
Zauber«, sagte Patschke. »Die können einen Mann rejel-
recht um den Verstand bringen, findste nich?«

Der Junge nickte.

»Außerdem komm' nich nur ihre Schlittschuhe aus So-
lingen. Die Mädels sind jenauso scharf wie ihre Kufen.«

Auf der Straße vor den Schneideräumen kam ihnen ein
Bannführer der Hitlerjugend entgegen. Der Junge warf
den Arm hoch und riss den Kopf nach links. Der andere
hob zaghaft seinen Arm.

»Den brauchste nich zu grüßen«, sagte Patschke. »Det is
keen echter.«

»Wie meinen Sie das?«

»Det is'n Komparse.«

»Was ist ein Komparse?«

»Ein Mann mit verfloss'ne Träume.«

»Versteh ich nicht.«

»Der hält sich für 'n Künstler. Det is er ooch. Aber im
Hintergrund. Jewissermaßen 'n Hintergrundkünstler.«

Am Rand der Hallen begann eine andere Welt. Zusam-
mengewürfelt. Bauernhäuser, Straßenzüge. Ein Tulpenfeld
vor einer Gracht. Tempel in der Mongolei. Eine Hochbahn
in Manhattan. Daneben ein Kral in Afrika. Und der
Schlamm einer Rollbahn, irgendwo in Rußland. Tote Russen lagen in dem Schlamm, und überall standen deutsche
Panzer, aber ein Russe lebte noch. Er hatte eine weiße
Fahne in den Händen und fiel in die Knie und streckte die
Fahne hoch in die Luft.

»Hier dreht die Deutsche Wochenschau«, sagte Fritz
Patschke.

Der Junge blieb stehen. Patschke sagte: »Mein Kleener,
hier bei de Ufa wird an allen Fronten pausenlos jesiecht.«

Mittags gaben sie ihm Schweinebraten. Aber den konnte
er nicht runterbringen. Der Magen war ihm zugeschnürt.

Das Atelier 6 war heiß wie ein Brutkasten. Er konnte nicht
lange vor den Scheinwerfern stehen bleiben. Sie hatten

ihm einen Monteuranzug angezogen. Der Stoff war dünn, und die Hitze der Lampen brannte Flammen in seinen Rücken.

Arbeiter hockten auf den Beleuchterbrücken und aßen ihre Stullen und brüllten Witze von Brücke zu Brücke. Hinter der Kamera standen Menschenbündel. Sie redeten und redeten und kümmerten sich um nichts und niemanden.

Eine Eisentür wurde aufgestoßen, und der Junge konnte Bertram Weyland durch den Regen laufen sehen. Andere liefen hinter ihm her, Männer und Frauen. Ein dunkler Komet mit dunklen Strahlen, dachte der Junge.

Sie nahmen Weyland den nassen Ledermantel ab und putzten ihm seine beschlagenen Brillengläser, und dann sah er den Jungen.

Er kam auf ihn zu.

»Heil Hitler!«, sagte der Junge.

Patschke legte ihm eine Hand auf die Schulter. »Heil Hitler brauchste hier nich immer zu rufen. Ein freundliches ›Guten Tag‹ verschönert uns unseligen Zweiflern selbst die schwersten Stunden.«

Weyland lächelte. »Lass uns allein, Fritze.«

Dann sah er den Jungen an. »Kennst du mich noch?«

»Aber klar.«

Weyland sah sich um. »Stört dich der Lärm?«

Der Junge nickte.

»Ich stelle ihn gleich ab, aber vorher will ich mit dir reden. Der Lärm ist gut für unser Gespräch. Was wir uns zu sagen haben, sagen wir leise, und dann deckt der Lärm alles zu. Niemand kann uns hören.«

Patschke brachte zwei Faltstühle und klappte sie auseinander.

»Setz dich.« Weyland rückte seinen Stuhl dicht an den

Jungen heran. »Dass du der Richtige für meinen Film bist, weiß ich schon jetzt. Aber du musst dich anstrengen bei der Probeaufnahme, denn ich muss sie dem Propagandaminister vorführen, weil ich sein Einverständnis brauche, bevor ich dir die Rolle geben darf.«

»Doktor Goebbels?«

Weyland nickte.

»Er sieht sich das an, was wir hier machen?«

»So ist es.«

»Sie kennen Doktor Goebbels? Ich meine, persönlich?«

»Allerdings.«

»Wie ist er?«

Weyland schloss die Augen.

»Was haben Sie?«

»Ich suche nach den richtigen Worten.«

»Verstehe.« Der Junge sah den Arbeitern zu und wartete.

Dann sagte Weyland: »Ich will dir erzählen, wie es war, als ich das erste Mal zu ihm befohlen wurde.«

Eine kleine Frau steckte Weyland eine ihrer Zigaretten zwischen die Lippen.

»Danke, Vera«, sagte er. »Bitte, sei so freundlich und lass uns allein.« Er ließ die Zigarette im linken Winkel seines Mundes hängen. Der Qualm zog wie eine Wolke um sein Gesicht.

»Der Minister ist ein kleiner Mann. Ich möchte dies rein körperlich verstanden wissen. Im Gegensatz dazu ist sein Arbeitszimmer wohl der größte Saal, den ich je gesehen habe. Lang gestreckt, verstehst du? Der Minister sitzt hinter seinem Schreibtisch ganz am Ende des Saales und hört dem Adjutanten zu, der deinen Namen von der Tür her ruft. Wenn der Minister nickt, machst du dich auf den Weg. Deine Schritte hallen über das Parkett. Mit jedem

Schritt wirst du kleiner, und eine deiner Schultern beginnt zu schmerzen und du lässt sie hängen, und in deinem Hals entsteht ein Krampf, und wenn du endlich vor dem Schreibtisch stehst, fühlst du dich verkrüppelt. Verstehst du das?«

»Nein.«

Weyland lachte. »Junge, möglicherweise bist du aus einem anderen Holz geschnitzt. Ich jedenfalls empfand Schmerz in meiner Schulter.« Weyland nahm die Zigarette aus dem Mund. »Als ich endlich vor seinem Tisch stand, sagte er, dass ihm mein Drehbuch gefallen habe. Dann wollte er wissen, ob ich einen guten Film daraus machen werde. ›Ich hoffe es‹, sagte ich. Da sah er mich aus dunklen Augen ganz scharf an und rief: ›Sie hoffen es?‹ Und ich sagte: ›Ich werde mir die größte Mühe geben‹, aber meine Antwort war ihm nicht gut genug. ›Mühe geben! Mühe geben!‹ Er sprang auf und sagte: ›Wissen Sie, dass ich die Leitartikel für die SS-Zeitung *Das Reich* verfasse?‹ Ich stand auch auf und sagte: ›Jawohl, Herr Minister, ich lese Ihre Artikel regelmäßig.‹«

»Ist das wahr?«, fragte der Junge.

Weyland paffte Rauch aus seiner Zigarette und warf dem Jungen aus zusammengekniffenen Augen einen kurzen Blick zu. »Möchtest du wissen, wie es weiterging?«

»Unbedingt.«

»Du weißt, dass Doktor Goebbels einen Klumpfuß hat?«

»Nee. Wirklich?«

»Nicht ganz so schlimm wie Patschke, aber immerhin hat der Minister einen Klumpfuß. Er humpelt. Ich nehme an, es ist dir in der Wochenschau schon ab und an einmal aufgefallen?«

»Jetzt, wo Sie es sagen ...«

»Nun gut. Der Minister sprang also auf und humpelte

hin und her und rief: ›Jedes Mal, wenn ich mich an den Leitartikel mache, nehme ich mir vor, den besten Leitartikel zu verfassen, der je geschrieben wurde. Niemals hat es Flammenderes gegeben! Nicht von Savonarola. Nicht von Aretino. Auch nicht von Churchill oder Lenin ... Wer nicht überzeugt ist, ein Meisterwerk zu schaffen, soll sich erst gar nicht an die Arbeit machen.‹«

»Das hat er gesagt?«

Weyland nickte.

»Verstehe«, sagte der Junge. »Und jetzt?«

»Und jetzt schaffen wir ein Meisterwerk. Auf höheren Befehl.« Er lachte. Dann sah er sich um. »Vera, würdest du mir bitte einen Aschenbecher bringen?«

Die Frau kam und nahm Weyland den Zigarettenstummel aus der Hand.

Weyland legte den Kopf zurück. »Deine Geschichte mit dem regennassen Bussard geht mir nicht aus dem Sinn. Ich werde etwas Ähnliches in meinen Film einbauen. Stell dir einmal vor, du hättest einen Bussard in einem Käfig.«

»Warum?«

»Das ist jetzt gleichgültig. Stell's dir einfach nur mal vor. Kannst du das?«

»Welcher Idiot steckt einen Bussard in einen Käfig?«

»Du.«

»Ich?«

»Der Junge, den du in meinem Film spielst.«

»Ich soll einen Jungen spielen, der einen Bussard in einen Käfig sperrt?«

»Kannst du dir das nicht vorstellen?«

»Nein. Und Doktor Goebbels wird sich das auch nicht vorstellen können. Ein Meisterwerk kann da nie draus werden.«

Weyland schlug sich auf die Schenkel.

Vera sagte: »Der Knabe ist ganz ohne Frage originell.«

»Hör zu«, sagte Weyland. »Eine dir total unbekannte Person hat den Bussard in einen Käfig gesperrt. Du bist endlich fertig mit dem Bau deines Segelflugzeuges, hast den ersten Flug hinter dir, triffst zufällig auf den Käfig und befreist den Bussard. Kannst du dir wenigstens das vorstellen?«

»Und ob.«

»Na, wunderbar.« Weyland drehte sich zur Seite. »Patschke. Ich brauche Ruhe.«

Patschke hüpfte in das grelle Licht der Lampen. »Ruhe! Abhupen! Rotlicht!«

Ein Stöhnen lief durch Halle 5. Die Welt wurde abgestellt. Angehalten. War bereit, sich linksherum um ihre Achse drehen zu lassen.

Menschen erstarrten. Arbeiter liefen an ihre Plätze. Stullen wurden eingepackt. Türen verriegelt. Eine Hupe blökte zweimal auf.

Und dann war Stille.

Weyland stellte den Jungen vor die Kamera. Ein Arbeiter hängte einen Papageien-Käfig neben ihm auf. In dem Käfig hockte ein Vogel. Die Flügel hatten sie ihm mit Draht auseinander gezogen. Der Vogel war ausgestopft. Braun und verstaubt.

»Junge, bist du nervös?«, fragte Weyland.

»Überhaupt nicht.«

»Hervorragend. Also: Du drückst deine Nase gegen den Käfig und sagst zu dem Vogel: ›Heute bin ich zum ersten Mal geflogen. Ich war da oben. Ganz hoch oben. Jetzt weiß ich auch, warum du immer so traurig hier herumhockst.‹ Dann öffnest du die Drahttür und sagst: ›Du gehörst nicht in einen Käfig. Ich schenke dir die Freiheit.‹ Kannst du dir das merken?«

Der Junge nickte. »Heute bin ich zum ersten Mal geflogen ... und bin da oben gewesen ... ganz hoch oben ... und nun weiß ich auch, warum du immer so traurig hier herumhockst.«

Sie hielten ihm ein Bandmaß vor die Nase, und Weyland sagte: »Ton ab.«

Von hinten kam eine Stimme: »Ton läuft.«

Weyland saß im Schatten. »Kamera ab.« Nur seine Brillengläser blitzten.

»Kamera läuft.«

Der Junge konnte nicht sehen, wer das gerufen hatte. Aber dann sprang ein Mann vor und knallte mit einer schwarzen Holzklappe ganz nah an seinem Gesicht vorbei.

»Probe August Unrast. Das erste Mal.«

Kreidestaub wirbelte durch die Luft. Dann flüsterte Weyland: »Junge, bitte.«

Er sagte die Sätze, aber der Tonmeister meinte, er sei zu leise gewesen.

Beim zweiten Mal hatte er seine Nase zu weit in den Käfig gepresst.

Beim dritten Mal hatte er keine Lust mehr. »Das ist ein blöder Satz.«

»Welcher?«

»Ich schenke dir die Freiheit.«

»Erfinde deinen eigenen Satz«, sagte Weyland. »Denk an den regennassen Bussard.«

Er spielte die Szene noch einmal. »Ich war da oben. Ganz hoch oben. Jetzt weiß ich auch, warum du immer so traurig hier auf deiner Stange hockst.« Dann hängte er die Tür aus, griff in den Käfig, wickelte den Draht von den Flügeln und zog den ausgestopften Vogel durch die enge Öffnung. Er setzte den Bussard auf seine ausgestreckten Hände und hielt die Finger so, wie Kinder ihre Hände den Schneeflocken entgegenhalten, und er dachte an die Mädchen mit den bunten Luftballons und an die Schneeflocken, die in ihren Händen zerplatzten, und er bildete sich ein, den regennassen Bussard auf seinen Händen zu halten. Dann rief er: »Hau endlich ab!« Und warf den Vogel in die Luft.

Wirbelndes Gelächter sprang durch das Atelier. Die Beleuchter klatschten in die Hände. Weyland schlug ihm auf die Schulter. Vera küsste ihn auf beide Backen. Patschke hüpfte im Kreis herum. Und alle klatschten so lange, bis er aus der Tür war.

Draußen erstarb das Lachen. Regen pladderte auf die breite Straße. Menschen hasteten dem Ausgang entgegen. Regenschirme stemmten sich gegen den Wind. Aus der Eishalle wehte Musik durch die Nacht. Es war noch immer das Lied der Luftballons. Er schlug den Kragen seiner Uniform hoch, winkte dem Pförtner zu und machte sich auf den Weg zur S-Bahn.

Der abgedunkelte Zug polterte durch die Nacht. In der ganzen Stadt leuchtete kein einziges Licht. Die Fenster der S-Bahn waren blau gefärbt. Gab es da draußen Leben in der Finsternis? Menschen beim Abendbrot? Boxtraining in der Halle? Opa vor dem Volksempfänger? Ein Kuss im Regen? Der Junge presste sein Gesicht an das kalte Glas und sah sich selber in die Augen. Das Fenster warf sein Spiegelbild zurück. Fade. Verschwommen. Er verzog sein Gesicht zu einer Grimasse. Die Grimasse sprang von Station zu Station.

Als der Zug in den Bahnhof Friedrichstraße einrollte, heulten die Sirenen. Schlummernde rissen erschreckt die Augen auf. Ein Mann nickte. »Ich hab es ja gewusst.«

Sie griffen nach ihren Taschen und drängten sich durch die Türen, stürmten über den Bahnsteig, stolperten über kinderlose Kinderwagen, rannten die Treppen hinunter, lärmten nur mit den Absätzen, aber nicht mit ihren Stimmen, halfen nicht den Alten und kümmerten sich nicht um Mütter oder Kinder.

Dann war der Spuk vorbei. Die Sirenen gaben ihre schrillen Schreie auf. Der Junge stand auf dem menschenleeren Bahnsteig. Fliegeralarm. Das war etwas Neues für ihn. In den Bergen Bayerns fielen keine Bomben.

Aus dem verlassenen Zug kam ein Soldat. In dem fahlen Licht funkelten seine Orden. Eine Schlinge stützte seinen rechten Arm. Die letzte Lampe des Bahnhofs erlosch. Der Soldat kramte eine Taschenlampe aus der Manteltasche und leuchtete den Weg die Treppen hinunter. Der Junge ging hinter ihm her. Unten, in der Schalterhalle, hielt er dem Soldaten die schwere Tür auf.

»Danke«, sagte der Landser. »Hundert Meter weiter links ist ein Luftschutzbunker.« Sie gingen durch den Regen. Die Straßen waren menschenleer. Von der S-Bahn-Brücke rief eine unsichtbare Stimme: »Licht aus.«

»Leck mich am Arsch«, murmelte der Landser.

Vor dem Bunker stand ein Luftschutzwart. »Alles voll.«

»Wo ist der nächste Bunker?«, fragte der Junge.

»Unter den Linden.«

»Zu weit«, sagte der Landser.

»Tut mir Leid, Männer«, sagte der Luftschutzwart.

»Kumpel«, sagte der Landser zu dem Luftschutzwart, »wir bleiben hier stehen, bis der Zauber losgeht. Wenn du dir dann in die Hosen scheißt und in den Bunker flüchtest, flüchten wir hinterher.«

»Herr Feldwebel«, flehte der Luftschutzwart, »machen Sie mir bitte nicht das Leben schwer.«

»Im Gegenteil«, meinte der Landser. »Wenn du uns nicht reinlässt, werde ich dir den Tod erleichtern.« Er leuchtete dem Jungen ins Gesicht. »Wie alt bist du? Zwölf?«

»Fünfzehn.«

»Herr Feldwebel, ich muss Sie auffordern, die Taschenlampe auszuschalten.«

»Schnauze.«

»Ein starker Bomberverband ist im Anflug auf Berlin!«

Der Landser leuchtete die Uniform des Jungen ab. Er besah sich das Dreieck am Arm und die Schulterstücke. »Adolf-Hitler-Schule. Nicht schlecht, verdammte Notzucht!« Er schaltete die Taschenlampe aus. »Von euch hab ich immer nur gehört. Sehen tut man euch nie.«

»Kommt in den Bunker«, sagte der Luftschutzwart. »In dem Fall muss eine Ausnahme gemacht werden.«

»Warum das denn?«, sagte der Soldat. »Warum werden für Adolf-Hitler-Schüler Ausnahmen gemacht?«

»Der Führer hat ihnen seinen Namen gegeben. Sie sind mehr als seine Schüler. Sie sind seine Söhne.« Er wollte die schwere Eisentür aufriegeln.

»Nein«, sagte der Junge. »Warten Sie noch. Ich habe noch nie einen Luftangriff erlebt.«

Der Regen hatte aufgehört. Windböen rissen die Wolken auf und jagten sie wie graue Schafe vor sich her. Der Junge lehnte sich neben den Landser an die Mauer und sah zum Himmel auf. Ein paar Sterne zeigten sich und verschwanden wieder. Von weit her kam ein dumpfes Grollen. Dünne, lange, weiße Lichterfinger streckten sich in den Himmel. Wenn sie an Wolken stießen, zerbrachen sie, aber wenn sie ein Stück klarer Nacht fanden, schien ihre Leuchtkraft endlos.

Eine Achterserie von Schlägen zerriss das Grollen am Himmel.

»Das ist die Flak von Falkensee«, sagte der Luftschutzwart. »Gleich geht's auch bei uns los.«

»Wie viele seid ihr da in Sonthofen?«, fragte der Landser.

»Fünfzehnhundert.«

»Das sind 'ne Menge Söhne.« Er pfiff vor sich hin. »Warum macht er sich nicht selber welche?«

»Was?«

»Söhne. An Frauen dürfte es ihm kaum mangeln.« Er pfiff weiter. »Neulich hat eine im Kino neben mir gesessen. Die ganze Zeit, während der Hitler-Rede in der Wochenschau, hat sie sich zwischen den Beinen rumgespielt, und dann ist sie aufgesprungen und hat geschrien: ›Führer, ich will ein Kind von dir!‹«

»Geschmacklos«, sagte der Luftschutzwart.

Harte, kurze, röhrende Schläge fetzten durch die Nacht. Der Junge zuckte zusammen.

»Wir sollten jetzt reingehen. Wegen der Splitter«, sagte der Luftschutzwart.

Aus dem Grollen wurde das Dröhnen von Flugzeugmotoren. Vier, fünf eifrige weiße Finger trafen sich zu einem Strahlenbündel. Der Landser sah zu dem Bündel hoch. »Warum will der Führer, dass wir unseren Frauen Kinder machen, wenn er selber keine hat?«

»Für den Führer gibt es Wichtigeres zu tun«, sagte der Luftschutzwart.

»Zum Beispiel?«

»Er muss sich um Deutschland sorgen.«

»Ein interessanter Gedanke«, sagte der Feldwebel. »Wer sich um Deutschland sorgt, legt sich zu keiner Frau ins Bett.« Er zog seine Schirmmütze tiefer in die Stirn. »Wenn jeder, der sich Sorgen macht um unser Land, so denken würde, müssten sich so gut wie alle Frauen Deutschlands selbst befriedigen.«

Der Luftschutzwart riss den Mund auf, aber ein gewaltiges Kanonengewitter fetzte über seinen Protestschrei hin. Die Schläge brachen sich an den Häuserwänden und röhrten metallisch berstend durch die Straßen. Feuerbälle rollten an den Sternen vorbei, fraßen sich in Wolken, machten aus dem Himmel ein Flammenmeer. Und dann kam das Pfeifen. Erst leise aus dem Nirgendwo. Dann lauter, schneller, schreiend, kreischend.

»Bomben!«, brüllte der Landser, und der Luftschutzwart riss die Eisentür auf, und sie stürzten in den Bunker und verriegelten die Tür, und das Kreischen wurde unerträglich, und dann war es, als würden die Explosionen den Bunker in Stücke reißen. Frauen schrien auf. Die Lampen erloschen, und Kinder weinten. Dann gingen die Lichter wieder an. Kalkiger Staub wehte wie Nebel durch die Bunkerräume. Menschen standen dicht gedrängt, Arbeiter, SA-Männer, Artisten aus dem Varieté, Matrosen, Nachrichtenhelferinnen, Frauen in eleganten Mänteln, Offiziere und zwei Blinde mit ihren Hunden. Alte Leute und schwangere Frauen kauerten auf Stühlen, und in den hinteren Räumen lagen die Kranken. Kalkstaub setzte sich in alle Kehlen. Die Menschen husteten in ihre Taschentücher und wischten sich die Tränen aus den Augen und wagten nicht zu sprechen.

»Das war die erste Welle«, flüsterte der Luftschutzwart.

Der Junge nahm die Mütze ab und wischte sich den Schweiß von der Stirn.

»Angst gehabt?«, fragte der Landser.

Der Junge nickte. Seine Knie schlugen aneinander. Er wollte seine Knie festhalten, aber im Zentrum der Menschenleiber entstand Unruhe, und die Woge der Hilflosen presste ihn gegen kalten Beton.

»Kumpel«, sagte der Landser. »Kannst du dich an die berühmte Rede von Hermann Göring erinnern?«

»Welche?«

»Die deutsche Luftwaffe ist unbesiegbar! Wenn es auch

nur einem Flugzeug des Gegners gelingen sollte, in unseren Luftraum einzudringen, will ich Meier heißen!«

»Nehmen Sie sich in Acht«, warnte der Luftschutzwart. »Reden Sie sich nicht um Kopf und Kragen!«

»Sohn des Führers, ich frage dich, hat der Reichsmarschall das gesagt oder nicht?«

»Ja«, lächelte der Junge. »So ähnlich.«

»Heute Früh bin ich an einem zerbombten Haus vorbeigekommen.« Der Landser hustete. Weißer Kalkstaub saß auf seiner Nase, wie bei einem Clown. »Es war in der Mitte auseinander gebrochen. Von einer Wand hing noch 'ne Badewanne, und auch das Klosett war noch da. Alles andere war weg. Schutt und Asche und Gerümpel und kaputt. An die Wand hatte einer mit einem dicken Pinsel einen Spruch gemalt:

›In diesem Haus habe ick dreißig Jahre geschissen.
Dann haben die Tommies mir rausgeschmissen.
Und würde Hermann nich Meier heißen,
denn könnt ick hier noch länger scheißen.‹«

Als Erster lachte der Blinde. Dann lachten alle. Auch der Luftschutzwart. Sein dicker Bauch hüpfte auf und ab und rieb sich an dem Koppelschloss des Jungen.

»Mann«, rief eine Stimme aus der Mitte. »Den muss ick meine Olle erzählen, wenn se von de Arbeit kommt. Aber nur, falls se noch lebt.«

Kurz nach neun heulten die Sirenen Entwarnung. Die Menschen drängten ins Freie. Der Himmel leuchtete hell wie der Tag, und die Luft war heiß. Die Stadt brannte.

Der Bahnhof Friedrichstraße stand wie ein schwarzer Scherenschnitt vor den Flammen.

»Kumpel«, sagte der Landser. »Ich glaube, wir werden da gebraucht.«

Sie rannten unter der S-Bahn hindurch und wollten in

die nächste Straße einbiegen, aber der Landser riss den Jungen am Arm. »Zurück! Unter die Brücke!«

Sie erreichten die Eisenträger und warfen sich zu Boden. Vor der Brücke stürzte ein Haus auf die Straße. Im Sturz griffen die Flammen nach dem Haus gegenüber, aber das war schon kein Haus mehr, es war nur noch eine Fassade. Ein großer Dominostein. Keine weißen Punkte, aber Fensterhöhlen und Feuerfunken. Der Dominostein klappte vornüber und zerbarst in der Flammenhölle. Balken wirbelten hoch, und Trümmer deckten Trümmer zu. Die Luft wurde zu heiß zum Atmen. Feuerwehrmänner und Jungens vom Luftschutz kletterten über die Schutthalden. Eine Stimme wehte von den Trümmern her: »Hier sind Verschüttete!«

Sie liefen der Stimme nach und fanden einen alten Mann auf einem Trümmerberg.

»Meine Nachbarn. Ich habe ihre Hilferufe gehört«, sagte er. »Jetzt allerdings sind sie still.«

»Wo ist der Keller?«, fragte der Landser.

»Ungefähr hier. Genau kann ich es nicht sagen.«

»Wir müssen uns beeilen«, sagte der Landser. »Noch scheint da unten nichts zu brennen. Aber der Deibel hat alles für sein Inferno vorbereitet. Treppenstufen. Gebälk. Vorhänge. Matratzen. Ein paar Funken, und alles hier geht hoch wie Zunder.«

Sie gruben mit fünf Händen, der Alte, der Junge und der Landser mit seiner linken Hand. Sie warfen Hausrat beiseite. Zerborstene Stühle. Zersprungene Spiegel. Töpfe. Fotos. Mauerbrocken. Mäntel. Zerfetzte Balken. Kasperle. Fensterrahmen.

»Wir leben wie die Ratten.« Der Landser war außer Atem. »In der Finsternis. Bei Gefahr verkriechen wir uns in unsere Höhlen. Anschließend wühlen wir auf Bergen voller Müll.«

Hinten bei der Spree brannte ein Kino. Plötzlich rissen Detonationen die Straße auf. Funken sprühten durch die Nacht und fielen wie dicker grüner Regen auf die Erde zurück. Die Tropfen klatschten auf die Straße und schickten Flammen nach allen Seiten.

»Brandbomben«, sagte der Landser. »Mit Zeitzünder. Wenn man glaubt, es sei alles vorbei und legt sich schlafen, explodiert so ein Teufelsding auf dem Dachboden und versprüht Phosphor.«

Plötzlich brannte die ganze Straße.

»Teer«, sagte der Landser. »Phosphor und Teer. Da wird die Hölle draus.«

Sie gruben hastig weiter. Wenn sie sich verschnaufen mussten, riefen sie nach den Verschütteten. Aber es rief keiner zurück. Nur vom Kino drüben kamen schrille Schreie. Menschen krochen aus den Kellerlöchern und sahen Flammen aus dem Kino schlagen und wollten in den Keller zurück, aber die anderen drängten nach und stießen alle, die schon draußen waren, auf die Straße hinaus.

»Es ist genau, wie Sie es beschrieben haben«, kicherte der alte Mann. »Wenn das Fegefeuer beginnt, kriechen die Ratten aus ihren Löchern.«

Immer mehr Menschen kamen aus dem Keller. Sie drängten sich auf dem Bürgersteig zusammen. Hinter ihnen brannte das Haus. Vor ihnen brannte die Straße.

»Zurück!«, brüllte der Landser.

Die Menschen auf den Trümmerhaufen ringsum schrien auch.

»Rettet euch in den Keller!«

»Lauft nicht durch die Flammen!«

»Der Teer ist flüssig!«

»Ihr bleibt drin stecken!«

»Zurück!«

Das Bersten der einstürzenden Häuser war lauter als die Stimmen der Retter.

Fünfzig Menschen entstiegen dem Keller, siebzig, hundert. Die vorderen wollten zurück, aber die Masse der Nachdrängenden war wie eine Woge und schwappte nach vorn und spülte die erste Reihe in die Flammen hinaus. Sie schlugen Mäntel vor ihre Gesichter und wollten auf die andere Seite des Feuerwalls. Sie kamen zwei, drei Schritte weit. Dann blieben ihre Schuhe im heißen Teer stecken, und sie sprangen ohne Schuhe weiter und erstarrten im nächsten Augenblick zu ihrer letzten, endgültigen Bewegung.

Sie knieten betend nieder und wurden vom Feuer aufgefressen.

Sie erlahmten aufrecht, und Flammen züngelten an ihnen hoch.

Sie griffen wie Statuen nach den Sternen und wurden zu menschlichen Fackeln.

Der Junge erhob sich mühsam von den Trümmern. Er hielt einen Nachttisch in den Händen, aber er hatte keine Ahnung, dass er etwas in den Händen hielt, denn seine Hände waren wie gelähmt, und sein Herz hämmerte das Grauen durch seine Schläfen.

»Schau da nicht hin!«, rief der Landser.

Der Junge hörte ihn nicht. Er hörte nur die Schreie der Todgeweihten. Einer nach dem anderen sprang in die Flammen. Ein Wald aus Menschenleibern brannte in dem lodernden Teer.

»Führersohn! Hierher!«

Der Junge wollte zu den Verzweifelten, die sich an die Hauswand drängten, aber der Landser riss ihn herum. »Bleib hier.«

»Wir müssen ihnen helfen!«

»Denen kann niemand mehr helfen.«

Der Junge wollte sich von dem Griff befreien, aber der Landser schlug ihm mit der Außenseite seiner Hand ins Gesicht. »Tu, was ich dir sage!«

Der Junge sah den Nachttisch in seinen Händen, hob ihn hoch über sich in die flammenhelle Nacht und warf ihn dem Mann entgegen. Als der Landser am Kopf getroffen wurde, stieß er einen Schrei aus. Er stürzte, schlug schwer mit dem Rücken auf und rollte über die Trümmer nach unten. Dann blieb er bewegungslos vor den Füßen des alten Mannes liegen.

»Er hat dich zuerst geschlagen«, sagte der Alte. »Ich kann es bezeugen.«

Der Junge beugte sich über den Soldaten und fühlte den Puls an seinem Hals.

»Ist er tot?«

»Nein«, sagte der Junge, »nur bewusstlos.«

»Hier«, sagte der Alte, »französischer Cognac. Erstaunlich, was man alles aus den Trümmern holen kann.«

Der Junge hielt dem Landser die Flasche unter die Nase. Als er ihm einen Schluck in den offenen Mund goss, schluckte der Kerl, hustete und schlug die Augen auf.

»Ich sollte kurzen Prozess mit dir machen«, sagte der Landser. Er setzte sich auf und drehte den Kopf langsam hin und her. »Lässt sich bewegen. Also ist nichts gebrochen.«

Funken sprühten durch den Himmel, und in den Schrei des sterbenden Hauses mischten sich die Panikschreie der Menschen.

»Was ist das?«, fragte der Landser.

Der Alte kletterte über den Schutt zur höchsten Stelle. »Das Kino«, rief er. »Es ist eingestürzt.«

»Und die Menschen davor?«

»Weiß nicht. Sie liegen wohl unter den Trümmern.«

Der Junge wollte aufstehen.

»Jetzt kannst du denen wirklich nicht mehr helfen«, sagte der Landser. »Nimm einen Schluck aus der Pulle. Und gib mir den nächsten.«

»Ich habe noch nie Schnaps getrunken.«

»Macht warm«, sagte der Soldat. »Macht Mut. Hilft gegen Entsetzen.«

Der Junge nahm einen Schluck und fühlte das Feuer in seinem Rachen, aber er unterdrückte das Schütteln, und als er das Feuer in seinem Bauch spürte, setzte er noch einmal an. Dann gab er die Flasche an den Landser weiter.

Später kamen Luftschutzhelfer über den Schutthügel.

»Braucht ihr Hilfe?«

»Ja«, rief der Alte. »Meine Nachbarn liegen unter diesen Trümmern. Irgendwo hier, wo ich jetzt stehe.«

Der Junge nahm sein Fahrtentuch vom Hals und wischte dem Landser das Blut aus dem Gesicht.

»Läuft es auch aus den Ohren?«

»Ja. Ein wenig.«

»Das ist ein schlechtes Zeichen.« Der Soldat stand mühsam auf. Sein Atem kam in Stößen. Er nahm noch einen Schluck. »Hitlersohn, bring mich zur S-Bahn.«

Es fuhren keine Züge mehr. Der Junge schleppte den Soldaten zum Bunker zurück. Überall lagen Verletzte. Auf Pritschen, Bahren und am Boden. Eine Frau wischte mit einer Pferdedecke Blut von den Treppenstufen.

»Woher stammt die Verletzung?«, wollte ein Sanitäter wissen.

»Von dem Bombenangriff«, sagte der Soldat. »Irgendein Möbel ist mir auf den Kopf gefallen.« Er gab dem Jungen die Pulle. »Hier, nimm einen Schluck.«

»Das ist ein Minderjähriger«, sagte der Sanitäter.

»Schnauze!«, sagte der Soldat.

Der Junge nahm einen kräftigen Schluck.

Dann sah er auf seine Armbanduhr. Kurz vor zwei.

»Gibt es hier ein Telefon?«

»Die Leitungen sind zusammengebrochen«, sagte der Sanitäter.

»Ich muss nach Hause«, sagte der Junge. Er gab dem Landser die Cognacflasche.

»Du solltest dir ein Schild auf die Brust nähen lassen«, sagte der Landser. »Mit 'ner Warnung drauf.«

»Was für 'ne Warnung?«

»Täuscht euch nicht! Ich sehe nur so harmlos aus!«

Der Junge lachte und rannte los. Unter den Linden, an der Ecke, musste er sich an eine Hauswand lehnen. Der Cognac machte aus dem Inferno ein Karussell. Brennende Häuser drehten sich um Bäume. Der Flammenhimmel tanzte mit dem Brandenburger Tor, und Feuerwehrautos sprangen die Linden entlang: vor und zurück, rauf und runter. Das war ein grandioser Spaß, aber zu Hause warteten Elsbeth und die Eltern. Er rannte weiter.

In der Charlottenstraße sah er eine Telefonzelle. Die Leitung war noch heil. Sein Vater meldete sich sofort.

»Deine Mutter stirbt vor Angst um dich. Ist dir was passiert?«

»Nein. Sag ihr, sie soll sich keine Sorgen machen.«

»Komm zu uns. Sie wartet auf dich.«

»Vater. Die Stadt brennt.«

»Ich weiß. Wir können den Feuerschein von hier aus beobachten. Der ganze Himmel ist blutrot.«

»Vater?«

»Ja?«

»Ich habe viele Menschen sterben sehen.«

Es knackte im Hörer. Der Junge lehnte seine Stirn an die kalte Tür.

»Junge, weinst du etwa?«

»Nein.«

»Was ist mit dir?«

»Ich bin betrunken.«

Er konnte seinen Vater atmen hören. »Komm nach Hause, Junge.«

»Die Gleise sind zerstört. Sie sagen, die nächste S-Bahn geht frühestens am Nachmittag.«

Aus dem anderen Zimmer rief die Stimme seiner Mutter. »Ihre Grippe ist schlimmer als heute Früh«, sagte der Vater. »Sie hat vierzig Fieber. Und malt den Teufel an die Wand.«

Der Junge lachte. »Sag ihr, der Teufel rast über Berlin hinweg und zündet alle Häuser an.« Er nahm die Mütze ab. Flammen spiegelten sich in dem Silberadler an seiner Mütze. »Vater?«

»Was ist, mein Junge?«

»Ich habe einen Marschbefehl für den Zug um sechs Uhr siebzehn.«

»Das macht nichts, Junge, ich lasse deinen Urlaub um ein paar Tage verlängern. Der Ortsgruppenleiter tut mir schon den Gefallen.«

»Nein.«

»Was heißt nein?«

»Ich möchte nach Sonthofen zurück.« Er wartete auf die Stimme am anderen Ende. Als sie nicht kam, sagte er: »Ich wollte dich nicht verletzen, Vater.«

»Du hast mich nicht verletzt.« Die Stimme konnte die Lüge nicht zudecken.

»Alles ist auf der Burg, verstehst du, Vater? Alles. Mein Zimmer. Meine Freunde. Die Bücher. Alles. Und unser Flugzeug wird bald startklar sein.«

Er lehnte sich an die Tür der Telefonzelle und sah auf die brennenden Häuser und dachte an das Wochenende in Biesdorf. Sie hatten ihm zwei Festtage gegeben, aber nichts war mehr so gewesen, wie es früher war. Bernd und Elsbeth wollten heiraten. Zu Weihnachten. Oma und Opa schienen müde geworden. Hotte war ihm aus dem Weg gegangen, und der Kinomann war in Stalingrad gefallen. Mutters Augen waren blind geweint. Und Vater war einsilbig geworden. Der Junge war sich wie ein Fremder vorgekommen.

»Vater?«

»Ja, mein Junge?«

»Ich fühle mich wie ein Fremder in Berlin.«

»Das ist schmerzlich für mich. Sehr sogar.«

Draußen brannten höllische Feuer. Aber in der Telefonzelle war es kalt.

»Bitte, schick mir meine Sachen nach.«

»Glaubst du, dass die Fernzüge gehen, mein Junge?«

»Niemand weiß es.«

»Ruf nochmal an, bevor der Zug abgeht.«

»Ich will's versuchen.«

Er sagte noch, dass Vater alle grüßen solle, und hing ein. In allen Straßen brannte es. Und oft war abgesperrt. Er schlenderte durch den Tiergarten. Das war wie Frieden. Paradies mit blutig-rotem Himmel. Dicke Regentropfen fielen aus den Bäumen. Er nahm die Mütze ab und ließ die Tropfen in sein Gesicht klatschen.

Am Anhalter Bahnhof zwängte er sich durch Flüchtlinge und Soldaten. Die Frau von der Auskunft zeigte ihm den Zug nach München auf Bahnsteig 3. Beim Roten Kreuz gaben sie ihm einen Becher Suppe und einen Kanten Brot. Er konnte nicht mehr zu Hause anrufen, denn die Leitung war unterbrochen. Der Zug hatte noch keine Lokomotive, aber alle Abteile waren schon voll gestopft mit Menschen. Der Junge fand ein Gepäcknetz, streckte sich darin aus, legte sich die Mütze aufs Gesicht, vergrub die kalten Hände unter seinen Achselhöhlen und schlief auf der Stelle ein.

3.

OSTPREUSSEN
Herbst 1943

Junge, du hast in jenen Tagen mein wahres Leben angefangen.

Ich spüre noch immer dein Aufatmen von damals, hole auch heute noch ganz tief salzige Luft in deine Lungen und strecke mich im warmen Sand der Dünen aus. Sie haben dir die Freiheit gegeben. Oder einen Vorgeschmack davon. Und mit zeitlicher Begrenzung. Aber du hast sie jetzt. Die Freiheit.

NOTIZEN FÜR DEN PROFESSOR
KURISCHE NEHRUNG
September/Oktober 1943

... ich hatte schon eine Postkarte für dich gekauft, und fast hätte ich geschrieben: »Mir geht's gut, und wie geht's dir, und haben sich die Wälder schon verfärbt?« Aber dann habe ich an die Bilder gedacht, die van Gogh für seinen Bruder gemalt hat und an den Band seiner gesammelten Briefe, den du mir zu lesen gabst. Erinnerst du dich? *Briefe an Theo.*

Professor, auch ich will jetzt alles notieren, was ich für später festhalten will. Bitte verwahre diese Berichte für mich. Leg sie in die Mappe mit meinen Essays. Zeig sie nicht den Erziehern. Ich bitte um das Recht, der Schulführung meine Arbeiten erst dann zu zeigen, wenn sie mir selbst gefallen.

... Ich habe von dir gelernt, dass Venedig im Hintergrund bleiben muss, wenn die Geschichte von Othello und Desdemona erzählt wird. Also rücke ich meine neuen Freunde in den Vordergrund:

Bertram Weyland kennst du. Er ist meistens gut aufgelegt. Nur einmal ist er böse geworden. Das war in Rostock. Ich hatte einen Tag frei und habe mir die Haare schneiden lassen. Sie waren wirklich zu lang geworden. Aber ich hatte nicht bedacht, dass beim Film alles kunterbunt durcheinander gedreht wird. Am ersten Tag drehst du beispielsweise die Szene Nummer 81 und am letzten Drehtag den Anfang des Films. Nun stell dir das mal vor: Ich komme mit kurzen Haaren vor der Haustür an. Schnitt. Dann mache ich die Tür von innen zu und habe lange Haare! Als Bertram mich sah, hat er nach Luft geschnappt wie ein Frosch, ist rot angelaufen und hat vierzehn Tage nicht mit mir gesprochen. Er hat andere Szenen gedreht, Szenen, in denen ich nicht vorkomme, und nach zwei Wochen hatten meine Haare wieder fast die gewohnte Länge.

... Weyland kümmert sich sehr um uns und ist voller Rücksicht. Gleich anfangs sagte er zu mir: »Musst du eigentlich immer in Uniform rumlaufen? Wir wissen doch alle, dass du Adolf-Hitler-Schüler bist. Du brauchst es wirklich nicht rund um die Uhr der ganzen Ufa zu zeigen.« Er hat nicht wissen können, dass diese Uniform mein einziges Kleidungsstück ist. Als er es erfuhr, ist er ganz verlegen geworden und hat mich in den Fundus geschleppt. Das ist ein großes Gebäude, angefüllt bis unters Dach mit Anzügen und Kleidern aus allen Epochen und Ländern dieser Welt.

Sie haben mir zwei Anzüge gegeben, einen grauen und einen blauen, mit Hemden und Schuhen und allem, was dazugehört. Mir kam's zunächst ganz ungewohnt vor. Aber alle haben sich gefreut. Ein Beleuchter hat gesagt: »Jetzt siehst du so aus wie einer von uns. Wie ein gewöhnlicher Sterblicher.«

... Wir, die drei Jungens in diesem Film, sind unzertrennlich. Knut Svensson ist in Schweden geboren, aber er spricht deutsch wie ein Deutscher. Er ist schon neunzehn, doch weil er Schwede ist, wird er nicht eingezogen.

Mein bester Freund heißt Karl Forster. Er stammt aus Österreich und macht nächstes Jahr sein Abitur. Karl hat ein Koffer-Grammofon. Sein Vater schickt uns öfter neue Platten. Abends nudeln wir es auf und liegen auf den Betten und hören Musik. Nicht immer nur klassische Werke, sondern auch die neuesten Schlager. Unser Lieblingslied ist derzeit »Auf den Flügeln bunter Träume«. Eine traurige Melodie, aber uns gefällt sie sehr.

... Es macht mir Spaß, eine Rolle zu spielen. Gestern sollte ich in einer Szene weinen. Ich habe gedacht, das sei sehr schwer. Die Maskenbildnerin hat mir Glyzerintropfen in die Augenwinkel geträufelt, und dann liefen die Tropfen runter, aber Bertram sagt, es hätte nicht echt ausgesehen. Da habe ich ganz stark an etwas sehr Trauriges gedacht. Was das war, bleibt mein Geheimnis. Und schon kamen die Tränen, und der Rotz lief mir aus der Nase, und die Bühnenarbeiter haben mir abends im Hotel ein Bier spendiert.

... Eine ganz neue Neugier ist in mir erwacht. Warum ist dies so, und was geschieht als Nächstes? Was gestern war, liegt weit zurück. Gestern war gut oder schlecht oder mit-

telmäßig. Und der Tag von heute dauert auch nur vierundzwanzig Stunden. Aber was dann kommt, ist wichtig. Morgen. Was geschieht morgen? Das ist mehr als Neugier. Viel
eher ist es eine Sucht. Ich habe ein Wort dafür gefunden:
Morgensucht.

... Florian Menning, der berühmte Schauspieler, ist letzten
Sonntag angekommen. Wir standen alle an der Landungsbrücke. Er war der Einzige, der ausstieg. Der Wind spielte
mit seinen langen weißen Haaren wie mit einer Löwenmähne. Die Bühnenarbeiter haben seine beiden Koffer
vom Schiff geholt und schwer daran geschleppt. In den Kof-
fern hat es fürchterlich geklirrt und gegluckert. Ich glaube,
er hat seinen ganzen Weinkeller aus Berlin mitgebracht.
    »Halt!«, hat Florian Menning gerufen. »Verehrte Kolle-
gen von der Sommerbühne, halt! Ich flehe euch an, geht
vorrrsichtig mit meinerrr arrrmseligen Habe um. Was ihrrr
dorrt gluckerrrn hörrrt, ist mein Talentwasserrr. Mich
seinerrr berrrauben, hieße, mich zurrr Aderrr lassen!«
    Alle haben gelacht, denn sie kennen ihn schon lange
und verehren ihn sehr, aber sie küssen ihm nicht die Füße.
Florian Menning ist kein Mann, der sich die Füße küssen
lässt. Und er spricht auch sonst nie so geschwollen. Das
macht er nur aus Quatsch.
    Er hat nicht nur Moselwein in seinen Koffern mitge-
bracht, sondern auch viele Bücher. Gleich am ersten
Abend hat er für uns vorgelesen. Im Speisesaal. Wir haben
um ihn herumgesessen, und auch die Fischer von Nidden
sind gekommen, und auch die anderen Hotelgäste durften
zuhören. Er hat eine Erzählung von Kleist gelesen, *Ein wun-
derbares Beispiel von Mutterliebe unter den Tieren*. Ich wünschte, er würde uns öfter vorlesen.
    Abends trinkt er viel, und in den Drehpausen sitzt er in

seinem Klappstuhl und schläft, aber wenn ihm einer auf die Schulter tippt und sagt: »Florian, wir sind soweit«, dann springt er auf und stellt sich in seine Einzeichnung vor die Kamera. Ein paar Sekunden lang schließt er die Augen. Das sieht aus, als hätte er Schmerzen, aber er konzentriert sich nur. Dann reißt er die Augen auf und ruft: »Freunde von der Sommerbühne, auch ich bin jetzt bereit!« Wenn die Kamera dann läuft, ist er nicht ein Schauspieler, der etwas spielt, sondern ein Mensch, dem du schon mal begegnet bist.

Er scheint immer gut aufgelegt und bringt alle zum Lachen. Aber ich bin hinter sein Geheimnis gekommen. Er hat wohl ziemlich große Sorgen, und weil er nicht will, dass wir davon erfahren, deckt er seine Sorgen mit seinen Späßen zu. Er versteckt sich hinter einer Maske.

Vorgestern bin ich nachts um zwei aufgewacht, und weil ich großen Durst hatte, bin ich in die Schankstube runtergegangen, um mir etwas Selterswasser zu holen. Ich war barfuß, und Florian Menning hat mich nicht kommen hören. In der Stube brannte nur noch eine Lampe. Alle Stühle standen auf den Tischen. Und mittendrin saß der berühmte Mann vor seinen Moselflaschen und trank und legte den Kopf auf seine Hände und stöhnte.

Während ich dies niederschreibe, komme ich mir vor, als würde ich das Geheimnis dieses großartigen Mannes preisgeben. Aber du, Professor, darfst meine Gedanken lesen. Doch dann legst du sie in meine Mappe und zeigst sie niemandem. Versprochen? Danke.

... Florian weiß es nicht, aber ich habe heute etwas von ihm gelernt, was ich mir mein Leben lang bewahren will.

Einer der großen Reflektoren, mit denen beim Drehen unsere Gesichter aufgehellt werden, hat ihn geblendet, und er wollte, dass sie das Ding ein Stück weiter rechts aufstellen.

»Das geht leider nicht, Florian«, sagte der Kameramann.

»Dann eben ein Stückchen tiefer«, meinte Florian. »Ich kann sonst die Augen nicht aufhalten und habe nicht die Absicht, diese Szene als Chinese verkleidet zu spielen.«

»Tiefer geht auch nicht.«

»Dann stell das Scheißding höher.«

»Geht nicht.«

Da ist er ärgerlich geworden. »Den Begriff gibt es nicht für mich.«

»Welchen Begriff?«

»Geht nicht.«

»Wie meinst du das, Florian?«

Da ist er auf den Kamerermann zugegangen, hat ihm die Hände auf die Schultern gelegt, ihm in die Augen gesehen und ganz leise gesagt: »Geht nicht – gibt's nicht.«

... Jetzt ist er trocken, der Bussard, und segelt über Dünen, Haff und Meer.

Der wandernde Sand der Kurischen Nehrung reckt sich auf wie weiße Hügel zwischen Haff und Meer. Die Dünen sind so an die siebzig Meter hoch, und der Wind kommt stets vom Meer, fegt über den Strand, steigt steil vor den Dünen auf, greift sich ein paar Hände voller Sand und nimmt ihn wirbelnd mit sich auf dem Weg zu kleinen weißen Wolken.

Zwischen den beiden höchsten Dünen stehen Zelte eines Segelfliegerlagers. Niemand wohnt darin. Filmarchitekten haben es aufgestellt, aber es ist alles echt, selbst das Flugzeug, eine Grunau-Baby.

Das Schiff aus Memel bringt Segelflieger herbei. Einer von ihnen ist klein geraten. Ebenso wie ich. Er soll an meiner Stelle das Baby fliegen. Pech ist nur, dass er schwarze Haare hat. Sie setzen ihm eine blonde Perücke auf, und da sieht er aus wie 'n Mädchen, und alles wälzt sich im Sand vor Lachen. Bertram Weyland zeigt auf mich. Der Fluglehrer aus Memel baut sich vor mir auf.

»Du hast Hangstarts hinter dir?«

»Jawohl.«

»Prüfungen?«

»A und B.«

»Womit?«

»SG 38.«

»So eine Grunau bist du noch nicht geflogen?«

»Nein.«

Am nächsten Tag bringt das Schiff aus Memel einen zerlegten SG 38. Ich darf beim Zusammenbauen helfen. Dann darf ich den Gleiter fliegen. Startplatz ist die höchste Düne.

»Hör zu, Junge«, sagt Bertram Weyland. »Keine Kunststücke. Verstanden?«

Ich nicke.

»Wir haben zwei Kameras aufgebaut. Eine für den Start, die andere verfolgt dich im Flug bis zur Landung.« Er deutet auf das weiße Kreuz am Strand. »Siehst du die Markierung?«

Ich nicke. Gleich hinter der Markierung überschlagen sich die Wellen.

»Kannst du genau bei dem Kreuz landen?«

»Ich werde es versuchen.«

Er wuschelt mir durch die Haare. »Junge, wenn du das schaffst, sind wir fein raus. Das gibt's sonst nirgendwo, dass ein Darsteller selber fliegt.« Sein Blick wandert an dem Gleiter entlang. »Geradezu ideal für uns. Der Gitterrumpf. Man kann durch ihn hindurch die Wolken sehen. Und die Flügel sind hoch oben hinter dir. Du sitzt auf diesem Brett vollkommen frei. Keine Verkleidung wie bei normalen Flugzeugkanzeln. Du sitzt da drauf wie auf einem Stuhl in der Luft, und beide Kameras können dich ganz deutlich sehen.«

Ich setze mich auf das Sperrholzbrett und schnalle mich fest.

Der Fluglehrer kommt und will wissen, was ich an Trimmgewichten brauche.

»Vier vorn.«

Er hängt sie ein. Die Haltemannschaft legt sich unter das Höhenruder und stemmt die Füße in den Sand und greift mit den Händen in die Holme hinten beim Sporn.

»Reiner Gleitflug geradeaus«, befiehlt der Fluglehrer.

»Jawohl.«

»Du gibst die Kommandos selbst. Aber sei auf der Hut. Der Aufwind ist hier stark. Sehr stark. Lass die Startmannschaft nicht zu lange auslaufen, sonst schmeißt dich das Seil gewaltig in die Höhe, und du musst steil zur Landung reinkommen, mit einem Affenzahn, und das bedeutet, du verschwindest irgendwo im Meer.«

Ich nicke. Mein Herz donnert wie die Horden wilder Pferde. Damals. Beim Kinomann. In den Filmen mit Tom Mix.

Die Startmannschaft nimmt die Seile auf und stapft in zwei Reihen gemächlich die Düne hinunter. Dann spannen sich die Seile, und die Jungens bleiben stehen. Sie drehen sich nach mir um. Ihre Körper und ihre Schatten malen einen Buchstaben in den hellen Sand. Ein V. Wie Viktor. Weit unten am Strand drängt sich ein Haufen Männer um eine Kamera.

»Gleich nach dem Ausklinken drückst du an«, sagt der Fluglehrer.

»Wie immer.«

»Stärker als sonst.«

Er geht zur linken Fläche und hebt sie hoch. Dann nickt er.

Ich stelle alle Ruder auf normal. Bis zur Markierung ist es nicht sehr weit. Vor Sand und Wasser ist Entfernung schwer zu schätzen. Vorsichtshalber drücke ich den Knüppel jetzt schon stark an.

»Junge?«, ruft der Regisseur. »Lande bloß nicht in den Wellen.«

Ich schüttele den Kopf.

»Junge?«, ruft Bertram noch einmal. »Brich dir nicht den Hals. Wir brauchen dich noch.«

»Ausziehen ... Laufen ...«, rufe ich der Startmannschaft zu. Und sie rennen. Purzeln. Fallen die steile Düne hinunter. Lachen. Bringen die Gummiseile zum Schwingen.

Ich brülle der Haltemannschaft mein »Los!« nach hinten.

Hände lösen sich von Streben. Jungens fallen in den Sand.

Jeder Start ist wie ein stummer Schrei.

Ich werde in den Sperrholzsitz gepresst. Das Flugzeug wirft sich in den Himmel. Fahrtwind singt in der Verspannung. Der Horizont verschwindet. Vor mir blauer Himmel. Weiße Wolken. Wo, zum Teufel, ist das Meer? Ich sehe nach unten. Mann, ist das 'ne Höhe! Ich drücke den Knüppel bis zum Anschlag. Daraus wird ein Sturzflug. Alles hetzt mir entgegen: das Meer, das Landekreuz und die Männer bei der Kamera. Die Leute rennen davon. Oder werfen sich in den Sand. Ich nehme den Knüppel an den Bauch und steige weit über das Meer hinaus. Dann wird das Singen in den Drähten leiser, und bevor es abreißen kann, drücke ich an und lege den Knüppel rüber und gebe Querruder nach Backbord. Tief unter mir brechen sich die Wellen. Der Wind wirft mich dem Strand entgegen. Aus

Landung bei Rückenwind wird Bruch. Ich sehe mir die Sache an und sage zu mir selbst, »erst mal rüber zum Haff und dann gegen den Wind tief über die Düne schrammen und mit wenig Fahrt rein zur Markierung.«

Doch daraus wird nichts. Es wird was viel Schöneres daraus. Luvwellen drücken mich nach unten, und bei der Rückkehr zum Strand habe ich kaum mehr Höhe, doch dann hämmern Faustschläge unerwartet von unten gegen meine Flächen und jagen mich nach oben. Ich habe einen Bart erwischt! Davon haben mir alle Segelflieger immer wieder erzählt: von dem Bart. Von der Thermikblase bei Sonne über weißem Sand oder roten Dächern oder Weizenfeldern. Der Bart nimmt mich auf, ich kreise darin und lasse mich auf Höhe tragen. Plötzlich kippe ich aus der warmen Luft wieder raus. Wahrscheinlich habe ich was falsch gemacht. Ich gehe auf Gegenkurs und halte auf die große Düne zu. Unten winken sie alle und schießen grüne Leuchtkugeln, was wohl bedeutet, dass ich landen soll. Aber mein Flugzeug findet keinen Spaß an der Erde. Es will sich nicht langweilen da unten. Es will im Auftrieb vor der Düne gleiten. Wie der Bussard, wenn er am Hang entlangsegelt, stundenlang, ohne einen Flügelschlag.

Wir bleiben bei der hohen Düne, mein Gleiter und ich, und endlich sehe ich den schmalen Streifen Land, auf dem wir seit Wochen leben, auch einmal von oben. Verstreute Fischerhütten. Das Dorf Nidden. Unser Hotel bei der Landungsbrücke. Die Fischerboote mit ihren viereckigen Segeln. Das ruhige Wasser im Haff und das fordernde Meer und dazwischen die dünne Trennungslinie aus wandernden Dünen. Es ist der schönste Tag in meinem Leben. Fahrtwind kitzelt mein Gesicht und macht meine Augen tränen und singt in der Verspannung.

Ich fliege!

Nach einer Weile hämmert das Gewissen: Die da unten warten, warten. Ich fliege auf das Haff hinaus, verliere an Höhe, schiebe mich zwischen zwei Dünen hindurch, gleite an der ersten Kamera vorbei und lande direkt neben der zweiten.

... Ich saß mit Florian Menning zusammen und habe mir Wasser in den Wein geschüttet, den er mir spendiert hat. Die Zeiger meiner Uhr waren auf die andere Seite von Mitternacht gesprungen. Alle Stühle standen auf allen Tischen, aber wir waren nicht müde.

»Gibt es hier unter den Leuten welche, die du nicht magst?«, fragte der Schauspieler.

»Einen«, sagte ich. »Der Standfotograf.«

»Verstehe«, sagte er. »Auf welchem Zimmer wohnt er?«

»Nummer 28.«

Er nahm sein Taschenmesser vom Tisch, drehte den Stopfen vom Korkenzieher und ließ die große Klinge aufspringen. »Komm mit.«

Die anderen schliefen schon lange. Wir schlichen in den zweiten Stock hinauf.

»Wo ist die Toilette?«, fragte er.

»Letzte Tür rechts.«

Wir liefen den Flur auf Zehenspitzen entlang. Er besah sich das Schild an der Tür.

»Kinderspiel«, sagte er und löste die Schrauben von dem Schild mit der Bezeichnung »00«. Dann schlich er zur Tür des Standfotografen, schraubte die »28« ab und die »00« an.

»So«, flüsterte er. »Jetzt nehmen wir noch einen kleinen Schluck.«

Unten, in der Schankstube, freute er sich wie ein Kind.

»Wenn jetzt einer pinkeln muss, findet er die Tür verschlossen. Er wartet. Geht in sein Zimmer zurück. Geht wieder hin zu der ›00‹. Drückt auf die Klinke. Haut gegen die Tür. Eine Stunde später kommt der Nächste. Dasselbe Spiel. Der Fotograf wird die ganze Nacht nicht schlafen.« Er lachte, bis die Gläser klirrten. Sein Bauch sprang auf und ab.

»Junge«, sagte er, »lass uns einen darauf trinken.«

Wir stießen mit den Gläsern an. Er leerte seinen teuren Mosel mit einem Schluck.

»Du, wenn ich dazu nicht zu feige wäre, würde ich meinen Finger aufritzen und du den deinen und wir würden unsere Wunden aneinander halten, und somit wären wir Blutsbrüder fürs Leben.«

»Das wäre schön«, sagte ich.

»Man kann sie auch trinken, diese Blutsbrüderschaft.« Er hielt mir sein Glas hin. »Ich heiße Florian.«

»Das weiß jeder«, sagte ich und ließ mein leeres Glas an sein volles klingen.

»Blutsbruder«, grinste er, »nun stell dir bitte einmal vor, alle Gäste vom zweiten Stock bekämen noch in dieser Nacht einen ganz entzückenden, lang anhaltenden, in Wellen wiederkehrenden Dünnschiss ...«

UFA BABELSBERG
November 1943

Mit den ersten Herbststürmen kehrten sie nach Berlin zurück. Der Junge war plötzlich wieder mal allein. Das war eine ganz neue Art von Einsamkeit, und er wunderte sich darüber und ärgerte sich über sich selbst, aber er wusste nicht, wie er diese Einsamkeit abschütteln sollte.

Die Tage waren in Ordnung. Tagsüber war er glücklich. Da hatte er seine Freunde und spielte seine Rolle vor der Kamera in Halle 5, mittags saßen sie im Luftschutzbunker zusammen, und in den Drehpausen hockten sie in Karls Garderobe und nudelten das Grammofon auf oder spielten Karten, aber abends krächzte dann die Hupe auf: Sechs Uhr, Drehschluss. Sie schlugen ihm auf die Schulter und schalteten die Scheinwerfer aus und rannten zur S-Bahn. Alle hatten ein Zuhause und jemanden, der auf sie wartete, und sie wollten vor dem Fliegeralarm zu Hause sein. Auf ihn wartete niemand, und er schlenderte durch die Finsternis zur Kantine.

Der Kellner war alt und immer schlecht gelaunt. Am Ende seiner goldenen Uhrkette hing eine kleine Schere. Er schnitt die Marken von der Lebensmittelkarte und nahm das Geld, und dann ließ er den Jungen jedes Mal lange warten, bevor er ihm was aus der Küche brachte.

Manchmal kamen Bühnenarbeiter auf ein Bier vorbei und brachten ihm einen Sack Abfallholz für den Kamin, denn sein möbliertes Zimmer war nicht geheizt. Er wohnte in der Pension Friedenseiche. Morgens rannte er ins Atelier, freute sich auf den Tag, brauchte zwei Minuten, zehn Sekunden für den Weg. Abends ließ er sich viel Zeit.

Rings um die alte Villa standen schlanke Kiefern. Sturmböen griffen in die buschigen Kronen und wollten die Bäume aus ihren Wurzeln reißen. Er legte sich aufs Bett und nahm die Verdunkelung aus dem Fensterrahmen und hörte dem Wind zu. Es waren die Kinder des Windes. Sie warfen Regen und Hagel an seine Scheiben.

Punkt halb acht heulten die Sirenen. Er nahm seinen Koffer und ein Buch und setzte sich in den Luftschutzbunker. Die Leute gegenüber waren Ausgebombte. Sie hatten keine Koffer mehr. Ihre Tochter drängte sich jeden Abend auf die schmale Bank neben ihn. Wenn die Flak aufröhrte und die Bomber über das Haus hinwegdröhnten, griff sie nach seiner Hand und zitterte vor Angst und roch nach Schweiß.

Kurz danach warfen die Flieger ihre Bomben ab, und dumpfes Grollen rollte von weit her in den Keller. Danach kam die zweite Welle mit dem gleichförmigen, Furcht erregenden Brummen aus tausend Motoren, und der Junge wusste, dass sie ihre Bomben nicht hier in den Wald werfen würden. Der Tod war für die Stadt bestimmt.

Er versuchte zu lesen und spürte das Beben der Erde, legte das Buch beiseite und ging in die Luftschutzschleuse hinaus. Zwei Hunde lagen hechelnd am Boden. Er spielte mit den Hunden, aber dann bellten die Biester, und die Pensionswirtin schrie, dass dies wohl nicht die passende Stunde sei, mit Viechern zu spielen, wenn nur wenige Kilometer weiter Menschen stürben. Er setzte sich auf den Betonboden, holte die Hunde zu sich heran und hielt ihnen die Schnauzen zu.

Gleich nach der Entwarnung rief er in Biesdorf an. Die Leitung war nicht zerstört. Seine Mutter klang müde.

»Junge, was sind wir alle froh, dass sie dich da draußen im Wald untergebracht haben.«

Es war ihnen nichts passiert. Aber das Haus von Dr. Kwiatkowski brannte.

»Mutter«, sagte er, »ich wachse endlich! Als wir den Film angefangen haben, war ich der Kleinste. Jetzt bin ich schon so groß wie Knut Svensson. Wenn wir zusammen im Bild sind, müssen sie Knut auf eine Kiste stellen, sonst passen die Szenen nicht mehr zusammen.«

»Dein Vater wird selig sein. Er dachte schon, er hätte einen Zwerg gezeugt.«

Sein Anruf hatte Mutter froh gemacht. Der Junge ging durch den Garten, stieg durchs Fenster in sein Zimmer, zog sich den Trainingsanzug an, kroch unter die Decken und freute sich auf den nächsten Tag.

ENTARTETE KUNST
November 1943

»Blutsbruder«, sagte Florian Menning, »es hat keinen Sinn mehr, mittags in die Kantine zu gehen. Kaum haben wir den Löffel im Mund, heulen die Sirenen.«

Sie standen vor Halle 5. Florian sah zum Himmel hoch.

»Vielleicht kommen sie heute nicht«, sagte der Junge, aber er wusste, dass sie kommen würden. Mittags zogen die amerikanischen Silbervögel durch den Himmel. Fliegende Festungen. Fast ungehindert. Abends rollten die Angriffe der Briten.

Florian ließ den Deckel seiner Taschenuhr aufspringen. »Um ein Uhr sind sie da. Wetten?«

Es war zwei Minuten vor eins. Der Himmel war hellgrau und ohne eine Wolke.

»Ich habe uns einen Raum im Luftschutzbunker einrichten lassen. So ein Krieg ist nur mit Luxus zu ertragen. Dieses Stinktier von einem Kellner hat Order, das Essen in unserem Privatbunker zu servieren.«

Der Junge lachte. »Das ist nicht möglich.«

»Mein Junge, seit die Phönizier das Geld erfunden haben, ist alles möglich.«

Florian sah weiter auf die Uhr und sagte: »Ich habe dich vernachlässigt, seit wir aus Nidden zurück sind. Nun musst du wissen, dass meine Tochter mich zum Großvater gemacht hat. Ihr Mann ist an der Front. So habe ich mich ein wenig um sie kümmern müssen. Kurz entschlossen habe ich alle in den Schwarzwald gebracht. Nora und das Baby und meine Frau. Da sind sie sicherer aufgehoben.«

Er grinste. »Wir zwei Junggesellen werden uns gegenseitig beistehen müssen.«

Über ihnen schrie die Sirene. »Drei Minuten Verspätung«, sagte Florian.

Aus allen Hallen hasteten Menschen. Die Bomber waren noch gar nicht zu hören, aber es ging darum, sich einen guten Platz im Bunker zu erkämpfen.

Florians Schutzraum lag am tiefsten. An der Eisentür stand: »Privat. Eintritt verboten.«

»Für diese Tür gibt es nur einen Schlüssel«, sagte Florian. »Den hier.«

Es war ein kleiner Raum, und er war voll gestopft mit Möbeln. Teppiche in allen Farben und Mustern lagen dreifach übereinander. Die Wände hingen voller Bilder.

»Du siehst, ich habe alles in Sicherheit gebracht«, sagte Florian, »die Familie in den Wald und die Möbel unter die Erde.«

»Sind das echte Ölgemälde?«

Florian nickte. Von der Decke hing eine nackte Glühbirne. Sein weißes Haar leuchtete silbern im Schein der Lampe.

»Die Landschaft da ist ein Schmidt-Rottluff. Er hat Berufsverbot.«

»Warum?«

»Was er malt, gilt als ›Entartete Kunst‹.«

»Verstehe ich nicht«, meinte der Junge. »Das Bild ist doch sehr schön.«

»Freut mich, dass es dir gefällt.«

»Wer hat befohlen, dass er nicht mehr malen darf?«

Florian hob die Schultern. »Dr. Goebbels, nehme ich an. Oder gar der Führer selbst.« Neben dem Luftschacht hing ein kleines Bild in einem schwarzen Rahmen. »Wie gefällt dir das da?«

»Lustig«, sagte der Junge.

»Das ist ein gutes Wort für das Bild«, meinte Florian. »Lustig. Ein zarter Vogel vor einer hohen Mauer, aber mit Himmel darüber und einer großen, runden Sonne. Die Mauer ist nicht bedrohlich, und der lustige Vogel kann jederzeit darüber hinwegfliegen. Stört es dich, dass der Himmel grün ist und die Sonne blau?«

»Nein. Als Sechsjähriger hab ich mal einen Tannenbaum rot angemalt und die Kugeln grün.« Er suchte nach dem Namen des Malers und fand ihn ganz klein in der Ecke rechts unten. Max Ernst.

Von draußen wurde an die Eisentür gehämmert. Florian legte den Finger auf den Mund. Dann öffnete er die Tür. »Ah, der Herr Griesgram persönlich!«, rief Florian. »Kommen Sie rein. Wir sind schon halb verhungert.«

»Sehr verehrter Herr Menning«, sagte der Kellner atemlos. »Wenn Sie meine Magengeschwüre hätten, würden Sie auch kein fröhliches Gesicht machen.« Er stellte das Tablett mit belegten Broten und einer Thermosflasche auf den Tisch. »Die erste Welle hat ihre Bomben schon abgeworfen. Es ist entsetzlich, das mit anzuhören. Bald steht kein Stein mehr auf dem anderen. Herr Menning, wie soll das nur noch enden?«

»Mit dem Sieg des Führers. Womit denn sonst? Oder zweifeln Sie etwa an dem Endsieg?«

»Keineswegs, Herr Menning. Sie kennen mich doch.«

»Das ist wahr, mein Lieber«, sagte Florian und schloss hinter dem Mann die Tür. »Vor dem musst du dich in Acht nehmen. Der Griesgram ist ein Spitzel.« Er sah den Jungen aus listigen Augen an. »Dämliches Wort: Endsieg. Wer das bloß erfunden hat? Hört sich nach Dr. Goebbels an. Ich werde ihn das nächste Mal fragen, ob es auch einen Anfangssieg gibt. Und einen Mittelsieg.« Er schraubte die Thermosflasche auf. »Erbsensuppe.«

Der Junge hielt seinen Teller hin. »Wieso ist der Kellner ein Spitzel?«

»Wieso er es ist, weiß ich nicht. Aber er arbeitet für die Gestapo.«

Florian löffelte seine Suppe. Der Junge sah ihm schweigend zu.

»Blutsbruder, sei wachsam. Der SD hat mehr Spitzel hier in der Ufa, als du ahnst.« Florian sah sich um. »Ob die hier im Bunker Mikrofone haben? Vielleicht sollten wir uns nicht so ungezwungen unterhalten.«

»Mikrofone?«

Der Schauspieler nickte. »Die möchten zu gerne wissen, was wir so denken.«

»Von mir aus kann gerne jeder zuhören.«

»Nein.«

»Warum nicht?«

»Max Ernst.«

»Was ist mit Max Ernst?«

»Er ist auch verboten. Seine Bilder sind beschlagnahmt.«

Der Junge schob seinen Stuhl zurück. »Ich verstehe das alles nicht.«

Florian stopfte sich eine Scheibe Brot in den Mund. »Es gibt Leute, die verbieten, und dann gibt's wieder welche, die sich nichts verbieten lassen.« Er grinste den Jungen an, aber der grinste nicht zurück.

»Das mit dem Verbieten gelingt nicht immer«, grinste Florian. »Es gibt 'ne ganze Reihe Völker, die sich von Herrn Hitler nichts verbieten lassen.«

Der Junge wischte sich die feuchten Hände mit der Papierserviette trocken.

»Max Ernst ist nach Amerika geflüchtet. Da malt er jetzt, und die Amerikaner schätzen seine Bilder sehr.« Florian lachte. »Es geht verworren zu auf dieser Welt, was, mein Kleiner?« Er nahm sich noch eine Scheibe Brot und ging zu dem Bild hinüber. »Ganz interessant, wenn du bedenkst, dass man am Schicksal eines solchen Bildes das Schicksal dieser Welt ablesen kann.«

»Wie meinst du das?«

»Nach einem Endsieg ist sein Wert gleich null. Doch falls es eine Endniederlage geben sollte, werden sich die Museen darum reißen.«

Der Junge saß bewegungslos.

»Erschrecken dich solche Worte?«

Er nickte.

»Junge, wenn du Fußball spielst, dann nimmt sich deine Mannschaft logischerweise vor, das Spiel zu gewinnen, oder?«

»Ja.«

»Glaubst du, dass die andere Mannschaft sich vornimmt, zu verlieren?«

»Natürlich nicht.«

»Na also. Wer sagt dir, dass die Amerikaner und die Russen und die Engländer nicht auch gerne gewinnen würden?«

»Es ist ganz klar, dass sie gewinnen wollen. Aber sie werden es nicht schaffen.«

»Warum nicht?«

»Der Führer hat es gesagt.«

»Ja, das stimmt. Er sagt es immer wieder. Aber was, wenn er sich irrt? Was dann?«

»Der Führer irrt sich nicht.«

Florian sah das Bild an. »Max Ernst – ich werde dein Werk verbrennen müssen.«

Der Kellner kam und brachte Kaffee, und dann waren sie wieder allein und schwiegen lange.

»Was machst du, wenn der Kellner dich verpfeift?«, fragte der Junge. »Was wird aus dir, wenn die Gestapo erfährt, dass du verbotene Bilder hängen hast?«

»Keine Sorge. Der Kellner versteht nichts von Kunst. Für den sieht ein Bild wie das andere aus.«

»Und wenn jemand anderes in den Bunker kommt?«

»Unmöglich.« Florian hielt den Schlüssel hoch. »Hier kommt niemand rein. Nur du und ich.« Er schlürfte seinen Kaffee. »Und auf dich kann ich mich verlassen, oder?«

»Felsenfest.«

»Du verrätst mich nicht.«

»Ich habe noch nie jemanden verraten.«

»Das habe ich mir auch nicht anders denken können.«

Jemand hämmerte an die Tür. »Entwarnung!«

»Florian?«, sagte der Junge.

»Ja?«

»Ich habe Angst um dich.«

»Warum?«

Der Junge hob die Schultern.

»Weil ich dein Freund bin?«

»Ja.«

»Der beste, den du hast?«

Der Junge nickte.

DAS ANGEBOT
November 1943

Sie waren gleich groß und hatten die gleichen runden Gesichter, und wenn sie nebeneinander über das Gelände schlenderten, sahen sie aus wie Vater und Sohn beim Spaziergang am Sonntagmorgen.

Vor dem indonesischen Tempel stand ein Mann und winkte ihnen zu.

»Das ist Professor Wilkenau«, sagte Florian. »Kennst du ihn?«

»Nein.«

»Ein wunderbarer Mensch. Erst zweiunddreißig und schon Chef der Ufa. Noch vor ein paar Jahren hätte ich mit ihm getauscht. Da war er Regisseur. Und jetzt? Chef der Ufa. Ständig unter Druck von Goebbels. Die Sorgen möchte ich nicht haben.«

Der Mann kam über die Stufen des Tempels. Hinter ihm wartete sein Stab. Fünf Männer und zwei Frauen. Farbe blätterte von den Säulen. Gips bröckelte ab. Unter dem Dach hingen winzige Silberglocken. Der Novemberwind spielte mit den Glocken. Er brachte keine Melodie zu Stande. Aber das Läuten war glücklicher als der Wind.

»Grüß dich, Florian.« Der Mann lachte. »Mit euch beiden sollte man Komödien drehen. Wisst ihr, wie euch die Leute hier auf dem Gelände nennen?«

»Nein«, sagte Florian. »Aber du wirst es uns sicher gleich erzählen.«

»Dick und Schlau.« Er lächelte dem Jungen zu. »August Unrast. Dein Gesicht ist mir sehr vertraut. Ich sehe es jeden Abend auf der Leinwand.«

»Sie sehen sich die Muster an?«

Wilkenau nickte. »Florian ist auch in diesem Film so schlecht wie immer.« Er lachte seinen Freund an und legte ihm den Arm um die Schulter. »Aber was du so machst, gefällt mir. Möchtest du nicht zu mir kommen?«

»Wie meinen Sie das?«

»Ich gebe dir einen Ausbildungsvertrag.«

»Bist du des Teufels, Dietrich!« Florian stellte sich vor den Jungen. »Du willst ihn auf die Schauspielschule nehmen?«

»Aber ja. Endlich mal wieder ein echtes Talent. Findest du nicht?«

»Und ob ich das finde! Aber ich werde es nicht zulassen, dass du diese kleine Bestie einem deiner Dompteure zur Dressur vorwirfst! Noch ist der Junge voller Ungestüm und Instinkt und voller Wunder und Wärme und Liebe.«

»Du meinst, dass ›meine Dompteure‹ das nicht erkennen würden?«

»Darauf kannst du den Giftkelch nehmen! Denn er ist anders als sie, und sie möchten gerne, dass er genauso miserabel wird wie sie selber. Weil ihre Mittelmäßigkeit dann nicht mehr an seiner Ungewöhnlichkeit gemessen werden kann.«

Wilkenau lachte. »Bist du nicht selbst auf einer Schauspielschule gewesen?«

»Leider. Drei lange Jahre. Und weitere zehn habe ich damit zugebracht, mir die ganzen Manieriertheiten wieder abzugewöhnen.«

Dietrich Wilkenau sah den Jungen an. »Kannst du auch für dich selber sprechen?«

»Ja.«

»Und?«

Der Junge schüttelte den Kopf.

»Du möchtest nicht?«, fragte Wilkenau.

»Nein«, sagte Junge Unrast. »Ich will nicht auf eine Schauspielschule.«

Florian lachte und fuhr sich mit den Fingern durch die weiße Mähne.

Professor Wilkenau ging zu seinem Stab zurück. Nach ein paar Schritten drehte er sich nochmal um.

»Überleg es dir. Mein Angebot bleibt bestehen. Im Gegensatz zu deinem Freund Florian Menning bin ich ein Mann mit viel Geduld.«

DIE KOMPARSIN
Ende November 1943

Zwei Bühnenarbeiter schraubten eine Wand aus der Dekoration und zogen sie mit Flaschenzügen unter die Beleuchterbrücke.

»Wie im Theater«, sagte Knut. »Vorhang hoch. Bühne frei. Erstes Bild: ein Ballsaal.« Er saß in seinem Klappstuhl neben dem Jungen. Hinter ihnen hockte Karl auf einer Kiste.

Der Ballsaal war blendend hell ausgeleuchtet. Die Komparserie stand auf ihren Plätzen. Unausgeschlafen, gähnend und geduldig. Soldaten, Frauen, Matrosen, ein paar alte Männer. Ein Mädchen in BDM-Uniform machte ein paar Tanzschritte auf der Stelle. Hinter ihr stand ein Offizier auf Krücken.

»Der Junge hat Feuer gefangen«, sagte Karl. »Er lässt die Blonde mit den Zöpfen nicht aus den Augen.«

»Welche?«

»Deine Partnerin bei der Tanzszene gestern«, grinste Karl.

»Mein lieber Mann«, sagte Knut, »das ist vielleicht 'n Feger ...«

»Wieso?«

»Die Uniform ist ihre eigene. Außen sieht sie aus wie so 'ne Rieke vom BDM. Aber wenn du sie auspellst, greifst du in französische Seidenwäsche.«

»Woher weißt du das?«, fragte Karl.

»Ich hab sie in meine Garderobe mitgenommen, gestern Abend. Sie hat keine Zicken gemacht. Ist gleich mitgekommen.«

Der Junge wollte nichts hören, und er spürte sein Herz klopfen. Der dicke Knut redete weiter. Das Mädchen am anderen Ende des Saales sah zu dem Jungen hin und lächelte.

»Erzähl weiter«, sagte Karl.

»Ich hab sie mir auf'n Schoß genommen. Sie wollte was vom Film wissen, aber ich sage euch, unter ihrem Rock ist 'ne Menge los ... schwarze Spitzen. Seide. Wie in einem Puff in Paris.«

»Warst du schon mal in Paris?«, fragte Karl.

»Nein. Aber im Puff.«

»Hat sie es mit sich machen lassen?«, wollte Karl wissen.

Knut schüttelte den Kopf. »Ach wo. Die will dich nur auf die Palme bringen. Wenn die den Ständer in deiner Hose spürt, presst sie die Schenkel zusammen. Da brauchst du schon 'ne Brechstange, sonst kriegst du die Beine nicht auseinander.«

Im Ballsaal rief der Regieassistent: »Playback ab!« Aus den Lautsprechern kam ein Walzer. Die Komparsen begannen zu tanzen. Die Blonde hatte keinen Partner. Sie tanzte für sich allein. Die Kamera fuhr auf einer Schiene durch die Tanzenden hindurch und schwenkte am Schluss auf den Offizier mit seinen Krücken.

»Ich habe ihr die Bluse aufgeknöpft«, sagte Knut. »Tolle Titten. Aber sie hat mich nicht drangelassen, und da habe ich zu ihr gesagt: ›Ich liebe dich.‹ Das wirkt sonst immer.«

»Aber bei der nicht?«, fragte Karl.

Knut schüttelte den Kopf. »Weißt du, was die gemacht hat?«

»Erzähle«, grinste Knut.

»Wie 'n Blitz ist die rüber zum Waschbecken.«

»Wieso das?«

»Sie hat gekotzt.«

Karl schüttelte sich vor Lachen.

Der Junge stand auf. »Knut, du bist eine Drecksau.« Sein

Klappstuhl fiel um. »Weißt du, was ich dir zu Weihnachten schenke?«

»Nee.«

»Einen Eimer.«

»Was soll er denn damit?«

»Falls er mal wieder abblitzt«, sagte der Junge, »und es ist gerade kein Waschbecken im Zimmer.«

Mittags war Florian sehr einsilbig. Der Kellner hatte Brote, Kaffee und Bier in den Bunker gebracht, aber Florian aß nichts.

»Tut mir Leid. Habe keinen Hunger.«

Der Junge gab ihm ein Bier, und Florian nickte. »Danke.«

Sie warteten auf die Entwarnung, aber der Angriff dauerte besonders lange, und der Junge wollte raus aus diesem Schweigen.

»Ich habe den Bunker durch einen Tonmeister untersuchen lassen«, sagte Florian. »Er konnte keine Mikrofone finden. Anscheinend werden wir nicht abgehört.«

»Warum sollte uns jemand abhören?«

Florian wischte mit der Hand durch die Luft. »Der größte Feldherr aller Zeiten«, sagte er. »Wer ist das?«

»Der Führer.«

Florian nickte. »Und wer hat ihn so genannt?«

»Dr. Goebbels.«

Florian trank sein Bier aus, und der Junge schenkte ihm ein neues ein.

»Das ist nur ein kurzes Leben gewesen«, sagte Florian.

»Was meinst du?«

»Mein Sohn ...«, sagte Florian. »Und seine wenigen Jahre ... Das kurze Leben meines Sohnes ...«

»Du hast einen Sohn?«

Florian rieb sich die Augen. »Kurz und ohne viel Bedeutung. Er ist beim Afrika-Korps gewesen. Panzermann. Weißt du, so ein kleiner Mann unter vielen kleinen Männern. Einer von denen, die herumgeschoben werden. Und die schweigen. Höchstens mal fluchen, glaube ich. Dann nämlich, wenn sie unverhofft nach Russland verlegt werden. Mit der ganzen Einheit. Ab aufs Schafott. Nach Stalingrad. Um den Bedrängten da zu helfen. Vor einem Jahr ist das gewesen. Die Panzer hatten noch die Bemalung der Wüste dran. Tarnfarben, oder wie das heißt. Gelb und braun. Hervorragende Tarnfarben auf dem dreckigen Schnee von Stalingrad!« Sein Atem ging kurz. »Man sollte annehmen, dass der größte Feldherr aller Zeiten seinen Wüstenfüchsen was Warmes anzuziehen gibt, wenn er sie nach Stalingrad schickt. Winterkleidung. Darf man annehmen. Oder wie? Kaum zu glauben, dass er sie in Khaki auf die Russen loshetzt. Oder was?«

Florian starrte an die Decke. »Er hat ihnen keine Winterkleidung gegeben. Weil es keine mehr gibt. Und er hat ihnen den Befehl gegeben, Stalingrad zu halten. Oder draufzugehen. Ein verbrecherischer Befehl. Und jetzt gibt es nur noch Worte. Leere Worte. Führerworte. Und Görings Worte, von den Griechen gestohlen: ›Wanderer, kommst du nach Deutschland, so verkündige dorten, du habest uns liegen gesehen, wie das Gesetz es befahl.‹«

Der Junge schob seinen Stuhl zurück. Er stand langsam auf.

»Ludwig ist einer von ihnen gewesen«, sagte Florian leise. »Das war sein Name. Ludwig Menning. Er ist vor Stalingrad gefallen.« Er schob sein Bierglas auf der Tischdecke hin und her. »Jetzt sag bloß nicht, dass es dir Leid tut. Mir wär's lieber, du würdest gar nichts sagen. Schließlich hast du ihn ja nicht gekannt. Außerdem sterben so viele in diesen Tagen.«

Florian starrte den Jungen von unten herauf an. »Ich kann sie deutlich vor mir liegen sehen, wie der Verbrecher es befahl: Erstarrt wie Vieh ... Noch kurz vorm Sterben ausgeraubt durch Leichenfledderer ... Hosen und Stiefel weggerissen ... Nackte Beine festgefroren an den Boden ... Finger abgehackt, weil der Ehering nicht ohne Mühe abzustreifen war ... Dreck im aufgerissenen Mund ...«

Florian atmete schwer. Er zog ein Taschentuch heraus und wischte sich den Schweiß vom Nacken. Vom Nebenraum kam kein Laut zu ihnen. Die Stille im Bunker war erdrückend.

»Junge?«

»Ja?«

»Vergiss, was ich eben gesagt habe.«

»Das kann ich nicht.«

»Verstehe. Wie sollst du das auch können.« Die langen weißen Haare waren ihm vors Gesicht gefallen. Er wischte sie beiseite. »Du wolltest gehen, Junge?«

»Ja.«

»Wohin?«

»Weiß nicht. An die Luft.«

»Gröfaz«, sagte Florian, »weißt du, was das heißt?«

»Nein.«

»Abkürzung von größter Feldherr aller Zeiten: Gröfaz. So nennen die Berliner deinen geliebten Führer.« Er legte den Kopf zurück. »Willst du wissen, warum?«

Der Junge zog seine Unterlippe durch die Zähne. »Nein.«

»Die Leute fragen sich, was wir in Norwegen zu suchen haben«, sagte Florian. »In Dänemark? In Jugoslawien? In Griechenland? Glaubst du, dass dieser Gröfaz schon einmal darüber nachgedacht hat, mit welchen Truppen er in Russland siegen will, wenn er gleichzeitig Europa gewaltsam unter Kontrolle halten muss? Hast du eine Antwort darauf, Junge?«

»Nein.«

»Wir haben in Nordafrika kapituliert. Wir haben in Stalingrad kapituliert. Man kann sich an das Wort fast gewöhnen.«

»Florian!«

»Brüll mich nicht an!«, sagte Florian böse. Er nahm einen Schluck. »Das Bier ist schal.«

Der Junge wartete.

»Brüll mich bitte niemals wieder an«, sagte Florian.

»Sag niemals wieder solche Sachen«, meinte der Junge. Er warf den schweren Hebel der Eisentür herum.

»Blutsbruder?«, sagte Florian.

»Ja?«

»Wenn du draußen bist, sieh mal zum Himmel hoch. Da gibt's nur ein ›entweder-oder‹. Entweder amerikanische Bomber oder schwarze Wolken über einer sterbenden Stadt.«

Es hatte zu schneien begonnen, aber er war so aufgebracht, dass er es nicht bemerkte. Fritz Patschke griff ihn bei der Schulter.

»Spielste jetzt ooch schon den Tiger von Eschnapur? Weil du hier so auf und ab laufen tust.«

Hinter Patschke stand die Komparsin. »Die junge Dame hier möchte dir so jerne mal die deutsche Pranke schütteln.«

Das Mädchen lächelte. »Falls es gewöhnlichen Sterblichen gestattet ist, mit Berühmtheiten zu reden.«

Der Junge suchte nach einer Antwort.

»Jetzt haste ihn janz verlegen jemacht.« Patschke grinste. »Dies Mädel hier heißt Bettina. Nachname unwichtig. Abjekürzt heißt se Tina. Und wenn ihr beede euch an de frische Luft untahalten wollt, dann stellt euch wenigstens in den Eingang. In zwanzig Minuten seid ihr dran, und Schnee in die Haare von meine Darsteller kann ick nich jebrauchen. Ick mache einen heiteren Sommerfilm zur Erbauung der Kriegsmüden.«

Sie stellten sich in den Eingang. Er sah, dass sie fror, und gab ihr seine Jacke. Der Eingang war eng. Arbeiter zwängten sich an ihnen vorbei und drängten die beiden aneinander. Er wollte das Mädchen beschützen und stemmte beide Arme mit aller Macht an die Wand, aber sie lächelte und sagte: »Streng dich nicht an. Das hältst du sowieso nicht lange aus.«

Er nahm die Hände von der Wand. Sein Körper wurde gegen ihren Körper gepresst, und er spürte durch ihre Bluse und sein Hemd hindurch ihre Brüste. Ihre Schenkel pressten sich gegen seine Schenkel, und dann bewegte sie sich ein wenig, und er fühlte auf seinem Schenkel den Hügel zwischen ihren Beinen. Sein Herz hämmerte wie wild, und als er seine Hand an ihren Hals legte, konnte er das Hämmern seines Herzens unter ihrer Haut spüren.

Dann wurde die Ateliertür verriegelt, und sie waren allein. Eine Hupe brüllte auf. Rotes Licht fiel über das Gesicht des Mädchens.

»Was siehst du mich so an?«, fragte sie.

»Du bist schön«, sagte er.

»Wirklich?«

Er nickte. »Ein schmales Gesicht. Schöne Lippen. Grüne Augen.«

»Sagst du immer, was du denkst?«

Er dachte nach. »Früher schon. Jetzt bin ich vorsichtiger geworden. Aber ...«

»Aber?«

»Ist es denn verboten, dir zu sagen, dass du schön bist?«

»Im Gegenteil. Frauen hören gerne Komplimente.«

»Ich weiß kaum etwas von Frauen.«

Sie lehnte ihren Kopf zurück. »Ich kann es nicht glauben.«

»Was?«

»Dass du kaum etwas von Frauen weißt. Wenn ich hier über das Gelände gehe ... all diese Schauspielerinnen, diese Berühmtheiten ... Olga Tschechowa ... Zarah Leander ... Marika Röck ... Brigitte Horney ...«

»Ich sehe sie schon«, sagte der Junge. »Aber sie sehen mich nicht.«

»Und was ist mit den Tänzerinnen? Den Komparsinnen? Mädchen so wie ich?«

Er schüttelte den Kopf. »Ich bin zu schüchtern.«

Sie lachte.

Patschke humpelte durch die Ateliertür. »Junge! Tina! Reinkommen! Der Kongress tanzt!«

»Sofort«, sagte der Junge.

»Ich bin wohl sehr neugierig?«, flüsterte Tina.

»Ja. Aber das macht nichts.«

»Die meisten Menschen geben keine Antwort«, sagte sie. »Oder weichen aus. Du nicht.«

»Warum sollte ich?«

»Sagst du immer die Wahrheit?«

»Ja«, meinte er. »Ich glaube schon.«

»Junge«, sagte sie, »du bist eine Rarität. Sie werden dich ausstopfen und zur Besichtigung freigeben. Es sei denn ...«

»Es sei denn?«

»Es sei denn, ich würde dich beschützen.«

Gegen vier Uhr schalteten sie die Scheinwerfer aus, und Patschke rief: »Umbau. Herr Menning is' für heute abjedreht. Alle andern Darsteller und die verehrungswürdige Komparserie haben Zigarettenpause.«

Florian streckte dem Jungen die Hand hin. »Ich habe dir zu viel zugemutet. Vorhin im Bunker. Das macht mich traurig.«

»Mich auch.«

»Willst du mir mein Blut wiedergeben?«

Der Junge schüttelte den Kopf. Florian suchte seine Augen.

»Lachst du? Oder weinst du?«

»Keins von beiden.«

Tina kam durch den Ballsaal auf den Jungen zu. Auf ihrem Weg erloschen alle Lampen. Das Mädchen hüpfte von einem Lichtkreis in den anderen, so, wie Kinder über Kreidefelder hüpfen.

Der Junge stand auf und bot Tina seinen Stuhl an. Auf der Rückenlehne war sein Name.

»Heute ist mein Glückstag«, sagte Tina. »Ich werd nicht jeden Tag verwöhnt.«

»Sieh an, sieh an!«, lachte Knut. »Der Flieger und die Tänzerin.«

»Komm, Knut, wir spielen die Partie Schach zu Ende«, sagte Karl.

»August, der Flieger«, grinste Knut. »Kennst du den Witz von dem Ehemann, der seine Frau mit einem andern Kerl im Bett erwischt?«

»Knut, komm jetzt«, sagte Karl.

»Er schmeißt den Kerl ganz einfach aus dem Fenster. Dann dreht er sich zu seiner Frau um und meint gelassen: ›Wer vögeln kann, der kann auch fliegen.‹«

Der Junge trat mit voller Kraft gegen den Stuhl. Knut kippte hintenüber.

»Steh auf!«, brüllte der Junge.

Die Arbeiter drehten sich um. Bertram Weyland sah von seinem Drehbuch auf. Knut Svensson rappelte sich hoch. Er hielt die Arme schützend vors Gesicht. Der Junge schlug ihm in den Magen. Svensson krümmte sich. Mit dem nächsten Schlag flog sein Kopf nach links. Dann schlug der Junge noch einmal zu. Svensson fiel nach hinten in die Dekoration. Stoff riss auf. Ein paar Latten fielen auf ihn. Dann blieb Svensson liegen.

Später waren sie alle in seiner Garderobe versammelt.

Bertram Weyland hielt über ihn Gericht. »Es ist feige, jemanden zu schlagen, der sich nicht wehrt.«

»Falsch«, sagte der Junge. »Es ist feige, sich nicht zu wehren.«

Der Regisseur sah aus dem Fenster.

»Knut hätte sich wehren können«, sagte der Junge. »Tina hat es nicht gekonnt, Svensson hat das Mädchen nicht mit Fäusten geschlagen, sondern mit dreckigen Worten. Hinter ihrem Rücken. Ich finde das widerwärtig. Niederträchtig.«

»Und feige!«, rief Florian Menning. »Das ist die wahre Feigheit! Die Lüge. Die Verleumdung. Das Gerücht.«

»Zugegeben«, sagte Bertram. »Trotzdem dürfen wir dem Jungen nicht erlauben, sofort auf jeden loszuprügeln, der etwas Unrechtes behauptet.«

»Wie gern würde ich dir Recht geben«, brummte Florian. »Jedoch, was früher galt, ist heute kaum was wert. Ich bin nicht mehr bereit, nach Gesetzen zu leben, die von den Machthabern mit Füßen getreten werden. Sollten wir nicht von dem Jungen lernen? Sollten wir nicht auch auf das Unrecht losgehen? Die Verleumder schlagen, wo wir sie treffen? Wäre es nicht besser gewesen, wir hätten die

Lüge über den Reichstagsbrand schon damals aus den Feiglingen herausgeprügelt? Wie gerne hätte ich in der Kristallnacht den SA-Männern in ihre widerwärtigen Visagen geschlagen!«

»Florian! Nicht so laut!«, rief Bertram.

Fritz Patschke humpelte auf den Flur hinaus. »Niemand da.« Florian hatte Schweißtropfen auf der Stirn. Sein Gesicht glühte.

Patschke sagte: »Florian, nich böse sein, aber ick glaube, du hast Fieber.«

»Ja!«, brüllte Florian. »Ich habe Fieber, und ich habe mich letzte Nacht besoffen, aber ich werde nicht zulassen, dass ihr diesem Jungen hier sagt, Verleumdung sei die Mode des Tages, und Lüge ist doch ganz normal, und beides zusammengenommen sei das einzige Mittel zum Überleben!«

Schwere Wolken zogen eilig an einem hellen Mond vorbei. Es war nur ein halber Mond. Er hing schief in der Nacht, aber er strahlte so hell wie ein voller Mond. Wenn die Wolken aufrissen, glitzerte der Schnee und leuchtete von unten die Gesichter an.

Neben einer schwarzen Limousine stand eine winzig kleine Frau. »Herr Menning, Sie sehen miserabel aus«, sagte sie.

»Mizzi, dein Charme und das Unvermögen meines Arztes bringen mich ganz sicher in ein frühes Grab.« Florian sah sich nach dem Jungen um. »Heute war ein schlimmer Tag für dich. Wie ich dich kenne, steckst du voller Fragen.«

Der Junge nickte. Er sah sich um. Im Dunkel der Hallenwand wartete die Komparsin.

»Komm her, mein Kind«, sagte Florian.

Tina sprang wie ein Wirbelwind in das Licht der abgedunkelten Autolampen.

»Bist du Tänzerin?«, fragte Florian.

»Nicht auf der Bühne«, sagte Tina, »aber auf dem Hochseil.«

»Du bist Artistin?«

»Ja.«

»Im Zirkus?«

Tina nickte. »Zirkus, Varieté, Truppenbetreuung.«

Florian griff ihr unter das Kinn. »Ein echtes Zirkuskind, was? Deine Eltern auch, wie?«

»Ja«, sagte das Mädchen. »Wir haben am Trapez gearbeitet. Aber jetzt bin ich allein. Auf dem Hochseil. Meine Eltern leben nicht mehr.«

»Behaupte jetzt nicht, dass es dir Leid tut«, sagte der Junge. »Du hast Tinas Eltern nicht gekannt. Außerdem sterben so viele Menschen heutzutage.«

»Tina«, meinte der Schauspieler. »Ich muss dich vor diesem Kerl hier warnen. Er hat ein Gedächtnis wie Albert Einstein.«

»Wer ist das?«, fragte der Junge.

»Ein deutscher Physiker. Mathematiker. Denker. Genie. Und Jude.«

»Ach so«, sagte Tina.

Florian warf den Kopf in den Nacken. »Früher hat er hier bei uns gedacht. Jetzt denkt er für die Amerikaner. Denn wir brauchen ja keine jüdischen Genies. Wir haben genügend eigene. Arische.«

»Herr Menning, Sie sollten aufhören zu reden. Bei der kalten Luft holen Sie sich noch den Tod«, sagte die Chauffeuse.

Florian winkte ärgerlich ab. »Du hast beide Eltern verloren?«

»Ja. Im Juli. Bei dem schweren Bombenangriff auf Hamburg.«

Er wischte sich die weißen Haare aus dem Gesicht. »Hunderttausend Menschen sollen umgekommen sein. In einer einzigen Nacht.«

»Wohnen Sie jetzt bei Verwandten, Fräulein Tina?«, fragte Mizzi.

»Nein. Ich habe keine Verwandten.«

»Wie alt bist du, mein Kind?«

»Neunzehn.«

»Wo wohnen Sie?«, wollte Mizzi wissen.

»Am Wannsee. Gleich hinter dem Bahnhof.«

»Also los jetzt, Herr Menning.« Die kleine Chauffeuse riss die Tür auf. »Erst setze ich Sie ab, dann den Jungen, und dann fahre ich Fräulein Tina zum Wannsee.«

»Bist du des Teufels, Mizzi?«, rief Florian. »Soll ich vielleicht mit ansehen, wie diese beiden hier im Auto sitzen und Händchen halten?«

»Sie könnten sich nach vorne setzen und mein Händchen halten.«

»Mizzi, wenn mich mein Gedächtnis nicht im Stich lässt, habe ich bereits verschiedenes andere von dir in meinen Händen gehalten. Das liegt allerdings Lichtjahre zurück, und aufgewärmte Semmeln schmecken nicht.« Er ließ sich auf den Rücksitz fallen. »Junge, heb dir deine vielen Fragen bis morgen auf. Einverstanden?«

Der Junge nickte.

»Tina«, sagte Florian.

»Ja, Herr Menning?« Sie lief zu ihm ans Auto.

»Es ist noch zu früh für mich, ihn abzugeben.« Er kniff seine Augen zusammen. »Verstehst du mich?«

»Nein.«

»Ich bin eifersüchtig.«

Das Mädchen hielt sich die Hände vor den Mund.

»Ich habe ihn nie haben wollen. Ich bin kein Schwuler.

Aber du wirst ihn dir jetzt nehmen. Und das macht mich krank vor Eifersucht.«

»Warum?«

»Ich wollte ihn so vieles lehren.« Seine Worte trugen weiße Wolken in die Nacht. »Du machst meine Pläne zunichte. Ich hatte nicht mit dir gerechnet. Nicht mit einer Frau in seinem Leben. Nicht so früh.«

Sie standen an seinem Fenster und horchten auf das Grollen der Bomber. Die weißen Finger der Scheinwerfer zerbrachen an den tiefen Wolken. Als die Flak losbrüllte, lief ein Zittern durch ihren Körper. Bei jedem Schlag klirrten die Scheiben. Sie presste ihre Hände angstvoll an die Ohren.

»Sollten wir nicht doch lieber in den Bunker gehen?«, fragte er.

Sie schüttelte den Kopf. »Ich will nicht zu den anderen Leuten da unten. Könntest du wie ein Fremder neben mir sitzen?«

»Nein.«

»Na, siehst du.« Sie lehnte ihre Stirn an das Fenster. »Hast du Angst vor dem Sterben?«

»Weiß nicht. Hab noch nie darüber nachgedacht. Und du?«

»Ich schon. Ich fürchte mich davor.«

»Die werfen ihre Bomben nicht hier in den Wald.« Er wollte sie beruhigen.

»Das meine ich nicht. Ich habe keine Angst, jetzt zu sterben. Ich habe Angst vor dem Tod an sich.« Sie drängte sich an ihn. »Würdest du mich bitte küssen?«

Er nahm ihren Kopf in seine Hände und suchte ihren Mund.

»Nein, nicht so. Nicht, wie du deine Schwester küsst.«

Ganz weit hinten rissen Bomben die Stadt auseinander. Flammen brachen durch die Nacht. Das Röhren der Flak ließ das Haus erbeben.

»Ist dies dein erster Kuss?«

Er nickte.

»Vielleicht sterben wir heute Nacht«, sagte sie. »Wir sollten uns küssen, als wäre es unser letzter Kuss.«

»Mach du es«, flüsterte er. »Ich weiß nicht, wie du es meinst.«

Sie öffnete ihren Mund und ließ ihre Lippen über seine Lippen wandern.

»Wie ein Schmetterling«, flüsterte sie. »Spürst du den Schmetterling?«

»Ja.« Sein Herz dröhnte lauter als die Kanonen da draußen. »Mein Herz will aus meinem Brustkorb springen«, flüsterte er.

»Sei still.« Ihre Zunge tanzte über seine Lippen, spielte mit den Winkeln seines Mundes, suchte, fragte, wartete, tanzte weiter, und dann, endlich, öffnete sich sein Mund ihrem Drängen, zögernd erst, dann ungestüm, und er sog den Mund des Mädchens tief in sich hinein und machte ihren Kuss zu seinem Kuss.

Sie hörten nichts mehr von dem Bersten und Krachen und von den Schreien da draußen. Sie hörten nur noch ihren eigenen schnellen Atem und das Hämmern ihrer Herzen.

Sie öffnete die Knöpfe seines Hemdes und küsste seinen Hals und spürte, wie er zitterte, und als er nach ihren Brüsten greifen wollte, sagte sie: »Warte!« Dann sagte sie: »Du brauchst dich nicht umzudrehen«, und warf die Bluse weg und stieg aus ihrem Rock und löste die Haken ihres Büstenhalters. Ihre Brüste waren schwer und fest, mit zwei großen braunen Monden darauf. Er lief auf sie zu und presste sein

Gesicht zwischen ihre Brüste, und dann hob er sie hoch und legte sie aufs Bett. Sie löste ihre Strumpfbänder, und er wollte ihr dabei helfen, aber sie sagte: »Lass nur, du zitterst zu sehr«, und sie sagte: »Zieh dich lieber selber aus.«

Er hörte ihr Lachen, als er seine Sachen ordentlich über einen Stuhl legte, und er fragte sich, warum sie wohl lachte. Ihr Körper leuchtete vom Bett her durch die Dunkelheit, und als er am Feuerschein des Fensters vorüberging, streckte sich ihr sein Penis entgegen, arrogant und gewaltig, sie fühlte sich offen und verwundbar, und sie erschrak. »Oh, mein Gott ...«

Er legte sich neben sie. »Was ist?«

»Nichts.«

Er nahm sich vor, niemals diesen Körper zu vergessen.

»Du darfst mich ruhig anfassen«, sagte sie. »Ich bin nicht zerbrechlich.«

Er griff nach ihren Brüsten und ließ seine Hand über ihren flachen Bauch zu ihren Schenkeln wandern. Sie lag ganz still und öffnete ihre Beine für seine suchende Hand, und plötzlich sagte er erschrocken: »Was ist das?«

»Wovon sprichst du?«

Er sah auf seine Hand. »Du bist ganz nass.«

»Das ist meine Erregung.«

»Deine Erregung?«

»Ich bin die erste Frau in deinem Leben. Das erregt mich. Wahnsinnig sogar.«

Sie küsste ihn, und er warf sich auf sie und wollte in sie eindringen, aber er fand sie nicht sofort, und es war ihr, als würden seine harten Stöße sie in Stücke reißen.

»Junge ... Nicht ... Du bringst ... mich um!«

Er erstarrte. Außer ihm hatte niemand ihre Schreie gehört. Die Schreie der zerberstenden Welt da draußen waren lauter.

»Bitte«, sagte sie, »du musst zart sein. Sonst geht es nicht.«
Sie waren beide erschrocken. Tina sagte: »Du bist so stark«, und dann tastete sie nach ihm und legte ihre Beine um die Hüften des Jungen, weil sie sich ganz weit für ihn öffnen wollte, und dann presste sie ihren Körper gegen den anderen Körper und stieß ihren Peiniger selbst tief in sich hinein. Aus dem Schmerz wurde ein Schrei, und dann fühlte sie die Stöße des Jungen in ihrem Leib, langsam und kraftvoll, und sie biss sich an seiner Schulter fest, und von weit her legte sich der Geschmack von Erde auf ihre Lippen und in ihren Mund. Das war nicht die Erde, die auf Tote fällt, es war die Erde der Lebenden, sie selbst war die Erde, und ein Beben lief durch diese Erde und brach die Kruste ihres Leibes auf, und aus der Mitte der Erde schoss feurige Lava, und aus der lodernden Masse wurden Wellen, und die Wellen trugen sie mit sich fort, und sie verging in diesen Wellen. Sie wollte die Wellen zu Worten werden lassen, aber sie durfte ihren ungestümen Liebhaber nicht erschrecken, er durfte sich nicht aus ihr zurückziehen, und sie wartete auf das nächste Beben und grub ihre Zähne tiefer in sein Fleisch.

Er griff nach ihrem Kopf und küsste sie, und dann griffen seine Hände nach ihrem Hintern, und seine Stöße wurden langsamer und auf unerträgliche Weise immer weniger, und dann verharrte er, und es war, als würde er nach innen hören. Sie fühlte die Knospe in ihrem Leib anschwellen, und es war eine herrliche Knospe, die sich da öffnen wollte, es war die Blume der Schönheit, aber dann stürzte sich die Furcht auf das Mädchen: Es war nicht die Knospe der Schönheit, es war die Blume des Bösen, und sie schrie auf und stieß den Jungen zurück und griff nach seinem Phallus und fing mit ihren Händen seinen Samen auf.

Sie lagen auf dem Bett. Der Himmel brannte und schickte rotes Licht ins Zimmer. Die Flammen wollten nicht nur Häuser fressen und Bäume und Menschen, sie sprangen auch zu den Wolken hoch, und ihr Widerschein züngelte über das Bett und über die beiden nackten Körper.

»Hast du es gern, wenn ich dich betrachte?«

»Ja«, sagte sie. »Weißt du, es gibt ein Foto von meiner Mutter als junges Mädchen. Sie klettert die Strickleiter zum Trapez hoch und winkt und lächelt. Ihr Trikot ist hauteng, ganz hell. Du könntest meinen, sie sei nackt. Es ist das einzige Foto von ihr, das ich mir aufbewahrt habe. Auf den anderen Bildern war sie schon älter, mit schlaffer Haut und Bauch und dicken Schenkeln.«

Sie hauchte ein paar Küsse auf seine Brust. »Schönheit vergeht so schnell. Wir sollten sie festhalten dürfen, auch wenn es nur auf einem Foto ist.«

»Das ist wahr«, sagte er.

»Ein Ölgemälde wäre natürlich viel, viel besser.«

»Wie meinst du das?«

»Wir sollten uns einen Maler suchen«, sagte sie. »Und dann heben wir das Bild in einem Bunker auf, und nach dem Krieg schenken wir es einem Museum.«

»Warum?«

»Weil ich dann ewig leben werde. Und du auch.«

»Wieso ich?«

»Weil wir ein Messingschild an dem Bild anbringen: ›Die nackte Tina. Geliebte des berühmten Schauspielers August Unrast.‹« Seine Hand strich über ihre Brüste.

»Du kannst sie küssen, wenn du willst«, sagte sie.

»Wirklich? Ich dachte, das sei nur was für Babys.«

Sie nahm ihn in die Arme und wiegte ihn hin und her. »Du bist mein Baby.«

Er nahm den runden, vollen Mond ihrer Brust zwischen

seine Lippen und spürte voller Verwunderung, wie er größer wurde, hart und fest. Das Mädchen seufzte. »Du machst mich rasend.«

Er presste die Frau sanft in die Kissen zurück. Sie schien ihm klein und zerbrechlich und voller Wunder. Das Blut pochte in seinen Schläfen und pochte in seinem Phallus, und der Phallus richtete sich auf und drängte zu dem Seidenhügel zwischen ihren Beinen.

»Hilf mir«, flüsterte er.

Sie führte ihn behutsam zu der heißen, nassen Öffnung ihres Leibes. »Zart, Junge, zart.«

Ihre Hände liefen seinen mageren Rücken entlang und fanden die kleinen Hügel seines Hinterns, und sie griff nach den Hügeln und zog den Jungen zu sich und presste sich ihm entgegen. Unendlich langsam glitt er in sie hinein. Sein Phallus schmerzte, und das Mädchen warf sich zurück in die Kissen, und er glitt tiefer und tiefer in sie hinein, zwängte sich durch die enge Öffnung, und die Flammen wollten ihn versengen, aber dann war er tief drinnen in der Frau, tief in seinem neuen Leben, und er stützte sich auf seine Hände und sah der Frau ins Gesicht und wollte etwas sagen, aber sie legte ihre Hand auf seinen Mund, und ihr Gesicht glühte in der Nacht.

Sein Körper bog sich zurück und stieß wieder vor und verlor sich in dem Rhythmus, der so alt ist wie die Zeit. Mit der Kraft seiner Stöße wogten die Brüste der Frau, und sie warf ihren Kopf hin und her, und das war der Beginn seines Lebens.

Die Frau schlug ihre Hände vor ihr schmerzzerrissenes Gesicht.

»Tue ich dir weh?«, fragte er.

»Nein, du Dummer«, stöhnte sie. »Es ist herrlich, hör nicht auf.«

Und da erkannte er die Nähe von Schmerz und Lust, und er ahnte, dass diese Frau ihm jetzt, in dieser Stunde, sein Leben schenkte. Urplötzlich wusste er, dass er nicht an jenem Tag geboren war, an dem sie ihn blind und unwissend aus dem Leib der Frau geholt hatten. Heute wurde er geboren, jetzt, beim Eindringen in die Frau.

Er dachte, Kinder werden irgendwann geboren, aber ein Mann kommt erst in einer Nacht wie dieser hier zur Welt. Und er dachte: Es ist die Liebe der Frau, die dem Mann das wahre Leben schenkt.

In der Nacht wachte sie auf und sah ihn am Fußende des Bettes sitzen. Die Stadt brannte nicht mehr. Schwere Wolken hingen tief am Himmel. Der Mond war in einem anderen Land schlafen gegangen. Im Zimmer stand die Dunkelheit.

»Woran denkst du?«, fragte sie.

»An gestern. Und an heute Nacht. Alles ist so schnell gegangen.«

»Ich weiß.« Sie verschränkte die Arme hinter ihrem Kopf. »Hätte ich dir mehr Zeit lassen sollen?«

Er antwortete nicht.

»Ich wollte dich lieben. Und du wolltest mich lieben. Ist das schlimm?«

»Nein«, sagte er. »Aber darf ich dich etwas fragen?«

»Vielleicht.«

»Warum trägst du diese Unterwäsche?«

Sie setzte sich auf. »Es ist einfach nicht möglich, dass du mich so was fragst!«

»Wer hat sie dir geschenkt?«

Tina warf ihr Kissen voller Zorn durchs Zimmer.

»Du hast zwar dem dicken Svensson die widerlichen Worte aus dem Mund geprügelt, aber das hat nicht viel geholfen, denn jetzt sitzen sie ganz tief drin. Bei dir. In deinem Kopf.«

Er schwieg.

»Niemand hat sie mir geschenkt, du dummer Junge. Ich habe sie mir selbst gekauft. In Frankreich, bei meinem letzten Engagement. Willst du die Stadt wissen?«

»Nein.«

»Es war in Reims.« Sie wollte in seinem Gesicht lesen, aber es war zu dunkel. »Hältst du mich für ein Flittchen?«

»Nein.«

Sie dachte nach. »Vielleicht beeilen wir uns so mit allem, weil wir wissen, dass wir nicht viel Zeit haben.«

»Wie meinst du das?«

»Alles an einem Tag: Wir lernen uns kennen, und ich komme in dein Bett, und du stirbst vor Eifersucht.«

»Ja«, sagte er, »es fühlt sich an wie sterben müssen.«

»Junge, ich will dich niemals eifersüchtig machen. Und das, was früher war, geht dich nichts an.«

»Doch.«

Sie streckte die Arme nach ihm aus.

»Bitte, komm zu mir.«

Er schüttelte den Kopf.

»Also gut. Machen wir reinen Tisch«, sagte sie. »Willst du wissen, wie viele Männer mich schon gehabt haben?«

»Nein.«

»Wenn ich dir es jetzt nicht sage, fängst du morgen wieder damit an, und ich weiß nicht, wie viele Morgen wir für uns haben, Junge. Es sind nur zwei Männer gewesen. Du bist der dritte.«

»Hör auf damit. Ich will davon nichts hören.«

»Den ersten habe ich bei der Truppenbetreuung kennen gelernt. Er ist kurz danach gefallen. Danach kam ein Freund meines Vaters. Er fährt auf einem U-Boot. Manchmal schreibt er noch. Aber ich liebe ihn nicht.«

Der Junge warf sich auf das Bett und legte sich ein Kissen auf den Kopf. Als sie seinen Rücken berührte, konnte sie sein Schluchzen fühlen. Sie blieb neben ihm sitzen und wartete, bis er sich in den Schlaf geweint hatte.

Es war ein grauer Morgen, und nur ein paar Schneeflocken tanzten am Fenster vorüber, aber die waren dick und behäbig und ließen sich viel Zeit zwischen Himmel und Erde.

Sie sah, dass er wach war, und legte ihren Kopf an seinen Hals.

»Ich möchte, dass wir niemals aufhören, uns zu lieben.«

Er nickte. »Ich kann es mir nicht vorstellen.«

»Also liebst du mich wirklich?«

»Ich glaube schon.«

»Du glaubst es nur?«

»Tina, ich weiß ja nicht, wie das ist. Denn ich habe noch nie jemanden geliebt.«

»Aber es tut weh, wenn du daran denkst, was vor dir mit mir geschehen ist?«

»Ja. Sehr.«

»Und wenn du aufwachst, und ich liege neben dir, dann drückt es dir die Kehle zu?«

»Ja.«

»Junge«, sagte sie. »Das ist Liebe.«

Sie schliefen wieder ein, und als sie das nächste Mal aufwachten, war es schon später Morgen.

»Kannst du wirklich auf einem Seil tanzen?«, wollte er wissen.

Das Bett, in dem sie lagen, war ein Großvaterbett. Aus

geschnitzter Eiche. Tina stieg auf das Fußende und stand auf einem Bein und breitete ihre Arme aus. Wie ein Schwan. Wie eine Tänzerin. Plötzlich flog sie durch die Luft und landete auf den Händen. Ihre Finger umklammerten das Holz. Sie lachte zu ihm hinunter. Die schweren blonden Zöpfe hatten sich um ihren Hals gewirbelt. Ihre Brüste tanzten hin und her, und ihre langen Beine waren kerzengerade ausgestreckt. Dann wirbelte sie noch einmal durch die Luft und landete wieder auf den Füßen, drehte auf dem dünnen Brett eine Pirouette und ließ sich der Länge nach aufs Bett fallen. Sie landete auf dem Rücken, so wie die Artisten vom Trapez es machen, wenn sie sich beim Applaus des Publikums ins Netz fallen lassen.

Das Bett krachte und ächzte und wollte zusammenbrechen. Der Junge lachte und warf sich neben sie und bedeckte ihren Mund mit Küssen. Sie sah die Erregung in seinen Augen.

»Nein, Junge«, sagte sie. »Nicht schon wieder. Es geht nicht.«

»Warum nicht?«

»Du bist so wild gewesen. Hast mich ganz wund gemacht. Kannst du bis heute Abend warten?«

Er nickte.

Dann sagte sie, dass sie sich gern gewaschen hätte, aber das Bad sei auf dem Flur, und es sei wohl besser, wenn sie sich nicht vor den alten Tanten im Hause blicken ließen, denn leider sei ihr Geliebter ja noch minderjährig, und bei ihr zu Hause gäbe es eine Badewanne, Kaffee, Brot und Marmelade.

Der Angriff am Mittag dauerte nicht lange. Sie standen zwischen den dicht gedrängten Menschen im Bunker.

Tina öffnete ihren Mantel, und sie drängten sich aneinander. Zwischen den Betonwänden stank es nach Schweiß und Staub und Urin, und wenn die Detonationen den Bunker wanken ließen, ging ein Stöhnen durch die Menge. Eine alte Frau rief, dass sie alle das Vaterunser beten sollten, und sie schrie den Menschen die heiligen Worte entgegen, aber keiner sprach ihr den Text nach.

Der Junge griff nach Tinas Handgelenken, und sie öffnete ihre angstverkrampften Hände. Sie gab ihm ihre Handflächen ebenso behutsam, wie sie ihm ihren Körper gegeben hatte, und er rieb seine Handflächen an ihren Handflächen und presste seinen Kopf seufzend an ihren Hals.

Nach der Entwarnung schneite es schmutzigen Schnee.

Es wollte schon dunkel werden, als sie bei Florian klingelten. Hinter Tannen verborgen stand der Mercedes mit dem Ufa-Zeichen. Das Haus sah nicht nach Wohlstand aus. Der große alte Mann des deutschen Films legte keinen Wert auf Pomp. Im Wohnzimmer standen kaum Möbel, und die Fußböden waren kahl. Alle Fenster des Wintergartens waren mit Brettern zugenagelt.

Florian kniff die Augen zusammen. »Zirkuskind, ich hätte es mir denken können.«

»Was?«

»Dass er dich mitbringt.«

»Ist Ihnen das nicht recht?«

»Doch«, murmelte er. »Ich hoffe nur, dass du es nie bereuen wirst.«

Der Junge sah Florian fragend an, aber er bekam keine Antwort. Er half dem Mädchen aus dem Mantel. Tina nahm ihren gestrickten Schal vom Kopf und stieg aus den pelzgefütterten Fliegerstiefeln. Aus den Taschen ihres

Mantels zog sie Schuhe mit dünnen Riemchen und hohen Hacken. Dann richtete sie sich auf und sah auf Florian hinunter.

Ihr Haar hatte die Farbe von erntereifem Weizen. Es rahmte ihr Gesicht ein und fiel ihr weit über die Schultern. Ihr Kleid war grün, mit schwarzer Spitze, und reichte kaum bis zu den schmalen, runden Knien.

Florian legte den Kopf schief. Dann sagte er leise:
»Soll ich vergleichen einem Sommertage dich,
die du lieblicher und milder bist?«

»Shakespeare?«, fragte der Junge.

Florian nickte. Im Dunkel des Wintergartens warteten Mizzi und Fritz Patschke. Der Schauspieler grinste. »Das Fähnlein der drei Aufrechten«, sagte er.

»Ich stelle hiermit den Antrag, Romeo und Julia nach Hause zu schicken«, sagte die kleine Chauffeuse.

»Antrag abgelehnt«, rief Patschke.

»Lasst uns nach unten gehen«, sagte Florian.

Der Luftschutzkeller war der bequemste Raum im Haus.

»So schöne Teppiche hab ich noch nie gesehen«, sagte Tina.

Florian zeigte dem Jungen die Bilder an den Wänden.

»Sind die auch verboten?«, flüsterte er.

»Hier kannst du laut reden«, sagte Florian. »Du befindest dich unter Freunden. Nicht unter Spitzeln.«

Er wischte mit einer weiten, ärgerlichen Geste durch die Luft. »Alle verboten. Paul Klee, Käthe Kollwitz, Franz Marc. Verboten. Selbst die Zeichnung hier von Barlach.«

Sie setzten sich in weiche Sessel.

»Habt ihr beide heute noch was vor?«, fragte Mizzi.

»Nein«, sagte der Junge. »Warum?«

»Weil Tina sich so schön gemacht hat.«

»Es ist für den Jungen«, sagte Tina. »Für ihn hab ich das

Kleid angezogen. Er soll nicht denken, wir Frauen seien als Trümmerweiber auf die Welt gekommen. Mit Hosen und Pullis und Holzpantinen und Kopftüchern über ungewaschenen Haaren.«

Florian holte sich eine Flasche Steinwein aus dem Keller nebenan.

»Blutsbruder«, sagte er, »du siehst dir gerne Filme an, oder?«

Der Junge nickte.

Florian zog den Korken aus der Flasche.

»Patschke, erzähl den beiden, was wir uns ausgedacht haben.«

»Von jetzt an jibts jeden Abend Tonfilm. Nich in die Stadt. Da fallen zuville Bomben. Und die Leute bringen den Florian um mit ihre Verehrung. Und ooch mit ihre Schreie, ›ein Autojramm, ein Autojramm!‹. Also kieken wir uns de Filme hier an.«

»Hier?«

»Ja«, sagte Patschke. »Diss hier is Florians Flohkino.« Er zog einen Vorhang von der Wand. Dahinter leuchtete eine Leinwand auf. »Florian sucht de Filme aus, Mizzi reißt de Karten ab, und ick mache den Vorführer.« Er dachte nach. »Komisch, det mir det jetzt erst uffällt.«

»Was?«

»Adolf Hitler is nur Führer. Ick hingegen bin viel mehr: Vorführer.«

Tina und der Junge saßen ganz still. Florian lachte. »Der Film heute Abend heißt *Amphitryon*.«

»Von Kleist oder Molière?«, fragte der Junge.

»Von Reinhold Schünzel. Er hat ein Singspiel draus gemacht.« Florian sah das Mädchen an. »Soll ich euch den klassischen Hintergrund der Geschichte erzählen?«

»Ja, bitte«, sagte Tina.

»Jupiter langweilt sich in seinem Olymp. Er schaut auf die Erde hinab und entdeckt die bildschöne Alkmene, Gemahlin des Helden Amphitryon. Sie ist treu und unnahbar. Er verliebt sich in sie und will, dass Alkmene ihn anbetet. Nicht wie einen Gott, sondern wie einen Mann. Jupiter möchte wie ein Sterblicher geliebt werden. Deshalb nimmt er die Gestalt des Amphitryon an und verführt die ahnungslose Alkmene.«

Florian Menning goss Wein in langstielige Gläser.

»Dieser Film hat einen großen Zauber. Er ist voller Spaß, voller Musik und Tanz, und selbst die schmerzliche Frage nach Liebe und Treue wird mit Charme und Leichtigkeit gestellt.«

Tina setzte sich auf die Sessellehne neben den Jungen. »Hoffentlich ist der Film auch jugendfrei.«

Der Junge lachte. Patschke hinkte in den Vorführraum. Das Licht erlosch. Tina rutschte zu dem Jungen in den Sessel.

Mizzi hatte den Film schon dreimal gesehen, aber sie lachte am lautesten von allen.

Merkur, der Götterbote, hatte zwar Flügel am Helm, aber er konnte nicht fliegen. Er trug seine Botschaften auf Rollschuhen von Gott zu Gott, und wenn er mit Jupiter unten auf der Erde war, schlüpfte er in die Gestalt des ständig besoffenen Sosias.

Jupiters Gemahlin vom Olymp sah nicht wie griechische Statuen in den Museen aus. Die göttliche Juno nahm alles übel, meckerte ständig herum, war alt und fett, und Tina flüsterte in das Ohr des Jungen: »Da hast du es. So möchte ich nie werden.«

Die breite Rückenlehne verdeckte sie vor den Blicken der anderen, und der Junge schob seine Hand in den Ausschnitt ihres Kleides. Sie musste ihm mit den Haken am

Büstenhalter helfen, und dann strichen seine Finger über ihre Brüste, und ihre Knospen wurden hart.

Plötzlich heulten die Sirenen.

Ihr Schrei grub sich tief unter die Erde. Der Singsang der Gefahr war lauter als die Chöre auf der Leinwand. Ein Zittern lief durch Tinas Körper.

»Patschke, lass den Film weiterlaufen«, sagte Florian, »der Keller hier ist bombensicher.«

»Kommt Ihre Haushälterin nicht runter, Herr Menning?«, fragte Mizzi.

»Nein. Ich habe Frieda übers Wochenende fortgeschickt.«

»Wohin?«

»Zu Verwandten. Aufs Land.«

Sie sahen den Film und hörten das gewaltige Dröhnen der Bombergeschwader. Die blonden Griechinnen auf der Leinwand waren halb nackt, und ihre Stimmen waren so hochgetönt wie das schrille Schreien der fallenden Bomben.

Die kleine Chauffeuse warf sich im Sessel hin und her und stieß kurze, hysterische Lacher aus.

Tina hielt sich die Ohren zu.

Florian sagte: »Hör auf, Mizzi.«

Sie wurde still. Dann fing sie an zu weinen. Patschke drehte den Ton so weit auf, dass ihr Weinen nicht mehr zu hören war.

Tina ging in die Luftschutzschleuse hinaus. Als sie zurückkam, roch sie nach Parfüm, und ihr Kleid hatte sie bis obenhin zugeknöpft.

Eine halbe Stunde später war der Film zu Ende. Die Lampen im Bunker gingen an. In der Welt über ihnen war es still. Florian holte Schnapsgläser aus dem Schrank und eine Flasche Rum und goss die Gläser voll.

Tina schüttelte den Kopf.

»Danke. Ich trinke nichts.«

»Trinkt«, sagte Florian, »es wird euch gut tun.«

Der Junge hielt sich die Nase zu und trank.

»Wie hat euch der Film gefallen?«, wollte Patschke wissen.

»Wunderschön«, sagte Tina. »Herrlich heiter.«

»Große Klasse«, sagte der Junge.

»Finde ich auch«, sagte Florian. »Leider dürft ihr niemandem sagen, dass ihr ihn gesehen habt.«

»Wieso das?«

»Weil der Film verboten ist.«

»Warum ist der Film verboten, Florian?«

»Weil der Regisseur Jude ist.«

»Nur deshalb?«, fragte Tina.

Florian deutete mit seinem Schnapsglas auf die Bilder an den Wänden. »Herr Hitler verbietet alles, was von Juden stammt. Auch Filme.«

»Der eine verbietet, und der andere verbrennt«, sagte Patschke.

Tina sah zu ihm auf.

»Fritz, sei vorsichtig«, sagte Mizzi.

»Hitler verbietet de Filme, und Goebbels verbrennt se.«

»Solche Filme wie der hier werden verbrannt?«, fragte der Junge.

Florian nickte.

»Wie kommt es, dass du dann noch so einen Film spielen kannst?«

»Mein Junge«, sagte Florian leise, »es ist möglich, ein Volk zu unterdrücken. Nicht aber seine Gedanken. In der Geschichte der Menschheit ist es noch keinem Herrscher gelungen, jede Schrift, jedes Notenblatt oder jede Zeichnung zu verbrennen. Das Volk lässt so etwas nicht zu. Tyrannen können Musik verbieten. Gespielt wird sie trotzdem. Aus dem Gedächtnis, ohne Noten. Und Gedanken wandern lautlos weiter, von Kopf zu Kopf, von Hand zu Hand.«

»Der Führer ist kein Tyrann!«, rief der Junge.

»Nein?«, fragte Florian.

»Er ist ordnungsgemäß vom Volk gewählt«, sagte der Junge.

Florian nickte. »Und dann hat er den Reichstag abbrennen lassen und alle Parteien verboten und die Opposition in Gefängnisse gesteckt, und jetzt haben wir einen Polizeistaat, in dem keiner mehr den Mund aufzumachen wagt.«

Er wollte die leeren Gläser füllen, aber der Junge stellte sein Glas weg und rannte nach oben. Die Nachtluft kühlte seinen heißen Kopf. Dann heulten die Sirenen Entwarnung, und die anderen kamen aus dem Keller. Sie stellten sich neben den Jungen und starrten in die Nacht und schwiegen.

»Diesmal brennt es nur im Norden«, meinte Patschke nach einer ganzen Weile.

»Ich muss es den beiden jetzt sagen«, rief die kleine Chauffeuse. »Ob ihr es wollt oder nicht.«

»Wat willste ihnen sagen, Mizzi?«

»Wir müssen sie auf die Gefahr aufmerksam machen. Sonst gehn wir alle drauf.«

»Kommt ins Haus«, sagte Florian.

Im Wohnzimmer war es fast so kalt wie die Nacht da draußen vor der Tür. Und die Helligkeit der Lampen schmerzte in den Augen.

»Junge«, sagte Florian, »weißt du, was ich bei dir am meisten schätze? Deine ständige Suche nach der Wahrheit.«

»Lass uns ein andermal weiterreden«, sagte der Junge. »Ich hab genug für heute.«

»Nein«, rief Florian heftig. »Wir reden jetzt. Heute. Hier.« Er wischte sich die langen Haare aus dem Gesicht. »Die Wahrheit ist manchmal schmerzlich. Aber du wirst den Schmerz nicht dadurch los, dass du vor ihm davonläufst.«

»Ich will nicht im gleichen Raum sein mit einem Menschen, der Adolf Hitler einen Tyrannen nennt«, sagte der Junge laut.

»Und wenn es die Wahrheit ist?«

»Es kann nicht die Wahrheit sein!«

»Junge, bin ich dein Freund oder nicht?«

Der Junge hob die Schultern.

»Ich bin dein Freund, selbst dann, wenn du meine Freundschaft nicht mehr haben willst ...«

»Ich will nicht mit anhören, wie du die Entscheidungen des Führers durch den Dreck ziehst.«

»Nein?«, brüllte der Schauspieler. »Nein? Auch dann nicht, wenn er unsere Wissenschaftler gewaltsam zum Schweigen bringt? Wenn er unschuldige Deutsche zu Tode quälen lässt, bloß, weil sie einer anderen Rasse angehören oder seine politische Meinung nicht teilen? Wenn er deutsche Dichter in den Selbstmord treibt? Wenn er unseren Truppen befiehlt, das friedliche Leben neutraler Länder zu zertreten? Wenn er dafür sorgt, dass unser guter deutscher Name auf alle Ewigkeit in den Geschichtsbüchern dieser Welt nur noch mit Schaudern genannt werden wird? Auch dann nicht?«

Der Alte war außer Atem. Er nahm ein Taschentuch heraus und wischte sich den Schweiß von seinem Hals und wartete. Aber der Junge sagte nichts. Florian ging nah an ihn heran.

»Mein Gott«, sagte er leise. »Ich lese Hass in deinen Augen.«

Der Junge bewegte den Kopf langsam hin und her.

»Siehste«, sagte Patschke, »der Junge hasst dir uff keenen Fall. Woher soll'n der ooch wissen, wat Hass überhaupt is ...«

»Deine Schule verwirrt mit teuflischer Absicht deinen Geist«, sagte der Schauspieler. »Sie können zwar aus Unrecht kein Recht machen, aber sie verdrehen die Begriffe, und dann stopfen sie die verdrehten Begriffe in deinen Kopf, und am Schluss hältst du Unrecht für Recht und umgekehrt.«

Der Junge wollte zur Tür.

»Bleib hier, Junge. Du kannst jetzt nicht einfach gehen.«

Neben der Tür stand ein Stuhl. Der Junge stützte sich darauf und versuchte, den Wirbel der Gedanken in seinem Kopf anzuhalten, aber das gelang nicht, und er sah sich nach Tina um, wollte Hilfe, aber Tina zog sich eilig ihre Fliegerstiefel an und konnte seinen Hilfeschrei nicht sehen.

»Ich kann dir Beweise bringen«, sagte Florian.

»Was für Beweise?«, fragte Tina.

»Für die Verbrechen seines Führers.«

»Das glaube ich nicht«, sagte der Junge.

»Doch«, sagte Florian. »Falls du das überhaupt willst.«

»Unbedingt. Weil ...«

»Weil?«

»Weil ich sonst nicht mehr dein Freund sein kann.«

Tina stellte sich vor den Jungen.

»Hier ist dein Mantel.«

»Das ist nicht länger mein Mantel. Florian hat ihn mir besorgt, weil er meine Uniform nicht ausstehen konnte. Ich will den Mantel nicht mehr haben.«

Er riss die Tür auf und schleuderte den Mantel nach draußen und rannte hinterher und stampfte den Mantel mit seinen Füßen unter den Schnee. Neben dem Gartentor standen kleine Tannen. Er trat an die Stämme der Bäume und sah zu, wie der Schnee von ihren Zweigen rutschte, und wartete auf Tina. Es war kalt. Er steckte die Hände unter seine Achseln. Dann fiel Lichtschein aus dem Haus. Von gegenüber kreischte eine Frauenstimme: »Verdunkelung!« Die Tür krachte ins Schloss, und der Schnee knirschte unter Tinas Schritten.

Es war eine trockene Trunkenheit. Er lief neben ihr durch die Nacht, und dann stiegen ihre Beine vor seinen Augen die steile Treppe hoch. Ihr Zimmer hatte schräge Wände. Die Bilder von ihren Eltern am Trapez waren richtig schön eingerahmt, aber die Fotos von irgendwelchen Offizieren standen rahmenlos und an den Rändern gelblich aufgerollt herum.

»Sie haben Angst«, sagte Tina.

»Wer?«

»Florian Menning und die beiden anderen. Ich habe ihn immer sehr verehrt. Glaubst du nicht, dass er der größte Schauspieler ist, den wir haben?«

»Ich glaube schon.«

»Er sagt, er hat jetzt Angst vor mir.«

»Vor dir?«

Tina nickte.

»Weil er mich nicht kennt. Auf dich kann er sich verlassen. Selbst nach einem Streit wie heute Abend.«

Sie schaltete die kleine Lampe in der Badestube an. »Glaubst du, dass wir mehr Licht brauchen?«

»Nein.«

»Florian sagt, dass ich dich ihm weggenommen habe und dass er nun mit dem Schlimmsten rechnen müsse.«

»Was ist das Schlimmste?«

»Dass ich ihn verrate.«

»An wen?«

Tina schnaubte durch die Nase.

»Das hört sich an wie 'n Pferd«, sagte der Junge.

»Junge?«

»Ja?«

»Liebst du mich?«

»Ich liebe dich sehr«, sagte er. »Selbst, wenn du durch die Nase schnaubst.«

»Wenn du mich wirklich liebst, dann kannst du nicht glauben, dass ich zur Gestapo laufe und Florian Menning anzeig.«

»Ich kann mir nicht vorstellen, dass überhaupt jemand so was tut.«

»Doch. Das kommt immer wieder vor. Sogar bei Kindern.«

»Wie meinst du das?«

»Hitlerjungs gehen zur Gestapo, weil die Eltern irgendwas gesagt haben, und dann kommen die Eltern ins Gefängnis, und die Kinder tun sie in ein Heim.«

Er zog die Schuhe aus und legte sich aufs Bett. »Was hat Florian sonst noch gesagt?«

»Er hat mich eingeschüchtert.«

»Hör zu«, sagte er. »Ich bin müde.«

»Du kannst hier bleiben, wenn du willst.«

Er lag auf dem Bett, und sie machte sich für die Nacht zurecht. Er sah ihr dabei zu. Die Bewegungen der Frau gruben sich tief in sein Gedächtnis ein. Die Art, wie sie sich vorwärts beugte und das Kleid über ihren Kopf zog. Das Hinabgleiten des Spitzenhemdes auf ihre Füße. Die Befreiung der Brüste aus ihrem seidenen Gefängnis. Der Blick zu ihm zurück beim Zähneputzen. Ihr glückliches Lachen mit dem weißen Schaum um ihren Mund. Die langen, schlanken Beine und die Rundung ihrer Hüften. Ihre hochgereckten Arme und das geblümte Nachthemd, das wie ein Vorhang über ihre Schönheit fiel und alles zu beenden schien.

Es war kalt im Zimmer, aber sie sagte, sie würde das Bett anwärmen, und wenn er wollte, könne er ihre Zahnbürste benutzen.

Dann kroch er zu ihr und spürte ihre Wärme. Sie klammerten sich aneinander, und es war, als wollten sie aufhören zu atmen.

»Junge?«

»Ja?«

»Florian meint es gut mit dir. Ich finde, du solltest dich mit ihm vertragen.«

»Warum?«

»Diese furchtbaren Anschuldigungen, die er heute Abend vorgebracht hat ... Ich habe das schon öfter gehört.«

»Tatsächlich?«

»Ja. Wer im Zirkus arbeitet, hört sehr viel. Verstehst du?«

»Nein.«

»Alte Artisten sind viel rumgekommen. Sie wissen mehr als wir.«

»Und sie reden darüber?«

»Sehr selten. Aber beim Varieté gibt's manchmal was zu trinken, wenn die Kantinenwirtin gut aufgelegt ist, und dann sind sie plötzlich blau und sagen Sachen, die sie am nächsten Tag bereuen.«

Sie hatte ihr Gesicht an seinem Hals vergraben, und er fühlte unter dem Nachthemd nach ihrem Rücken und nach ihren Schenkeln.

»Soll ich aufhören zu reden?«

»Red nur weiter. Aber du hast so viel Nachthemd an.«

»Dann schieb es hoch, du Dummer.«

Es war stockfinster in dem Zimmer, und er konnte sie nicht sehen, aber seine Hände konnten sie sehen. Er griff nach ihren warmen, festen Schenkeln, und sein Gesicht fühlte die Gänsehaut, die über ihre Brüste lief.

»Junge?«

»Ja?«

»Du darfst mir nicht böse sein, aber es geht heute nicht.« Er warf sich auf den Rücken.

»Bist du mir jetzt böse?«

»Nein.«

»Aber?«

Er sagte nichts mehr, und sie fragte: »Soll ich den Kerl streicheln, der mich so zugerichtet hat?«

»Ja.«

»Er ist ganz heiß.«

Der Junge bäumte sich auf und wollte sie an sich ziehen, aber sie drückte ihn nieder, und er spürte das Gleiten ihrer Hände.

»Wenn du mit dir selber spielst, machst du es dann genauso?«

»Ich tue es nicht gern selber.«

»Warum?«

»Ich schäme mich dann immer so.«

»Soll ich aufhören?«

»Nein! Bitte, hör nicht auf!«

Er kannte keine Verzweiflung mehr, keine Verwirrung und keine Sorgen. Der schreckliche Tag ging verloren, und die brennenden Menschen hatte es nie gegeben, ebenso, wie es niemals mehr ein Morgen geben würde, sondern nur noch diese Hände und das Gleiten dieser Hände und das Gefühl nie enden werdenden Glücks, das in seinem Kopf zu leuchten anfing wie ein zartes Licht. Und dann be-

gann das Licht zu wandern, es wurde heller und heller und
lief durch seinen Körper, brannte sich einen Weg von ihm
zu dem Mädchen, und er fühlte den Schrei anschwellen,
der herauswollte aus seiner Brust, und er griff nach einer
dieser herrlich gleitenden Hände und presste sie auf seine
Lippen und leckte die Haut zwischen ihren Fingern und
spürte, wie das Mädchen sein bebendes Leben härter um-
fasste, und dann drängten sich Pein und Verlangen und
Marter und Wonne aus ihm heraus, und als das Licht auseinander sprang, biss er seinen Schrei in die Hand auf seinem Mund, und das Mädchen warf sich auf ihn und biss
ihren Schmerzensschrei in seine Lippen.

In meine Lippen.

LIEBE
Babelsberg Dezember 1943

Ich spüre noch immer den Aufruhr des Jungen in jenen
Tagen, lausche verwundert noch heute seiner Erkenntnis
der Verwandtschaft von Liebe und Leid, und wenn Tina
seine wunden Lippen leckt, sage ich ihr auch heute noch,
dass er sie liebt.

BITTERE PILLE WAHRHEIT
Dezember 1943

Tina sagte: »Er ist leicht verletzbar. Und dann wird er zornig.«

»Jähzornig«, sagte Florian.

»Möglich, dass es Jähzorn ist«, sagte Tina. »Aber würden Sie bitte wieder mit ihm reden?«

»Der Junge ist das größte Arschloch, das ich kenne. Aber der einzige Mensch, an den ich glaube. Wie hast du jemals annehmen können, dass ich mit diesem Stinktier nicht mehr reden will?«

Florian gab ihnen Bücher. »Nehmt sie mit. Aber lasst euch nicht damit erwischen«, sagte er. »Hier, Zirkuskind. Zwei Novellen von Stefan Zweig. Er hat sich umgebracht. In Brasilien. Gemeinsam mit seiner Frau. Aus Schwermut über die Zerstörung seiner Heimat. So stand es in seinem Abschiedsbrief.« Er sah den Jungen an. »Für dich Tucholsky. Er ist nach Schweden geflohen. Und hat sich auch das Leben genommen. Aus Heimweh.«

Am Tag danach saß Bertram Weyland ihnen gegenüber.
»Ich hatte einen Onkel«, sagte er. »Richard Weyland. Direktor eines Transportunternehmens in Augsburg. Er litt unter einer übersteigerten Melancholie. Als die Depressionen immer häufiger wurden, begab er sich in die Behandlung von Fachärzten. Sie wiesen ihn in eine Nervenheilanstalt ein. Sein Aufenthalt sollte nur von kurzer Dauer sein. Meine Tante ging ihn mehrmals wöchentlich besuchen. Eines Tages war er nicht mehr in seinem Zimmer, und die Anstaltsleitung erklärte, er sei nach Grafeneck verlegt worden. Warum? Keine Antwort. Nur Achselzucken. Auf Schloss Grafeneck war kein neu eingewiesener Patient namens Weyland registriert. Meine Tante lief sich die Füße wund, aber sie konnte ihren Mann nicht finden. Vier Wochen später kam die Nachricht, der Patient Weyland sei in der Heilanstalt Grafeneck verstorben und sei sofort eingeäschert worden. Todesursache: Blinddarm-Durchbruch. Nun hätte das ja möglich sein können, jedoch: Mein Onkel hatte schon seit Jahren keinen Blinddarm mehr! Und: Wa-

rum die eilige Einäscherung ohne Einverständnis der Angehörigen? Immerhin, die Weylands sind katholisch. Wir verbrennen unsere Toten nicht.

Die Urne mit seiner Asche trug die Nummer BG 1110. Wir haben zunächst keine Nachforschungen angestellt und hatten auch nicht den Mut, bei der Staatsanwaltschaft Anzeige gegen die Ärzte zu erstatten.

Wir setzten Todesanzeigen in die Zeitungen, und dann fanden wir in den gleichen Blättern eine Trauernachricht mit folgendem Wortlaut: ›Wie nicht anders zu erwarten war, erhielten wir aus Grafeneck in Württemberg die Nachricht, dass unser geliebter Sohn urplötzlich einem Herzanfall erlegen ist.‹

Und immer wieder erschienen Todesnachrichten in den Zeitungen, wie: ›Der Leutnant der Infanterie, Rainer Volcker, Träger des Eisernen Kreuzes Erster Klasse, ist seiner leichten Verwundung, die er im Russlandfeldzug erlitt, unerwartet auf Schloss Grafeneck in Württemberg erlegen. Die Einäscherung ist bereits auf Grafeneck erfolgt.‹

Oder: ›Plötzlich und unerwartet hat der Tod unsere geliebte Mutter in der Anstalt Grafeneck ereilt ...‹

Ich kann die Liste beliebig verlängern, aber wichtiger noch ist das Ungeheuerliche, was dann geschah. Ungefähr zwei Wochen nach der Beerdigung erhielt meine Tante eine zweite Urne mit der gleichen Nummer zugeschickt!

Wir hatten immer noch nicht den Mut, zur Polizei zu gehen. Ich stellte auf eigene Faust Nachforschungen an. Hier in Berlin gibt's einen evangelischen Pfarrer, der Missionsarbeit für seelisch Kranke leistet. Ihr werdet Verständnis dafür haben, dass ich seinen Namen nicht nennen kann. Der Pastor war über die Morde an Patienten informiert, und was ich von ihm erfuhr, ist infernalisch. Im wahrsten Sinne des Wortes.

Adolf Hitler hatte angeordnet, alle Geisteskranken umzubringen. Zu viele Esser, die nicht arbeiten konnten. Zu viel krankes Erbgut, das ausgerottet werden musste. Das waren die Begründungen. Der Pastor las mir eine Stelle aus *Mein Kampf* vor:

›Ein stärkeres Geschlecht wird die Schwachen verjagen, da der Drang zum Leben in seiner letzten Form alle lächerlichen Fesseln einer so genannten Humanität der einzelnen immer wieder zerbrechen wird, um an seine Stelle die Humanität der Natur treten zu lassen, die die Schwäche vernichtet, um der Stärke den Platz zu schenken.‹

Auf diesem primitiven Sozial-Darwinismus basierte der Führerbefehl zur Euthanasie-Aktion. Das Morden konnte beginnen. Erst töteten sie die Kranken, die vom Wahn befallen waren, Irre, und verkrüppelte Kinder. Und dann kamen harmlose Fälle dran, wie mein Onkel. Und dann Gegner, deren sich Hitler entledigen wollte.

Wie viele ermordet wurden, wissen wir nicht, aber der Pastor hat nachgewiesen, dass allein auf Grafeneck in 33 Tagen 594 Patienten gestorben sind. Das macht 18 Todesfälle pro Tag. Die Anstalt verfügt über hundert Betten. Das bedeutet, alle sechs Tage sind hundert neue Todeskandidaten nach Grafeneck verbracht worden.«

Bertram Weyland sah den Jungen an. »Kannst du dir so etwas vorstellen?«

»Nein«, sagte er. Dann rieb er sich die Augen.

Tina sagte: »Das kann sich niemand vorstellen.«

»Hast du was unternommen?«, wollte der Junge wissen.

Bertram zögerte mit der Antwort.

»Er hat sich damals dem Kreis um den Pastor angeschlossen«, sagte Florian. »Du kannst es den Kindern getrost erzählen, Bertram.«

»Wir haben Flugblätter gedruckt und nachts an Hauswände kleben lassen«, sagte Bertram. »Und dann hat der Bischof von Münster nicht länger schweigen wollen. Graf von Galen. Ein unerschrockener Mann. Von der Kanzel herunter hat er Hitlers Tod gefordert. Mit folgenden Worten:

»Der Paragraf 211 des Reichsstrafgesetzbuches bestimmt: Wer vorsätzlich einen Menschen tötet, wird, wenn er die Tötung mit Überlegung ausgeführt hat, wegen Mordes mit dem Tode bestraft.«

»Ist der Bischof verhaftet worden?«

»Ich weiß es nicht. Möglicherweise für kurze Zeit.« Bertram lachte. »Die Nazis trauen sich an den Bischof von Münster nicht heran.«

»Warum nicht?«

»Wir wissen es nicht.«

»Junge«, sagte Florian. »Wer war Werner Mölders?«

»General der Jagdflieger.«

»Wie viele Abschüsse bis zu seinem eigenen Absturz?«

»101.«

»Ohne Frage war er das Idol der deutschen Jugend. Ich nehme an, er war auch dein Idol.«

»Ja«, sagte der Junge.

»Hör zu, Blutsbruder. Werner Mölders war gläubiger Katholik. Er hat die Rede des Bischofs in Münster mit angehört. Was glaubst du, hat er gemacht?«

»Weiß nicht.«

»Mölders hat seinem direkten Vorgesetzten einen Brief geschrieben. Wer ist der direkte Vorgesetzte, mein Junge?«

»Reichsmarschall Göring.«

»Richtig. Und was, glaubst du, hat Mölders dem Göring geschrieben?«

Der Junge warf den Kopf in den Nacken: »Frag nicht. Erzähle.«

»Er hat ihm seine Orden geschickt und seine Generals-Epauletten und hat dem Göring geschrieben, dass er sie erst wieder tragen würde an dem Tag, an dem Göring ihm mit seinem Ehrenwort versichert, dass die Massenmorde eingestellt seien.«

»Donnerwetter«, murmelte der Junge. »Und?«

»Die Euthanasie-Aktion ist eingestellt worden.«

»Ja«, sagte Bertram. »Und dann ist Mölders abgestürzt. Nicht abgeschossen. Nicht vom Gegner im Luftkampf besiegt. Ganz einfach tödlich abgestürzt.«

»Was willst du damit sagen?«

»Erst hat Hitler ihn abstürzen lassen, und dann hat er ein Staatsbegräbnis für ihn angeordnet. Der Mörder braucht den Pomp. Er vertuscht damit die Tat.«

Niemand sah den Jungen an. Sie starrten auf ihre Hände oder auf das Tapetenmuster an der Wand. Der Junge wollte etwas sagen, aber seine Gedanken waren selber tot.

Sie hockten wieder, wie vorher jeden Abend, in Florians Keller zusammen. Florian zeigte ihnen *Im Westen nichts Neues* und *Panzerkreuzer Potemkin*, und als sie sagten, sie wollten endlich einmal einen Film mit Florian sehen, zeigte er ihnen *Nathan der Weise*.

Als das Licht wieder anging, sagte Florian: »Junge, soll ich dir mal erzählen, was Hitler mir über meinen Nathan zu sagen hatte?«

»Du hast mit dem Führer gesprochen?«, fragte der Junge.

»Mehrfach.«

»Wann?«

»Meist zu Neujahrsempfängen. Einmal beim Opernball. Und bei der Olympiade. Ich wurde zum Händeschütteln befohlen. Für die Fotografen. Der Führer ist süchtig auf Reklame.«

»Wenn du ihn so verabscheust, warum gehst du dann zum Händeschütteln?«, rief der Junge.

»Lass Florian erzählen«, meinte Patschke.

»Die Frage ist sehr berechtigt«, sagte Florian. »Und ich werde sie dir beantworten. Aber die Zeit dafür ist noch nicht gekommen.«

Tina sprang auf und füllte die Gläser. Dann hockte sie sich hinter den Jungen und schlang ihre Arme um seinen Hals.

»Du brauchst ihn nicht festzuhalten«, sagte Florian. »Wir nehmen ihn dir nicht fort. Es ist wohl eher umgekehrt.«

»Du solltest das Mädchen in Ruhe lassen«, sagte Bertram. »Erzähl die Geschichte oder trink deinen Wein. Aber lass sie in Ruhe.«

»Na gut«, sagte Florian. »Ihr werdet ja sehen.«

»Was hat der Führer zu deinem *Nathan* gesagt?«

»Es war bei unserer ersten Begegnung. 1934. Mein Film war drei Jahre vor seiner gottverfluchten Machtübernahme gedreht worden, und ich dachte immer, Politiker hätten keine Zeit fürs Kino, aber er hatte den *Nathan* gesehen.«

»Und?«

»Er hat mich gefragt, ob ich glaube, dass Lessing Jude gewesen sein könnte.«

Bertram schrie auf. »Nicht möglich!«

»Doch.«

»Wie ist er bloß auf die Idee gekommen?«

»Die Vornamen: Gotthold Ephraim.«

»Sowat Blödet aber ooch«, sagte Patschke.

»Und was hast du geantwortet?«

»Herr Hitler, meines Wissens war Goethes Großmutter ein wenig semitisch. Ansonsten aber dürfen wir beruhigt sein. Unsere Klassik ist unbeleckt vom Judentum.«

Patschke prustete seinen Wein ins Glas. Bertram rutschte tief in seinen Sessel.

»Und dann?«

»Dann sagte er, ich hätte den Nathan ohne die typischen Attribute eines Hebräers dargestellt. Ob dies wohl Absicht von mir gewesen sei, um den Juden vor seinem Sultan menschlicher zu gestalten?«

Bertram richtete sich auf. »Gefährlich, diese Frage.«

»Keineswegs. Nur dumm. Plump.« Florian schüttelte den Kopf. Seine Löwenmähne fiel ihm ins Gesicht. »Ich stellte die Gegenfrage.«

»Welche?«

»Was sind die typischen Attribute eines Juden?«

»Und?«

»Er gab sein Mineralwasser an Goebbels weiter. Dann wischte er sich ein paar Haare in die Stirn, hielt sich die Hände vor die Brust, kehrte die Handflächen nach außen, legte den Kopf schief und machte den Buckel krumm und sah mich an. Erfolg heischend. Herausfordernd.«

»Nicht möglich!«

»Ich schwöre es euch!«

»Und was hast du gemacht?«

»Was machst du schon in deiner Angst? Du kramst dein Talent aus dir hervor und lachst.«

»Und lachst?«

»Dröhnend. Röhrend. Du krümmst dich vor Lachen und lässt die Tränen des Lachens aus den Augen springen und hältst dir den Bauch und hörst nicht auf zu lachen.«

»Und du hast nur gelacht und nichts gesagt?«

»Er hat mich nicht nur lachen lassen. Er hat gewartet und wollte schon, dass ich ihm Antwort gebe.«

»Und was, um Himmels willen«, rief Bertram, »was hast du zu ihm gesagt?«

»Mein Führer, wenn Sie nicht Reichskanzler wären, sollten Sie Theater machen.«

Am nächsten Tag sah Florian dem Jungen beim Drehen zu. Dann saßen sie in ihren Stühlen, und Florian sagte: »Junge, ich werde gleich ein Nickerchen machen. Aber vorher noch ein paar Worte.«

»Schieß los.«

»Du erinnerst dich an die Ringerzählung, gestern in dem Film?«

»Und ob.«

»Worum ging es dabei?«

»Es ist eine Parabel. Die drei Ringe sind die drei Religionen. Unsinnig, zu fragen, welcher der drei Ringe der schönste sei. Und für die Religionen gilt das Gleiche. Keine Religion ist wahrer als die andere. Der wahre Wert einer Religion wird von dem Gläubigen bestimmt.«

»Junge, du steckst voller Überraschungen.«

»Warum?«

»Oft benimmst du dich wie ein törichtes Kind. Und dann wieder ...«

»Was meinst du?«

»Deine Ordensburg hat es nicht geschafft, dir die Beschränktheit deines Führers ins Gehirn zu blasen.« Er sah sich um.

»Niemand hört zu«, sagte der Junge. »Ich habe schon darauf geachtet.«

»An jenem Abend, 1934, hat Hitler zu mir gesagt, dass Lessings Ringerzählung humanitärer Unsinn sei. Für ihn und das deutsche Volk gäbe es keine drei Ringe, sondern nur einen. Welchen, Junge, hat er wohl gemeint?«

»Na, welchen schon ...«

»Er besitzt keine Weisheit, Junge«, flüsterte Florian.

»Und ohne Weisheit hat ein Staatsmann auf lange Sicht auch nicht Erfolg. Ein Staat wiederum, ein Staat ohne einen weisen Führer an der Spitze ... Was wird aus einem solchen Staat?«

Er legte das Kinn auf die Brust und machte die Augen zu. Er röchelte ein wenig. Ringsum wurde gehämmert und gelärmt und gelacht. Es störte ihn nicht. Er schlief. Ein paar Minuten später gähnte er. Sein Kopf blieb gesenkt, und die Augen hielt er geschlossen, aber er sagte: »Macht es dir was aus, wenn ich noch einmal auf die Ringerzählung zurückkomme?«

»Nein«, sagte der Junge.

»Lessing lässt den Nathan sagen:

›Wessen Treu und Glauben zieht man denn am wenigsten in Zweifel?

Doch den der seinen ...

Deren Blut wir sind ...

Oder jenen, die Proben ihrer Liebe uns gegeben ...

Die uns nie getäuscht, wo doch getäuscht zu werden uns fast Gewohnheit war ...‹«

Florian warf dem Jungen einen Blick zu. Seitlich. Aus den Augenwinkeln. »Ich wette, du hörst von ganz tief drinnen eine Stimme fragen, wem du um Gottes willen glauben sollst.« Er wartete. »Hörst du die Stimme?«

»Ja.«

Der Alte warf einen Blick über seine Schulter.

Der Junge steckte die Arme unter seine Achselhöhlen.

»Wem glaubst du, Junge? Deiner Schule? Oder mir?«

»Ich glaube dir nicht gern«, sagte der Junge.

»Aber?«

»Aber ich glaube dir.«

»Mein Gott, hab Dank«, flüsterte Florian. »Junge?«

»Ja?«

»Mach die Augen zu.«

»Warum?«

»Wenn du Sorgen hast und machst die Augen zu, das tut gut. Hast du sie zu?«

»Ja.«

»Denk an was Schönes. Du wirst sehen, es hilft.«

Er schwieg eine Weile.

»Junge?«

»Ja?«

»Wenn wir so in unseren Stühlen sitzen, dann meinen alle, wir schlafen, und lassen uns in Ruhe. Du musst natürlich auch ein bisschen schnarchen. Sonst ist es nicht echt.«

Er röchelte.

»Junge?«

»Ja?«

»Hast du die Augen zu?«

»Ja.«

»Wirkt es schon?«

»Was?«

»Dein Denken.«

»Du meinst, ob ich an was Schönes denke?«

»Ja.«

»Woran denkst du, Junge?«

»An Tina.«

Die Haushälterin hatte ihren Glauben an Gott schon lange aufgegeben, aber es war ihr einziges Glück, wenn sie Orgel spielen durfte, und da es im Hause Menning nicht einmal ein Piano gab, eilte sie jeden Sonntagmorgen in die Kirche und spielte Ihm zu Ehren.

Tina schenkte den Tee ein, und Florian rührte mit seinem Löffel in der Tasse herum.

»Es gibt keinen Zucker mehr«, sagte Tina. »Sie brauchen nicht umzurühren.«

»Ich weiß«, sagte der Schauspieler. »Aber es gehört zum Zeremoniell.«

Er lauschte den Schritten der Haushälterin auf der Treppe und dem Zuschlagen der Eingangstür.

»Eines der Merkmale des Alterns ist es, immer häufiger vor den Gräbern deiner Freunde zu stehen«, sagte er. »Das ist selbst in jenen Ländern so, die es verstanden haben, sich den Frieden zu erhalten. Um wie viel schlimmer aber ist es hier bei uns ... Menschen, die mir nahe stehen, sterben in fast ablesbarer Regelmäßigkeit ... an den Fronten ... unter den Bomben der Alliierten ... durch Selbstmord ... oder in den KZs. Wenn das so weitergeht, wird es niemanden mehr geben, der auf dem Friedhof stehen könnte, wenn meine Nummer einmal aufgerufen wird.« Er kniff die Augen zusammen und lachte.

»Warum sagen Sie so etwas?«, murmelte Tina.

Florian sah aus dem Fenster. Ein paar helle Strahlen zwängten sich durch tiefe Wolken.

»Einer der Männer, die ich bewundert habe, war Carl von Ossietzky«, sagte Florian. »Leider kann ich nicht behaupten, dass wir Freunde waren. Das Schicksal hat uns nicht genügend Zeit dafür gelassen.«

Der Junge stellte seine Tasse ab und ging zum Fenster hinüber.

»Ossietzky war Journalist«, sagte Florian. »Herausgeber der Zeitschrift WELTBÜHNE, Kämpfer für die Demokratie, Gegner der Diktatur. Als Hitler die Macht übernahm, herrschte Verwirrung. Selbst unter unseren Geistesgrößen. So manch einer hat sich anfangs von Hitler blenden lassen. Ein zweifellos integrer Kopf wie Gottfried Benn schrieb seinerzeit: ›Ich sage ja!‹ Und Dichter wie Ernst Jünger oder

Gerhart Hauptmann haben sich der Gewalt nicht in den Weg gestellt.«

»Und du?«, fragte der Junge.

»Ich auch nicht«, sagte Florian.

»Aber der Journalist?«, fragte Tina.

»Ja«, sagte Florian. »Er schon. Ossietzky hat weiter gegen Hitler angekämpft. In aller Öffentlichkeit. Mit seinen Schriften.«

»Und dann ist er eingesperrt worden«, sagte Tina.

»Ja.«

»Wann?«

»Gleich am Anfang. Er war einer der Ersten.« Florian starrte auf den Rücken des Jungen am Fenster.

»Junge?«

»Ja?« Er drehte sich nicht um.

»Ich habe euch von den Lagern für politische Gefangene erzählt.«

Der Junge nickte.

»Die Nazis haben einen Namen dafür geprägt. Konzentrationslager. Wem das zu lang ist, der sagt KZ.« Florian ging zu seinem Schreibtisch. »Inzwischen sind so viele Juden in den KZs, dass man denken könnte, Hitler hätte diese Lager für die Juden bauen lassen. Aber das stimmt nicht. Wegen der Juden hat sein infernalisches Gehirn die KZs nicht erdacht.«

»Sondern?«

»Wegen der Sozialdemokraten, Kommunisten, Professoren. Wegen solcher Männer wie Ossietzky. Dieser Männer wegen, die im Lande blieben und nicht verstummen wollten. Hitler hat sich gründlich geirrt. Auch im Falle Ossietzky. Er hat den Mann hinter Stacheldraht gebracht. Er hat ihn foltern lassen. Aber er hat seine Stimme nicht zum Schweigen bringen können. Denn ganz unerwartet erhielt

Carl von Ossietzky den Friedens-Nobelpreis.« Florian wühlte zwischen Briefen und Manuskripten. »Die Welt horchte auf, denn der Preisträger war verschollen, irgendwo, in einem dieser Folterlager, und mit ihm hunderttausend andere. Und so erfuhr die Welt von unserer Not. Die Nazis haben alles getan, was sie konnten, um diese Peinlichkeit abzuwenden, versteht ihr? Sie sagten zu ihm, lehn den Preis ab, und wir geben dir deine Freiheit, ein Haus, Geld und weiß der Teufel, was sonst noch, und du kannst dein Leben retten. Was sie ihm da anboten, war ein schäbiger Handel: Ossietzkys Überzeugung gegen Hitlers Art von Freiheit.«

Florian zog ein Blatt Papier zwischen den Manuskripten hervor.

»Ossietzky hat den Kuhhandel abgelehnt. Für ihn war die Unfreiheit in dem Deutschland da draußen vor dem Stacheldraht gleichbedeutend mit der Unfreiheit in seinem Lager. Er hat den Nobelpreis nicht abgelehnt und ist im KZ geblieben.«

Florian sah auf das Papier in seinen Händen.

»Eine übermenschliche Entscheidung«, sagte er leise. »Aus freiem Willen überschreitet hier ein Mann die dünne Trennungslinie zwischen Haft und Martyrium.«

Er setzte sich seine Brille auf.

»Junge, bitte setz dich hin. Ich möchte euch den Text hier vorlesen, bevor ich das Blatt verbrenne.«

»Warum willst du es verbrennen?«

»Es ist ein Flugblatt. Man liest es, merkt sich den Inhalt und verbrennt es.«

»Warum?«

»Weil sie uns aufhängen, alle drei, wenn sie uns mit so einem Blatt erwischen.«

Der Junge drehte sich zu dem Schauspieler um. »Woher hast du das Flugblatt?«

»Ich habe es drucken lassen. Zehntausend Stück. Sie waren innerhalb von Stunden weg. Dies ist mein letztes Exemplar.«

»Das kann ich nicht glauben.«

»Was kannst du nicht glauben, mein Kleiner?«

»Dass du Flugblätter druckst.«

»Ein solcher Text wie dieser hier darf nicht ungedruckt bleiben.«

»Von wem stammt er?«

»Von einem Schweizer Historiker namens Carl Jakob Burckhardt.« Er zog die Brille auf die Spitze seiner Nase. »Willst du vielleicht auch noch wissen, wie der Text von Basel aus zu mir gelangt ist?«

»Ja.«

»Eine sehr liebe Freundin hat ihn mir mitgebracht. Wenn du jetzt noch weitere Fragen stellst, werde ich ungehalten, denn du hast meine Geduld schon über Gebühr auf die Probe gestellt! Es mag ja sein, dass dir gewisse Schriften nicht passen, die ich in meinem Hause habe, aber bevor du sie ablehnst, solltest du sie wenigstens lesen. Dann kannst du immer noch ins Freie stürzen und deinen Mantel in den Schnee trampeln!«

Tina stellte sich neben den Jungen. Florian schob die Brille nah an seine Augen.

»Burckhardt schreibt Folgendes«, sagte er. »›Herr von Ossietzky‹, sprach ich ihn an. ›Ich bringe Ihnen die Grüße Ihrer Freunde, ich bin der Vertreter des Internationalen Komitees vom Roten Kreuz, ich bin hier, um Ihnen, soweit uns dies möglich ist, zu helfen.‹ Nichts. Vor mir, gerade noch lebend, stand ein Mensch, der an der äußersten Grenze des Tragbaren angelangt war. Kein Wort der Erwiderung. Ich trat näher. Jetzt füllte sich das noch sehende Auge mit Tränen, lispelnd, unter Schluchzen sagte er:

›Danke, sagen Sie den Freunden, ich sei am Ende, es ist bald vorüber, bald aus, das ist gut!‹ Und dann noch ganz leise: ›Danke, ich habe einmal Nachricht erhalten, meine Frau war einmal hier: Ich wollte den Frieden.‹ Dann kam wieder das Zittern. Ossietzky verneigte sich leicht in der Mitte des weiten, leeren Lagerplatzes und machte eine Bewegung, als wolle er militärische Stellung annehmen, um sich abzumelden. Dann ging er, das eine Bein nachschleppend, mühsam Schritt für Schritt zu seiner Baracke zurück.«

Florian knüllte das Flugblatt in einen Aschenbecher. Der Junge sah die Flamme aufzüngeln, und in seinem Kopf wurde es schmerzlich hell, und der Mann schleppte sich mühsam über den Lagerplatz, aber dann verlor sich der Häftling ganz unerklärlich und wurde zu dem Jungen selbst, der zur Mitte des Lagerplatzes hinkte. Riesige Gebäude wuchsen aus den Baracken, wurden zur Ordensburg, umrahmten den Großen Hof, und da stand er wieder, so wie er letztes Jahr gestanden hatte, in der Mitte des kameradenleeren Hofes, feldmarschmäßig, mit einer erdrückend schweren MG-Lafette auf dem Rücken, und der weiße Kies blendete seine Augen, und die Sommersonne brannte sich durch seinen Stahlhelm. Sein Besucher damals war nicht vom Roten Kreuz gekommen, und die Welt hatte nichts von seiner Qual gewusst. Sein Besucher war Paikinger gewesen, und er stand wieder vor ihm, heute so wie damals, dieser Erzieher in der braunen Uniform, der Quäler mit den stechenden braunen Augen und dem hämischen Grinsen und den Armen in den Hüften und den gezischten Worten, die noch immer durch sein Bewusstsein dröhnten: »Auch du wirst vor mir kriechen! Ebenso wie alle anderen! Durch den Staub! Auf dem Bauch!« Und heute ebenso wie damals schüttelte er den Kopf, wild und voller

Zorn, und sein Gehirn schwappte schmerzend an die Ränder seines Schädels. Er war stundenlang stehen geblieben, aufrecht, in jener glühenden Sonne, und irgendwann war er umgefallen, und sie hatten ihn ins Krankenrevier getragen.

Aber gekrochen war er nicht.

Sie lagen auf seinem Bett, und Mitternacht war längst vorbei, aber sie konnten nicht schlafen. Vor das Fenster hatten sie einen Tannenzweig gehängt und etwas Lametta. Es sollte nach Advent aussehen, aber weil sie keine Kerzen hatten auftreiben können, sah das nicht so richtig nach Advent aus. Im Kamin loderte das Abfallholz der Ufa. Es machte das Zimmer bullig warm. Sie konnten auf dem Bett liegen, ohne sich zudecken zu müssen.

»Junge, glaub bloß nicht, das Hochseil sei mein Leben. Aber es macht mich glücklich, verstehst du das nicht?«

»Nicht ganz.«

Er schloss die Augen und konnte sie sehen, wie sie ganz oben unter dem Zeltdach steht. Der Applaus läuft an der Zeltplane entlang zu ihr hoch, und wenn er bei ihr ankommt, hört er sich an wie zusammengedrängte Musik.

»Hör zu«, sagte er, »wenn du erst bei deiner Truppenbetreuung bist, wirst du mich sehr schnell vergessen.«

»Sei still. Ich werde dich nie vergessen.«

Der Luftangriff war lange vorbei. Die anderen Gäste der Pension waren schon vor Stunden aus dem Keller gekommen, hatten gelärmt und gestritten und waren irgendwann verstummt. Der Junge hatte das Verdunkelungsbrett vor dem Fenster gelassen. Das Kaminfeuer durfte nicht in die Nacht hinausscheinen. Es war ein anderes Feuer als das da draußen in der Stadt. Es war sein Feuer. Es gehorchte ihm.

Es leckte mit hellen Zungen an dem Körper der Frau. Aber das war gut so. Und es ließ die Augen der Frau aufleuchten. Und auch das war gut, weil es ja sein Feuer war.

»Tina?«

»Was ist?«

»Darf ich meine Hand zwischen deine Beine legen?«

»Frag nicht immer, du Dummer. Tu's ganz einfach. Ein Mann muss nicht immer fragen.«

Seine Hand tastete nach den Lippen unter ihrem Seidenhügel, aber er wagte nicht, die Lippen zu öffnen.

»Junge?«

»Ja?«

»Wie lange wird dieser Film noch dauern?«

»Ich weiß es nicht. Niemand weiß es. Sie ziehen ihn in die Länge.«

»Wer?«

»Bertram und Patschke. Immer wieder geht irgendetwas kaputt. Oder es sind Schrammen auf dem Negativ, und wir müssen alles wiederholen. Sie machen das mit Absicht. Denn wenn der Film erst mal abgedreht ist, müssen alle jungen Männer wieder an die Front zurück.«

»Es gibt kaum junge Männer hinter der Kamera.«

»Doch. Einige. Bertram würde am liebsten so lange an dem Film drehen, bis der Krieg zu Ende ist.«

»Das wird ihm kaum gelingen.«

»Nein. Lange kann der Film nicht mehr dauern. Dann muss auch Bertram an die Front zurück.«

»Und du musst nach Sonthofen zurück.«

»Ja«, sagte er. »Und ich weiß nicht, was dann aus uns werden soll.«

Ihr Bauch streckte sich seiner Hand entgegen. Er tastete sanft über diese flachen, festen Lippen und wusste nicht, wie er sie dazu bringen könnte, sich zu öffnen. Dann schob er seine Stirn unter ihre Achselhöhle. »Willst du was Lustiges hören?«

»Ja.«

»Patschke hat einen Kurier nach Sonthofen geschickt.«

»Was soll der da?«

»Eine neue Uniform für mich abholen.«

»Merkwürdig«, sagte sie. »Ich habe dich nie in Uniform gesehen.«

»Damals hatte ich schon keine mehr. Als du in dem Ballsaal getanzt hast.«

»›Damals‹ ist erst zwei Wochen her.«

Seine Hand wollte über ihre Schenkel wandern, aber sie sagte: »Nein, bleib bitte da, es fühlt sich so schön an.«

»Die alte Uniform passt mir nicht mehr. Ich bin gewachsen.«

Sie lachte.

»Warum lachst du?«

»Nichts.«

»Sag.«

»Du fühlst dich an wie ein Mann. Dürr. Nur Muskeln und Knochen. Aber ein Mann. Wenn du sagst, dass du noch wachsen willst, denke ich, ich liege mit einem Knaben im Bett.« Sie beugte sich über ihn. »Wozu brauchst du eine neue Uniform?«

»Patschke sagt, die merkwürdigsten Gestalten gehen bei Florian aus und ein.«

Tina ließ sich langsam in die Kissen sinken. »Nein, Junge, nimm die Hand nicht weg.« Sie stöhnte. »Es ... ist ... unbeschreiblich.«

»Patschke sagt, es wäre besser, wenn auch mal ein paar Uniformierte vor dem Haus gesehen würden.«

»Sei still, Junge, sei still.« Sie stieß einen langen Laut aus. Es hörte sich an wie eine Klage, lang gezogen, in den

Wind gerufen, und in der Hand des Jungen öffnete sich der Mund der Frau, wurde weich und heiß, und eine kleine Zunge kam heraus, presste sich gegen die Hand, wollte von ihr liebkost werden, und die Frau warf sich hin und her, und er kniete sich vor sie hin. »Willst du?«

»Ja. Ja. Ja.« Sie drängte sich ihm entgegen, wollte sich ihm ganz öffnen, aber es gelang ihr nicht, und dann war da wieder der Schmerz, und sie flüsterte: »Komm. Der Schmerz ist ein guter Schmerz.«

Er drang mit aller Macht in sie ein und hörte ihren Schrei und sah die Flammen auf ihrem Gesicht und spürte die Flammen in seinem Körper und wurde selbst zur Flamme und brannte sein Feuer in den Leib der Frau.

Sie trugen jetzt wieder Uniform, wenn sie zu Florian gingen, und es machte dem Jungen ein riesiges Vergnügen, die Haken auf dem Rücken von Tinas Corsettage zu schließen. Er hatte ihr auf dem schwarzen Markt Seidenstrümpfe gekauft, und wenn sie die Strümpfe an den Strapsen der roten Corsettage festmachte, ähnelte sie den Lebedamen auf den Plakaten von Toulouse-Lautrec, doch dann stieg sie in den schwarzen Rock des BDM und knöpfte die weiße Bluse über ihren hochgestützten, unnatürlich runden Brüsten zu und zog das Halstuch durch den Lederknoten, und wenn sie sich lange Zöpfe flocht, sah sie wie ein wahrer Engel Adolf Hitlers aus.

Manchmal holte Mizzi sie mit dem schwarzen Mercedes ab. Das war jedes Mal ein Festtag für Tina, denn es fuhr kaum mal ein anderes Auto über die verschneiten Straßen.

»Das fühlt sich an wie ganz reich sein«, sagte Tina dann.

Meistens war es Patschke, der sie an der Haustür begrüßte. Er rief: »Heil Hitler!« Und murmelte: »Woll'n hoffen, det mein deutscher Gruß bis zu de Nachbarn dringt.«

Unten im Keller meinte Bertram Weyland: »Ich finde, Fritze, du übertreibst es ein wenig mit deinem neuen Eifer.«

Florian kämmte seine Finger durch die langen Haare. »Hör mal zu, Junge, es wird Zeit, dass wir über den Widerstand reden.«

»Ja«, meinte Mizzi. »Ich glaube kaum, dass die beiden etwas darüber wissen.«

»Doch«, sagte Tina. »Beim Varieté hört man so allerlei.«

»Junge«, sagte Florian. »Ob du es nun glaubst oder nicht – es gibt einen organisierten Widerstand.«

»Seit wann?«

»Von Anfang an«, sagte Patschke.

Florian lachte.

»Wat jibt's da zu lachen?«, fragte Patschke.

»Ich höre es im Schnelldenkergehirn klickern.« Florian legte seine Hand an die Stirn des Jungen. »Information: Widerstand von Anfang an.« Er drehte seine Hand wie eine Kurbel. »Klicker-di-klack. Denkergebnis: Widerstand möglich. Erfolg nicht erkennbar.« Er grinste den Jungen an. »Richtig?«

»Richtig.«

»Lass es mich dir erklären«, sagte Bertram. »Für einen Umsturz braucht man die Unterstützung des Volkes. Klar?«

»Klar.«

»Am Anfang stand das Volk geschlossen hinter Hitler. Bei der Machtergreifung gab es sieben Millionen Arbeitslose. Sechs Jahre später hatte jeder Arbeit und Brot. Das nennt man Erfolg. Richtig?«

»Richtig.«

»Falsch. Die Vollbeschäftigung war nur durch Hitlers gewaltige Aufrüstung möglich geworden. Wenn alle beim Kommiss sind und beim Arbeitsdienst, dann gibt es keine

Arbeitslosen mehr. Aber so etwas führt zwangsläufig zum Krieg: Man muss Länder erobern, Völker versklaven, für sich arbeiten lassen. Denn schließlich muss ja irgendwer diese ganzen Tanks und Flugzeuge und Kanonen auch bezahlen. Hitler hatte einen Scheinerfolg. Aber einen Scheinerfolg mit katastrophalen Auswirkungen. Erst hat er den Deutschen Arbeit gegeben, und dann hat er sie verrecken lassen. Auf den Schlachtfeldern. Und bei den Luftangriffen in der Heimat.« Bertram nahm sein Zigarettenetui heraus. »Willst du mehr hören?«

»Ja.«

»Nach den Scheinerfolgen kamen die Anfangserfolge. Er holte das Rheinland zurück, die Sudeten, Österreich. Dann kamen Daladier und Chamberlain nach München und haben ihm aus der Hand gefressen. Alsdann?«

»Dann kam der Krieg.«

»Richtig. Und Blitzerfolge. Polen. Dänemark. Norwegen. Holland. Belgien. Frankreich. Rumänien. Bulgarien. Jugoslawien. Griechenland. Nordafrika. Russland.« Er zündete die Zigarette an. »Ich hoffe, ich habe kein Land ausgelassen.«

Florian hustete und setzte sich in den Sessel neben der offenen Tür.

»Während dieser Siege an allen Fronten war ein Umsturz undenkbar«, sagte Bertram.

»Das ist klar«, sagte der Junge, »aber warum hätte überhaupt irgendjemand putschen sollen?«

»Weil ein Volk sich erheben muss, wenn es unterdrückt wird«, sagte Bertram.

»Weil wir den Krieg vermeiden wollten«, sagte Florian.

»Hör zu«, sagte Bertram, »jeder, der denken kann, hat gewusst, dass wir einen Vielfronten-Krieg verlieren müssen.«

»Wann ist das klar geworden, Bertram?«

»Beim Angriff auf Russland.«

»Als Roosevelt jejen uns angetreten is«, sagte Patschke.

»Am Anfang hat der Widerstand abwarten müssen«, meinte Florian. »Trotzdem ist er aktiv gewesen. Die Hinrichtungen beweisen es. An die zwölftausend bekannt gemachte Hinrichtungen. Verstehst du?«

»Woher weißt du das?«

»Ich habe mir die Zahlen zusammenstellen lassen.«

»Wie viele in den Lagern umgebracht werden, wissen wir nicht. Ganz besonders wenig wissen wir über die Judenlager«, sagte Mizzi. »Oder über die Zigeuner.«

»Im letzten Jahr hat sich das Bild gewandelt«, sagte Bertram. Er sah zur Decke hoch und stieß den Rauch in zwei Kolonnen aus der Nase.

»Kann ich auch eine Zigarette haben?«, fragte Tina.

»Rauchst du denn?«

»Nur manchmal. Wenn ich nervös bin.«

»Vor einem Auftritt?«

»Nein. Dann überhaupt nicht.«

Der Junge legte seinen Arm um ihre Schulter.

»Und jetzt ist der Zeitpunkt gekommen?«, fragte sie. »Für den Widerstand?«

Bertram nickte. »Die Armee in Stalingrad hat kapituliert. Das Afrika-Korps hat kapituliert. Unsere Truppen ziehen sich aus Russland zurück. Die Italiener haben aufgegeben. Die Bevölkerung hungert und wird Tag und Nacht bombardiert.«

»Und nun wächst die Opposition im Volk«, sagte Florian. »Es wird Zeit, dass wir uns befreien.«

»Ist das nicht ein bisschen feige«, sagte der Junge, »erst dann zuzuschlagen, wenn alles schief geht?«

»Da hat er nich Unrecht«, sagte Patschke.

»Er hat sehr wohl Unrecht«, rief Florian. »Aber er kann es gar nicht anders wissen.« Er sprang auf und schloss die Eisentür. »Noch stehen unsere Truppen in anderen Ländern. Weit von unseren Grenzen entfernt. Wir müssen Hitler besiegen. Jetzt! Wir Deutschen müssen das tun, verstehst du, Junge? Nicht die Amerikaner. Nicht die Russen. Es liegt an uns, seine Gewaltherrschaft zu brechen. Sonst ...«

»Sonst?«

»Sonst kämpfen sich die Alliierten weiter vor und stückeln unser Land auf, und das wäre dann wirklich Deutschlands Ende.«

Bertram knöpfte sein Hemd auf und holte ein gefaltetes Blatt hervor. »Das hier ist ein Flugblatt von der ›Weißen Rose‹. Eine Gruppe aus dem Widerstand. Studenten. Und auch ein paar Professoren.«

»Die Geschwister Scholl«, sagte Florian. »Sie waren in deinem Alter, Tina. Im Februar sind sie hingerichtet worden. Hans und Sophie Scholl. Zusammen mit vier anderen Studenten.«

Bertram sagte zu Florian: »Lies du vor. Du kannst das besser.«

Florian klemmte sich die Brille auf. »*Manifest der Münchner Studenten.* Erschüttert steht unser Volk vor dem Untergang der Männer von Stalingrad. 330 000 deutsche Männer hat die geniale Strategie des Weltkriegsgefreiten sinn- und verantwortungslos in Tod und Verderben gehetzt. Führer, wir danken dir!

Es gärt im deutschen Volk ... Der Tag der Abrechnung ist gekommen, der Tag der Abrechnung unserer deutschen Jugend mit der verabscheuungswürdigsten Tyrannei, die unser Volk erduldet hat.

Im Namen des ganzen deutschen Volkes fordern wir

von dem Staat Adolf Hitlers die persönliche Freiheit zurück, um die er uns in der erbärmlichsten Weise betrogen hat.

In einem Staat rücksichtsloser Knebelung jeder freien Meinungsäußerung sind wir aufgewachsen. Hitlerjugend, SA und SS haben uns in den fruchtbarsten Bildungsjahren unseres Lebens zu uniformieren und zu narkotisieren versucht. ›Weltanschauliche Schulung‹ hieß die verächtliche Methode, das aufkeimende Selbstdenken zu einem Meer leerer Phrasen zu ersticken.

Eine Führerauslese, wie sie teuflischer nicht gedacht werden kann, zieht ihre künftigen Parteibonzen auf Ordensburgen zu gottlosen, schamlosen und gewissenlosen Ausbeutern und Mordbuben heran, zur blinden, stupiden Führergefolgschaft ...« Florian schob die Brille nach unten. »Weiter?«

Der Junge nickte.

»Weiter.«

»Freiheit und Ehre! Zehn Jahre lang haben Hitler und seine Genossen die beiden herrlichen deutschen Worte bis zum Ekel ausgequetscht, abgedroschen, verdreht, wie es nur Dilettanten vermögen, die die höchsten Werte einer Nation vor die Säue werfen. Was ihnen Freiheit und Ehre gilt, das haben sie in zehn Jahren der Zerstörung aller materiellen und geistigen Freiheit dem deutschen Volk genügsam gezeigt.

Auch dem dümmsten Deutschen hat das furchtbare Blutbad die Augen geöffnet, das sie im Namen der deutschen Nation in ganz Europa angerichtet haben.

Der deutsche Name bleibt auf immer geschändet, wenn nicht die deutsche Jugend endlich aufsteht, seine Peiniger zerschmettert und ein neues, geistiges Europa aufrichtet.

Studentinnen! Studenten! Auf uns sieht das deutsche

Volk. Von uns erwartet es, so wie in 1813 die Brechung des napoleonischen, so 1943 des nationalsozialistischen Terrors aus der Macht des Geistes.

Frisch auf, mein Volk! Die Flammenzeichen rauchen!«

WENDE MEINER ZEIT
Mitte Dezember 1943

Die Kinder des Windes hatten die ganze Nacht geheult und die trüben Wolken davongejagt. Später hatten sie sich schlafen gelegt und einen hellblauen Himmel zurückgelassen.

Im Nachbargarten saß ein Mädchen auf ihrem Schlitten.

»Hier hast du eine Mark«, sagte Tina. »Leih uns deinen Schlitten.«

Dann legte sie sich mit dem Bauch darauf, und der Junge zog sie durch die Straßen, und Tina rief: »Schneller! Schneller!«

Er rannte, so schnell er konnte, und er hörte ihr Lachen. Die Sonne schien, und in ihr Lachen mischte sich das Sonntagsläuten aller Kirchenglocken.

Die kalte Luft biss sich in seine Lungen. Er lehnte sich an einen Baum und sagte: »Ich habe heute Nacht an ein Karussell gedacht.«

»Wieso das?«

»Du hast noch geschlafen, und ich hab an ein Karussell denken müssen.«

»Du hast die sonderbarsten Gedanken.«

»Wenn du noch ein Kind bist, setzen dich die Eltern auf eines dieser geschnitzten Pferde. Und dann dreht sich alles im Kreis. Du fürchtest dich. Und weinst. Oder es macht dir Spaß, und du gibst dem Pferd die Sporen.«

»Und?«

»Später dreht sich das Karussell sehr viel schneller. Wenn es anhält, ist es nicht mehr der Vater, der dich auf das Holzpferd hebt. Verstehst du?«

»Nein.«

»Es ist eine andere Kraft.«

»Welche?«

»Ich will ihr keinen Namen geben. Die Worte, die es dafür gibt, sind abgenutzt. Aber es ist eine sehr starke Kraft. Stärker als du. Stärker als alles.«

»Zufall?«

»Ja, das ist nicht schlecht. Zufall ist ein gutes Wort für das, was ich meine. Zufall klingt nicht so pompös.«

Er setzte sich zu ihr auf den Schlitten. »Es ist der Zufall, der dich auf das Holzpferd setzt und sagt: ›Mach jetzt den Film‹, oder ›Schwimm zehn Meter unterm Eis durch‹. Aber irgendwann musst du abspringen, und die Entscheidung liegt ganz allein bei dir.«

»Abspringen?«

Er nickte. »Du musst im richtigen Moment abspringen, sonst landest du auf dem Bauch. Oder wieder auf dem weißen Kies der Ordensburg.«

»Das hast du heute Früh gedacht?«

»Nicht so deutlich. Heute Früh war ich auf dem Karussell. Findest du nicht, dass es immer dieselben Menschen sind, die sich an dir vorüberdrehen?«

»Ich weiß nicht«, sagte sie. »War ich auch dabei?«

Er nickte.

»Dann ist alles gut.«

Sie griff nach seiner Hand. »Ich glaube aber gar nicht, dass du abspringst.«

»Nein?«

Sie schüttelte den Kopf.

»Sondern?«

»Du lässt das Karussell anhalten. Und steigst ganz langsam runter.«

Sie stellten den Schlitten vor der Haustür ab.

»Ich habe den Gottesdienst versäumen müssen«, sagte die Wirtschafterin. »Herr Menning hat Besuch von einem alten Freund. Ein so lieber Mensch. Und so krank. Es kann einen erbarmen.«

Das Arbeitszimmer war überheizt, aber der Fremde saß dick eingepackt in Decken. Seine Augen waren fiebrig. Der Junge erkannte ihn sofort. Er hatte Martin Weber viele Jahre nicht gesehen. Aber dieses nackte Gesicht war unvergesslich. Kein anderer Kahlkopf hatte solche Augen.

»Du kennst mich noch, Junge? Ist das wirklich wahr?«

Der Junge nickte. »Jesse Owens. Erinnerst du dich noch an Jesse Owens?«

»Als wär es gestern erst gewesen.«

Er sah zu Tina hin.

»Das ist Tina«, sagte der Junge.

»In der Uniform des Führers«, sagte Martin Weber.

»Schon«, sagte Florian. »Und der Junge trägt die Uniform der Ordensburg. Auf meinen Wunsch. Es braucht dich nicht zu ängstigen, Martin.«

»Tina«, sagte der Junge, »Martin Weber ist der beste Freund meines Vaters.«

»Gewesen«, sagte der Kranke. »Ich habe deinen Vater schon viele Jahre nicht mehr gesehen.«

»Wie kommt das?«

»Maximilian Unrast ist ein wunderbarer Mensch«, sagte Weber. »Aber er hat sich den braunen Kolonnen angeschlossen. Und so musste ich mich von ihm zurückziehen. Nicht meinetwegen. Seinetwegen. Ich durfte ihn nicht kompromittieren.« Er lächelte. »Ob deine Mutter wohl noch so schön ist wie früher?«

»Ja«, sagte der Junge. »Ich glaube schon.«

»Alles ist vergänglich. Leider. Wir werden mit dem Gedanken leben müssen. Ich habe deine Mutter sehr geliebt. Ganz still. Sie hat es nie erfahren.«

Der Schnee fing das Licht der Sonne auf und warf es blendend hell durch das Fenster an die Zimmerdecke. Martin Weber kniff die Augen zusammen. Schwere Tränensäcke gruben schwarze Schatten tief in sein Gesicht. Die Haut hing dünn und faltig über seine Backenknochen.

Der Junge warf einen Blick zu Florian. »Du hast mir nie gesagt, dass ihr euch kennt.«

»Florian hat auch nicht gewusst, dass ich dein Taufpate bin«, sagte der Kranke. »Bis vor ein paar Tagen hat Florian das nicht wissen können.«

»Hör zu, Martin«, sagte der Schauspieler, »ich werde den beiden jetzt alles erzählen. Dann stecke ich dich ins Bett, und Henne Frieda bringt dir eine Hühnerbrühe. In ein paar Tagen stehst du wieder auf den Beinen.«

»Warum nennst du sie ›Henne Frieda‹?«

»Sie gackert wie eine Henne. Und ihr Vorname ist Frieda.«

Martin wollte lächeln, aber es gelang ihm nicht. »Florian, es wäre mir lieber, wenn du schweigen würdest. Lass mich den beiden alles sagen.«

»Na gut«, meinte der Alte, »aber mach die Geschichte kurz. Du gehörst ins Bett.«

»Junge, du weißt, dass ich eine kleine Druckerei habe«, sagte Martin Weber.

»Ja.«

»Nun, ich habe Flugblätter für den Widerstand gedruckt. Ich hoffe, das entsetzt Sie nicht, Fräulein Tina.«

Sie suchte nach dem Zwinkern in seinen Augen, aber fand nur Schatten.

»Nein«, sagte Tina. »Das entsetzt mich nicht.«

»Das Mädchen weiß mehr, als uns allen lieb ist«, sagte Florian. Er setzte sich auf den Stuhl neben den Jungen. »Die Flugblätter waren für mich.«

»Nicht allein für dich, mein Lieber. Auch für die Rote Kapelle und andere Gruppen. Aber dann sind sie mir dahinter gekommen.« Er lachte und musste husten und verzog sein Gesicht. »Am 18. Februar 1940 haben sie mich verhaftet.«

»Mann!«, rief Florian. »Du bringst mich um mit deiner dezenten Art!« Er sprang auf. »Martin war im KZ! In Sachsenhausen!«

»Nicht so laut«, sagte Martin Weber. »Deine Henne Frieda denkt, ich komme aus dem Krankenhaus ...«

»Sie haben ihn gequält und gefoltert und in Eiswasser getaucht. In dem Wasser sind Ratten herumgeschwommen. Und Menschenfleisch. Sie wollten Namen wissen, Auftraggeber, aber Martin hat mich nicht verraten. Hat keinen von uns verraten.«

»Ob du wohl noch von deinem vorzüglichen Rum was übrig hast?«, fragte Martin.

»Aber ja«, lachte Florian. »Massenhaft. Tina, holst du eine Flasche rauf?«

Sie lief davon und schloss die Tür ganz leise. Florian zündete zwei Kerzen an dem Adventskranz an.

»Bisschen unsinnig, Advent und Bomben«, sagte er. »Doch Martin weilt wieder unter uns. Wir wollen ihm ein kleines Fest bereiten.«

»Wie bist du eigentlich freigekommen?«, wollte der Junge wissen.

»Frag Florian«, sagte Martin.

»Nein«, sagte der Alte. »Das Kerlchen muss nicht alles wissen.«

»Doch«, sagte der Junge beharrlich. »Ich will wissen, wie er freigekommen ist.«

»Erinnere dich an die beiden wichtigen Sätze in unserem Leben, mein Kleiner«, lachte Florian. »Wie lauten sie doch gleich?«

»Geht nicht – gibt's nicht.«

»Genau. Und der andere?«

»Seit die Phönizier das Geld erfunden haben ...«

Florian nickte. »Martin ist nicht offiziell entlassen worden. Und wir haben keine Papiere für ihn. In ein paar Tagen werden wir zwar welche haben, aber das sind dann gefälschte.«

Tina kam mit dem Rum und gab jedem ein Glas.

»Blutsbruder, unser Freund Martin ist jetzt gefährdeter denn je. Wenn die Gestapo ihn wieder einfängt, hat er keine Überlebenschancen.«

»Ich erhebe mein Glas«, lächelte Martin, »und schließe mich den Worten meines geschätzten Herrn Vorredners vollinhaltlich an.«

Sie lachten und stießen ihre Gläser aneinander. Es waren kleine Gläser aus geschliffenem Kristall. Beim Anstoßen erklangen helle Töne. Tina nippte nur an dem Rum. Der Junge hustete.

»Ich mag das Zeug nicht.«

»Martin bleibt bis übermorgen hier bei mir versteckt«, sagte der Schauspieler. »Dann übernimmt ihn Bertram. Später Patschke. Er bleibt nicht länger als zwei Tage in einem Versteck. So verwischen wir am leichtesten seine Spuren. Patschkes Versteck ist leider nur ein Verschlag auf dem Dachboden. Noch dazu in der Damaschkestraße. Ihr wisst, dass die ganze Gegend um Ku'damm und Halensee bei jedem Luftangriff äußerst gefährdet ist, aber wir können es nicht riskieren, dass Martin sich im Luftschutzkeller sehen lässt.«

»Das macht zusammen sechs Tage«, sagte der Junge. »Wer übernimmt ihn dann? In meiner Pension kannst du niemanden verbergen.«

»Wie wär's mit meinem Zimmer?«, sagte Tina.

»Möglich«, sagte der Junge. »Aber der Hausbesitzer ist ein Wehrwirtschaftsführer.«

»Solche Häuser sind normalerweise ein Ersatz für Abrahams Schoß«, sagte Florian. »Da sucht die Gestapo zuallerletzt. Aber wir haben andere Pläne.« Er hielt Tina sein leeres Glas hin. »Martin muss ins Ausland geschafft werden. Nach Schweden. Oder in die Schweiz.« Er spülte den Rum ein wenig durch den Mund, bevor er ihn runterschluckte. »In den letzten Wochen habe ich zwei meiner Schwedenkuriere verloren. Die Fähren sind zu reinen Gestapo-Fallen geworden. Schweden scheidet also vorübergehend aus. Bleibt die Schweiz. Wir müssen Martin an die Schweizer Grenze schaffen.«

»Wohin?«

»Konstanz. Ich habe da eine Kontaktperson. Ein Goldstück. Nicht zu überbieten. Ihre Gruppe hat noch nie einen Flüchtling verloren. Alle erreichen die Schweiz ohne die geringste Schramme.«

Florian sah den Jungen an. »Du musst mir helfen, das entscheidende Problem zu lösen.«

»Welches?«

»Wie transportieren wir einen gesuchten Häftling quer durch Deutschland an die Schweizer Grenze?«

Der Junge dachte nach. »Du kommst dafür nicht in Frage. Du erregst überall Aufsehen. Das können wir nicht gebrauchen.«

»Richtig.«

»Und der Mercedes?«

»Zu gefährlich. Ich habe Mizzi gefragt. Sie sagt, die Feldgendarmerie macht auf den Autobahnen alle naselang Kontrollen.«

»Auf den Landstraßen auch?«

»Da ganz besonders. Sie suchen nach Schwarzfahrern und Hamsterern, aber davor ist selbst ein Dienstwagen der Ufa nicht gefeit. Die Kettenhunde kontrollieren alle Insassen.«

»In den Zügen ist es ganz genauso«, sagte der Junge. »Kaum bist du eingenickt, reißt so ein Kettenhund die Abteiltür auf und brüllt: ›Ausweiskontrolle!‹ Mindestens viermal zwischen Berlin und München. Im Sommer, bei meiner letzten Fahrt, hat sich ein Soldat auf dem Klo versteckt, weil sein Urlaubsschein abgelaufen war. Den haben sie auch erwischt.«

»Du solltest deinen Rum trinken«, sagte Florian.

»Warum?«

»Rum trinken oder hinsetzen.«

»Verstehe ich nicht.«

»Trink jetzt endlich deinen Rum«, brüllte Florian. »Du wirst es brauchen!«

»Schrei mich nicht so an«, brüllte der Junge zurück. »Warum werde ich diesen Scheißschnaps brauchen?«

»Weil du es bist, der Martin an die Grenze bringt!«, brüllte der Schauspieler.

»Ich?«

»Nicht so laut«, flehte Martin.

»Ja! Du!«, brüllte der Alte.

»Warum?«

»Die Lösung unseres Problems hat was mit deiner Uniform zu tun«, sagte Florian listig.

»Ich versteh kein Wort.«

»Dann sperr die Ohren auf, mein Kleiner. Und hör dir meinen Plan an.«

»August Unrast«, unterbrach der Kranke leise, »du brauchst es nicht zu tun.«

»Es hat mich noch nie jemand August genannt«, sagte der Junge.

»Ich habe dich über das Taufbecken gehalten, als sie dir den Namen August gegeben haben«, sagte Martin Weber. »Aber deshalb brauchst du es nicht zu tun.«

»Martin, hör jetzt mit diesem Seelenkäse auf«, sagte der Schauspieler. »Es ist ganz selbstverständlich, dass er dich nach Konstanz bringt.« Er kniff die Augen zusammen. »Jetzt mach, worum ich dich gebeten habe, Junge, und hör mir endlich zu.«

Der Junge lächelte Tina an. »Gib mir noch einen Rum.«

Sie gab ihm die Flasche, und er schenkte ein.

»Ich höre«, sagte er.

»Es gibt D-Züge mit Kurswagen nach Konstanz. Wir werden einen mit Kurierabteil besorgen. Weißt du, was das ist?«

»Nein.«

»Reservierte Abteile für hohe Tiere. Diplomaten. Offiziere der Abwehr. Oder Kuriere der Gestapo mit geheimen Akten. Kurierabteile werden auf der gesamten Strecke nur einmal von den Kettenhunden kontrolliert. Allenfalls zweimal, aber das auch nur dann, wenn das Begleitpersonal der Feldgendarmerie in Nürnberg ausgewechselt wird. Die Kettenhunde haben dafür zu sorgen, dass sich lediglich die Personen im Kurierabteil befinden, die dazu berechtigt sind. Ansonsten sind sie zum Schutz der Kuriere abgestellt. Ist bis dahin alles klar verständlich?«

Der Junge nickte. »Weiter.«

»Wir werden ein Kurierabteil auf deinen Namen besorgen lassen.«

»Wer macht das?«

»Bertram.«

»Und wie?«

»Über die Reichsjugendführung.«

»Kann er das?«

»Er ist ein hohes Tier bei der HJ.«

»Das wusste ich nicht.«

»Er macht auch keinen öffentlichen Gebrauch davon. Sie haben ihm den Dienstrang nachgeworfen.«

»Warum?«

»Weil er der jüngste Regisseur der Ufa ist.«

»Also gut. Ich kriege ein Kurierabteil. Und dann?«

»Du erhältst einen Marschbefehl.«

»Und der kommt auch von der Reichsjugendführung?«

»Ja. Auch von Bertram.«

»Was ist der Grund für den Marschbefehl?«

»Du bist die Begleitperson für den Wehrwirtschaftsführer Dr. Walter Klingenberg.« Er deutete auf den Kranken. »Wenn ich die Herren bekannt machen darf ... August Unrast ... Dr. Klingenberg.«

Der Junge füllte noch einmal das kleine Glas. »Hier, Martin. Möglich, dass dir so was gut tut. Ich mag das Zeug wirklich nicht.«

»Wie ich dich kenne, willst du jetzt wissen, was ein Wehrwirtschaftsführer in Konstanz macht«, sagte Florian.

»Ja. Das würde mir schon helfen.«

»Maybach und Dornier sind den ständigen Luftangriffen ausgewichen und haben einen Teil ihrer Flugzeugwerke an den Bodensee verlagert.«

»Tatsache? Oder deine Erfindung?«

»Tatsache«, sagte Florian. »Herr Dr. Klingenberg wird die neue Fabrikanlage besichtigen.«

»Verstehe«, sagte der Junge, »aber jetzt musst du dir noch was für mich einfallen lassen.«

»Wieso?«

»Was habe ich mit Flugzeugwerken zu tun?«

»Danach wird dich nie einer fragen.«

»Ich bin da nicht so sicher.«

»Stell dir das doch mal vor, Junge«, sagte Florian. »Der Kettenhund kommt rein ins Abteil. Du stehst auf, gibst ihm deinen Marschbefehl und die Papiere des Herrn Dr. Klingenberg.«

»Ja, und?«

»Ja und ... Ja und ... Der Feldpolizist sieht deine Uniform ... Adolf-Hitler-Schule! Der Kerl hat noch nie einen Sohn des Führers gesehen, verstehst du? Da fragt der nichts mehr. Deine Uniform ist wichtiger als jedes Stück Papier.«

»Das ist schwach«, sagte der Junge. »Die Stelle in deinem Plan ist schwach.«

»August hat Recht«, sagte der Kranke. »In der Minute könnte alles scheitern.«

»Also gut. Dann bist du eben der Onkel dieses Elite-Knaben. Der Patenonkel.«

»Wieso reist der Patenonkel im Auftrag der Reichsjugendführung?«, fragte Martin. »Der heikle Punkt ist der Marschbefehl von der Reichsjugendführung.«

»Es ist nicht recht«, sagte Tina. »Was Sie da mit dem Jungen und mir machen, ist nicht recht.«

»Wieso mit dir?«, sagte Florian. »Du kommst gar nicht vor in meinem Plan. Für dich gibt's doch keinerlei Gefahr.«

»Genau das ist es ja«, sagte das Mädchen. »Sie haben

sich nicht einmal die Mühe gemacht, mich zu fragen, ob ich ihn überhaupt allein in die Gefahr ziehen lasse.«

Der Kranke lächelte.

»Du glaubst, du hast ein Recht auf ihn?«, fragte Florian.

»Ja.«

»Wer hat dir das Recht gegeben? Er selbst?«

»Nein. Aber ...«

»Aber?«

»Ich liebe ihn.«

»Und das genügt? Das soll der ganze Grund sein?«

»Ja, Florian«, sagte der Junge. »Das ist eine ganze Menge Grund. Und wenn Tina was sagen möchte, dann will ich, dass wir ihr zuhören.«

Florian schlug mit der Faust in die flache Hand. Es war still im Zimmer. Außer dem Ticken der Standuhr war nichts zu hören. Manchmal fuhr ein Auto vorüber, aber das kam nicht sehr oft vor und wenn, dann erstickte der Schnee das Geräusch des Motors.

»Herr Weber muss nach Konstanz gebracht werden«, sagte Tina. »Da gibt es keine Frage. Aber warum musst du ihn retten und mich verlassen?«

»Ich verlasse dich doch nicht, Tina.«

»Doch«, sagte sie. »Doch tust du das. Du fährst mit Herrn Weber los, und ich laufe hier durch den Wald und sterbe vor Angst. Ihr macht eine Fahrt auf Leben und Tod, ich weiß. Doch ihr steckt mittendrin in der Angst und könnt etwas tun, aber ich bin schlechter dran. Ich sitze in meinem Zimmer und starre auf die Uhr und starre auf den Kalender, und wenn du nicht zurückkommst, wird mir keiner sagen, dass sie dich umgebracht haben.«

In ihrer Stimme waren keine Tränen.

»Und es wird niemanden geben, der mir helfen kann, mit dir zu sterben.«

Sie stampfte mit dem Fuß auf.

»Oder der mir sagen kann, wie ich weiterleben soll.«

Tina stand im Schatten des Zimmers. Der Junge wollte in ihre Augen sehen, aber Tina drehte sich um, und er biss sich auf die Lippen. Sein Herz sprang wie verrückt. Vor Freude. Er wollte sagen, Tina, mein Herz springt ganz verrückt vor lauter Freude, aber er wusste nicht, wie er es sagen sollte, und wartete und hörte Martin Weber flüstern: »Oh, mein Gott, was richten wir hier an ...«

Der Junge dachte, das ist wie zum dritten Mal geboren werden: Unwissend holen sie dich aus dem Leib der Frau. Wissend drängst du dich und deine Schreie tief in die Frau hinein. Und wissend bringt sie dich erneut zur Welt und sagt, dass sie mit dir sterben will.

Der Junge sah seine Freunde der Reihe nach an, und sie sahen zu ihm auf. Und warteten. Bewegten sich nicht mehr. Erstarrten in dem Zimmer. Wurden zu einem Bild. Er selbst war auch auf diesem Bild. Und lachte.

Ich sehe das Bild noch deutlich vor mir. Es scheint mir alt. Vertraut. Öl auf Holz. Ein wenig brüchig. Wie bei holländischen Meistern.

Ein Mann in einem Lehnstuhl ist darauf zu sehen, eingehüllt in Decken.

Am Fenster steht ein anderer: klein, aufrecht, mit einer Mähne wie ein weißer Löwe.

Das harsche Licht des Wintertages reicht nicht bis zu der entfernten Wand mit Büchern. Dort, im Schatten, steht das Mädchen. Schwarzer Rock. Weiße Bluse. Und sehr helles Haar. Sie hat sich schon ein wenig abgewandt. Mit einem Mund, der offen steht. Der Schrei ist noch nicht ganz heraus aus ihrem Mund.

Das sieht wohl mehr nach Goya aus.

Dann steht noch einer da. Mitten im Zimmer. Ich. Der Junge. An meinem Arm leuchtet das Hakenkreuz. Auf einer blutig-roten Binde. Ich bin der Einzige, der lacht.

Das war die Zeitwende in meinem Leben. Alles, was später kam, muss daran gemessen werden. Für die Welt gibt es *Anno domini* und *vor Christus* und *nach Christus*, und es gibt die Zeitrechnungen anderer Religionen, und das hat ganz selbstverständlich eine große Bedeutung für Millionen, und ich dränge meinen Kalender auch niemandem auf; bis heute habe ich auch noch zu niemandem darüber gesprochen, aber es ist nun einmal so: Meine Zeitrechnung beginnt mit Tina.

Es wird niemanden geben, der mir helfen kann, mit dir zu sterben.

Als sie das sagte, hat sie mein Leben gespalten.

In den Zeitabschnitt vor dem Satz. Das war der Junge.

Und in die vielen Jahre nach dem Satz. Das bin ich geworden.

4.

DIE REISE
Advent 1943

Wie sie nun dastand im Schatten des Zimmers, hell, zerbrechlich, aufrecht, verzweifelt und schweigend, da sagte
ich: »Hör zu, Tina, du musst dir keine Sorgen machen,
weil sie mich nicht umbringen werden. Das Gegenteil ist
der Fall. Keiner kann mich umbringen. Und du hast dafür
gesorgt.«

Ich sah aus dem Fenster. »Tina«, sagte ich, »der Schnee
da draußen ist schmutzig, weil die Asche der verbrannten Häuser aus den Wolken fällt, aber irgendwann wird
kein Haus mehr brennen, und dann werden die Schneeflocken wieder so weiß sein wie vor dem Krieg, und du
brauchst niemanden, der dir sagt, wie du weiterleben
sollst.«

Die beiden Männer hörten schweigend zu, und aus dem
Schatten heraus leuchteten Tinas Augen.

»Wir wollen nicht mehr vom Sterben reden«, sagte ich.
»Lasst uns vom Leben reden. Es fängt jetzt an. Heute. In
dieser Stunde. Und wenn wir es richtig anstellen, wird es
herrlich werden.«

»Wir dürfen nichts falsch machen«, sagte Tina. »Und du
darfst mich nicht allein lassen.«

»Nein, Tina. Einmal Bodensee und zurück. Erster Klasse. Kurier-Abteil.«

Der Alte löste sich als Erster aus der Erstarrung. »Bist du
verrückt?«

»Nein«, sagte ich. »Wahnsinnig glücklich. Das ja. Aber nicht verrückt.«

»Es kommt nicht infrage, dass du das Mädchen in Gefahr bringst.«

»Und ich?«, sagte ich. »Was ist mit mir?«

»Was meinst du?«

»Ich darf in Gefahr gebracht werden?«

»Aber ja. Selbstverständlich.«

»Warum? Weil du die Entscheidung triffst? Weil du genau weißt, wer in Gefahr gebracht werden darf und wer nicht?«

»Weil du ein Mann bist. Oder fast einer. Deshalb. Fast ein Mann. Das ist was anderes.«

»Es ist nicht recht«, sagte Tina. »Sie dürfen ihn nicht immer nur herumkommandieren. Wenn der Junge mich mitnehmen will, dann ist das seine Sache. Und wenn ich mit ihm fahren will, dann geht das nur mich etwas an. Das Ganze ist unsere Sache. Verstehen Sie das nicht?«

»Nein«, sagte der Alte. »Denn es geht um das Leben dieses Mannes hier.« Er deutete auf Martin Weber. »Und du kannst verliebt sein in den Jungen, so viel du willst, aber ich lasse es nicht zu, dass du mitfährst.«

»Florian«, sagte ich, »bisher haben immer andere Menschen für mich gedacht. Meine Gedanken gelenkt. Mir Befehle gegeben. Entscheidungen für mich getroffen. Das geht ab jetzt nicht mehr.«

Der Alte schwieg.

»Dann bist du gekommen und hast alles umgestoßen.«

»Ich habe dir die Wahrheit gezeigt.«

»Ja. Aber ich wollte sie eigentlich gar nicht hören. Du hast deine Wahrheit, und die anderen haben ihre Wahrheit, und ich stehe irgendwo dazwischen.«

Ich hörte Florian sagen: »Tina geht nicht mit auf die

Reise. Punktum und basta!« Und dann hörte ich mich selber sagen: »Es ist möglich, dass du alles weißt und nie einen Fehler machst, aber heute machst du einen großen Fehler, und ich muss jetzt etwas tun, damit Tina und ich überleben.«

Er wollte mir widersprechen.

»Nein, Florian«, sagte ich. »Rechne nicht mehr mit mir. Setz dich selbst neben Martin Weber in das Kurierabteil. Wenn sie ihn dann in das Lager zurückbringen, ist es deine Schuld!«

Ich schlug auf den Tisch und sah, wie der Adventskranz in die Luft sprang. Die Kerzen fielen um. Der Kranz fing zu brennen an. Tina riss ihr Fahrtentuch vom Hals und presste es auf die Flammen.

»Ich kann den Kettenhund schon deutlich vor mir sehen«, sagte ich. »Er steht vor euch in dem Kurierabteil. Und er lacht nicht nur. Er krümmt sich, hält sich den Bauch. Willst du wissen, warum?«

»Warum?«

»Weil der Volksschauspieler Florian Menning, den doch jeder kennt und der schon etwas über sechzig ist, einen Marschbefehl von der Reichsjugendführung in der Tasche hat! Aber die Kettenhunde lachen nicht lange, Florian! Sie treten dir in den Hintern und schubsen dich über die Gleise, und dann machen sie dir den Prozess vorm Volksgerichtshof. Und was geschieht dann mit uns? Mit Tina und mir? Wie lange dauert es wohl, bis sie uns abholen?«

»Das ist impertinent!«, rief Florian. Er stellte sich vor den Kranken. »Du kennst den Vater dieses Lümmels. Trägt er Hörner? Hat er einen Pferdefuß?«

»Du hast den Jungen maßlos erregt«, sagte Martin Weber. »Ich glaube, dass er sich nur zur Wehr setzt.«

»Unsinn!«, sagte der Alte. »Der Teufel hat sich in ihm eingenistet. Das ist es. Daran liegt es. Am Teufel!«

Die Standuhr schlug viermal kurz und viermal lang, und Martin sagte: »August, hast du einen besseren Plan?«

»Ja«, sagte ich. »Und zwar einen ganz simplen. Florian hätte von selbst drauf kommen müssen.«

»Keinen Respekt vor nichts und niemandem«, brummte Florian. »Nicht mal vor der Würde des Alters.« Er holte sich den Rum. »Wenn du einen Plan hast, dann lass ihn hören.« Er kehrte mir den Rücken zu.

»Gibt's bei der Ufa Krankenwagen?«, fragte ich.

»Bei der Ufa gibt's alles.«

»Dann besorg mir einen«, sagte ich. »Wir bringen den Wehrwirtschaftsführer zum Anhalter Bahnhof. Mit einem Bein in Gips und einer Binde um den Kopf. Leicht durchblutet. Wir tragen ihn in das Kurierabteil, Patschke und ich. Auf einer Bahre. Wie war noch mal sein Name?«

»Dr. Walter Klingenberg.«

»Was für ein Foto ist in seinem gefälschten Ausweis?«

»Sein eigenes. Was denn sonst?«

»Mit Glatze?«

»Ja«, sagte Florian. »Wir haben es erst mit einer Perücke versucht. Aber das ging nicht. Er sah wie seine eigene Oma aus.«

Tina musste lachen. Sie brauchte ihr Lachen nicht zu verstecken. Martin Weber lachte mit. »Das ist das Vorzügliche an diesem Leben, Fräulein Tina. Selbst die dramatischsten Momente entbehren nicht einer gewissen Komik.«

»Florian«, sagte ich, »so eine Fahndungsliste der Gestapo – wie sieht die aus?«

»Es ist ein dickes Buch.«

»Nur Namen? Oder auch Fotos?«

»In besonderen Fällen auch Fotos.«

»Es war meine Absicht, einen Filzhut zu tragen«, sagte Martin Weber.

»Der nützt nicht viel«, sagte ich. »Was machst du, wenn der Kettenhund verlangt, dass du den Hut abnimmst?«

Martin Weber hob die Schultern. »Ich habe Gift bei mir.«

Florians Gesicht blieb unbewegt.

»Und du?«, sagte ich zu ihm. »Hast du auch Gift in deiner Tasche?«

»Das geht dich einen Dreck an.«

»Junge, überleg es dir genau«, warnte Tina. »Überleg dir, ob du die Reise machen willst.«

Die Sache mit dem Gift brachte die Angst zu mir zurück, und ich sagte: »Es geht nicht. Ich kann die Fahrt nicht machen. Weil ich jeden Tag drehen muss. Bertram hat nicht eine einzige Szene mehr ohne mich.«

»Bertram weiß Bescheid«, sagte Florian. »Er wird sich besaufen und sich irgendein Produktionsauto nehmen, nachts, und in die Dekoration fahren und alles zertrümmern.«

»Und dann?«

»Und dann ganz einfach. Dann werde ich richtiggehend enttäuscht von ihm sein und mich auf die Seite von Wilkenau schlagen und verlangen, dass er sich bei dem Produktionschef entschuldigt, und das wird Bertram auch tun, und dann bauen sie die Dekoration wieder auf, aber das dauert vier Tage, und inzwischen bist du wieder zurück.«

Ich sah den Kranken an, der einmal ein enger Freund meines Vaters gewesen war, und überlegte, was meinen Vater gezwungen hatte, sich von ihm zu trennen.

»Tina«, sagte ich, »wenn wir uns selber retten wollen, müssen wir die Reise machen. Mit meinem Vater hat das nur ganz wenig was zu tun. Aber wir werden Martin We-

ber an die Grenze bringen. Weil sonst keiner von uns
mehr sicher ist. Nicht eine Minute lang.«

Ich war überrascht, weil plötzlich alle schwiegen.

»Die Idee mit dem Kurierabteil ist gut«, sagte ich. »Aber
der Marschbefehl braucht einen ganz besonderen Text.«

»Welchen?«

»Begleitung des bei einem Bombenangriff leicht verletzten Wehrwirtschaftsführers Dr. Walter Klingenberg. Fahrt
von der Reichsjugendführung, Berlin, nach Konstanz und
weiter zu den dortigen kriegswichtigen Betrieben. Alle
Dienststellen werden um Unterstützung gebeten. Eine Hel-
ferin des Roten Kreuzes oder eine Laienhelferin des BDM
ist Herrn Dr. Klingenberg zugeteilt. Sie wird in dem Kurierabteil reisen und sich durch die Bestätigung des Adolf-
Hitler-Schülers August Unrast ausweisen.«

Martin Weber fuhr sich mit zittriger Hand über die Glatze. »Jugend ohne Frohsinn«, murmelte er. »Da ist wohl
kein Platz mehr für die Unschuld des Gemütes.« Seine Augen wurden feucht. »August, wo nimmst du diese Schlau-
heit her?«

Es war Freitag und nur noch ein paar Tage bis Heiligabend. Die Menschen stürmten den Zug. Sie wurden zusammengepresst und in die Abteile geschoben und wogten
hilflos die Gänge entlang. Es stank nach Angst und Zwiebeln und Urin und Brandgeruch und Moder. Und trotzdem war das noch besser, als draußen an den Wagen hängen zu müssen. Entweder nicht mitkommen oder draußen
dranhängen. Festgefrorene Menschentrauben. Auf Trittbrettern. Über Kupplungsstangen. Auf vereisten Dächern
festgezurrt. Wollschalvermummt und blaugesichtig. Front-
urlauber. Flüchtlinge. Frauen, die zu ihren Kindern in die
Landverschickung wollten.

Vom letzten Wagen hatten sie alle fortgejagt. Der letzte Wagen war nur für Verwundete. Für die schweren Fälle. Und für die Kuriere. Am Anhalter Bahnhof hatten noch welche draußen drangehangen, aber nach einer halben Stunde hatte der Zug auf freier Strecke halten müssen, und die Feldpolizei hatte die Leute davongejagt. Einfach in die Nacht hinausgejagt. Ein paar hatten geschrien. Dann waren Schüsse gefallen. Danach ist es still geworden, und der Zug ist weitergerollt.

Martin Weber war in einer anderen Welt. Sein Gesicht sah aus wie tot. Eine lächelnde Maske. Er lag eingewickelt in Decken. Mit einem Kissen unter dem Kopf. Sein Verband war der einzig helle Punkt in dem finsteren Abteil. Martin schlief. Er hatte die ganze Zeit geschlafen, schon als wir ihn auf der Bahre in den Zug tragen mussten, weil Patschke ihm eine starke Schlaftablette in den Mund gestopft hatte. »Wenn er pennt, kann ihn keener wat fragen.«

Wir hockten auf dem Fensterplatz gegenüber, dicht aneinander gedrängt. Ich wollte Tina küssen, aber in der Dunkelheit fand ich nur ihre Nasenspitze. Die war wie Eis. Tina flüsterte: »Du kannst dir nicht vorstellen, wie ich mich fürchte.«

Ich suchte unter ihrer Strickjacke nach ihren Brüsten. Sie legte ihren Kopf an meinen Hals und sagte: »Ich kann dein Herz klopfen hören. Ist das auch die Angst?«

»Möglich«, sagte ich. »Aber man kann ja nicht stundenlang Angst haben.«

Dann küsste sie mich. »Hast du es gern, wenn ich dich küsse?«

»Ja.«

»So wie jetzt? Oder ein bisschen wilder?«

»Egal, wie. Es regt mich furchtbar auf. Kannst du fühlen, wie es mich aufregt?«

»Und wie.«

»Du brauchst mich nur zu küssen, und schon kann ich an nichts anderes mehr denken.«

Sie lachte. »Ich habe einen neuen Namen für dich. August Nimmersatt.«

Ich lachte auch, und der Zug ratterte durch die Nacht.

»Glaubst du, dass wir es hier tun können?«, flüsterte ich.

»Nein.«

»Warum nicht?«

»Sei still.«

»Es ist stockfinster. Und Martin schläft.«

Sie lachte wieder. »Wenn du nicht brav bist, setze ich mich in die andere Ecke.«

»Bleib hier«, sagte ich.

Sie küsste mich lang und wild, und meine Erregung begann zu schmerzen.

»Meine Kugeln tun weh. Wie verrückt. Es ist, als wollten sie zerspringen.«

»Weißt du, was wir machen?«

»Was?«

»Hier. Leg deinen Mund an meinen Hals.«

»So?«

»Ja. So.«

»Und?«

»Wenn der Schmerz richtig groß wird, beißt du einfach zu.«

»Wirklich?«

»Ja. Mir macht das nichts aus. Ich hab das gern.«

Ihre Hand streichelte über mein Haar. Der Schmerz wurde nicht schlimmer, aber ich grub meine Zähne in ihre Schulter und hörte die genagelten Schritte auf dem Gang, und dann rollte die Tür kreischend auf.

»Ausweiskontrolle!«

Der Schreck warf mein Herz nach oben in den Hals. Ich konnte keine Luft kriegen und blieb auf der Bank sitzen.

Der Kettenhund leuchtete mir mit der Taschenlampe in die Augen. »Bedauere außerordentlich, das junge Glück stören zu müssen.« Sein Lachen klang wie Bellen. Dann pfiff er durch die Zähne. »Bist du nich noch was zu jung für Krankenschwestern?«

Ich stand auf. Mein Kopf suchte nach Worten, aber bevor ich welche finden konnte, sprang Tina hoch. »Ich muss Sie bitten, leise zu sein«, zischte sie. »Herr Doktor Klingenberg hat heftige Schmerzen.«

Der Lichtkegel sprang ihr ins Gesicht. Dann wanderte der grelle Schein zu Martin.

»Sieht nicht nach Schmerzen aus, der Mann. Wenn ich mich nicht täusche«, lachte er.

Tina beugte sich über Martin, hob ein Augenlid hoch. »Er hat die Besinnung verloren.« Sie griff nach seinem Puls.

Ich stieg auf die Polster und holte den weißen Blechkoffer aus dem Gepäcknetz. Das rote Kreuz leuchtete im Schein der Taschenlampe.

»Na, denn komm mal mit raus, mein Kleiner.«

Tina drehte mir den Rücken zu. Der Kettenhund wartete auf mich im Gang. Ich zog die Schiebetür leise hinter mir ins Schloss. Die Notbeleuchtung war blau und fahl und machte aus dem Korridor ein lang gestrecktes Aquarium. Schwankend. Ratternd. Zwei uniformierte Fische. Ein grauer. Und ein schwarzer.

»Lass hören, Pimpf.«

»Was?«

»Deine Ausrede.«

»Ich brauche keine Ausrede, Soldat.«

»Sprich mich mit meinem Dienstrang an, Pimpf.«

»Du mich auch, Soldat.«

»Was soll das heißen?«

»Ich bin kein Pimpf.«

»Sondern?«

»Adolf-Hitler-Schüler.«

Er wollte mich an sich heranziehen, wollte sich meine Schulterstücke näher ansehen, aber es machte mich wütend, weil er so an mir zog, und ich schlug ihm meinen Ellbogen in den Magen. Nicht mit voller Wucht. Nur so. Zur Warnung.

Er krümmte sich. »Bist du verrückt?«

»Fass mich nicht noch einmal an, Soldat.«

»Das ist Widerstand gegen die Staatsgewalt. Darauf steht Gefängnis.« Er rieb sich den Magen. Sein Gesicht lief rot an, aber das blaue Licht machte es lila. Auch seine Augen.

»Ihr haltet euch wohl für was Besseres da oben auf eurer Ordensburg, was?«

»Nein«, sagte ich. »Aber wenn uns einer anfasst, bringen wir ihn um.«

Sie hatten es mir beigebracht: Greif an. Warte nicht, bis du angegriffen wirst.

Ich sagte: »Was machst du, wenn du einen Befehl hast, Soldat?«

»Ich verbitte mir diesen Ton, Jungchen.«

»Antworte, Soldat. Was machst du mit dem Befehl?«

»Ich führe ihn aus.«

»Mir geht's genauso. Und niemand kann mich daran hindern. Auch nicht die Feldpolizei.«

Er starrte mich an.

»Wenn du mich daran hinderst, einen kriegswichtigen Auftrag auszuführen, geht's dir dreckig, Soldat.«

Ich zeigte ihm meinen Marschbefehl. Er leuchtete mit

der Taschenlampe auf das Papier. Dann dachte er nach und kratzte sich mit dem Daumennagel über die Lippen und sagte: »Du bist also der Kurier?«

Ich nickte.

»Reichsjugendführung und Kriegswirtschaft. Das passt nicht so recht zusammen.« Sein Atem stank nach vielen Zigaretten. »Wo sind die Ausweise?«

Ich gab ihm alles, was ich hatte. Meinen. Tinas. Und den dritten.

»Warte hier«, sagte der Kettenhund und schwankte den Gang entlang. Sein Abteil war das vorderste in dem Waggon.

In dem Spiegel des dunkelblau gespritzten Fensters schwankte ein Junge hin und her, aber das war wohl ein anderer, und ganz sicher war alles nur ein Traum. Einer von diesen schlimmen Träumen.

Der Kettenhund kam zurück und sagte: »Die Ausweise sind in Ordnung, aber du hättest mich nicht angreifen sollen. Ich werde Anzeige erstatten. Und das mit der Krankenschwester werde ich wohl auch melden müssen.«

»Was gibt es da zu melden?«

»Es gehört sich nicht, aus dem Kurier-Abteil einen Puff zu machen. Auf deiner Ordensburg werden die das nicht gerne hören.« Er lehnte sich mit dem Rücken an das Fenster. »Hör zu, Pimpf, ich könnte mich breitschlagen lassen, den Mund zu halten.« Er gab mir die Papiere. »Es ist spät in der Nacht. Noch zwei Stunden bis Nürnberg. Ich fühle mich sehr einsam in meinem Abteil. Komm mit, und ich lass die Anzeige fallen.«

Aus einer Abteiltür weiter hinten humpelte ein Mann. Ein kräftiger Kerl. Er stützte sich schwer auf hölzerne Krücken. Sein linkes Hosenbein war hochgeklappt und mit einer Sicherheitsnadel unter dem Beinstumpf festgesteckt.

Der Zug fuhr jetzt sehr schnell. Der Wagen schwankte, und der Soldat hatte Mühe mit seinen Krücken.

»Machst du dir wirklich schon was aus Frauen?«, flüsterte der Kettenhund.

Ich steckte die Ausweise in meine Brusttasche.

»Mich kotzen sie an, diese Weiber«, sagte der Graue. »Immer faseln sie von Liebe. Alles Quatsch. Das Einzige, was zählt im Leben, ist Freundschaft. Verstehst du das?«

»Nein.«

»Männerfreundschaft. Auf Biegen und Brechen. Gedeih und Verderb.«

Er hatte den Stahlhelm tief im Gesicht.

»August«, sagte er, »ich hab mir deinen Namen gemerkt. August Unrast.« Er lachte. »Ich glaube, du könntest mir gefallen. Wenn du schlau bist, lernst du von den Philosophen. Weißt du, worauf ich hinauswill?«

»Nein.«

»Wenn du zum Weibe gehst, vergiss die Peitsche nicht.« Er grinste. »Nietzsche. Der hat es gewusst.«

Und dann lehnte er sich plötzlich vor und stützte sich gegen die Wand und griff mir zwischen die Beine. Er flüsterte: »Das hier ist die Peitsche, aber du darfst sie der geilen Krankenschwester da drin nicht geben ...«

Er hatte ein Grinsen in seinem Gesicht und in den lila Augen. Aber er stand wehrlos vornübergebeugt. Aus dem Angreifer war mein Opfer geworden. Ich riss sein Bajonett heraus und schlug den Griff unter das Kinn vor meinen Augen. Der Stahlhelm flog durch die Luft. Das machte ziemlich viel Lärm, und dann krachte der Kerl gegen das Fenster. Die Scheibe ging nicht zu Bruch, aber der Graue knallte mit den Stiefeln hart an die Wände.

Von ganz hinten im Gang kam Männerlachen. Der Einbeinige schob die Krücken unter seine Achselhöhlen.

»Kettenhund!«, brüllte er. »Schwule Sau! Ich lass dich in der Hölle braten. Frag mich mal, wie?«

Der Soldat wurde im Gang hin und her geworfen. Er lachte den ganzen Weg, und als er vor uns stand, sagte er zu dem Grauen: »Schreib deinen Namen auf, Dienstgrad, Einheit, alles.«

»Was soll das, Kumpel?«

»Frag nicht, Kettenhund. Schreib.« Er grinste. »Und wenn du damit fertig bist, schreibst du meinen Namen auf. Und meine Einheit. Dienstgrad. Alles. Und dann schreiben wir beide unsere Unterschriften auf das Blatt Papier. Und das Datum. Und die Nummer dieses Zuges. Und dann geben wir das Papier diesem Knaben hier zur Aufbewahrung. Mit anderen Worten: Wir legen dein Schicksal, Kettenhund, in seine jungen Hände. So 'n Strafbataillon ist der schnellste Weg zur Hölle. Und der Iwan freut sich auf Sackgreifer wie dich. Er brät sie sich zum Frühstück.«

Tina hatte alles mit angesehen. »Ihr habt einen fürchterlichen Lärm gemacht. Da habe ich die Tür einen Spalt weit aufgeschoben.«

Martin schlief.

»Du hast mir Angst gemacht«, sagte Tina.

»Warum?«

»Ich habe dich noch nie so gesehen. Es war, als würdest du ihn töten wollen.«

»Tina, ich fühl mich hundeelend.«

»Das ist der Schreck«, sagte Tina. »Streck dich aus. Leg deinen Kopf in meinen Schoß.«

Ihr Schoß roch erregend gut. Wie Moos im Wald.

»Hast du ihn töten wollen?«, fragte sie.

»Ich weiß nicht. Wahrscheinlich nicht.«

»Junge?«

»Ja?«

»Wer holt uns in Konstanz ab?«

»Ein Krankenwagen.«

»Und wo bringt er uns hin?«

»Zu der Kontaktperson, nehme ich an.«

»Florian nennt nie ihren Namen«, sagte Tina. »Er nennt sie immer nur ›die Dame‹.«

»Sag mal ...«

»Ja?«

»Warum hat der Kerl mir an die Kugeln gefasst?«

Sie lachte. Ich konnte ihr Lachen nicht hören, aber ihr Bauch hüpfte, und sie presste ihre Schenkel fest zusammen.

»Tina, sag, warum?«

»Er wollte dich vernaschen.« Ihre Stimme kam aus der Dunkelheit, die voller Rattern war.

»Es soll Männer geben, die nur Männer lieben«, sagte sie.

»Erzähl mir nicht solche Sachen.«

»Es ist wahr.«

»Wie ist das möglich?«

»Ich weiß auch nicht.« Sie dachte nach. »Bei euch in Sonthofen ... ihr seid nur Jungens ... hat es da nie einer mit dir versucht?«

»Nein. Nie.«

»Schwer zu glauben.«

»Warum?«

»Es heißt, auf Internaten käm das öfter vor.«

»Nicht bei uns. Wirklich nicht.«

»Ich glaub dir ja.«

»Sag mal, wenn ein Mann einen anderen Mann liebt«, flüsterte ich, »wie macht er das?«

»Eine Jongleurin hat es mir mal erzählt. Eine Japanerin.«

»Und?«

»Es hört sich ziemlich verwirrend an.«

»Erzähl.«

»Nein. Schlaf jetzt.«

»Tina?«

»Ja?«

»Ich möchte dir oft sagen, dass ich dich liebe. Glaubst du mir das?«

»Warum sagst du es nicht?«

»Weil ich Angst habe, dass wir uns dann verlieren. Wenn ich es sage, ist es nicht mehr so schön wie ungesagt.«

Sie lehnte sich an die Wand und machte ihre Beine weit auf. Ich streckte mich zwischen ihren Beinen aus. Mein Kopf lag auf ihrem Rock, aber meine Stirn konnte den Mund zwischen ihren Beinen fühlen. Ich nahm mir ihre Schenkel und presste sie fest gegen meinen Kopf, und das war wie Alleinsein mit der Frau. Kein Rattern mehr. Keine Worte mehr. Nur noch das wohlige Strecken ihres Leibes. Und das gemächliche Dröhnen meines Herzens von innen durch meine Ohren. Und dann, endlich, der Schlaf.

Eine Stunde vor Konstanz wachte Martin Weber auf. Auf dem Bahnhof standen vier Lazarett-Autos mit Holzkochern. Unförmige Gebilde. Wie Badeöfen. Es gab kaum noch Benzin, und die Fahrer warfen Holzscheite in die Badeöfen. Wenn genügend Temperatur da war, fuhren sie ab.

Der kleinste der Lazarett-Wagen war für Martin. In die anderen wurden die Verwundeten geladen. Der einbeinige Riese winkte mir mit seiner Krücke zu.

Es war ein herrlicher Wintertag mit blauem Himmel. Die Luft wollte vor lauter Kälte klirren. Die Autoscheiben waren zugefroren.

Tina hauchte ein Loch in das Eis. »Hier stehen noch alle Häuser.«

Martin Weber nahm meine Hand. »Wie ist es gegangen in der Nacht?«

»Gut. Du brauchst dich nicht zu sorgen.«

»Da kommt ein Ortsschild«, sagte Tina. »Staad.«

»Wir sind gleich da«, sagte der Sanitäter. »Hotel zur Barke. Da vorne könnt ihr es schon sehen. Hinter den Kastanienbäumen. Das weiße Haus mit dem Erker.«

»Gott, ist das schön hier«, murmelte Tina.

Der Fahrer hatte sie gehört. »Ja. Direkt am See gelegen. Eigenes Bootshaus. Und ein bisschen Badestrand. Unsereins lassen sie da gar nicht rein.«

»Warum nicht?«

»Das ist nur was für hohe Tiere«, grinste der Sanitäter. »Vom Oberst aufwärts. Parteiführer. Industrielle. Was weiß ich.«

Martin Weber setzte sich auf. Er legte seinen Kopf an Tinas Schulter. »Wir leben in einer Welt, die Dankbarkeit nicht mehr zulassen will.«

»Bitte, seien Sie still«, sagte Tina.

»Ich werde es euch nie vergessen«, sagte Martin Weber.

Es war ein kleines Hotel mit nur acht Zimmern. Die Möbel waren echt. Biedermeier. Barock. Ich kannte mich nicht so genau aus, aber Martin sagte, es sei alles antik, und selbst die Lüster seien nicht aus Glas, sondern aus Bleikristall. Tina tanzte durch die Zimmer. Sie hatte den Schlüssel für die Verbindungstür gefunden und aus zwei Zimmern eines gemacht. Sie wirbelte ihre Walzer über das Parkett, aber dann stand plötzlich eine Frau im Zimmer. Groß und schlank. Fast dürr. Kastanienbraunes Haar. Lang gezogene, dunkle Augen. Eine lange Nase. Die Dame sah südländisch aus.

»Bravo, mein Kleines«, sagte sie. »Sie werden die Herzen der Herren heute Abend im Sturm erobern. Ich gebe ein kleines Fest, und es wäre mir lieb, wenn Sie von Hand zu Hand gehen würden. Natürlich nur beim Tanz.«

Sie lachte. Ihre Stimme war dunkel, und ihr Lachen klang wie Männerlachen. »Selbstverständlich alles ganz in Ehren.« Sie sah mich an. »Unser berühmter Freund, der Komödiant, hat mir von den zarten Banden berichtet, die Zirkus und Ordensburg verbinden.« Sie lachte wieder und streckte Martin ihre Hand entgegen. »Ich bin Hanna Winter und schmeiße hier den Laden.«

»Ich freue mich sehr«, sagte Martin. »Wenn ich mich vorstellen darf ...«

»Nicht nötig, Doktor Klingenberg«, sagte die Dame schnell. »Und falls Sie sonst noch Namen haben sollten, so sind diese ohne jegliches Interesse.«

Sie nahm mich bei der Hand und drehte mich zum Licht des Fensters und sah mich lange an. »Lieber August Unrast. Wie jung Sie noch sind! Mit Abstand der jüngste Kurier, den Berlin bisher geschickt hat. Aber auch der erregendste. Wie ein junger Hengst. Einjährig erst, und doch schon bereit für das große Hindernisrennen, das wir Leben nennen.«

Die Dame lachte wieder dieses Männerlachen. »Liebste Tina, seien Sie unbesorgt. Ich nehme Ihnen den Kleinen hier nicht fort. Allerdings werde ich ihn mir ausleihen müssen. Für kurze Zeit.« Sie ging zum Fenster. »Es ist mein Geburtstag heute.«

»Handkuss!«, rief Martin. »Es wird schwer sein, Blumen aufzutreiben. Aber wir wünschen Ihnen alles nur erdenklich Gute.«

»Danke«, sagte die Dame. »Und bevor Sie sich anderswo erkundigen, sage ich Ihnen gleich, um welchen Ge-

burtstag es sich handelt. Es ist der sechsundzwanzigste. Für
die französische Literatur war die Frau von dreißig eine
Matrone. Sollte diese Ansicht noch Gültigkeit haben, verbleiben mir vier Jahre eines freien, jungen Lebens. Das
Wort ›unbeschwert‹ habe ich mit Absicht fortgelassen.«

»Vorzüglich«, rief Martin Weber. »Ganz exquisit!«

Die Dame sah aus dem Fenster. »Um diese Jahreszeit
senkt sich gewöhnlich starker Nebel über den See. Allerdings erst, sobald die Sonne untergeht, und gegen zehn
Uhr abends ist er dann so dick, dass die Motorboote der
Polizei im Hafen bleiben. Gestern war es so, und für den
Fall, dass es heute Abend wieder so kommen sollte, reisen
Sie bereits heute in das viel gelobte Land. Nichts für ungut,
mein lieber Doktor Klingenberg, aber ich würde Sie gern
so bald wie möglich loswerden.«

Martin lachte und musste husten. Ich ging zum Bett und
schlug ihm auf den Rücken.

»Mein Fischer fährt jeden Abend mit seiner Barke die
Aalreusen ab«, sagte die Dame. »Auch bei Nebel. Er wird
Sie mitnehmen, lieber Doktor, und an seinen Reusen vor-
beirudern und Sie am anderen Ufer absetzen. Dort werden
Sie erwartet.«

Unter dem Dach hingen Eiszapfen von der Farbe der
Kristall-Lüster. Wasser lief an den Zapfen entlang und
blieb unten an der Spitze hängen und wollte sich festfrieren lassen, aber die Eiszapfen hatten keinen Spaß mehr an
dem Wasser. Sie machten dicke Tränen daraus und ließen
die Tränen in den Kies des Gartens fallen.

»Mein Geburtstagsfest ist eine Art von Feuerschutz für
Ihre Abreise, Doktor Klingenberg«, sagte die Dame leise.
»Das Wort Feuerschutz habe ich von meinem Mann gelernt. Er war lange an der Front. Jetzt ist er beim Generalstab. Seine Freunde kommen heute Abend zu dem Fest.

Der Standortkommandant, ein General der Flieger, der Bürgermeister, der Ortsgruppenleiter und so weiter und so fort. Alle mit ihren Damen. Das versteht sich. Vermutlich würden sie lieber ihre Freundinnen mitbringen, denn die Ehegattinnen sind durchweg unerträgliche Sahneziegen.«

Wir mussten alle lachen, aber sie lachte am lautesten. »Wenn Herr Doktor Klingenberg heute Abend sein Glücksboot besteigt, werde ich mit dem jungen Herrn aus Sonthofen einen kessen Tango aufs Parkett legen. Dann werde ich das dringende Bedürfnis verspüren, dem jungen Hengst meine Terrasse zu zeigen und natürlich auch den Blick auf die Lichter der Schweiz, aber weil es so neblig ist, werden wir lange nach den Lichtern suchen müssen. Die Ehegattinnen da drinnen werden sich ihre Schandschnauzen zerreißen und beraten, wer von ihnen meinem Mann per Feldpostbrief über meinen lockeren Lebenswandel berichten soll. Sie haben schon lange einen Namen für mich parat: ›Madonna, die Hure‹.« Sie lächelte. »Es macht mir nichts aus, Ihnen diese Pikanterien gleich bei unserer ersten Begegnung anzubieten. Denn der heutige Tag wird gleichzeitig unsere letzte Begegnung sein. Zumindest möchte ich dies für uns alle hoffen.«

Sie gab Martin eine Zigarette und nahm sich auch eine. »Tina, liebstes Kind, Sie müssen dafür sorgen, dass uns niemand in den Garten folgt. Diese Scheißweiber kommen uns ohnehin nicht nachgelaufen. Dazu sind sie zu feige. Aber sie werden einen ihrer Ehegatten schicken. Und den müssen Sie abfangen, meine kleine Tina. Sie werden ein wenig beschwipst sein und sich den Mann greifen und mit ihm tanzen. Sind Sie dazu bereit?«

»Nicht gern«, sagte Tina.

»Haben Sie ein Abendkleid?«, fragte die Dame.

»Nein.«

»Ich werde mir erlauben, Ihnen eines raufzuschicken. Es wird nicht mehr ganz neu sein, aber passen. Denn vor ein paar Jahren hatte auch ich noch eine Brust wie Sie, mein Kleines. Voll und fest. Und jetzt? Sehen Sie mich an. Nur noch Rippen. Wie die schwarzen Tasten am Klavier.« Sie stieß den Rauch aus ihren Lungen. »Vermutlich werden Frauenbrüste flach, wenn Männer nicht mehr daran weinen.«

Der Saal war weiß und gold und hatte rote Vorhänge vor den verdunkelten Fenstern. Ein Lüster aus Kristall ließ Lichterfunken über die Wände tanzen und machte den Saal so hell, als wären die Wände aus Eis und Schnee. Nur wärmer. Fröhlicher. Glücklicher.

Alle Frauen waren festlich gekleidet. Die Männer hatten ihre Ausgeh-Uniformen an.

Ich müsse auch mal mit den anderen Frauen tanzen, sagte die Dame, aber ich hatte keine Lust dazu und tanzte nur mit Tina. Das Kleid war ihr zu klein und spannte sich ganz eng um ihren Körper. Es war sehr tief ausgeschnitten. Ihre Brüste hoben sich schwer und rund aus der schwarzen Seide. Tina legte beim Walzer ihren Kopf auf meine Schulter und flüsterte in mein Ohr: »Ich habe nichts drunter anziehen können. Hoffentlich sieht das keiner.«

Später zündeten sie die Lichter am Adventskranz an und ließen Sektkorken knallen. Sie sangen:

»Ich freue mich, dass du geboren bist und hast Geburtstag heut.«

Die Dame klopfte an ihr Glas. »Es ist schön, zu wissen, dass man Freunde hat. Es ist schön, zu wissen, dass unsere Truppen siegreich sind. Und es ist schön, zu wissen, dass es einen Führer gibt, der sich um die Zukunft des deutschen Volkes sorgt. Ich trinke auf das Wohl des Führers.«

Sie stießen die Gläser aneinander und riefen: »Auf den Führer!« Der Fliegergeneral stellte sich vor Tina. »Sieg Heil, mein schönes Kind.« Er war ziemlich betrunken. »Diese ganzen Sieger Heiler können mich am Arsch lecken.«

Ich füllte ihm sein Glas und nahm ihm Tina weg. Dann kam die Dame und sagte: »Darf das Geburtstagskind um den nächsten Tango bitten?«

Tina ging zum Koffer-Grammofon und drehte an der Kurbel.

Ich hatte nur einmal eine Stunde Unterricht in Tango gehabt. Die Dame merkte das sofort und übernahm die Führung. Sie presste sich eng an mich und drängte ihren Schenkel zwischen meine Beine und drehte mich zwischen den anderen Paaren hindurch über das Parkett. Ihr Mund roch nach Sekt, und von ihrem Körper stieg ein schweres Parfüm auf, und dann spürte ihr fordernder Schenkel meine Erregung. Sie lächelte. »Danke für das Kompliment.«

Die Dame tanzte mich in die Nacht hinaus. Die Dunkelheit stürzte sich über mich wie ein schweres Tuch. Ich lief hinter dem Silberkleid her, folgte der Dame durch den Nebel und stolperte die Treppen zum Bootshaus hinunter.

Martin Weber lag auf dem Boden der Barke. Er hatte keinen Verband mehr um den kahlen Schädel. »Vergesst mich nicht.«

»Nein«, sagte ich.

»Erzähl deinem Vater nichts von mir.«

Ich nickte. Der Fischer warf einen Haufen Netze über ihn und ruderte davon. Die milchige Wand verschluckte das Boot. Eine kleine Welle schwappte gegen die Mauer. Dann war alles still. Ich dachte, das ist wie ertrunken sein.

Als wäre Martin jetzt ertrunken. Das Wasser nimmt ihn auf, rippelt noch ein paar Wellen, und dann ist nichts mehr da, was dich an ihn erinnert.

Alle tanzten, und die Dame tanzte von Arm zu Arm, aber Tina blieb bei mir. Es wurde viel geraucht. Der Qualm biss sich in meine Augen. Ich wollte nach draußen. Tina lief vor mir her mit diesem unbekümmerten Gang und den geraden Schultern. Sie schwankte ein wenig, weil sie viel Sekt getrunken hatte.

In der Halle hingen eine Menge Mäntel. Tina zeigte auf einen weißen Pelz. »Das ist ein echter Nerz.« Ich legte ihn ihr um die Schultern.

»Fühlt sich an wie reiche Leute«, sagte sie.

Es war gut, draußen in der Nacht zu sein. An der Hauswand lehnte ein Mann. Nach einer Weile kam er durch den Nebel auf mich zu.

»Ich bin der Fischer«, sagte er. »Hast du vorhin mein Gesicht erkannt?«

»Ja«, sagte ich.

»Ich habe die Aale aus den Reusen geholt, aber in dem Nebel habe ich mich verfahren. Deshalb bin ich später dran als sonst.«

»Und?«

»Dein Freund ist in guten Händen«, sagte der Fischer.

Er freute sich. Seine Zähne waren braun.

Wir warfen den Pelz in die Halle. Oben schlossen wir ab. Tina war ziemlich beschwipst, aber das machte nichts.

Sie setzte sich aufs Bett und sah zu, wie ich mir die Uniform auszog. Als ich nackt war, sagte sie: »Mein Gott, wie dürr du bist. Man kann die Rippen zählen.«

Ich zog sie vom Bett. Sie stand stocksteif und biss sich

auf die Lippen wie ein mürrisches Kind. Aber sie ließ sich den Reißverschluss herunterziehen. Das machte mich rasend vor Freude. Und dann streifte ich ihr das Kleid von den Schultern.

Es wurde ein Tanz. Ich legte meine Arme unter ihren Hintern und hob die Tänzerin hoch, und ich hörte ihr Lachen, und ihre Brüste lagen auf meinen Schultern, und ich küsste ihren Bauch und legte sie auf die Kissen.

Diesmal fand ich sie sofort. Sie war heiß und nass und weit offen, aber ich drang nur zögernd in sie ein und wartete auf ihren Schrei. Sie blieb stumm, und ich stieß tief in sie hinein. Dann hob ich sie aus den Kissen. Sie hatte die Augen geschlossen, und ihre Hände fielen fast leblos auf das Bett. Ich klammerte mich an sie und hielt sie in meinen Armen, und die Schönheit des Tanzes von *vorher* wurde zu der Gewalt des *Nun*, und es war herrlich, so unerbittlich sein zu dürfen, und die Stöße meines Leibes waren willkommen, und sie warf ihren Kopf hin und her und gab mir endlich den Schrei.

Ich konnte mir einfach nicht vorstellen, dass es möglich war, glücklicher zu sein.

Wir nahmen einen dieser gelben Post-Autobusse und fuhren am See entlang. In jedem Dorf stiegen Leute ein und aus. Der alte Fahrer holte die Postsäcke vom Dach und schleppte sie in das Postamt, das meistens eine Gaststube war, und wenn er wieder herauskam, hatte er einen ähnlich vollen Sack auf dem Buckel und schleuderte ihn in den großen Gitterraum ganz am Ende des Busses. Neben den Gaststuben waren Holzscheite aufgestapelt, und bei jedem dritten Postamt nahm der alte Mann ein paar von diesen Scheiten und warf sie in den Holzkocher. Dann stapfte er die Füße in dem Schnee herum und wartete, bis genügend Druck auf dem Kocher war, und danach hupte er dreimal und fuhr los.

Es war kalt, aber die Sonne schien durch die Scheiben und wärmte unsere Schultern. Tina hatte richtig rote Backen, so rot wie Äpfel. Das grelle Licht vom Schnee und von dem milchigen Himmel machte den Tag fast weiß, und in dieser ungewohnten Helligkeit waren Tinas Augen befremdlich grün.

Die Augen der Dame konnte ich nicht sehen, denn sie hatte eine Sonnenbrille auf, aber darunter leuchtete ihr Mund, und der war sehr schön. Ständig spielte ein Lächeln um den Mund, und die Lippen waren leuchtend rot angemalt. Die Holzbank in dem Autobus war eigentlich nur für zwei gedacht, aber wir drängten uns aneinander und hatten gut Platz.

»Ihr beide wart gestern Abend erfrischender als der Sekt«, sagte die Dame. »Und prickelnder in eurem Verliebtsein. Ich bin froh, dass ihr mich heute mitgenommen habt. Diese ganze Gegend hier ist wie ein großes Altersheim.«

Wir stiegen in Meersburg aus und stapften durch den Schnee der Gassen und kletterten die steile Burgstiege hoch. Die Sonne schien richtig warm. Die Luft war kalt, aber die Sonne machte uns ganz heiß. Wir hockten uns auf eine Bank und lehnten uns gegen die alte Mauer. Die Frauen knöpften ihre Mäntel und Blusen auf, und wir hielten unsere Gesichter in die Sonne.

Die Dame nahm eine Hand voll Schnee und kühlte ihr Gesicht damit. »Das macht schön braun.«

Ich holte sauberen Schnee für Tina, aber sie schüttelte den Kopf und hielt die Hände schützend vor ihr Gesicht. Sie rutschte von der Bank, warf sich in den Schnee und sah mich an und lachte. Ich warf mich über sie und wusch ihr

Gesicht mit Schnee. Sie schloss die Augen, und ich hielt meine Hände still und wartete darauf, dass sie ihr Gesicht in meine kalten Hände presste.

Dann fiel ein Schatten über uns beide. Die Dame steckte mir einen ganzen Batzen Schnee von hinten in mein Hemd. Ich griff nach ihr und warf sie neben Tina und hörte ihr raues Lachen. Sie wollte auch gewaschen werden, das war klar, und ich presste die Frauen mit meinen Schenkeln aneinander. Sie wehrten sich nicht.

»Wasch mich auch, Junge«, sagte die Dame. »Wasch mein Gesicht.«

Tina nickte.

Die Dame hatte ausrasierte Augenbrauen, und die schwarzen Halbrundstriche ihrer Schminke wurden unter meiner Hand zu grauen Tümpeln, und ich schmierte das Rot der Lippen durch ihr Gesicht, auch über die graue Stirn hinweg, und aus der Frau wurde ein Clown. Es war ein schöner Clown. Ich kannte keinen schöneren. Der Clown sah mich an und leckte mir den Schnee von meinen Fingern. Ich beugte mich über die andere. Ich beugte mich über Tina und küsste sie.

Am Nachmittag liefen wir zwischen den winterdürren Weinreben hindurch und sahen auf den See hinunter. Es lag viel Dunst auf dem Wasser.

Die Dame blieb stehen. »Ein schönes Land. Verschneite Hügel. Ein weiter See. Heimelige Dörfer. Vertraute Gassen. Vertraute Kirchen. Alles ist einem vertraut. Nur die Menschen nicht.«

»Wie meinen Sie das?«

»Schwer zu glauben, dass alles hier angefangen hat. Nicht hier am See. Aber hier im Süden. Der ganze Unfrieden hat hier begonnen.« Sie steckte ihre Hände in die

Manteltaschen. »Nehmt alles nur in allem: München. Eine schöne Stadt. Menschen voller Gemüt. Dennoch hat der ganze Teufelsspuk dort begonnen. Die braunen Hemden und das ganze Geschrei und das Morden. Es will nicht in die Landschaft passen. Aber vielleicht sind es ausgerechnet jene Schafe von der schönsten Weide, die alles niedertrampeln müssen.«

Am Abend ließ sie sich nicht mehr blicken, und auch am nächsten Morgen blieb sie verschwunden. Als ich bezahlen wollte, sagte die alte Dame am Empfang, für mich wäre keine Rechnung da. Sie gab mir einen Brief. Die Handschrift war groß und schön geschwungen. Auf dem gelblichen Blatt standen nur zwei Worte. »Gute Reise.« Die Unterschrift hatte die Dame wohl mit Absicht weggelassen.

Wir nahmen das Postauto und fuhren schon am Morgen die sechs Kilometer nach Konstanz hinein. Alles war friedlich hier. Eine Stadt ohne Trümmer. Vermummte Menschen erinnerten zwar an schwere Zeiten, und verwundete Soldaten erinnerten zwar an Krieg, aber sonst war es ein schöner Sonntagmorgen.

Wir gaben den Rot-Kreuz-Koffer und unsere Taschen bei der Gepäckaufbewahrung ab und rannten in die vereisten Straßen hinaus.

»Glücklich?«, fragte ich.

»Ja sehr. Und du?«

»Ich auch. Wie in den Ferien.«

In der Altstadt waren die Bürgersteige sehr eng. Ich ließ Tina vor mir gehen. Das schwarze Cape reichte ihr nur bis zu den Knien. Jeder Soldat, der uns entgegenkam, drehte sich um und sah ihren langen Beinen nach.

Ich fand es ärgerlich, dass ich in Uniform war, denn überall trafen wir auf Offiziere und Hitlerjungen, und ich musste ständig grüßen.

»Hak dich bei mir ein«, sagte ich. »Wenn du dich bei mir einhängst, brauche ich nicht dauernd zu grüßen.«

Bis zur Abfahrt des Zuges war noch viel Zeit. Wir liefen lange durch die alte Stadt, und plötzlich standen wir vor dem Zaun.

»Das ist die Schweiz«, sagte Tina.

Der Zaun verlief quer über die Straße und hatte obendrauf eine Ziehharmonika aus Stacheldraht. Die Häuser auf unserer Seite des Zaunes sahen ganz genauso aus wie die Häuser auf der anderen Seite. Wir stellten uns ganz dicht an den *Zaun*, denn das war ein schöner Anblick, das Bild da drüben. Das Eis am Boden war das gleiche Eis, und der Himmel sah da drüben auch nicht anders aus, aber die Menschen waren anders. Besser angezogen. Wenn sie miteinander sprachen, stellten sie ihre Einkaufstaschen ab. In den Taschen waren Würste und Obst und langes, dünnes Brot.

»Das sind Baguette«, sagte Tina. »Oh, mein Gott.«

»Was ist?«

»Die haben sogar Apfelsinen.«

Ich sah mich um. »Tina«, sagte ich, »es ist die gleiche Straße und der gleiche Himmel, aber bei uns sieht alles grau aus, und bei denen scheint die Sonne.«

Tina lachte. »Was du für Ideen hast ...«

»Das ist wie im Zoo«, sagte ich. »Wir sind die Tiere in einem riesig großen Zoo. Wir warten darauf, dass sie uns eine Banane durch den Zaun stecken, aber sie tun es nicht. Sie sind die Besucher, aber sie sehen uns nicht mal an. Hast du schon mal Leute gekannt, die in einen Zoo gehen und sich die Tiere nicht mal ansehen?«

»Wenn mir einer eine Banane durch den Zaun stecken würde, ich würde sie nicht annehmen«, sagte Tina.

»Ich schon. Die Banane wäre mir sehr willkommen. Ich habe Hunger.«

»Du hast immer Hunger«, lachte Tina. »Wie machst du das eigentlich in Sonthofen? Kriegt ihr da gut zu essen?«

»Es geht. Meist stopfe ich mir den Bauch mit Kartoffeln voll. Kartoffeln gibt es reichlich.«

Ein kräftig gebauter Kerl in einem hellen Wollmantel kam ganz nah an den Zaun heran.

»Nein, danke«, lächelte Tina. »Wir nehmen keine Bananen.«

Der Mann betrachtete das Hakenkreuz an meinem Arm und spuckte durch den Zaun auf meine Schuhe.

Ich versuchte, nach dem Kerl zu greifen, aber der Draht hatte zu enge Maschen. Auf der Schweizer Seite kam ein Soldat den Zaun entlanggerannt und rief: »Ganget Sie wieter! Es isch nischt geschtattet, sisch so nah an die Grenzmarkierung heranzuschtelle!«

Tina griff nach meiner Hand und zog mich in den grauen Teil der Stadt zurück.

»Sie haben uns den Tag verdorben«, sagte ich.

»Nein«, sagte sie. »Das können sie nicht. Ich lasse das nicht zu.«

Tina wollte unbedingt in eine Kirche, und als wir eine gefunden hatten, tauchte sie ihre Finger in das Weihwasserbecken und bekreuzigte sich.

»Bist du katholisch?«, fragte ich.

»Nein«, sagte sie. »Aber wenn du das Kreuz schlägst, ist es so, als würde sich dir eine Tür öffnen, und du kannst in die Kirche gehen und so wie die anderen sein.«

Vor dem Altar stand ein Mädchen in einem weißen

Kleid mit Schleier. Der Bräutigam war ein Matrose. Ringsum knieten alte Leute. Viele Frauen. Und ein paar Kinder.

»Warum spielt niemand die Orgel?«, fragte Tina. »Zu einer Hochzeit gehört auch eine Orgel.«

»Vielleicht ist der Organist krank«, sagte ich. »Oder an der Front.«

»Ich glaube, es hat was mit Geld zu tun«, sagte Tina.

»Mit Geld?«

»Ja. Bei Beerdigungen ist es genauso. Als ich meine Eltern beerdigt habe, war es genauso.«

»Wie meinst du das, Tina?«

»Es gibt Beerdigungen erster Klasse, zweiter Klasse und dritter Klasse. Sicher ist das bei Hochzeiten ebenso. Wenn dein Geld nur für eine Hochzeit dritter Klasse reicht, bleibt der Organist zu Hause.«

Wir konnten nicht hören, was der Priester sagte, aber dann hörten wir den Gesang der Leute vor dem Altar. Ihre Stimmen klangen dünn. Zwischen den Säulen und den riesig hohen Backsteinwänden ging ihr Gesang verloren.

»Es wird Zeit«, sagte ich. »Wir dürfen den Zug nicht versäumen.«

»Ich würde auch gern heiraten«, sagte Tina. »Aber nur, wenn kein Krieg wäre. Außerdem musst du erst noch großjährig werden. Sonst geht das sowieso nicht. Aber ich würde warten, bis sie es uns erlauben, und dann könnten wir heiraten.« Sie sah mich an. »Es ist sehr dunkel hier, und ich kann deine Augen kaum sehen, aber ich hätte gern gehört, ob du mich heiraten möchtest.«

»Daran habe ich noch nie gedacht, Tina. Und es wird wohl auch nicht gehen.«

»Ich weiß selbst, dass das nicht geht. Aber ich will ja auch nur hören, ob du es überhaupt möchtest.«

»Ja«, sagte ich. »Und vielleicht geht es ja auch irgendwann.«

»Also möchtest du?«

»Ja«, sagte ich. »Ich kann mir kaum was Schöneres denken.«

»Das ist gut.«

Sie griff nach meinem Kopf und küsste mich.

Ein Priester lief durch den Mittelgang und warf entsetzt die Arme in die Luft. Er überlegte, ob er uns den Kuss im Angesicht seines Heilands verbieten solle, ebenso, wie der Schweizer uns das Herantreten an den Zaun verboten hatte, aber dann eilte er in einem großen Bogen um uns herum.

»Ich habe den Satz so gern«, sagte Tina.

»Welchen Satz?«

»Bis dass der Tod euch scheidet.«

Wir rannten zum Bahnhof, ließen uns unser Gepäck geben, rannten auf den Bahnsteig und zwängten uns durch die Menschenmassen, und als wir endlich das Kurierabteil gefunden hatten, rollte der Zug bereits, und der Mann mit der roten Mütze schrie, dass wir zurückbleiben sollten, aber Tina schwang sich auf das Trittbrett und zog mich mit hinauf.

TINA
Heiligabend 1943

Berlin brannte. In den Straßen stank es nach Rauch und nach verbranntem Fleisch.

»Kinder, ich bin stolz auf euch«, sagte Florian und drückte Tinas Hand. »Zirkuskind, ich habe dir viel abzubitten.«

Bei der Ufa war nicht aufgefallen, dass wir weg gewesen

waren. Auch meine Eltern hatten nichts gemerkt. Ich rief sie an, und Mutter sagte: »Bernd ist von der Front gekommen. Sie haben sich den 24. Dezember für die Hochzeit ausgesucht. Elsbeth meint, sie will dir das Standesamt ersparen. Aber am Nachmittag ist ein großes Fest geplant. Falls wir den Mittagsangriff überleben ...«

Wir drehten zwei Tage in der neuen Dekoration. Dann war Heiligabend, und ich brachte Tina mit der S-Bahn nach Biesdorf.

Mein Vater rief: »Junge, du bist groß geworden!« Er presste mich an sich. Ich konnte hören, wie er schluckte. »Wir sehen uns so selten. Wird sich das jemals ändern?«

Mutter zog meinen Kopf zu sich herunter und gab mir einen lauten Schmatz auf den Mund. Sie hatte rote Backen wie ein kleines Mädchen, aber ihre Augen sahen müde aus. Dann sagte sie: »Willkommen, Tina.«

Mutter ging sehr behutsam mit Tina um. Bernd flüsterte mir ins Ohr: »Das macht die Eifersucht. Meine Mutter war genauso, als ich das erste Mal ein Mädchen mit nach Hause brachte.«

Dann kam Opa ins Zimmer gestürmt. Er sah Tina und pfiff durch die Zähne und ging langsam in einem weiten Kreis um sie herum.

»Meeken«, sagte er, »ich bin ein großer Bewunderer von Schönheit. Du hast ein Gesicht wie aus Stein gemeißelt. Eine schlanke Taille. Ein hohes Gesäß. Und einen herrlichen Titt ...«

Oma schlug die Hände vors Gesicht. »Vater!«, rief sie. »Du machst die Kleine ganz verlegen.«

»Unsinn!«, rief er. »Wenn ich jetzt sagen würde, Mutter, du hast einen herrlichen Titt, dann wärest du keineswegs verlegen. Du würdest rüber zu deinem Spiegel laufen und nachsehen, ob ich übertreibe.«

Tina lachte und gab dem alten Mann einen Kuss auf die Backe.

Mittags gab es eine Weihnachtsgans.

»Ich kann mich überhaupt nicht mehr erinnern, wie so was schmeckt«, sagte ich. »Wo habt ihr die denn her?«

»Bernd hat sie aus Rumänien mitgebracht«, sagte Elsbeth.

»Eingetauscht beim Bauern«, sagte Bernd. »Gegen Zigaretten.«

»Alle mal herhören!«, sagte Opa. »Aus Feier des Anlasses werde ich jetzt den neuesten Witz zum Besten geben.«

»Dem Himmel sei Dank«, murmelte Oma, »ich dachte schon, er wollte das Tischtuch wegzaubern.«

»Wie muss die deutsche Weihnachtsgans sein?«, rief Opa. Er sah sich in der Runde um. Alle zuckten die Schultern.

»Keiner weiß es?«

»Nein.«

»Ganz einfach«, rief der alte Eisenbahner. »Fett wie Göring, schnatternd wie Goebbels, braun wie die Partei und gerupft wie das deutsche Volk.«

Bernd prustete den Wein über den Tisch, und alle lachten, und mein Vater sagte: »Wie wahr.«

Abends kamen Nachbarn und Freunde. Wir rollten den Teppich auf, und Mutter setzte sich ans Klavier. Es war ein wenig verstimmt.

Alle wollten mit Tina tanzen. Es war eigentlich üblich, dass erst mal alle Männer mit der Braut tanzten, aber die Kerle scherten sich einen Dreck darum. Sie wollten alle mit Tina tanzen.

Meine Schwester lehnte neben mir an der Wand. »Wie

schön sie ist ... Wo hast du sie nur aufgetrieben?« Sie rief
»Damenwahl!« und holte sich mein Mädchen. Dann tanzten die beiden los, die Braut mit der Fremden. Opa
sprang auf. »Polka, Guste! Spiel mir eine Polka!« Und
dann tanzten wir alle. Wir sprangen durch das Zimmer,
und der Fußboden bebte, und ein paar Bilder fielen von
den Wänden, und der Perpendikel der alten Standuhr
klirrte ständig an die Scheibe seines hochgestreckten Kä-
figs.

Keiner konnte außer Atem kommen, und unser Spaß
hielt nicht sehr lange an, denn plötzlich schrien die Sirenen. Der Tanz kam nicht sofort zu Ende. Wir ließen unser
Lachen fallen und ließen unsere Schultern fallen und
schüttelten die Köpfe.

Oma sagte: »Gott sorgt schon dafür, dass die Bäume
nicht in den Himmel wachsen.«

Im Luftschutzkeller stand ein Weihnachtsbaum. Auf ein
paar alten Gartenstühlen lagen die Geschenke.

»Wir wussten, dass es so kommen würde, und haben
vorgesorgt«, sagte Vater. »Nicht mal am Heiligen Abend
lassen sie uns in Frieden.«

Der Baum hatte kleine, selbst gedrehte Kerzen. Sie zündeten die Kerzen an und schalteten die Kellerbeleuchtung
ab, und der dunkle Raum mit seinen gekalkten Betonwänden sah richtig feierlich aus.

»Unsere Geschenke sind oben in der Wohnung«, sagte
Tina. »Ich hole sie schnell runter.«

Ich wollte sagen, nein, lass mich das machen, es ist zu
gefährlich, aber mein Vater hatte seinen Arm ganz fest um
mich gelegt. Er war sehr stark. Ich hatte das vergessen.
Wie vieles andere auch.

»Heute ist das schönste Weihnachten von allen Weihnachten bisher«, sagte er. »Es ist schön. Weil du zurückgekommen bist.«

Tina nahm eine Taschenlampe und lief durch die Luftschutzschleuse zur Treppe. Ich sah ihr Haar aufleuchten und sah den Schein der Taschenlampe die Wände entlangwandern, und dann sprang das Licht die Treppe hoch, und ich hörte Tinas Schritte, und dann hörte ich das Pfeifen der Bombe.

Anfangs war es leise. Nichts anderes als ein heller Ton. Wie aus den gespitzten Lippen eines Kindes, dem du das Pfeifen beibringen willst und das sich recht dumm anstellt. Dann wurde es lauter, drohend lauter, wurde schrill, wurde zum Schrei, zerriss die Luft, brüllte schrill die Welt in Fetzen. Ich lief zur Treppe, denn ich musste Tina vor diesem tödlichen Schrei schützen, musste mich auf sie werfen und meine Hände auf ihre Ohren pressen, doch unverhofft verstummte der tödliche Schrei. Auf wundersame Weise war es plötzlich still. Nur kurz. Einen Herzschlag lang. Einen Namen lang.

»Tina!«

Dann kam der Tod. Der Schlag. Die Detonation. Das Bersten. Das Beben. Zerfetzte Luft. Zerfetzte Ohren. Zerfetzte Mauern. Ein zerfetztes Leben. Mein zerfetztes Leben. Das Ende der Welt. Das Ende meiner Welt.

Da war ein Sog. Er nahm mir alle Kraft. Dann warf er Staub in meinen Mund. Und in meine Augen. Und schleuderte mich durch die Finsternis. Über Treppenstufen. Gegen eine Wand.

Dann kam das Licht. Herrliches Licht. Hinter dem Licht stand mein Vater.

»Kannst du mich hören, Junge?«

»Ja, Vater, ich kann dich hören. Sind wir tot?«

»Nein, Junge, wir sind nicht tot. Allerdings, die Großeltern ... Es hat sie schwer erwischt. Mutter legt ihnen Verbände an. Bernd hilft dabei. Bist du verletzt, Junge?«

Er steckte die Taschenlampe in seinen Mund und tastete mit den Fingerspitzen über meinen Kopf und meinen Rücken und ließ den Lichtkegel seinen Händen folgen.

»Wo hast du Schmerzen, Junge?«

»Am Hinterkopf. Und hier bei meinen Rippen. Sie sind gebrochen, Vater. Ich kenne den Schmerz vom Boxen. Es ist derselbe Schmerz. Wie Messer in den Lungen.«

»Das sind keine Messer in den Lungen, Junge.«

»Ich weiß, Vater. Ich habe es ja selbst gesagt, es sind nur die Rippen, und ein paar davon sind gebrochen. Die stechen tief nach innen.«

Er leuchtete zur Treppe hin. Der Kegel seiner Lampe kam nicht weit. Licht scheint nur durch Luft. Durch schwarzen Staub kann Licht nicht scheinen.

Er zog mich hoch und wir tasteten uns zur Treppe. Die Stufen waren voller Schutt.

Tina.

Er zog mich an der Schulter zurück, aber ich wollte nach oben.

Tina.

Ich kroch über den Schutt und stieß auf Beton.

»Tina!«

»Sie wird draußen sein, Junge. Wenn wir Glück haben, ist sie davongekommen.«

»Glaubst du?«

»Wir werden nach ihr suchen müssen, Junge. Aber zuerst einmal müssen wir hier raus. Verstehst du das denn nicht?«

»Doch.«

»Hör mir gut zu. Es hängt jetzt alles von uns beiden ab.« Er konnte nicht richtig sprechen, denn der schwarze Staub steckte tief in seiner Kehle. »Komm her zu mir. Ich kann nicht laut sprechen. Aber ich will auch nicht, dass die anderen mich hören.«

Ich kroch zu ihm und legte mein Ohr an seinen Mund.

»Wir sind verschüttet«, flüsterte er. »Die Bombe muss das Haus flach gemacht haben. Das Haus und das Kino. Wir liegen unter dem Schutt. Und der Schutt scheint zu brennen. Sprengbomben und Brandbomben gleichzeitig. Die übliche Sache. Wenn du an die Betondecke fasst, kannst du die Hitze spüren. Wir können von Glück sagen, dass die Betondecke das ausgehalten hat.«

»Und?«

»Bald wird es heiß hier unten werden. Und der Sauerstoff geht zu Ende.« Er hustete. »Ich habe die Schotten untersucht. Auf allen Ausstiegen liegt tonnenweise Schutt. Auf allen. Nur auf einem nicht.«

Er griff nach meiner Hand und zog mich in die Luftschutzschleuse. Seine Lampe leuchtete in einen engen Ausstieg. Im Kegel der Taschenlampe wirbelte schwarzer Staub.

»Siehst du den Staub wirbeln?«, fragte er.

»Ja.«

»Wenn du es auch siehst, muss es stimmen.«

»Was muss stimmen?«

»Durch den Ausstieg kommt Luft zu uns. Sonst würde der Staub nicht wirbeln.«

Er hob mich hoch, und ich krümmte mich in dem Ausstieg zusammen. Es war schwer mit dem Atmen, denn die gebrochenen Rippen wollten sich in meine Lungen stechen, aber ich fühlte etwas kühle Luft in meinem Gesicht, und als der Schmerz vorüber war, lehnte ich den Kopf nach hinten und konnte einen feuerroten Himmel sehen.

»Ich kann den Himmel sehen, Vater«, sagte ich.

»Junge, oh, Junge ...«

Mein Kopf stieß an ein Eisengitter. »Über dem Ausstieg liegt ein Gitter.«

»Ich weiß.«

»Ein paar schwere Brocken liegen auf dem Gitter.«

»Was für Brocken?«

»Schutt. Mauersteine.«

»Kannst du andere Menschen sehen? Rettungsmannschaften?«

»Nein. Nur Schutt und einen roten Himmel.«

»Hör mir gut zu, mein Junge. Links und rechts sind Riegel und Scharniere.«

»Unter dem Gitter?«

»Ja. Das Gitter lässt sich nur nach außen öffnen. Siehst du die Riegel?«

»Ich kann sie fühlen.«

»Zieh sie auf.«

»Sie sind verrostet.«

»Hier ist ein Hammer. Schlag sie auf.«

Ich schlug die Riegel aus den Scharnieren, und dann presste ich meinen Rücken unter das Gitter und stemmte mich hoch. Mit Schmerzen in den Lungen. Mit aller Kraft. Aber ich konnte die Trümmerbrocken nicht bewegen.

Vater gab mir eine Eisenstange. »Schieb die Spitze unter den schwersten Brocken. Bernd ist hier unten bei mir. Er hilft mir beim Stemmen. Mal sehn, ob wir den Brocken nicht wegrollen können.«

Wir stemmten uns gegen das Eisen, aber es nützte alles nichts. Ich sagte: »Es geht nicht.« Aber dann fiel mir Florian ein und sein Satz *Geht nicht – gibt's nicht.* Und ich musste lachen. Es war mir nach allem zu Mute, nur nicht nach Lachen, aber ich konnte nichts dagegen machen. Von unten riefen sie verzweifelt: »Was gibt's da zu lachen?«

Es hat Ewigkeiten gedauert, aber dann kippte der Brocken endlich um. Ich konnte das Gitter mit meinem Rücken nach draußen drücken. Schutt fiel mir ins Gesicht, und der Zementstaub brannte mich blind. Aber die Luft war gut. Sie war voll Asche und Rauch, aber sie war kalt, und ich holte sie hustend in meine Lungen.

Dann räumte ich den Schutt beiseite und machte ein Loch, das groß genug für jeden war, auch für die Verletzten auf den Bahren, und dann kamen die Ersten herausgekrochen, einer nach dem anderen. Vater sah wie ein Fremder aus mit dem Kohlenstaub auf seinen weißen Haaren.

Vor dem flammenden Himmel stand noch die Fassade. An der Fassade hing unser Balkon. Ohne jeden Sinn. Hinter dem Balkon brannte ein Bild. Die Flammen leckten an dem Öl und freuten sich über die Birken zwischen dem Silberrahmen und fraßen alles auf. Alles. Auch das kleine Haus im Hintergrund. Auch den steilen weißen Rauch, der aus dem Schornstein kam. Es war eines dieser schlecht gemalten Bilder, naturalistisch, nichts als Birken und das kleine Haus, aber keine Menschen, und sicher war das so ein Maler, der sich nicht an Menschen rangetraut hat, denn Menschen sind ja schwer und Birken sind leicht, aber dann kam Mutter aus dem Keller gekrochen und zeigte auf das Bild und weinte.

Der Wind war noch träge, aber die Flammen strengten sich an, ihn aufzuwecken. Wenn der Wind erst mal loslegte, dann konnte sich keine Fassade lange halten. Aber es war dann immer noch die Frage, von welcher Ecke seines Himmels der Wind sich erhob und nach welcher Seite er die Fassade umstürzen würde.

Ich wusste nicht, auf welcher Seite der Fassade Tina sein

konnte, und stolperte über die Trümmer und durch die Flammen und rannte um den Berg von Schutt herum und rief ihren Namen.

Menschen hasteten durch die brandhelle Nacht. Die Männer hielten Spitzhacken in den Händen oder Schaufeln, und die Frauen brachten Decken. Ich hörte die Sirenen der Schnellkommandos und war ganz oben auf dem Trümmerberg und konnte sehen, wie sie die Verletzten in die Wagen hoben. Sehr sorgsam taten sie das. Nicht übereilt. Sie hatten es hundertmal geübt.

Ich hastete über Trümmer und fiel über brennende Balken. »Tina!«

Und Frieden auf Erden und den Menschen ein Wohlgefallen. Wo ist denn früher bloß die Treppe gewesen? Ich kann dich nicht finden, Tina. Warum rufst du nicht nach mir? Ich habe Angst, Tina.

Eine Frau kam über die Trümmer geklettert. »Hier ist eine Lampe, Junge.«

»Frieden auf Erden«, sagte ich, »und den Menschen ein Wohlgefallen.« – »Amen«, sagte die Frau.

»Wenn ich den Satz noch einmal höre, werde ich kotzen«, sagte ich. »Ganz egal, wo ich es höre. In der Kirche. Oder am Radio. Wenn ich das noch einmal höre, kotze ich.«

»Du bist verwirrt, Junge. Nimm die Lampe.«

»Was soll ich denn mit einer Lampe? Die Flammen leuchten mir den Weg.«

Ich hob Trümmerbrocken auf und warf sie beiseite und fand einen zersplitterten Stuhl und einen Vorführapparat. Wenn das hier einmal das Kino gewesen ist, dann musste die Treppe da unten sein. Tina. Steh jetzt bitte da unten und wink mir zu und sag, dass alles gut ist.

Draht aus einer verbrannten Matratze griff nach meinem Fuß und hielt mich fest. Ich stürzte über den Schutt und rollte über den Trümmerberg nach unten.

Tina! Du hast auch schon mal Angst gehabt. Um mich. Vor ein paar Tagen. Es *wird niemanden geben, der mir helfen kann, mit dir zu sterben.* Weißt du es noch, Tina? Ich lebe. Also musst du auch leben. Anders geht das gar nicht. Du kannst es nicht außer Acht gelassen haben: *oder der mir sagen kann, wie ich weiterleben soll.*

Weiter wühlten zwei Männer in den Trümmern.

»Hat sie ein grünes Kleid angehabt?«, rief der eine. »Das Mädchen, nach dem du suchst. War ihr Kleid grün?«

Ich konnte mich nicht mehr erinnern, was für ein Kleid sie angehabt hatte. »Ich weiß es nicht.«

»Komm rauf«, rief der Mann. »Hier liegt ein Mädchen in einem grünen Kleid.«

Ich hastete nach oben. Wir hoben einen Balken beiseite, und ich sah, dass es Tina war. Ich fühlte nach ihrer Halsschlagader. Der Puls war schwach.

»Ihre Beine sind zerschmettert«, sagte der Mann. »Sie muss viel Blut verloren haben.«

Wir versuchten, den Eisenträger hochzuheben, der ihre Beine zerschmettert hatte, aber er war zu schwer für uns. Die Männer sagten, sie würden einen Schneidbrenner holen, und stolperten in die Dunkelheit hinaus.

Ich wischte ihr das Blut vom Mund, aber das nützte nichts, denn es floss immer neues Blut aus ihrem Mund, und ich sagte zu ihr, es würde alles noch gut werden und das mit den Beinen, das werden wir schon richten. Ich sagte ihr, dass ich ja da sei und dass ich sie nicht verlassen werde, aber sie dürfe mich auch nicht verlassen. Aber sie hat mich nicht gehört. Ich dachte, wenn ich sie küsse, dann wacht sie ganz bestimmt auf, denn bisher ist sie noch immer aufgewacht, da konnte sie schlafen, so fest sie wollte, aber wenn ich sie geküsst habe, ist sie aufgewacht. Sie hatte die Augen geschlossen, und ich habe sie zuerst auf die Augen geküsst und dann auf den Mund, und ich habe ihre Lippen so lange geküsst, bis kein Blut mehr auf ihren Lippen war, aber sie ist nicht mehr aufgewacht. Dann habe ich gemerkt, dass ihr kalt geworden ist, und habe meine Jacke über sie gedeckt und habe mich neben sie gelegt und habe mein Gesicht ganz fest an ihr Gesicht gepresst und gesagt, dass gleich Hilfe kommt, und vielleicht hört sie mich ja nicht, aber wenn sie mich hört, habe ich gesagt, dann soll sie alle Kraft zusammennehmen und durchhalten, bis die Sanitäter kommen. Wir haben gewartet und gewartet, und ich weiß nicht, wie lange wir gewartet haben, aber die Kerle sind nicht zurückgekommen, und ich habe meine Hände warm gerieben, und als sie ganz warm waren, habe ich meine Hände auf ihr kaltes Gesicht gelegt, und dann habe ich sie noch einmal geküsst, und da habe ich gefühlt, dass sie tot war.

ZWISCHEN DEN JAHREN
Letzte Tage 1943

Ich lief durch den Wald und suchte im Schnee nach unseren Spuren. Tauwetter hatte eingesetzt, und die Spuren waren nur noch runde Löcher.

Abends schlich ich mich in ihr Zimmer und legte mich in ihr Bett. Ich presste ihr Nachthemd auf mein Gesicht und atmete den Duft ihres Körpers ein und nahm mir vor, ganz lange wach zu bleiben und fest an sie zu denken, weil sie dann im Traum zu mir kommen würde, aber ich verfiel sehr bald in einen tiefen Schlaf, und sie ist nicht zu mir zurückgekommen. Selbst in meinem Traum hat sie mich allein gelassen.

Am nächsten Morgen war auch das Zimmer tot. Ein milchiger Weihnachtshimmel machte alles hässlich. Ohne Tinas Lachen war das Zimmer nichts mehr wert. Ich hängte ihre Kleider auf und räumte die Spitzenwäsche in den Schrank. Was ich da in meinen Händen hielt, war keine schöne Seide mehr, sondern nur noch dünner Stoff. Bunte Fetzen. Alles war sinnlos geworden. Und so endgültig. Nichts würde mehr so sein wie früher. Ich schloss behutsam die Tür zu ihrem Zimmer. Und bin nie wieder dorthin zurückgekehrt.

Zwischen den Jahren nahmen wir die Arbeit wieder auf. Es war die 52. Woche, aber die Leute sagten nicht, »52. Woche« oder »letzte Woche des Jahres«. Sie sagten, »zwischen den Jahren«.

Als ich morgens um acht in die Dekoration kam, verstummten die Gespräche. Ein Bühnenarbeiter sagte: »Wir haben davon gehört, Junge, und ich spreche für alle hier, aber wir wissen nicht, was wir sagen sollen.«

Ich nickte. »Man kann nichts sagen.«

Bertram legte mir seinen Arm um die Schulter. »Sollte ich dich nicht lieber nach Hause schicken?«

»Nein«, sagte ich. »Es sei denn, du würdest mich zu Tina schicken.« Er sah mich fragend an.

»Ich habe kein Zuhause mehr«, sagte ich. »Soll ich dir sagen, wo mein Zuhause war? Bei Tina. Ganz egal, wo wir gewesen sind, in welcher Stadt oder an welchem See, oder in welchem Zimmer. Verstehst du mich?«

Bertram nahm mich mit in seine Garderobe und schenkte zwei Gläser Cognac ein. »Ich glaube, wir können das jetzt beide gut gebrauchen.«

Wir tranken den Martell, und ich fühlte, wie alles auf einmal so leer war, tief in mir drin. Dann kam der Schmerz. Das war so ein dunkler Schmerz. Keiner, der wehtut. Sondern einer, der ganz elend macht. Weil alles verloren ist. Das Leben. Das Morgen. Der Sinn. Die Freude. Alles. Ich drehte mich zur Wand und lehnte meine Stirn an die Tapete und wollte das Weinen runterschlucken. Aber es war nichts zu machen. Das Schluchzen schüttelte meinen Körper. Und die Tränen liefen mir über das Gesicht.

Bertram wartete, bis alles vorüber war. Dann sagte er: »Ich glaube, das beste Mittel gegen deinen Kummer ist Arbeit.« Er gab mir sein Taschentuch. »Glaubst du nicht auch?«

Ich nickte. »Also geh und lass dich schminken.«

Ich trank den Cognac.

»Die Szene, die du zu drehen hast ...«

»Was ist damit?«

»Sie ist sehr heiter.«

»Ich weiß.«

»Traust du dir das zu? Ich meine, ausgerechnet heute?«

»Ja«, sagte ich. »Ich möchte die Szene gerne heute noch drehen. Morgen Früh allerdings ...«

»Was ist morgen Früh?«

»Morgen Vormittag kann ich nicht zur Arbeit kommen.«

»Warum nicht?«

»Es ist wegen Tina.«

»Wegen Tina?«

»Ja«, sagte ich. »Sie hat niemanden mehr, der sie begraben kann. Nur noch mich.«

»Willst du, dass wir alle mitkommen?«

»Nein«, sagte ich. »Ich möchte mit ihr alleine sein.«

Am Grab ihrer Eltern hockten zwei russische Kriegsgefangene. Sie trugen diese speckigen wattierten Jacken und hatten Lappen um die Füße gewickelt und stanken nach Knoblauch. Ich nahm ihnen die Spitzhacke ab und den Spaten. Sie setzten sich unter eine Trauerweide und sahen mir bei der Arbeit zu. Der Boden war hart gefroren. Bei jedem Hieb mit der Hacke stach der Schmerz meiner bandagierten Rippen wie Messer durch meinen Brustkorb, aber ich konnte nicht zulassen, dass andere Männer die Erde berührten, mit der ich Tina zudecken wollte.

Im Büro der Friedhofsverwaltung gaben sie mir die Urne und eine Rechnung. Ein Geistlicher kam in das Büro, und ich sagte: »Herr Pfarrer, könnten Sie bitte mit mir kommen und ihr den Segen geben?«

Er sah auf meine Uniform und zog die Augenbrauen hoch.

»Es dauert nicht lange, und Sie brauchen auch keine Rede zu halten«, sagte ich. »Ich möchte nur, dass Sie das Kreuz über ihr schlagen.«

Der Priester sah krank aus. Seine Augen waren gerötet. Krank und stechend, und in den Augen war keine Güte. Er deutete auf die Urne.

»Dies dort stellt einen Verstoß gegen die Glaubenslehre dar«, sagte er. »Wir glauben an die Unsterblichkeit der Seele und an die Auferstehung des Fleisches. Wir haben den Heiland leiblich bestattet, mein Sohn, wir haben ihn nicht verbrannt. Die Heilige Kirche verbrennt ihre Toten nicht.«

»Es waren die Behörden, Hochwürden. Man hat mir die Tote weggenommen, verstehen Sie?«

»Nein.«

»Die Behörden haben sie eingeäschert, ohne mich zu fragen, und außer mir gibt es niemanden mehr, den sie fragen konnten.«

Der Priester dachte nach.

»War die Verblichene eine gläubige Anhängerin unserer heiligen Kongregation?«

»Nein.«

»Nicht?«

Ich schüttelte den Kopf. »Aber sie hat gern ihre Gotteshäuser besucht. Und das Kreuz geschlagen. Sie wollte so wie andere Gläubige sein.«

»Nun wohl. Sehr schön, mein Sohn. Es ist mir jedoch versagt, der armen Seele das letzte Geleit zu geben. Wie gesagt, wir verbrennen unsere Toten nicht.«

Ich ging zum Fenster und deutete auf die Rauchschwaden über der Stadt. »Wie ist es mit Ihren Gläubigen, die dort verbrennen, Hochwürden? Bleibt denen der letzte Segen ebenso versagt?«

Ich stellte die Urne in die kleine Grube und warf bröckelige Erde darüber und drückte die Erde mit meinen Händen fest. Dann ging ich über die Straße zur Friedhofsgärtnerei. Sie hatten nur noch Alpenveilchen. Ich stellte den Topf auf ihr Grab und schlug das Kreuz.

Die beiden Russen schlugen auch das Kreuz und drückten mir die Hand und nahmen ihr Werkzeug und schlurften über den Kiesweg zur Verwaltung.

Ich wartete, bis sie mich nicht mehr hören konnten, und dann sagte ich zu den Blumen: »Tina, das mit der Auferstehung des Fleisches ist so eine Sache, aber an die Unsterblichkeit der Seele glaube ich schon. Nur darfst du bitte nicht traurig sein, wenn ich jetzt nicht mehr hierher komme. Ich stehe nicht gern zwischen Gräbern, wenn ich mit dir reden will.«

Dann sagte ich: »Mir ist das Herz kein bisschen schwer. Wenn die Leute traurig sind, dann sagen sie doch immer:

›Mir ist das Herz so schwer.‹ Bei mir ist das anders. Mein Herz ist leicht. Ich laufe herum, wie betrunken. Wirklich wahr. Ich laufe und arbeite und rede, und alle denken, ich sei hier mit ihnen zusammen, aber ich bin nicht wirklich bei ihnen. Ich bin bei dir. Das ist wie tot sein und trotzdem auf der Erde bleiben.

Tina, die Leute sind wie große Uhren. Sie ticken sich durch die Zeit. Meine Uhr ist stehen geblieben. Mit dir zusammen.«

Und ich sagte: »Deshalb ist mein Herz so leicht. Ich glaube, ich habe keines mehr.«

DOPPELLEBEN
Anfang 1944

Meine Zeit beim Film war zu Ende, und ich musste nach Sonthofen zurück. Florian brachte mich zum Bahnhof. Wir saßen in Mizzis Mercedes.

»Ich schulde dir noch eine Antwort«, sagte Florian. »Du hast einmal wissen wollen, wie es möglich ist, dass ich Hitler bekämpfe und mich gleichzeitig mit ihm fotografieren lasse.«

Er hatte das Fenster einen Spalt weit heruntergedreht. Der Wind wehte ihm die langen weißen Haare durchs Gesicht.

»Nun, das Ganze ist nichts anderes als eine Fassade. Wer mich für einen Freund des Führers hält, wird sich nicht darum kümmern, was ich im Dunkeln treibe.« Er kniff seine Augen zusammen. »Ein Doppelleben. Nicht unähnlich dem Leben, das du jetzt führen musst.«

»Ich weiß«, sagte ich.

»Kaum jemand wird auf Hitlers Ordensburg einen Kontaktmann zum Untergrund vermuten.« Er dachte nach. »Wir Schauspieler nehmen unsere Konzentration zu Hilfe, wenn wir uns etwas einprägen müssen. Die gleiche Konzentration hilft uns beim Vergessen gewisser Dinge. Verstehst du?«

»Nein.«

»Vergiss, was du weißt. Streng dich an, alles zu vergessen. Die Euthanasie. Ossietzky und die KZs. Vergiss alles. Vergiss auch die Geschwister Scholl.«

»Für immer?« Ich zwinkerte ihm zu.

Er gab mir einen Klaps auf den Hinterkopf. »Eines Tages werden wir mit den Mördern abrechnen. Wenn es soweit ist, werde ich es dir sagen.«

Nach einer Weile sagte er: »Mundhalten ist Taktik. Mundhalten rettet dir das Leben. Denk an Moltke: ›Ich weiß, was ich sage. Aber ich muss ja nicht alles sagen, was ich weiß ...‹«

Florian legte mir seine Hand aufs Knie. »Du darfst keinen Fehler machen, Junge. Wenn einer von uns einen Fehler macht, hängen wir alle am nächsten Galgen.«

Der Große Hof schien kleiner geworden. Die Luft roch nach Kühen und nach Bergen. Es war gut, wieder in den Bergen zu sein. Die Stille der Nacht war ungewohnt. Ich wachte oft auf und wartete auf die Sirenen. Aber dann sagte ich mir, dass hier keine Bomben fallen würden.

Auch Paikinger schien kleiner geworden. Seine schwarzen Augen waren noch so stechend wie früher, und er brüllte »Stillgestanden!« und ließ mich in der Kälte stehen. Genau wie früher. Doch Paikinger zählte nicht mehr in meinem Leben. Ich kniff meine Augen zusammen. Ebenso wie Florian. Niemand kann in Augen lesen, die zugekniffen sind.

»Unrast«, sagte er, »ich habe dich nicht zurückerwartet.«
Er legte den Kopf schief. »Antworte, Unrast!«

»Worauf, Stammführer?«

»Auf meine Frage.«

»Du hast mich nichts gefragt, Stammführer.«

Er ging um mich herum. »Das muss ein tolles Leben gewesen sein, da beim Film. Oder?«

»Jawohl.«

»Luxus, was?«

»Jawohl.«

»Glänzend, was?«

»Jawohl.«

»Wie glänzend, Unrast?«

»Ganz ungewöhnlich glänzend, Stammführer.«

»Warum bist du zurückgekommen, Unrast?«

»Die Burg ist mein Lebensraum.«

Er schob sich vor mein Gesicht. »Ist das die Wahrheit,
Unrast?«

Ich machte meine Augen auf. »Stammführer, es gibt
nichts anderes mehr für mich.«

Die älteren Schüler waren jetzt an der Front. Wir vom
Jahrgang 41 zählten neuerdings zu den Senioren.

Ich stellte Tinas Foto zwischen die Schulbücher auf meinem Arbeitstisch, und wenn mir der Kopf schwer wurde,
sah ich mir ihr Lachen an. Die anderen Jungens sahen ihr
Lachen auch. Aber dann kam niemals Post von ihr, und
die Jungens stellten dumme Fragen. Da legte ich Tinas
Bild in die Schublade. Ich brauchte ihr Foto nicht, um
mich zu erinnern.

Sie gaben mir den Bibliothekar als Nachhilfelehrer. Der
Professor begrüßte mich wie einen verlorenen Sohn. »Ich

habe deine Niddener Notizen für dich aufbewahrt, aber dann hast du aufgehört, an mich zu schreiben. Aus den Augen, aus dem Sinn ...«

Er schloss auch sonntags die Bibliothek für mich auf.

Jede Woche kam ein Brief von Mutter. Die Großeltern waren aus dem Krankenhaus gekommen. Ihre Wunden hatten nur sehr langsam heilen wollen. Bald würden sie Berlin verlassen. In Wrexen war es sicherer. Auf kleine Dörfer fielen keine Bomben. Und Wrexen war das Dorf der ersten Tage ihrer Liebe ... Schlimme Nachricht: Bernd war vermisst! Kaum von der Hochzeit an die Front zurückgekehrt – und seitdem vermisst. Elsbeth trägt es mit Fassung ... Die Eltern waren zu Bekannten in ein kleines Haus gezogen. Am Sonnenweg. Jetzt hatten sie endlich wieder ein rechtes Dach über dem Kopf ... Vaters Tanklager war von Bomben getroffen worden und zu siebzig Prozent zerstört. Kalle Wittmann, der alte Kämpfer der SA, war dabei umgekommen ...

Ich nahm jeden Tag Tinas Foto aus meiner Schublade und machte einen kleinen Strich auf der Rückseite des Bilderrahmens. Jeder kleine Strich war ein langer Tag seit ihrem Tod.

Paike ließ mich nicht zur Ruhe kommen. Er befahl mir die Ausarbeitung eines Vertrages. Thema: »Adolf Hitler und der Tag von Potsdam.«

Ich dachte, was für ein gemeines Schwein dieser Paike war und dass ich ihn mir irgendwann mal vom Halse schaffen würde, aber die Sache hatte auch ihr Gutes, denn wer einen Vortrag ausarbeiten musste, hatte Zugang zum Archiv.

Ich las in Dokumenten aus dem Jahr 1933 und musste lachen. Es war dumm, mich das lesen zu lassen, denn ich stieß auf Dinge, die im Klassenzimmer weggelassen werden, verfärbt sind oder mit Parolen zugedeckt.

Ob Paikinger mir eine Falle stellen wollte? Wahrscheinlich. Sei listig, Junge. Schlag den Mann mit seinen eigenen Waffen. Gib ihm, was er hören will. Gib ihm Joseph Goebbels ... Schrieb Goebbels nicht Leitartikel für die SS-Zeitung *Das Reich*?

In einer Ausgabe von 1939 fand ich, was ich suchte. Einen Artikel über Hindenburg, Hitler und Potsdam. Er war voller Lügen. Ich gab den alten Lügen neue Worte, schrieb alles um und hatte meinen Vortrag.

Wie ich nun weiterlas, Seite für Seite, Geschehnis für Geschehnis, fand ich den Text der Weimarer Verfassung. Und den Eid des Führers auf diese Verfassung. Am 30. Januar 1933 hatte er den Eid geleistet. Vor dem Reichspräsidenten Hindenburg.

»Ich schwöre: Ich werde meine Kraft für das Wohl des deutschen Volkes einsetzen, die Verfassung und die Gesetze des deutschen Volkes wahren, die mir obliegenden Pflichten gewissenhaft erfüllen und meine Geschäfte unparteiisch und gerecht gegen jedermann führen.«

In den Dokumenten liest sich's anders. Verbot der Parteien. Reichstagsbrand. Ermächtigungsgesetz. Auflösung des Reichstages.

Ich nahm mir den Text noch einmal vor.

»Die Verfassung wahren ...«

Hitler hatte die Verfassung abgeschafft.

»Die Gesetze des deutschen Volkes wahren ...«

Er hatte die Gesetze willkürlich geändert.

»Gerecht gegen jedermann ...«

Er hatte jedermann, der anderer Meinung oder anderer Rasse war, ermordet, eingesperrt, vernichtet, aus dem Land gejagt.

Ich sah auf die Berge vor den Fenstern und sah auf die verschlossene Tür und wusste, dass der Professor hinter der Tür auf mich wartete, aber ich durfte ja nicht hinauslaufen und mit ihm sprechen. Es gab niemanden mehr, mit dem ich sprechen durfte.

Und dann las ich noch etwas Ungeheuerliches: Beim Tod des Präsidenten hatte er die Reichswehr auf sich vereidigt. Nicht auf Deutschland. Auf sich. Nicht auf das Volk. Auf seinen Namen. Auf Adolf Hitler.

Er hatte seinen Eid gebrochen. Satz für Satz. Wort für Wort.

Ich lief nach draußen und sagte dem Professor, dass ich genug gelesen hätte, und stapfte durch den Schnee beim Tobel. Es war Föhn. Blauer Himmel und Frühlingsluft. Nur im Schatten der Bäume hatte die Luft noch den kalten Biss des Winters.

Es war ein wichtiger Tag in meinem Leben. Es war der Tag, an dem ich mich von meinem Eid befreite. Mit zehn Jahren hatte ich das Gelöbnis abgelegt. Ich wusste noch den Text:

»Ich verspreche, in der Hitlerjugend allzeit meine Pflicht zu tun. In Liebe und Treue zum Führer und zu unseren Fahnen. So wahr mir Gott helfe.«

Wie ich nun durch den Schnee stapfte, da war mein Gelöbnis nichts mehr wert. Einem, der falsche Eide schwört, gelobe ich aus freiem Willen keine Treue. Und die Fahnen sind seine Fahnen. Er hat sie erfunden. Also sind sie auch nichts mehr wert. Und Gott hat mit dem Ganzen sowieso nichts zu tun und kann mir dabei auch gar nicht helfen.

Der Schnee war nass. Ich presste das Wasser heraus und warf den harten Schneeball gegen den Stamm einer Tanne.

Weiß der Himmel, wie Florian das geschafft hatte, aber zu Ostern war ich in München. Das war ein elegantes Hotel, dieses »Vier Jahreszeiten«, und es war wie ein neues Leben, so in der Halle zu sitzen, unter diesem bunten Glas, das lustige Farben in alle Gesichter malte. Ich streckte mich lang aus in diesem schweren Ledersofa, aber dann waren da alle diese Gesichter von Generalen und SS-Führern und eleganten Frauen. Sie sahen mich strafend an, und ich tat ihnen den Gefallen und setzte mich aufrecht in die Sofaecke und legte meine Hände auf die Bügelfalten meiner Hose, und weil ich sie anlachte, lächelten sie zurück. Sie konnten mein fröhliches Gesicht sehen, aber was ich sagte, konnten sie nicht hören, denn ich hatte es mir angewöhnt, zu mir selbst zu sprechen, und es war lebensnotwendig geworden, dabei die Augen zuzukneifen, weil es ihnen dann unmöglich war, in meinen Augen abzulesen, was ich zu mir selber sagte.

In jenem Jahr trugen die Frauen ihre Röcke kurz. Wenn sie sich über den niedrigen Tisch beugten und sich von Florian ein Autogramm geben ließen, konnte ich ihre nackten Schenkel sehen und die Ränder ihrer Seidenstrümpfe, die sich in ihre weißen Schenkel schnitten.

Wir gingen auf die Straße. Ich hörte, wie es taute. Schnee platschte fladenweise von den Dächern auf die Bürgersteige, und in den Regenrohren gurgelte das Wasser.

Florian legte seinen Arm um meine Schulter. Die Leute blieben auf der Straße stehen und starrten ihm ins Gesicht, und ich konnte sehen, wie sie dachten: ›Den kennst du doch, woher kennst du den bloß?‹ Florian nahm seinen Hut ab und winkte höflich zurück und legte seinen Kopf auf meine Schulter.

»Junge – fährst du nochmal für mich nach Konstanz?«

Ich sagte: »Hör zu, Florian, ich bin kaum hier und habe mich auf unser Wiedersehen gefreut, und ich bin wirklich kaum hier, und schon schickst du mich nach Konstanz.«

»Übermorgen kannst du zurück sein. Ich warte hier auf dich. Dann machen wir uns ein paar schöne Tage. Theater. Oper. Ein paar Freunde. Richtig schön.«

»Ich weiß nicht«, sagte ich.

»Doch«, sagte er. »Du musst.«

»Warum?«

»Weil die beiden sonst verloren sind.«

»Es sind zwei?«

Er nickte. »Ein Arzt und ein Tuchhändler. Jedenfalls waren sie das früher mal. Jetzt kommen sie aus Dachau.«

»Warum waren sie in Dachau?«

Florian blieb stehen. »Was soll die Frage?«

»Waren sie im Widerstand?«

»Nein.«

»Was denn?«

Er hob die Schultern. »Sie sind Juden.«

Wir gingen weiter.

»Wie hast du sie da rausgeholt?«

»Blutsbruder«, sagte er, »es ist besser für uns beide, wenn du nicht alles weißt.«

Wir schlenderten die Maximilianstraße entlang. Florian schwieg eine Weile. Dann sagte er leise: »Bisher waren wir der Meinung, dass sie die Juden in KZs getrieben haben, um sie von uns fern zu halten. Um sie dafür zu bestrafen, dass sie nicht arisch sind. Um sie für Hitlers Wehrwirtschaft arbeiten zu lassen. Richtig?«

»Richtig.«

»Maschinenbau, Feinmechanik, Webereien, Straßenbau. Das haben wir geglaubt, oder?«

»Ja. Stimmt das nicht?«

Er hängte sich bei mir ein. »Ich will dir die Wahrheit sagen, aber sie ist grausam. Du darfst nicht stehen bleiben, denn es könnte sein, dass wir beschattet werden. Und das hat immer so was Dramatisches an sich.«

»Du bist vorhin selber stehen geblieben«, sagte ich.

»Ich weiß. Das war ein Fehler. Vielleicht werden wir ja auch von vorn beschattet. Deshalb wäre es besser, wir würden lächeln. Dann denken sie, wir klönen uns eins. Weiter nichts.«

»Gut«, sagte ich. »Wenn du willst, lächle ich, aber jetzt sag mir endlich, was sie mit den Juden machen.«

»Sie werden vernichtet.«

»Was heißt das?«

»Ermordet.« Er zog mich am Ohr. »Du lächelst nicht.«

»Doch. Jetzt wieder. Ich lächle wieder. Erzähle weiter.«

»Sie vernichten alle unsere Juden. Ich meine, nicht nur unsere. Auch die polnischen, französischen, holländischen. Alle, die sie erwischen können. Die Ausrottung einer ganzen Rasse hat begonnen. Ein Volksmord hat begonnen.«

»Das ist nicht möglich.«

»Ja«, sagte er. »In meinen Kopf will das auch nicht rein. Übrigens machen sie es mit den Zigeunern ganz genauso.«

Eine voll besetzte Straßenbahn ratterte vorüber. Menschentrauben hingen außen an den Wagen. Ein paar junge Leute standen auf den Kupplungsstangen.

»Ich kann es mir einfach nicht vorstellen«, sagte ich.

»Ja«, sagte er, »es überschreitet jede Vorstellungskraft. Sie haben die Hölle erfunden. Sie haben eine gewaltige Tötungsmaschinerie erfunden. Willst du hören, wie sie es machen?«

»Ja.«

»Gesunde Männer lassen sie zunächst am Leben. Weil sie Arbeitskräfte brauchen, aber ihre Frauen und die Kinder und alte Leute werden in die Gaskammern getrieben. Wie Vieh auf dem Schlachthof.«

»Gaskammern?«

Er nickte. »Über der Tür steht BRAUSEBAD. Die Opfer müssen ihre Kleider ablegen. Sie glauben, dass sie sich baden dürfen, aber aus den Brauseanlagen strömt giftiges Gas. Kannst du dir die Angst vorstellen? Das Entsetzen? Sie sind verdammt. Die Menschen stürzen zur Tür, wollen heraus, schreien, flehen, betteln. Menschenleiber verkrampfen sich ineinander, werden zu Pyramiden, und draußen stehen die Mörder und beobachten alles durch die Gucklöcher und haben ihren Spaß daran.«

Er sah mich an. »Bleib nicht stehen, Junge. Komm noch ein paar Schritte weiter. Da vorne ist das Theater. Komm noch mit bis zu den Plakaten.«

Sie spielten *Torquato Tasso* und *Die ewige Kette.* Die Oper hatte *Lohengrin* auf dem Programm.

»Tu so, als würdest du dir die Nase putzen«, sagte Florian. »Und lass dein Taschentuch lange vorm Gesicht. Ich möchte nicht, dass jemand dein Gesicht jetzt sieht.«

Ich hatte kein Taschentuch dabei. Florian gab mir seines.

»Das Sterben in den Gaskammern dauert zwischen fünf und fünfzehn Minuten«, sagte er. »Wenn das Schreien aufhört und alle tot sind, holen die Mörder sich die Eheringe von ihren Opfern. Und sie brechen die Goldzähne heraus. Und dann werden die Leichen in große Öfen geworfen und verbrannt. Oft reichen die Öfen nicht aus. Dann werfen sie die Ermordeten in Gruben. Schütten Benzin darüber und verbrennen sie unter freiem Himmel.«

Wir standen lange an der gleichen Stelle. »Jetzt starren wir schon zwölf Minuten auf diese langweiligen Plakate«, sagte

Florian. »Ich habe die Namen meiner Kollegen rauf und runter gelesen, und wenn wir jetzt nicht weitergehen, kann jeder sehen, dass irgendwas mit uns nicht richtig ist.«

Ich sagte: »Gut, lass uns weitergehen, aber ich verstehe nicht, wie du das alles schon lange gewusst hast und trotzdem lächeln kannst.«

»Sieh genau hin«, sagte er. »Es ist kein echtes Lächeln.«

Windböen kamen die Straße entlanggefegt. Florian musste seinen Hut festhalten. Der Wind war ziemlich lau. Trotzdem musste ich mich schütteln. Kälte saß tief in mir. Ich wollte die Hände in die Tasche stecken, aber ich war in Uniform, und Hände in Taschen war verboten.

»Florian?«

»Ja?«

»Ich bin ganz starr.«

Er schwieg.

»Starr. Es gibt kein anderes Wort dafür.«

»Ich weiß, mein Kleiner.«

»Es ist nicht denkbar. Hast du schon mal so was Undenkbares gehört?«

»Nein. Nie.«

»Hat es das auf der Welt schon mal gegeben?«

»Ich kann es mir nicht denken, Junge.«

»Dann gibt es das auch nicht.«

Er legte die Hände auf den Rücken und sah zu den tropfenden Dachrinnen hoch. An der nächsten Ecke lag eine Rauchwolke über Trümmern.

»Florian?«

»Ja?«

»Warum ist mir jetzt nicht übel?«

Seine Augen waren hitzig. Böse. Aber er vermochte noch zu lächeln. »Willst du vielleicht, dass wir jetzt hier in den Rinnstein kotzen, verdammt nochmal?«

Ein Pimpf kam uns entgegen und grüßte. Ich grüßte zurück.

Florian sagte:

»Die Juden tragen ihre Häftlingsnummern auf ihrer Haut. Weißt du das?«

»Nein.«

»Eintätowiert. Innen an den Handgelenken.« Er schnaufte durch die Nase. »Es würde mich nicht wundern, wenn sie uns auch demnächst tätowieren würden.«

»Wer?«

»Die Alliierten. Wenn sie den Krieg gewonnen haben. Dann müssen wir uns alle in einer langen Reihe vor den Tätowierungs-Büros aufstellen und die Handgelenke hinhalten, und dann tätowieren sie ein Wort in unsere Haut.« Er sah mich an.

»DEUTSCHER.«

Vor dem Hotel sagte er: »Was ist wohl endgültiger? Die Vernichtung von Menschen? Oder die Vernichtung des Gewissens?«

REISE MIT ZWEI JUDEN
Ostern 1944

Der Zug rollte aus dem Bahnhof, als es dunkel werden wollte. Es war kein Schnellzug. Er hielt ziemlich oft. Auch auf kleineren Stationen. Aber das Kurierabteil war in einem Kurswagen, und wir brauchten nirgendwo umzusteigen. Nicht umsteigen zu müssen, das war die große Sache! Jeder Bahnhof hatte tausend Augen. Auch nachts. Umsteigen mit Häftlingen war tödlich.

Die beiden sagten kaum ein Wort. Sie waren gut gekleidet. Dunkelblau und dunkelgrau und Nadelstreifen. Westen. Schwarze Hüte, schwarze Socken, schwarze Schuhe. Keine Uhren. Weder an der Kette, noch am Arm. Auch keine Eheringe. Aber das fiel hoffentlich niemandem auf.

Ich stieg auf die Bank und wollte die blaue Birne aus der Fassung drehen, aber sie flüsterten: »Lass nur, mein Guter.«

»Wir sind es gewohnt, bei Licht zu schlafen.«

»In den Baracken ist ständig grelles Licht.«

Sie schliefen immer nur für wenige Minuten. Der Größere der beiden schloss seine Augen nie. Er starrte mich an. Unentwegt.

»Warum?«, fragte ich. Aber er gab mir keine Antwort. Ich stellte mich leise vor ihn hin. »Warum?« Seine Augen waren weit geöffnet, aber er sah mich nicht. Er schlief. Die blaue Birne warf einen toten Schein in seine offenen Augen.

Auf dem Gang standen Menschen. Zusammengepfercht. Wie eine Mauer. Das Wanken des Zuges warf sie hin und her. Eine Frau presste ihr Gesicht an das Fenster zum Abteil, aber sie konnte nicht zu uns hineinsehen. Von der anderen Seite war die blau verdunkelte Scheibe wohl wie ein Spiegel.

Später wurde das Schwanken des Wagens stärker, und dem Mann neben mir rutschte der Hut vom Kopf. Sie hatten ihn kahl geschoren. Nicht so kahl wie Martin Weber. Er wachte auf und griff erschrocken nach seinem Hut. »Großer Gott! Wenn jetzt der Polizist hereingekommen wäre ...«

»Schlafen Sie ruhig weiter«, sagte ich. »Die Tür ist abgeriegelt. Wer hier rein will, muss anklopfen.«

»Du meinst, es kann uns nichts passieren?«

»Passieren kann alles Mögliche, aber sie können uns nicht überraschen.«

Es war eine lange Nacht. Wir wurden oft abgekoppelt und standen auf Abstellgleisen herum, und ich dachte, die Eisenbahner hätten uns vergessen, und wenn uns Stunden später eine Lokomotive abholte und uns an einen neuen Zug dranhängte, wartete ich auf die Nagelstiefel auf dem Gang und auf den Schlag an die Tür: »Ausweiskontrolle!«

Ich dachte, dass es irgendwann mal Schluss sein muss mit der Angst und mit dem Warten auf die Gefahr, und ich wollte gern ein paar Minuten schlafen, aber mit der Angst im Bauch traust du dich nicht, die Augen zuzumachen, und du rollst die Verdunkelung hoch und hoffst, dass es bald hell wird am Himmel, und du fragst dich, ob der Bodensee wohl noch Eis an seinen Rändern hat.

Vielleicht lag es an Ostern, vielleicht war es auch Zufall, aber es krachten keine Nagelstiefel durch den Gang. Zweimal wurde an die Tür geklopft, und beide Male war es eine Schaffnerin. Übermüdet. Aber höflich. »Die Fahrkarten bitte.«

Wir rollten durch den letzten Bahnhof vor Konstanz.

»Junger Freund, wir sind dir sehr zu Dank verpflichtet«, sagte der Große. Und dann meinte er: »Vielleicht überlebt keiner von uns den heutigen Tag. Oder das Ende dieses Krieges. Wir sind alle in Gottes Hand. Jedoch, wenn uns ein langes Leben vergönnt sein sollte, so werden wir von dir berichten, Hitlerjunge.« Er sprach sehr leise. »Wir werden für dich beten. Möge Gott dich die Katastrophe überleben lassen. Denn einer von uns muss die Erkenntnis weitertragen.«

»Welche Erkenntnis?«

»Der Tod ist nicht das schlimmste Übel dieser Welt.« Er legte seinen Mund an mein Ohr. »Es ist die Würde des Menschen, die wir erhalten müssen. Die Würde muss unseren Tod überdauern.«

Der Zug lärmte über Weichen. Wir wurden hin und her geworfen.

»In Dachau gibt es einen Raubtierkäfig«, flüsterte er. »Vier Wissenschaftler waren darin eingesperrt. Monatelang. Sie waren unbekleidet, sogar des Nachts, auch in der Kälte. Sie mussten ohne Decken leben. Die Wachmannschaften hielten sie wie wilde Tiere in dem Käfig und fütterten sie auch auf diese Weise. Mit rohem Fleisch, aber das geschah nicht oft, und wenn, dann ist es wie eine Raubtierfütterung gewesen. Die nackten Bestien schlugen sich um die blutigen Brocken Fleisch. Dann ließen sie die Raubtierfütterung absichtlich ausfallen. Oft wochenlang, und die Männer in dem Käfig fraßen ihre eigenen Exkremente. Sie tranken ihren eigenen Urin, und sie hingen an den Gitterstäben. Wenn sie den anderen zusahen, die zur Arbeit geführt wurden, dann brüllten sie und stöhnten, und ihre bärtigen Gesichter leuchteten in der Kälte, und sie sprangen in dem Käfig herum, befreit, froh, schadenfroh, unsinnig froh, weil sie ja noch am Leben waren ...«

Ich stand auf und riss das Fenster herunter und hielt meinen Kopf in den Fahrtwind.

Der Große stellte sich neben mich. »Wir haben sie umgebracht. Es begann mit einem Aufruhr. Die arischen Häftlinge haben uns mit Kräften dabei geholfen. Als die Wachen abgelenkt waren, sind einige von uns in den Käfig gestürmt.«

Er sah aus dem Fenster. Die Wolken hingen tief über dem See. Auf der Schweizer Seite spiegelten sich die Lichter der Dörfer in den Wolken.

»Wir haben die vier erwürgt«, sagte der Mann. »Mit unseren bloßen Händen haben wir ihnen das Leben genommen.«

»Und ihnen die Würde wiedergegeben«, sagte der andere.

Der Fahrtwind lärmte durch das Abteil. Es war eiskalt. Ich schob das Fenster hoch. In meinen Augen brannte Müdigkeit. Mein Mund war wie rauer Stein. Ich lehnte mich mit dem Rücken an das Fenster.

Der Kleinere der beiden nahm meine Hand. »Die Würde muss unseren Tod überdauern. Verstehst du das?«

Ich nickte.

»Das ist die Erkenntnis«, sagte der Große. »Und ich möchte gern, dass du sie weiterträgst.«

Als wir in Konstanz einliefen, sah ich den Fischer in der Menge auf dem Bahnsteig stehen.

»Es ist wichtig, dass Sie ihn wie einen guten alten Freund begrüßen«, sagte ich. »Aber Sie sind kahl geschoren. Also dürfen Sie Ihre Hüte nicht abnehmen, wenn Sie ihn begrüßen.«

»Gut, dass du das sagst«, meinte der Große. »Wie sollen wir es machen?«

»Entweder umarmen oder ›Heil Hitler‹ rufen«, sagte ich.

»Das heißt sehr viel von uns verlangen«, murmelte er.

»Hören Sie zu«, sagte ich. »Wenn Sie es nicht so machen, wie ich will, steige ich auf der anderen Seite des Zuges aus und verschwinde in der Menge, und dann können Sie selber sehen, wie Sie weiterkommen.«

»Das Bübele hat Recht«, meinte der andere. »Wir müssen es so machen, wie er es will.«

Sie begrüßten den Fischer herzlich. Er schüttelte meine Hand sehr lange. »Das Hotel ist voll besetzt mit Offizieren der SS«, sagte er leise. »Ich bringe die beiden Herren vorläufig in ein anderes Versteck.«

»Wird es Nebel geben in der Nacht?«, fragte ich.

»Nur in den frühen Morgenstunden. Ich rudere die beiden erst in der Frühe über den See.«

Er legte seine Arme um die Schultern der beiden und bugsierte sie durch die wogende Masse von Uniformen. Ausgebombte hockten auf ihren Bündeln. Eine Frau stellte sich auf Zehenspitzen und suchte nach dem einen Gesicht, aber es drängten sich andere Gesichter dem Ausgang zu, und die Frau wartete vergebens.

Die beiden Häftlinge drehten sich nicht noch einmal nach mir um. Ich stand vor dem Fahrplan und sah, dass der einzige Zug zurück erst am Abend ging, und dann fand ich ein Kino. Der Film hatte viel Musik, aber ich hörte nicht mehr, was die Menschen auf der Leinwand sagten. Mittendrin versuchte ich mich zu erinnern, wann mein Zug abfuhr. Aber es war unmöglich, mich zu erinnern, und ich rannte zum Bahnhof und suchte auf Bahnsteig 1 nach der Tafel. Bevor ich sie finden konnte, sah ich die Dame.

»August Unrast«, sagte sie, »ich habe überall nach dir gesucht.« Ich starrte sie an.

Sie lachte. »Ich freue mich auch, dich wiederzusehen, aber du solltest das Anstarren sein lassen. Einsame Frauen an der Heimatfront dürsten nach dem Begrüßungskuss.«

Wie sie so dastand, hob sie sich ab von der Masse der Erschlafften. Von den Verhärmten. Von den Willigen. Von den Besorgten. Von den Mördern.

Im Postauto hielt ich mich an den Schlaufen fest. Wir holperten über das Pflaster und schaukelten durch die Kurven. Ich musste sie festhalten, wenn der Fahrer bremste. An den Haltestellen ließ ich sie nicht los. Sie blieb ganz nah bei mir. Das war gut so. Denn nun war ich etwas weniger allein.

Von der Haltestelle bis zum Hotel waren es nur ein paar Schritte. Sie knöpfte ihren Mantel auf, weil ein warmer Wind vom See her kam. Ich ging neben ihr her. Schweigend. Wir sahen uns nicht an. Wir berührten uns auch nicht mit den Händen. Und spürten trotzdem die Erregung. Es war eine Unruhe. Sie kam von der Frau.

Sie ging langsamer, blieb fast stehen und deutete zum Hotel. »Schade. Wir sind schon da.«

»Ja«, sagte ich, »es graut mir vor den fremden Leuten in der Halle. Und vor den vielen Fragen.« Ich sah den Erker an dem weißen Haus und dachte an Tina.

Die Dame sah mich an. Zum ersten Mal seit damals lachte sie wieder ihr raues Männerlachen.

»Was ist?«

»Aus dem stürmischen, unbeholfenen jungen Hengst vom Winter ist ein empfindsames Rennpferd geworden ...«

Sie ging an dem Hotel vorüber. Neben dem ehemaligen Herrensitz lagen die Stallungen. Jetzt standen keine Pferde mehr in dem Fachwerkhaus, sondern die Limousinen der Offiziere, aber das Pflaster aus runden Steinen war noch da, und die schweren Eisenringe hingen noch immer an den Wänden. Wenn du die Augen zumachtest, konntest du das Schlagen der Hufe gegen die Boxen hören.

Ihre Wohnung lag über den Garagen. Das Wohnzimmer war nicht sehr groß und hatte eine niedrige Decke mit dicken, dunklen Balken. Die Möbel waren elegant wie die Dame selber. Ich sagte ihr das auch.

»Wie schön du Komplimente machen kannst.« Sie lachte. »Die Möbel sind gestohlen.«

»Gestohlen?«

Sie nickte. »Aus französischen Schlössern zusammengetragen. Die Nazis klauen alles, was sie in ihre dreckigen Finger kriegen können.« Als sie das Fenster öffnete, kam laue Luft vom See ins Zimmer. »Hast du gedacht, diese ganze Pracht gehört mir?«

»Ja.«

»Mir gehört nicht mal ein Handtuch hier. Alles, was du siehst, ist im Besitz der Reichsregierung.«

Wie sie so vor mir stand und lachte, war sie wirklich schön, von einer fremdländischen Schönheit, und wir waren allein in ihrem Zimmer, aber ich spürte kein Verlangen mehr nach ihr. Die Unruhe war nicht mehr zwischen uns. Wir sahen uns an und waren nicht mehr befangen.

»Wir sind ein ulkiges Gespann«, sagte sie. »Du mit deiner Scheißordensburg und ich mit meinem Gästehaus für Nazibonzen ...«

HANNA
Ostern 1944

Es war herrlich, mich in ihrer Badewanne auszustrecken und viel Seifenschaum zu machen und mich abzunibbeln. Sie war drüben in ihrem Hotel. Auf dem Sofa lag eine Decke. Ich rollte mich in die Decke und wusste, dass sie mich rechtzeitig wecken würde. Ich spürte die Hitze des Bades in mir und schlief sofort ein.

Als ich aufwachte, versuchte ich mich zu erinnern. Alles war fremd. Die Decke. Die Nacht. Der Raum. Die Finsternis. Ich stand auf und tastete nach einer Lampe und fiel über einen Tisch. Die Lampe ging mit mir zu Boden. Das machte einen Höllenlärm. Im Nebenzimmer ging das Licht an.

»Was ist?«

»Ich wusste nicht, wo ich gewesen bin«, sagte ich. »Wie spät ist es?«

»Vier Uhr früh.«

»Wie ist das möglich? Warum haben Sie mich nicht geweckt? Jetzt habe ich meinen Zug verpasst!«

»Nicht so laut«, lachte sie. »Oder willst du der ganzen Stadt mitteilen, dass du in meiner Wohnung bist?«

Die Tür zu ihrem Zimmer stand weit offen. Eine Lampe mit Kristallen gab nur wenig Licht. Die Dame setzte sich in ihrem Bett auf. Es war ein breites Bett mit vielen Kissen.

»Du versäumst nichts«, sagte sie. »Florian hat angerufen. Er kann nicht in München auf dich warten. Einer dringenden Angelegenheit wegen musste er nach Berlin zurück. Er bittet dich um Verständnis.«

»Sie hätten mich trotzdem wecken sollen.«

»Du hast so fest geschlafen. Ich habe mich gebadet und in der Wanne gesungen und habe aufgeräumt und wollte so gern, dass du aufwachst, aber du hast geschlafen wie ein Toter.«

Ich stellte mich in die Tür zu ihrem Zimmer. »Ist der Fischer zurück?«

»Ja. Seit einer halben Stunde.«

»Und?«

»Es ist alles nach Plan gegangen.«

»Das ist gut«, sagte ich. »Wie viele hat er schon rübergebracht mit seiner Barke?«

»Frag nicht.« Sie zündete sich eine Zigarette an und lachte.

»Warum lachen Sie?«

»Überleg mal.«

»Ich komm nicht drauf.«

»Bist du sehr verschlafen, Junge?«

»Nein. Oder vielleicht doch. Warum?«

»Weil du in meiner Tür stehst und nackt bist und gar nicht merkst, dass du nackt bist.«

Ich musste auch lachen und lief ins Badezimmer und wickelte mir ein Handtuch um die Lenden. Sie verschluckte sich an ihrem Zigarettenrauch. »Endlich lachst du auch einmal.«

Ich kam zurück zu ihrer Tür.

»Schade«, sagte sie.

»Warum?«

»Jetzt siehst du aus wie eine römische Statue, der die Priester ein Feigenblatt angeklebt haben.«

Sie ließ die Asche ihrer Zigarette in eine Kristallschale fallen. Ihr Nachthemd war dünn, nicht durchsichtig, aber dünn. Ihre Brüste zeichneten sich unter dem Stoff ab. Sie waren klein und fest. Nicht so richtig hoch angesetzt. Aber die Spitzen ihrer Brüste pressten sich steil und hart gegen das Hemd.

»Ich weiß, was du jetzt denkst, Junge. Aber du musst es dir aus dem Kopf schlagen.«

»Warum?«

»Damals im Schnee mit Tina, da hätte ich dich verführen wollen. Aber ich glaube, es war nur, weil eure Verliebtheit mich so aufgeregt hat.«

»Ich möchte nicht, dass Sie von Tina sprechen.«

»Gut«, sagte sie. »Ich verstehe das. Ist es dir lieber, wenn ich von meinem Liebhaber spreche?«

»Nein.«

»Ich habe einen. Und er ist ein guter Liebhaber, sehr rücksichtsvoll. Ich habe nicht einmal ein schlechtes Gewissen meinem Mann gegenüber. Aber wenn es mir schon nicht gelingt, meinem Mann treu zu sein, dann muss ich wenigstens versuchen, meine zwei Männer nicht zu betrügen. Es wäre schön, wenn du Verständnis dafür zeigen würdest.« Sie lachte. »Entsetzt dich meine Aufrichtigkeit?«

»Nein«, sagte ich. »Madonna, die Hure.«

»Das ist geschmacklos, Junge!«

»Wieso? Das haben Sie selbst gesagt.«

»Ich weiß das wohl, aber wenn du es sagst, klingt es hässlich.«

Ich ging zum Sofa zurück und wickelte mich in die Decke.

»Florian hat mir angedeutet, dass du sehr verzweifelt bist.« Ich konnte hören, wie sie einen Zug aus ihrer Zigarette nahm. »Ist das wahr, Junge?«

»Weiß nicht.«

»Er sagt, du läufst wie betäubt herum.«

Ich lag da und sagte nichts. Die Unruhe kam zurück. »Bist du einsam, Junge?«

»Ja. Wohl eher einsam.«

»Siehst du«, sagte sie. »Mir geht es ebenso. Mein Mann musste an die Front. Ich war lange allein hier. Jahrelang bin ich ihm treu geblieben. Aber du musst wissen, Junge, dass eine Frau nicht immer nur so für sich sein kann.« Sie richtete sich in ihren Kissen auf. »Schläfst du?«

»Nein.«

»Soll ich dir von den Frauen erzählen?«

»Wenn Sie wollen ...«

»Es ist nicht der Mann und seine Leidenschaft. Das ist es nicht, was einer Frau die Welt bedeutet. Es ist nicht der Liebhaber, der ihr fehlt. Es ist die Anbetung. Weißt du, was ich meine?«

»Nein.«

»Eine Frau braucht nicht schön zu sein, aber sie braucht Männer, die sie anbeten, die ihrer Eitelkeit schmeicheln, sie mit leichten Frivolitäten amüsieren. Die ihr immer wieder sagen, wie schön sie ist. Dann, Junge, wird jede Frau tatsächlich schön, und sie berauscht sich an ihrer Schönheit und fühlt sich reich beschenkt vom Leben und will ihren Reichtum mit anderen teilen, verstehst du?«

»Nein.«

Sie lachte heiser. »Sie will ihren Reichtum einem Mann schenken. Was aber, wenn der Mann in den Krieg geht und lange nicht zurückkommt? Oder sich nicht beschenken lassen will? Schönheit, die niemand sieht und niemand erobern will, ist eine sinnlose Schönheit und verurteilt zum Verwelken.«

Eine Zeit lang war sie still. »Ohne die Liebe verblasst alles im Leben einer Frau«, sagte sie dann. »Ihr Körper, ihre Gewohnheiten, selbst die Erinnerung an glückliche Zeiten.«

Ich stand auf und öffnete das Fenster. Nebel lag tief auf dem See. Ich konnte das Wasser ans Ufer schlagen hören.

Sie tastete schläfrig nach der Lampe. Kristalle hingen wie geschliffene Regentropfen vor ihren Händen. Sie löschte das Licht. »Gute Nacht, Junge.«

»Ich werde nicht schlafen können.«

»Versuche es«, sagte sie. »Draußen wird's schon hell.«

»Trotzdem. Es wird nicht gehen mit dem Schlafen.«

Sie lachte. »Ich weiß, was du willst.«

»Was?«

»Einen Gutenachtkuss.«

Dann hörte sie mich in ihr Zimmer kommen und sagte: »Aber nur, wenn du ein braver Junge bist.« Sie legte ihre Hände auf meine Schultern. »Mein Gott, du bist ja ganz erfroren ...« Ihre Hände liefen meinen Rücken entlang und tasteten über meine Schenkel. Sie lachte rau. »Bist du schon wieder nackt?«

Sie suchte meine Lippen. »Gute Nacht, mein Kleiner.« Meine Lippen waren trocken. Rissig. »Gute Nacht, mein Kleiner.«

Meine Hände streichelten die kleinen Brüste unter ihrem dünnen Hemd. Ihre Knospen wurden hart, aber die

Frau lachte und sagte, dass ich damit aufhören solle, es sei ungewohnt für sie, von einem Knaben bestürmt zu werden, und das machte mich ganz wütend. Es wurde ein Kampf. Ich riss die Decke von ihrem Körper. Sie hörte nicht auf mit diesem Lachen, aber dann setzte ich mich auf sie und griff mit beiden Händen nach dem Ausschnitt ihres Hemdes und riss es in zwei Fetzen. Die Frau schrie auf und lachte. Ich wusste nicht, ob sie sich fürchtete oder ob sie es gern hatte, denn das Lachen und der Schrei waren eins geworden.

Dann lag sie still. Wir waren beide außer Atem. Mein Kopf drehte sich wie ein Karussell. Ihr Mund war blutig-rot und offen. Sie wollte mich von sich stoßen, aber ich presste ihre Hände auf das Bett zurück. Mein Phallus erhob sich über ihren Venushügel. Er hatte sich über das krause schwarze Haar gerieben, aber nun richtete er sich auf, und es schien, als würde er zum Leib der Frau gehören.

Sie hob den Kopf. Es war noch grau im Zimmer von dem Nebel dieses Morgens. Sie starrte auf meinen Phallus zwischen ihren Beinen, und dann presste ich ihre Schenkel mit meinen Knien auseinander und drängte mich ihr mit aller Gewalt entgegen.

»Nein, Junge! Nicht so! Ich will dich nicht!«

Es war ein Rausch. Es war herrlich. Es war einmalig. Ich drang in sie ein. Der Körper unter mir wurde bewegungslos. Starr. Abweisend. Es war ein feindseliger Körper. Ich ließ die Hände der Frau los und griff nach den festen Hügeln ihres Hinterns und presste mich tiefer und heftiger in sie hinein. Ich nahm sie mir so, wie ich sie nehmen wollte. Sie tastete mit ihren Händen über mein Gesicht und stöhnte, ich solle nicht so wild sein, weil ich sie zerbrechen würde, wenn ich nicht aufhörte mit dieser Wildheit, und sie schrie, sie wolle nicht mit Gewalt genommen werden. Die

Worte kamen abgerissen aus ihr heraus, aber ich kümmerte mich nicht um ihre Worte. Ich hatte meine eigenen Worte, die mich quälten, und meine eigene Verzweiflung. Ich konnte nicht mehr denken, und dann liefen die Flammen durch meinen Körper und schossen in den Leib der Frau hinein, und sie warf ihre Beine hoch über meine Schultern und nahm mein Gesicht in ihre Hände und starrte mich an in der grauen Farbe dieses Morgens. Es war ein Irresein in ihren Augen, und dann zerbrach das Irresein. Sie presste mein Gesicht auf ihren Mund, und ihre Lippen suchten nach dem Schweiß auf meiner Stirn und nach dem Schweiß an meinem Hals, und, ähnlich der Verdurstenden, die das Wasser aus dem Sand der Wüste saugt, küsste sie die Nässe der Erschöpfung von meiner Haut.

Ich lag still über ihr. Lange. Als ich sehen wollte, was sie dachte, legte sie ihre Hände auf ihr Gesicht. Sie lag auch ganz still da, aber sie lag unter mir und war das Opfer. Ich wollte aus ihr herausgleiten, denn ich war klein geworden, aber sie murmelte. »Nein. Bleib.« Wundersame Muskeln pressten sich um meine Erschlaffung, aber ich entschlüpfte ihrem Verlangen und streckte mich neben ihr aus und wollte ihre kleinen Brüste streicheln. Doch dann sah ich, dass sie weinte.

Sie stand auf und kam lange nicht zurück. Als ich nach ihr rief, bekam ich keine Antwort. Ich wollte ihr den Morgenmantel bringen und fand sie auf dem Küchenboden hocken. Alles an ihr war schmal. Auch der lange Rücken. Und selbst die Rundung ihrer Hüften hatte etwas Schmales an sich. Etwas Rührendes.

»Hier ist dein Mantel«, sagte ich. »Darf ich dich etwas fragen?«

Sie sah mich an.

»Wie soll ich dich nennen?«

Über ihren Rücken lief ein Schütteln.

»Warum weinst du?«, fragte ich.

Sie senkte den Kopf.

»Warum?«

»Frag nicht.«

Ich strich ihr über den Rücken, wie ich ein Kind streicheln würde. Ich dachte, wie befremdlich es war, dass ich noch nie ein Kind gestreichelt hatte, und dann streichelte ich die Rundungen ihrer Hüften. Sie umklammerte meine Beine und legte ihr Gesicht an meinen Phallus. Als sie meine Erregung an ihrer Wange spürte, nahm sie mir den Morgenmantel ab und breitete ihn über die Fliesen der Küche und kroch auf den dünnen Stoff. Sie legte sich auf den Rücken und wischte sich die Tränen aus dem Gesicht und verschränkte ihre Arme hinter ihrem Kopf und öffnete ihre Beine.

Ich legte mich auf sie, und sie ließ es geschehen. Sie wehrte sich nicht. Sie rutschte im Rhythmus meiner Stöße über die Küchenfliesen und sah mich an und ließ es mit sich geschehen.

»Hör auf«, sagte sie, »es ist hässlich.«

Ich konnte nicht aufhören. Für mich war es herrlich. Die Frau unter mir hatte ein so schönes Gesicht. Es war das schönste Gesicht, das ich mir denken konnte. Und in der Tiefe ihres Leibes war es weit und heiß. Ich wollte in ihr bleiben. Nicht nur jetzt.

Dann spürte ich mein Schwellen in ihrem Leib, und sie sah mich an. Ungläubig. Hitzig. Mit offenem Mund. Sie presste ihre Lippen zwischen meine Lippen und presste ihre Lust in meinen Mund, und dann zerriss mein Leben und floss durch mich hindurch, und die Augen der Frau waren gemartert. Aus ihrem Mund kam ein Wimmern. »Oh, du mein Gott. Mein Gott. Oh, du mein Gott.«

Wir blieben lange so verschlungen. Erstarrt. Das Tier mit dem doppelten Rücken.

Dann wälzte sie mich von sich und stand auf. Sie sah auf mich herunter. Voller Rätsel. Ohne ein Lächeln. Ihre Brüste standen klein und steil in dem langen, mageren Körper.

»Dein Gesicht sieht aus wie Abschiednehmen«, sagte ich.

Sie schüttelte den Kopf und ging ins Bad. Ich stellte mich ans Fenster und sah in den Nebel hinaus. Weit hinter dem Haus, verborgen in einer flachen Ferne, ging die Sonne auf. Sie machte aus dem Nebel eine gelbe Wolke.

Ich legte ein paar Holzscheite in den Kachelofen und brühte Tee für uns auf und klopfte an die Badezimmertür.

»Du hast mir nicht geantwortet«, sagte ich.

»Worauf?«, rief sie zurück.

»Wie ich dich nennen soll.«

Sie lachte dieses raue Lachen. »Nenn mich bei meinem Namen.«

»Hanna?«

»Ja. So dürfen meine Freunde zu mir sagen. Und ab heute auch blonde Knaben, die schöne Schalen tragen, von saftigen Früchten schwer ...« Sie lachte wieder. »Weißt du, wer das geschrieben hat?«

»Nein.«

»Rilke.«

Das Warten wurde mir lang. »Warum bist du so lange da drinnen?«

»Ich mache mich schön für dich.«

»Lass sehen.«

Sie öffnete die Tür. In ihren Haaren steckten Blumen. Ungeordnet. Wild. Bizarr. In ihr Gesicht hatte sie einen lächelnden Mund gemalt. Einen Clownsmund. Und quer über ihren steilen Brüsten stand, mit Lippenstift geschrieben, DANKE.

»Es war sehr schwer, das so zu schreiben«, sagte sie.
»Hoffentlich kannst du es lesen.«

Am Nachmittag liefen wir durch den Regen. Sie hob ihr Gesicht zu den Tannen hoch.

»Niemals ist der Wald schöner als bei so einem Regen«, sagte sie. »Weil es kein kalter Regen ist. Und weil der Boden aufatmet, und weil die Bäume aufatmen. Du kannst es an ihrem Duft spüren.«

»Das hätte ich nie gedacht, dass du die Wälder liebst.«

»Ich liebe sie nicht. Ich habe sie nur gern.«

»Und die Feste? Und die Menschen?«

»Es ist schön, Feste zu feiern, weil du dann ein paar Stunden lang alles vergessen kannst. Aber wenn ich im Wald bin, vergesse ich die Menschen. Wahrscheinlich laufe ich deshalb so gern bei Regen durch die Wälder, denn wenn es regnet, bleiben alle zu Hause, und ich habe den Wald für mich allein. Menschen und Feste, das passt zusammen. Aber viele Menschen und ein Wald, das mag ich nicht.«

»Ich habe dich für einen Stadtmenschen gehalten.«

Sie schüttelte den Kopf. »Du musst noch sehr viel lernen. Keiner von uns läuft mit nur einem Gesicht durch diese unheile Welt. Janus soll zwei gehabt haben. Ich glaube, ich trage mehr als zwei Gesichter auf meinem langen Hals herum.«

»Wer war Janus?«

»Der römische Gott des Anfangs«, lächelte sie. Auf ihrem Lodenmantel standen dicke Tropfen. Ihr Haar war schwer vom Regen.

»Du hast mich heute Vormittag sehr lange allein gelassen«, sagte ich.

»Es ging nicht anders, weil ich mich um das Hotel kümmern musste.«

»Ich weiß«, sagte ich, »und ich erwähne es auch nur, weil ich in deinem Arbeitszimmer nach einem Buch gesucht habe, und da habe ich die vielen Fotos gesehen, die an allen Wänden hängen.«

Sie lächelte.

»Der Offizier ist wohl dein Mann?«

»Ja.«

»Von ihm gibt es nur ein einziges Bild, aber von dem kleinen Mädchen hast du viele Fotos in dem Zimmer.«

»Ja«, sagte sie. »Das ist Marie. Meine Tochter. Sie ist bald fünf Jahre alt. Ich vermisse sie sehr, aber wenn ich die vielen Fotos um mich habe, ist es fast, als wäre sie im Zimmer.«

»Sie hat ganz helle Augen«, sagte ich.

Hanna nickte. »Grün, wie mein Mann, aber die Farbe wechselt. Manchmal sind sie blau. Und was in ihrer kleinen Seele vorgeht, kann ich dir nicht sagen, denn seit achtzehn Monaten habe ich sie nicht mehr gesehen.«

Ein paar Regentropfen waren in ihre Augen gefallen. Sie wischte die Tropfen fort.

»Wundert es dich, dass ich ein Kind habe?«

»Ja.«

»Ich habe kein Kind haben wollen, weil es nicht gut ist, Kinder in diese Welt zu setzen, wenn das Massensterben angekündigt wird. Mein Mann hat im Generalstab gearbeitet, schon damals, 1938. Es war vorauszusehen, dass es Krieg geben würde, aber nach dem Anschluss Österreichs bestand noch Hoffnung, dass Hitler sich besinnt. Ich habe es nicht geglaubt. Ich habe das Töten kommen sehen.«

Sie blieb stehen. »Als du das erste Mal hierher gekommen bist, habe ich dir gesagt, dass ich dich nie wiedersehen möchte. Weißt du noch?«

Ich nickte.

»Und jetzt? Wenn ich die Stunden zusammenzähle, kennen wir uns allenfalls zwei Tage. Dennoch erzähle ich dir bereits aus meinem Leben. Ich vergesse sogar, dass du eigentlich noch ein Knabe bist. Und ich möchte, dass du mir auf der Stelle einen Kuss schenkst.«

Ihre Lippen waren weich, und sie hielt ihre dunklen Augen weit offen.

Als wir weitergingen, sagte sie: »Mein Mann hat mich überredet und hat mir das Kind gemacht, und dann ist er in seinen geliebten Generalstab zurückgefahren. Ich habe ihn nie wiedergesehen.«

»Schwer zu verstehen«, sagte ich.

»Meinst du?«, lächelte sie.

»Ich kann es nicht begreifen, dass ein Mann eine schöne Frau jahrelang allein lässt.«

Sie griff nach meiner Hand. »Dies ist eines deiner sparsamen Komplimente.«

Ihre Hand war kalt. Ich steckte unsere beiden Hände in meine Manteltasche.

»Ich habe Marie am 23. August 1939 zur Welt gebracht«, sagte sie. »Eine Woche später haben unsere Truppen Polen überfallen. Mein Mann hat damals viel mit mir telefoniert, aber er war im Generalstab unabkömmlich. Sie haben ihn nicht einmal zur Taufe fahren lassen.«

»Und dann?«

»Dann habe ich mir einen Liebhaber genommen. Nicht sofort und auch nicht aus Protest, aber doch ziemlich bald.« Ihr tiefes Lachen klang verlegen. »Man darf mich nicht zu lange allein lassen.«

»Das interessiert mich nicht«, sagte ich. »Dein Liebhaber interessiert mich nicht.«

»Jetzt solltest du dich sehen können. Du schaust ganz böse drein, mein kleiner Chouchou.«

Sie wuschelte ihre Hand durch meine Haare.

»Was soll das?«

»Was?«

»Dieses Wort.«

»Chouchou?«

»Ja.«

»Es ist ein französisches Kosewort.«

»Und was soll es bedeuten?«

»Kleiner Kohlkopf.«

Ich fand das Wort komisch. Nicht gut, aber komisch, und sie sagte: »Jetzt sind deine Haare dunkel von dem Regen, doch meist leuchten sie ganz hell, so weiß wie ein Kohlkopf.«

Sie strich mir die Haare aus dem Gesicht. »Heute Morgen war es ganz grau im Zimmer. Erinnerst du dich? Als du mich vergewaltigt hast? Das Licht im Zimmer war ganz grau, aber deine Haare haben geleuchtet.«

»Bitte, hör auf damit«, sagte ich.

»Das ist das erste Mal gewesen«, sagte sie.

»Was?«

»Ich bin noch nie vergewaltigt worden.«

Ich dachte, dass es ein langer Weg nach Hause war. »Erzähl mir von deiner Tochter«, sagte ich. »Wo ist sie?«

»In der Schweiz.«

»Bei wem?«

»Bei einer Freundin. Einer Schweizerin. Wir sind zusammen im Internat gewesen, in Montreux. Das sind unbeschwerte Jahre gewesen. Sie hat einen Schweizer Fabrikanten geheiratet und ich einen deutschen Offizier. Louise hat selbst zwei Kinder. Mit Marie zusammen sind es drei.«

»Warum hast du deine Tochter in die Schweiz gegeben?«

Sie sah mich an. »Es ist mir nicht leicht gefallen, mich von ihr zu trennen. Glaubst du mir das?«

»Ja.«

»Was ist wichtiger für ein Kind?«, fragte sie. »Bei der Mutter leben? Oder in Frieden leben?«

»Ich weiß es nicht«, sagte ich. »Darüber habe ich noch nie nachgedacht.«

Nach ein paar Schritten sagte sie: »Mein Mann denkt, ein Kind sei das Eigentum der Eltern. Er will es nicht wahrhaben, dass Kinder uns nicht gehören. Sie sind nur ein Geschenk auf Zeit.«

»Glaubst du?«

»Ich weiß es«, sagte sie. »Ich bin mir da ziemlich sicher.«

Später genossen wir die Wärme ihres Zimmers. Wir zogen uns aus und rubbelten uns ab und machten Tee mit Rum.

»Hanna«, sagte ich. »Warum hast du das heute Morgen da draufgeschrieben?«

»Was?«

»Mit Lippenstift. Du hast DANKE auf deine Haut geschrieben.«

Sie kam zu meinem Stuhl und kniete sich vor mir nieder und schob das Badetuch von meinen Beinen.

»Wie klein er ist«, sagte sie. »Wie zart. Wie unschuldig. In Hamburg sagen sie: ›Lütt in de Hut, groot in de Wut.‹ Kannst du Platt verstehen?«

»Nein.«

»Frei übersetzt klingt es nicht so schön«, sagte sie. »Aber es ist wahr. Denk nur an heute Morgen. Wie groß er gewesen ist. Und sieh ihn dir jetzt an ... Seine Haut ist wie Samt. Jede Frau möchte eine solche Haut haben. Es gibt keine weichere Haut. Zehn Jahre meines Lebens würde ich dafür herschenken, wenn ich eine solche Haut haben könnte.«

Ihre Hände streichelten meine Schenkel entlang, und ihre Fingerspitzen strichen leise um meine Kugeln herum.

»Jetzt wacht er auf«, sagte sie. »Schau nur, wie er sich streckt und dehnt.«

Ihre Hände jagten Schauer durch meinen Körper. »Lass uns rübergehn. Zum Bett«, sagte ich.

»Nein.«

»Bitte.« Ich warf mich im Stuhl zurück und presste die Augen zusammen und presste die Lippen zusammen: »Hör auf! Ich kann es nicht ertragen!«

»Ist es nicht schön so?«

»Doch. Aber deine Hände ... Nimm sie weg.«

»Bleib still.« Sie legte ihr Gesicht zwischen meine Schenkel. »Sieh nur«, sagte sie, »sieh nur, wie er es nicht erwarten kann.«

Ich sah den Phallus vor ihrem Gesicht. Er schwoll an und drängte seinen Kopf aus seiner Haut heraus. Steil stand er vor ihrem Gesicht. Pulsierend. Wie eine Bestie stand er vor dieser zarten Schönheit. Es war ein befremdliches Bild. Die Bestie gehörte nicht mehr zu mir, und ich musste dieses schöne Gesicht von dem Tier befreien.

»Lass nur«, sagte sie. »Lass ihn nur. Er will zu mir.«

Sie presste ihn an ihr glückliches Gesicht und suchte ihn mit ihrer Zunge und suchte ihn mit ihrem Mund und ließ ihre brennend roten Lippen über ihn gleiten.

Mein ganzes Sein drängte sich in ihrem Mund zusammen. Strahlen liefen zu ihr hin. Aus meinem Kopf. Aus meinem Rücken. Strahlenförmig lief mein Glück zu ihr hin. Mein Körper wollte fort von mir. Wollte sich von dieser Erde lösen, und ich musste nach ihren Schultern greifen, musste ganz still sein, um bei ihr zu bleiben. In ihr. In ihrem Mund.

Dann tanzte ihre Zunge um die pralle Knospe in ihrem Mund und sog und forderte und tastete verhalten nach dem Pulsschlag meines Lebens, und als ich ihr entgegenströmte, griff sie mit beiden Händen nach der Bestie. Sie ließ das Tier zu einer hohen, schlanken Säule werden und trank stöhnend von meinem Glück. Das war wie Leben verschenken. Das war wie ohne Leben sein.

In der Nacht fror der Regen und wurde zu Eis und warf sich an unser Fenster.

»Das ist der Wind«, sagte ich. »Er ist eifersüchtig. Er greift sich die Hagelkörner und wirft sie voller Wut an unser Fenster.«

Sie lachte. »Glaubst du, dass der Wind sehen kann?«

»Ja. Der Wind sieht wohl so ziemlich alles.«

»Dann ist der Wind ganz sicher eine Frau«, sagte sie. »Eine unbefriedigte Frau. Sie sieht uns zu, sieht den Knaben in meinem Bett, den Faun, den jungen Hengst, und das macht sie ganz verrückt vor Eifersucht, wenn sie sieht, wie ich auf allen vieren dem jungen Hengst meinen Hintern entgegendränge und ihn anflehe, dass er mich besteigen soll. Oder wenn ich mich auf ihn hocke und meine Begierde an seinem prallen Schweif reibe, bis der Hengst nicht mehr stillhalten will und um sich keilt und sich in mich ergießt und ich ganz willenlos bin vor Glück und Ermattung. Wenn die Arme dann mit ansehen muss, wie der Faun kein Ende finden kann und mich über das Bett wirft, immer wieder, bis ich ganz von Sinnen bin, dann gerät sie außer sich, wird wütend, will es nicht länger ertragen. Sie will nicht nur Zuschauer sein, und deshalb schleudert sie voller Wut den Hagel gegen unser Fenster.« Sie griff nach ihren Zigaretten. »Damit wäre der Beweis erbracht: Der Wind ist eine Frau.«

»Warum?«

»Ein männlicher Wind würde sich zwischen uns drängen, und ich müsste mich ihm hingeben, wie ich mich dir hingebe. Einem weiblichen Wind hingegen bleibt nichts als der verzweifelte Hagelwurf an unser Fenster ...«

Später saß sie zwischen den vielen Kissen. »Wir haben nur noch knapp vier Stunden.« Der Rauch ihrer Zigarette wurde zu einer fahlen Wolke vor ihrem Gesicht.

»Wir könnten uns von meinem Fischer in die Schweiz rudern lassen«, sagte sie. »Zu Marie. Zu meiner Tochter. Dann würden uns nicht nur Stunden verbleiben, sondern Jahre. So viele Jahre, wie du mich begehrenswert findest.«

Aber dann schüttelte sie den Kopf. »Unsere Flucht ... Sie würde das Todesurteil für meinen Mann bedeuten. Und deine Eltern würden sie auch verhaften. Florian ganz sicher ebenso.« Sie lachte bitter. »Niemand darf mehr an sich selber denken.«

Mein Postauto ging um sechs.

»Es sind nur ein paar Schritte. Ich werde dich nicht hinbringen«, sagte sie. »Alle Leute denken, du bist mein Neffe. Es schickt sich nicht für eine Tante, ihren Neffen morgens um sechs zum Postauto zu bringen.«

Als sie mich küsste, sah sie traurig aus. Es war ein kalter Morgen.

»Es wird sicher sehr schwer für dich werden«, sagte sie. »In Sonthofen.«

»Möglich«, sagte ich. »Aber sobald die Wiesen trocken sind, können wir wieder fliegen. Das wird herrlich. Ich freue mich darauf.«

»Vielleicht wäre es besser, du würdest mich vergessen.«

»Nein«, sagte ich. »Das wird nicht möglich sein.«

PREMIERE
Sommer 1944

Ich saß in dem Kino und sah mir selber zu und suchte in meinem Gesicht dort oben nach der Wahrheit, aber ich konnte sie nicht finden. Welche Wahrheit? Meine? Oder die der anderen? Meine Wahrheit von damals? Oder die von heute? Und was war denn die von heute?

Mein Leinwandkopf bewegte sich vergrößert, vier Meter hoch, gestochen scharf, in Schwarz und Weiß. Ein Kinderkopf. Pausbäckig. Kugelrund. Fröhlich. Unbeschwert. Mit einer hellen Kinderstimme.

Das war nicht ich. Das war ein anderer. Das war der, der ich vielleicht einmal gewesen bin. Damals. Wann? Vor einem halben Jahr? War es nicht länger her? Nein? Damals ... Tina hat damals noch gelebt.

Draußen brannte die Stadt. Damals hatte sie auch gebrannt. Sie hatte wohl nie aufgehört zu brennen. Damals war die Hässlichkeit zugeschneit gewesen, und die Schwärze der Rauchwolken hatte einen tödlichen Kontrast abgegeben. Jetzt waren die Bäume grün, und über den Ruinen streckte sich ein heißer Sommerhimmel, aber die schwarzen Wolken hatten nichts von ihrer Trauer eingebüßt.

Draußen war heller Nachmittag, und der Mittagsangriff war noch gar nicht so lange vorüber, aber drinnen, im Kino, war es wohlig dunkel. Festlich. Fröhlich. Fahnen und Blumen und schöne Kleider und schallendes Lachen. Wenn der Krümel da, der Pausbäckige, auf die Leinwand sprang, dann lachten die Leute. Ich brauchte nur mein Gesicht zu zeigen, und schon lachten sie. Sie wollten lachen. Sie brauchten das Lachen. Was hatten sie denn sonst? Außer ihrem Lachen? Was? »Ich will dir sagen, was sie haben: ein schlechtes Gewissen. Ja. Ganz ohne Frage. Sie haben ein schlechtes Gewissen, denn sie haben alles zugelassen, diese Katastrophe und das Dritte Reich. Es war herbeigewünscht worden, richtiggehend herbeigewählt, und nun wissen sie um ihre Irrung, und sie laufen aus ihren fensterlosen Wohnungen nachmittags ins Kino, und alles, was sie nachmittags noch greifen können, ist ihr eigenes Lachen.«

»Hör auf«, flüsterte Florian. Er legte seinen Arm um meine Schulter und zog mich näher heran. »Du sprichst mit dir selber. Und sagst Sachen, die du nicht sagen solltest ...«

Als der Film zu Ende ging, führten sie uns hinter die Bühne. Die letzten Minuten standen wir neben dem Vorhang. Der Lautsprecher brüllte uns Worte um die Ohren. Florians Worte, Sätze von Karl und meine Witze. Und die Musik. Den Walzer. Es war Tinas Walzer. Sie hatte ihn für sich allein getanzt. In dem Ballsaal. Damals.

Ich sah zur Leinwand hoch, und da tanzte sie, viele Meter über mir und ganz lang gezerrt, und ich wollte sie richtig sehen, nicht so von der Seite und verzerrt. Ich lief auf die Vorbühne hinaus und setzte mich an die Rampe. Die Leute erkannten mich und dachten, das alles gehöre zur Vorstellung, und begannen zu applaudieren. Florian kam auch auf die Bühne, weil er mich wegholen wollte. Die Leute erkannten seine weiße Löwenmähne und sprangen auf. Sie klatschten so laut, dass ich den Walzer nicht mehr hören konnte. Aber Tina war noch da, und es war herrlich, dass ich sie noch einmal sehen konnte. Von jetzt an konnte ich sie immer wieder sehen, denn ich brauchte mir ja nur den Film vorspielen zu lassen, und dann würde sie für mich tanzen.

Tina drehte sich durch den Ballsaal, und das Publikum rief: »Bravo!« Es war, als würde der ganze Jubel Tina gelten. Der Film war noch gar nicht zu Ende, aber der Vorführer kannte sich nicht mehr aus. Er ließ die Lichter angehen im Saal und zog den Vorhang zu vor Tinas Tanz.

Sie brachten ein Mikrofon auf die Bühne, und Florian nahm mich mit sich.

»Ein ungewöhnlicher Filmschluss«, rief er in das Mikrofon. »Aber es sind ja auch ungewöhnliche Zeiten.«

Die Leute lachten.

Sie können dich ganz trunken machen, die Leute und ihr Lachen und der Applaus und das Schulterschlagen und ihr Händeschütteln, und wenn eine alte Frau sagt: »Danke, mein Kleiner, für die schönen Stunden«, dann bist du richtig froh. Und wenn sie sagen, dass sie dein Autogramm haben wollen, dann malst du deinen Namen sorgfältig auf die Programmhefte, die sie dir entgegenhalten.

Der Film lief in zwei Kinos, am Tauentzien und in der Schlossstraße. Wir fuhren ständig hin und her, aber dann kam der Angriff um halb acht, und wir rannten mit dem Publikum rüber zum Bunker am Bahnhof Zoo. Als die Sirenen Entwarnung heulten, kam Patschke vom Telefon zurückgehumpelt.

»Schöne Jrüße von die Amerikaner«, sagte er. »Ihr braucht euch nich mehr zu beeilen.«

»Warum?«, fragte Bertram Weyland. »Was ist?«

»Der janze Tauentzien is ein jroßer Trümmerhaufen. Da loofen heute abend keene Filme mehr ...«

Sie brachten uns in das Ministerium. Am Ende des langen Saales musizierten ein paar alte Leute. Auf vielen Lüstern brannten tausend Lampen. Die Gesichter der Musikanten waren von dem hellen Licht ganz weiß, und die Gesichter der Gäste wirkten ebenso verwaschen. Sie standen wartend vor hellen Marmorwänden. Selbst der Fußboden war aus Marmor. Weißer Marmor. Weiß wie Eis. Du konntest glauben, die Frauen hätten Schlittschuhe unter ihren weiten Kleidern. Lass was spielen, und sie gleiten schnell dahin.

Florians Haare waren so weiß wie der Marmor. Sie leuchteten über seinem roten Gesicht. Er hatte viel getrunken, und deshalb waren auch seine Augen rot. Aber er ging aufrecht, und die Leute merkten ihm nichts an.

Patschke schlug mir von hinten auf die Schulter. »Wenn de 'n Moment Zeit hättest, würde ick dir jerne mit deine verehrungswürdijen Erzeuger bekannt machen ...«

Da standen sie: Mutter, Vater, Elsbeth. Meine Familie. Eine Dreisamkeit. Auf der Suche nach dem verlorenen Sohn.

Martin Weber hatte Recht gehabt: Mutter war eine schöne Frau. Und immer noch so jung. So klein. Ich hatte vergessen, wie klein sie war. Vater hielt ihre Hand. Sie sahen nicht aus, als gehörten sie zusammen. Nach verheiratet sahen sie nicht aus.

»Herr Unrast«, sagte ich. »Darf ich einen kurzen Tanz lang um die Hand Ihrer Frau bitten?«

»Junge, nicht«, sagte sie. »Du machst mich ganz verlegen.« Aber sie war nicht verlegen. Sie war glücklich. Ihre Augen strahlten. Sie legte sich in meinen Arm, und wir tanzten Walzer. Wir waren das einzige Paar. Alle sahen uns zu. Florian verbeugte sich vor Elsbeth und tanzte mit ihr los. Nach einer Weile tanzten eine ganze Menge Paare.

»Sie beneiden mich alle«, sagte Mutter leise.

»Wer?«

»Die Frauen. Sind die Frauen gut zu dir?«

»Nein«, sagte ich. »Nicht alle.«

Sie lachte wieder und klang kokett wie ein junges Mädchen.

»Mutter, ich bin richtig glücklich heute Abend.«

»Man sieht es dir an. Du hast Erfolg, und das tut dir gut. Es kommt alles von Opa.«

»Was kommt von Opa?«

»Deine Schauspielerei. Er kann das auch so gut. Verstehst du, was ich meine?«

»Nein.«

»Nur im Leben. Sonst nicht. Aber im Leben ist er schon ein rechter Schauspieler. Er lügt das Blaue vom Himmel herunter und spielt den Leuten was vor, und alle fallen auf ihn herein.«

Plötzlich rissen sie die Türen auf und rissen die Musik ab. Vier SS-Männer sprangen in den Saal. »Meine Damen und Herren! Der Reichsminister für Volksaufklärung und Propaganda, Herr Dr. Joseph Goebbels!«

Die alten Musikanten spielten den *Preußischen Füsiliermarsch*, und der Mann hinkte in den Saal. Er war so klein wie Patschke, und er hinkte auch wie Patschke, und er hinkte im Rhythmus der Musik. In sein Gesicht war ein breites Lächeln gegraben. Starr. Festgefroren. So kalt wie das Licht. So kalt wie der Marmor. Er ging von Gruppe zu Gruppe und hob den rechten Arm grüßend über seine Schulter. Dann streckte er jedem Einzelnen die Hand entgegen.

Als der Marsch zu Ende war, lag starres Schweigen über den Figuren.

»Wenn ich das gewusst hätte«, flüsterte Mutter. »Ich wäre nicht gekommen.«

»Warum nicht?«

»Mit dem Doktor im gleichen Raum zu sein ...«

»Magst du ihn nicht?«

»Oh, doch!«

»Jetzt hast du ganz rote Backen«, sagte ich.

»Wo ist dein Vater?«

»Da hinten. Neben Florian Menning und Elsbeth.«

Sie lief zu ihm. Ich stellte mich neben Florian. »Siehst du den Pferdefuß?«, murmelte er. »Junge, sei auf der Hut. Wenn er näher kommt, stinkt es nach Schwefel.«

Ich stieß ihm meinen Ellbogen in die Rippen, und er lachte. »Nach Schwefel. Verlass dich drauf.«

Wir standen und warteten und hörten seiner leisen Stimme zu. Als er näher kam, sah er Florian schon von weitem aus den Augenwinkeln an, aber er gab nicht zu erkennen, dass er ihn gesehen hatte.

»Er überlegt, was er zu dir sagen soll«, flüsterte ich.

»Merkst du endlich den Gestank?«, fragte Florian. »Es stinkt nach Schwefel.«

»Florian, bist du betrunken?«

»Und wie!«

»Mein lieber Mann ... Hättest du dich nicht an einem anderen Tag besaufen können?«

»Nein.«

»Warum nicht?«

»Weil ich jeden Tag besoffen bin.«

Mein Vater stand hoch aufgerichtet, soldatisch, wartend, und als Joseph Goebbels an ihm vorbeiging, sah Vater groß aus. Viel größer als an anderen Tagen.

»Seht an, seht an«, sagte Goebbels zu Florian. »Da ist er ja, der Liebling des Volkes, mit dem ich noch ein Hühnchen zu rupfen habe ...«

»Verehrter Minister«, rief Florian mit einem großen Strahlen im Gesicht, »mit Ihnen rupfe ich alle Hühner dieser Welt! Und verspeise sie auch. Keule für Keule! Brust für Brust!«

Er griff mit beiden Händen nach der Hand des Gewaltigen und schüttelte sie. Herzlichkeit stand in sein Gesicht geschrieben. Und Wiedersehensfreude. Aber seine Augen waren zugekniffen.

»Lieber Doktor«, rief er, »bevor wir uns jedoch mit dem Federvieh beschäftigen, fällt mir die glückliche Aufgabe zu, Sie mit meinem jungen Freund hier und mit seiner liebenswerten Familie bekannt zu machen ... Herr und Frau Unrast ... Tochter Elsbeth ... und der Adolf-Hitler-Schüler August Unrast.«

Mutter war ganz verwirrt, als sich der Minister über ihre Hand beugte. Elsbeth brachte einen Knicks zu Stande. Ich drückte die ausgestreckte Hand. Es war eine Frauenhand, zart und schlaff und parfümiert.

»August Unrast«, sagte er, »ich habe mich königlich über dich amüsiert. Ein wahres Naturtalent. Wie schön, dass auf unseren Ordensburgen auch Künstler heranwachsen. Wir werden euch eines Tages dringend nötig haben. Am Ende dieses Krieges wird die alte Garde verbraucht sein. Nach dem großen Sieg werden wir abtreten müssen, lieber Florian Menning, und dann wird diese Generation hier die Ufa leiten müssen. Ich werde nur noch ab und an einmal ein Drehbuch schreiben, und Sie werden vielleicht noch die eine oder andere kleine Rolle spielen dürfen, verehrter Menning, aber die große Wachablösung ist unvermeidbar.«

Seine braunen Augen wanderten von einem zum anderen. Er ließ sich Zeit.

»Wir leben in einer Epoche schicksalhafter Kämpfe. Die Bolschewisten sind zum Generalangriff angetreten. Sie nähern sich unseren Grenzen. Im Westen sind die Alliierten gelandet. Es ist ihnen gelungen, in die Normandie einzudringen. Und unsere italienischen Verbündeten haben die Waffen niedergelegt. Das ist schmählicher Verrat.« Er sah

Florian an. »So soll es denn auch in Künstlerkreisen Duckmäuser geben, die den Sieg unserer Fahnen in Zweifel stellen.«

»Höchst bedauerlich!«, rief Florian.

»Das freut mich zu hören«, lächelte der Minister.

»Das deutsche Volk ist unbesiegbar«, sagte Florian.

Goebbels sah den alten Komödianten nachdenklich an. Er legte den Kopf auf die Seite. Dann liefen seine Augen zu meinem Vater.

»Ich sehe, Sie tragen das Parteiabzeichen«, sagte er. »Alle drei. Vater, Mutter, Tochter. Alle sind Sie in der Partei des Führers ...«

»Jawohl«, sagte mein Vater.

»Darf ich wissen, was Sie beruflich machen?«, fragte der Minister.

»Ich bin der Leiter des Benzintanklagers hier in Spandau«, sagte mein Vater.

»Seit wir den totalen Krieg haben, arbeite ich als Kontoristin beim *Völkischen Beobachter*«, sagte meine Mutter.

»Sekretärin«, sagte meine Schwester, »bei der Organisation Todt.«

»Und Sohnemann ist auf der Ordensburg«, lächelte der Minister. »Sehr schön. Eine deutsche Familie. Im echten Sinne des Wortes.«

»Unbedingt«, rief Florian. »Ganz besonders, wenn man näher hinsieht. Es ist der typische Fall einer deutschen Familie unserer Tage.«

Goebbels legte den Kopf wieder schief. Seine Augen wanderten prüfend über Florians Gesicht. »Ich möchte das Federvieh doch lieber gleich mit Ihnen rupfen, mein guter Menning.«

»Nur zu, verehrter Minister«, sagte Florian. »Denn wo das Strenge mit dem Zarten ... wo Starkes sich und Mildes paarten ... da gibt es einen guten Klang.« Er grinste. »Friedrich von Schiller, wenn ich mich nicht irre.«

Goebbels wischte den Satz mit einer kleinen Bewegung seiner Hand beiseite. »Wie undankbar Sie doch sind. Da lasse ich Ihnen eine richtige Charakterrolle schreiben und sende Ihnen auch noch ein handgeschriebenes Billet, in dem ich Sie höflich bitte, den Sekretär Levy in *Jud Süß* zu spielen, und Sie lehnen ab. Lassen mich im Stich. Warum wohl ...?«

»Ich bin kein Freund der Juden«, sagte Florian. »Und so ist es mir zutiefst zuwider, einen dieser Artgenossen darzustellen.«

»Stimmt nicht«, stellte der Minister fest. »Sie haben den Shylock gespielt. Und den Nathan ... Sind das nicht auch Juden?«

»So sei es drum, verehrter Herr Minister«, sagte Florian. »Bei Ihnen kommt halt niemand um die Wahrheit herum ...«

Ich spürte, wie mir die Hände nass wurden.

»Es ist mir nicht gegeben, unsympathische Rollen zu spielen, Herr Minister. Meine Eitelkeit lässt das nicht zu. Mein Selbstbewusstsein stemmt sich dagegen.«

»Und der Shylock?«

»Von mir dargestellt, verlor er seine üble Maske. Der Führer selbst hat es mir vorgeworfen. Sie sind dabei gewesen. Erinnern Sie sich?«

Goebbels nickte.

»Frank und frei, lieber Doktor: Ich kann spielen, was ich will. Es kommt immer eine sympathische Figur dabei heraus. Und das kann beim *Jud Süß* kaum Ihre Absicht gewesen sein ...«

Goebbels lächelte. »In der Tat«, sagte er. »Ein außergewöhnlicher Fall von Selbstbewusstsein.«

Dann gab er uns allen noch einmal seine Frauenhand und hinkte davon.

»Riech jetzt bloß nicht an deiner Handfläche«, murmelte Florian. »Sonst wird dir schlecht.«

»Parfüm?«

»Schwefel.«

DAS ATTENTAT
20. Juli 1944

Mutter war wie ein kleiner Vogel. Die wenigen Tage, die ich bei ihr blieb, füllte sie mit ihren Liedern.

Vater sagte:

»Morgen, wenn du wieder weg bist, wird sie wieder still sein.« Er sah auf meinen Marschbefehl. »Sie schicken dich zur Erntehilfe?«

Ich nickte. »In ein kleines Dorf. Nicht weit vom Bodensee.«

»Du scheinst dich richtig darauf zu freuen«, sagte er.

»Ja. Sehr sogar.«

Es war Hanna, auf die ich mich freute. Aber das sagte ich ihm nicht.

Auf dem Weg zu Florian sah ich die Panzer. Ich hatte abends die S-Bahn genommen. Zwischen Friedrichstraße und Zoo stürzten die Leute plötzlich an die Fenster. Das Regierungsviertel war abgesperrt. Überall standen Panzer.

Florian hatte ein Glas Wein in der Hand. »Auf Hitler ist ein Attentat verübt worden«, sagte er, »aber dieser Verbrecher wurde nur leicht verletzt.«

»Kannst du dir vorstellen, wer dahinter steckt?«

»Wer wohl, du Dummkopf? Die Offiziere.«

»Und was dann? Wenn so ein Attentat gelingt? Was machen sie dann?«

»Dann übernimmt die Wehrmacht die Regierung und verhaftet alle Nazigrößen und entwaffnet die SS.«

»Und dann?«

»Dann bieten wir unseren Gegnern den Frieden an. Das ist der einzige Grund für diese Attentate, denn wenn wir den Krieg jetzt nicht beenden, verbluten wir, und im ganzen Land bleibt kein Stein mehr auf dem anderen.« Er schlürfte seinen Wein. »Willst du auch ein Glas?«

»Nein, danke. Ich muss gleich zum Bahnhof.«

»Wirst du Gelegenheit haben, die Dame zu besuchen?«

»Ja.«

»Das ist gut. Sie mag dich. Das hat sie mir am Telefon gesagt.« Er sah aus dem Fenster. »Ihr Mann ist ein merkwürdiger Geselle. Ein echter Preuße. Brillanter Denker. Aber auch sehr verschlossen. Enttäuscht über seine Unfähigkeit, in das Schicksal einzugreifen.« Er nahm einen Schluck. »Gibt es eine Zugverbindung von dem Dorf im Allgäu bis nach Konstanz?«

»Nein. Ich nehme das Fahrrad.«

»Beneidenswert, so jung zu sein.« Er wanderte im Zimmer auf und ab. »Ich weiß nicht, was Gott sich dabei denkt ...«

»Wobei?«

»Alle Attentate auf Hitler schlagen fehl.«

»Hat es schon viele gegeben?«

»Ja. Gut zehn. Wenn nicht noch mehr.«

»Woher weißt du das?«

»Frag nicht, mein Kleiner.« Er blieb vor mir stehen. »Wir haben es zuerst unblutig versucht. Ursprünglich hielten wir es für denkbar, Hitler und seine Bande zu verhaften, ihnen den Prozess zu machen und wieder freie Wahlen auszuschreiben.«

»Wann war das?«

»1938. Vor dem Krieg. Selbst 1939 haben wir es noch mal versucht, kurz vor Kriegsausbruch. Wir haben Unterhändler zu der britischen Regierung nach London geschickt. Es waren Angehörige des deutschen Adels, die mit der englischen Aristokratie verwandt sind, oder Deutsche mit Freunden unter den einflussreichen Briten.«

»Was waren das für Männer?«

»Offiziere des Generalstabes, Wissenschaftler, hohe Beamte. Einige von ihnen sind gläubige Katholiken, für die ein Mord selbst dann noch Todsünde ist, wenn es darum geht, sich von einem Tyrannen zu befreien.«

»Das verstehe ich schon«, sagte ich, »aber was wollten die deutschen Offiziere von den Engländern?«

»Wer einen Staatsstreich plant, muss sich auf einen Bürgerkrieg vorbereiten, denn schließlich ist es nicht gerade ein Osterspaziergang, die SS zu entwaffnen. Das verstehst du doch, oder?«

Ich nickte.

»Nun, der Generalstab hatte Angst vor Frankreich.«

»Tatsächlich?«

»Ja«, sagte er. »Stell dir vor, die Wehrmacht ist in einen Bürgerkrieg verwickelt, und die Franzosen nutzen das aus und fallen über das Rheinland her ... Du kannst nicht putschen und gleichzeitig den Eindringling verjagen. Das kann keiner. Oder?«

»Nein.«

»Hört sich alles unglaubwürdig an, was, mein Kleiner?«

»Ja.«

»Wie ein Märchen, was?«

»Ja.«

»Ist aber die reine Wahrheit«, sagte er. »Hör zu, es ging darum, dass die Engländer unsere Militärregierung innerhalb von vierundzwanzig Stunden diplomatisch anerkennen sollten, weil die Franzosen das dann auch hätten tun müssen. Denn es wäre ihnen ja nichts anderes übrig geblieben, verstehst du?«

»Das ist nicht schwer zu verstehen«, sagte ich, »aber vielleicht war das ein Fehler.«

»Was?«

»Die Militärregierung. Wieso sollten die Engländer unsere Militärs diplomatisch anerkennen?«

»Du bist wirklich nicht auf den Kopf gefallen, mein Kleiner«, sagte Florian. »Das hat sich in der Tat als entscheidendes Problem erwiesen. Unsere Unterhändler versprachen damals den Briten, wir würden sofort nach Wiederherstellung der inneren Ruhe freie Wahlen ausschreiben. Die Rückkehr zur Demokratie wurde garantiert, jedoch haben die Briten uns das nicht geglaubt.«

»Wer waren die Briten?«

»Lord Lloyd. Lord Vansittart. Winston Churchill.«

»Und wer waren die Deutschen?«

»Das darf ich dir nicht sagen, mein Kleiner. Sie leben noch. Ich will es jedenfalls hoffen. Nach dem Krieg nenne ich dir ihre Namen. Gut?«

»Gut. Erzähle weiter.«

»Für die Briten ist der deutsche Generalstab ebenso suspekt wie die Nazis. Denk nur an den Ersten Weltkrieg. Damals sind wir auch über unsere Nachbarn hergefallen.« Florian sah mich aus müden Augen an. »Unsere Unterhändler haben damals gewarnt und gesagt, dass Hitler in Polen einfallen würde und in Frankreich. Vergiss nicht, Junge, die Unterhändler stammten aus unserem Generalstab. Die Aufmarschpläne waren ihnen bekannt. Aber die Briten haben trotzdem abgelehnt. Eine Tragik. Denn ohne diplomatische Anerkennung durch die britische Regierung war der Putsch nicht zu verantworten.« Er nahm einen Schluck. »Stell dir das nur einmal vor: Der Zweite Weltkrieg hätte vermieden werden können. Kannst du dir das vorstellen?«

»Ich weiß nicht«, sagte ich. »Seit ich elf bin, ist Krieg.«

»Wir haben es immer wieder versucht«, sagte Florian. »Vergeblich. Und jetzt fordern die Alliierten unsere bedingungslose Kapitulation.«

»Was heißt das?«

Seine Augen waren rot. »Du willst wissen, was ›bedingungslos‹ heißt?«

»Reg dich nicht auf, Florian«, sagte ich. »Aber ich verstehe den Begriff nicht: bedingungslose Kapitulation.«

»Na gut, ich will es dir erklären. Du kapitulierst nicht unter der Bedingung, dass deine Souveränität gewahrt bleibt. Sondern du kapitulierst und gibst alles in die Hände der Sieger: dein Land, deine Wirtschaft, deine Zukunft, deine Frauen, deine Kinder, deine Freiheit, deine Würde.«

Er warf den Kopf zurück und schüttelte sich die Haare aus dem Gesicht.

»Sie können auf deiner Würde herumtrampeln und dich zum Sklaven machen. Denn an deine Kapitulation sind keine Bedingungen geknüpft.«

»Unmöglich«, sagte ich. »Das würde gegen das Völkerrecht verstoßen.«

»Völkerrecht, du Klugscheißer? Wir haben das Völkerrecht vergewaltigt, vergast, vernichtet! Bis in alle Ewigkeiten wird es uns nicht mehr gestattet sein, das Wort Völkerrecht auch nur flüsternd auszusprechen!«

Draußen wollte es dunkel werden. Warme Luft kam durch das Fenster. Die Luft roch nach Tannen.

»Florian?«

»Ja?«

»Wenn wir jetzt Frieden machen könnten, würde doch auch auf der anderen Seite niemand mehr sterben müssen.«

»Mein Junge«, sagte er, »ich fürchte, dass es selbst für Logik jetzt zu spät ist. In diesem Inferno halten sie sich alle an die Bibel und dürsten nach Rache. Auge um Auge. Zahn um Zahn.«

»Aber wenn sie doch das Leben ihrer eigenen Soldaten retten könnten ...«, sagte ich.

»Im Taumel des Sieges opfern auch die Alliierten ihre liebsten Söhne«, murmelte Florian.

Es wurde dunkel im Zimmer. Ich konnte sein Gesicht nicht mehr erkennen.

»Unser Widerstand gegen Hitler ist der einzige Anspruch, den wir haben«, sagte Florian.

»Worauf?«

»Auf das Völkerrecht.« Er schaltete die Lampen an.

Von weit her kreischte eine schrille Frauenstimme: »Verdunkelung!«

Florian lief zum Fenster und legte die Hände trichterförmig an den Mund: »So halten Sie doch ein für alle Mal Ihre gottverdammte, widerliche Schnauze!«

Ich schloss die Fenster und hängte die Verdunkelungsbretter ein.

»Himmel, Herrgott, ich verliere meine Nerven«, sagte er. »Das ist schlecht. Ausgerechnet jetzt sollte ich die Nerven nicht verlieren.« Er seufzte und setzte sich schwerfällig in einen Sessel. »Dieses Attentat«, sagte er. »Im Radio schweigen sie sich aus. Nur Marschmusik.« Er dachte nach. »Möglich, dass die am Radio lügen. Vielleicht ist dieses Schwein ja tot. Aber wie ich seine viel zitierte Vorsehung kenne, wird er es mal wieder überstanden haben.«

»Und nun?«

»Nach solchen Attentaten folgen schwere Zeiten. Verhaf-

tungen. Erschießungen. Und die Verhöre.« Er lachte zu
mir hoch. »Fahr in dein Kuhdorf. Versteck dich unter deinem Heu.«

Ich sah auf meine Uhr. »Ja. Es wird Zeit.«

»Grüß mir die Dame.«

»Florian«, sagte ich. »Du solltest dich in die Schweiz
bringen lassen.«

»Nein«, sagte er. »Ich werde hier gebraucht.«

GESTAPO
24. Juli 1944

Ich hatte ein paar Tage Heumachen hinter mir und hatte
den Bodensee auf meinem Fahrrad umrundet, und als ich
am Ende der langen Straße das weiße Haus mit dem Erker
sah, machte mein Herz einen Sprung. Ich trat in die Pedale
und konnte ihr Gesicht schon vor mir sehen. Chouchou!
Wie verschwitzt du bist. Du stinkst wie die Kühe auf deiner Weide ...

Erst mal fuhr ich um das Haus herum, und dann schob
ich mein Fahrrad durch den Kies und setzte mich auf die
Mauer am See, weil ich ihr Gelegenheit geben wollte,
mich zuerst zu sehen.

Die Hosenträger meiner Lederhose scheuerten über
meinen Sonnenbrand, aber ich hatte keine Lust, das durch-
geschwitzte Braunhemd wieder anzuziehen.

Die Autos vor dem Hotel waren alle von der SS. In der
Wohnung über dem Pferdestall standen alle Fenster offen.
Was da über den See kam, war nicht viel Wind, und die
Vorhänge hingen müde aus den Fenstern. Schwäne mit
Jungen stellten ihre Segel aus und ließen sich lautlos unter
die Ufermauer treiben.

Vom Erkerfenster zeigte einer auf mich. Dann kam ein Mann in einem hellen Anzug über den Kies. »Was machst du hier? Willst du die Schwäne füttern?«

»Nein«, sagte ich. »Habe selber Hunger.«

»Hier gibt's nichts«, sagte der Mann. »Fahr lieber weiter.«

»Ist denn das kein Restaurant?«

»Doch«, sagte der Mann. Er war noch jung. Mitte zwanzig. »Aber heute gibt's nichts. Fahr weiter.«

»Nee«, grinste ich. »Mir gefällt's hier gut.«

Aus dem Hotel kam ein Schrei. Hoch und schrill.

»Was war das?«, fragte ich.

»Unwichtig«, sagte er. »Fahr weiter.«

»Hören Sie zu«, sagte ich, »vielleicht ist der Frau was zugestoßen.«

»Zugestoßen ist gut«, kicherte er. »Vielleicht hat da tatsächlich einer zugestoßen.«

Ich sprang von der Mauer und wollte mir mein Fahrrad nehmen, aber der Kerl hielt mich auf. »Das geht nicht.«

»Hören Sie zu«, sagte ich. »Wenn Sie Ihre Finger nicht von meinem Rad nehmen, mache ich Ihnen dicke Ohren.«

Der Kerl kicherte. »Wo kommst du her? Aus Berlin?«

»Das geht Sie einen Dreck an.«

»Wohl kaum.« Er holte einen Ausweis aus der Tasche. »Geheime Staatspolizei.«

Ich starrte auf seinen Ausweis und spürte eine neue Art von Angst. Eine Angst, die sich in die Gedärme drängte.

Der Kerl grinste. »Also. Wo kommst du her?«

»Aus Berlin.«

»Und anstatt zu sagen: ›Ich hau dir gleich eine runter‹, sagt ihr in Berlin, ›ich mach dir dicke Ohren‹?«

»Ja.«

»Das gefällt mir«, sagte er. »Ich find das gut. Was machst du hier? Sommerferien?«

»Nein. Erntehelfer.«

»Was wird denn jetzt geerntet?«

»Heu«, sagte ich. »Wir machen Heu.«

»Prima.« Er steckte seinen Ausweis weg. »Fahr weiter. Geh da nicht rein. Es ist kein schönes Bild ...«

»Was gibt's da zu sehen?«

»Verräter«, sagte er. »Staatsfeinde. Es gibt nicht viele, aber wenn es welche gibt, finden wir sie. Fahr weiter, Berliner.«

Im obersten Stock wurde ein Fenster aufgerissen. Eine Frau zog sich an den Vorhängen hoch und kletterte in das Fenster. Es sah sehr linkisch aus. Die Frau war alt und hatte Mühe, auf das Fensterbrett zu steigen. Dann sah ich ihr Gesicht. Es war die Stubenfrau. Sie machte im Hotel die Betten.

Im Haus brüllte ein Mann: »Komm zurück, Mutter! Komm sofort zurück!«

Die Alte sah nach unten. Dann bekreuzigte sie sich und ließ sich fallen. Sie war eine kleine Frau und wog nicht viel. Es machte ein platschendes Geräusch, als ihr Körper auf das Kopfsteinpflaster schlug. Es sah harmlos aus. Fast lächerlich.

»Die ist nicht tot«, sagte der Gestapo-Mann. »Ein Sprung vom zweiten Stock, das lohnt sich nicht.«

»Schafft sie fort«, rief eine Männerstimme.

Zwei SS-Leute kamen aus dem Haus und rollten die Stubenfrau in eine Decke. Ihre Glieder waren verrenkt, und sie wimmerte. Den Männern machte das Wimmern nichts aus. Sie schoben das Bündel auf den Rücksitz ihres Autos und fuhren davon.

Vom Fenster aus sah ihnen ein Mann dabei zu. »Was ist mit dem Knaben da?«, rief er.

»Nichts Besonderes«, antwortete der Kerl neben mir. »Erntehelfer.«

»Bring ihn rein, Heinz«, rief der andere vom Fenster her. »Der hat zu viel gesehen.«

»Das ist wahr«, murmelte der Gestapo-Mann. »Ich kann dich nicht mehr laufen lassen, Berliner.«

Ich nahm mein Rad und schob es neben mir her. Tausend Gedanken sprangen durch meinen Kopf.

»Lass dein Rad hier stehen«, befahl der Gestapo-Mann.

»Nein«, sagte ich. »Es gehört mir nicht. Ich muss Obacht geben auf das Rad.«

»Du kannst es nicht mit ins Haus nehmen. Stell es hier neben den Eingang.« Der Kerl verzog sein Gesicht zu einem Grinsen. »Wo wir sind, klaut keiner.«

Auf dem Korridor standen alle Türen offen. Im ersten Zimmer hockte der General der Flieger. Er starrte auf seine Handschellen. Ich sagte mir, dass das meine Rettung war, denn er hatte nicht aufgesehen.

Im nächsten Zimmer saß eine Frau in einem Sessel. Sie schluchzte und hatte ihre Hände vors Gesicht geschlagen.

In allen Zimmern hockten einzeln die Gefangenen. Ich kannte keinen von ihnen. Sie starrten mich an, aber sie sahen mich nicht, denn die Angst hatte ihre Blicke starr gemacht.

Ein Mann mit grauen Haaren lehnte über dem Waschbecken in der Zimmerecke. Blut lief aus seiner Nase in das Becken. »Hier«, sagte der Gestapo-Mann. »Zimmer 8. Einzelzimmer sind leider nicht mehr frei. Wir haben Hochbetrieb.« Er lachte. »Aber du befindest dich in der allerfeinsten Gesellschaft, Berliner. Dein Stubenkamerad ist Textilfabrikant. Wenn seine Nase nicht gerade blutet, sieht er ganz manierlich aus. Leider blutet er regelmäßig aus der Nase. Jeden Monat einmal. Das reinste Monatsbluten.« Er schnaufte.

Dann schlug er sich auf die Schenkel. »Warum lachen Sie nicht, Lohmann?«

»Haha!«, machte der Mann vom Waschbecken.

»Was soll das?«, brüllte der Kerl.

Der Grauhaarige presste ein blutgetränktes Taschentuch auf seine Nase und machte eine Verbeugung. Sein rechtes Auge war zugeschwollen.

»Lassen Sie mich laufen«, sagte ich zu dem Gestapo-Mann. »Ich habe keinen Fenstersturz gesehen. Ehrenwort.«

»Schade«, sagte er. »Es ist wirklich schade, dass du so leichtfertig mit deinem Ehrenwort umgehst.«

Ich ging zu ihm und sagte: »Sie heißen Heinz. Wie ist Ihr Nachname? Was ist Ihre Dienstnummer?«

»Berliner«, schnaufte er, »wir haben unsere eigene Methode, den Leuten dicke Ohren zu machen. Willst du wissen, wie?«

Er griff in meine Haare und ruckte meinen Kopf nach unten und schlug die Tür zu. Die Türkante krachte gegen den Knochen hinter meinem Ohr. Mein Kopf flog gegen den Türrahmen. Schmerz schoss durch meinen Schädel, und ich sackte in die Knie und wurde wieder hochgerissen. Die Zange der Tür biss noch einmal zu. Ich hörte das Splittern und sah die tanzenden Lichter und wollte nach den Lichtern greifen, aber sie tanzten mit dem Tag davon.

Das ist so eine Sache, wenn du lange weg bist, weil du nicht weißt, wie lange du weg gewesen bist, und mit dem Schmerz ist es eine andere Sache, weil du ganz glücklich bist über diesen Schmerz, denn er sagt dir, dass du noch lebst.

Es war Abendlicht im Zimmer, gelb und fahl, aber es war noch Tag. Der gleiche Tag.

Der Mann über mir wollte lächeln, aber das eine Auge

war zugeschwollen. Aus seiner Nase tropfte Blut. Als er das Blut in mein Gesicht tropfen sah, tupfte er es eilig mit einem feuchten Handtuch fort.

Ich lag auf einem Bett. Aus dem Nebenzimmer kamen Stimmen.

»Wie viele sind es gewesen?«

»Was meinen Sie?«

»Wie viele hast du über den See gerudert?«

»Niemanden.«

»Wie viele von diesen Judenschweinen?«

»Ich habe nie jemanden über den See gerudert.«

»Nie?«

»Früher schon. Aber da war noch Frieden. Seit es Krieg ist, kümmere ich mich nur noch um meine Reusen.«

»Sag mal Fischer, möchtest du gerne sterben?«

»Ich bin alt. Wenn Sie mich jetzt umbrächten, es würde mir nicht viel ausmachen.«

»Sterben ist hässlich. Mach dir da nichts vor. Wenn ich dich sterben lasse, wird das kein großer Spaß für dich ...«

»Der Heiland ist am Kreuz gestorben. Warum sollte es mir besser ergehen als dem Erlöser?«

Ein Stuhl flog um, und schwere Schritte liefen auf und ab.

»Hast du eine Zigarette, Heinz?«

»Hier.«

»Danke. Ich habe eine Idee.«

»Ja?«

»Lass lange Nägel holen. Wir nageln den Alten an das Fensterkreuz.«

»Nicht ans Fensterkreuz, Chef. Da würden ihn die Leute sehen.«

»Na gut. Dann nageln wir ihn hier an den Fußboden. Und morgen schlitzen wir ihm die Lende auf und gießen ihm Essig in die Wunde. Was meinst du, Heinz?«

»Es gibt genügend Essig, Chef.«

»Wir gießen ihm so lange Essig in seine Galle, bis er uns sagt, an welcher Stelle er diese dürre Nutte, diese Hanna Winter, abgesetzt hat.«

Ich stand auf und dachte nicht, dass ich es bis zum Fenster schaffen würde, aber es war leicht zu schaffen. Mein Kopf war schwer. Mit Wasser angefüllt. Nur schwerer, viel schwerer als Wasser, und mein Gehirn schwamm darin herum, und bei jedem Schritt schwappte das Gehirn an den Rand des engen Beckens.

Vor dem Fenster wuchs ein hoher Baum. Eine Linde. Weiter drüben lehnte mein Fahrrad an der Wand. Nicht weit weg von dem Baum. Zwanzig Meter. Höchstens dreißig. Mein Braunhemd steckte aufgerollt in dem Tornister. Sie hatten es nicht angerührt. Das war großes Glück. Weil in dem Hemd der Ausweis steckte. Der aus Sonthofen. Wenn sie den mal hatten, dann war alles aus.

Ich ging zum Waschbecken und ließ das Wasser laufen. Und hielt meinen Kopf unter den dünnen Strahl.

Ein Soldat kam über den Flur gerannt. »Die Nägel, Hauptsturmführer. Und ein Hammer.«

»Willst du ihn wirklich annageln, Chef?«

»Aber ja. Das wird ein Heidenspaß. Glaubst du nicht?«

»Herrlich, Chef. Mal ganz was Neues.«

»Leg dich da hin, Alter ... Nein ... Nicht auf den Teppich ... Da auf das Parkett ... Ja, so ist's richtig.«

»Soll ich ihn festhalten, Chef?«

»Nicht nötig, Heinz. Er will ja sterben ... Hör auf zu beten, Fischer. Ich will dir was erzählen. Hörst du mich, Alter?«

»Ja.«

»Da macht dieses Lumpenpack ein Attentat auf unseren Führer, und wenn das schief geht, bringen die Feiglinge sich um. Warum? Sie fürchten sich vor dem Zorn des Volkes, scheißen sich in die Hosen vor Angst, und warum wohl? Weil sie an die Landser denken, die sie verraten haben ... Sag ihm, was der feine Herr Oberst gemacht hat, der Ehemann dieser Nutte. Heinz, sag es ihm.«

»Er hat sich unserer Gerichtsbarkeit entzogen.«

»Auf welche Weise, Heinz?«

»Erst hat er seine Frau angerufen, vom Generalstab aus, und hat ihr gesagt, dass sie Gift nehmen solle, weil wir ihnen allen auf der Spur seien. Na ja, und dann hat er sich 'ne Kugel durch den Kopf geballert. Richtig so, Chef?«

»Richtig, Heinz. Und weiter?«

»Dann hat sich die Wintersache aber nicht umgebracht. Hörst du das, Alter? ... Warum wimmerst du so? Was?«

»Ich höre ja zu.«

»Sondern, Heinz?«

»Sondern sie ist zu dir gelaufen gekommen, Fischer, und hat dir Geld gegeben, schnödes Judasgeld, Fischer, und dann hast du sie in die Schweiz gerudert ...«

»Nein!«

Dann schlugen sie den Nagel durch die Hand des alten Mannes. Ich hörte seinen Schrei. Vor dem Fenster ging der Tag zu Ende. Der See und der Himmel hatten die gleiche blaugraue Farbe. Ich ließ mich in die Krone des Baumes fallen. Es war kein gewaltiger Sprung, aber er wollte meinen Kopf in Stücke reißen. Sie sahen nicht, wie ich auf das Fahrrad stieg, aber als ich um die Hausecke bog, gellten Pfiffe um meine Ohren, und Wachen sprangen aus dem Gebüsch hervor.

»Halt! Oder ich schieße!«

Ich beugte mich tief über den Lenker und legte mein ganzes Gewicht in die Pedale. Als ich über die Schulter zurücksah, konnte ich das Mündungsfeuer ihrer Gewehre sehen. Das trockene Knallen kam gleich hinterher. Ihre Kugeln pfiffen an meinem Kopf vorbei. Dann sangen die Querschläger über das Pflaster.

Ich wusste, dass sie mich nicht treffen würden. Es war schon zu dunkel. Nur ein Zufallstreffer hätte mich erwischen können. Dann kam mir das Postauto entgegen, und sie mussten aufhören mit ihrem Schießen. Sie sprangen in ihre Autos, doch als ich ihre Motoren hören konnte, war ich schon bei dem Park mit seinen schmalen Wegen. Als ich auf der anderen Seite herauskam, waren da enge Straßen voller Menschen. Ein richtiges Gedränge war das, mit Uniformen und Frauen. Da kamen die nicht so leicht durch mit ihren Autos.

Ich radelte die ganze Nacht hindurch. Mein Kopf dröhnte. Aus dem Magen stieg immer wieder eine widerliche Übelkeit in mir hoch. Manchmal dachte ich, ich würde es nicht schaffen können, aber als der Himmel hell werden wollte, war ich auf den Wiesen vor dem Grantenhof. Und der war weit von der Gefahr entfernt. Jetzt konnten sie mich nicht mehr finden. Es gab so viele Höfe. Und so viele Erntehelfer.

Die Bauern schliefen noch. Alle Türen waren verschlossen. Auch die zum Stall. Ich kroch unter einen Haufen Heu und deckte mich mit dem Heu zu. Es war herrlich warm und herrlich friedvoll. Ich war ihnen entwischt. Und das mit dem Kopf, das war eine Gehirnerschütterung. Die brauchte nichts als Zeit. Ich kannte das.

In Konstanz hatte ich keine Spuren hinterlassen. Keinen Namen. Nichts. Ich rollte mich auf den Bauch und hörte das Ticken meiner Armbanduhr und schlief mit dem Ticken ein.

DAS LETZTE TELEFONGESPRÄCH
Anfang Februar 1945

Einer vom Postdienst brachte mir das Telegramm.

»blutsbruder stop im zusammenhang mit der silberhochzeit deiner eltern erwartet dich frau baumgart sonntag morgen 11 uhr im sonthofener hotel goldener spaten stop gruss flor.«

Als ich am nächsten Morgen ins Dorf hinunterkam, läuteten die Glocken. Die Messe war zu Ende. Gläubige stapften durch den Schneematsch. Wenn sie meine Uniform sahen, blieben sie stehen und warteten, bis ich vorüber war. Sie hatten ihre Trachten an und nahmen ihre Hüte ab und murmelten »Grüß Gott«, aber sie wollten nicht neben mir durch die Straßen stapfen.

Im »Goldenen Spaten« roch es nach Gemüsesuppe. An zwei Tischen hockten Bauern und legten mit gichtigen Händen Karten ab.

Frau Baumgart saß klein und knochig im Büro. Ihr Gesicht war gelb und ledern. Nur die Augen lebten noch. Die Augen waren nicht mit der Frau alt geworden.

»Er wird gleich anrufen«, sagte sie.

»Wer?«

»Der Mann, der dir das Telegramm geschickt hat. Sag ihm, er solle es nicht mehr tun.«

»Was?«

»Hier anrufen. Uns mit hineinziehen in seine politischen Geschichten.«

»Ich verstehe nicht, worum es geht«, sagte ich.

»Sie hören seine Telefongespräche ab«, murmelte sie. »Der Sicherheitsdienst ist hinter ihm her. Seit diesem Attentat beobachten sie ihn. Deshalb sucht er sich jetzt ein Telefon bei harmlosen Nachbarn, und dann ruft er hier an, weil er dann sicher ist, dass ihr nicht abgehört werdet.«

Sie schlurfte zur Tür. »Sag ihm, wir haben Angst.«

Ich nickte.

»Er hat uns einmal sehr geholfen, der Herr Menning. Wir sind ihm zu ewigem Dank verpflichtet. Trotzdem. Ein zweites Mal lassen wir dich nicht hier herein.«

Sie schloss sorgsam die Tür.

Ich musste lange warten. Vor dem Fenster stöberten Schweine in einem Misthaufen herum. Als das Telefon schellte, fuhr ich zusammen.

»Blutsbruder«, sagte Florian, »sie haben uns eingekreist.« Seine Stimme war leise. »Wir müssen einen kühlen Kopf bewahren. Wenn diese Spürhunde von der Gestapo unseren Angstschweiß riechen, schnappen sie zu. Ich kann nicht laut sprechen. Hörst du mich trotzdem?«

»Einigermaßen.«

Sein Atem ging schwer an meinem Ohr. »Ich bin der Überbringer schlechter Botschaft, mein Kleiner. Patschke ist verhaftet. Soweit ich seine Spur verfolgen konnte, haben sie ihn nach Oranienburg geschafft. Er hat keine Namen genannt. Bisher jedenfalls nicht. Kleiner?«

»Ja?«

»Kannst du mehr vertragen?«

»Muss wohl.«

Er lachte. »Daran erkenne ich meinen störrischen Dickschädel. Also weiter: Mizzi war verhaftet und ist gefoltert worden. Dabei hat sie mich belastet. Einen Tag nach ihrer Freilassung ist sie tödlich verunglückt. Mit ihrem Mercedes. Ich glaube, es war Selbstmord.«

In dem Zimmer wurde es stickig.

»Henne Frieda haben sie auch ausgequetscht, aber die

hat ihnen nichts verraten können. Der Einzige, den sie bisher unbehelligt gelassen haben, ist Bertram.«

»Und was ist mit dir?«

»Mich holen sie in schöner Regelmäßigkeit zum Verhör.«

»Worum geht es?«

»Um die Dame. Und um den Fischer. Soweit ich in Erfahrung bringen konnte, haben sie ihn umgebracht.« Er machte eine Pause. Es hörte sich an, als würde er etwas herunterschlucken.

»Trinkst du?«, fragte ich.

»Mächtig«, sagte er. »Es hält mich über Wasser. Ich gehe ständig aus. Tag und Nacht. Ich lasse mich von meinem Publikum feiern. Mir tut's gut, und den Schnüfflern macht es Kopfzerbrechen.«

»Wie meinst du das?«

»Sie können es sich nicht leisten, mich aus der Menge meiner Anbeter heraus zu verhaften.« Er lachte. »Aber lange geht das wohl nicht mehr gut. Hör zu, mein Kleiner. Wir müssen untertauchen.«

»Wohin?«

»In den Bayerischen Wald.« Ich hörte, wie er schluckte. »Wir machen da einen Film, Bertram und ich. Wenn wir erst mal aus Berlin weg sind, schläft die Aufregung um mich hoffentlich bald ein.«

»Die Russen stehen schon auf deutschem Boden, und die Alliierten haben den Rhein erreicht. Da wollt ihr noch Filme machen?«

»Aber ja doch. Die Filme werden zwar nicht mehr fertig, aber das ist immer noch besser als Panzergräben schaufeln. Oder Volkssturm.«

Dann kam Sirenengeheul aus dem Hörer, und Florian sagte: »Wir müssen auch deine Spuren verwischen. In unserem Film ist keine Rolle für dich, aber Bertram wird dir eine hineinschreiben. Ist ja gleichgültig, was es ist.«

»Das geht nicht«, sagte ich. »Wir haben uns freiwillig melden müssen.«

»Was heißt das?«

»Der ganze Jahrgang '41 rückt an die Front.«

»Volkssturm?«

»Nein. Panzergrenadiere.«

»Wie alt bist du jetzt?«

»Sechzehn.«

Er schwieg.

»Nächste Woche beginnen die Prüfungen fürs Abitur«, sagte ich. »Notabitur. Reine Formalität. Sieht so aus, als würden sie es uns nachschmeißen. Anschließend rücken wir ab.«

»Blutsbruder?«

»Ja?«

»Vielleicht kann dir nichts Besseres passieren.«

»Wie kommst du darauf?«

»An der Front verliert sich deine Fährte. Sie hängen dir eine Nummer um den Hals. Dein Name ist nicht mehr wichtig, und dein Schicksal verliert sich in der Masse. An der Front schnüffeln Spürhunde nicht gern herum.«

In seine Stimme bellte das Feuer der Flak.

»Du musst in den Keller«, sagte ich.

»Es fällt mir schwer, mich von dir zu trennen. Das Auflegen des Hörers hat so etwas Endgültiges an sich.« Er seufzte. »Manchmal denke ich, dass es keiner von uns überleben wird.«

DER LETZTE BRIEF
Ende Februar 1945

Jeden Vormittag hatten wir Examen, aber die Stimmung war recht lasch, auch bei den Prüfern. Nur am Nachmittag wurden sie alle wieder lebendig. Nachmittags schossen wir auf ausgediente Panzer mit der Panzerfaust. Dienstschluss war jeden Nachmittag um fünf.

Auf der Poststube wartete eine Krankenschwester in der langen Reihe vor mir. Eine kleine Person mit stämmigen Beinen unter dem kurzen Rock.

Sie holte ein Paket ab. Als sie sich umdrehte, kam sie mir bekannt vor.

»Ach, das ist ja allerliebst«, sagte sie. »So sieht man sich also wieder.«

Ich sagte mir, dass sie nicht hübsch war, mit ihrem runden Gesicht und den runden braunen Augen und ihrem kleinen Mund. Ihr Hals war ziemlich kurz. Der Kopf saß gleich über den Schultern, aber es war ein lustiger Kopf mit kurzen Haaren und roten Backen. Und er saß über einem prallen Busen. Ihr ganzer Körper war prall.

»Mein Gott, was bist du groß geworden«, sagte sie. »Wie lange ist es her? Zwei Jahre?«

»Drei«, sagte ich. »Sie haben mich geduldig gepflegt, und meine Knie sind gut verheilt, aber Ihren Namen habe ich inzwischen vergessen.«

»Erika«, lächelte sie. »Und es ist wirklich ganz allerliebst, dass du noch rot werden kannst.«

Der Postler vom Dienst gab mir einen Brief. Poststempel Biesdorf. Datum 20. Februar.

Also haben sie letzte Woche noch gelebt.

»Ich habe deinen Film gesehen«, sagte die Krankenschwester. »Und stolz bin ich auch gewesen, weil ich halt einen so berühmten Patienten gesund pflegen hab dürfen.«

Auf dem Großen Hof sagte sie: »Ist es wahr, dass ihr losmachen müsst? Ab an die Front?«

»Ja.«

»Oje! Wann?«

»Übermorgen.«

Sie legte ihre Hand über die Augen und blinzelte in die Sonne. »Von dem Dr. Wipperfürth seinem Geburtstag gestern ist noch ein bissl Torte übrig geblieben und auch was Eierlikör. Wenn du magst?«

»Nein«, sagte ich. »Nicht jetzt. Vielleicht ein wenig später.«

»Wenn du magst, kommst halt«, sagte sie. »Ich geh heut nimmer fort.«

Ich lief in meine Stube und war froh, dass Pit noch nicht zurück war. Dann ließ ich mich aufs Bett fallen und machte den Brief auf.

»Mein kleiner, großer Junge,

dies sind die schwersten Jahre meines Lebens, und ich weiß nicht, wo ich mit meinem Bericht beginnen soll. Es sind alles betrübliche Nachrichten, und da ist es wohl selbstverständlich, dass auch meine Gedanken nicht fröhlich sind.

Nun, deine geliebten Großeltern haben uns für immer verlassen. Du weißt, dass sie nach Wrexen gezogen sind. Es heißt ja, dass alte Menschen innerlich verdorren, wenn sie ohne die Liebe ihrer Kinder leben müssen.

Opa ist ganz friedlich eingeschlafen. Er hat sich abends zu Bett gelegt und ist am nächsten Morgen nicht mehr aufgewacht. Der Totenschein lautet auf Herzversagen. Vater, Elsbeth und ich sind nach Wrexen gefahren und haben ihn beerdigt. Vorher haben wir mit deiner Schulleitung telefoniert, aber sie wollten dir keinen Urlaub bewilligen, weil du dich auf die Prüfung vorbereiten musst. Da hielten wir es für besser, mit der Todesnachricht noch etwas zu warten.

Kaum waren wir wieder nach Biesdorf zurückgekehrt, da kam die zweite Trauermeldung. Unsere gute, kleine Oma hat wohl ohne ihren Weggefährten nicht länger leben wollen. Sie ist mit dem Personenzug nach Scherfede gefahren und hat an der Tür des Christlichen Hospiz geklingelt. Die guten Ärzte haben sie untersucht, aber sie konnten nichts feststellen. Da es schon spät am Abend war, haben sie ihr ein Bett für die Nacht zugewiesen. Bereits am nächsten Morgen war sie zu schwach, nach Hause zu gehen. Sie wollte auch keine Nahrung zu sich nehmen. Oma sagte immer nur: ›Seid so gut und lasst mich zu meinem Mann.‹ Die Ärzte berichteten, dass sie ständig nur gelächelt habe. Mit niemandem habe sie sprechen wollen. Am dritten Tag sei sie dann eingeschlafen.

Mein geliebter Junge, dieser Brief sollte viel länger werden, aber ich bin zu erschöpft. Vergib es mir. Nimm einen Kuss. Vergiss mich nicht. Deine Mutter.«

Auf dem zweiten Blatt standen Worte in einer steilen, engen Schrift.

»Mein Sohn, ich hatte mir so vieles für uns vorgenommen. Ich wollte mit dir wandern, angeln, Fußball spielen, in die Berge steigen. Ein jeder Vater nimmt sich Derartiges vor. In diesen Tagen wird mir deutlich, dass unser Wiedersehen nicht naturgegeben ist. Viel eher scheint mir doch, dass ich diese Katastrophe nicht überleben werde.

Nun, sollte dem so sein, so bin ich dir schon heute eine Rechtfertigung schuldig. Und dies nicht nur, weil wir uns einer militärischen Katastrophe gegenübersehen. Es ist leicht, dem Führer die Treue aufzukündigen, wenn alles zusammenbricht. Ich werde dies nicht tun. Ich stehe zu

ihm, obgleich ich viele Fehler klar erkenne. Schon lange
habe ich sie erkannt, mein Junge, dessen sei gewiss. Aber
ich habe an den Führer geglaubt, und mein Glaube hat
meine Einsicht blind gemacht. Du brauchst dich meiner
nie zu schämen. Ich habe nur eine einzige Schuld auf mich
geladen: die Schuld des blinden Gehorsams.

In Gedanken umarme ich dich. Wenn Gott will, nicht
zum letzten Mal. Dein Vater.«

Ich verbrannte den Brief und spülte die Asche ins
Waschbecken. Mir war jammervoll zu Mute.

Nach dem Zapfenstreich lag ich lange wach. Als ich mir
den Trainingsanzug über den Pyjama zog, sagte Pit schläfrig: »Mach das nicht. Die stecken neuerdings jeden in den
Bau, der über den Zappen haut.«

Ich kletterte an der Dachrinne runter und lief durch das
Tobel. Im Tobel standen keine Wachen, und auf dem
Sportplatz gab's auch keine. Als ich über die Aschenbahn
lief, sagte ich mir, dass es besser wäre, jetzt allein zu bleiben, aber ich wusste die ganze Zeit, dass ich zu dem Mädchen laufen würde.

Die Baracke war finster. Nur hinter einer Verdunkelung
schien noch etwas Licht. Ich wusste nicht, ob das ihr Zimmer war, und warf einen Kieselstein an die Scheibe. Sie
löschte das Licht und öffnete das Fenster.

»Ich habe Ihnen was mitgebracht«, sagte ich.

»Oh, ja? Was denn?«

»Das Drehbuch zu dem Film, in dem ich mitgespielt habe.«

»Wirklich wahr?«

»Ja. Ich brauche es nicht mehr, und Ihnen macht es vielleicht Freude.«

»Ja geh, wie lieb. Lass sehen.«

Ich gab es ihr, und dann sagte sie, ich solle nur hereinkommen, aber ich müsse ganz brav und leise sein, und dann stieg ich durchs Fenster in ihr Zimmer.

Sie schloss die Verdunkelung und schaltete eine kleine Lampe an. Dann breitete sie ein rotes Tuch über den Lampenschirm. Auf dem Nachttisch lag ein Federhalter. Ich setzte mich aufs Bett und schrieb in das Drehbuch: »Für Schwester Erika mit Dank für eine unvergessliche Begegnung. August Unrast.«

»Ja mei, wie lieb.« Ich zog sie auf meinen Schoß. Sie kicherte. »Möchtest du einen Likör?«

»Nein.«

»Glaubst schon vorher, dass es unvergesslich wird?«

Ich versuchte sie zu küssen, aber sie drehte ihren Kopf zur Seite und lachte.

»Ja mei, wie wild du bist. Wie ein wildes Tier.«

Ihre Brüste spannten sich unter ihrer Uniform, und ich griff nach ihnen.

»Tu sie net antatschen. Sie sind net schön.«

»Doch«, sagte ich. »Du hast nur zu viele Sachen an.«

Sie schob ihren prallen Hintern in meinem Schoß hin und her, und als sie meine Erregung spürte, blieb sie still sitzen.

»Bitte«, sagte ich. »Zieh dein Kleid aus.«

»Deshalb bist du also gekommen. Möchtest gern ficken, oder?«

»Bitte, sag das nicht.«

»Warum nicht?«

»Es ist ein hässliches Wort.«

»Du möchtest aber gern, oder?«

Sie ließ sich von meinem Schoß gleiten und kauerte auf dem Teppich. »Mitleid. Das ist es, was du jetzt von mir gern haben tatst.«

»Nein.«

»Doch. Davon tun alle Männer träumen. Wenn sie an die Front müssen, laufen sie mit traurigen Augen durch die Straßen und suchen nach einer Frau, die sich aus Mitleid auf den Rücken legen tut, bevor's ans Sterben geht.«

Ich stand auf und wollte zum Fenster.

»Gibst so schnell auf?« Sie lachte. »Bist ein kleiner Kavalier, gell? Wenn eine Dame Nein sagt, denkst du, sie meint tatsächlich Nein. Weit gefehlt, mein Schöner. Wenn's um einen steifen Schwanz geht, wird eine jede schwach.«

Ich wollte sie küssen, aber sie sagte: »Ich mag net busserln.« Dann nahm sie meine Hand und führte sie zum Saum ihres kurzen Rockes. Ich ließ meine Hand nach oben wandern. Zwischen ihren prallen Schenkeln wuchs langes Haar.

»Da hast du es«, sagte sie.

»Was?«

»Ich hab Nein gesagt, aber schon bevor du zum Fenster gekommen bist, hab ich mir das Höserl ausgezogen. Weil ich gewusst hab, dass du herkommen tust. Und weil ich auch gern ficken möcht.«

»Sag nicht immer dieses Wort.«

Sie kicherte. »Magst dich net ausziehn?«

»Doch.«

»Oje! Sieh sich das einer an!«

»Was ist?«

»Stramm bist halt!« Sie zog eine Schublade auf und nahm ein kleines Päckchen heraus. »Hier, zieh's dir über.«

»Was ist das?«

»Ein Pariser. Kennst das net?«

»Wozu soll das gut sein?«

»Dass du mich net schwängern kannst. Dazu ist das gut. Und dass du dir keine Krankheit holst.«

Sie streifte mir die dünne Gummihaut über. »Du darfst mich stoßen wie ein Stier. Von hinten darfst auf mich drauf.«

Sie zog sich die Schwesterntracht über den Kopf und beugte sich vorwärts und stützte sich mit den Händen gegen die Tür und spreizte die kurzen Beine und reckte mir ihren prallen Hintern entgegen.

Übelkeit würgte meinen Hals.

»Stoß zu«, forderte sie. »Ich mag net länger warten.«

Mein Phallus wurde schlaff und hing in der Gummihülle wie ein Gefangener.

Ich schaltete das Licht aus und öffnete die Verdunkelung. Kühle Luft kam ins Zimmer. Es roch nach Schneeschmelze und Tannen und einem Frühling, der noch nicht da war. Ich holte die Luft tief in meine Lungen.

»Mach dir nix draus«, sagte sie. »Manchmal klappt's net beim ersten Mal.«

»Das ist es nicht.«

»Sondern?«

»Weiß nicht«, sagte ich. »Wahrscheinlich bin ich traurig.«

»Weil du in den Krieg musst?«

»Nein. Mit dem Krieg hat das nichts zu tun.«

»Willst du damit sagen, ich bin schuld?«

»Vielleicht«, sagte ich, »aber mach dir nichts draus.«

Ich stieg aus dem Fenster und legte die Hände auf den Rücken und ging langsam über den Großen Hof zu meinem Haus zurück. Zum Teufel mit den Wachen.

5.

DONAUBOGEN
April/Mai 1945

Ich kauerte in meinem Erdloch und suchte das kleine
Quadrat Himmel über mir nach dem Morgengrauen ab.
Noch war alles schwarz, tief hängende Wolken hatten sich
mit der Nacht voll gesogen, aber ich fühlte schon den neu-
en Tag, spürte ihn herandämmern und wartete erstarrt auf
den ersten Streifen Grau, der das Schwarz der Nacht nach
Westen schob.

Unter mir lag die Brücke. Es war eine schöne Brücke gewesen, mit halbrunden Eisenträgern und hohen Türmen
aus Sandstein, aber dann hatten die Pioniere sie gesprengt,
und jetzt lag sie eingeknickt im Fluss. Ab und an trieben
Baumstämme in dem trägen Wasser dahin. Und manchmal auch tote Kühe. Oder tote Soldaten.

Auf der anderen Seite des Flusses lag das Chaos. Nörd-
lich der Donau ging alles drunter und drüber. Es gab wohl
keine Heeresleitung mehr. Oder einen Generalstab, der
planen konnte. Wochenlang hatten sie uns hin und her geworfen. Eine ganze Division hatten sie durch das Land geschoben, wie Schachfiguren über ein flaches Brett. Nachts
verladen, tagsüber maschieren. Tiefflieger abwehren. Zwischen Flüchtlingsströmen marschieren. Hinter zurückflu-
tenden Truppen marschieren. Stellung beziehen. Rückzug.
Eingraben. Abmarsch. Nach Ost. Nach West. Nach Süd.
Meistens nach Süd. Eine ganze Division, die niemand haben wollte. Möglich, dass wir keine richtige Division wa-

ren. Eher ein bunter Haufen. Sechzehnjährige. Aus Bayern und Franken. Bauernsöhne. Jungens aus kleinen Städten. Laute Kerle. Verschreckte Knaben. Stille Dulder. Nicht einer richtig ausgebildet. Nur die von der Ordensburg. Die kannten sich schon lange mit allen Waffen aus. Die trugen auf Anhieb die Winkel der Gefreiten, führten die Gruppen, lagen hinter den schweren MGs. Aber sie verstanden die Sprachen ihrer Offiziere nicht, denn das waren Männer aus fremden Ländern. SS-Männer. Landsknechte. Aus Frankreich, Holland, Flandern. Männer ohne Zukunft, die nur noch eines anerkennen wollten: ihren Eid auf Adolf Hitler. Die nur noch ein Marschlied singen mochten: »Wenn alle untreu werden, so bleiben wir doch treu!« Die nur noch Verachtung kannten für das deutsche Volk: »Es ist nicht wert, zu überleben.« Die im Nahkampf fallen wollten: »Wir nehmen ihre Bataillone mit in unsren Tod.«

Ich legte die Zeltbahn in den Schlamm am Rand meines Erdloches und stützte meine Arme auf das harte Segeltuch. Hinter unserer Stellung ragten hohe Tannen in den Himmel. Ich sah mir den Waldrand an und dachte, freiwillig hätte ich mich hier nie eingegraben, denn wenn die erste Granate in den Wipfeln da krepiert, dann fetzen die Splitter in mein Erdloch rein.

Ein metallisches Poltern sprang durch die Dunkelheit.

»Was ist?«, flüsterte ich.

»Nichts«, hörte ich Pit Wolters' Stimme. »Nur mein Stahlhelm. Er ist auf die Munitionskiste gefallen.«

Ich dachte, wie heilfroh ich sein konnte, dass ich Pit bei mir hatte. Auf Pit am MG war Verlass. Der Flame hatte uns zusammengelassen. Der Flame.

Niemand wollte den Kompaniechef beim Namen nennen. Keiner sagte, »der Sturmführer« oder »van den Barken«. Alle sagten sie »der Flame«.

Seine Stimme war unmelodisch, und als er neulich vom Aufhängen gesprochen hatte, da habe ich ihm jedes Wort geglaubt. Im Chaos ist das gewesen, drüben, am anderen Ufer. Beim Rückzug durch eine kleine Stadt. An den Laternen baumelten die Toten. Soldaten. Mit glasigen Augen und heraushängenden Zungen. An dicken Stricken. Mit Schildern um den Hals: »Ich bin ein feiges Schwein.« »Saboteur.« »Verräter am Führer.« Es stank nach totem Vieh. Ein paar von uns ist schlecht geworden. Und der Flame hat gebrüllt, dass jeder von uns so baumeln würde, jeder, der davonlaufen wolle, und er selber würde den Henker machen.

Gegen fünf kam Pit über den Acker gekrochen. Er ließ sich in mein Erdloch fallen.

»Der Melder vom Flamen war eben da. Du sollst dich auf dem Gefechtsstand melden. Spähtrupp.« Er deutete mit dem Kopf zum Fluss. »Rüber auf die andere Seite.«

»So ein Quatsch«, sagte ich. »Was will er da im Chaos groß erspähen?«

»Ob die Amis schon in ihren Stellungen sind«, sagte Pit. »Sonst wüsste ich auch nicht, was.«

»Ich glaube, die Amerikaner lassen sich Zeit.«

»Ja. Sieht fast so aus.«

»Mir ist das nicht ganz geheuer«, sagte ich.

»Ja«, meinte er, »es ist so still. Das bedeutet sicherlich nichts Gutes.«

»Weißt du noch, wie wir über die Brücke gekommen sind? Unsere Panzer haben einen Höllenlärm gemacht. Besonders nachts konntest du sie schon von weitem hören. Das Gedröhn der Motoren und das Rasseln ihrer Ketten.«

»Ja«, sagte er. »Als der letzte durch war, haben sie die Brücke gesprengt. Und seitdem ist es da drüben mucksmäuschenstill.«

»Ich verstehe das nicht«, sagte ich.

»Ich auch nicht«, meinte Pit. »Das Ganze ist mir nicht geheuer.«

Wir hangelten im Dunkeln an den zerborstenen Eisenträgern entlang. Als wir auf der anderen Seite ankamen, schwitzten wir, aber unsere Waffen waren nicht nass geworden.

Der Flame befahl mir, an der Spitze zu gehen. Er selber machte den Schlussmann. Zwischen uns liefen vier Grenadiere. Ich kannte sie nicht. Nur Baumann. Er war aus meiner Gruppe.

Das nächste Dorf lag weiter östlich. Ich brauchte die Entfernung nicht zu schätzen. Am Wegrand stand ein Schild aus verwittertem Holz: Unterkirchen 4 km. Wir liefen in einer langen Reihe den Sandweg nach Osten, und als eine blasse Sonne sich durch die Wolken zwängen wollte, sahen wir einen Mann aus dem Dorf kommen. Wir kamen aus der Dunkelheit, und deshalb konnte er uns erst im letzten Moment sehen. Er erschrak und lehnte sich an einen Baum.

»Amis im Dorf?«, fragte der Flame.

»Na.«

»Hast keine Amerikaner gesehen?«

»Na.«

»Auch nix 'hört?«

Der Bauer schüttelte den Kopf. »Na.«

Wir gingen leise ins Dorf, und als ich um die Ecke des ersten Hofes bog, sah ich das flache Auto. Fremdartig. Tarnfarben. Mit einem weißen Stern.

Mein Herz begann wie wild zu hämmern. Ich presste mich an die Hauswand. Machte den anderen ein Zeichen. Sie warfen sich zu Boden. Der Flame kam zu mir geschlichen.

Auf einer Bank neben dem Stall saß ein Amerikaner. Quer über seinen Knien lag ein Schnellfeuergewehr. Der Stahlhelm war ihm ins Genick gerutscht. Der Mund stand offen. Er schlief. Durch die offene Stalltür konnte ich zwei alte Männer melken sehen. Eine Magd schleppte schwer an einem Eimer. Dann leerte sie die Milch in eine hohe Kanne neben der Tür zum Stall. Der Amerikaner wachte auf. Sein runder Helm klappte auf den Kopf zurück. Er ging zu dem Mädchen und griff ihr unters Kinn. Als sie lachte, sah ich zu den Fenstern im Haus. Im oberen Stock stand eines offen.

Ein Amerikaner rasierte sich vor einem kleinen Spiegel. Sein Haar war blond und stoppelig geschoren. Der Seifenschaum stand ihm dick und weiß im Gesicht. Dann hörte ich die Magd lachen. Der Amerikaner im Fenster sah in den Hof hinunter und griente, der andere im Hof zog die Stalltür zu und lehnte die Magd gegen die Wand und griff ihr unter den Rock. Die Magd stand breitbeinig an der Wand, sah der Hand zu und lachte.

»Verdammichtes Hurenvolk«, murmelte der Flame. Dann bellte seine MP. Er feuerte sie direkt neben meinem Ohr ab. Ich dachte, es würde mir das Trommelfell zerreißen. Der erste Schuss traf den Amerikaner zwischen die Schulterblätter. Er stellte sich auf und rutschte an der Magd vorbei die Wand entlang. Das Mädchen wollte schreien, aber der scharfe Knall aus der MP des Flamen war lauter als ihr Schrei. Der Schuss traf sie in den offenen Mund. Blut sprudelte aus dem Gesicht. Ihr schwerer Körper klatschte auf die Steine.

»Absetzen!«, rief der Flame und rannte den Feldweg zurück, den wir gekommen waren. Ich presste mich an die Hauswand und konnte mich nicht rühren. Die Angst saß mir im Mund. Angst macht den Mund ganz trocken. Dann sah ich, dass der Amerikaner vom Fenster auf mich zielte. Er hatte noch den Seifenschaum vor seinem Kinn und hielt einen Colt in der Hand. So ein hässliches schweres Ding, wie ihn die Cowboys in den Filmen haben.

Das erste Geschoss schlug neben mir in das Holz, aber ich konnte nicht sehen, wo die anderen einschlugen, und dann rasten die flachen Autos durch das Dorf. Sie standen auf den fahrenden Autos und feuerten mit ihren MGs den Flüchtenden hinterher. Die Autos schnitten mir den Fluchtweg ab. Es gab nur noch einen Weg zum Fluss. Quer über den Hof, durch den Gemüsegarten und den Hang hinunter. Der Mann im Fenster drückte die nächste Ladung auf mich ab. Ich legte auf ihn an und ließ mir mit dem Zielen Zeit, denn ich durfte nicht hitzig handeln, wenn ich mich retten wollte. Aber dann kam nur ein Schuss aus der MP. Ich erschrak. Doch es war keine Ladehemmung. Die MP war auf Einzelfeuer eingestellt. Das hatte ich vergessen, aber es machte nichts, denn ich hatte den Mann getroffen. Er griff sich an den Hals und sackte in die Knie. Seine Augen starrten mich an. Verwundert. Dann schlug sein Kopf aufs Fensterbrett.

Ich rannte durch den Gemüsegarten und rollte den Abhang hinunter und sprang in den Fluss. Das Wasser war eisig, aber mein Körper glühte wie im Fieber, und deshalb spürte ich die Kälte kaum. Meine Stiefel wurden zentnerschwer. Sie zogen mich nach unten. Ich konnte die MP nicht länger halten. Aus den Höfen schossen sie auf mich. Wasser sprang hoch, als würden Kinder mit flachen Steinen nach mir werfen. Dann riss mich ein Strudel mit sich fort. Ich wollte aus dem Sog heraus, aber ich kam gegen den Strom nicht an. Meine Glieder wurden starr. Die Kälte ließ mein Herz nur mühsam schlagen. Jetzt schossen sie nicht mehr auf mich. Das brauchten sie auch nicht mehr. Denn jetzt war es der Fluss, der das Töten besorgte.

Es ist nicht wahr, dass dein Leben noch einmal blitzschnell an dir vorüberzieht, bevor du untergehst. Das erzählen sie dir doch immer und schreiben es in ihren Büchern: Der Matrose lebt noch einmal schnell sein Leben durch. Stimmt nicht. Du vergisst dein Leben. Und denkst nicht an den Tod. Du willst die Stunden zählen, die du in dem kalten Wasser treibst. Aber die Zeit hat ihren Sinn verloren. Du hast mit einem Mal so viel davon. Dein Kopf wird träge. Und wenn dein Kopf dann über Steine schrammt und du die Sandbank kommen siehst und das Gebüsch und du dich hochziehst an den winterdürren Zweigen und du das Dorf erkennst, nur ein Stück weiter oberhalb am Fluss, dann siehst du auch die feindlichen Soldaten. Und deine eigenen Leute. Mit erhobenen Händen. Wenn du das siehst, dann weißt du, dass es keine Stunden waren, die du in dem Todesfluss geschwommen bist. Minuten sind es nur gewesen. Dann hat der Strom dich wieder ausgespuckt. Er wollte dich das Fürchten lehren. Sonst nichts. Fürchten? Du lachst. Und kriechst auf dem Bauch hinter einen angeschwemmten Baum. Der halbe Tod im Fluss war gar nicht schlecht. Jetzt geht der Kampf ums Überleben weiter. Viel ist das nicht: der halbe Tod. Ein halbes Leben.

Gegen Mittag erschossen sie ihre Gefangenen. Sie hatten jetzt Wachen am Ufer aufgestellt, aber die hockten nur schläfrig herum, denn niemand kam den Gefangenen zu Hilfe. Von unseren Stellungen konnte keiner das Dorf einsehen. In den Erdlöchern hinter den Hügeln wusste keiner, dass es Unterkirchen gab.

Als sie die Gefangenen zum Fluss trieben, kamen sie auf dreißig Schritt an mich heran. Der Flussarm war nicht breit an dieser Seite der Sandbank, aber sie machten sich nicht die Mühe, die Gegend erst groß abzusuchen. Ich schob mich auf den Steinen hin und her, drängte Kiesel beiseite und schaffte mir eine kleine Kuhle. Ich hätte viel dafür gegeben, für das Kriechen unter die Steine, ganz tief in den nassen Sand hinein.

Als ich das nächste Mal den Kopf von den Steinen hob, standen die vier Jungens am Ufer.

»*Pigs*«, sagte einer der Amerikaner. Er trug einen roten Schal um den Hals. »*Nazi pigs.*«

»*God dammit*«, sagte der Amerikaner. Er hatte viele Streifen am Arm. »*All of you. Fuckin' SS.*« Er spuckte an Baumann vorbei in den Fluss. *Time to die, fuckin' SS.*«

»Nix SS!«, rief Baumann. »Nur Offizier ... *only our officer is SS! We not SS!*« Baumann war ziemlich groß, ein ganzes Stück größer als ich, aber neben den Amerikanern sah er klein aus.

»*SS doesn't take prisoners*«, sagte der Anführer. »*High time we'd return the favors.*«

»*Why don't we make 'em kneel down?*«, grinste einer der Soldaten.

»*Right!*«, sagte der Anführer. »*On your knees, god dammit!*« Baumann kniete sich in den Schlamm.

»Warum kniest du dich hin?«, fragte einer der Jungens. Er war schmächtig. Die Uniform flatterte um ihn herum.

»Sie haben es befohlen«, antwortete Baumann.

»Warum?«

»Weiß nicht«, sagte Baumann. »Vielleicht, weil es dann näher ist zum Fluss.«

»Wie meinst du das?«

»Es platscht nicht so, wenn du reinfällst.«

»Nein!«, schrie der Schmächtige. »Bitte nicht! Ich will nicht sterben!«

»Quiet!«

Die Stimmen knallten wie Schüsse über das Wasser.

»Ich habe nichts getan ... Nicht einen einzigen Schuss abgegeben ... Sehen Sie doch in meinem Gewehr nach ... Da drüben liegt es ...«

»Shut up, Werwolf!«

Baumann kniete am Ufer und starrte auf den Fluss hinaus. Er hatte gute Augen und sah mich hinter dem Baumstamm liegen. Er sah mich und nickte ganz leicht mit dem Kopf. Schweiß lief an meinem Hals entlang.

Baumann schnellte sich nach vorn. Er klatschte ins Wasser und wollte schwimmen, aber dann knallten Schüsse. Kurz, trocken, nichts sagend.

Jeder Treffer rollte ihn herum. Ein blutender Baumstamm. Feldgraues Treibgut. Ein Stück weiter unten warfen die Stromschnellen ihre weißen Köpfe über ihn, rissen das Treibgut eilig stromabwärts, nahmen es mit sich, trugen es dem endlos weit entfernten Meer entgegen.

»Down with you, god dammit!«, brüllte der Anführer, und die Gefangenen knieten sich in den Schlamm. Zwei von ihnen hatten die Köpfe gesenkt, aber der dritte blinzelte zur Sonne hoch. Er weinte. Seine Lippen waren ganz weit aufgerissen. Er hatte die Zähne zusammengepresst, aber seine Lippen waren weit aufgerissen. Die Grimasse sah wie starres Lachen aus, doch dann zerriss sein Schluchzen den Krampf in dem Gesicht. Der Anführer ging von einem zum anderen und schoss ihnen in den Hinterkopf.

Sie trieben an meinem Versteck vorüber. Alle drei. Unter ihren Jacken hatten sich Luftblasen gefangen, und als sie nun in der Strömung vorübertrieben, da blähten sich die Jacken auf wie graue Ballons und trugen die blutenden Köpfe hoch über das Wasser.

Ich war auch wie tot, lag zwischen den Steinen. Starr. Kalt. Ohne Leben. Ohne Mut.

Oben hing eine blasse Sonne. Wanderte nur langsam weiter. Wisch die Kotze weg. Nein. Ich darf mich nicht bewegen. Warum hast du auch kotzen müssen? Wegen der toten Gesichter. Nicht vielleicht auch wegen Angst? Doch. Deshalb auch. Jetzt liegst du mit dem Gesicht in deiner eigenen stinkigen Kotze. Ja. Stunde um Stunde. Ja. Schlimm. Ja, aber besser als tot sein. Besser, als tot im Fluss sein. Dann lieber dieses halbe Leben. Hier, zwischen diesen Steinen.

Als es dunkel wurde, ließ ich mich ins Wasser gleiten. Ich wartete nicht, bis sich die Augen der Wachen an das Dunkel gewöhnt hatten. Dämmerlicht narrt alle Wachen. Dämmerlicht lenkt die Gedanken ab.

Ich nahm den Baumstamm mit ins Wasser. Das war wie mit einem guten Freund schwimmen. Wenn das Eiswasser deine Muskeln starr friert, schleppt er dich mit. Es macht ihm nichts aus, wenn du die Besinnung verlierst, weil der eisige Schmerz hinter deiner Stirn deinen Willen vernichtet. Er reißt dich mit sich durch das steinige Gefälle und schirmt dich ab gegen den Feind am anderen Ufer, und wenn er sich dann gemächlich im Kreise dreht, will er dir sagen, dass du in einer sicheren Bucht gelandet bist.

Ich kroch durch den Schlamm, und dann kam eine Straße, und hinter der Straße begannen die Hügel. Die Wiesen waren voller Disteln. Sie zerstachen mir die Hände, aber ich war froh, dass ich die Stiefel nicht von mir gestreift hat-

te, im Fluss, als sie mich nach unten zogen. Bei jedem
Schritt quatschte das Wasser in den Stiefeln, und es war
ganz klar, dass mich alle Wachen schon von weitem hören
konnten.

»Halt! Wer da?« Der Anruf kam geflüstert.

»Gefreiter Unrast. Dritte Kompanie.«

»Parole?«

»Weiß nicht«, sagte ich. »Gestern war es noch ›Walhalla‹.
Die von heute kenne ich nicht.«

»Es ist immer noch gestern.« Er kicherte. »Heute hat
noch nicht angefangen.« Er legte mir die Hand auf die
Schulter. »Warst du mit dem Spähtrupp drüben?«

»Ja.«

»Der Flame ist auch zurückgekommen«, sagte die Wache.

»Na, großartig«, sagte ich. »Ganz großartig, dass er noch
lebt. Die andren vier sind nämlich tot.«

»Ich weiß«, sagte er. »Wir haben sie den Fluss runtertrei-
ben sehen.« Er merkte, dass ich fror. »Komm mit, Kamerad. Ich bringe dich zu unserem Alten. Ein Franzose.« Er
stapfte vor mir durch die Finsternis. Vor einem Bahndamm
blieb er stehen. »Da unten ist der Gefechtsstand«, sagte der
Posten. »Wir haben den Stollen in den Bahndamm getrieben.«

Der Eingang war mit einer Pferdedecke zugehängt.
Drinnen brannte eine Petroleumlampe. Der Kompaniechef war noch ein ziemlich junger Kerl, aber an den Schläfen waren seine Haare schon weiß. Seine Nase saß wie ein
gewaltiger Haken in dem runden Gesicht. Der Mund hatte
kaum Lippen. Ein Strich unter der Nase. Das war sein
Mund.

Der Offizier sagte: »Zieh disch aus, *mon brave*, wir werden trocknen alle Sachen über Nacht.«

Ich zog mich aus. Er sah mir dabei zu. »Du 'ast eine flache Bauch wie eine junge Mädschen«, sagte er. »Oh, *je les adore*, die kleine Mädschen, wenn sie noch 'aben ihre Bauch so flach wie du.«

Unter seinem Gesicht leuchteten die Runen der SS silbern im Schein der Lampe. Wir spannten eine Leine durch den Stollen und hingen meine Sachen darüber, und er gab mir eine Decke. Ich rollte mich darin ein und streckte mich neben dem Eingang aus. Der Offizier lag am anderen Ende des Stollens.

»Es ist 'errlisch, *mon petit*.«

»Was ist herrlich, Untersturmführer?«, fragte ich.

»Es ist 'errlisch, wenn du streichst mit deine flache 'and über die flache Körper von eine schöne Frau.«

Früh um sechs Uhr dreißig hörte ich das Flugzeug. Ich stieg in meine klamme Uniform. Sie stank nach Moder. Der Melder gab mir einen Becher Kaffee und einen Kanten Brot. Als das Flugzeug näher kam, lief ich nach draußen und sah, wie es über unseren Linien gemächlich auf und ab flog. Ein kleines braunes Flugzeug mit nur einem Motor und plumpen Flächen.

Aus den Stellungen am Wald bellte ein Maschinengewehr, und Leuchtspuren stiegen zu dem Flugzeug hoch, aber sie konnten es nicht treffen. Dann brummte der Motor laut auf, und das Flugzeug zog Kreise und kletterte höher.

Von weit her kamen kurze, harte Schläge.

»Schwere Artillerie«, sagte der Kompaniechef.

»Und schwere Mörser«, meinte der Melder.

Dann hörte ich das Pfeifen. Anfangs war es leise, wie das Singen des Windes am Dach eines Hauses, aber dann wurde es lauter, nahm schnell zu, kam angerast, war schon ganz nah.

»*Voilà*«, murmelte der Franzose. »*La valse commence.*«
Das Pfeifen wurde schrill.

»Alle Mann volle Deckung!«

Aus dem schrillen Pfeifen brach ein Schrei. Ein Brüllen. Metallisch. Vernichtend. Das Todesbrüllen deckte den Himmel zu. Ich konnte den Himmel nicht mehr sehen. Ich konnte den Himmel nur noch sterben hören.

Der Melder riss mich in den Stollen. Der Franzose stürzte hinterher. Und dann bebte die Erde.

Die Schläge kamen ohne Unterbrechung. Sie pflügten die Erde, gruben sie um, aber das war ein gewalttätiger Pflug. Sie bäumte sich auf, warf sich der Gewalt entgegen, schleuderte Felsen und Bäume in das Bersten hinein, aber dann wollte sie sich nicht länger wehren müssen. Sie nahm die Schläge hin und bebte. Wie der Körper einer willenlosen Frau.

Als sie das Feuer einstellten, betäubte die unverhoffte Stille unsere Sinne.

Es brauchte lange, bis wir die Schreie der Verletzten hörten. Der Rauch der Explosionen hing wie eine graue Wolke über dem Land. Ich dachte an die sanften Hügel von gestern. In dem Land waren Geschwüre aufgebrochen. Sie hatten Tausende von Furunkeln ausgepresst, und nun sammelte sich in den Kratern ekliger Schlamm. Alle Krater waren voll damit. Schlamm und Blut.

Ich lief nach Westen. Die Sonne stand schon tief am Himmel. Es war eine fade Sonne, gelb und schwach. Zu schwach, um durch den Pulverdampf zu dringen. Ich hastete vorwärts, stolperte über die Toten, fiel in Krater, hielt mir die Ohren zu vor dem Stöhnen der Verletzten. Meine Lungen schmerzten, und in meinem Kopf dröhnte es bei jedem Schritt: Gott! Gib, dass Pit noch lebt!

Das letzte Gebet war lange her. Mit sechs Jahren hatte ich meine Hände noch gefaltet: Lieber Gott, mach mich fromm, dass ich in den Himmel komm. Als Kind hast du nur kleine Wünsche. Aus dem Inferno erflehst du mehr: Gott, gib, dass Pit es überstanden hat!

Ich stolperte durch den Schlamm. »Pit!« Dann suchte ich ihn hinter dem tiefen Pulverdampf. »Pit!«

Geschosse pfiffen an mir vorbei, schlugen in den Schlamm zu meinen Füßen, stiegen jaulend von Steinen steil in den verhangenen Himmel.

Am Rande eines Kraters lag der Flame. »Hau dich hin, Jong!«, brüllte er. »Scharfschützen!«

Ich sprang in seinen Krater.

»Gottverdammich!«, brüllte er. »Läufst da herum, wie Kalb sucht nach Mutterkuh! Pit! Pit! Gleich fängst zum Weinen an, Gottverdammich!«

Am Nachmittag sah ich Pit wieder und kroch zu ihm in seinen Krater.

»Vorhin habe ich Gott gebeten, dass er dich leben lässt«, sagte ich.

»Kommt das öfter vor, dass du Gott um etwas bittest?«, grinste Pit.

»Nein. Aber vorhin habe ich es getan.«

»Du hättest ihm danken sollen«, meine Pit.

»Wofür?«

»Dass er dich auf Spähtrupp geschickt hat. Dein Erdloch ist umgepflügt worden. Von hier bis zum Bogen im Fluss dahinten hat ein Bombenteppich alles umgepflügt. Da lebt keiner mehr.«

In der Nacht schleppten wir die Verwundeten in die Kirche von Hollering und holten den Priester aus seinem Keller. »Hochwürden, wir übergeben Ihnen die Verantwortung.«

Dann begruben wir unsere Toten. Wir sammelten ihre Waffen ein und brachen ihre Erkennungsmarken ab und legten die zerrissenen Leiber nebeneinander an die Kraterwände. Sie lehnten sich aneinander. Steif. Halb aufrecht. Etwas verrenkt. Sie lehnten da im Kreis herum. Wie eine große Totenblume. Wenn wir einzelne Arme fanden oder Beine, dann legten wir sie neben einen der Leiber und fragten uns nicht, ob es auch der richtige Leib war. Wir schaufelten die Krater zu und legten die Stahlhelme der Toten oben auf die weiche Erde und suchten uns tiefe, steinige Bombentrichter für ein paar Stunden Schlaf.

Pit drängte seinen Rücken an meinen Rücken. »Macht es dir was aus? Mir ist so kalt.«

»Nein, lass nur. Es macht mir nichts aus«, sagte ich.

»Ich werde sicher davon träumen«, flüsterte er. »Von den Toten. Wenn ich schreie im Schlaf – halt mir den Mund zu.«

»Ist gut«, sagte ich, »aber du wirst schon nicht schreien.«

»Hast du keine Angst vor diesen Träumen?«

»Nein«, sagte ich. »Mein Kopf ist ganz benommen. Wie Gummi. Ein Gummikopf träumt keine Träume.«

»Ruhe jetzt!«, brummte der Flame. »Ihr schnattert wie den Gänsen!«

»Nein«, murmelte ich.

»Was heißt?«, bellte er.

»Die Gänse.«

»Was?«

»Wir schnattern wie *die* Gänse. Gutes Deutsch. Erster Fall Mehrzahl.«

Pit trat mir von hinten in die Beine.

»Wie *den Gänsen* kann kein guter Deutscher schnattern«, sagte ich. Die anderen Jungens lachten.

»Unrast«, sagte er leise. »Du meldest dich morgen bei mir.«

»Jawohl, Sturmführer.«

»Und jetzt schieb Wache.«

»Jawohl, Sturmführer.«

Ich stellte das MG am Rand des Kraters auf und versuchte den Fluss zu erkennen. Es war noch zu dunkel. Hinter mir hockte der Flame auf dem Kraterboden.

Mein Gott, ich hasse ihn.

Ich presste meine Stirn an den kalten Lauf der Waffe. Ich hatte zum zweiten Mal mein Gott gesagt.

Ihre Motoren waren nicht richtig laut, aber in der letzten Stunde der Nacht hast du gute Ohren. Ich stieß den Flamen an. »Lastwagen«, sagte ich.

Er hatte sie auch schon gehört. »Sie komme von Süd.«

Er hielt seinen Kopf schräg, dem Geräusch entgegen. »Gottverdammich«, murmelte er. »Die Amis habt uns genarrt. Mit Trommelfeuer auf uns habt sie abgelenkt. Sind in andere Frontabschnitt über das Donau gekommt. Reibt uns jetzt von hinten auf.«

Die Soldaten mit den runden Helmen kamen zum Waldrand. Zögernd blieben sie stehen. Sie warteten. Lange. Dann kamen sie keilförmig aus dem Wald hervor. Sie sicherten nach allen Seiten. Ich spürte mein Herz im Halse klopfen.

Sie stiegen langsam durch die Krater. Ich sah am schwarzen Lauf meiner MP entlang. Der Mann mir gegenüber trug ein Funkgerät.

»Feuer!«, brüllte der Flame. Ich drückte ab. Der Funker

sackte in die Knie. Dann kullerte er nach hinten. Pits MG
sägte von links nach rechts durch die lange Reihe der Angreifer. Sie wälzten sich am Boden.

Deutlich sah ich sie stürzen, sah sie in die Krater krie-
chen. Und dann sah ich die anderen. Hunderte von ihnen.
Sie traten aus dem Dickicht heraus, hockten sich an den
Waldrand, warfen sich hinter ihre MGs und beharkten die
Furunkelerde mit den endlosen Ketten ihrer Leuchtge-
schosse. Glühende Perlenketten griffen nach uns, schlugen
in die Helme der Jungens neben mir, sägten sich in ihre
Hälse, zerrissen ihre Gesichter, knickten sie ab wie kleine
Bäume.

Ich rutschte die Kraterwand nach unten und hörte meinem eigenen Röcheln zu. Meine Lungen pumpten hart.
Wie nach einem langen Lauf. Pit legte einen neuen Gurt in
sein MG. »Es sind zu viele.« Auch sein Atem ging schwer.
»Sie haben uns in der Zange. Von allen Seiten.«

»Wir müsset uns befreie«, sagte der Flame.

»Ja«, sagte ich, »aber wie?«

»Wir brechet aus«, sagte er. »Fertig machen zum Sturmangriff!«

Der Melder warf sich an den Kraterrand. »Fertig machen zum Sturmangriff!« Er brüllte es zweimal. Nach links
und rechts. Aus dem nächsten Krater kam eine helle Stimme. »Zu Befehl!«

Ich sah über den Rand. »Es sind viele.«

Der Flame deutete nach Süden. »Angriffsziel Waldrand.«

Pit sah den Flamen an und schüttelte den Kopf. »Das ist
Selbstmord ...«

»Sturmführer«, sagte ich, »die sind am Waldrand in Stellung gegangen. Zwei Kompanien haben sich da eingegraben.«

»Schnauze!«, brüllte der Flame. »Fertig machen zum Sturmangriff!«

Nun ging es wohl aufs Ende zu. Nun gab es keine Rettung mehr. Wie das wohl ist, wenn sie in dich hineinklatscht, diese Kugel? Ob du sie kommen spürst? Kneifst du aus Angst die Augen zu? Wie hart kommt wohl der Schlag? Oder sind es viele Schläge? Bist du gleich tot? Wohl kaum. Nicht alle sind gleich tot gewesen. Ob du wohl schreien wirst, wenn du noch eine Weile lebst?

Als ich nun neue Patronen in die Magazine schob, da kam eine Erregung über mich. Es war die Erregung eines neuen Gedankens. Wenn du nicht tötest, tötet dich auch keiner wieder. Du musst es schlau anfangen. Du springst hinaus und wirfst dich hin. Du stellst dich tot. Auf Tote schießen sie nicht mehr.

»Sprung auf! Marsch Marsch!«, brüllte der Flame.

Unsere Leute sprangen aus den Kratern. Feuerten zum Waldrand hin. Stolperten durch schlammigen Boden. »Hurra!«

Dann stand ich oben am Rand des Kraters und sah die Braunen mit ihren runden Helmen am Waldrand liegen. Ich drehte mich um, wollte wissen, wo Pit war, und da sah ich, dass er im Krater lag. Ich sprang zurück und warf mich neben ihn. Er schrie: »Das ist Selbstmord! Sag ihm, dass wir den Befehl verweigern!«

Der Flame stand hinter ihm. »Feigling! Gottverdammichte feige Memme!«

Pit schüttelte den Kopf. »Nein! Ich gehe nicht!«

Da schoss der Flame. Er schoss Pit in den Rücken. Der Lauf seiner MP suchte den Rücken ab, und als er die Stelle des Herzens gefunden hatte, drückte er ab, und ich hörte den harten Knall, und ich werde den Knall auf ewig hören, und dann brach Pit über seinem MG zusammen.

Ich drehte Pit zu mir herum und sah, dass seine Augen noch lebten, aber als ich mein Ohr an seinen Mund legte, konnte ich ihn nicht atmen hören. Dann schlug mir der Flame den Lauf seiner MP in den Rücken.

Der Schmerz sprang mir bis unter die Schädeldecke. Als der Schmerz verging, kam der Zorn. Das war gut so. Du brauchst ihn. Weil du sonst nicht überlebst.

Ich warf mich herum und trat dem Flamen in den Bauch, und als er sich krümmte, schoss ich ihm ins Gesicht. Er schwankte. Aber er fiel nicht um. Da schoss ich noch zweimal hinterher. Schoß ihm durch die Brust. Und in den Bauch. Dann fetzten die Granaten herbei. Sie warfen den Schlamm zum Himmel hoch. Und dann bereitete die Erde uns ein Grab. Sie begrub die beiden Toten neben mir. Und gab mir gnädig ihren Schutz.

In der Nacht zogen die Amerikaner weiter. Erst schafften sie die Verwundeten fort. Dann zogen sie weiter. Unsere Toten ließen sie liegen. Es waren viele.

Ich grub mich heraus und kroch durch die Krater. Niemand hielt mich auf. Auch im Wald war niemand mehr. Ich wanderte nach Süden.

DER TOTE KRIEG
April/Mai 1945

Das war ein Wandern zwischen beiden Fronten. Wenn sie sich beschossen, wühlte ich mich in die Erde. Doch das kam nur noch selten vor. Meist zogen sich die Deutschen schnell zurück. Beim ersten Licht des Tages hielt ich Ausschau nach Amerikanern. Wenn die sich in Bewegung setzten, lief ich vor ihnen her, und wenn ihre Panzer über die Straßen dröhnten, hastete ich ihnen querfeldein voraus. Manchmal sah ich ihre Jeeps. Dann blieb ich in den Wäldern. Ich kannte das Land und war in Taktik unterrichtet worden. Die deutschen Stellungen ahnte ich so gut wie jedes Mal voraus.

Nachts rollte ich mich da zusammen, wo sonst Rehe schliefen. Unter dichten Tannen. Am dritten Tag ging meine eiserne Ration zu Ende. Von da an gab es nur noch Wasser. Aus Bächen. Manchmal auch aus Tümpeln. Mit Kaulquappen darin. Anfangs war es eklig. Aber dann siegte der Durst. Durst siegt immer über Ekel.

An einem grauen Morgen stieß ich auf einen Einödhof. Ich lief einen weiten Kreis um den Hof und suchte Feldwege und Wiesen nach Spuren ab, aber niemand hatte den Krieg in diese Einöde getragen. Keine Panzer, keine Jeeps, keine Nagelstiefel, keine Gummisohlen.

Der Hof war einer dieser lang gestreckten bayrischen Höfe, Mensch und Vieh lebten zu ebener Erde darin, und unter dem Dach lagerte das Heu.

Die Stalltür war von innen zugeriegelt. Ich ging um das Haus herum und sah einen gebeugten Mann hinter einem Leiterwagen stehen. Er hielt einen Stutzen in den Händen, und als er auf mich anlegte, warf ich mich hin. Er feuerte aus beiden Läufen. Die Ladung stieg über mir in den grauen Himmel. Dann wollte er nachladen, aber ich zog den Bügel meiner MP durch und sagte: »Werfen Sie Ihre Waffe weg.«

Er lehnte seinen Stutzen sorgsam an die Bank neben der Tür. Es war eine schöne Flinte, mit einem ziselierten Lauf. Als der Bauer sah, dass sie nicht umfallen würde, nahm er die Hände hoch.

»Nein«, sagte ich, »lassen Sie das nur. Warum haben Sie auf mich geschossen? Ich bin doch nicht Ihr Feind.«

Er rieb sich die Nase. »Wos wuscht nachat, Bua?«

»Ich habe seit Tagen nichts gegessen«, sagte ich.

Er ging vor mir her ins Haus und deutete auf den Küchentisch. Seine Frau brachte Milch, Brot und Käse. »Er isch ja no an Kind«, sagte sie. »Darfst fei langsam iasset.«

Das Brot war hart. Es war gut, hartes Brot zu essen. Mein Bauch tat weh. Essen kann Schmerzen machen. Ich sagte mir, du hast lange nichts gegessen. Lass dir Zeit. Sonst wird dir schlecht. Die Bäuerin strich mir über den Kopf, und ich fragte ihren Mann, warum er auf mich geschossen hätte.

»Sprich nur gscheits Deutsch«, sagte die Frau, »damit der Bua di au verstehe ko.«

»Der Hauptmann Gerngroß hats gsagt«, erklärte der Bauer.

»Wer ist das?«, fragte ich.

»Was woas i. Den Rundfunk hat er halt besetzt«, sagte der Bauer. »In München. Rebellieren tut er. Frieden machen will er mit die Amerikaner. Eh dass noch mehr sterben müsset. Die Truppen solln sich ergebe und das Volk soll alle Landser entwaffne. Alle, die noch kämpfe wollet. Mir müsset unsre Höfe schütze, hot er gsagt, damits die Nazis net noch anzünde könne in d' letzte Tage von diese gottvermaledeite Kriag.«

»Das brauchet mer noch«, murmelte die Bäuerin, »jetzt, wo Hitler tot is ...«

»Was?«, sagte ich. »Er ist tot?«

Der Bauer nickte. »Am Radio habens durchgebe. Den Dönitz hat er zum Nachfolger gmacht.«

Ich fühlte die Lähmung. Und von innen kam ein Lachen. Außen sah es keiner. Ist das denn nicht zum Lachen, wenn einer stirbt, der gar nicht sterben darf? Weil er unsterblich ist? Und nun war er tot. War es der Krieg jetzt auch? Nein. So ein Krieg stirbt nicht so schnell.

Ich stopfte den letzten Kanten Brot in meinen Mund. »Danke für die Vesper.«

»Wann'st gscheit bischt, Bua, dann tust deine Uniform ausziahe und tuscht hier bleibe. Tust di verstecke.«

»Nein«, sagte ich. »Wenn die Kettenhunde mich erwischen, hängen sie mich an den nächsten Baum.«

»Und wann d' Amerikaner kimmet?«, fragte die Frau.

»Die Amerikaner erschießen ihre Gefangenen.«

Die Bäuerin legte ihre Hände vor den Mund. »Net möglich.«

»Doch«, sagte ich. »Ich habe es selbst gesehen.«

»Was willst mache, Bua?«, fragte der Bauer.

»Weiterwandern«, sagte ich. »Mich verstecken. Zwischen den Fronten leben.«

DAS URTEIL
Anfang Mai 1945

Als ich nun am Rand einer steilen Wiese hügelan stieg und über den schwarzen Wipfeln der Tannen das Eis auf den Bergen sah und in das schützende Dunkel des Waldes eintauchte, da trat unversehens hinter einem dicken Baumstamm ein Unteroffizier mit einem Sturmgewehr hervor.

»Halt!«, befahl er. »Name, Dienstrang und Einheit.«

Der Mann war Fallschirmjäger. Runder Helm, Tarnjacke. Fallschirmjäger. Kein Feldgendarm. Ich zeigte ihm meine Papiere.

»Alle Achtung, ein Eliteknabe!« Er war nicht mehr jung.

»So einen Eliteknaben wie dich hat mir bestimmt 'ne gute Fee geschickt.« Er suchte die Hügel mit seinem Feldstecher ab. »Der Melder vom Bataillon war eben hier. Irgendwo da draußen steckt ein amerikanischer Spähtrupp. Hast du dich umgesehen, als du hier raufgekommen bist?«

»Ja.«

»Ständig?«

»Die ganze Zeit.«

»Hinter uns im Wald läuft eine Schneise. Richtung Nordwest-Südost. Glaubst du nicht auch, dass der Spähtrupp lieber die Schneise entlang kommt, anstatt über Wiesen zu latschen?«

»Nur Himmelfahrtskommandos steigen diese Wiesen hoch.«

Er nickte. »Hör zu, Eliteknabe. Sie haben mir einen gemischten Haufen gegeben. Matrosen, Sanitäter, Pioniere. Und ob du's hören willst oder nicht, sogar zwei alte Kerle vom Volkssturm. Wir sind neun Mann. Mit dir jetzt zehn. Und mit diesem Verein soll ich einen Spähtrupp aufreiben. Nicht gefangen nehmen. Aufreiben!«

Er steckte seinen Daumennagel zwischen seine breiten Vorderzähne.

»Der Führer ist tot«, sagte ich.

»Ich hab's gehört«, sagte er. »Und was ändert das schon?« Er schob den Feldstecher unter seine Tarnjacke. »Ich habe den bunten Haufen an der Schneise entlanggelegt. Gut versteckt im Unterholz. Auf beiden Seiten. Und auf Luke. Fünf Meter Abstand von Mann zu Mann. Eine große Falle, sozusagen.« Er bot mir eine Zigarette an. Ich schüttelte den Kopf.

»Das MG möchte ich keinem von den Kerlen anvertrauen. Sonst harkt der mir noch in die eigenen Leute. Ich lege mich ans Ende der Falle. Mit dem MG.« Er paffte an seiner

Zigarette. »Und du legst dich an die Öffnung der langen Schlaufe. Wenn der letzte Ami an dir vorbeilatscht, legst du ihn um. Dein Schuss ist Feuerbefehl für uns alle. Verstanden?«

Ich nickte.

Sie kamen gegen Mittag. Die Sonne schien steil in die Schneise, und in dem grellen Licht waren sie schon von weitem auszumachen. Nur zögernd kamen sie näher, in zwei Reihen. Sie ließen sich Zeit, denn sie hatten ja den Krieg bereits gewonnen, da kam es wohl auf ein paar Tage nicht mehr an.

Es waren fünfzehn Mann. Acht von ihnen gingen an der Nordseite der Schneise, und ihre Gesichter lagen im Schatten ihrer Helme, aber die Gesichter der anderen sieben schoben sich ganz deutlich in mein Visier. Einer nach dem anderen. Nur drei Meter von mir entfernt. Das erste Gesicht war hager. Schwarze Stoppeln. Und dunkle Augen. Argwöhnische Augen. Suchend. Das Unterholz absuchend.

Aber er sieht dich nicht.

Dann der Nächste.

Auch er kann dich nicht sehen.

Der dritte. Jung. Älter als du. Trotzdem noch jung. Kauende Backenknochen.

Wieder einer. Schwarz. Wie Jesse Owens.

Der Wievielte jetzt? Weiß nicht. Wahrscheinlich Nummer fünf. Unwichtig, der Wievielte. Wenn er tot am Boden liegt, wird er einer unter fünfzehn sein.

Noch einer. Etwas klein geraten. Schweiß im Gesicht. Rötlicher Bart. Grüne Augen. Tina hatte grüne Augen.

Wie ich so auf den Letzten wartete, da wusste ich, dass ich es nicht tun würde. Wie viele hatte ich schon getötet?

Schwer zu sagen, denn ich hatte sie nicht gezählt. Andere schnitzten sich Kerben in das Holz ihrer Gewehre. Für jeden Abschuss eine Kerbe. Aber das war nichts für mich. Wenn sie auf mich schossen, die Braunen von der anderen Seite, dann war es leicht für mich, zurückzuschießen. Denn wenn ich leben wollte, musste ich den da drüben töten.

Das war ein großer Unterschied zwischen dem Töten im Gefecht und dem Mord hier in der Schneise. Ich hatte noch nie einen ermordet. Doch. Einen. Den Flamen. Aber das habe ich tun müssen. Ich war es Pit schuldig gewesen.

Als der Letzte in mein Schussfeld kam, stolperte er und schüttelte den Kopf, grinste wegen seiner zwei linken Füße. Er trug den Helm weit hinten im Genick. Ich hatte seine Schläfe im Visier. Auf dem Nadelboden des Waldes spürte ich das Hämmern meines Herzens. Als es darauf ankam, abzudrücken, rann mir der Schweiß von der Stirn in die Augen, und das brannte wie Feuer, und ich konnte nicht mehr so richtig sehen, und bei fünfzehn gegen zehn muss jeder Schuss sitzen, oder du kommst auch nicht mehr nach Hause.

Sie liefen an mir vorbei und liefen an den anderen vorbei, und weil ich nicht geschossen hatte, schoss keiner der Männer aus dem Unterholz, und nur das MG des Fallschirmjägers schrie plötzlich auf, doch dann feuerten die Braunen zurück, und das MG verstummte. Ich rannte tief gebückt unter den Tannen hindurch. Tausendmal hatte ich den gebückten Lauf geübt, und tausendmal war ich dafür belobigt worden, und nun rannte ich dem Fallschirmjäger zu Hilfe, doch als ich ihn endlich gefunden hatte, lag er tot zwischen braundörren Farnen.

Ich ging den Spuren der Amerikaner nach. In weiten Sätzen waren sie durch den Wald gehastet. Aber sie waren nicht umgekehrt. Sie hatten sich nicht beirren lassen.

Der bunte Haufen stand ratlos herum, und einer der Pioniere sagte: »Da hinten ist der Bataillons-Gefechtsstand. Könnt ihr euch vorstellen, was passiert, wenn die Amis da hinten auf den Bataillons-Gefechtsstand stoßen?«

»Katastrophe«, sagte der andere Pionier. »Das reinste Blutgemetzel. Anschließend hängen sie uns alle auf.«

»Nicht uns«, sagte der Mann vom Volkssturm. »Den hier hängen sie auf.«

Sie drehten mir ihre Gesichter zu. Der alte Mann vom Volkssturm sagte: »Dieser hier hat den Befehl nicht ausgeführt. Sollen sie ihn doch hängen!«

Sie banden mir die Hände mit einem Hosenträger zusammen und drängten sich wie eine schwere Menschentraube um mich herum. Dann führten sie mich durch den Wald dem Tal entgegen.

Sie nannten es das Standgericht. Der Richter kam aus der Etappe. Er hatte ein schönes Auto, fast ein so großes Auto wie der Führer eines hatte, als er noch lebte. Seine Getreuen waren bei ihm. Männer von der SS.

Die Soldaten schleppten Tisch und Stühle in die Scheune für das Gericht. Der Richter saß hinter dem Tisch. Die Zeugen standen neben ihm. Ich musste vor dem Tisch stehen bleiben.

Die Scheune war von vielen Stürmen mitgenommen. Im Dach fehlten ein paar Schindeln. Sonnenstrahlen zwängten sich durch die Löcher im Dach und zeigten mit ihren langen, dünnen Fingern auf Dinge, die für den Prozess ohne Bedeutung waren: Heu. Eine Forke. Einen zerbeulten Eimer. Die Hände des Richters. Er hatte sie auf dem Tisch liegen. Auch seine Hände waren ohne Bedeutung, denn Richterhände brauchen ja nicht den Strick zu halten.

»Gefreiter Unrast«, sagte der Richter. »Es ist Ihnen bekannt gemacht worden, dass, ermöglicht durch Ihr feiges Verhalten, der gegnerische Spähtrupp bis zum Bataillons-Gefechtsstand vordringen konnte. In Konsequenz hat es ein Feuergefecht gegeben, in welchem der Spähtrupp total aufgerieben wurde. Nun haben bedauerlicherweise dabei auch einundzwanzig tapfere deutsche Soldaten den Heldentod gefunden. Söhne deutscher Mütter! Frauen, denen Sie nie wieder werden in die Augen blicken können! Unrast, Sie haben eine große Schuld auf sich geladen! Ist das klar?«

»Jawohl.«

Der Richter nickte. »Es ist für den Angeklagten zu vermerken, dass er Reue zeigt.«

»Nein«, sagte ich. »Reue ist das nicht. Es ist die Anerkenntnis der Verantwortung für den Tod meiner Kameraden. Und es besteht ein großer Unterschied zwischen Verantwortung und Schuld.«

»Oho!«, schmunzelte der Richter. »Mir scheint, wir haben hier einen jungen Danton vor dem Tribunal! Nur zu, Danton, nur zu! Es soll mir niemand nachsagen können, vor meinem Gericht käme der Angeklagte nicht zu Wort.«

Ich sagte: »Wenn ein Kompanieführer einen Sturmangriff befiehlt und die Hälfte seiner Soldaten findet dabei den Tod ... Was trägt er dann? Die Verantwortung? Oder die Schuld?«

»Das ist infam!«, sagte der Richter. »Infam ist es, weil ein Feigling diese ungeheuerlichen Vergleiche findet.«

»Ich habe nicht aus Feigheit gehandelt«, sagte ich. »Und ich habe noch eine Frage, Herr Kriegsgerichtsrat.«

»Nur zu«, sagte er. »Aber nehmen Sie sich in Acht!«

»Wenn der Führer den Männern von Stalingrad befiehlt, auszuharren, und die ganze 6. Armee geht dabei drauf ...

was trifft den Führer dann? Schuld? Oder Verantwortung?«

»Schweig!«, rief der Richter. »Das ist Hochverrat! Feige Memme, du hast den Kopf doch ohnehin schon in der Schlinge!«

»Wie können Sie das Hochverrat nennen?«, rief ich zurück. »Es war doch nur eine Frage!«

Er ballte seine Hände zu Fäusten zusammen. Dann legte er sie wieder flach übereinander auf den Tisch.

»Nun, es ist wohl auch kühn, was er da spricht. Wir begegnen hier einem Geist, der nach Logik sucht. Die brillante Erziehung der Ordensburg spricht aus diesem unglücklichsten aller Fälle. Ganz offensichtlich hat er eine Erziehung zum wahren geistigen Wesen genossen. Dennoch hat er geirrt, befindet sich auf Abwegen, wird zum Judas an seinem wahren Gott.«

Aus seiner Stimme sprach ein Lächeln. Ich konnte sein Gesicht nicht sehen, aber es hörte sich an, als würde er lächeln.

»Nur zu, Danton. Fahr fort.«

Ich sagte: »Wir haben in Sonthofen gelernt, entscheidende Befehle nur demjenigen zu erteilen, dem wir die Ausführung eines solchen Befehles auch zutrauen können. Der Unteroffizier der Fallschirmjäger, der mir einen Befehl erteilte, hat mich nicht gekannt. Er hat einen versprengten Soldaten aufgelesen und ihm einen Befehl erteilt, von dessen Ausführung das ganze Unternehmen abhing.«

Der Richter hob die Hand. »Schweigen Sie! Das ist fadenscheinig.« Er dachte nach. »Wir haben genug gehört. Das Gericht kommt nun zum Schluss.« Er ließ sich Zeit.

Ich sagte mir, dass es dumm von mir war. Warum hatte ich nicht den reuigen Sünder gespielt? Warum hatte ich nicht Gnade erbeten? Warum? Weil ich es nicht über mich gebracht habe. Außerdem – was du vor dem Standgericht sagst, ändert in letzter Minute auch nichts mehr. Doch. Denk nach. Da war noch ein Ausweg. Der Führer war tot. Das war der Ausweg.

»Verzeihen Sie«, sagte ich, »aber bevor Sie zu Ihrem Urteil kommen, muss ich noch eine Feststellung treffen.«

»Nun gut«, sagte er. »Ein letztes Wort.«

»Als Panzergrenadier habe ich den Eid auf den Führer geleistet.«

»Wie ein jeder von uns«, sagte er.

»Sie auch, Herr Kriegsgerichtsrat?«

»Nun ja. Das ist doch selbstverständlich.«

»Dann sind Sie Ihrer Verpflichtungen enthoben!«

»Wie das?«, lachte er höhnisch.

»Sie brauchen kein Urteil mehr zu fällen, und ich habe keine Schuld auf mich geladen.«

»Für diese Ungeheuerlichkeit verlange ich eine Erklärung.«

»Wir haben den Eid auf Adolf Hitler geleistet. Nicht auf das Volk. Nicht auf das Vaterland. Nicht auf Gott. Und auch nicht auf die Verfassung. Nur auf den Führer. Auf seinen Namen. Der Führer ist tot, Herr Kriegsgerichtsrat. Und mit seinem Tod ist auch unser Eid erloschen!«

»Nun ist es aber endgültig genug!«, brüllte der Richter. Er sprang auf und lehnte sich über den Tisch. »Angeklagter! Stillgestanden!«

Nun kommt das Ende, dachte ich. Nun ist wohl nichts mehr zu machen. Aber er hat mich reden lassen, dachte ich, und er ist begeistert von der Erziehung auf der Ordensburg. Strafbataillon wahrscheinlich. Du hast zu viel geredet. Um das Strafbataillon wirst du nicht herumkommen. Aber dann wärst du noch einmal glimpflich davongekommen.

»Hochverrat begeht jeder, der die Entscheidungen des Führers einer moralischen oder anderweitigen Prüfung unterzieht«, sagte der Richter. »Feigheit vor dem Feinde begeht jener Soldat, der einen Befehl wissentlich nicht ausführt und somit das Leben seiner Kameraden gefährdet. Im Falle des Angeklagten August Unrast kommt erschwerend hinzu, dass die außergewöhnliche Erziehung, die er auf der Ordensburg genossen hat, ihn nicht beflügeln konnte, ein leuchtendes Beispiel an der Front abzugeben. Der Angeklagte hat eine gewisse Zeit lang den Namen seines Führers getragen. Dann aber hat er den Namen des Führers besudelt.

Im Namen des Volkes verurteile ich den Angeklagten August Unrast zum Tode durch Erschießen. Das Urteil ist sofort zu vollstrecken.«

Wenn nun so etwas Außergewöhnliches mit dir geschieht, etwas Außergewöhnliches, etwas, das außerhalb deiner Erfahrung liegt, und auch außerhalb deiner Vorstellungskraft, dann sagst du dir, dass es nicht sein kann. Es ist ganz einfach nicht wahr. Jeder denkt so, ganz bestimmt denkt jeder so, den sie an die Wand stellen. Es muss so sein. Du musst so denken. Du sagst dir, so etwas passiert nur anderen.

Die Sonne schien wie an jedem anderen Tag im Mai. Die Panzer rollten durch das Dorf wie bei einem Rückzug sonst auch. Und die Hühner scharrten auf dem Mist herum. Es war gar kein besonderer Tag.

Die Wand des Bauernhauses war weiß. Sie warf die Sonnenstrahlen blendend hell zurück.

Es gab keinen Trommelwirbel. Es gab auch keinen Offizier mit hoch erhobenem Degen. Es gab nur sechs Mann. SS-Leute.

»Erschießungs-Kommando! Stillgestanden! Legt an!«

Ich sah in die Mündungen ihrer Karabiner. Und als sie lachten, sah ich ihre weit aufgerissenen Münder.

Einer rief: »Sieh her, Scharführer! Sonst scheißen die sich erst in die Hose, wenn sie übern Jordan sind ... der hier kackt schon vorher!«

Sie legten ihre Karabiner über ihre Schultern und kamen zu mir und drehten mich um und betasteten meine Hose.

»Nein«, sagte einer von ihnen. »Beschissen hat er sich noch nicht. Nur bepinkelt. Der Kerl trägt links. Das linke Hosenbein ist nass.«

»Nicht zu glauben«, sagte der Scharführer. »Alles nass. Bis runter zum Knie.«

»Feiges Schwein«, sagte ein Soldat und schlug mir ins Gesicht.

Ich konnte mich nicht wehren. Sie hatten mir die Hände auf dem Rücken gefesselt.

Dann stellten sie sich wieder in einer Reihe auf, und der Scharführer brüllte: »Stillgestanden! Legt an! Gebt ...« Und dann lachten sie wieder.

Es dehnt sich die Zeit, wenn sie ihren Spaß treiben mit deiner Angst. Und dann geht alles wieder doch sehr schnell. Es wird ein Wirbel. Ein Tanz. Springende Bilder. Und wenn die Münder lachen, dann tanzen auch die Karabiner, und der dumpfe Schmerz in deinem Kopf macht die Musik zu ihrem Tanz.

Dann kam ein Offizier. Grau und schwarz und silbern. Grau die Uniform. Silbern die Runen der SS. Schwarz sein Orden. Und silbern das Eichenlaub darüber.

»Was hat der Knabe verbrochen?«, fragte er.

»Hochverrat«, antwortete der Scharführer. »Feigheit vor dem Feind.«

»Lass sehen.« Der Offizier streckte die Hand nach dem

Todesurteil aus. Es dauerte lange, bis er mit dem Lesen fertig war. Dann kam er zu mir. »Sonthofen?«

»Jawohl, Hauptsturmführer.« Ich konnte kaum sprechen. Mein Körper flatterte wie im Fieber.

»Welche Schule?«

»Schule Brandenburg. Jahrgang 1941.«

»Mein Bruder ist bei euch gewesen. Schule Tilsit. Jahrgang vierzig. Vielleicht hast du ihn gekannt. Markgraf. Klaus-Günther Markgraf.«

»Ein großer Dunkler«, sagte ich. »Spielt gut Klavier.«

Der Offizier nickte.

»Begabter Pianist. Vor vier Monaten ist er gefallen. In Italien.« Er starrte mich an. Seine Augen waren grau. »Tut dir das Leid?«

»Ja.«

»Warum sagst du es dann nicht? Warum sagst du nicht, ›das tut mir aber Leid, Hauptsturmführer‹?«

»Das Wort bedeutet nicht mehr viel. Es ist abgedroschen.«

Er nickte. Meine Zähne schlugen aufeinander. Dann sah er noch einmal auf das Papier in seinen Händen. »Unrast, willst du mein Melder sein?«

Ich hatte seine Frage gehört. Aber sicher würde er jetzt gleich lachen: Haha, mein Kleiner, das könnte dir wohl so passen!

»Jawohl, Hauptsturmführer! Das würde mir sehr passen«, sagte ich, und er meinte: »Danach habe ich dich nicht gefragt. Es würde mir nicht in den Sinn kommen, dich zu fragen, ob dir etwas passt oder nicht.« Er lächelte. Sicher war er so an die dreißig, aber als er lächelte, sah er viel jünger aus.

»Wirst du gut sein? Zuverlässig? Wirst du mir ein guter Melder sein?«

»Jawohl, Hauptsturmführer! Ich verspreche es.«

Er drehte sich um. »Scharführer!«

Der Mann kam angerannt, stand stramm.

»Das Urteil wird auf unbestimmte Zeit ausgesetzt«, sagte der Offizier.

»Aber, Hauptsturmführer! Der Kriegsgerichtsrat hat ...«

»Brandauer!« Die Stimme war metallisch scharf. »Widersprichst du etwa meinem Befehl?«

»Nein, Hauptsturmführer!«

»Das ist gut, Brandauer. Ich mag es nicht, wenn meine Befehle angezweifelt werden. Solltest du das jemals tun, dann stelle ich dich so lange auf einen Scheiterhaufen, bis die Flammen an deinen unnützen kleinen Eiern lecken. Möchtest du das, Brandauer?«

»Nein, Hauptsturmführer.«

»Na also. Dann sag mir auch, dass du es nicht möchtest.«

»Ich will nicht auf den Scheiterhaufen!«

»Lauter!«

Er brüllte. Und die Soldaten lachten.

»Ich will nicht auf den Scheiterhaufen!«

Sie zeigten mir die Badestube im Haus. Das Wasser war kalt. Es kam von den Gletschern über dem Dorf.

Als es dunkel wurde, stellten sie ein Feldbett neben die Tür zum Schlafzimmer. »Wer schläft in den Ehebetten?«, fragte ich, und sie grinsten: »Der Hauptsturmführer.«

In der Nacht weckte mich seine Stimme. »Unrast, komm her zu mir.«

Ich zog die Stiefel an und meine Uniformjacke und ging in sein Zimmer. »Hauptsturmführer?«

»Mir ist kalt. Frierst du nicht?«

»Nein, Hauptsturmführer.«

»Leg dich her zu mir. Wenn wir uns aneinander drängen, wird es wärmer.«

»Hauptsturmführer«, sagte ich, »mir ist nicht kalt.«

Er lachte. »Keine Sorge. Ich bin nicht homosexuell. Hast du etwa Angst vor Schwulitäten? Das fehlte noch! Leg dich hierher zu mir. Ehrenwort: Ich bin kein Liebhaber schöner Knaben.«

Ich legte mich auf das Bett, und er sagte: »Komm näher. Wärme mir den Rücken.«

Es war mir widerlich, so nah an ihm zu liegen. Sein Hemd roch nach Zigaretten, und seine Muskeln zitterten vor Kälte.

»Tja, das tut gut«, murmelte er. »So habe ich oft mit meinem Bruder gelegen. Im letzten Urlaub. Die Russen haben mir den Rücken zerschossen, aber unsere Quacksalber haben mich wieder ganz gut zusammengeflickt. Ein paar Splitter sind noch drin. Und wenn der Rücken kalt wird, schmerzt es sehr. Nächtelang hat mein Bruder mich gewärmt. Verstehst du, Unrast? Das sind keine Schwulitäten. Obgleich ich dir ein Geständnis machen muss. Willst du es hören?«

Ich wollte es nicht hören, aber ich sagte: »Ja, bitte.«

»Es hat mir eine angenehme Freude bereitet, den jungen, durchtrainierten Körper meines Bruders an meinem Rücken zu spüren. Ein Männerkörper hat etwas Göttliches. Wie die Statuen in Griechenland. Sie haben etwas Göttliches. Findest du nicht?«

»Ich weiß nicht«, sagte ich.

»Der Körper eines Jünglings hat etwas Anregendes«, sagte er. »Im Gegenteil zum vollen Körper eines Weibes regt er an. Ein Weib regt auf. Weckt deine Begierde. Der Körper eines schönen Knaben weckt deine Träume. Findest du nicht?«

»Nein«, sagte ich.

Er lachte. Seine Rückenmuskeln zuckten. »Vielleicht hast du Recht, Unrast. Vielleicht sollten wir uns ein Weib besorgen. Sie könnte uns beide wärmen. Wäre dir das lieber?«

»Ich weiß nicht«, sagte ich.

»Doch. Eine Frau wäre dir tausendmal lieber.«

Er angelte nach den Streichhölzern auf seinem Nachttisch und zündete eine Kerze an.

»Wo sind meine Stiefel?«

Ich brachte sie ihm.

»Unrast, hast du schon einmal eine Frau gehabt?«

»Ja.«

»Dann ist es gut. Ich werde uns eine holen.«

Er zwängte sich in seine Stiefel. »Das ganze Dorf ist voller Weiber«, murmelte er. »Aber sie ekeln mich an. Plump. Kurzbeinig. Dumme Gesichter. Alle. Mit einer Ausnahme. Eine Ausgebombte aus Köln. Jung. Kriegerwitwe. Rassige Person. Schlank. Hoch gewachsen. Unserer würdig. Ich werde sie uns holen.« Er sah mich an. »Magst du das, nur eine Frau in unserem Bett?«

»Ich weiß nicht«, sagte ich. »Wie soll ich wissen, ob die Frau das mag?«

»Was kann ihr Besseres geschehen?«, grinste er. »Und außerdem: Keine Frau sagt Nein, wenn sie unsere Heldenkörper sieht.«

Er ließ die Tür offen stehen und nahm drei Stufen gleichzeitig auf dem Weg nach unten.

Unter dem Fenster stand ein Posten. Er machte Meldung. Der Offizier winkte ihm, mitzukommen. An der Straße blieb er kurz stehen, sah zu meinem Fenster hoch, dachte nach. Dann ging er weiter. Der Posten lief hinter ihm her.

Auf dem Tisch lag eine Maschinenpistole und vier Magazine. Ich schob ein Magazin ein und stopfte die anderen in meine Taschen und schlich die Treppe hinunter.

Es war eine mondhelle Nacht, und ich musste mich langsam von Hausschatten zu Hausschatten bewegen, und auch am Fuß der Hügel musste ich noch vorsichtig sein, aber als ich weit oben aus dem Wald herauskam und das Dorf schweigend unter mir liegen sah, ließ ich alle Vorsicht beiseite und hastete den steilen Pfad hügelan.

DIE HÜTTE
Anfang Mai 1945

Ein paar Stunden später stieß ich auf die Hütte und sah das Licht hinter den zugehängten Fenstern. Rauch kam aus dem Kamin. Eine dünne Säule. Silbrig stieg sie ein paar Meter hoch. Dann verlor sie sich in der Kälte der Nacht.

Ich überlegte, ob ich mich im Stall verstecken sollte. Zwischen den Kühen. Zwischen den Kühen ist es mollig warm. Und wenn du hungrig bist, ekelst du dich auch nicht vor der kuhwarmen Milch.

Dann sah ich einen Mann aus der Tür kommen. Er lief zum Bach und schöpfte Wasser in einen Kessel. Ich ging den Pfad hinunter, und als er sich umdrehte, sagte ich leise: »Bleib stehen, Mann. Ich will dir nichts tun, aber wenn du die anderen alarmierst, leg ich dich um.«

»Es gibt keine anderen«, sagte er. »Da drin hat eine Frau ein Kind gekriegt. Steh hier nicht rum! Hilf mit! Schnell. Sie darf uns nicht verbluten!«

Im Mondlicht konnte ich sein Gesicht ganz deutlich sehen. Ein Glatzkopf. Ein verschlossenes Gesicht. Mit einer fleischigen Nase. Und müden Augen. Militärhose und Kommissstiefel. Sein Hemd stand weit offen über der Brust.

»Soldat?«, fragte ich.

»Jawohl«, sagte er. »Feldwebel. Infantrist. Geh mir aus dem Weg!«

Er hastete vor mir die Stiege hoch.

»Seit dem ersten Tag bin ich dabei«, keuchte er. »Polen. Frankreich. Norwegen. Hast du schon mal ein Kind zur Welt gebracht?«

»Nein.«

»Macht nichts. Komm mit! Es ist ein Knabe. Er hat die Nabelschnur noch dran.«

Der Raum war so groß wie die ganze Hütte. Das meiste davon lag im Dunkeln, denn es gab nur drei Petroleumlampen, und die gossen helles Licht über das Bett und über die nackte Frau und über das blutige Bündel zwischen ihren Beinen.

Der Mann stellte den Kessel auf die Feuerstelle. Dann gab er mir ein Küchenmesser. »Hier, glüh das aus!«

Ich hielt die Klinge in die Flammen. Der Soldat warf ein Bettlaken und blutgetränkte Handtücher in dampfendes Wasser.

Die Frau im Bett stöhnte. Der Soldat nahm mir das Messer ab. »Komm mit.«

Ich blieb vor dem Bett stehen. Das Kind lag zwischen den Beinen der Mutter. Es war noch nicht sauber, war noch ganz blutig, aber es hatte die Augen geöffnet, unsehende Augen, und es atmete still.

»Halt sie fest«, sagte der Soldat. »Nimm die Frau in die Arme.«

Ich setzte mich zu ihr aufs Bett und griff nach ihr und lehnte ihr erschöpftes Gesicht an meine Schulter. Sie

schlang ihre Arme um mich. Es waren kräftige Arme, so
kräftig wie der ganze Körper. In der Stube war es heiß.
Schweiß lief zwischen den schweren Brüsten der Frau entlang, strömte über ihren runden Bauch und verlor sich in
dem kräftigen Gestrüpp zwischen ihren Beinen. Ich konnte
meine Augen nicht von ihr wenden. Denn ich hatte noch
nie so einen massigen Frauenkörper gesehen. Und so ein
winziges Bündel Mensch.

Der Soldat trennte die Nabelschnur und machte einen
Knoten. Dann hielt er das Kind über die Mutter. Er hielt
das blutige Bündel bei den Füßen und gab ihm einen
leichten Klaps auf den Rücken, und das Kind begann zu
schreien.

»Auf dem Tisch steht Branntwein«, sagte der Soldat.
»Ich habe ihn schon heiß gemacht. Wasch die Frau damit
ab.«

Ich goss den Branntwein in meine hohle Hand und rieb
die Flanken der Frau damit ein. Dann wusch ich ihr das
Blut von den Schenkeln. Ihre Haut war weich, und ich zögerte, sie zu berühren, denn meine Hände waren rau und
rissig. Aber meine Hände gefielen der Frau. Sie lachte.
Und über ihre Beine lief eine Gänsehaut.

»Was ist mit ihren Brüsten?«, sagte der Soldat.

Die Brüste lagen schwer auf den Oberarmen der Frau.
Ihre Haut war wie fester Samt. Ich spürte alle Täler, alle
Falten, alle Hügel dieser Frau. Sie brannten sich in meine
Hände ein.

»Frau«, lachte der Soldat, »du kannst die Milch ja nicht
mehr halten! An solchen Titten sollten sich Legionen la-
ben!«

Die Frau lachte auch und streckte ihre Arme nach dem
Kind aus.

»Hat sie denn keine Schmerzen?«, fragte ich.

»Jetzt nicht«, sagte der Soldat müde. »Das kommt erst später. Jetzt ist sie wie betäubt. Vor Seligkeit.« Er legte ihr das Neugeborene in die Arme. Das Kind stemmte seine Fäuste gegen ihre pralle Brust.

Der Soldat schob einen heißen Stein unter ihre Füße und legte eine Decke über sie.

»Fremder«, sagte sie zu ihm, »vergelt's Gott.« Sie strich ihrem Kind über den Kopf. An der Nase war noch etwas Blut. Sie leckte ihrem Sohn das Blut aus dem Gesicht.

DAS ENDE
Mitte Mai 1945

Es war noch früh im Jahr, und die Nächte ließen ihre Wolkenwirbel bis zum kalten Morgen um die Felsen tanzen, aber dann drängte sich der gelbe Tag in die Wolken und schickte seine Flammen über die Felswand bei der Hütte. Das war für mich die schönste Stunde des Tages.

Das Wasser im Tobel war wie Eis, aber wenn ich mich damit abrieb, prickelte meine Haut.

»Jetzt schreist du nicht mehr nachts«, sagte der Soldat. »In den ersten Nächten musste ich dich oft wecken, weil die Albträume kein Ende nehmen wollten. Aber jetzt schläfst du traumlos. Ich glaube, du schläfst dich hier gesund.«

»Ja«, sagte ich. »Alles ist gut hier. Ich hacke Holz und klettere in den Felsen herum und sitze in der Sonne. Das Einzige, was mir fehlt, ist ein gutes Buch, aber weil ich keines habe, hocke ich in der Sonne und schreibe mir selber eines. Nur so, im Kopf, verstehst du?«

»Nein.«

»Ich stelle mir die Sätze vor und reihe sie aneinander, und wenn ich mit einem Kapitel fertig bin, lese ich es mir noch einmal durch.«

»Verrückt«, sagte der Soldat. »Wovon handelt die Geschichte?«

»Von einem Mädchen. Sie heißt Tina. Ich schreibe auf, wie es ist, wenn wir uns wiedersehen.«

»Warum musst du das aufschreiben?«, fragte er. »Warum gehst du nicht einfach hin und siehst sie wieder? Ich meine, wenn der Krieg vorbei ist.«

»Tina lebt nicht mehr«, sagte ich.

»Oh«, murmelte er. »Das tut mir Leid.«

»Aber irgendwann kommt sie zu mir zurück.«

»Im Traum?«

»Nein«, sagte ich. »In Wirklichkeit.«

»Wie das?«

»Na, eben so, wie ich es aufschreibe. Wie ich es in meinem Kopf aufschreibe, verstehst du?«

»Nein.«

»Es ist nicht Tina selbst. Doch wenn wir uns wiedersehen, wird sie in ihrer Art ganz ähnlich sein wie Tina.«

»Du meinst, sie kommt in einer anderen Gestalt zu dir zurück?«

»Ja.«

»Verrückt«, sagte er. »Komm mit. Wir müssen die Kühe melken.«

Es war schon lange mehr kein Gefechtslärm aus dem Tal zu uns heraufgeschallt, und als uns das Mehl ausging und der Speck und die Kartoffeln, sagte der Soldat: »Ich glaube, die Front ist weitergezogen.«

Wir stiegen mit dem ersten Licht des Tages ab, und als wir zu der Straße kamen, trat ein Amerikaner hinter dem Gebüsch hervor. Er hielt ein Sturmgewehr in den Händen.

Wir richteten unsere MPs auf ihn. Der Amerikaner schüttelte den Kopf. *»Don't be stupid. The war is over.«*

Ich fragte ihn in seiner Sprache, seit wann der Krieg zu Ende wäre. Seit gut zwei Wochen, meinte er.

»Kumpel, hör zu«, sagte der Soldat zu mir. »Ich mach die große Sause. Wir können die Wöchnerin da oben nicht verhungern lassen. Wenn der Ami hinter mir herschießen will, legst du ihn um.« Dann hastete er hügelan.

Der Amerikaner nahm sein Gewehr an die Schulter. *»Stop! You son of a bitch!«*

Ich sah an dem Lauf meiner MP entlang und hatte sein Gesicht vor dem dunklen Stahl. »Lass ihn laufen.«

»Damn fool«, fluchte der Amerikaner. Ich zielte auf seinen Bauch und fragte ihn: »Ist der Krieg wirklich zu Ende?«

»Ja«, sagte er, »und mach jetzt bloß keine dummen Sachen nich. Gib die Waffe her.«

Ich schüttelte den Kopf. »Geh voran.«

»Es wäre nicht recht«, sagte er, »nach Kriegsende noch 'ne Kugel in den Rücken ...« Er nahm den Helm ab. Sie hatten ihm das Haar ganz kurz geschoren.

Bis zur Straße war es nicht weit. Als der Amerikaner über den Asphalt zum Dorf hin ging, lief ich hinter ihm her und hielt die MP auf seinen Rücken gerichtet. Vom Straßenrand kamen alle paar hundert Meter die Stimmen der amerikanischen Posten. Mein Gefangener rief Worte zurück, die ich nicht verstand. Ich dachte, jetzt setzen sie wohl die Scharfschützen ein, aber dann kam das Ortsschild mit dem Namen Lofer, und in meinem Kopf tanzten die Nebel der Angst. Es war ein Tanz geradeaus. Ein Totentanz nach Lofer.

Sie hatten Stacheldraht ausgerollt. Auseinander gezogen. Übereinander getürmt. Es war eine hohe Mauer aus silbrigem Draht mit Dornen. Hinter dem Draht standen lange Reihen von Apfelbäumen. Das war sicherlich ein schöner Garten, aber noch blühten die Bäume nicht, und deshalb sah der Garten kahl und trostlos aus. Der Stacheldraht stieß an ein Bauernhaus. Ich konnte mir die Bauern vorstellen, wie sie da sonntags auf der Terrasse saßen und über die blühenden Bäume hin zu den Bergen hinaufsahen. Aber jetzt saßen da keine Bauern, sondern Amerikaner, und unter den Bäumen lagen ihre Gefangenen.

Die Sieger hatten ihre Helme auf den Boden gestellt. Auf ihren Schenkeln lagen MPs, durchgezogen, schussbereit. Helmlos wippten sie auf rostigen Gartenstühlen. Sie rauchten und sahen auf die graue Herde hinab, die da auf der Wiese kauerte, und sie lächelten zufrieden, denn denen da hatte einmal Europa gehört. Aber das war lange her.

Wir blieben vor dem Zaun stehen, mein Gefangener und ich. »Ab hier tut sich alles umdrehen«, sagte er. »Du darfst jetzt da rein, und ich muss draußen bleiben.«

Die Wachen umstellten uns in einem weiten Kreis.

Ich sah in die Mündungen ihrer Gewehre und zog das Magazin heraus und gab meinem Gefangenen die MP.

»So ist's richtig«, sagte er. »Du bist ein guter Junge. Das hab ich gleich gewusst. Hart wie 'ne Kiste Nägel, aber 'n guter Junge. Vielleicht tun wir uns mal wiedersehn.«

Ich nickte. Er schüttelte meine Hand. Dann ging ich durch das Tor aus Stacheldraht zu der grauen Herde.

Ich lief den ganzen Tag am Zaun entlang. Wenn ich auf das Tor stieß, vertrieben mich die Wachen. Auf der Terrasse saß ein Offizier. Er sah nur selten auf von seinem Buch.

Manchmal kamen Frauen an den Zaun und brachten Wasser. Dann schossen die Wachen in die Luft, und die Frauen rannten davon, und die Eimer stürzten um, und wir mussten zusehen, wie sich die krustige Erde dunkel färbte.

Die Amerikaner gaben Spaten aus und befahlen den Gefangenen, eine Latrine zu graben. Das stinkige Loch war nah am Zaun. Gleich neben der Straße. Mittags kamen die Kinder aus der Schule. Sie blieben am Zaun stehen und sahen den Männern zu.

Die Sonne ging früh unter, und es wurde kalt. Die Gefangenen brachen Äste von den Apfelbäumen und zündeten ein Feuer an. Wir standen in einem großen Kreis und hielten unsere Hände den Flammen entgegen. Ein Luftwaffenarzt sagte: »Ich habe mit dem Captain gesprochen. Der erste Transport nach Bad Aibling geht schon morgen.«

Die Gefangenen fluchten.

»Was bedeutet das? Bad Aibling?«, fragte ich.

»Ein Auffanglager. Von da werden wir weitergeschickt.«

»Wohin?«

»Nach Rußland. Aber nur SS. Alte Nazis und SS wandern nach Sibirien.«

»Und die anderen, Kamerad?«, fragte ein Infantrist.

»Ab nach Frankreich. Und nach Belgien. Hätte einer von euch wohl eine Zigarette?«

»Hier, Herr Doktor.« Der Infantrist gab ihm eine. »Wieso schicken die uns denn nach Frankreich?«

»In die Kohlengruben«, sagte der Arzt und ließ sich Feuer geben. »Danke, mein Freund. Danke verbindlichst.«

»In die Kohlengruben«, murmelte einer der Gefangenen.

»Der Krieg ist vorbei. Warum lassen die uns nicht heimgehen?«

»Weiß auch nicht«, sagte der Arzt. »Zunächst einmal schicken sie uns in die Kohlengruben.«

Am nächsten Morgen holten sie mich zu ihrem Captain. Er saß am Küchentisch. »Du sprichst englisch?«

»Ja.«

»Die meisten Gefangenen sprechen nicht englisch ... Willst du Kaffee?«

Der Blechnapf war heiß. Er wärmte meine klammen Finger.

»Du bist die ganze Nacht am Zaun entlanggelaufen. Warum?«

»Ich konnte nicht schlafen.«

»Warum nicht?«

»Es erdrückt mich.«

»Was?«

»Alles. Die Männer hier. Und der Zaun. Hauptsächlich der Zaun.«

Er schob mir ein Päckchen Zigaretten über den Tisch. Es war ein weißes Päckchen mit einem roten Kreis darauf.

»Ich rauche nicht.«

»Hast du Hunger?«

»Ja.«

Er deutete mit dem Kopf zum Schrank. »Da ist Brot.«

Ich holte mir das Brot und trank den Kaffee.

»Bist du ein Werwolf?«, fragte er.

»Was ist das?«

»Du weißt es nicht?«

»Nein.«

»Hitlerjungens, die auch nach der Kapitulation noch kämpfen wollen, sind Werwölfe. Sabotageakte, verstehst du? Brückensprengungen.«

»Ich bin kein Werwolf.«

»Aber du bist ein Hitlerjunge.«

»Ich bin es gewesen«, sagte ich. »Aber jetzt bin ich es schon lange nicht mehr.«

»Das sagen sie alle.« Er ging zum Fenster. »Alle da draußen sagen es. Keiner hat Hitler gewählt. Keiner ist in der Partei gewesen. Ich möchte nur wissen, wie Hitler so mächtig werden konnte, wenn keiner an ihn geglaubt hat.«

»Ich habe an ihn geglaubt.«

»Und jetzt tust du es nicht mehr? Jetzt ist der Krieg verloren, und Hitler ist tot, und da glaubst du nicht mehr an deinen Führer?«

»Ich habe schon lange nicht mehr an ihn geglaubt.«

»Das solltest du nicht sagen.«

»Warum nicht?«

»Weil es gelogen ist.«

»Es ist die Wahrheit.«

»Möglich. Aber uninteressant.«

»Wieso ist die Wahrheit uninteressant?«

»Weil ich darauf scheiße. Verstehst du? Ich scheiße auf deine Wahrheit!«

Er zündete sich eine Zigarette an. Der Rauch roch gut. Kaffee und Zigarettenrauch. Das roch gut. Der Mann selber roch auch sehr gut. Nach frischer Seife. Sein Hemd hatte Bügelfalten. Ganz scharf geplättet. Vorne zwei und hinten zwei.

»Zeig mir dein Soldbuch«, sagte er.

»Ich habe es weggeworfen.«

»Warum?«

»Das ist uninteressant.«

Er lehnte sich über den Küchentisch. »Das ist alles andere als uninteressant.«

»Scheißen Sie drauf«, sagte ich. »Scheißen Sie auf Ihre

eigene Wahrheit. Auf meine lasse ich niemanden mehr scheißen.«

Er blies den Rauch aus. Langsam. Zwei dünne Säulen kamen aus seiner Nase. »Nicht schlecht, Naziboy, gar nicht schlecht.«

Hinter der Küche war der Stall. Ich konnte die Kühe hören. Aus dem Garten kam kein Laut. Besiegte sprechen leise.

»Wie alt bist du?«, fragte er.

»Sechzehn«, sagte ich. »Nein, stimmt nicht. Siebzehn. Seit ein paar Wochen bin ich siebzehn.«

»Truppenteil?«

»Panzergrenadiere.«

»Division Nibelungen?«

Er wusste Bescheid. »Ja.«

»Freiwillig gemeldet?«

Ich hob die Schultern.

»Warum?«

»Scheißen Sie drauf.«

Er nickte. »Leer deine Taschen aus.«

Ich legte alles auf den Tisch. Bindfaden. Klappmesser. Taschentuch. Drei Einmark-Scheine. Zwei Groschen. Meinen Kompass. Und eine Autokarte von Deutschland. Gefaltet, zerdrückt, verschwitzt. Aufdruck: »Stets gute Fahrt wünscht BV ARAL.«

Der Captain spielte mit dem Messer. Dann steckte er es ein.

»Captain«, sagte ich. »Lassen Sie mich laufen.«

»Warum sollte ich das tun?«, fragte er.

»Weil Sie es versprochen haben.«

»Ich?«

»Nicht Sie persönlich. Aber die Amerikaner. Am Radio.«

»Was haben wir versprochen?«

»Unsere Freiheit«, sagte ich. »Ihr habt uns die Freiheit versprochen. Immer wieder. Jeden Tag. Am Radio: ›Wir kommen nicht als Sieger. Wir kommen, um euch zu befreien!‹«

»Was noch?«

»Wir werden euch von der Nazi-Diktatur befreien!«

»Wie heißen die Sender?«

»BBC London. Und Soldatensender Calais.«

»Hast du die Sender regelmäßig abgehört?«

»Ich nicht. Aber meine Freunde. Ich besitze kein Radio. Habe nie eins besessen.«

»Wer sind deine Freunde?«

»Eine Frau. Sie ist in die Schweiz geflüchtet. Und ein Schauspieler in Berlin.«

»Du kennst einen Schauspieler?«

»Ja.«

»Ist er berühmt?«

»Jeder in Deutschland kennt ihn. Aber für Sie ist das sicher ganz uninteressant.«

»Du wiederholst dich«, sagte er. »Warum, glaubst du, sollte ich einen Nazi laufen lassen?«

»Hören Sie gut zu, Captain«, sagte ich. »Als Sie sechs Jahre alt waren, was haben Sie da gesehen? Wahlplakate. Demonstrationen auf der Straße. Streikende. Streikbrecher. Wahlredner. Ihren Präsidenten. Richtig?«

Er nickte. »Weiter.«

»Und ich? Als ich sechs Jahre alt war? Was habe ich gesehen? Braune Uniformen. Hakenkreuzfahnen. Den Führer. Dr. Goebbels. Soldaten. Hitlerjungens. Arbeitsdienst. Ich habe mir das nicht so ausgesucht. Haben Sie sich das so ausgesucht?«

»Weiß nicht«, sagte er. »Aber erzähl nur weiter.«

»Dann war ich zehn Jahre alt, und in der Wochenschau habe ich Chamberlain gesehen und Daladier. Die sind nach München gekommen und haben Hitler die Hand geschüttelt. Und haben auch noch gesagt, was für eine große Nation wir sind. Und dass sie uns bewundern. Oder haben die das etwa nicht gesagt?«

»Du machst es dir sehr leicht, Naziboy«, sagte er. »Auf jeden Fall ist dein Englisch außergewöhnlich gut. Du musst auf einer besonders guten Schule gewesen sein.«

»Es stimmt nicht, dass ich es mir leicht mache«, sagte ich. »Aber Sie wollen die Wahrheit nicht hören. Ich erzähl sie Ihnen trotzdem. Es ist beispielsweise wahr, dass es mir nichts ausmacht, wenn ich noch eine Nacht am Zaun auf und ab laufe. Oder noch viele Nächte. Denn irgendwann komme ich hier schon raus. Verlassen Sie sich drauf. Aber ihr Amerikaner werdet mit der großen Lüge leben müssen, denn ihr habt mir die Freiheit versprochen! Ich habe Hitler nicht gewählt. Aber ich habe unter seiner Herrschaft leben müssen. Ich bin nie frei gewesen. Und nun kommt ihr und versprecht mir die Freiheit. Wo ist sie denn, eure Freiheit? Hier! Hinter Stacheldraht! Wenn das eure Freiheit ist, dann will ich sie nicht haben.«

Ich wollte nach draußen, aber er hielt mich auf. »Nimm deine Sachen mit.«

Ich stopfte alles in meine Taschen.

»Was willst du mit dem Kompass und der Karte?«, fragte der Captain.

»Den kürzesten Weg finden.«

»Wohin?«

»Nach Berlin.«

»Zu Fuß?«

»Wie sonst?«

Er pfiff durch die Zähne. »Das ist ziemlich weit von hier.«

»Ich weiß«, sagte ich.

Er zog den Rauch ein. Dann warf er den Stummel auf den Boden und trat ihn aus.

»Wie viel Geld hast du?«

»Drei Mark zwanzig.«

Er wippte auf seinem Stuhl. »Das ist ziemlich wenig.«

»Ja«, sagte ich. »Aber es ist ja auch ziemlich wenig Leben.«

Am nächsten Morgen sah er zu, wie ich meine Jacke an den Zaun hängte. »Warum?«, fragte er.

»Sie ist nass. Vom Tau der Nacht.«

»Du bist ein echter Sportstyp«, sagte er. »Ich bin auch ein Sportstyp. Und deshalb lasse ich dich laufen. Aber ich kann dir keine Papiere geben. Keine Entlassungspapiere. Dazu habe ich keine Autorität. Glaubst du, dass du es trotzdem schaffst?«

Ich nickte.

»Unsere Jungens haben alle Straßen blockiert. Wie willst du den Fallen entwischen?«

»Ich laufe nach Kompass«, sagte ich. »Abseits der Straßen. Tagsüber schlafe ich. Und laufe nachts.«

»Gut«, sagte er, »aber was ist mit den Flüssen? Ich hab sie mir auf der Karte angesehen. Das sind 'ne Menge Flüsse. Wie willst du da rüberkommen? Unsere Jungs haben todsicher alle Brücken besetzt.«

»Schwimmen«, sagte ich. »Nachts. Was sonst?«

»Hör zu«, sagte er. »Um zwölf kommt der Jeep mit der Gulaschkanone. Wenn der ins Lager fährt, zieh ich die Wachen ab. Aber nur für 'n paar Minuten. Dann kannst du abhauen. Durchs Tor.«

»Danke«, sagte ich.

»Kann sein, dass einer hinter dir herschießt«, sagte er. »Das ist das Risiko.«

MOSAIK EINER WANDERUNG
Mai/Juni 1945

Das Tor

Ich ging ganz langsam durch das weite Loch im Zaun. Langsam. Das Zögernde fällt nicht so auf.

Die Wachen schöpften ihre Suppe aus dem großen Kübel. Sie drehten mir den Rücken zu.

In meinen Lungen saß der Krampf.

Der Captain sah mir vom Küchenfenster zu. Er stand im Schatten.

Der Weg zum nächsten Haus war endlos weit. Hinter dem Haus war eine Scheune. Ich tauchte ein in ihr halbes Licht. Stieg bis weit hinauf unter das Dach. Versteckte mich im Heu. Und trocknete den Schweiß. Sagte meinem Herzen, dass es still sein solle.

Nachts schlich ich aus dem Dorf. Stieg zur Loferer Alpe auf. Sah noch einmal zurück. Sah auf die friedlichen Lichter im Dorf. Sah, dass alles still geblieben war. Sah, dass mir niemand folgte.

Mein Spiegelbild

Am Chiemsee ließ mich eine Frau auf dem Sofa ihrer guten Stube schlafen. An den Wänden hingen Fotos ihres Sohnes. Er war noch nicht zurückgekommen.

Sie machte Wasser heiß. Ich konnte mich endlich einmal wieder waschen. Im Spiegel ihres Badezimmers blickte mir ein Kind entgegen. Ich starrte mich selber an. Suchte nach Spuren. Runen. Zeichen der überstandenen Qual. Nichts. Die Ängste waren noch zu frisch. Hatten noch keine Zeit gehabt, sich in mein Gesicht zu graben. Und auch wenn du getötet hast, sieht man es dir nicht gleich an. Du läufst noch eine lange Zeit mit diesem unschuldigen Gesicht herum.

»Ich sehe nicht aus wie ein entlaufener Kriegsgefangener«, sagte ich zu der Frau.

»Naa«, lachte sie. »Des grad net.«

Sie holte ein paar Sachen ihres Sohnes. Eine kurze Hose von der Hitlerjugend. Ein kariertes Hemd. Und eine gestrickte Jacke.

Ich stellte mich noch einmal vor den Spiegel.

»Guat schaust aus. Grad wie a Lausbua«, lachte die Frau. »Von der Kinderlandverschickung!«

Hunger

Es ist ein Fehler, die Füße jeden Tag in einen Bach zu hängen. Das kühlt nur für den Augenblick. Und es macht die Haut zu weich. Schon am nächsten Mittag sind die Füße wieder voller Blasen. Das schmerzt. Du humpelst und gewöhnst dich an den Schmerz.

Mit dem Hunger ist das anders. Jeden dritten Tag musst du was essen. Spätestens. Aber das ist so eine Sache mit dem Essen. Wenn du bettelst, gibt dir keiner was. Und in die Bäckereien kommst du nachts nicht rein. Bäckereien werden streng bewacht. In Keller kommst du schon mal rein. Aber was du da findest, macht dich nur vorübergehend satt. Zwiebeln. Und Kartoffeln. Zwiebeln roh, das geht. Doch rohe Kartoffeln? Werden auch gegessen – aber schmecken tut das nicht.

Der Feuerstein

Zwischen Hof und Plauen verlief die Grenze. Es war eine neue Grenze. Niemand hatte sie in den Boden gegraben, aber die Leute sagten: »Das Dorf da hinten ... das ist schon die Sowjetzone.« Sie sagten: »Jede Nacht kannst du die Schreie der Frauen hören. Es sind die Russen. Sie vergewaltigen da drüben unsere Frauen.«

Die Sowjets hatten Wachen aufgestellt, aber es war nicht schwer, sie zu umgehen. Ich machte einen großen Bogen um das Dorf, und dann suchte ich mir wieder die Straße. Weit hinten, beim letzten Bauernhaus, sah ich einen Russen. Er fuchtelte mit den Händen in der Luft herum, kam mir nachgerannt. Weil ich nicht stehen blieb, schoss er in die Luft.

Dann stand er vor mir. Braune Uniform. Speckig. Ölig. Hemd aus der Hose. Weiche Stiefel. Listiges Gesicht. Jung. So jung wie ich. Blond. So blond wie ich. Außer Atem. Knoblauchatem.

Er streckte mir ein Feuerzeug entgegen. Und hielt die Hand auf. Das Feuerzeug war aus Gold. Es sah aus, als wollte er es mir verkaufen. Ich schüttelte den Kopf. Da schraubte er die Spirale heraus und schlug das Feuerzeug in die offene Hand.

»Verstehe«, sagte ich. »Kein Feuerstein.«

Er nickte und hielt wieder die Hand auf.

»Ich auch nicht«, sagte ich. »Nix Feuerstein.«

Er legte die MP über seine Schulter. »Nix?«

Unter dem Lauf hatte die MP eine große, runde Trommel.

»Nein. Nix. Leider.«

Er wurde böse. Und wirbelte herum. Er drehte sich blitzschnell im Kreis. Der Lauf seiner MP traf mich am Ohr. Ich hörte, wie meine Knochen auf die Straße schlugen.

Mit der Ohnmacht ist es wie mit dem Durchschwimmen eisiger Flüsse. Du weißt nie, wie viel Zeit vergangen ist. Und wenn du an das andere Ufer steigst, kannst du dich nicht sogleich besinnen, wie du dahin gekommen bist.

Mein neues Ufer war ein Gefängnis. Die Zelle war nicht groß. Vor dem engen Gitterfenster lief ein Schienenstrang. Dahinter waren Schrebergärten. Es war sehr still in dem roten Backsteinhaus. Abends saßen die Russen am Bahndamm und sangen. Ihre Lieder klangen nicht so schön wie *Kalinka* oder *Die Abendglocken*, aber ich freute mich jeden Tag darauf, dass sie abends singen würden, denn tagsüber fürchtete ich mich vor der Stille. Manchmal dachte ich, der Schlag mit der MP hätte mich verrückt gemacht, denn wenn ich auf meiner Pritsche kauerte, schoben sich die Zellenwände auf mich zu, wurden enger und enger, und die Decke senkte sich auf mich herab.

Ich zählte die Sonnenaufgänge. Nach dem achten holten sie mich aus der Zelle. Im Hof standen die anderen Gefangenen. Sie trugen schmutzige deutsche Uniformen. Einer von ihnen sagte: »Willkommen bei den Sibirien-Aspiranten.«

Die Luft machte mich schwindlig.

Sie trieben uns aus dem Hof und über eine hügelige Straße. Sie hatten uns nur zwei Bewacher mitgegeben. Junge Burschen mit langen Gewehren. Einer marschierte vorn am Straßenrand. Der andere machte den Schlussmann. Die Straße führte nach Nordosten. An einem Schild stand: »Zwickau 17 km.«

Hinter einer engen Kurve blieb die Spitze des Zuges stehen. Der Russe wollte die Männer weitertreiben. Er fuchtelte mit dem Gewehr herum. Die Gefangenen warfen sich auf ihn. Wilde Tiere, die ihr Opfer reißen. Der Russe brüllte vor Schmerz. Als der Schlussmann nach vorne wollte, riss ich ihn in den Straßengraben. Ein Gefangener wand ihm das Gewehr aus den Händen. Dann stieß er den Kolben ein paarmal in den Magen des Russen. Wir banden ihm die Hände mit seinem Gurt auf den Rücken. Den anderen brauchten wir nicht zu fesseln. Er war tot. Wir schleppten die beiden in das Gebüsch hinein. Den Lebenden. Und den Toten.

Dann rief einer der Gefangenen: »Ab nach Zwickau!« Der graue Haufen hastete die Landstraße entlang. Ich lief nicht mit. Die Flucht nach vorn war das, was alle machten. Jeder, der flieht, läuft in Richtung Heimat. Und wird ganz sicher wieder eingefangen.

Ich tauchte ein in das Dunkel des Waldes und lief Richtung Westen. Zur Grenze zurück. Zum Gefängnis hin. Der Gefahr entgegen. Später, während der Nacht, schlug ich einen weiten Bogen. Und als die Sonne einen Streifen Himmel heller färbte, wanderte ich ihr entgegen.

DER SCHLUSSSTRICH
Mitte Juli 1945

Nun war ich zwei Monate unterwegs gewesen. Meist hatte ich in Wäldern geschlafen. War zum Waldmenschen geworden. Ich wusste, welche Wurzeln essbar waren und welche Blätter bitter schmeckten. Es gab kaum mal einen, mit dem ich sprechen konnte. Abgesehen von der Sonne. Die war immer da. Nicht einen Tag lang hat sie sich versteckt. Jeden Morgen hatte ich ihr mein taunasses Hemd zum Trocknen gegeben. Und meine steifen Knochen zum Wärmen. Ich hatte mich nackt auf Lichtungen gelegt. Sie hat mich ganz braun gemacht, die Sonne.

Am Stadtrand von Berlin sah ich eine S-Bahn fahren. Der Zug hatte keine Fensterscheiben mehr, und der Fahrtwind polterte durch das Abteil. Aber es war herrlich, nicht mehr laufen zu müssen.

Mit einem Mal ging alles schnell. Mit einem Mal stand ich vor dem Haus und klingelte Sturm. Aus dem Fenster hing eine rote Fahne mit Hammer und Sichel. Ein Mann sagte, meine Eltern seien in den Saturnweg gezogen. Ich klingelte an allen Häusern, aber die Leute schüttelten nur die Köpfe. Doch dann sah ich das Schild: »Dr. Kwiatkowski, praktischer Arzt.« Der war immer ein Freund meines Vaters gewesen. Seine Frau öffnete die Tür.

»Junge Unrast! Mein Gott, dass du noch lebst!«

»Wohnen meine Eltern bei Ihnen?«

»Nein«, sagte sie. »Nicht mehr. Aber sie haben hier gewohnt. Komm doch herein.«

Im Wohnzimmer saßen die Patienten. Die Frau stieg vor mir her die Treppe hoch. »Verzeih, dass ich dich im Schlafzimmer empfange, aber wir haben das Haus voller Ausgebombter. Das Wohnzimmer ist unser Warteraum, und in der Küche hält mein Mann die Praxis.«

Sie saß auf dem Bett und sah mich voller Mitleid an. »Junge, du musst jetzt sehr tapfer sein.«

»Machen Sie es schnell«, sagte ich. »Keiner weiß, wie tapfer er sein kann.«

Ich lehnte meinen Rücken an die kühle Wand und sah durch das Fenster in den hellen Himmel hinaus und sah die Kirschbäume im Garten und wünschte, ich wäre nie hierher gekommen.

»Dein Vater...«, sagte sie. »Die Russen haben ihn abgeholt. Weil er ein Amt in der Partei hatte. Alle Nazis haben sie abgeholt und in ihre Konzentrationslager gebracht. Auch die kleinen Nazis. Ein Russe hat ihm die Maschinenpistole in den Rücken gestoßen. Deine Mutter ist ihnen bis zum Gartentor nachgelaufen. Sie hat den Namen deines Vaters gerufen, aber er hat sich nicht mehr umgedreht.«

Ich hörte, wie die Arztfrau weinte.

»Deine Mutter ist in ihr Zimmer gegangen und hat sich hingelegt. Sie wollte mit niemandem mehr sprechen. Auch Elsbeth hat sie nicht beruhigen können. Die Woche drauf haben die Russen unsere Haustür aufgebrochen. Sie waren betrunken und haben um sich geschossen. Unser Silber wollten sie haben und Geld und Schnaps. Dann haben sie Elsbeth gesehen.« Die Frau atmete schwer. »Ich weiß nicht, ob es gut ist, wenn ich dir das alles erzähle.«

Ich sah sie an. Und wartete.

Sie lachte auf. »So ist es recht! So seid ihr alle! Alle Männer sind so!«, sagte sie. Ihre Stimme wurde schrill. »Wir Frauen müssen es mit uns machen lassen! Wir müssen es geschehen lassen, dass sie uns Gewalt antun, und ihr haltet euch die Ohren zu und wollt nichts hören und nichts sehen!«

Hitze stieg in ihr Gesicht. Ihre Augen saßen tief im Kopf. Wirr.

»Aber du wirst es dir anhören müssen«, schrie die Frau. »Du und die anderen, und ich schäme mich auch gar nicht. Wenn diese Mongolen ihren Spaß mit einer Frau gehabt haben, wieso soll es denn dann an der Frau sein, sich zu schämen?«

Sie ging auf den Flur hinaus, und ich konnte hören, wie sie den Wasserhahn aufdrehte und sich das Gesicht wusch. Es dauerte lange, bis sie zurückkam.

»Verzeih«, sagte sie dann. »Aber unser Schicksal ist nicht leicht zu tragen.«

Ich nickte.

»Wir mussten uns auf den Boden legen«, sagte die Frau des Arztes. »Elsbeth, deine Mutter und ich. Meinen Mann haben sie gezwungen zuzusehen.« Die Frau griff nach meiner Hand. »Vielleicht habe ich mit diesem Bericht das Andenken an deine Mutter verletzt.«

»Nein«, sagte ich. »Niemand kann das Andenken an meine Mutter verletzen.«

»In der Nacht darauf hat deine Schwester den Medikamentenschrank meines Mannes aufgebrochen. Ich nehme jedenfalls an, dass es deine Schwester gewesen ist. Sie hat sich aller Tabletten und Gifte bemächtigt, die sie finden konnte.«

Ich wollte atmen und konnte nicht. Es war Zeit, zu gehen. Ich fragte mich, wohin ich gehen sollte.

»Willst du nicht wissen, wo die Gräber sind?«, fragte die Frau.

»Ja, das ist wahr«, sagte ich. »An die Gräber habe ich nicht gedacht.«

»Ich werde mit dir gehen müssen. Es gibt ja so viele frische Gräber, und keines von ihnen ist markiert.«

Ich war froh, als sie endlich aufstand, aber dann klingelte es unten an der Tür, und ein Mann sagte zu dem Arzt: »Polizei! Befindet sich bei Ihnen ein gewisser August Unrast?«

»Nicht, dass ich wüsste«, hörte ich den Arzt sagen. »Was wollen Sie von ihm?«

»Wenn Sie selber lesen wollen ... Adolf-Hitler-Schüler. Den Vater haben wir schon. Der Sohn fehlt uns noch.«

»Er ist nicht hier«, sagte der Arzt.

»Na, dann also Hausdurchsuchung!«, rief der Polizist. »Gehn Sie mir bitte aus dem Weg, Herr Doktor.«

Die Frau sackte auf das Bett. »Oh, mein Gott.«

Vor dem Fenster waren Latten für Spalierobst an die Hauswand genagelt. Es waren stabile Latten, und ich stieg an ihnen nach unten und rannte durch den Garten. Der Zaun zum Nachbarn war nicht hoch, und in dem Garten dahinter verdeckten hohe Fliederbüsche jede Sicht. Ich kannte die Gärten. Es waren die Gärten meiner Kindheit. Niemand kannte sie so gut wie ich. Niemand konnte mir durch diese Gärten folgen.

So ist das im Ring gewesen, wenn du hart getroffen warst. Und die Arme wurden schwer. Und du hattest keine Deckung mehr. Dann hagelte es Schläge. Niemals kam ein Schlag allein. Es waren Serien. Wenn das erst mal losging mit den Schlägen, dann schonte dich keiner mehr. Dann sprangen sie alle von ihren Sitzen und wollten dich am Boden sehn.

Im Leben ist das wohl auch nicht anders. Es will zwar nicht, dass du zu Boden gehst. Im Gegenteil. Das Leben will sehen, wie viel du verkraften kannst. Aber wenn es dir erst mal einen Schlag verpasst hat, dann kommt der nächste hinterher. Und noch einer. Und du taumelst durch den Ring. Taumelst durch die Stadt. Und wenn du alles nur noch ganz verschwommen siehst, kommt das Gebrüll. Von allen Seiten. »Tot! Tot! Tot!«

»Wer?«, schreist du.

Und da springen sie auf. Stehn auf Stühlen. Und schrein im Chor. »Florian! Florian! Florian!«

In seinem Haus wohnten amerikanische Offiziere. Ein schwarzer Posten versperrte mir die Gartenpforte. »*Shove off!*«

Ich ging weiter. Meine Füße waren das Weitergehen gewöhnt. Sie standen nicht mehr still. Ich sagte ihnen nicht, wohin sie traben sollten. Wohin denn auch? Es gab ja gar kein Ziel. Ich folgte meinen Füßen. Sie trugen mich zur alten Ufa. Am Eingang hing ein Schild: BETRETEN FÜR DEUTSCHE VERBOTEN.

Amerikanische Wachen hockten auf Gartenstühlen in der Sonne. Es machte ihnen nichts aus, dass ich an dem Schlagbaum stand und auf die alten Hallen starrte. Nicht alles war verboten. Betreten war verboten. Sehnsucht war erlaubt.

Dann hielt ein Jeep neben mir. Der Mann am Steuer war Offizier.

»Hey ... du kommst mir bekannt vor«, rief er auf Deutsch.

Ich starrte ihn an und musste lachen.

»Was gibt's zu lachen?«, fragte er.

»Eine deutsche Stimme aus einer amerikanischen Uniform«, sagte ich. »Das ist zum Lachen.«

»Nee«, sagte er, »überhaupt nicht. Ich bin hier geboren. Dann haben deine Leute uns rausgeschmissen. Damals war ich fünfzehn. Jetzt bin ich wiedergekommen.«

»Freut mich«, sagte ich.

»Freut dich das wirklich?«

»Willkommen«, sagte ich.

»Weil ich deutsch spreche?«, lachte er.

»Sie sind mir willkommen«, sagte ich.

Er schnippte mit den Fingern. »Jetzt weiß ich, woher ich dich kenne. Du hast in diesem Hitlerjugend-Film mitgespielt.« Er stieg aus und bot mir eine Zigarette an.

»Ich hab noch nie geraucht«, sagte ich.

»Versuch's mal.«

Der Rauch kratzte im Hals. Ich musste husten.

»Das war ein ziemlich dummer Propaganda-Film«, sagte er.

»Wie kommt es, dass Sie ihn gesehen haben?«

»Ich bin Filmoffizier. In den letzten Wochen habe ich nichts anderes getan als mir Nazi-Filme anzusehen. Jeden Tag vier Stück.« Er hielt sich die Hand vor seine Augen.

Der Rauch machte schwindlig. Das war angenehm.

Der Offizier lachte. »Suchst du hier etwa Arbeit? Ich fürchte, du wirst keine finden.«

»Arbeit nicht. Aber bekannte Gesichter. Ich suche meine Freunde.«

»Nenn ein paar Namen.«

»Patschke. Ein Aufnahmeleiter. Er war im KZ.«

»Der Name sagt mir nichts.«

»Und Bertram Weyland?«

»Der Regisseur?«

»Ja.«

»Den haben sich die Tschechen vorgeknöpft, soviel ich weiß.«

»Und?«

»Weiß nicht«, sagte er. »Das kann alles Mögliche bedeuten.«

»Und was ist mit Professor Wilkenau?«

»Aha, der große Chef«, sagte er. »Der hat alles überstanden. Der lebt jetzt bei den Briten. In Hamburg.«

»Und Florian Menning?«

Der Amerikaner sah mich nachdenklich an. »Florian Menning ... Der ist tot.«

Ich dachte, dass die Sonne heute sehr hell war, besonders heiß. Warum konnte sie sich nicht mal hinter einer Wolke verstecken. Nur mal so ein paar Minuten. Ich stand da und wartete. Alles in mir war leer. Vielleicht war das der Schmerz. Wenn zu viel zu oft passiert, gibt es vielleicht den Schmerz nicht mehr. Wenn nichts mehr wehtun kann, ist alles nur noch leer.

»Ich bin der Sache nachgegangen«, sagte der Amerikaner. »Florian Menning war ein interessanter Fall für uns. Die Gestapo ist hinter ihm her gewesen. Aber sie haben ihm nichts anhängen können. Willst du wissen, wo er gestorben ist?« Er wartete nicht auf meine Antwort.

»In seinem Garten. Am letzten Tag. Die Russen haben hier reingeharkt mit ihrer Artillerie. Florian Menning ist trotzdem in seinen Garten gegangen. Mit einer Flasche Sekt und einem Glas. Ich vermute, dass er betrunken war. Hältst du das für möglich?«

»Ja. Das ist möglich.«

»Ein Granatsplitter hat ihm die Wirbelsäule zerfetzt. Bei solchen Verwundungen bist du auf der Stelle tot.« Er trat seine Zigarette in den Staub. »Die Nachbarn haben ihn begraben. In seinem Garten, gleich hinter dem Haus. Seine Haushälterin hat sogar einen Pfarrer herbeigeschafft.«

»Henne Frieda«, sagte ich.

»Wie meinst du?«

»So hat er die Haushälterin immer genannt. Henne Frieda.«

»Eine richtige Trauerfeier ist das nicht gewesen. Zu gefährlich, verstehst du? Das Dauerfeuer der Russen war zu heftig. Die Nachbarn sind zurückgerannt. In ihre Keller.

Tja, so ist das. Ein Komödiantenleben. Immer im Glanz. Und dann dieses Ende ... Die Nachbarn konnten keinen Sarg auftreiben.«

Ich versuchte durch den Mund zu atmen, weil die Tränen kamen.

»Sie haben ihn in einem Besenschrank begraben.«

»Das muss ein breiter Schrank gewesen sein«, sagte ich. Jetzt waren die Tränen da. Dagegen war nichts mehr zu machen.

Der Amerikaner sah mich an. »Weinst du?«

»Nein«, sagte ich. »Ich lache.«

Der Amerikaner setzte sich in seinen Jeep. »Hier. Nimm die Zigaretten.«

Er gab mir die ganze Schachtel. Streichhölzer steckten außen in dem Cellophan.

»Danke.«

»Florian Menning hätte in seinem Keller bleiben sollen«, sagte der Amerikaner.

»Hätte ...«, sagte ich. »Was für ein unnützes Wort.«

»Da kannst du Recht haben«, lachte er.

»Wenn Gott dem Frosch Flügel gemacht hätte«, sagte ich, »dann hätte der Frosch fliegen können.«

6.

SELBSTGESPRÄCH
Hamburg Dezember 1945

Da liegst du nun im Bett und starrst auf Silberblumen an
dem schmalen Fenster. Es sind dicke Blumen, Eis über Eis,
und wenn du die Uhr an der Haltestelle der Straßenbahn
sehen willst, musst du deinen Mund ganz nah an die Eis-
blumen legen und deinen fiebrigen Atem auf die Blumen
hauchen. Das schiebt die Blumen auseinander. Das schafft
ein dunkles Loch. Dann laufen Tränen aus dem Dunkel
und frieren sich in einer langen Linie auf den Blumen, die
darunter hängen, fest.

Sonntags hauchst du keine Löcher in die Blumen. An
freien Tagen siehst du niemals auf die Uhr. Sonntags sorgst
du dich nicht, zu spät zu kommen. Am siebten Tag der
Woche gibt es keine Proben im Theater. Wenn die Kirchenglocken dröhnen, wickelst du dich fest in deinen Mantel und bleibst in deinem herrlich warmen Bett.

Du lachst. Aus deiner Nase steigen weiße Säulen in die
klirrend kalte Luft. Ist das etwa nicht zum Lachen?

Auch an den Wänden hängt das Eis. In einer matten
grauen Schicht. So gegen neun Uhr wird das Wandeis
gelblich glitzern. Weil dann die Sonne durch die Fenster-
blumen scheint. Die Sonne kann keine Löcher in das Eis
der Wände hauchen. Dazu fehlt ihr wohl dein Fieber.
Doch davon abgesehen, geht es ihr wie dir: An jedem frühen Morgen fühlt sie sich schwach.

Du liegst im Bett und lachst. Denn du hast dein Doppelleben eingetauscht. Das alte gegen das neue. Das Doppelleben des Krieges gegen ein Doppelleben im Frieden.

Tagsüber bist du wie alle in der Stadt. Voller Sorge. Hunger. Kälte. Du läufst durch graue Straßen.

Doch abends hast du das Theater. Und wirst ein Teil einer ganz anderen Welt. Shakespeares Verse. Bunte Lichter. Schöne Kleider. Berühmte Männer. Muntere Frauen. Jeder trübe Tag endet für dich im Glanz.

Tagsüber wärmst du dich in Lesehallen auf. Dein Magen schmerzt. Du fragst, wann werden sie dir endlich Lebensmittelkarten geben? Nie. Weil du keinen Vertrag herzeigen kannst. Statist am Schauspielhaus. Das gilt nicht als Beruf. Die Welt der Hungernden da draußen hat eigene Gesetze: Wer keinen nützlichen Beruf ausübt, der braucht auch nicht zu essen. Dreimal täglich würgst du rote Bete runter. Noch ein paar Wochen, und deine Haut scheint rot. Lass dich ausstellen, wenn's soweit ist. Ein Indianer vor dem Hauptbahnhof.

Ein Gutes hat der Frieden schon. Es wird nicht mehr geschossen. Niemand gibt Befehle. Und es fallen keine Bomben mehr. Wer jetzt noch stirbt, stirbt aus ganz anderen Gründen.

Abends steigt das Fieber an. Die Stunden auf der Bühne drehen sich wie feurige Spiralen. Heitere Träume. Du willst sie anhalten, wie du eine Uhr anhältst, möchtest ewig unter diesen hellen Lampen stehen, willst nichts mehr abgeben von diesem Glanz.

Die Bühne hat drei feste Wände. Die vierte Wand ist offen. Knisternd. Schwarz. Niemals trittst du da hindurch. Du spürst die Spannung, die aus diesem Dunkel kommt, aber der Blick hinaus ist dir verwehrt. Das Rampenlicht trübt deinen Blick. Hinter der Rampe liegt verbotenes Meer. Verwaschene Gesichter tanzen da auf dunklen Wogen. Lachen schallt aus der Dunkelheit, und Applaus springt wie Brandung an der Rampe hoch.

Wenn das geschieht, ist wieder mal das Glück zu Ende. Der Inspizient zieht dann den schweren Vorhang zu. Auf der Brücke gehen alle Lampen aus. Du gibst die Allongeperücke ab beim Maskenbildner. Und stellst die Schnallenschuhe in den Schrank. Steigst aus deinen Seidenhosen. Reibst dir die Schminke vom Gesicht. Das Geschwätz der anderen Statisten bringt dich zu dir selbst zurück.

Dann stehst du zögernd beim Pförtner an der Bühnentür. Die Mädchen laufen stets an dir vorbei. Du hoffst, dass einmal eine dich beachtet. Doch so ein Mädchen vom Ballett geht nur ganz selten mal allein nach Haus. Fast immer holt sie jemand ab. Ihr Mann. Ein anderer Mann. Oder ein englischer Soldat. Den Siegern ist das eigentlich verboten. Wir Deutsche tragen das Kainsmal auf der Stirn. Es wird bestraft, wer sich mit uns beschäftigt. *Nonfraternisation*. Keine Verbrüderung. Das ist ihr Befehl. An einer Hauswand gegenüber hängen die Plakate: Fotos aus Dachau. Auschwitz. Belsen. Skelette hocken auf den Plakaten. Lebende Skelette. Tote Skelette. Und die Mahnung: »Soldaten! Vergesst es nie! Die Deutschen hatten mit uns das Gleiche vor! Mit euren Frauen! Selbst mit euren Kindern!«

Jeden Abend stehst du lange bei der Bühnentür. Die Mädchen lassen sich von den Soldaten küssen.

»Geile Ärsche«, schimpft der Pförtner. »Geile Ärsche und stramme Titten sind vom Fraternisations-Verbot wohl ausgeschlossen.«

Auf dem Weg nach Haus stellst du dir vor, eine vom Ballett sei mitgegangen.

»Weißt du, wie wir dich nennen?«, fragt sie, und du sagst: »Nein. Wie?«

»Der müde Rabe.«

»Wie das?«

»Du gehst wie ein alter Kerl die Straßen lang. Und bei den Proben schläfst du oft unten im Parkett in einem Stuhl.«

»Schon«, sagst du dann. »Aber warum soll ich einem Raben ähneln?«

»Dein Cape ist schwarz. Und viel zu groß. Es schleppt hinter dir am Boden. Wenn der Wind es aufbläht, hast du schwarze Flügel.«

Das Mädchen tanzt um dich herum. »Warum bist du beim Theater?«

»Damals, in Berlin, haben sie gesagt, ich hab Talent dafür.«

»Nimmst du Schauspielunterricht?«

»Nein. Weil es zu teuer ist. Ich habe ja kein Geld.«

»Wie willst du dann je Schauspieler werden?«, fragt sie.

»Ich sehe den Großen zu. Jeden Abend stehe ich in der Gasse. Auch wenn ich spielfrei bin. Ich sehe zu, wie Hilde Krahl ihre Pausen setzt und wann Gustav Knuth sein Tempo verändert.«

»Vom Zuschauen willst du das alles lernen?«

»Aber ja.«

»Und deine Stimme? Wie willst du deine Stimme stärken?«

Da kramst du den zerbissenen Korken aus der Tasche und steckst ihn dir zwischen die Zähne. Du stehst vor dem Mädchen auf dem nächtlichen Bahnhofsplatz. Menschen hasten an dir vorbei, aber die Kleine sieht dich an, und du brüllst über den Korken hinweg: »Barbara saß nah am Abhang, sang gar zaghaft klagbar langsam ...«

Da lacht sie.

»Das bringt die Stimme nach vorn«, sagst du.

Sie lächelt. »Gute Nacht, August. Sicher wirst du mal berühmt, aber meine Bahn geht in wenigen Minuten auf Gleis Zwei.«

Du legst dein Cape um sie und ziehst sie nah an dich heran, und wie sie sich so an dich pressen will, da spürt sie deine fiebrig heißen Schenkel und sie ruft: »Du hast ja kurze Hosen an!«

Jetzt öffnest du das Cape ganz weit und machst eine Verbeugung. Du bist ein Grande am Hof des Königs. »Eleonora, Flandern darbt ... kennt nicht den eitlen Tand der Kleidung ... Doch Flanderns Herz verlangt nach Eurer Huld.«

Sie hört nicht deine noblen Worte. Und sieht nur das an dir, was dürftig ist.

Dann lacht sie. Spöttisch. Und weil du sie erfunden hast, kannst du sie auch wieder von dir schicken. Sie lacht und drängt sich zwischen Menschen durch zum Bahnsteig hin. Niemand hört sie. Niemand sieht sie. Niemand außer dir. Das nächste Mal kannst du dir wirklich eine Bessere erfinden.

Geh langsam heim. Der Tag ist rum.

Wo Vater jetzt wohl ist? Beim Roten Kreuz weiß niemand etwas über ihn.

Heute war ein schöner Abend. Im Theater war es wirklich schön.

Morgen Früh ist wieder Probe. Morgen wird sicher alles wieder fabelhaft.

DER FRAGEBOGEN
Hamburg Februar 1946

Das war endlich mal eine schöne Straße, diese Rothenbaumchaussee. Die meisten Villen standen noch, waren nicht zerbombt, und in eines dieser ehrwürdigen Patrizierhäuser war der neue Sender eingezogen. Im Vorgarten stand ein Schild: RADIO HAMBURG. Und darunter, etwas kleiner: BRITISH MILITARY GOVERNMENT.

Sie hatten mich vor ein Mikrofon gestellt und mir Texte von Erich Kästner gegeben und außerdem noch ein paar Meldungen aus der Landwirtschaft. Einmal haben sie mich alles laut lesen lassen. Das andere Mal ganz leise. Dann hat der Regisseur auf seine Taste gedrückt und über Lautsprecher gesagt: »Mikrofon-Prüfung bestanden. Als Nächstes gehen Sie zum Durchleuchten in den ersten Stock. Zimmer acht.«

Ich rannte durch die verwinkelten Korridore und fand die steile Treppe zum ersten Stock und sagte zu dem jungen Mädchen in Zimmer 8: »Guten Morgen, mein Name ist August Unrast, und ich soll hier eine Röntgenaufnahme von mir machen lassen.«

Sie sah von ihrer Schreibmaschine auf und hielt den Mund offen.

»Guten Morgen«, sagte sie dann. »Mein Name ist Silke Hauschild, und wir sind hier nicht beim Onkel Doktor.«

»Nein?«, sagte ich.

Sie schüttelte den Kopf. »Wenn du willst, setze ich mir 'n Häubchen auf und binde mir 'ne Schürze um, und du darfst dich schon mal frei machen, aber mit 'ner Röntgenaufnahme kann ich dir nicht dienen, Schätzchen.«

Ihre Zähne standen weiß und kräftig in dem runden Gesicht. Sie hatte breite Backenknochen, einen vollen Mund

und lustige Augen. Ihr Haar war hell, kurz geschnitten, ein abgemähtes Weizenfeld. Ihr Gesicht war nicht geschminkt. Es war ein herrlich nacktes Gesicht. An ihren Ohren hingen große Ringe. Sie streiften den Rollkragen ihres Seemannspullovers.

»Der Regisseur hat mich raufgeschickt«, sagte ich. »Zum Durchleuchten.«

»Das ist wohl wahr. Hier wirst du auf Herz und Nieren geprüft. Doch nur politisch.« Sie verzog ihr Gesicht. »Aber deswegen muss der Kleine nicht gleich in Tränen ausbrechen ... Mammi ist ja bei ihm.«

Sie nahm ein Formular aus der Schublade. »Das hier ist ein Fragebogen. Hunderteinunddreißig Fragen. Die füllt unser Schätzchen jetzt aus, und dann gehe ich damit zum lieben Gott.«

»Wer ist das?«

Sie deutete auf eine verschlossene Tür. »Major Emmett Farlington. Der große Durchleuchter. Seine unermessliche Weisheit befindet darüber, wer Nazi war und wer nicht.«

»Verstehe«, sagte ich.

»Oh, es geht hier alles kühl und englisch zu«, sagte sie. »Nazis dürfen unbehelligt nach Hause gehen. Zum Steineklopfen. Zu Kanalarbeiten. Oder zu anderen nutzbringenden Tätigkeiten. Die hehren Mikrofone des Radio Hamburg jedoch sind nur Nicht-Nazis vorbehalten.«

Sie gab mir den Fragebogen und einen Kopierstift und lehnte sich in ihrem Stuhl zurück. Wenn ich vom Schreiben hochsah, lächelte sie mich an.

Bei Frage 25 wusste ich, dass alles sinnlos war.

»Hören Sie zu«, sagte ich. »Es ist sinnlos.«

»Wo hat Mammas Liebling denn sein Wehwehchen?«, lachte sie.

»Hier«, sagte ich. »Alles liegt hier ganz nahe beieinander.«

»Wo?«

»Fragen 24 und 25.«

»Das war schon immer so«, lachte sie. »24 und 25 haben schon immer nahe beieinander gelegen.«

Ich nahm mein Cape vom Haken an der Wand. »Auf Wiedersehen.«

Sie sah mir nach. Es fiel mir schwer, durch die Tür zu gehen.

»Wie oft haben Sie in Ihrem Leben wohl schon ›Auf Wiedersehen‹ gesagt?«, fragte ich.

»Oft.«

»Und meinen Sie es immer ehrlich?«

»Nein«, lachte sie. »Ganz sicher nicht.«

»Ich meine es ehrlich«, sagte ich. »Auf Wiedersehen.«

»Hamlet im schwarzen Cape«, sagte sie. »Prinz von Dänemark mit kurzen Hosen. Setz dich hin und schreib zu Ende.«

»Es ist sinnlos«, sagte ich.

»Warum?«

»Hier«, sagte ich. »Frage 24: ›Führen Sie alle Vergehen, Übertretungen oder Verbrechen an, für welche Sie je verurteilt worden sind, mit Angaben des Datums, des Orts und der Art.‹«

»Antwort?«, sagte sie.

»Hochverrat. Feigheit vor dem Feind. Tod durch Erschießen. Name des SS-Richters unbekannt. Ort: Nähe Lofer in Tirol. Genaues Datum nicht bekannt. Zirka Anfang Mai 1945.«

»Sieh mich an, Hamlet«, sagte sie.

»Was ist?«

»Du machst mir nicht den Eindruck, als würdest du so was erfinden.«

»Nein«, sagte ich. »So was erfindet man nicht.«

»Hast du auch das Urteil noch?«

»Nein.«

»Zeugen?«

»Nein.«

»Schiet«, sagte sie. »Ohne Beweise ist das alles Schiet.«

»Ich weiß«, sagte ich. »Das Problem liegt in der Kluft zwischen diesen beiden Fragen.«

»Zeig mal her.«

»Die Frage lautet: ›Name und Art der Schule. Im Fall einer besonderen NS- oder Militärakademie geben Sie dies an.‹«

Sie beugte sich über das Papier. »Ach, du grüne Neune!«

»Eben«, sagte ich. »Es ist sinnlos.«

»Adolf-Hitler-Schule«, murmelte sie. »Das ist Schiet. Ordensburg Sonthofen von 1941–1945. Mann, ist das ein Schiet!«

»Da sehen Sie es«, sagte ich. »Schicksalsfragen. Nah zusammengerückt. 24 und 25. Das Urteil und die Schule liegen nebeneinander.«

Das Mädchen ging zu ihrem Schreibtisch. Sie gab mir einen neuen Fragebogen. »Hier. Fang noch mal von vorne an.«

»Warum?«

»Weiß nicht«, sagte sie. »Schätzchen könnte ja mal was aus der Vergangenheit vergessen wollen ...«

Ich begann noch mal bei Frage 1.

Jemand klopfte zaghaft an die Tür. Jemand steckte seinen Kopf herein. »Vorzimmer Major Farlington?«

»Du musst draußen warten«, sagte das Mädchen. »Zwei Herren gleichzeitig kann ich nicht zufrieden stellen.«

»Bitte um Verzeihung«, sagte der Mann und schloss leise die Tür. Das Mädchen sah mich an und wurde rot. »Wenn ich jeden Mann mit ›du‹ anrede, können die Klatschmäuler mir keine Verhältnisse andichten. Verstehst du?«

»Ich kenne mich da nicht so aus«, sagte ich.

Als ich ihr meinen Fragebogen gab, ließ sie sich viel Zeit beim Lesen. »Die Adolf-Hitler-Schule gibst du an?«

»Ja.«

»Und das Todesurteil lässt du weg? Warum?«

»Das ist so eine Sache mit dem Hochverrat«, sagte ich. »Weil das ein ganz anderer Staat gewesen ist. Und außerdem, ob ich mich schuldig fühle, liegt ganz allein bei mir.«

»Du meinst, es stinkt nach Entschuldigung, wenn du es hinschreibst?«

»Ja«, sagte ich. »Tausche Todesurteil gegen Adolf-Hitler-Schule. Der Fragebogen ist eine große Ungerechtigkeit.«

»Glaubst du?«

Ich nickte. »Hinter jeder Frage steckt eine Anklage, und wir sind auch schon verurteilt. Das ganze Volk. Deutscher? Schuldig!«

»Hamlet«, sagte sie, »du klingst nicht mehr so lustig wie vorhin.« Dann ging sie ins Zimmer nebenan.

Ich malte Tulpen auf die Rückseite des Fragebogens mit dem zugestandenen Hochverrat. Dunkelblaue Tulpen. Dann kam das Mädchen zurück. Ich gab ihr das Blatt.

»Tulpenfeld bei Amsterdam«, sagte ich. »Weil es ja hier zu Lande keine Blumen zu kaufen gibt. Nicht mal zu klauen gibt es welche.«

Sie strich sich über die kurzen Haare. Von nebenan sagte der Engländer: »Wenn ich bitten darf, Herr Unrast.« Er hatte es in einwandfreiem Deutsch gesagt.

Er saß mit dem Rücken zum Fenster und blätterte in dem Fragebogen. Er ließ mich lange warten. Dann zündete er sich eine Zigarette an. »Es ist unglaublich«, sagte der Offizier. »Sie können doch nicht im Ernst angenommen haben, dass wir Individuen, wie Sie es sind, bei uns arbeiten lassen?«

»Nein«, sagte ich. »Damit habe ich tatsächlich nicht gerechnet.«

Er warf mir einen strafenden Blick zu und wollte wissen, ob es nicht sehr dreist von mir sei, ihm die Zeit stehlen zu wollen. Ich sagte, mir mache das nur wenig aus, denn ich hätte über sehr viel freie Zeit zu verfügen, und dass ich mich schon immer mal mit einem echten Engländer unterhalten wollte, denn der letzte hätte mir nur am helllichten Tag auf der Straße die Uhr gestohlen, aber nicht mit mir geredet. Im Übrigen sei ich ein Individuum im Sinne der wahren Bedeutung des lateinischen Wortes, also unteilbar, eine Einzelperson, und somit nicht mit anderen Individuen in direkten Zusammenhang zu bringen.

»Also gut«, sagte er. »Da Sie ja so gebildet sind – Was ist das lateinische Wort für Hochmut?«

»Arrogantia«, sagte ich, »aber wenn Sie mit Ihrer Frage andeuten wollen, dass ich arrogant sei, dann irren Sie sich.«

»So? Was sind Sie denn, wenn ich direkt fragen darf?«

»Enttäuscht. Bitter. Verärgert.«

»Und warum?«

»Es sollte alles anders sein. Nicht mehr marschieren müssen. Nicht mehr schießen müssen. Nicht mehr unter der Erde leben. Nicht mehr hungern müssen.«

»Na und? Sie leben über der Erde. Und wir verbieten Ihnen das Marschieren ebenso wie das Schießen.«

»Ja«, sagte ich, »aber Sie verbieten mir auch die Arbeit. Es ist nicht viel los mit eurer Demokratie. Die Bevormundung wird fortgesetzt.«

»Das sind harte Worte.« Er sah mich nur kurz an. »Sie waren Nazi. Oder?«

»Ja.«

»Na, sehen Sie ...« Seine flache Hand wischte Staub vom Tisch.

»Hören Sie zu«, sagte ich. »Ihr Fragebogen wird Ihnen nicht viel nützen. Hinter der Frage ›Waren Sie in der Hitlerjugend?‹ steht nicht ›Wenn ja, warum?‹. Und Sie lassen auch keinen Raum für das Festhalten von Gedanken, die ich damals gedacht habe.«

Er lachte. »Würde das nicht ein wenig zu weit führen?«

»Möglich, dass es zu weit führt. Aber es wäre ein Versuch, der Wahrheit ein Stück näher zu kommen.«

Es war ein schöner Morgen gewesen, aber nun holte mich die Traurigkeit wieder ein.

»Eine abschließende Frage«, sagte der Engländer. »Ist Ihnen die Frage nach der Kollektivschuld der Deutschen ein Begriff?«

»Ja«, antwortete ich, »die These hat ein Theologe aufgestellt. Professor Barth aus Basel.«

»Sie sind gut informiert. Wie kommt das?«

»Ich halte mich tagsüber in den Lesehallen auf, die Sie eingerichtet haben.«

»Wie finden Sie unsere Lesehallen?«

»Einseitig bestückt, aber gut geheizt.«

Das Licht vom Fenster blendete mich, und das Gesicht des Fragers lag im Schatten.

»Haben Sie sich mit der Kollektivschuld beschäftigt?«

»Ja.«

»Und?«

»Ich habe mich nicht schuldig gemacht«, sagte ich. »Und ich lehne es ab, die Schuld anderer auf mich zu nehmen.«

»Machen Sie es sich da nicht ein wenig leicht?«

»Keineswegs«, sagte ich. »Es ist schon Strafe genug, mit der Scham zu leben.«

»Sie schämen sich also, Deutscher zu sein?«

»Nein«, sagte ich, »das tue ich auf keinen Fall. Aber das Leben wird auf lange Zeit sehr schwer sein für uns Deutsche. Auch für die Unschuldigen. Und selbst für die Ungeborenen. Es wird sehr schwer für alle Deutschen sein, mit der Scham zu leben. Mit der Verzweiflung über das, was nie mehr gutzumachen ist. Und mit der stillschweigenden Verantwortung für alle Verbrechen, die in unserem Namen begangen worden sind.«

»Also doch eine Art von Reue ...«

Ich schüttelte den Kopf. »Reue kann ich nur empfinden, wenn ich Schuld auf mich geladen habe.«

Ich stand auf, wollte an die laue, schöne Luft da draußen, wollte die Rothenbaumchaussee entlang zum Dammtor schlendern, wollte wie im Frieden sein.

»Gehen Sie nicht«, sagte der Engländer. »Sprechen Sie weiter.«

»Es gibt in Deutschland viele Schuldige«, sagte ich. »Man wird ihnen den Prozess machen. Einige werden wir allerdings nicht fangen. Sie werden mit ihrem eigenen Gewissen fertig werden müssen.«

»Soll das alles sein?«

»Nein«, sagte ich. »Dann gibt's noch andere, die Schuld auf sich geladen haben, weil sie die Verbrechen nicht unterbinden wollten. Wer vor Gräueltaten die Hände auf seine Augen legt, macht sich zwar nicht strafbar, aber er ist ganz sicher schuldig.«

»Im Kollektiv schuldig?«

»Das muss jeder für sich allein entscheiden«, sagte ich. »Es gibt keine moralische Entscheidung im Kollektiv.«

»Wie alt sind Sie?«, fragte der Engländer.

»Siebzehn«, sagte ich. »Bald achtzehn. Und ich möchte auch mal eine Frage stellen dürfen.«

»Bitte«, sagte der Mann mit dem dunklen Gesicht.

»Kain hat seinen Bruder Abel erschlagen. Sind die Söhne dieses Kain auf alle Zeiten im Kollektiv schuldig?«

»Ich sehe, worauf Sie hinauswollen«, sagte der Engländer.

»Dieser Theologe in Basel hat noch etwas nicht bedacht«, sagte ich. »Wenn wir seine These von der Kollektivschuld zu unserer eigenen machen, versinken wir in Hoffnungslosigkeit.«

»Wie das?«

»Schuld lähmt die Gedanken. Die Anerkenntnis einer Schuld lähmt das Gemüt auf lange Zeit. Wenn nun auch noch Unschuldige die Schuld der anderen auf sich nehmen sollen, dann laufen doch alle nur noch mit gelähmten Köpfen herum. Aber ohne klare Köpfe, ohne Frohsinn, ohne Hoffnung, Lebensmut, ohne Freude auf das Morgen können wir uns keinen neuen Staat aufbauen. Und wie sollen wir uns denn eine neue Verfassung schreiben, wenn uns die Unschuld ausgeredet wird?«

»Eine interessante Betrachtensweise«, sagte der Engländer.

Ich ging zur Tür. In allen Muskeln saß die Müdigkeit. Das Gespräch hatte mich sehr angestrengt.

»Warten Sie«, rief der Engländer mir nach. Er schrieb etwas auf ein grünes Papier.

»Hier. Ihre Arbeitserlaubnis.« Er stellte sich vor mich hin. »Überrascht Sie das?«

»Ja«, sagte ich.

»Gnade vor Recht«, sagte er. »Manchmal muss man Gnade vor Recht ergehen lassen.« Er lächelte. »Glauben Sie, dass es jemals wieder eine deutsche Armee geben wird?«

»Darüber habe ich noch nicht nachgedacht«, antwortete ich ihm. »Ich glaube, es gibt so viel anderes zu tun.«

»So ist es«, sagte er. »Wir Engländer werden auf jeden Fall dafür sorgen, dass die Deutschen nie wieder ein Gewehr anfassen müssen.«

»Das wäre schön«, sagte ich. »Könnte ich das bitte schriftlich haben?«

Ich zog die Tür zu seinem Zimmer ins Schloss.

»Hamlet«, sagte das Mädchen. »Ich habe alles mit angehört. Ist es wahr, dass du richtig hungern musst?«

»Ja. Aber man kann sich daran gewöhnen.«

An der Wand hinter dem Mädchen hing mein Amsterdamer Tulpenfeld. Mit Reißnägeln an die Tapete gedrückt.

»Wenn es mal wieder Rahmen gibt, kaufe ich mir einen«, sagte sie. »In einer halben Stunde habe ich Mittagspause. Ob Schätzchen wohl auf mich warten will?«

Ich nickte.

»Draußen«, sagte sie. »Auf dem Rasen vor dem Haus.«

Ich lief durch die Korridore und lief über die Straßen und lief an der verbrannten Synagoge vorbei und sah den Jungens auf dem Fußballplatz beim Training zu und starrte auf die Zeiger der Uhr am Backsteinkirchturm und hörte mein Herz klopfen. Noch zehn Minuten. Was machst du aber, wenn sie nicht kommt?

Dann legte ich mich auf die kleine Mauer vor dem Sender und kniff die Augen zu, weil der Wind Straßenstaub in meine Augen wirbeln wollte, und es war ganz egal, ob ich die Augen zukniff oder offen hielt, immer tanzte ihr Gesicht vor mir herum.

Ich musste lange auf sie warten, doch dann hörte ich sie sagen: »Bist du etwa eingeschlafen? Wie kannst du nur bei diesem Wind schlafen, hier draußen auf der Mauer?«

Wenn du müde bist, kannst du überall schlafen, so was lernst du im Krieg, und ich sagte ihr das auch. Sie nahm mich bei der Hand und zog mich hinter sich her in die Kantine.

»Schöne Grüße von der Militär-Regierung.« Sie legte mir ihre Essensmarke in die Hand.

Es gab Linsentopf mit Würstchen. Das Mädchen sah mir beim Essen zu.

»Und du?«

Sie schüttelte den Kopf. »Hamlet, schling doch bloß nicht so. Wenn du so schlingst, wird dir ja schlecht!«

SILKE
Frühjahr 1946

Der Wind riss an tiefen Wolken und stürzte sich durch die Schluchten enger Straßen auf den See mitten in der Stadt. Die Wellen liefen vor dem Wind her und schlugen am anderen Ufer hoch.

Das letzte Licht des Tages zwängte sich eng durch aufgerissene Wolkenfetzen und zeigte mit grellen, kalten Fingern auf zerborstene Häuser und Menschen, die zum Bahnhof eilten. Schützend schlugen sie die Kragen ihrer Mäntel hoch und zogen die Köpfe zwischen ihre Schultern, Schildkröten ähnlich, die ihre Hälse kürzer werden lassen.

Wir sahen den Wellen zu. Das Mädchen hatte die Hände in den Hosentaschen. Sie hielt ihr Gesicht dem Wind entgegen. Fordernd. Mit halb geschlossenen Augen.

Ich strich ihr über den Kopf. Die seidigen Stoppeln legten sich flach bei meiner Berührung und stellten sich fordernd zwischen meinen Fingern auf.

»Oh, das prickelt«, murmelte sie. »Mach das nochmal.«

»So?«

»Ja. Es ist herrlich. Ich hätte nie gedacht, dass es so herrlich ist.«

»Hör zu«, sagte ich. »Wenn du in deiner Mittagspause zum Theater kommst und ich Proben habe und du mir deine Frühstücksbrote bringst und ich warte auf dich beim Bühneneingang ... freust du dich dann?«

»Das hängt ganz davon ab, was du anhast, Schätzchen. Vorgestern, in der weißen Perücke mit den langen Locken, hast du ausgesehen wie ein Mädchen. Wenn du mir dann einen Kuss geben willst, und du hast diese langen weißen Haare auf dem Kopf, dann macht das keinen Spaß.«

»Ich glaube, du hast es sowieso nicht gern, wenn ich dich küsse.«

»Nein«, sagte sie. »Ich mach mir nichts aus dieser Knutscherei.«

Im März sagte sie: »Jetzt schwimmen keine Eisschollen mehr auf der Elbe. Sobald du einen Abend spielfrei bist, fahren wir los.«

»Wohin?«

»Ins Alte Land. Kartoffeln klauen.«

»Silke«, sagte ich, »das ist am anderen Ufer der Elbe. Wie willst du denn da hinkommen?«

»Mit meinem Schlickrutscher«, lachte sie. »Wenn du Angst hast, fahre ich alleine los.«

»Was ist ein Schlickrutscher?«

»Ein Beiboot. Ein Dingi, verstehst du? Breit und flach. Mit einem kleinen Außenborder.«

»Wo kriegst du das Benzin denn her?«

»Von der Fahrbereitschaft im Sender. Wir brauchen höchstens drei Liter, denn es ist ja nur ein kleines Boot. Aber es liegt gut im Wasser, selbst wenn wir es randvoll

mit Kartoffeln laden und mit nur wenig Freibord zurück-
schippern.«

»Und was machen wir mit den vielen Kartoffeln?«

»Verkaufen. Mein Abnehmer brennt Schnaps daraus. Er
zahlt gute Preise. Und von dem Geld kaufen wir dir einen
Anzug. In St. Pauli. Auf dem schwarzen Markt. Ich möchte
endlich mal tanzen gehen, und mit deinen kurzen Hosen
fliegen wir ja überall raus ...«

Es war eine dunkle Nacht, als wir losfuhren. Der Schlickrutscher lag am Ufer neben einem Landungssteg für große
Boote, die den Fluss befuhren.

»Das Boot da vorn am Poller ist die englische Patrouil-
le«, sagte Silke. »Solange die da rumhängen, strecken wir
nicht mal die Nase raus.«

»Warum?«

»Weil es streng verboten ist. Deutsche dürfen nicht auf
den Fluss hinaus.«

»Das Boot ist voll bestückt«, sagte ich. »Bordkanone ...
zwei MG ...«

»Ich weiß«, sagte sie. »Wenn die dich nachts da draußen
erwischen, feuern sie sofort. Erst mal vor den Bug, aber
wenn du dann nicht beidrehst, machen sie Ernst.« Sie sah
mich von der Seite an. »Ist unser Kleiner jetzt etwa ganz
verschreckt?«

»Silke«, sagte ich. »Du musst nicht immer so tun, als ob
du ein Junge wärst.«

»Tu ich das?«

»Ja. Meistens«, sagte ich. »Aber macht nichts. Weißt du,
ich träume oft von dir.«

Sie sah mich fragend an.

»Mit offenen Augen.«

»Tatsächlich?«

»Ja. Nachts, nach dem Theater, da kommst du oft zu mir. Soll ich dir erzählen, wie?«

»Nein.« Sie lachte. »Oder vielleicht doch.«

»Ich sitze an meinem wackeligen Tisch und schreibe, und du beugst dich über mich und presst mein Gesicht an deine Brust. Du hast einen ganz weichen Pullover. Ich schiebe den Pullover hoch und öffne deinen Büstenhalter, und deine Brüste sind wie große, überschwere Birnen. Sie stehen ganz prall, drängen seitwärts auseinander, und an den Enden sind sie ganz spitz mit runden, roten ...«

»Falsch«, sagte sie. »Meine Brüste sind klein. Leider.«

»Das glaube ich nicht.«

»Doch.«

»Silke«, sagte ich, »jetzt werde nicht gleich wieder ärgerlich, aber ich muss wissen, ob du lügst.«

Ich tastete über ihre Schultern und ließ meine Hände über ihre kleinen Hügel streifen.

»Nun?«, fragte sie leise. »Zufrieden?«

»Ich kann sie nicht finden«, sagte ich. »Du hast zwei Trainingsanzüge an. Und so ein grässlich dickes Hemd. Bitte mach den Halter los, oder wir finden die Wahrheit niemals raus.«

»Das ist ein ganz dummer Trick von dir«, sagte sie, »aber bitte ... Du darfst es nur niemandem erzählen ...«

Meine Hände wühlten sich unter dem vielen Stoff hindurch. Eine Gänsehaut lief über ihren Körper.

»Deine Finger sind eiskalt«, flüsterte sie. »Beeil dich doch ein bisschen.«

Unter meinen Fingerspitzen fühlte ich ihren herrlich festen Körper und ihre prallen, samtenen Brüste. Das Mädchen zitterte und legte ihren Kopf auf meine Schulter.

»Silke«, sagte ich. »Spür nur mein Herz.«

»Ich spüre es«, sagte sie. »Es klopft wie verrückt, aber was ist nun mit mir?«

»Silke«, sagte ich. »Du hast die schönsten Brüste der Welt. Sie sind nicht wie Birnen. Äpfel sind das. Herrliche, feste Äpfel. Gerade groß genug für meine Hände. Wenn sie größer wären, könnten meine Hände sie nicht umfassen.«

»Sie sitzen zu tief«, sagte sie.

»Unsinn, Silke. Wenn sie höher säßen, hättest du sie ja oben am Hals! Wie würde das denn aussehen ...«

»Da kannst du Recht haben«, flüsterte sie. »Aber die Warzen sind zu klein. Winzig. Wie bei einem Kind.«

»Was für ein hässliches Wort«, sagte ich. »Warzen!«

»Wie würdest du sie denn nennen?«

»Knospen.«

»Das ist hübsch«, sagte sie.

»Spürst du, wie deine Knospen wachsen, Silke? Sie stellen sich auf und pressen sich in meine Hände und sind ganz steil und hart und ganz aufgeregt. Bist du auch aufgeregt, Silke?«

»Du Teufel«, flüsterte sie. »So was darfst du eine Frau nicht fragen.«

»Du regst mich furchtbar auf«, sagte ich. »Willst du wissen, wie?«

Ich spürte ihr Nicken an meiner Schulter und nahm ihre Hand und führte sie an meinen eiskalten Schenkeln entlang. Mein Phallus sprang ihr entgegen, drängte sich fordernd in ihre Hand.

»Mein Gott, wie heiß er ist!«, flüsterte sie.

Ihre Hand lag schlaff unter meinen Kugeln.

»Fass ihn fest an, Silke«, sagte ich. »Greif nach ihm, fest. Dann denkt er, dass er schon ganz tief drinnen ist bei dir.«

»Hör auf«, murmelte sie. »Sonst nehme ich meine Hand von dem Kerl hier weg.«

»Silke«, sagte ich. »Ich hab dich wirklich lieb. Und warte auf dich. Weißt du, wie das ist? Das ist wie die Erde im Frühling, wenn sie das Eis aufbricht. Wenn sie leben will, atmen will, muss sie sich von dem Eis befreien. Muss ihre Schmerzen von sich werfen. Muss durch das Eis in einen neuen Tag eindringen. Muss sich den Tag nehmen, muss alle neuen Tage zu ihrer Zeit machen. Die Erde braucht das, Silke, verstehst du das denn nicht?«

Sie schüttelte den Kopf. »Du machst das geschickter als die anderen Männer. Du gehst geschickter mit den Worten um. Aber im Endeffekt wollt ihr Männer alle immer nur dasselbe.«

»Das ist nicht wahr ...«

»Tu nicht so, Schätzchen ... Du bist ganz genau wie alle anderen Männer.«

»Ich bin nicht wie alle anderen Männer, verdammt nochmal!«

»Schrei nicht so laut! Willst du die Engländer auf uns hetzen?«

»Lass sie doch in die Hölle fahren, diese Engländer!«

Schweigend warf sie die leeren Kartoffelsäcke in das kleine Boot. »Komm jetzt. Die da drüben werfen ihre Leinen los.«

»Silke. Du hast gesagt, wir müssen bei den Kartoffelmieten unter Zäunen durchkriechen. Ist das wahr?«

»Ja. Warum?«

»Auf dem Bauch? Robben?«

»Ja.«

»Sieh nur, der Kerl hier will nicht kleiner werden«, sagte ich. »Beim Robben werde ich den Bauern ihre Äcker pflügen.«

Sie sah mich an. Dann lachte sie.

Auf dem Fluss war es windstill, und es gab kaum Wellen. Der kleine Motor tuckerte uns leise durch die Finsternis. Silke kauerte an der Pinne. Ihr Trainingsanzug war so dunkel wie das Wasser hinter ihr. Sie steuerte weit in den Strom hinaus.

»Wegen der Wachen«, flüsterte sie. »Am Ufer stehen überall die Wachen. Wenn die was hören, feuern sie Leuchtraketen ab. Sobald sie uns ausgemacht haben, schießen sie ...«

Weit vor uns fuhr das Patrouillenboot. Sein Scheinwerfer suchte das Wasser ab.

»Sie leuchten immer vor sich her«, flüsterte das Mädchen. »Niemals leuchten sie nach achtern. Der Suchscheinwerfer ist auf der Brücke. Wenn sie nach achtern leuchten wollen, müssen sie abfallen. Um gut neunzig Grad.«

Ich rollte mich auf den Rücken und schob meinen Kopf zwischen ihre Schenkel. Sie öffnete ihre Beine, und ich schob mich weiter zu ihr hinauf, bis mein Hals auf ihrem Venushügel lag und das Beben ihrer Schenkel wie ein Zittern durch meinen Körper lief. Mein Mund wanderte über den Stoff ihrer Trainingshose. Als ich meine Zähne spielerisch durch den dicken Stoff in das Fleisch ihrer festen Schenkel grub, beugte sie sich stöhnend über mich und legte ihr Gesicht auf mein Gesicht.

»Hör auf, du Teufel«, hauchte sie. »Wenn du das mit mir machst, kann ich nicht mehr denken. Und da vorn sind schon die Wracks.«

»Wo?«

»Die dunklen Schatten. Haushoch. Siehst du sie? Das ist der Schweinesand. Als Kinder haben wir da gebadet. Auf der Sandbank, direkt gegenüber von Blankenese. Jetzt liegen nur noch tote Schiffe auf dem Schweinesand.«

Sie steuerte zwischen den Wracks hindurch und hielt auf das andere Ufer zu.

Der flache Kiel schrammte über Sand. Wir zogen das Boot zum Ufer hoch und stiegen über den Deich in die Finsternis des flachen Landes. Von weit her schlugen Hunde an. Ich stapfte hinter dem Mädchen her. Ihr Haar leuchtete in der Nacht.

Dann kamen wir zu einem Feldweg. Dahinter war ein Koppelzaun. Wir krochen unter dem Stacheldraht hindurch.

»Das ist der Mietenplatz«, flüsterte das Mädchen. »Siehst du diese Hügel? Wie lang gestreckte Gräber?«

Ich nickte.

Wir trugen den Boden mit unseren Händen ab. Die Erde war nicht mehr gefroren, sondern schlammig, fast warm, wärmer als die Luft, und sie trug schon den Frühling in sich.

Silke füllte die Säcke, und ich schleppte sie zum Boot. Mehr als acht Säcke gingen nicht hinein. Als ich das Boot vom Ufer stieß, lag es sehr tief im Wasser.

»Wie gut, dass es kaum Wellen gibt«, sagte ich leise.

»Ja«, lachte sie. »Mehr als fünf Zentimeter Freibord sind das nicht. Die erste größere Welle würde uns mit sich nehmen.«

Sie ließ den Motor nur mit wenigen Umdrehungen laufen. Bei den Wracks schaltete sie ihn völlig ab.

»Was ist?«, fragte ich.

Sie warf mir eine Leine zu. »Mach uns da an dem zerfetzten Göschstock fest. Wir bleiben hier liegen und warten auf die Flut.«

»Warum?«

»Siehst du nicht? Da vorn? Die zwei englischen Boote mitten im Fluss. Wir müssen zwischen ihnen durch. Mit

laufendem Motor geht das nicht. Den Motor würden die ja
hören. Es ist besser, auf die Flut zu warten. Von der lassen
wir uns dann mitnehmen. Wie Treibgut. Mitten durch die
Engländer hindurch.«

Eine Stunde später wurde es sehr kalt auf dem Fluss.
»Wir werden uns hier sicher den Tod holen«, sagte Silke,
»aber die Patrouillenboote liegen immer noch an dersel-
ben Stelle.«
Ich kroch über die Kartoffelsäcke zu ihr hin und öffnete
mein Cape für sie. »Komm her zu mir.«
Ich hüllte sie ein in mein Cape und presste sie fest an
mich und versuchte, ihre Lippen zu küssen, aber sie vergrub ihr Gesicht an meinem Hals und lachte.
»Ich kann nicht küssen«, murmelte sie. »Es geht einfach
nicht.«
»Gib mir deinen Mund.«
»So?«
»Ja. So.«
Ihre Lippen waren kalt. Hart. Aber es waren volle Lippen. Ich nahm ihren Kopf in meine Hände und liebkoste
ihre Mundwinkel und ließ meine Zunge über ihre Lippen
laufen und nahm ihre Lippen zwischen meine Zähne und
rieb meinen Mund fordernd über ihren erstarrten Mund,
und dann wurden ihre Lippen weich und öffneten sich
meinem Drängen, und ich küsste eine Blume, die sich unter meinem Kuss öffnete, und der Mund der Frau wurde
zur Öffnung ihres Leibes, heiß und bebend, und die Zunge
des Mannes wurde zu seinem Phallus, und die Frau nahm
den Fordernden in sich auf, verhalten zunächst, dann spielerisch, und dann sich aufgebend, sinnlich, maßlos, und sie
spürte, wie der Mann sich in dem Kuss verlor. Da presste
sie ihre Beine hastig zusammen und zog den Mann auf

sich und spürte durch den vielen Stoff hindurch seinen Phallus auf ihrem Bauch anschwellen, und als sein Samen sich aus ihm ergoss, brach gleichsam mit der Befreiung auch der Schrei aus dem Mann hervor.

Als die Flut kam, machte das Mädchen die Leine los, und wir trieben in den Strom hinaus. Wir lagen nebeneinander auf den Kartoffeln und versteckten unsere hellen Haare unter einem leeren Jutesack. Manchmal drehte sich das Boot in der Strömung. Dann gluckerte das Wasser an der Bordwand. Der Strom hatte sich viel Treibgut aus dem Meer geholt, Kisten, Fässer, Bäume, und wir trieben zwischen seiner Beute dahin.

»Weiß deine Mutter, dass du heute Nacht unterwegs bist?«, flüsterte ich.

»Nein. Sie ist zu meinem Vater gefahren. Nach Schleswig.«

»Was macht er da?«

»Er ist noch in Kriegsgefangenschaft. Aber in einem offenen Lager. Meine Mutter darf ihn ab und an besuchen. Vater war U-Bootfahrer. Als ich noch klein war, ist er mit mir hier gesegelt. Sommer und Winter. Er kennt die Elbe wie kein anderer. Alles, was ich über den Strom weiß, weiß ich von ihm.«

Sie hob den Jutesack ein wenig hoch und spähte in die Nacht hinaus. »Verdammt und zugenäht«, brummte sie. »Wir treiben verdammt nah an das Patrouillenboot heran.«

Als ich den Engländer in seinem Boot sah, hielt ich den Atem an, bis mir die Lungen schmerzten. Wir trieben direkt unter dem Mann hinweg. Der Suchscheinwerfer warf etwas Licht in sein Gesicht. Seine Haut war rötlich. Und übersät mit Sommersprossen. Der weiße Scheinwerferfinger tastete hoch über uns hinweg. Dann trieben wir wieder durch die Finsternis. Eine halbe Stunde später riss das Mädchen den Motor an. Sie hielt auf das Südufer zu. Unter einer steilen Kaimauer lag eine Barkasse mit zwei Schleppkähnen. Silke legte das Boot an der Barkasse fest. Es sah jetzt wie das Beiboot eines Hafenschleppers aus.

Das Steuerhaus war nicht verriegelt. »Noch niemand da«, sagte sie. »Wir legen die Kartoffelsäcke flach auf den Boden der Kajüte.«

»Und das Geld?«

»Das holen wir uns später ab.«

»Wenn aber nun einer die Kartoffeln klaut?«

Silke sah auf die Uhr. »Es ist schon vier. In einer Stunde kommt der Barkassenführer zur Schicht. Zwischen jetzt und fünf kommt hier keiner mehr vorbei.«

Es war mühsam, die Säcke von dem schwankenden Dingi auf die Barkasse zu schleppen. Wenn ich schwitzte und fluchte, lachte das Mädchen. Dann lief ich leise hinter ihr her durch die Nacht. Wir kletterten durch das Loch in einem rostigen Zaun und stiegen einen Steilhang hoch. Oben lag still und dunkel ein weit gestrecktes Haus.

»Da sind die Tommys drin«, flüsterte Silke. »Wir wohnen da hinten rechts, in dem Gärtnerhaus.«

Ich durfte kein Licht machen in ihrem Zimmer. Das Bett erinnerte sich noch an das Mädchen. Die Wärme ihres Körpers war nicht mehr darin, aber das Kissen wusste noch, wie ihr Haar am Morgen gerochen hatte.

Ich hörte ihren Schritten im Badezimmer zu und grub meinen Kopf in ihr Kissen. Dann fühlte ich ihre Hand auf meiner Schulter.

»Deine Hand ist wie Eis«, sagte ich.

Sie lachte. »Das ist noch gar nichts im Vergleich zu meinen Füßen ...«

»Komm ins Bett.«

»Nein. Lieber nicht.«

Meine Hände suchten nach ihr in der Finsternis.

»Magst du den Morgenrock?«, fragte sie. »Wenn Schätzchen ihn schön finden würde, wäre das ganz wunderbar.«

Ich kniete mich hinter sie und streichelte ihren Rücken. Ein Zittern lief durch die Frau. Meine Hände wanderten über ihren flachen Bauch zu ihren Schenkeln hinunter. Ich wollte das Mädchen auf das Bett ziehen, aber sie saß ganz steif da, hölzern, ablehnend, und der Weg von ihren Schultern bis zu dem Hügel zwischen ihren Beinen war endlos. Ich legte meinen Kopf auf ihre Schulter und schob die Seide beiseite und küsste meine Hilflosigkeit in die Beuge an ihrem Hals. Stöhnend lehnte sie sich weit zurück. »Oh, Junge ... du Teufel ... was machst du mit mir ...«

Ich ließ meine Fingerspitzen über ihre Schenkel streichen. »Mein Gott, wie schön du bist ...«

»Wie kannst du so was sagen«, lachte sie, »wo es doch stockfinster ist und du mich gar nicht sehen kannst.«

»Meine Fingerspitzen haben Augen«, sagte ich. »Ich sehe dich durch meine Fingerspitzen.«

»Erzähl mir, was du siehst.«

»Lange Schenkel. Herrlich lange Schenkel. Schöne schlanke Beine. Ein flacher Bauch. Und seidige Haare auf einem kleinen Hügel. Sind die Haare blond?«

»Sieh genau hin. Ich denke, deine Fingerspitzen haben Augen ...«

»Schon. Aber sie sind farbenblind.«

Ein Glucksen lief durch ihren Körper. Dann schlug sie die Beine übereinander und machte meine Hand zu ihrem Gefangenen.

»Schlag es dir aus dem Kopf, Junge«, sagte sie.

»Was?«

»Das Ficken.«

»Silke«, sagte ich. »Es ist, als hättest du mir ins Gesicht geschlagen.«

Irgendwo in der Finsternis, auf der anderen Seite des Zimmers, lagen meine Hose und die anderen Sachen.

»Was machst du?«, fragte sie.

»Ich suche meine Sachen.«

»Wozu?«

»Weil ich nach Hause gehe.«

»Bloß, weil ich gesagt habe, dass ich mich nicht ficken lasse?«

»Silke, es ist widerlich, wenn du dieses Wort benutzt.«

»Wieso, Schätzchen? Ist das denn nicht ein Wort der Männer? Aber ja doch! Alle Männer benutzen es. Sie laden dich zum Essen ein. In ein ungarisches Lokal, und dann weinen die Zigeuner auf der Geige, und sie spendieren dir schweren Wein. Und wenn du dann bei so einem Mann in der Wohnung bist, wird auf einmal alles ganz sachlich. Es geht nur noch um die Sache. Das Bett ist schon aufgeschlagen. Er greift dir unter den Rock. Und wehe, du sagst nicht gleich Ja. Dann ist er nämlich beleidigt.«

Ich konnte hören, wie sie sich auf das Bett warf. Dann hörte ich ihr Schluchzen. Sie weinte lange. Ich saß am Boden und wusste nicht, was ich machen sollte.

»Oder sie bringen dich auf ihre Segelboote«, sagte sie dann. »Weit draußen in der Lübecker Bucht. Und wenn du dann sagst, dass du es noch nie mit einem Mann gemacht hast, dann knöpfen sie ihre Hosen auf und lassen ihre hässlichen dicken Dinger herausspringen und wollen sie dir in den Mund stopfen. Und das, Schätzchen, ist dann ein neues Wort. Falls du es nicht kennen solltest – sie nennen es ›blasen‹.«

»Silke«, sagte ich leise. »Hör bitte auf.«

»Warum?«, rief sie. »Du bist auch nicht sehr viel besser. Wenn du befiehlst, ich soll deinen Schwanz in die Hand nehmen, dann muss ich das tun. Oder hast du das vergessen?«

»Das ist was anderes.«

»Warum soll das was anderes sein?«

»Weil es schön ist«, sagte ich. »Zwischen uns beiden ist einfach alles schön.«

»Ja«, sagte sie nach einer Weile. »Da hast du Recht.«

Ich tastete mich durch die Finsternis und legte mich neben sie aufs Bett. Ich nahm sie in meine Arme und streichelte ihren Rücken. Sie erschauerte unter meinen Händen. Ihre Lippen suchten meinen Mund, und ihre Zungenspitze liebkoste die Innenseite meiner Lippen.

»Mache ich es gut so?«, fragte sie.

»Ja. Aber hör auf zu denken. Wenn du liebst, sollst du nicht denken. Frag nicht, ob du es gut machst. Wer liebt, macht immer alles gut. Gib dich hin. Tu alles, was du willst.«

Ihre Zunge tanzte wie ein Schmetterling in meinen Mund hinein, suchte, fand, was sie suchte, und zog mich zwischen ihre heißen Lippen. Dann rollte sie sich auf den Rücken, und ich beugte mich über sie in dieser Dunkelheit. Ich küsste ihre Augen und ihre Ohren und ihren Hals und hörte ihr Seufzen, und als mein Mund zu ihren kleinen Brüsten wanderte, standen die Knospen schon in steiler Erwartung. Unter meinem Kuss erschauerte der Leib der Frau. Sie hob ihren Bauch wie einen Bogen in die Dunkelheit, wie einen Triumphbogen. Die Seide fiel von ihr ab. Ich legte meine Hand auf die Öffnung ihres Leibes und spürte, wie sie erstarrte.

»Lass uns das Licht anmachen«, sagte ich.

»Nein. Bitte nicht.«

»Doch. Ich möchte deine Schönheit sehen.«

»Ich bin nicht schön«, sagte sie.

»Unsinn. Deine Schönheit müsste man in Marmor meißeln.«

»Glaubst du?«

»Unbedingt. Und das Schönste an dir ist dieser kleine Hügel hier in meiner Hand ...«

»Hör bloß auf«, rief sie. »Es ist hässlich.«

»Hässlich?«

»Ja«, flüsterte sie. »Unappetitlich ... Manchmal blutend ... Als kleines Mädchen habe ich einen Spiegel genommen und mir alles genau angesehen ... Glaube mir, Junge, es ist nichts Schönes an so einer Frauensache.«

»Unsinn!«, rief ich. »Es ist das Schönste auf der Welt! So schön wie dein Mund! Findest du deinen Mund nicht schön?«

»Doch. Meinen Mund schon ...«

»Gib mir deinen Mund.«

Ich küsste meine Begierde in ihren Mund hinein und fragte sie, ob sie denn gar kein Verlangen nach mir habe. Sie nickte und hauchte ihre eigene Lust über meine Lippen. Die Worte ihrer Sehnsucht warfen sich über die Worte meiner Leidenschaft, aber sie drängte auch die Worte ihrer Angst in meinen Mund.

»Vielleicht«, murmelte sie, »vielleicht ... Wenn du noch einmal meine Brüste küsst ... Vielleicht geht es dann ... Und wenn du sagst ... wie schön ich bin ...«

Dann ließ sie sich in die Kissen zurückfallen, und ich hörte, wie sie leise zu weinen anfing: »Junge ... Ich schäme mich ...«

Ihr Körper bebte unter meinen Lippen, und ihre Brüste drängten sich in meinen Mund. Ich grub meine Zähne in ihre Achselhöhlen und ließ meine Zunge über ihren Bauchnabel tanzen und sagte: »Ich trinke deine Schönheit ... Und die Zeit steht still ... Wär das nicht schön, wenn es keine Zeit mehr gäbe? ... Wir könnten so liegen bleiben ... So wie jetzt ... Und ich würde deine kleinen Äpfel küssen ... Und über deine Schenkel streichen ... Meine Hand würde die Lippen zwischen deinen Beinen suchen ... So wie jetzt ... Erst kommt der Hügel ... Mit den weichen Haaren ... Dann kommt der Mund ... Klein, verschlossen ... Doch wenn meine Fingerspitzen den Mund streicheln, drängt er sich in meine Hand ... Und öffnet sich ... Es sind schöne, feste Lippen ... Sie küssen meine Hand ... Das ist, als würde mich eine Rose küssen ... Sie blättert sich auf ... Viele kleine Blätter hat sie ... Der Tau liegt auf den Blättern ...«

Das Mädchen zog mein Gesicht zu sich herab und stöhnte auf und zog mich über ihren heißen Körper und wollte, dass ich zu ihr käme, aber ihr Tor war fest verschlossen. Mein Phallus spielte mit den Rosenblättern, lange, drängend, und das machte die Frau ganz rasend. Sie krallte ihre Fingernägel in meine Schultern und hob mir ihren Bauch entgegen, und mein Phallus schlüpfte in die Öffnung ihres Leibes, und die Frau lag starr.

»Bitte ... tu mir nicht weh ...«

Bebend lag sie unter mir. Ängstlich, verwundbar, hilflos, und ich liebte sie in ihrer Hilflosigkeit, und deshalb sagte ich ihr, dass ich sie liebe und dass ich ihr niemals wehtun wolle.

Ich wollte weiter in sie dringen, behutsam, aber dann war da plötzlich eine Wand, und das Mädchen schrie auf.

»Was ist?«, fragte ich erschrocken.

»Du dummer Junge, du«, lachte sie. »Weißt du es wirklich nicht?«

»Nein.«

»Ich habe noch nie einen Mann gehabt«, sagte sie.

Ich richtete mich auf und wischte ihr den Schweiß von den Brüsten, und sie schlang ihre Beine um mich und presste ihre Lippen auf meinen Mund. »Warte nicht länger.«

»Meinst du?«

»Versuch es. Bitte. Und mach es bald. Der Schmerz reißt mich sonst noch in Stücke.«

Ich nahm ihr Gesicht in meine Hände und machte ihren Körper zu meinem Körper und stieß in einer allmählichen, drängenden Bewegung tief in ihren Leib. Die heiße Wand gab meinem Drängen nach, und dahinter wartete ein helles Feuer.

Ich verhielt in ihr und zog mich quälerisch langsam aus ihr zurück, und mit dem nächsten Vorwärtsdrängen wogte ich über sie hin, und ich drückte die Frau wieder in ihre Kissen. In der Finsternis gab es nur mein Wogen und den Leib der Frau, und ich konnte sie nicht sehen, aber ich konnte das Beben ihres Leibes spüren, und sie bebte auf den Wogen meiner lang gezogenen Stöße, und dann bebte die ganze Nacht, und ich sagte zu der Frau: »Es ist das Beben der Nacht.«

Die Helle eines neuen Tages drängte sich hinter den Vorhängen vorbei ins Zimmer und goss ihr unfreundliches Licht über das glühende Gesicht der Frau. Ich wollte mich zur Seite rollen, aber sie schüttelte den Kopf.

»Wie kannst du nur schon von mir gehen wollen?«, flüsterte sie. »Du Teufel. Kaum hast du dein Vergnügen gehabt, und schon willst du wieder weg von mir.«

»Bin ich nicht zu schwer für dich?«

»Nein.« Ihre Augen lachten. »Junge?«

»Ja?«

»Hast du jetzt genug von mir?«

»Nein.«

»Liebst du mich?«

»Ja.«

»Hand aufs Herz.«

Ich legte meine Hand auf ihre linke Brust und rieb meine Augen über die kleinen Monde auf ihren Brüsten und hörte das glückliche Lachen der Frau, und dann wachten die Monde auf und reckten sich, und ich nahm die kleinen Pyramiden zwischen meine Lippen.

»Seit ich ein junges Mädchen bin, habe ich mich vor dem ersten Mal gefürchtet«, sagte sie.

»Warum?«

»Weil alle sagen, der Mann nimmt dich nur einmal, nur so, zu seinem eigenen Vergnügen, und dann hat er keine Achtung mehr vor dir ... hat genug von dir ...«

»Silke«, sagte ich, »oh, Silke, wenn du wüsstest!«

»Was meinst du?«

»Es geht doch jetzt erst richtig los!«

»Wirklich?«

Ich richtete mich auf und sah ihr in die Augen.

»Lach doch, Silke, lach!«

»Warum soll ich lachen?«

»Weil das mit der Liebe jetzt erst richtig losgeht!«

»Und das ist zum Lachen?«

»Alles ist zum Lachen. Auch das Leben. Und was ist das schon – ein Leben ohne Lachen?«

Sie sah mir in die Augen. »Manchmal denke ich, du bist verrückt geworden.«

»Da kannst du Recht haben«, sagte ich. »Ich bin verrückt.«

Sie lachte. »Mein armer Junge. Er ist verrückt.«

»Ja«, sagte ich. »Verrückt nach dir. Sieh nur.«

Sie richtete sich auf und starrte auf den Phallus und sah mich aus dunklen Augen an. Sie legte mir die Hände auf die Schultern und wartete mit einem Lächeln. Ich ließ mir viel Zeit, und sie lag ganz still, und als sie zu zittern begann, drängte ich mich langsam in sie hinein. Ich blieb tief in ihr, verharrend, pulsierend, und bewegte mich nicht mehr. Ich wollte mich nie wieder bewegen, wollte bis ans Ende der Zeit meinen Leib in diesem Leib sein lassen, aber dann warf sie den Kopf hin und her, und eine Flut lief aus ihr heraus, und ein Beben schüttelte ihren Leib. »Ich kann nicht mehr ... Bitte ... Ich kann nicht mehr ...« Sie nahm meinen Arm und rieb ihn wirr über ihr Gesicht und lachte und grub ihre Zähne tief und schmerzend in mich hinein.

Als ich aufwachte, lag ich zwischen den Brüsten der Frau, und ich sagte mir, so sollte es immer sein, jedes Aufwachen. An jedem Morgen. »Habe ich lange geschlafen?«

Sie nickte.

»Und du?«

»Ich konnte nicht schlafen.«

»Warum?«

»Weiß nicht. Bin wohl zu glücklich, um schlafen zu können. Zu aufgewühlt. Ich habe hier gelegen und dich in den Armen gehalten. Und einen Bammel davor gehabt, dass du aufwachst.«

»Einen Bammel? Warum?«

»Weil du dich sicher ekelst ... Sieh dir das an ...«

Das Laken war getränkt mit ihrem Blut. Unsere Körper hatten ein Bild geschaffen. Abstrakt. Dunkelrot. Auf weißem Leinen. Ich tauchte einen Finger in ihr Blut und malte mir ein Herz über die ganze Brust.

»Du bist zum Fressen«, rief sie und küsste mich.

Wir liefen in der Mitte der Elbchaussee. Es war ein grauer Tag, aber die Luft war lau, und wenn wir Spaziergängern begegneten, nahm Silke ihre Hand aus meiner Hand.

»Warum?«

»Wegen der Klatschmäuler«, sagte sie.

Autos waren nicht zu sehen. Die Lastwagen der Engländer blieben sonntags unsichtbar, und deutsche Autos gab es kaum.

Vor einer Villa unter hohen Bäumen lehnte ein englischer Wachtposten auf seinem Gewehr. Er lächelte Silke an und pfiff leise durch die Zähne. Sie sah durch ihn hindurch und deutete zu der Villa hin und sagte: »Das ist das Haus, in dem ich wohl eines Tages leben werde.«

»Wie meinst du das?«

Sie lächelte. »Schätzchen, du gehst so bedingungslos mit deiner Liebe um. So ungestüm. Ohne jedes Maß.«

»Na und? Ist das etwa schlimm?«

Sie schüttelte den Kopf. »Ich glaube, du wirst dein ganzes Leben lang verliebt sein. Immer neu. Immer wieder in eine andere.«

»Nein.«

»Doch. Weil du ohne Liebe gar nicht leben kannst.«

»Woher willst du das wissen?«

»Ich spüre das. Aber ich bin glücklich dabei. Und eines Tages werde ich in dieses Klinkerhaus einziehen.«

»Schade«, sagte ich. »Der Tag hat so schön begonnen. Jetzt hast du ihn kaputtgemacht.«

Der Schnapsbrenner wohnte im vierten Stock. In einem Haus nicht weit vom Hafen. Ich musste auf der Straße warten. Silke wollte nicht, dass er mich sah.

Die Straße war eng, schmal wie eine Gasse, und es gab keine Bäume. Die Fassaden waren braun oder grau, von der abstoßenden Sorte, aber die Bomben hatten diese Gasse nicht zerfetzt.

Ich lehnte an der Hauswand und sah den Leuten auf der Straße zu.

Auf den Stufen zum Hausflur gegenüber hockte ein junges Ding mit langen schwarzen Haaren. Sie zog ihren Rock hoch über die Schenkel und griff sich zwischen die Beine und machte ein verzücktes Gesicht. Dann sang sie mit einer dünnen Stimme. *»Open your door, sweethart ... open your door and let me in ...«*

Ein Mann in einem blauen Kittel blieb stehen, sah sich das Mädchen an und sagte: »Widerlich. Der Hitler hätte dieses Schweinepack schon längst zum Trümmerräumen weggeschafft.« Dann ging er weiter.

Ich hatte keine Uhr, aber von einem Kirchturm läutete es die Viertelstunde. Als es zum zweiten Mal geläutet hatte, kam Silke strahlend aus dem Haus gelaufen.

»Tut mir Leid. Hat 'n bisschen länger gedauert.« Sie zeigte mir verstohlen ein paar Scheine. »Onkel Willem hat sich nicht lumpen lassen.«

»Lass uns hier bloß abhauen«, sagte ich. »Wo ist der schwarze Markt?«

»Da hinten. Am Ende der Gasse.«

Eine Frau ging an uns vorbei. »Brauchen Sie Butter?«

»Nein«, sagte Silke. »Einen Anzug.«

»Der da drüben«, sagte die Frau, »der Pollack hat meistens schnieke Sachen.«

Der Pole hatte nur noch einen Anzug.

Ich fragte Silke, ob dunkelblau mit dünnen grauen Streifen unbedingt so richtig sei für einen Jungen, wie ich es nun mal bin, aber sie lachte mich aus und sagte, nach der nächsten Kartoffelfahrt seien dann die weißen Hemden fällig und ein Schlips aus Seide.

In ihrem Zimmer war es kalt; wir zogen uns ganz schnell aus und sprangen ins Bett und hielten uns fest umklammert. Ich legte mich zurück und zog sie über mich.

»So ist das also, wenn man oben liegt«, sagte sie. Dann richtete sie sich auf und sah an ihrem flachen Bauch entlang. »Ist das mein Liebeskerl oder deiner?«

»Unserer«, sagte ich.

Sie griff nach ihm und drängte ihn mit Macht in sich hinein. Dann warf sie den Kopf zurück und lachte.

»Lieg still. Ich will es so machen, wie du es immer machst.« Später sagte sie: »Morgen kommt meine Mutter zurück. Dann wird es schwer für uns.«

»Warum? Wenn du willst, komme ich vor dem Theater kurz vorbei. Ich klaue irgendwo ein paar Tulpen und ziehe mir den neuen Anzug an und kämme mir vorher auch die Haare ...«

Sie zündete zwei Zigaretten an und steckte mir eine zwischen die Lippen und blies den Rauch an die Decke.

»Wenn ich dich mit meiner Mutter bekannt mache, merkt sie sofort, was mit uns beiden los ist.«

»Was kann deine Mutter schon dagegen haben, dass wir zusammen sind?«

Sie setzte sich auf und sah mich eine Weile an. »Ich bin verlobt.«

»Silke«, sagte ich, »das kann ich nicht glauben.«

»Großer Geliebter, es hat keinen Sinn, jetzt so eine tragische Miene aufzusetzen. Für dich ändert sich doch nichts! Wenn du mich küssen willst, kannst du mich küssen, und wenn du mich lieben willst, kannst du mich lieben, und du wirst kaum merken, dass es den anderen gibt. Du musst dich nur vor meiner Mutter verstecken, aber sonst bist du gut dran. Für mich ist das anders. Ich stehe mitten dazwischen. Aber mach dir keine Sorgen. Ich werde schon damit fertig.«

»Nein«, sagte ich. »Es geht nicht. Ich teile dich nicht mit einem anderen Mann.«

»Das brauchst du auch gar nicht!«, rief sie. »Denn er ist nicht hier.«

»Wo ist er denn?«

»In Frankreich. In den Kohlengruben«, sagte sie. »Das ist ja das Schlimme. Ich würde gerne reinen Tisch machen; aber ich kann doch nicht einem Mann schreiben, dass ich einen anderen liebe und dass er mich vergessen soll, wenn er hinter Stacheldraht ist und unter Tage schuften muss.«

Eine Weile schwiegen wir, starrten an die Decke und rauchten, und dann sagte ich: »Es ist wichtig, dass du mir sagst, ob du ihn liebst.«

»Wieso?«, sagte sie. »Selbst wenn ich ihn lieben würde, könntest du dich nicht beschweren, denn du hast alles bekommen, was du wolltest.« Und dann sagte sie: »Er hingegen nicht.«

»Ich weiß«, sagte ich. »Warum bist du eigentlich nicht mit ihm ins Bett gegangen?«

»Weil ich erst siebzehn war.«

»Na gut, aber du warst nicht die ganze Zeit siebzehn, und sicher ist er auch mal auf Heimaturlaub gewesen, und da wird er es doch wohl versucht haben, oder nicht?«

»Doch! Himmelherrgottnochmal! Immer wieder! Wie dumm du doch bist!«

»Dumm?«

»Ja. Dumm! Bloß weil du nie aufgibst, wenn du etwas haben willst, müssen andere Männer ja nicht genauso sein.

Stell dir nur mal vor ... es soll Männer geben, die Verständnis zeigen, wenn ein Mädchen noch zu jung ist ... und die mit dem Abwarten ihre Liebe beweisen wollen ... Das ist für ein junges Mädchen irgendwie sehr ... wie soll ich sagen ... sehr ritterlich, mein Lieber!«

»Blödsinn«, sagte ich. »Das Ganze ist ein hirnverkackter Blödsinn.«

Sie setzte sich auf und sah mich böse an. »Schätzchen, überleg dir genau, was du da sagst!«

»Ich bin zwar ein paar Jahre jünger als du, aber ich habe ein paar Sachen gesehen, die in das Kitschbild nicht reinpassen wollen, was die anderen dir da für dein Leben zurechtgepinselt haben.«

»Zum Beispiel?«

»Zum Beispiel kann ein Mann nicht drei Jahre warten, ohne verrückt zu werden! Und da spielt der Kerl bei dir den verständnisvollen Ritter, aber im Grunde will er sich deine Jungfernschaft ja nur für später aufbewahren. Und sobald er wieder bei seiner Truppe ist, geht er ins Bordell oder holt sich die Tochter seiner Quartiersleute ins Bett und schenkt ihr dafür Seidenstrümpfe.«

Silke stand auf und holte einen Aschenbecher. Wir drückten unsere Zigaretten darin aus.

»Wenn er dich wirklich liebt, liebt er nur dich. Und legt sich nur in dein Bett. Siebzehn Jahre oder zwanzig. Das spielt keine Rolle. Er ist verrückt nach dir und träumt von dir und sieht die Mädchen in Frankreich überhaupt nicht an.«

»Und weiter?«, sagte sie leise.

»Und weiter hast du doch sicher versprechen müssen, dass du ihm bis zur Hochzeit treu bist, diesem Ritter, oder?«

Sie nickte.

»Es gibt noch was zu fragen, Silke ... Das Klinkerhaus da an der Elbchaussee ... gehört das ihm?«

»Ja.« Sie dachte nach. »Und was machen wir nun?«

»Ich weiß nicht«, sagte ich. »Alles ist mit einem Mal so schwer.«

»Warum?«

»Weiß nicht«, sagte ich. »Glaubst du, dass du zwei Männer lieben kannst?«

»Nicht zur gleichen Zeit.«

»Was machen wir, wenn er plötzlich in der Tür steht?«

»Dann sage ich ihm die Wahrheit. Aber nur, falls du mich dann noch liebst. Und wenn du mich nicht mehr liebst, und er kommt zurück, dann werde ich ihn wahrscheinlich belügen und in das Klinkerhaus ziehen und ihm nichts von dir erzählen.«

»Du würdest ihn anlügen?«

Ich spürte ihr Nicken an meinem Hals.

»Warum?«

»Weil das vielleicht weniger wehtut als die Wahrheit.«

NOTIZEN DES GELEGENHEITSARBEITERS
AUGUST UNRAST
EIN TAG AUS MEINEM LEBEN
24. Mai 1946

Acht Uhr früh

Wieder mal ein grauer Morgen. Die Straßenbahn ist überfüllt. Schon wenn sie angeklingelt kommt, schwankt sie schwer auf dünnen Rädern. Selbst auf den Trittbrettern hängen schwankende Menschentrauben. Auf der linken Seite sind die Trittbretter jeden Morgen leer. Weil das die falsche Seite ist. Die gefährliche. Wenn dich die Polizei da sieht, holt sie dich herunter. Und wenn dir eine Straßenbahn entgegenkommt, klingelt der Lenker Sturm und fuchtelt mit den Armen. Wie wild. Empört. Dabei ist viel Platz zwischen den beiden Bahnen. Nur wenn bei der entgegenkommenden auch einer links dranhängen sollte, wird es manchmal etwas knapp. Dann musst du dich ganz eng an die Haltegriffe drücken und hoffen, dass der andere das genauso macht.

Kurz nach neun

Im Theater ist es kalt und dunkel. Morgens hat das Theater keinen Glanz. Das Probenlicht ist steil. Malt die Gesichter kalkig an. Schauspieler haben keine Augen mehr. Nur dunkle Höhlen. Und auch die offenen Münder sind schwarz. Zahnlos. Ihre Rufe zerbrechen an den leeren Stühlen.

Auch die Frauen sind nicht mehr wie gestern. Wo haben sie über Nacht ihren Liebreiz abgelegt? Gestern strahlten sie noch Erregung aus. Wallende Locken. Fließende Gewänder. Nackte Schultern. Rote Münder. Fiebrig. Strahlend. Und jetzt? Am Morgen? Fahl. Faltig. Zottelig. Vermummt. Verschlossen.

Ich stehe ganz weit hinten. Bei dem Rundvorhang. Einer unter vielen. Wir stützen uns auf Hellebarden. Und dösen vor uns hin. Dann flüstert einer auf der Beleuchterbrücke.

»Nu gib doch bloß dem Walter mal so'n büschen scheunes Licht von vorn.«

Die Beleuchterhand am Regler schiebt Stimmung in den kühlen Morgen. Sie lässt das Rampenlicht aufglühen. Blau, rot, weiß. Wärme flutet über die Gesichter.

Es ist eine nackte Bühne. Kahl. Arm. Voll gestreut mit Sägemehl. In der Bühnenmitte sitzt die Königin. Auf einem wackeligen Stuhl. In ihren alten Wintermantel eingehüllt. Sie raucht eine Zigarette. Vor ihr kniet der jugendliche Held. Er hält den Saum des dunkelblauen Mantels in der Hand. Seine Augen hängen am Gesicht der Dame, die er verehrt. Die Königin sieht müde aus. Der Kniende geht gut mit Schiller um.

»Ich zählte zwanzig Jahre, Königin,
In strengen Pflichten war ich aufgewachsen ...«

Seine Worte kommen kalt aus dem Saal zurück. Nachdenklich legt er den Kopf in seinen Nacken. Will sich erinnern, wie es weitergeht. Endlich findet er den Text:

»Und Ritter Baudricour aus Vaucouleurs war unser Führer ...«

Von unten, aus dem Parkett kommt lautes Lachen. Die Königin legt die Zigarettenhand über ihre Augen. Der Lacher im Parkett knipst eine Leselampe an. »Köstlich!«, ruft er. »Köstlich!«

»Was ist?«, fragt der Kniende.

»Du lieferst uns wieder mal einen Beweis deiner unübertrefflichen Klasse, lieber Walter. Es ist zwar das falsche Stück, aber du bleibst bei deinem Schiller ...«

Der Liebende legt eine Hand ans Ohr. »Verstehe kein Wort ...«

»Du hast sehr wohl mit dem richtigen Stück begonnen«, ruft der Regisseur. »Anfangs warst du in deiner *Maria Stuart,* wenn ich mich mal so burschikos ausdrücken darf. Dann jedoch hast du einen Sprung gemacht ... Schlankweg hinein in die *Jungfrau von Orleans ...*«

»Mein Gott«, lacht der Schauspieler. »Maria ... Jungfrau ... Ich bringe die Weiber halt immer durcheinander ...«

Er wirft sein Textbuch hoch zum Bühnenhaus hinauf. Bunt bestrahlte Seiten fallen gemächlich tanzend auf das Paar zurück. Die Königin beugt sich über den jungen Mann und küsst ihn lange auf den Mund.

»Schauspieler müsste man sein«, flüstert einer neben mir. Ein Statist. Schwarzes Haar mit viel Pomade. »Aber unsereins lassen sie ja doch nie in die Bühnenmitte.«

»Doch«, sage ich. »So eine Bühne ist irgendwann für alle da. Auch für unsereins.«

Zwei Uhr mittags

Sie lassen mich jetzt immer rein in die Funk-Kantine, obgleich ich ja nicht fest beim Sender bin. Freier Sprecher. Immer Bargeld in der Tasche. Nichts zu essen. Aber immer etwas Geld, das schon.

Silke holt die Suppe und zwei Löffel. Dann löffeln wir gemeinsam aus dem einen Napf. Sie sieht mich prüfend an. »Sag mal, ist das da Blut an deiner Nase?«

»Möglich«, sage ich. »Ich dachte, ich hätte es mir abgewischt.«

»Hat Silkes große Liebe etwa Nasenbluten? Und wenn ja, warum?«

»Ich habe mich geprügelt.«

»Wie furchtbar ... Im Theater?«

»Nein. Auf dem schwarzen Markt.« Ich lege ein paar Brotmarken auf den Tisch. »Hier. Tausend Gramm. Wir machen halbe-halbe.«

Sie schüttelt den Kopf. »Nein. Du brauchst das mehr als ich.«

Ich sehe sie an und denke an ihren herrlichen, langen Körper.

»Ist was?«, fragt sie.

»Ja.« Meine Stimme ist rau. »Sollte sich jetzt der Tisch hochheben, dann denk bloß nicht, dass das meine Hände sind ...«

»Hör auf!«, flüstert sie und wird rot.

»Es liegt an deinem Gesicht. So schön. So schön nackt. Fest. Prall. Nackt. Wie deine Schultern und deine Äpfel und dein Hintern.«

»Junge, sei still ...«

»Obdachlos. Zwei Waisenkinder. In einer großen Stadt. Bei dir zu Hause gibt es eine Mutter. Bei mir keift die Wirtin.«

»Hör auf«, sagt sie. »Willst du eine Zigarette?«

Ich nicke. »Wenn wir reich sind, gehen wir in ein Hotel. Herr und Frau Hans Kleinschmidt.«

Dann will sie wissen, warum ich mich geprügelt habe. Ich sage, dass ich diese Schieber gefressen habe wie zehn Pfund grüne Seife und dass ich die Ganoven angeschissen habe.

»Wie hast du das gemacht?«

»Ganz einfach«, sage ich. »Erst mal habe ich die Reichsmarkscheine in der Mitte durchgerissen. Drei Zwanziger. Alle alt und abgerubbelt. Wenn du die in der Mitte durchreißt und zusammenfaltest, fällt das gar nicht weiter auf. Verstehst du?«

Sie nickt. Rauch kringelt sich aus ihrer Nase.

»Dann ran an die ersten Ganoven. Brotmarken? Ja. Wie viel? Sechzig Emm. Gut, hier nimm, drei Zwanziger. Klar, dass er abzählen will. Aber da raune ich ihm zu: ›Mann, hau ab, Polente!‹ Und renne los. Er auch. Schiebt ab, quer über die Trümmer.«

Silke lacht. »Und dann ist er zurückgekommen und hat dir die Nase blutig gekloppt?«

»Nein. Der nicht. Der nächste. Weit hinten, am unteren Ende der Straße war noch einer mit Brotmarken. Wie viel? Sechzig. Und wieder dasselbe Spiel. Auf die Weise hole ich mir zwei Brote für den Preis von einem, verstehst du? Aber wie ich sage: ›Mann hau ab, da kommt Polente‹, macht dem Knülch das gar nichts aus. Er wirft nur kurz einen Blick über die Schulter und zieht die Scheine auseinander und sieht die Bescherung.«

»Meine Güte! Und?«

»Wie er hochguckt, bin ich schon weg. Quer über die Trümmer. Er hinterher. Ein Schrank von einem Kerl. Aber schnell. Hat mich eingeholt. Oben auf dem Trümmerberg.«

»Und?«

»Was und? Wir haben uns geprügelt. Nichts anderes und. Aber gegen das Riesentier war nichts auszurichten. Deshalb habe ich ihm Zementstaub ins Gesicht geschleudert. Wahrscheinlich steht er jetzt noch immer da und wischt sich die Augen und brüllt vor Schmerz.«

»Junge, du bist gemein«, sagt Silke. »Immerhin, ein bisschen Geld hat er doch von dir gekriegt. Zwar nicht sechzig Mark, aber zwanzig.«

»Wie das?«

»Ganz einfach. Wenn er die zwei richtigen Scheine zusammenklebt, hat er wenigstens einen vollen Zwanziger.«

»Geht nicht«, sage ich. »Alle Reichsbanknoten haben Nummern aufgedruckt, oder?«

»Ja.«

»Eben. Ich hab alle sechs Hälften vorher schön gemischt. Da passt keine Nummer mehr zur anderen ...«

Drei Uhr nachmittags

Jugendfunk. Aus Studio 4. Auf dem Manuskript steht *Kurt Tucholsky – Ein deutsches Schicksal.*

Wir sind zu dritt und sitzen um einen runden Tisch herum. In der Mitte steht ein Mikrofon auf kurzen Beinen. An den Wänden leuchten rote Lampen. Und eine Schrift blinkt: RUHE! SENDUNG.

Volker Beheim vom Thalia-Theater sitzt mir gegenüber. Ein gütiger Mann mit Monokel. Es sieht wie eingewachsen aus. Ich wette, er nimmt das Monokel auch im Bett nicht raus. Seine Stimme ist sehr tief.

Beheim liest über die Einsamkeit des Schriftstellers in seinem schwedischen Exil. Von der Depression des Mannes, den Hitler aus dem Lande jagte. Von der Verzweiflung, dem Untergang Deutschlands tatenlos zusehen zu müssen. Und von dem Humor, den er sich trotzdem stets erhielt.

Mein Stichwort kommt urplötzlich dahergerast: »Kurt Tucholsky hat das einmal so formuliert ...«

Hinter der lang gestreckten Scheibe gibt mir ein Mann ein Zeichen mit der Hand.

Ich lese vom Blatt: »Die Welt verachten, das ist sehr leicht und meist nur ein Zeichen schlechter Verdauung. Aber die Welt verstehen, sie lieben und dann, aber erst dann, freundlich lächeln, wenn alles vorbei ist, – das ist Humor.«

Neben mir sitzt ein schüchternes Mädchen. Name unbekannt. Nachher, bei der Absage, werde ich wissen, wie sie heißt. Sie hat lange, schlanke Finger. Und sie kommt aus Berlin. Das höre ich sofort. Sie liest das Gedicht *Mutterns Hände.*

In der Regie-Kabine dreht sich nichts. Alle Spulen stehen still. Heute wird nicht aufgenommen. Was wir hier sagen, geht direkt über den Sender. Das Mädchen neben mir macht ihre Sache gut. Sie verspricht sich nicht ein einziges Mal. Hoffentlich schaffe ich das auch. Wer sich bei Live-Sendungen verspricht, wird nicht mehr genommen.

Und wieder kommt mein Stichwort. Zu denken, dass jetzt Tausende da draußen zuhören ... Ich sehe, dass meine Hände zittern. Und meine Kehle ist wie zugeschnürt.

»Die Wehmut des Mannes, der sein Vaterland über alles liebt, spricht aus einem Gedicht, das Tucholsky bereits 1924 schrieb ...«

In der Regie-Kabine streckt sich ein Finger. Zeigt auf mich. Mein Herz rast wie zwanzig Pferde.

»Er schrieb es in Paris und gab ihm den Titel *Park Monceau.*«

Herz, sei still. Der lange Finger senkt sich.

»Hier ist es hübsch. Hier kann ich ruhig träumen.

Hier bin ich Mensch – und nicht nur Zivilist.

Hier darf ich links gehn. Unter grünen Bäumen

sagt keine Tafel, was verboten ist ...«

Nach der Sendung sagt das Mädchen: »Sie haben das sehr schön gelesen.«

»Danke«, sage ich. »Sie aber auch.«

Wenn sie lächelt, ist sie hübsch.

Vier Uhr nachmittags

Die Bibliothek des Senders ist mein Lieblingsort. Ich darf mich hier vergraben. Der Bibliothekar hat es erlaubt.

Gegen halb fünf kommt Gerhard Daaren in den stillen Saal. Leiter des Jugendfunks. Ein schwacher Körper. Ein stiller Mann. Auf seinen Händen liegt ein Flaum von dunklen Haaren. Aber die Hände siehst du nie. Höchstens, wenn er an seinem Schreibtisch sitzt. Sobald er sein Büro verlässt, vergräbt er sie in graues Wildleder. Schon ziemlich blank geschabt. Er hat nur dieses eine Paar. Und trägt es ständig.

»Die Tucholsky-Sendung war anhörbar«, sagt er leise. Er will die anderen Leser im Raum nicht stören. »Der Bibliothekar erzählte mir, Sie seien jeden Tag in diesem Raum zu Gast. Was lesen Sie, wenn ich fragen darf?«

»André Gide, Albert Camus, Ernest Hemingway. Ich habe viel nachzuholen. John Steinbeck, Thornton Wilder, Theodore Dreiser.«

»Genug! Genug!«

»Ich lese auch die Deutschen. Ringelnatz. Und Kästner. Morgenstern. Alle, die früher verboten waren.«

»Übernehmen Sie sich nicht. Übrigens, weshalb ich Sie aufgestöbert habe ... Bei der Absage der Tucholsky-Sendung ist es mir wieder einmal übel aufgestoßen. Finden Sie das einen adäquaten Namen für einen Künstler, August? Das klingt doch sehr nach Zirkus.«

»Möglich«, sage ich, »aber ich habe mir den Namen nicht selbst auswählen dürfen.«

»Ihre Freunde hingegen haben einen für Sie ausgewählt«, sagte Gerhard Daaren. »Junge. Ist das nicht Ihr echter Name?«

»Das ist wahr.«

»Na also.« Er lächelt. »Junge Unrast. Eigentlich eher ein Zustand als ein Name, aber originell.«

»Gut«, sage ich. »Dann machen wir das so. Dann nennen Sie mich ab jetzt bei meinem alten Namen.«

Abends. Viertel vor sechs

Wir sitzen hinter dem Bahnhof in einer kleinen Kneipe
und schlürfen ein Heißgetränk. Wir halten uns bei den
Händen und sagen kaum was und wünschen uns ganz weit
fort. Aber es gibt kein Ganzweitfort. Wenn ich seufze und
meinen Kopf auf ihre Hände lege und sage: »Warum können diese dämlichen Engländer denn deinem Vater nicht
öfter mal Besuch erlauben?«, dann lacht sie. »Im Sommer
wird alles besser, du wirst schon sehn.«
    Um sieben bringt sie mich noch bis zur Bühnentür und
gibt mir einen Kuss. Wenn ich ihr dann noch eine Weile
nachsehe, kann ich an ihrem Gang erkennen, dass sie nur
so tut. Aber fröhlich ist auch sie auf keinen Fall.

Von acht bis zehn

Es riecht herrlich nach Theater. Holz. Staub. Farbe. Leinwand. Frauen. Schminke. Schweiß.
    Heute Abend geben wir *Volpone*. Ich spiele einen Diener.
Einen Mohren. Der Maskenbildner ist knapp mit schwarzer Schminke. Er gibt mir einen Korken. Wenn du den
über einer Kerze ankokelst, geht das ganz genauso.
Schmier dir den Ruß ins Gesicht und basta. Die Perücke
mit dem kruscheligen schwarzen Haar passt, wie für dich
gemacht.
    Ich liege meistens vorne an der Rampe. Bei dem Lied
Das Geld, das Geld regiert die Welt singe ich mit. Sonst liege
ich an der Rampe und habe nichts zu tun. Neulich habe
ich was falsch gemacht. Ich habe es gut gemeint. Wirklich.
Aber dem Regisseur hat's nicht gefallen. Und der Hauptdarsteller hat schwer getobt.

»Auf der Bühne muss immer was los sein«, hatte ich einen Schauspieler mal sagen hören. »Eine Bühne ohne Bewegung ist wie ein großes schwarzes Loch.« Der Mann hatte Recht. Ganz ohne Frage. Also habe ich nicht nur einfach so still rumgelegen. Ich dachte mir, was macht ein Negerdiener an der Rampe? Antwort: Er knackt Läuse. Also habe ich mir Läuse aus dem krausen Haar geholt. Ich hatte auch sofort Erfolg. Die erste Reihe lachte. Bis hin zur fünften haben sie ganz toll gelacht. Dann stellte sich die Frage, was macht ein Schwarzer mit gefangenen Läusen? Antwort: Er frisst sie. Also habe ich mit meinen weißen Zähnen unter den schwülstigen Lippen genüsslich den Läusen die Köpfe abgebissen. Was so ein echter Negerdiener sein will, der isst nur die Delikatessen, und die minderen Läusekörper wirft er fort. Das weiß ja schließlich jeder. Unbeweglichen Gesichtes habe ich meinen Erfolg genossen. In der Reihe unterhalb der Rampe schlugen sich die Männer auf die Schenkel, und die Frauen begannen verstohlen in ihren Haaren rumzukratzen. Auch unter den Achseln hat es sie gejuckt. Weiter hinten im Parkett fragten sich die Leute, was es wohl zu lachen gäbe. Einige Herren standen auf und reckten ihre Hälse und streckten ihre Finger nach mir aus. Im ganzen Saal achtete niemand mehr auf die Szene in der Bühnenmitte, die, zugegebenermaßen, nicht so großartig war.

Nachdem der Erfolg sich nun eingestellt hatte, durfte ich den Leuten den Spaß ja nicht abrupt verleiden, und ich fragte mich, was macht ein Neger, wenn er gut gegessen hat? Antwort: Er ruht sich aus. Also legte ich mich mit dem Rücken über den Souffleurkasten, streckte den Bauch in die Luft, faltete die Hände über meinem gewaltigen Negerbauch, schloss die Augen und begann zu schnarchen. Ich erinnerte mich an das Schnarchen meines

Großvaters, das mir immer besonders eindrucksvoll erschienen war, und ahmte ihn nach. Der Erfolg war einmalig. Es ist klar, dass der Hauptdarsteller mir zeit seines Lebens nie vergeben wird. Er war hinter mir, auf der Bühnenmitte, total »abgestunken«, wie es in der Theatersprache heißt.

Das Publikum hat sich köstlich amüsiert. Wirklich wahr! Schade, dass man den Applaus nicht aufbewahren kann. Den da hätte ich gerne noch ein Weilchen mit mir rumgetragen. Denn es war ja immerhin der erste Szenenapplaus meines Lebens, und deshalb bin ich selbstverständlich auch aufgestanden und habe mich verbeugt. Das hat dem Hauptdarsteller natürlich überhaupt nicht gefallen. Er hat hinterher auch schwer getobt. Ist ja verständlich. Man darf es dem Mann nicht übel nehmen. Wer lässt sich schon gern von einem Jüngeren die Szene stehlen?

Nachts um halb zwölf

Die großen Hörspiele nehmen sie nur in den Nächten auf. Nachts sind alle Schauspieler frei. Selbst die berühmten. Auch die Berühmten brauchen Geld. Und verkaufen ihren Schlaf. Nachts ist es schön still in Hamburg. Hörspiele nachts – das macht Spaß.

Meine Rolle ist gut, aber klein, und ich komme nicht oft dran. Zwischendurch gibt's lange Pausen. Wer Pause hat, sitzt meist im Rauchzimmer herum. Ich bleibe lieber im Hörspiel-Studio drin. Hinten, in einer dunklen Ecke, steht ein dunkelbrauner Flügel. Ich strecke mich darauf aus.

Im Halbschlaf höre ich die Stimme einer Frau. »Nun sieh dir das an, Matthias ... Ist es nicht schlimm mit dieser Kriegsgeneration? Überall lümmelt sie sich herum ...«

»Lass ihn nur, Ida«, sagt eine Männerstimme. »Der Junge da ist anders als die anderen. Den kannst du antippen in seinem Schlaf, und er reibt sich die Augen und spielt sich die Seele wund.«

Morgens um zwei

Im Hof des Senders ist es kalt. Nasskalt. Kein Regen, aber kalte Nässe vom Meer.

Wir klettern in schwarze Volkswagen. Um diese Zeit gehn keine Straßenbahnen mehr. S-Bahnen auch nicht. Uns Deutschen sind nachts die Straßen untersagt. Nur Autos des Senders dürfen um diese Stunde in die Nacht hinaus. Die schon.

Zu jedem Fahrer klettern vier von uns auf die engen Sitze. Manchmal kommt noch ein Mädchen vom Ton angerannt. Für die ist dann noch Platz auf irgendeinem Schoß.

Das Auto macht die Runde. Einer nach dem andern stolpert in die Nacht hinaus. Wer seine Haustür aufgeschlossen hat, winkt nochmal.

Ich bin meist der Letzte. Wenn alle andern ausgestiegen sind, schlafe ich ein. Bisschen später rüttelt mich der Fahrer wach.

»Luruper Chaussee. Sind Sie das?«

»Ja«, sage ich und klappe den Sitz nach vorn. Meine Beine sind steif. »Danke schön. Und gute Nacht. Bis morgen.«

INFORMATION
2. Juni 1946

Ich habe kein Radio. Meine Informationen hole ich mir in der Redaktion beim Jugendfunk. Jeden Tag lese ich da die Mitteilungen der Alliierten. Statistiken. Trockene Information. Zeitungen brauche ich mir nicht zu leisten. Zeitungsartikel sind nur selten sachlich. Wie lange war ich gezwungen, die Meinungen anderer zu lesen? Lange.

Die ersten Zahlen liegen vor. Wenn auch nur grob geschätzt. Mehr als fünfundzwanzig Millionen Soldaten sind insgesamt in diesem Krieg gefallen. Davon die Hälfte Russen. Für unsere Befreiung haben mindestens zweihundertzwanzigtausend Amerikaner ihr Leben lassen müssen. Hier und anderswo. Die Verluste der Engländer sind höher. Dreihundertsiebzigtausend. Deutsche Verluste sind auch angegeben. Drei Millionen. Wahrscheinlich sind es weit mehr.

Ob Vater einer unter ihnen ist? Mit ein bisschen Glück lebt er ja noch. Dann braucht er nicht in die Statistik. Möglich auch, dass niemand von ihm weiß. Die Russen geben ja nicht viel bekannt. Vielleicht steht Vaters Kreuzchen anderswo in der Statistik. Unter der Rubrik »Zivilpersonen«. Ebenso wie Tina.

DIE ABSCHLUSSPRÜFUNG
27. Juni 1946

Gegen vier Uhr früh

Das war wirklich reiner Zufall. Mit dem Erich-Kästner-Hörspiel heute Nacht war das wie mit einem warmen Regen. Keiner weiß, wo er herkommt. Keiner hat damit gerechnet. Aber alle stellen sich darunter und halten ihre Gesichter nach oben.

Also: Wir haben das Hörspiel *Emil und die Detektive* aufgenommen. Meine Rolle war der »Gustav mit der Hupe«. Im Berliner Dialekt. Das hat mir fast ein bisschen Heimweh unter die Haut getragen. Am Schluss ist der Regisseur zu mir gekommen. Ein großer Dicker namens Wilhelm Schaffner. Kommt heute selten vor, dass man mal einen Dicken sieht. Vermutlich ist er drüsenkrank. Ohne kranke Drüsen ist heutzutage keiner mehr so dick.

Er hat mir erzählt, dass er ein Theater leite. In Hannover.

Wilhelm Schaffner leitet die Niedersächsische Landesbühne. Das ist ein Wandertheater. Dreimal die Woche wird in Hannover gespielt. Aber nicht in einem richtigen Theater. Das gibt es da nicht mehr. Hannover ist ja sehr zerstört. Sie spielen in einem Gemeindehaus. An vier Tagen in der Woche fahren sie mit einem Autobus durchs Land. Hintendran hängt ein Anhänger mit der Dekoration. Gespielt wird, wo Platz ist. Manchmal im Tanzsaal einer Kneipe oder in einem Kino, und wenn's gar nicht anders geht, auch mal in einer großen Scheune.

Der Intendant sagt, das sei ein tolles Leben. Die Bauern geben den Komödianten oft was zu essen, und nachts, auf dem Heimweg, hält der Autobus an, und dann springt das ganze Ensemble raus und klaut Grünkohl von den Feldern oder Kartoffeln, oder was gerade so wächst, je nach Jahreszeit. Und sie sehen auch viel vom Land, denn sie spielen überall. Von Lammspringe am Harz bis Hameln an der Weser.

Der Intendant sagt, viel zahlen könne er nicht, denn sein Theater hätte nur einen kleinen Etat, aber bei ihm könne ich Rollen spielen. Und das sei für einen jungen Schauspieler ja wohl wichtiger als Geld, oder? Ich sage, aber klar, Rollen spielen, das wäre was, aber da ich noch nicht mal Schauspielunterricht gehabt habe, wird das wohl nichts. Außerdem sei ich auch nicht in der Bühnengenossenschaft drin. Wie ich das so sage, macht er ein bedenkliches Gesicht und meint, dann hätte ich wohl auch keine Abschlussprüfung abgelegt, und ich schüttele den Kopf und sage, so'n Mist, warum hab ich Ihnen das überhaupt erzählt.

Ja, wenn das so ist, meint er, dann könne er natürlich nicht mehr als zweihundert Reichsmark pro Monat zahlen, und für den Betrag müsse ich selbstverständlich auch die Dekoration mit aufbauen und abbauen, das ist ja klar, und die Abschlussprüfung machen wir gleich hier. Ich solle nur mal 'nen Augenblick warten. Dann stürmt er aus dem Studio, behände wie ein Wirbelwind. Als er zurückkommt, sind seine Freunde um ihn rum. Schauspieler. Alles bekannte Gesichter. Große Namen. Sie halten Schnapsgläser in den Händen.

Der Intendant verkündet, dass es sich bei dieser Versammlung um erlauchte Mitglieder der Prüfungskommission der Deutschen Bühnengenossenschaft handele, und der Prüfling Junge Unrast sei hiermit aufgefordert, sich auf das Flachklavier zu stellen und mal zu zeigen, wo Friedel den Most hole.

Ich klettere auf den Flügel und spüre mein Herz im Halse. Weil ich nicht sofort anfange, ruft einer, dass ich mir keine Sorgen machen solle, die Kommission sei ganz außerordentlich besoffen, ich würde groß bei den Herren ankommen, denen gefiele ab jetzt jeder Scheiß ...

Sie hocken sich auf den Boden, und ich gebe ihnen den Leon aus *Weh dem, der lügt,* und den Shylock und ein Stück *Frühlingserwachen,* und dann sind in allen Händen alle Gläser leer, und der Intendant wischt mit den Armen durch die Luft und faucht, dass er es mit jedem aufnehmen würde, der ihm widerspreche, wenn er behaupte, es handele sich hier um ein Naturtalent, und da keiner Lust hat, es mit ihm aufzunehmen, nicken sie, und einer atmet tief ein und stützt den Ton und brüllt: »Nicht mitzuprüfen ... mitzulieben bin ich da! ... *Antigone* ... weiß der Teufel, welcher Akt ... Ich habe es vorhin doch erst gespielt ...«

Der Intendant zieht mich von dem Klavier und sagt, dass es keinen Zweifel gäbe, die ehrwürdige Kommission habe beschlossen, den Prüfling Unrast in den Kreis der bedauernswerten Barden aufzunehmen, und der Intendant zieht ein Vertragsformular aus der Aktentasche und sagt, er freue sich, es zufällig bei sich zu haben, und da lachen die Männer und sehen ihm über die Schulter, und er schreibt mit einer Schrift hinein, die so rund ist wie er selber: »Anfänger im 1. Jahr«, und hinter dem Vordruck BÜHNEN-FACH schreibt er »Jugendlicher Komiker und Naturbursche«.

Da schütteln sie mir die Hände und verriegeln die Studio-Tür und sagen, damit es Gültigkeit habe, müsse es auch begossen werden. Mit Schnaps und Bier.

Tina! Es ist ein Fest geworden. Alles meinetwegen. Doch nun dreht sich mein Kopf, und meine neuen Freunde sind weg, und du bist nicht da, und die Uhr da unten an der Haltestelle springt auf vier Uhr zweiunddreißig.

WANDERBÜHNE
Hannover Spätsommer 1946

Der Weg zum Gemeindehaus schlängelt sich durch Trümmerberge. Zwischen dem Kopfsteinpflaster vergessener Straßen wachsen Pusteblumen.

Das Gemeindehaus steht da, als ob es sich geniere. Die Bomben haben ihm den kleinen Park genommen. Und der Kirchturm, den es hier mal gab, wirft jetzt keine Schatten mehr über das notdürftig geflickte Dach. Weit hinter den hellen Trümmerbergen steht eine dunkle Wand von Häusern, die noch am Leben sind.

Der Saal ist dunkel, denn die Fenster sind mit Brettern zugenagelt. Wenn du aus der hellen Sonne kommst, bleibst du erst mal stehn und wartest wie ein Blinder.

»Ah, da ist er ja, unser Prinz von Hamburg!« Die Stimme kommt aus dem Dunkel. Ein paar Frauen lachen.

Auf dem Podium brennt nur eine Lampe. Bunte Gestalten stehen um sie herum. Im Schein der Lampe sind die Gesichter fahl. Der Schatten des Intendanten bricht am Plafond in Stücke. Sein ausgestreckter Arm zielt auf mich.

»Da reise ich also nach Hamburg, um eine Julia zu engagieren ... Und was, so frage ich euch, was bringe ich euch mit?«

Der bunte Haufen reißt die Münder auf.

»Ein Intendant, der engagieren fährt, ist immer von Erfolg gekrönt, wenn auch nicht jedes Mal zum Wohle des Theaters«, sagt der Dicke auf der Bühne. »Da erinnere ich mich zum Beispiel meines Intendanten in Ratibor, als ich noch die Jugendlichen Helden spielte. Er war zum Engagieren nach Berlin gereist. Die berühmten Künstleragenturen dort hatten es ihm angetan, die vielen Bühnen, die Kabaretts ... Nun, er wollte zwei Tage fortbleiben, aber erst nach einer Woche traf er wieder bei uns ein, hohlwangig, erschöpft, auf schwachen Beinen gehend. Unser Oberspielleiter rief ihm hoffnungsfroh entgegen: ›Nun, Herr Intendant, haben Sie gut engagiert?‹ Worauf der alte Herr uns allen ein verklärtes Lächeln schenkte. ›Gut engagiert nicht ... Aber prachtvoll gefickt.‹«

Sie hüpfen auf der Bühne herum und lachen und halten sich die Bäuche. Die Frauen lachen auch. Dann wirft der Intendant die Arme in die Luft. »Nun, meine Kinder«, sagt der Dicke, »da bin ich aus anderem Holz geschnitzt. Ich schenke euch kein verklärtes Lächeln. Vielmehr vermache ich den männlichen Mitgliedern dieses verehrungswürdigen Ensembles unseren jugendlichen Komiker, und den Damen dieser Bühne lege ich unseren Naturburschen zu Füßen. Sein Name ist Verpflichtung: Junge Unrast!«

Er zwinkert mir zu. Dann kommt er die fünf Stufen zu mir herunter. »Egon«, brüllt er, »mach mal das Saallicht an!«

Ganz allmählich wird es heller. Sechs Wandlampen glühen auf. Sie reichen aus für diesen Saal.

»Klein, was?«, sagt er. »Hast du schon mal so ein Theaterchen gesehen?«

»Nein.«

Er nickt. »Am schlimmsten ist es auf der Bühne. Die reinste Briefmarke. Wie viele Komödianten stehen jetzt da oben?«

»Sieben.«

»Stimmt«, nickt er. »Wenn die sich langlegen, ist der Bühnenboden voll.«

Er zieht mich zu dem schmalen Proszenium. »Verehrte Künstler«, ruft er, »legt euch mal alle hin.«

Die sieben da oben lassen sich zu Boden fallen.

»Siehst du«, sagt der Intendant. »Ölsardinen. Dicht an

dicht. Sieben Ölsardinen. Eine achte würde in diese enge Dose gar nicht mehr reingehen.«

Er legt seinen schweren Schädel auf den Blechkasten der Fußrampe und tätschelt gedankenverloren die nackten Beine einer Frau, die an der Rampe liegt. Die Frau dreht ihm ihr Gesicht zu. Ein längliches Gesicht. Schlank. Die Haut schon etwas welk. Aber schöne Augen. Braune Augen. Und lange Haare. Blond gefärbt.

»Das ist Vera«, sagt der Intendant. »Sie spielt bei uns das Fach der Salondame. Vera ist ein echter Gewinn für unsere Bühne, denn sie bringt ihre eigenen, ungewöhnlich teuren Kleider mit.«

»Seine Komplimente sind unbezahlbar«, sagt die Blonde.

»Also, mein Kleiner«, sagt der Intendant. »Wie findest du unser Theaterchen?«

»Weiß nicht.«

»Zu klein?«

»Ungewöhnlich klein. Wird schwer sein, hier zu spielen.«

»Tja«, sagt er. »Ich hätte auch lieber den Emil Jannings engagiert. Aber der war zufällig nicht frei.«

Die Leute auf dem Bühnenboden lachen. Der Intendant wischt mit der flachen Hand über das Blech des Lampenkastens.

»Lieber junger Freund, wir werden uns an unsere gegenseitige Mittelmäßigkeit gewöhnen müssen!«

EINE SPIELZEIT AUF DEM LANDE
1946/1947

Das war ein kurzer, schneller Herbst. Nach der vierten Premiere hingen schon keine Blätter mehr an den Bäumen. Ich habe mein Gefühl für Zeit verloren. Der Spielplan am schwarzen Brett ist mein Kalender. Monatsnamen bedeuten jetzt nichts mehr. Weihnachten findet für mich nicht im Dezember statt. Weihnachten ist, wenn wir *Das Spiel von Tod und Liebe* geben, und am Abend der Premiere vom *Zerbrochenen Krug* ist außerdem Sylvester.

Jeden Morgen, auf der Probe im Gemeindesaal, stehe ich neben mir, seh mir selbst beim Spielen zu. Und manchmal ist auch Tina da. Und Florian. Sie sehen mir über die Schulter und schütteln die Köpfe. In ihren Augen bin ich sicher noch nicht gut genug.

Abends ist es anders. Abends trägt mich die Erregung. Da schwimme ich oben auf der Woge, die vom Saal her über die Rampe schlägt, und in dem Dunkel unter mir schwimmen unzählige Gesichter. Blass. Fahl. Verschwommen. Ich höre ihr Lachen. Spüre ihr Zuhören. Freue mich an ihrem gebannten Schweigen. Verwünsche ihr Husten. Und lasse mich streicheln von ihrem Applaus.

Das Abbauen der Bühne ist jedes Mal ein Kinderspiel, und wenn wir den Anhänger beladen, wird mein heißer Kopf schnell wieder klar in der Winternacht, aber die Unruhe sitzt noch in ihm drin. Auf der Heimfahrt durch die Nacht, im Blauen Bus, kann ich nicht schlafen. Die Nerven liegen außen auf der Haut, sind voll Verlangen, leicht verletzbar, wollen keine Müdigkeit.

Die Köpfe der Schläfer vor mir schunkeln hin und her. Draußen, vor den Fenstern, hängt schwarze Nacht. An den Innenseiten klebt dickes Eis. Der Fahrer haucht alle paar Minuten ein Loch in die zugefrorene Windschutzscheibe.

Gilda ist noch wach. Ich stelle mich hinter ihre Bank. Sie legt ihren Kopf zurück und zieht meinen Mund zu ihrem Mund herunter. Dann knöpft sie ihren Mantel auf und die gestrickte Jacke und öffnet ihren Büstenhalter für meine Hände.

»Immer wieder«, flüstert sie. »Jede Nacht. Weißt du, warum ich dich das machen lasse?«

»Sag.«

»Weil ich möchte, dass du dich in mich verliebst.«

»Sei still, Gilda. Es ist besser, nichts zu sagen.«

»Wenn du Vera streichelst, sterbe ich vor Eifersucht. Sie schwört Stein und Bein, dass sie nichts dabei empfindet. Nur du hättest was davon, sagt sie. Sie sagt, du fändest das Theater so erotisch. Findest du das wirklich?«

»Ja. Sehr.«

»Vera sagt, du brauchst das einfach. Du musst unbedingt eine Frau berühren. Sonst kannst du nicht Theater spielen. Und wer von uns beiden dann in der Nähe ist, soll in Gottes Namen seine Bluse aufknöpfen.«

Sie schlingt ihre Hände um meinen Hals.

»Junge?«

»Ja?«

»Ich bleib heut nacht bei dir. Geht das?«

»Nein. Das wird nicht gehen.«

»So ein Mist. Warum nicht?«

»Frag nicht.«

»Du sollst so eine hübsche blonde Freundin haben. Wartet die in deinem Bett?«

»Nein.«

»Wo ist sie denn? In Hamburg?«

»Ja.«

»Na also.«

»Trotzdem.«

»Schade. Wo ich mich doch so in dich verliebt habe. Lach nicht. Wirklich wahr. Du glaubst mir wohl nicht, was? Na, so ein Mist.«

Früh um drei hält der Blaue Bus in der Podbielskistraße. Im Zimmer ist es kalt. Auf dem Nachttisch liegt ein Spitzendeckchen. Und da drauf steht Silkes Bild. Sie schreibt mir jede Woche. Aber sie kommt nie her.

Um acht Uhr dreißig ist schon wieder Probe.

Einmal kommt Silke mich dann doch besuchen. Nur ein einziges Mal. Wir spielen den *Zerbrochenen Krug*. Also muss es März sein. Mitte März. Ich habe mich auf uns gefreut. Sehr. Und lange. Aber dann steht sie im Theater. Und in dieser für sie fremden Stadt. Später in meinem Zimmer. Und sie sagt keine lustigen Sachen mehr. Jedenfalls nicht mehr so wie sonst. Sie hebt nur schwach die Schultern. »Schade.«

»Was soll denn schade sein?«

»Schade, dass du dich verändert hast.«

»Unmöglich«, sage ich. »Dafür gibt es keinen Grund.«

»Dann ist es wohl die Welt, in der du lebst. Ich passe da nicht rein.«

»Wie kannst du das sagen? Du bist erst ein paar Stunden hier.«

Draußen kreischt eine Straßenbahn vorbei. Ich habe bisher nie gemerkt, wie laut sie ist. Jetzt ist Silke da, und ich muss das Fenster schließen.

»Acht Monate«, sage ich. »So lange haben wir uns nicht

gesehen. Acht Stücke habe ich inzwischen gespielt. Acht. Und ein Weihnachtsmärchen. Nicht einen einzigen freien Tag habe ich gehabt. Jeden Abend Vorstellung. Sonnabends und sonntags zwei. Und die meiste Zeit draußen über Land. Wenn du mich mal besucht hättest, das wäre schön gewesen.«

Sie sagt nichts. Wir rauchen eine Zigarette.

»Deine Mädchen da«, meint sie dann, »vorhin in der Kneipe. Sie haben mich mit den Augen fast erdolcht.«

»Unsinn.«

»Schläfst du mit ihnen?«

»Hör auf«, sage ich. »Wir haben nur die paar Stunden heute Nacht. Zerstör sie nicht.«

Als ich sie in die Arme nehme, weint sie.

Wir sitzen in diesem Zimmer mit den Spitzendecken und zählen die Straßenbahnen. Sobald es hell wird, bringe ich sie zum Hauptbahnhof.

Die Spielzeit dauert nicht mehr lang. Wir spielen *Candida* von Shaw. Mitte Juli ist dann Schluss. Noch zwei Stücke, und ich stehe wieder auf der Straße. Schaffner will mich nicht behalten. Noch ein Jahr mit mir, sagt er, und sein Nervenkostüm hängt ihm in Fetzen um den Leib.

Wer jeden Abend auf den Dörfern spielt, findet nicht so leicht ein neues Engagement. Ich habe Bewerbungsbriefe abgeschickt. In meiner schönsten Schrift. Mit Fotos. Und einer Liste meiner Rollen. Nicht ein einziges Theater hat zurückgeschrieben.

An einem Dienstag fällt die Probe aus. Gilda steht vorm schwarzen Brett.

»Vera ist krank«, sagte sie. »Die Vorstellung heute Abend wird abgesagt.«

»Warum? Was hat sie?«

»Offiziell hat sie 'ne leichte Gehirnerschütterung. In Wirklichkeit liegt es an den Tabletten.«

»Was für Tabletten?«

»Evipan. Weißt du das nicht?«

»Nein. Was ist das für ein Zeug?«

»Keine Ahnung. Sie sagt, das verpasst ihr so einen schönen Rausch. Dann schwebt sie wie auf Wolken. Gestern Nacht ist sie wohl von so einer Wolke runtergefallen.«

»Gilda«, sage ich. »Hier sind fünf Mark. Kauf Vera ein paar Blumen. Oder klau welche. Sag ihr, dass ich ihr ewig dankbar bin.«

»Warum das denn wohl?«, fragt Gilda.

»Ich nehm den nächsten Zug nach Hamburg«, sage ich.

»Was willst du da?«, fragt sie leise. »Vorsprechen?«

Ich nicke.

»Welches Theater?«

»Junge Bühne.«

»Oh, Gott«, flüstert sie. »Das ist doch ein Avantgarde-Theater! Nur die neuesten Stücke. Thornton Wilder, Max Frisch, Weissenborn.«

»Eben«, sage ich. »Bei denen will ich spielen.«

»Weiß die Direktion denn, dass du kommst?«

»Wie können sie das?«, sage ich. »Bis vor einer Minute wusste ich ja selbst nicht, dass ich fahre.«

»Wenn du durchfällst«, sagt Gilda, »nimm es dir nicht zu Herzen. Bei denen kommt nicht jeder an.« Sie zieht meinen Kopf zu sich herunter und gibt mir einen Kuss.

Der Zug hält überall, scheint nie ankommen zu wollen.

In Hamburg renne ich durch die Straßen und renne durch den Nachmittag zur Jungen Bühne und setze mich vor die Tür zum Saal und höre den Stimmen zu, die immer wieder dieselben Sätze sagen, stundenlang, und die

Sätze singen mich in einen tiefen Schlummer. Eine Hand rüttelt mich wach. »Gehen Sie nach Hause. Wir schließen ab.«

Auf den Wellen meiner Schläfrigkeit tanzen Gesichter. Es sind Gesichter, die jeder kennt. Schauspielergesichter. Verschwitzt. Ungekämmt. Erschöpft. Was hocken Sie hier herum?, fragen die Gesichter. Ich sage, dass ich unbedingt vorsprechen will, es muss einfach sein, aber die Gesichter verdrehen die Augen. Mein Gott, vorsprechen, wenn Sie wüssten, wie müde wir sind. Doch dann zieht mich einer hoch und sagt: »Das war 'ne beschissene Probe heute. Lasst den Knaben auf die Bühne. Vielleicht gelingt es ihm, die Müden aufzuheitern.«

»Aufheitern ist gut«, sagt ein großer Dunkler. »Wenn er uns aufheitern kann, hat er gewonnen.«

Ich springe über die Rampe nach oben und frage, ob sie den Ruprecht aus dem *Zerbrochenen Krug* hören wollen, und sie werfen alle die Hände in die Luft und rufen: »Mein Gott!«

»Bloß nicht so was!«

»Nur nicht so 'n schwerfälligen klassischen Kram. Das kann ja keiner mehr ertragen, so was!«

Der Theaterleiter sagt: »Ich heiße Arthur Unrast, und wie heißen Sie, wenn's recht ist?«

»Sie werden es nicht glauben«, sage ich.

»Nur zu! Was kann an einem Namen schon viel dran sein?«

»Junge Unrast«, sage ich. Und alle lachen.

»So ein Name verpflichtet allerdings«, sagt er. »Hören Sie mal, wie wär's mit einem Witz? Bringen Sie uns zum Lachen. Oder können Sie das nicht?«

»Doch. Aber wahre Geschichten sind komischer.«

»Wenn Sie meinen ...«, sagt der Theaterleiter.

»Das Ganze fängt damit an, dass mein Intendant Wilhelm Schaffner heißt. Das Theater ist die Niedersächsische Landesbühne, und Herr Schaffner hat neulich einen Brief nach London geschrieben. An Bernard Shaw.«

»Das ist schon mal sehr komisch. Und weiter?«

»Er hat geschrieben, dass wir des Dichters heiß geliebte *Candida* spielen, im Straßenanzug von heute, denn einerseits sei dies eine besonders moderne Auffassung und andererseits kämen die Kostüme aus unserem Fundus nicht infrage, da sie von Motten zerfressen und auch sonst wirklich zu schäbig seien. Die Kritiker hätten diese Auffassung einstimmig, ja geradezu jubelnd gelobt, und dies nicht nur in Hannover, nein, im ganzen weiten Land, von Lammspringe am Harz bis nach Neustadt am Rübenberge.«

»Herrlich!«, rufen sie von unten. »Mach weiter!«

»›Verehrter Meister‹, hat er dann geschrieben. ›Ich erlaube mir, Fotos der Aufführung und Kritiken beizulegen, und dies zum Behufe der Deutlichmachung unserer aufrichtigen Bewunderung, die wir für den irischsten aller Dichter empfinden, und wenn der Meister auf dem Postwege kundtun würde, ob die Niedersächsische Landesbühne dem Werke Shaws nahe gekommen sei, so würde sich das ganze Ensemble glücklich preisen.‹«

»Und?«, rufen sie von unten. »Und dann?«

»Shaw hat geantwortet.«

»Nicht möglich!«

»Doch. Auf einer Postkarte.«

»Was hat er geschrieben?«

»›Sehr geehrter Herr Schaffner! Haben Sie Tantiemen bezahlt? Und wenn, an wen? Hochachtungsvoll, G. B. Shaw.‹«

Unten im Keller, im Büro, geben sie mir den Vertrag. Ich merke mir das Datum. 23. April 1947. Und als ich Silke anrufe, frage ich sie, wie viel Uhr es ist.

»Warum?«, sagt sie. »Hast du noch immer keine Uhr?«

»Nein. Es gibt ja keine zu kaufen. Oder weißt du vielleicht, wo's Uhren gibt?«

»Verzeih«, sagt sie. »Es ist fast halb sechs. Du bist in Hamburg? Ich habe nicht damit gerechnet. Bitte hol mich nicht im Sender ab.«

»Doch«, brülle ich in den Hörer. »Ich hol dich da ab, und du musst mich groß feiern, denn ich habe einen Vertrag mit der Jungen Bühne. Ab Herbst. Jugendlicher Komiker und Naturbursche. Zweihundertfünfzig Mark Gage. Mitte Juli komm ich her und bleibe ein ganzes Jahr. Du wirst sehen, ab dann wird alles wieder gut.«

»Nein«, sagt sie. »Es kann nicht gut werden.« Ich höre Weinen in der Stimme.

»Silke«, sage ich, »das habe ich schon längst gelernt, wie nah das beieinander liegen kann, so ein Glücksfall und der Schlag, der dir den Atem nimmt.«

Ich renne durch die Stadt zur Alster, und als ich hinkomme, ist sie schon da. Sie lässt sich in die Arme nehmen. Und wird ganz schwer. Wie Holz. Wie tot.

Ich sage: »Verstehe. In Frankreich haben sie wohl die Kohlengruben aufgemacht.«

»So was zu sagen ist sehr hässlich, Junge!«

»Hör mir mal gut zu! Ich habe die Kohlengruben nicht erfunden, und wenn du verlangst, dass ich mit jedem Mitleid haben soll, der in diesem Krieg gewesen ist, dann fange ich erst mal bei mir selber an, verdammt nochmal!«

Der Wind dreht Zeitungen im Kreise und schiebt sie an unseren Füßen vorbei ins Wasser.

»Jetzt hast du zwei Männer, Silke. Einen Verlobten. Und einen, der dich liebt.«

Sie schüttelt den Kopf. »Es ist alles anders, als du denkst.«

»Wo ist er?«, frage ich. »Mein letzter Zug geht gegen neun. Viel Zeit. Ich geh zu ihm und werde mit ihm reden.«

»Nein. Bitte nicht. Er weiß ja nichts von dir.«

Wir sagen eine ganze Weile nichts. Ich sehe den Leuten auf der anderen Straßenseite zu.

»Du bist mein Geheimnis«, sagt sie dann.

»Verstehe.«

»Sag das nicht so bitter.«

»Geh nur«, sage ich. »Geh nach Hause, Silke.«

»Warum?«

»Ich bin kein Geheimnis, Silke. Ich bin ich.«

»Junge, so habe ich das nicht gemeint.«

»Ich bin ein Mensch, Silke. Kein Geheimnis.«

Sie reibt sich mit den Händen durchs Gesicht. »Hier ist ein Brief. Ich habe zwei Nächte gebraucht, ihn dir zu schreiben. Es steht alles drin. Wenn ich weg bin, kannst du ihn lesen.«

»Nein, Mädchen. Geh nach Hause. Mit dem Brief. Und wenn du ein Poesiealbum hast, kleb ihn da rein.«

»Sprich nicht so mit mir ...«

»Ich will dir sagen, Silke, was da drinsteht: Der Verlobte ... Er ist zurück aus Frankreich ... Krank ... Staublunge ... Und nun braucht er dich ... Und das große Haus ... Das braucht dich ganz besonders.«

»Du bist gemein!«

»Möglich, dass auch noch was von seinen Eltern drinsteht. Möglich, dass ich das vergessen habe.«

»Widerlich!«, sagt sie.

»Nein«, sage ich. »Nicht widerlich. Geschmacklos. Traurig. Widerlich wird es dir sicher erst, wenn er dich mit Schmuck behängt und du dich fragen musst, wofür?«

»Junge«, sagt sie. »Jetzt kann ich nur noch eines tun.«

»Was?«

»Ich muss dich so schnell es geht vergessen.«

»Ja«, sage ich. »Das wäre für den Mann aus Frankreich wirklich besser.«

7.

SCHLAFLOSE NACHT
Hamburg 23. Februar 1948

Ich lag auf dem löcherigen Laken, den Kopf auf die verschränkten Arme gelegt, und hörte dem ruhigen Atmen der Frau neben mir zu. Die Decke war auf den Boden gerutscht, aber ich zog die Decke nicht über ihren Körper, denn sie lag wie eine schöne Landschaft in meinem Bett, mit der langen Dehnung ihres hellen Rückens und dem sanften Taleinschnitt bei ihren Hüften vor der steil aufsteigenden Rundung praller Hügel über langen Schenkeln, die sich in der Dunkelheit verloren.

Irgendwann später fuhr ein Auto gemächlich die Straße entlang. Bleiches Licht fiel durch das Kellerfenster und löste sich in viele flache Bälle auf. Die Bälle tanzten über den Körper der Frau. Dann sprangen sie wieder nach oben zum Fenster und rollten über das Trottoir in die Nacht zurück.

Der Wecker tickte blechern über das Atmen der Frau hinweg. Drei Uhr. Wieder einmal eine Nacht ohne Schlaf. Wie so oft in letzter Zeit.

Noch sechs Stunden bis zur Probe. Das hört sich an wie Galgenfrist. Sechs Stunden bis zum Strick.

Die Frau lachte leise in ihrem Schlaf. Ich deckte ihren Rücken zu und ging zum Fenster. Durch die Eisenroste konnte ich ein Stück des dunklen Himmels sehen. Er hatte keine Sterne. Auf dem Tisch lag eine Schachtel Zigaretten. Teure. Englische. Die Frau hatte sie mitgebracht. Ich zündete mir eine an und freute mich an ihrer roten Glut.

»Gib mir auch eine«, sagte die Frau im Bett.

Ich gab ihr eine.

»Grübelst du schon wieder?«, fragte sie.

»Ja«, sagte ich. »Noch drei Tage bis zur Premiere. Zweiundsiebzig Stunden bis zum Ende meiner Karriere. Sie hat noch nicht mal richtig angefangen, und schon ist sie zu Ende.«

»Hör auf zu grübeln. Komm ins Bett.«

»Das Stück hat einen passenden Titel. *Der Mordprozess.* Warte nur ab, wie sie mir den Prozess machen werden. Kurzen Prozess.«

Sie lachte. Die Glut der Zigarette ließ ihr Gesicht aufleuchten.

»Du bist unbeschreiblich schön«, sagte ich.

»Schade, dass du so lange gebraucht hast, das zu entdecken.«

»Ich habe es gleich am ersten Tag gesehen. Aber du warst so kühl. So ladylike. Abweisend. Ich habe mich nicht an dich herangewagt.«

»Nein«, lachte sie. »Von Heranwagen konnte keine Rede sein. Du hast mich eingekreist. Alle Mädchen des Ensembles hast du hier in deinem Keller gehabt. Alle. Der Reihe nach. Ich habe mir ihre Geschichten mit anhören müssen und mir ausgerechnet, wann ich an der Reihe sei.« Sie zog an ihrer Zigarette. »Und da liege ich nun endlich auch in deinem Bett. Als Letzte. Wenn wir von der Komischen Alten einmal absehen wollen.«

In dem Glas neben dem Bett war noch etwas Wein. Rotwein. Aus Algerien. Ich gab ihr das Glas. »Es gibt einen Grund, warum ich dir nie gesagt habe, wie schön du bist.«

»Ich weiß«, sagte sie. »Dein Freund Bertold Bellegarde ist der Grund. Du hast gedacht, wir gehören zusammen.«

»Ja.«

»Nicht im Bett«, sagte sie. »Berti ist mein bester Freund. Wir sind schon in Kattowitz zusammen gewesen. Dann zwei Spielzeiten in München und jetzt hier.«

»Ihr lebt zusammen.«

»Schon. Aber wir schlafen nicht miteinander. Jedenfalls nicht oft. Berti macht sich nichts aus mir im Bett. Du musst es ja nicht gleich jedem weitersagen, aber Berti ist ein Ästhet. Er gibt sich gern mit schönen Knaben ab.«

Ich nahm ihr das Glas aus der Hand und nahm einen Schluck.

»Ich dachte immer, er hätte es auf dich abgesehen«, sagte sie. »Du bist sein Typ.«

»Unsinn. Was du da sagst, ist wirklich Unsinn.«

»Hat er es nie bei dir versucht?«

»Nein.«

»Wirklich nicht? Erstaunlich. Aber ihr seid doch Freunde, oder nicht?«

»Gewesen. Jetzt nicht mehr.«

»Wie ist das möglich? Dass Männer von einem Tag zum anderen nicht mehr Freunde sind?«

»Hör zu«, sagte ich. »Gestern Abend bin ich früher als sonst ins Theater gekommen. Du warst noch nicht da. Aber Berti war schon da, und fast alle anderen auch. Sie waren in der Damengarderobe zusammen. Die Tür stand offen, und ich konnte Berti hören. Er ist mir in den Rücken gefallen.«

»Was hat er gesagt?«

»»Ihr wisst es alle … der Junge ist wirklich mein Freund … Aber auf der Bühne muss jede Freundschaft aufhören … Im *Mordprozess* gibt es nur zwei wirkliche Hauptrollen … meine und die vom Jungen … Staatsanwalt und Verteidiger … Ein ständiges Duell … Wenn das kein geschliffenes Duell wird, ist der Abend geschmissen ... Und es kann kein Duell werden ... Der Junge ist noch zu jung für die Rolle ... überfordert ... Begabt, ihr wisst es alle ... aber noch nicht reif genug ... Er kriegt die Rolle nicht in den Griff ... Da sprühen keine Funken ... Zu leise ... Zu schwach ... Zu langsam ... Kein Temperament ... Er schmeißt uns die Premiere ... Der *Mordprozess* wird ein Reinfall ... Deshalb bin ich auch zur Direktion gegangen und habe seine Umbesetzung gefordert ... Aber Arthur ist auf Reisen, und niemand weiß, wo er zu erreichen ist ... Und ohne Einverständnis des künstlerischen Leiters kann der Verteidiger nicht umbesetzt werden.‹«

Die Frau legte sich in die Kissen zurück. »Ich weiß. Am Nachmittag hat er bei mir ähnlich rumgetobt.«

»Und?«, fragte ich. »Was hast du zu ihm gesagt?«

»Falls du wissen willst, wessen Partei ich ergriffen habe, mein Süßer, dann sieh dich um. In wessen Bett verbringe ich die Nacht?« Sie griff nach meiner Hand und küsste meine Fingerspitzen. »Erzähle weiter. Was hast du gemacht?«

»Was kann ich schon machen? In die Garderobe gehen. Berti sagen, dass er ein feiges Schwein ist. Berti sagen, dass er Recht hat. Aber dass ein richtiger Mann nicht hinter dem Rücken tratscht, sondern dem anderen ins Gesicht sagt, was es zu sagen gibt.«

»Und dann?«

»Ich habe ihm von meiner Bewunderung erzählt, die ich für ihn hatte. Und von meinem Respekt. Aber vor Tratschtanten hinter meinem Rücken kann ich keinen Respekt mehr haben.«

»Wie war seine Reaktion?«

»Ziemlich verlegen ist er gewesen. Ist ja auch kein Wunder. Dann ist er böse geworden und hat das Textbuch in die Hand genommen und gebrüllt, dass nur eines zählt, das Stück nämlich. Und unser Theater. Und wer im Wege steht, muss gehen. Und dann hat er mir das Textbuch ins Gesicht geworfen.«

»Nicht möglich ... Und?«

»Ich habe es aufgefangen.«

»Und dann?«

»Dann habe ich es ihm so lange um die Ohren gehauen, bis die anderen mich zurückgerissen haben.«

»Das ist schlimm«, sagte sie leise.

»Ja«, sagte ich. »Es tut mir auch Leid, aber wenn mich einer angreift, halte ich ihm nicht auch noch die andere Backe hin.«

»Nein«, sagte sie, »aber du holst dir seine Frau in dein Bett.« Sie stützte sich auf die Kissen. »Bin ich deshalb heute hier bei dir? Weil du dich an ihm rächen willst?«

»Lisa«, sagte ich, »es ist gemein, so etwas zu denken.«

»Wirklich?«

»Ja. Soll ich dir sagen, wann ich mich in dich verliebt habe?«

»Frag nicht, du Dummer. Sag es nur gleich. Ich höre so was gern.«

»Als ich dich zum ersten Mal gesehen habe. Auf der Bühne. In *Torquato Tasso*.«

»Wie süß. Aber du hast es mir nicht gezeigt. Bei den anderen Mädchen des Ensembles, da warst du alles andere als schüchtern. Sag einmal, hast du dich etwa in die anderen auch verliebt?«

»Ein wenig. Aber es hat nicht lange vorgehalten.«

»Nein. Du hast sie zu schnell gewechselt. Und so haben sie dir den Herbst verschönt. Alle fünf. Einen ganzen Herbst lang und den Winter. Berti war darüber ziemlich aufgebracht. Vielleicht war er nur eifersüchtig.« Sie lachte.

»Das ganze Theater hast du durcheinander gewirbelt. Warum nur?«

»Bis zum letzten Sommer habe ich eigentlich nicht gewusst, was Leben ist«, sagte ich. »Wahrscheinlich liegt es daran.«

»Mein lieber Junge«, sagte sie. »Dein Nachholbedürfnis scheint geradezu ungeheuerlich ...«

Sie setzte sich im Bett auf. »Aber mit mir ... da holst du nicht nur nach, oder? Mich liebst du hoffentlich ein ganz klein wenig.«

»Ja.«

Ich setzte mich aufs Bett.

Die Brüste der Frau waren schwer, und es machte mir Spaß, sie schwingen zu lassen.

Sie lachte. »So gefällst du mir besser, Junge. Was hast du bloß mit deiner Fröhlichkeit gemacht? Mit deiner Heiterkeit vom letzten Herbst? Wo ist deine Zuversicht? Dein Selbstvertrauen?«

Ich hob die Schultern. »Davon. Zerstört. In Scherben.«

»Aber warum denn nur?«

»Ich hab mir zu viel vorgenommen. Bei der Wanderbühne hab ich noch an mich geglaubt. An mein Talent. An den Erfolg. Letztes Jahr war ich noch eins mit dem Erfolg. Doch damit ist jetzt Schluss. Was auf den Dörfern gutgeheißen wurde, reicht hier in Hamburg nicht mehr aus.«

Ich holte ein Holzscheit aus dem kleinen Küchenschrank unter dem Kellerfenster und steckte es in den eisernen Ofen. Das Flackern der Flammen lief die niedrige Decke entlang zu der Frau im Bett.

»Lisa«, sagte ich. »Der *Mordprozess* ist eine Qual für mich. Ein großer schwarzer Vogel ist dieses Stück. Nachts hockt er schwer auf meiner Brust. Stunden später, auf dem Weg zur Probe, höre ich das Schlagen seiner Flügel. Wenn ich stehen bleibe, zieht er seine Kreise, und wenn ich mich rennend von ihm befreien will, fliegt er mir drohend nach. Bei den Proben lähmt er meinen Willen, und auf dem Heimweg trotte ich in seinem Schatten.«

»Es wird Zeit, dass du dem großen schwarzen Vogel dein Textbuch um die Ohren haust«, sagte sie. »Wenn ich denke, wie wir alle in deine Heiterkeit verliebt waren! Deine Heiterkeit hat uns alle angesteckt. Das ganze Ensemble. Nicht nur die Frauen. Aber auch die Frauen haben sich nur in dich verliebt, weil du so heiter warst. Bilde dir da ja nichts anderes ein! Nimm nur die Els, dieses hübsche, quirlige kleine Tier. Sie hat uns alles brühwarm erzählt. Das darf dich nicht weiter stören. Frauen kennen da keine Geheimnisse voreinander. Wir waren alle ein bisschen neidisch auf Els. Das will ich gern zugeben. Und sie musste uns alles erzählen. Wir haben es verlangt. Verstehst du? Alles. Wie du das Ruderboot gemietet hast und mit ihr unter die Trauerweiden gerudert bist, da am Feenteich, und wie du sie mit Sonnenöl eingerieben hast. Sie hat auch mitgezählt, wie oft du es ihr gemacht hast in dem Boot. Aber was uns wirklich neidisch gemacht hat, war deine Unbekümmertheit, mit der du sie geliebt hast. Deine Fröhlichkeit. Dein Ungestüm. Die Selbstverständlichkeit, mit der du dir genommen hast, was du haben wolltest. Und dein Lachen. Junge, es hat uns bezaubert, dein Lachen. Wo ist es bloß geblieben?«

»Vielleicht werde ich es bald wiederfinden«, sagte ich. »Es steht in den Sternen, dass ich alles wiederfinde, was ich mal gehabt habe.«

»In den Sternen? Sag nur nicht, du hast dir von der Friedländer im Funk dein Horoskop stellen lassen?«

»Doch. Ich hab ihr alle Daten genau angegeben. Auf die Minute genau.«

»Und?«

»Die Sterne sagen, dass ich vor einem großen Erfolg stehe. In diesen Tagen schon. Und der Erfolg wird mein ganzes Leben verändern.«

»Na, siehst du! Sterne hin oder Sterne her! Ich glaube an dich.«

»Lisa«, sagte ich. »Setz dich noch einmal aufrecht hin und lass deine Glocken schwingen.«

Sie schüttelte den Kopf. »Hör mir einmal gut zu. Du musst dich besser konzentrieren. Steigere dich in den Charakter hinein, den du spielst. Tu nicht nur so, als ob. Sei echt. Sei ehrlich. Wenn du beispielsweise im zweiten Akt zu sagen hast: ›Es war eine hübsche kleine Wohnung mit einem Fenster zum Park hinaus, und ich sehe noch immer meine Schwester vor dem Fenster; sie schüttelt die farbigen Sofakissen zurecht ...‹, dann mach die Augen zu und stell dir vor, wie ich die Sofakissen zurechtschüttele. Mal dir das Bild vor deine Augen. Und wenn du das Bild siehst, dann sag den Satz. Verstehst du?«

»Das ist nicht schwer.«

»Na also. Dann mach es auch so. Wenn du dir erst das Bild malst und dann den Satz sagst, sieht das Publikum das Bild auch. Das ist das ganze Geheimnis des Theaters.«

»Hört sich leicht an.«

»Das Schwerste ist, sich zu konzentrieren. Alles andere geht von selbst. Wenn du erst mal in dem Charakter drin bist, läuft der Abend von ganz alleine ab.«

»Danke«, sagte ich. »Das werde ich nachher mal ausprobieren.«

»Und noch etwas«, sagte sie. »Bevor du auftrittst, denkst du, wie sehr du den Berti hasst. Dann kommt die Wut hoch in dir, und ich wette, du machst da eine Menge Feuerwerk auf. Es ist so, und ich erzähle dir keine Ammenmärchen. Das ist das ganze Geheimnis beim Theaterspielen: Glaub an das, was du sagst und tust.«

»Danke, Lisa«, sagte ich. »Aber lass jetzt bitte nochmal deine Glocken schwingen.«

Sie saß lachend in dem halben Dunkel und warf ihre langen schwarzen Haare hin und her. Dabei schwangen ihre schweren Brüste. Ich fing sie mit meinen Händen auf und presste mein Gesicht zwischen ihre Brüste. Sie war voller Erwartung. Ich drang in sie ein und sagte: »Du bist wie Samt. Wie heißer Samt.« Auch ihr Mund war wie heißer Samt. »Du bist wundervoll ...«

Ich hörte ihr Stöhnen. »Oh, Junge ... Wenn du nur einmal eine Frau sein könntest ... wenn du nur wüsstest, wie unglaublich schön das ist ... Ich bin so ausgehungert, Junge ... Du ... darfst mich nie mehr verlassen, Junge ... Selbst wenn du mich nicht liebst ... Du musst mich nehmen ... Tu mit mir, was du willst ... Ja, so ... Wild ... Bitte ... Hör ... nicht ... auf ...«

Meine Lust machte die Frau ganz irr. Sie hatte ihre Beine um mich geschlungen, und sie kam meinen Stößen entgegen, und ihre Seufzer waren tief. Klagend. »Ich laufe aus ... ich kann nicht mehr.« Sie wollte mich von sich stoßen, aber ich presste meine Lippen in ihren weit aufgerissenen Mund hinein: »Lisa ... Es ist der Feuerball ... von meinem Kopf her ... rollt durch mich hindurch ... aber ich halte ihn auf ... lasse ihn nicht so schnell zu dir kommen ... nicht so schnell wie vorhin ...«

Sie spürte mein Anschwellen in ihrem Leib. »Nein ... Junge ... Nicht ... Bitte ... Du musst vorsichtig sein ... Liebling ... Bitte!« Sie griff nach meinen Hüften und stieß mich von sich fort.

Mein Phallus wollte zerspringen. Er suchte nach der Frau und fand ihre Brüste. Sie presste ihre schweren Brüste fest gegen meine harte, heiße Begierde, und das war fast wie in ihr drinnen sein, und ich stieß meine Lust zwischen die prallen Hügel in ihren Händen, und dann spritzte ich meinen Samen über sie hinweg.

Dann lagen wir still und horchten auf das Dröhnen unserer Herzen. Von dem Ofen kam kein Flackern mehr. Es war dunkel im Zimmer. Ich tastete nach ihrem Gesicht und fand meinen Samen.

»Reib mich damit ein«, sagte sie, und ich rieb meinen Samen über ihren Hals und ihre Brüste und über ihren Bauch.

»Wie Sonnenöl«, lachte sie. »Wie Els im Boot und euer Sonnenöl.« – »Sei still.«

»Verzeih. Ich wollte dich nicht verletzen.« Dann sagte sie: »Gib mir deine Hand. Ich will wissen, wie du schmeckst.«

»Wirklich?«

»Ja. Warum denn nicht? Für Liebende gibt es keine Grenzen. Alles ist natürlich. Findest du nicht?« Sie leckte an meinen Fingern. »Salzig. Du schmeckst ganz salzig. Probier es selbst.«

»Ja«, sagte ich. »Es schmeckt ganz salzig.«

DER MORDPROZESS
Hamburg 26. Februar 1948

Sie hatten das Theater zum Gerichtssaal umgebaut. Die Bühne war offen, ohne Vorhang, mit einer Justitia über dem Richtertisch. Links und rechts am Bühnenrahmen standen die Tische für Anklage und Verteidigung. Aus der ersten Reihe im Parkett hatten sie die Zeugenbank gemacht, und die geheiligte Regel des Theaters, niemals ins

Publikum zu sehen, hatten sie für diesmal aufgehoben: Das Publikum gehörte jetzt zu uns. Wurde zum Geschehen. Zu Geschworenen und Neugierigen. Zu Presse und Zeugen. Taghell von großen Lampen angestrahlt. Ebenso wie wir. Wer auf dieser Bühne den Prozess gewinnen wollte, musste zu denen hinspielen, die da unten saßen, musste ihnen in die Augen sehen, musste sie einbeziehen in das Spiel des Abends, musste auf allen Ebenen um Verständnis ringen. Auf der des Lebens. Und des Als-ob.

Die Feierlichkeit des Theaterabends hatten sie zerbrochen. Unsere herrlich dunkle vierte Wand gab es nicht mehr. Kein Vorhang bot uns in den Pausen Schutz. Wer hier agierte, fand sich verwundbar der Kälte eines ganz normalen, stimmungslosen Tages ausgesetzt.

Lisa war nirgendwo zu sehen. Sie blieb wohl bis zum letzten Klingelzeichen in der Garderobe. Els hingegen war wie immer quicklebendig. Aufgeregt. Sie kam zu mir auf die Bühne. Wir sahen in den leeren Saal hinunter.

»Wie das wohl ist, wenn ein Stück durchfällt?«, sagte ich. »Pfeifen dann die Leute? Oder stehen sie mittendrin auf, einer nach dem anderen, und gehen schweigend nach Hause, und am Schluss sind wir ganz allein hier auf der Bühne?«

»Junge«, sagte Els, »wenn ich dir bloß helfen könnte.«

»Keiner kann das«, sagte ich.

»Wenn du einen Kuss willst, sag das jetzt. Bevor ich mir die Lippen schminke.«

Ich nickte. Sie küsste mich und legte meine Hände auf ihre Brüste und sah mich traurig an.

»Toi, toi, toi«, sagte sie.

Dann blieb Bertold Bellegarde neben uns stehen und schüttelte den Kopf. »Es ist obszön, wie ihr euch von ihm betatschen lasst.«

»Geh weiter, Berti«, sagte ich. »Schieb weiter, bevor ich wütend werde.«

»Els«, sagte er. »Auch das Berühren der allerfeinsten Titten kann einem faulen Schauspieler nicht zum Erfolg verhelfen.«

»Es wäre besser, du würdest Els in Ruhe lassen«, sagte ich.

»Sonst?«

»Sonst prügele ich dir deine widerlichen Worte in deinen widerlichen Schlund zurück.«

Er lachte höhnisch. »Wenn das alles ist, was du kannst ... Prügeln!« Er hob die Schultern und ging an seinen Platz.

Ich lehnte mich an das Proszenium und lauschte auf die Stimmen aus dem Saal. Menschen, die unser Parkett betreten und sich in die engen Reihen roter Polsterstühle drängen, sprechen nur gedämpft. Das ist kein atemloses Flüstern wie in einer Kirche. Und selbstverständlich verharrt auch niemand ganz ergriffen, denn er wird ja nicht erdrückt von den dunklen Säulen einer Kathedrale. Aber im Theater sprechen alle Menschen trotzdem leise, und selbst ihr Lachen klingt gedämpft.

Ich fühlte den Nebel, der von unten kam. Worte und Murmeln und Räuspern und Lachen verwoben sich zu einem dichten Teppich, und der Nebelteppich stieg allmählich zu der Bühne hoch und waberte um mich herum und drückte mir die Kehle zu.

Lisa kam durch den Bühnenschatten. Ihr Gesicht stand vor mir wie ein irrer Mond. Grell geschminkt. Zu grell. Schön. Aber unstet. Flackernd.

»Junge, was ist?«

»Angst.«

»Glaubst du, ich habe kein Lampenfieber. Wir alle zittern. Vor jeder Premiere. Immer wieder.«

»So was habe ich bisher bei keinem Stück gekannt.«

»Vielleicht liegt es daran, Junge. Vielleicht hast du bisher nur dein Leck-mich-am-Arsch-Theater gespielt. Wenn du gut sein willst, gehört das dazu. Lampenfieber und Zweifel und Zukunftsangst.«

Aus dem Schatten der anderen Bühnenseite löste sich eine Gestalt. Bertold Bellegarde. Er stieß in das Licht der Bühne vor. Eilig. Voller Ungeduld. Verärgert durch das lange Warten. Er umrundete die Bühne. Angefüllt mit Kraft. Dies war seine Bühne. Jeder wusste das.

Applaus sprang hoch. Hüllte ihn ein. Stimmen hallten zur Bühne hoch: BRAVO!

»Sie lieben ihn«, sagte ich.

»Ja, Junge, sie lieben ihn. Mit Recht.«

Der Inspizient hielt ihr zwei Finger hin. Lisa nickte. Noch zwei Minuten. »Mein Gott ...« Sie flüsterte. »Ich kriege keine Luft.«

Schauspieler staksten in Gruppen auf die Bühne hinaus. Gerichtsdiener. Protokollführer. Fotografen. Kriminalbeamte. Polizisten. Zeugen.

»Sie lieben ihn, Junge ... aber er hat es schwerer als du.«

»Unmöglich.«

»Doch ... glaub mir nur ... Die Leiter rauf ... das ist nicht leicht ... aber oben bleiben ... das ist schwerer ...« Ihr Atem ging so kurz wie meiner.

»Oh, Gott, Junge ... dieses Lampenfieber.«

Der Inspizient gab uns ein Handtuch. Wir rieben unsere nassen Hände trocken.

»Lisa«, sagte ich, »du hast ganz irre Augen.«

»Tatsächlich? ... Oh, Junge ... Ist das nicht zum Lachen? ... Wie viel lieber wär ich jetzt in deinem Bett ... Sieh dir den Berti an ... Mehr Grau als Schwarz in seinen Haaren ... Ein ganzer Faltenwurf in diesem strengen Gesicht geprügelter Hugenotten ... Ich liebe ihn ... Liebst du ihn nicht auch ein wenig?«

»Nein.«

»Gib Acht ... Da draußen kann er dich in Stücke reißen ...« Sie strich mir über die Haare und horchte zur Bühne hin. »Toi, toi, toi, Junge.« Dann stellte sie sich in die Gasse. Nach vorn gebeugt. Im Schlagschattenlicht. Mit geschlossenen Augen. Und flatternden Händen. Wie ein Vogel flatterten ihre Hände. Finger wie nackte Federn, weit gespreizt. Dann zog Trotz in ihr Gesicht. Das war die Angeklagte. Ablehnend. Trotzig. Ängstlich. Auf Stichwort ging sie langsam in das grelle Licht hinaus. Als der Applaus kam, blieb sie stehen. Auch sie wurde geliebt. Und das war gut so.

Nun waren sie alle auf der Bühne. Ich hockte allein im Bühnenschatten, und das Dunkel zwischen meinen gespreizten Fingern war wie ein Raum ohne Zeit.

»Geh jetzt«, sagte der Inspizient. »Geh an die Tür. Dein Stichwort kommt in acht Minuten.«

»Weißt du«, sagte ich. »Die Zeit ...«

»Ist mit dir irgendwas los?«, fragte der Inspizient.

»Viel«, sagte ich. »Meine Angst ist weg. Jetzt hab ich nur noch Zeit.«

»Auf den Proben«, sagte der Inspizient, »da hast du mir Leid getan.«

»Ich will dir sagen, woran das gelegen hat. Sie haben mich auf den falschen Weg geführt. Der Regisseur hat seine eigene Angst in dieses Stück getragen. Und die Schauspieler verstecken ihre Angst vor diesem Stück hinter der Angst der Menschen vor Gericht. Sieh sie dir doch an, da draußen: Jeder, der vor den Richter tritt, ist verhuscht, demütig, schuldbeladen. Selbst harmlose Zeugen haben den

Kopf zwischen die Schultern gezogen. Wenn sie schwören müssen, zittern sie. Wie zu Nazizeiten. Wie vor einem Standgericht. Es sitzt noch in den Deutschen drin ...«

»Noch sechs Minuten«, sagte der Inspizient.

»Das Stück spielt in Amerika«, sagte ich. »Das soll doch so ein freies Land sein. Glaubst du, dass die Leute in den Staaten zähneklappernd vor Gericht erscheinen?«

»Woher soll ich das wissen?«, sagte er. »Ich bin noch nie in Amerika gewesen. Bei uns gehen die Leute jedenfalls zitternd vor Gericht. Das steht fest.«

»Ja«, sagte ich. »Und so ist das Ganze auch inszeniert. Die Angst tropft von der Bühne runter wie dickes Öl. Selbst das Publikum ist schon ganz gelähmt.«

»Möglich, dass das Konzept falsch ist«, sagte der Inspizient. »Aber was willst du machen? Jetzt ist es zu spät. Jetzt kannst du nichts mehr ändern.«

»Es ist nie zu spät«, sagte ich. »Hast du gesehen, wie ich in den Proben auf die Bühne kommen musste?«

»Ja«, sagte der alte Mann. »Polternd durch die Saaltür, und wenn der Gerichtsdiener dich zur Ordnung ruft, rutschst du aus dem Gleichgewicht wie 'n Stoß Teller.«

»Eben. Das war der falsche Weg.«

»Aber dagegen kannst du jetzt nichts mehr machen. Was einmal einstudiert ist, darf nicht mehr geändert werden.«

»Sieh es dir an«, sagte ich. »Sieh dir mal an, was man alles machen kann.«

»Junge«, sagte der Mann. »Mach keine Sachen! Wenn du das plötzlich anders spielst, stiftest du Verwirrung auf der Bühne. Da kann leicht alles drunter und drüber gehen. Und wenn es ganz schlimm wird, muss ich den Vorhang fallen lassen ...«

»Du hast keinen Vorhang«, sagte ich. »Bei diesem Stück gibt es keinen.«

Er kratzte sich die krausen Haare. »Katastrophe. Du führst die anderen Schauspieler geradenwegs in die Katastrophe.«

»Überhaupt nicht. Ich ändere kaum was an dem Text. Aber ich werde wie ein frischer Wind zu denen auf die Bühne kommen. Die sollen froh sein. Und den frischen Wind auf sich wirken lassen. Weiter nichts.«

»Was du da vorhast, ist nicht nett. Deinen Kollegen gegenüber ist das nicht nett.«

»Nett ...«, sagte ich. »Was ist das schon? Nett ... Hör mal zu, das ist kein Spiel, was wir hier treiben. Das Leben ist kein Spiel. Ich weiß nicht, ob du da andere Erfahrungen gemacht hast. Aber meine Erfahrung ist, dass du ständig kämpfen musst. Verstehst du? Und wer kämpft, muss gut sein. Nicht nett. Versuch mal, nett zu sein in einem Kampf ...«

»Junge«, sagte er leise. »Mach dich nicht unglücklich. Wenn du plötzlich mit einem anderen Konzept auf die Bühne kommst, schmeißen sie dich hier raus.«

»Siehst du«, sagte ich, »da hast du es ...«

»Was? Was habe ich?«

»Angst. Jetzt hast du auch schon Angst.«

»Ja. Allerdings. Um dich.«

»Das ist so eine Sache«, sagte ich. »Wenn man sich mal an die Angst gewöhnt hat, dann ist das eine schlimme Sache.«

Er schüttelte den Kopf. Hielt sich die Ohren zu. Ließ mich allein.

Also gut, sagte ich zu mir. Dann woll'n wir mal. Noch zwei Minuten. Lauf ins Foyer, Junge. Lauf!

Das Foyer ist menschenleer. Herrlich. Du bist allein. Noch zwei Minuten allein. Dann geht der Zauber los. Hinter dieser Saaltür da. Wenn du da hineinstürzt, fahren die Leute zusammen in ihren Stühlen. Erschreckt. Irgendeine Frau kreischt sicher auf.

Dann machst du Feuerwerk. Frohes Feuerwerk. Bringst die Erschreckten zurück zur Fröhlichkeit. Warum auch nicht? Lass sie doch mal lachen vor Gericht. Bring frische Luft mit dir. Trag eine neue Stimmung in den verstaubten Saal. Vor das Tribunal der Angst.

Deine Schwester ist da drinnen. Lisa. Sie ist verliebt in deine Heiterkeit. Sie sagt, wenn du lachst, sind alle Menschen von dir angesteckt. Na also! Dann mach das so! Stürm unbekümmert durch die Tür. Heiter. Freu dich auf die Schwester. Ungestüm. Strahl sie an, die Lisa.

Auf Stichwort stürzt du wie der Donner durch die Tür, verstehst du? Voll rein. Voll durch den Saal. Soll der Gerichtsdiener doch verdattert sein. Nicht deine Sache. Wenn er schlau ist, macht er das Beste draus. Ruft was Empörtes. Presst die Hand aufs kranke Herz. Soll er machen, was er will. Das ist nun wirklich seine Sache.

Dann läufst du vor bis an die Rampe. Und bleibst stehn. Im Mittelgang. Zwischen allen Leuten. Was? So fragst du dann den Richter ... Was soll mein Betragen sein? Ungehörig? ... Hohes Gericht! Es kann hier nicht um Betragen gehen ... Wir sind nicht in der Schule! Dann drehst du dich um, Junge, und lachst die Leute an. Hebst die Arme und fragst dich und die anderen im Saal, ob es hier um Betragen geht oder um Recht? Dann werden die Leute nicken. Sie müssen dir ganz einfach zustimmen. Du lässt ihnen keine Wahl. Dann steigst du die Stufen zur Rampe hoch und sagst, Hohes Gericht ... Ich bin der Bruder der Angeklagten ... bin selber Rechtsanwalt ... zwar noch nicht lange ... In Chikago ... Ich habe von der Anklage gegen meine Schwester in der Zeitung gelesen ... Und um das gleich vorwegzunehmen ... damit nicht nachher noch belastende Fragen kommen ... wir lieben uns sehr, meine Schwester und ich ... und ohne sie wäre ich nichts geworden, denn sie hat mir das Studium finanziert ...

Das ist eine schwache Stelle in dem Stück, du weißt das, Junge, aber du hast das Stück ja nicht geschrieben, du sollst es nur spielen, und wenn ein Stück eine schwache Stelle hat, dann musst du sie zudecken. Wie du das machst? Ganz einfach: Stell dich breitbeinig in die Bühnenmitte. Strahl die Leute an. Und dann sagst du, dass es dir ein Vergnügen sein wird, die Anklage der Staatsanwaltschaft wie die Blume des Bösen zu zerpflücken ... Wahrheit ... Lüge ... Wahrheit ... Lüge ... Bis endlich nur noch ein Blütenblatt in deiner Hand verbleibt: Das kleine Blättchen Wahrheit.

Junge ... Freust du dich darauf? Oh, ja! Und wie!

Leg dein Ohr an die Tür, Junge. Das Stichwort. Es kommt näher. Noch zwei Sätze. Nun noch einer. Jetzt! Raus, Junge! Raus!

Tür auf. Rein in den Saal. Knall sie zu, die Tür! Laut! So. Das war gut. Siehst du das Entsetzen auf der Bühne? Herrlich.

Und jetzt?

Jetzt geht er los, der Kampf. Jetzt nimmst du dir die Bühne.

Hör auf zu denken, Junge! Sieh dir nicht länger selber zu! Lach, Junge! Strahl, Junge! Spiel!

Und so begann der Rausch. Das war wie ohne Denken sein. Das war wie Reigen tanzen lassen. Das war wie Gesichter in einem großen Auf und Ab.

Augenpaare voll Entsetzen. Viele Augen. Alle. Augenwogen vor meinem Nebelkopf.

Münder. Offene. Lächelnde. Verwirrte Lächelmünder unter der Justitia.

Hände. Flatternde. Heiße. Verkrampfte Hände auf dem Tisch des Staatsanwalts.

Und dann, bei Aktschluss ohne Vorhang, die Richterstimme: »Kurze Pause zur Beratung.«

Und der Applaus. Lange. So lange, bis der Vorhang fallen muss. Was aber, wenn es keinen Vorhang gibt? Da sind die Leute doch etwas verwirrt. Schauspieler, die nach Aktschluss auf der Bühne bleiben? Das ist neu. Das verbindet, so was. Das schlägt Brücken über unsere Rampen. Sie starren uns an. Dann gehen sie kopfschüttelnd aus dem Saal.

Und Lisa. Mit ihrer Hand auf meinem Schenkel. Mit langen roten Krallen, die sich schmerzend in mich pressen. »Junge, das war toll! Aufregend! Weißt du eigentlich, was du da machst? Wie hast du dich über Nacht nur so verändern können?«

Und Bertold auf der anderen Seite. Der Staatsanwalt. Hinter seinem Tisch. Nachdenklich. Kleine blaue Augen, scharf auf mich gerichtet. Dann mit ein paar Akten auf dem Weg zu mir. Zu mir niedergebeugt. Mit seinem Rücken zu dem leeren Saal. Leise: »Du bist der meistgehasste Mann auf dieser Bühne. Wundert dich das? Nicht von mir gehasst. Oh, nein! Schließ mich da aus. Mir gefällt, was du hier machst. Doch wenn du in die Garderobe gehst, wirst du zerfleischt. Selbst die kleinen Mädchen wetzen ihre Messer. Deine Bettgespielinnen. Alle fünf. Wenn sie dich nachher in Stücke schneiden, ruf mich bitte. Ich darf mir den Anblick nicht entgehen lassen.«

Und ein Komparse in grüner Uniform. Mit einem Zettel von dem Regisseur. »Kommen Sie sofort in meine Garderobe.« Kopfschütteln von Lisa. Heftig. Dreh den Zettel um.

Nimm den Stift. Schreib: »Nein. Nicht jetzt. Erst nach dem Stück.«

Und immer noch Bertold vor unserem Tisch.

Und nun auch endlich ich: »Lisa. Bleibst du heute Nacht bei mir?«

Dann ihr Blick zu ihm.

Und sein kaltes Lächeln.

Und ihre feste Stimme. »Ja.«

Als der Richter sein Podium betrat, wurde es still im Saal. Und so begann der zweite Akt.

Bertold machte die Bühne zu seinem Eigentum. Er war überall. Über Zeugen gebeugt. Vor der Schöffenbank. An meinen Tisch gelehnt. Unten beim Publikum. Oben beim Richter. Und auch seine Stimme war überall. Metallisch an den hohen Wänden. Eindringlich in den Ohren von Zeugen. Sanft vor dem Gesicht des Richters. Vernichtend über dem gebeugten Rücken der Angeklagten. So wurde der Saal zu seiner Arena. Und die Stunde zu seinem Triumph.

Ich lehnte mich mit meinem Stuhl zurück und legte die Hände über meine Augen.

»Was ist mit dir?«, flüsterte Lisa.

»So ist er auf den Proben nie gewesen«, sagte ich. »Mit einem Mal ist er ganz anders. Grandios.«

»Ja«, flüsterte sie. »Das ist ein Crescendo, was Berti da macht.«

»Wie soll ich da bloß drüberkommen?«

»Weiß auch nicht«, sagte sie. »Da noch einen draufzusetzen ist fast unmöglich.«

»Er will mich kleinkriegen.«

»Sieht ganz so aus.«

Ich folgte dem Mann mit den Augen und folgte ihm mit den Ohren, aber ich sah ihn nicht mehr, und ich hörte ihm nicht mehr zu, und ich sagte zu mir, dass er das nicht schaffen wird. Er wird dich nicht kleinkriegen. Andere vor ihm haben das versucht. Keinem war das gelungen. Und der da wird es auch nicht schaffen. Dein Stichwort steckt irgendwo in Bertolds schnellen Sätzen. Unwichtig. Wenn er sich an den Tisch da drüben setzt, ist es soweit. Dann stehst du auf. Gehst zu ihm hin. Und lachst.

Vermisch den Zorn mit deinem Lachen. Wer aus dem Zorn lacht, ist nicht böse. Im Gegenteil. Du kennst das ja.

Spring über die Rampe in den Saal. Gib dir keine Mühe mit den Treppenstufen. Treppen sind für Staatsanwälte da.

Wenn du den Richter anlachst, schüttelst du den Kopf. Wer sich lachend seine Haare rauft, ist nicht verzweifelt. Im Gegenteil: Er schüttelt deutlich sichtbar seinen Kopf über voreilige Schlüsse, die in den Ausführungen des Staatsanwalts zu finden sind.

Wenn du dann, in Bühnenmitte, vor ihm stehst, sprich leise. Eindringlich. Hart. Voll Hohn. Und langsam. Nicht wie er vorhin. Nicht wie Kugeln aus Maschinenwaffen. Im Gegenteil: eindringlich, langsam.

Doch vor allem: leise. Er hat vorhin gebrüllt. Du tust das nicht. Wer brüllt, hat Unrecht. Du weißt das, oder?

Ja. Schon lange.

Und dann begann der Kampf. Das war wie nicht mehr wissen, was du tust. Wie keine Zweifel kennen. Wie über den Gesichtern schweben. Wie ein paar Meter größer als das Leben sein. Das war das Ende aller dir bekannten Werte. War auch dein Tritt gegen eine Tür, die bisher verschlossen war für dich. Das war das Bersten dieser Tür. Und war der Blick auf neues Land dahinter.

Und dann war da das Tal der lächelnden Gesichter. Hände, die ineinander klatschen, die du jedoch nicht hören willst.

Irgendwann der Kuss für deine Schwester. Vor den Schöffen. Kuss für Lisa. Und dein Schweiß auf ihren Lippen. Salzig unter deinem hemmungslosen Kuss. Danach der stumme Schrei aus begeisterten Gesichtern: Soll das denn wirklich seine Schwester sein?

Und dann der Staatsanwalt. Schweißtriefend. Ebenso wie du. Klebende Haare in einem zerklüfteten Gesicht. Bertold. Und seine Verzweiflung in den runden Augen. Schnelle Gesten. Großer Kämpfer. Schnelle Gesten eines großen Kämpfers vor dem Nebel deiner Augen.

Das war wie kein Verrinnen deiner Zeit mehr kennen. Das war wie nicht mehr wissen, wer du bist. Das war wie zu dir selber sagen: Warte bloß nie wieder auf das Ende eines Kampfes. Weil sie den Gong ja weggeworfen haben. Von jetzt an wird bis zur Unendlichkeit gekämpft.

In der Nacht zog ich die Frau an mich heran. »Komm her. Schlaf jetzt nicht. Du bist der große Preis von heute Abend. Ich habe dich gewonnen.«

Sie lachte. »Nicht nur mich.«

»Was denn sonst noch?«

»Alle hast du gewonnen. Das Publikum. Morgen wirst du groß in den Zeitungen stehen.«

»Glaubst du, dass es was nützen wird?«

»Was?«

»Wenn ich morgen groß in der Zeitung stehe?«

»Aber ja.«

»Einen Dreck nützt das. Glaub mir, Lisa.«

»Warum denn nicht?«

»Weil so was schnell weggeworfen wird. Zeitungen halten nicht lange vor. Ich hab früher schon mal in allen Zeitungen gestanden. Heute weiß das keiner mehr.«

»Ja. Das ist wahr. Das mit dem Vergessen geht sehr schnell. Nach einem Erfolg musst du den nächsten gleich obendrauf setzen. Sonst nützt es nichts. So ist das nun mal beim Theater.«

»Na, siehst du.«

»Aber sag mal selber, war das heute Abend denn nicht schön?«

»Was?«

»Wie das Publikum an der Rampe gestanden hat? Am Schluss? *Unrast! Unrast!*«

»Ja. Das war nicht schlecht.«

»Und du hast geglaubt, dass sie den Arthur gemeint haben ... Wie du ihn da rausgeschoben hast ... Es war zum Lachen.«

»Du musst zugeben, zweimal Unrast kommt ja auch nur selten vor.«

»Schon ... aber er ist doch nur Theaterleiter.«

Oben fuhren Autos vorbei. Mehr als in den Nächten sonst. Ihre flachen Lichterbälle tanzten auf den Brüsten der Frau. Das war wie in jener Nacht zuvor.

Sie hatte ihre Arme hinter ihrem Rücken ausgestreckt und stützte sich auf die Arme und ließ ihren Kopf nach hinten fallen. Ihr flacher Bauch wölbte sich mir entgegen. Wie eine Brücke in der Nacht.

Ich legte meine Stirn auf ihren Bauch. Der Kopf wurde mir schwer und rutschte zu ihrem Venushügel hin, lag zwischen ihren Schenkeln. Und das war wie endlich wieder klein sein dürfen.

»Junge ... Weinst du?«

Ihr Gesicht beugte sich über mich.

»Junge ...«

»Was?«

»Sag mir, ob du weinst ...«

»Ja. Ich weine.«

SCHNEE IM MÄRZ
Hamburg 1948

Ein paar Nächte später schneite es. Es war schon Anfang
März, und keiner hatte mehr mit Schnee gerechnet. Als ich
an der Bühnentür noch ein paar Autogramme gab, sagte
Lisa: »Nun sieh dir das an ... es schneit.«

»Das ist vielleicht 'ne Stadt, wo es im März noch
schneit«, sagte ich. »Glaubst du, dass hier irgendwann auch
mal die Sonne scheint?«

Wir warteten, bis die letzten Besucher gegangen waren.
Dann nahm ich Lisa auf den Rücken, weil sie nur so dün-
nes Schuhzeug anhatte, und stapfte durch den nassen
Schnee.

Auf dem Weg zur Straße sah ich zwei Menschen an einer Hauswand stehen. Sie warteten in einem weißen Dreieck von unberührtem Schnee. Der Mann war sehr groß
mit abfallenden Schultern. Die Frau neben ihm war Hanna.

»Guten Abend, Junge.«

Ich hörte ihr dunkles Männerlachen. Ich stand vor ihr
und starrte sie an. Meine Kehle war zugeschnürt.

»So ist das nun«, sagte Hanna. »Da stehen wir nun hier
herum, im Schnee, nach so vielen Jahren, und keiner sagt
etwas, und es will mir fast scheinen, als würdest du dich
gar nicht freuen, Junge.«

»Irgendwann werde ich erfahren, wer Sie sind«, sagte
Lisa, »aber der hier freut sich wie verrückt.«

»Ich bin Hanna Winter.« Sie hatte ihr Haar streng nach hinten gekämmt. Manchmal drehte sich der Wind um sie herum. Dann roch ich ihre Haut.

»Dies ist Doktor Klausen«, sagte Hanna.

»Angenehm«, sagte Lisa. »Ich heiße Merkel, und der Knabe hier sagt nichts, aber er freut sich wie verrückt.« Sie hing schwer auf meinem Rücken. »Sehen sie, wo meine Hände sind? Auf seinem Herzen. Er hat ein großes Herz. Jetzt zum Beispiel. Es galoppiert wie achtundzwanzig Pferde.«

»Junge«, sagte Hanna. »Bin ich dir fremd?«

»Nein«, sagte ich. »Überhaupt nicht. Warum fragst du das?«

»Weil du dastehst wie ein Baum ohne Blätter.«

»Es ist die Überraschung, Hanna.«

Ihr Gesicht war weiß. Die lange Linie ihres Halses stieg aus dem schwarzen Pelz hervor.

»Das ist ja nun wirklich nicht nötig, dass wir hier so herumstehen«, sagte der Mann neben Hanna. »Da drüben ist ein Lokal. Wir werden uns einen Grog machen lassen und uns erzählen, was in den letzten Jahren mit uns geschehen ist.«

»Unmöglich«, sagte Lisa. »Der Junge und ich, wir müssen noch in den Funk, ein Hörspiel machen.«

»Was? Jetzt noch, in der Nacht?«

»Fast jede Nacht«, sagte Lisa. Sie gab mir einen Kuss auf den Hals. »Ab zur Straßenbahn. Oder willst du dir hier Blätter wachsen lassen, dürrer Baum?«

»Wir könnten Sie zum Funkhaus bringen«, sagte Hanna. »Mein Wagen steht da drüben an der Ecke.«

Das Auto fuhr die Bundesstraße entlang, unter hellen Flecken vereinzelter Straßenlampen hindurch, doch meist durch Dunkelheit. Meine Hände wollten zu dem Gesicht der Frau da vor mir.

»Arbeiten Sie für die Militärregierung?«, fragte Lisa.

»Nein. Warum?«

»Weil Sie ein Auto haben. So was kommt heutzutage nur ganz selten vor.«

»Ich habe es aus der Schweiz mitgebracht«, sagte Hanna.

Am Schlump musste sie halten. Sie drehte sich zu mir um. Wir sahen uns an. Dann fuhr sie weiter.

»Du bist gewachsen«, sagte sie.

»Nun sagen Sie bloß, er war früher kleiner«, meinte Lisa.

»Früher waren wir alle kleiner«, sagte der Mann neben Hanna. Er lachte. Außer ihm lachte keiner.

Hanna sagte: »Du bist ein guter Schauspieler geworden, August.«

»Wir nennen ihn Junge«, sagte Lisa. »Vielleicht hat er in seinem früheren Leben mal August geheißen, aber jetzt ist er der Junge.«

»Ich bin ganz stolz auf dich«, sagte Hanna.

»Wie süß«, sagte Lisa.

»Sie waren natürlich auch sehr gut, Fräulein Merkel«, sagte der Mann. »Es ist nur, weil die beiden sich von früher kennen ...«

»Das sieht ein Blinder, Herr Doktor.« Lisa lachte. »Sie brauchen sich wirklich keine Mühe zu geben.«

»Du bist so schweigsam, Junge«, sagte Hanna.

»Was gibt es schon zu sagen ...«

Eine Weile schwiegen alle. Dann sagte Hanna: »Willst du wissen, wie ich dich gefunden habe?«

»Leicht zu raten«, sagte ich. »Durch die Kritik in den Zeitungen.«

Sie nickte.

»Das Stück macht ja tatsächlich Furore«, sagte der Arzt.

»Also hätten wir uns wohl niemals wiedergetroffen«, sagte ich. »Ohne die Zeitung hätten wir uns nie mehr gesehen.«

»Wahrscheinlich nicht«, sagte Hanna. »Ich habe dich für tot gehalten.«

»Wer hat dir das erzählt?«

»Das Schweizer Rote Kreuz. Ich habe dich von Basel aus suchen lassen. Die Nachricht, die dann kam, hat mich lange nicht schlafen lassen.«

»Wie kann das Rote Kreuz denn so eine Auskunft geben?«, fragte Lisa.

»Ach, wissen Sie, Fräulein Merkel«, sagte der Arzt, »da drüben in der Sowjetzone herrscht doch so eine furchtbare Unordnung.« Er lächelte Lisa zu. »Vielleicht sieht man sich mal wieder. Vielleicht bei mir zu Hause. Ich koche ganz leidlich ...«

»Es gibt viele Leute, die uns zum Essen einladen«, sagte ich. »Tuchhändler und Schlachtermeister. Oder Warenhausbesitzer. Leute, die ihre Lebensmittelkarten in die Schubladen legen und vergessen, laden uns häufig zum Essen ein. Und hinterher müssen wir dafür bezahlen.«

»Lieber Herr Unrast – ich muss doch sehr bitten ...«

Es war mir gleichgültig, worum der Mann bat, und ich beugte mich zu Hanna vor. »Es ist wahr, Hanna. Sobald die Teller leer sind, müssen wir was zum Besten geben. So nennen die Bürger das. Erst dürfen die Künstler sich satt fressen, und dann müssen sie ›Was zum Besten geben‹. Besonders beliebt sind Gedichte von Eugen Roth. Aber Hölderlin tut's auch.«

Hanna lachte.

»Soll ich Ihnen mal sagen, was der Junge neulich angestellt hat, bloß damit die Leute ihn nicht mehr einladen?«

»Wir sind gleich da«, sagte der Arzt.

»Was hat er angestellt?«, fragte Hanna.

»Wir sind bei so einer Familie gewesen. Mit drei Töchtern, die zum Theater wollen. Der Mann handelt mit Schrott.«

»Und? Was hat der Junge angestellt?«

»Ein Stück Kuheuter hat er sich beim Schlachter gekauft«, sagte Lisa. »Ein ziemliches Stück. Lang und dick. Wie ein langer, dicker Finger. Und dann, am Tisch, hat er das Ding aus seinem Hosenschlitz hängen lassen. Während des Essens. Neben der Frau des Hauses. Die hat das natürlich sofort gesehen und ein paar Mal geschluckt und nicht gewusst, wie sie den Jungen darauf aufmerksam machen sollte. Und ganz rot ist sie geworden ...«

Hannas dunkles Lachen brach sich an den Scheiben. »Oh, Gott, wie furchtbar. Hast du das wirklich so gemacht?«

»Ja«, lachte Lisa. »Ich beschwöre es. Er hat das so gemacht.«

»Und?«

»Dann hat die Frau des Hauses sich ein Herz genommen und ihn leicht auf die Schulter getippt und ihre Augen bedeutungsvoll zwischen seine Beine wandern lassen.«

»Entsetzlich!«, lachte Hanna.

»Und da hat er gesagt: ›Das tut mir nun wirklich Leid, aber der Kerl bringt mich ständig in Verlegenheit. Aber jetzt ist endgültig Schluss!‹ Ja, und dann hat er das Bratenmesser genommen und das Ding abgeschnitten und hinter sich geworfen. Die Frau hat aufgeschrien. Dann ist ihr schlecht geworden. Die Leute haben uns nie wieder eingeladen.«

Hannas Schultern zuckten. Der Mann neben ihr lachte auch. Das Lachen passte nicht in sein weichliches Gesicht. Mir gefiel sein Lachen nicht.

Vor dem Funkhaus sagte Hanna: »Hast du ein Telefon in deiner Wohnung?«

»Wohnung ist gut«, lachte Lisa. »Er wohnt im Keller.«

»Nein, Hanna«, sagte ich. »Leider habe ich kein Telefon. Aber wenn du mir deine Nummer gibst, rufe ich dich an.«

Sie gab mir ihre Visitenkarte. Ich nahm ihr Gesicht in meine Hände und küsste sie. Der Mann sah uns zu. Lisa ging langsam durch den nassen Schnee zum Sender.

»Hanna«, sagte ich. »Du kannst es nicht wissen.«

»Was kann ich nicht wissen?«

»Du kannst nicht wissen, wie froh ich bin. Weil du wieder da bist.«

Um zwei Uhr früh kam ich aus dem Sender. Der Schnee war leicht gefroren. Am Klosterstern stand eine Telefonzelle mit Licht.

Ich drehte Hannas Nummer und musste lange warten.

»Hallo«, sagte sie. »Das kannst nur du sein.« Ihre Stimme klang verschlafen. »Um die Zeit ruft sonst keiner an.«

»Ich habe nur zwei Tageszeiten zum Telefonieren«, sagte ich. »Um zwei Uhr nachts, wenn ich aus dem Sender komme. Oder frühmorgens gegen acht. Da gehe ich zur Probe.«

»Morgens ist besser. Morgens mache ich Frühstück für Marie. Wie jede gute Mutter. Um acht Uhr ist sie schon in der Schule.«

»Hör mal, Hanna ...«

»Ja?«

»Vorhin. Im Auto. Ich habe es kaum ausgehalten.«

»Ich weiß. Mir ging's genauso.«

»Deinen Onkel Doktor da ... Mit den verwaschenen Augen ...«

»Ja, Junge? Was ist mit ihm?«

»Am liebsten hätte ich ihn aus dem Auto befördert.«

Sie lachte. »Und Lisa? Was hättest du mit ihr gemacht?«

»Lisa ist kein Problem.« Ich sah meinem weißen Atem zu, der sich in der kalten Nacht verlor. »Hanna?«

»Ja?«

»Liegt der Mann jetzt neben dir?«

»Nein, du Dummer.«

»Das ist gut.«

»Warum?«

»Sonst hätte ich heute Nacht nicht schlafen können.«

»Nun übertreibe nicht. Vier Jahre lang hast du sicherlich ganz gut geschlafen und hast dich nicht einmal gefragt, wo ich wohl bin.«

»Doch. Ich habe mich das oft gefragt.«

»Ehrlich?«

»Ehrlich.«

Sie drehte sich im Bett herum. Das konnte ich an ihren Kissen hören.

»Vielleicht sollten wir uns eine Enttäuschung ersparen, mein kleiner Großer. Da gibt's doch dieses Sprichwort: Alte Brötchen schmecken aufgewärmt nicht gut.«

»Hör mir jetzt mal gut zu, Hanna«, sagte ich. »Der Wind ist eine Frau. Weißt du das noch?«

»Ja. Ich weiß das noch sehr gut. Es hat gehagelt in der Nacht.«

»Du hast damals noch mehr gesagt. Willst du wissen, was du gesagt hast?«

»Bitte nicht«, lachte sie. »Ein wahrer Kavalier sollte die kleinen Lüsternheiten vergessen, die eine Dame von ihren Kissen aus in sein Ohr flüstert.«

Es knackte eine Weile in dem Hörer. Dann sagte ich: »Jetzt ist es schon halb drei, das ist sicher zu spät für dich, mit Marie in deiner Nähe, und ich weiß ja auch gar nicht, wie du wohnst und bei wem, aber ich möchte dich gern wiedersehen.«

»Chouchou, liegt dir denn so viel daran?«

»Ja«, sagte ich. »Sehr sogar.«

Sie sagte nichts.

»Und wie ist es mit dir?«

»Wenn du mich nur sehen könntest«, lachte sie. »Ich hätte nicht zu dir ins Theater kommen sollen. Seit wir uns wiedergesehen haben, bin ich ganz durcheinander.«

Ich sagte: »Hör zu, Hanna. Morgen Abend nach dem Theater bin ich frei. Da warte ich auf dich bei mir zu Hause.«

»Ich weiß nicht«, sagte sie. »Ich weiß nicht, ob das für uns beide gut ist.«

»Eppendorfer Baum 81. Es geht eine Kellertreppe runter.«

»Wenn ich komme«, sagte sie, »dann weiß ich schon, wie es endet.«

»Da kannst du wissen, was du willst, Hanna«, sagte ich. »Von mir aus kannst du es auch konjugieren. Ich weiß. Du weißt. Er weiß. Und am Schluss wissen wir es dann alle.«

Den Tag über lief ich wie ein Träumer herum.

Ich stellte eine Flasche Wein unter kaltes Wasser und zündete ein paar Kerzen an. Als Hanna dann endlich in meinem schummerigen Zimmer stand, hatte ich mich fast zu Ende gefreut.

»So wohnt also ein Künstler, dem die Frauen Blumen auf die Bühne werfen«, sagte sie. »Im Keller. Was ist das nur für eine Stadt, die ihre Talente in Kellern wohnen lässt?«

»Dieses Zimmer hat nur auf dich gewartet. Wenn du in diesem Kellerzimmer stehst, sieht es gleich viel schöner aus.«

Als ich sie küssen wollte, sagte sie: »Hast du die Kerzen aus Routine angezündet? Weil das deine jugendlichen Bewunderinnen schneller willig macht? Oder weil du die Krähenfüße an meinen Augen nicht wahrhaben willst?«

»Wenn es dir lieber ist, schalte ich die Deckenlampe an, Hanna. Aber dann siehst du die wahre Hässlichkeit in meinem Leben hier und läufst sofort davon.«

Ich schloss die Tür hinter der Frau und hängte ihren Pelzmantel an den Haken.

»Ich werde nicht lange bleiben können«, sagte sie.

Ich nickte. »So ist das nun mal mit der feinen Gesellschaft. Wer spät kommt, kann nicht lange bleiben.«

Sie sah mich nicht an. »Marie hat partout nicht einschlafen wollen. Vielleicht hat sie eine Veränderung an mir bemerkt. Kinder sind wie kleine Tiere.«

»Marie hat's gut«, sagte ich. »Marie hat dich den ganzen Tag in ihrer Nähe.«

»Nun tu nicht so, als möchtest du das auch so gern ...«

»Doch«, sagte ich. »Ich möchte dich auch den ganzen Tag bei mir haben.«

Sie lachte.

In meinem Zimmer gab es nur einen Stuhl. Ich setzte mich auf das Bett und zog Hanna an mich heran. Ich presste mein Gesicht gegen ihren flachen Bauch und küsste den hellen Stoff über dem Hügel zwischen ihren Beinen. Sie legte ihre Arme auf meine Schultern und fühlte mit ihren Handflächen nach dem Beben meines Körpers.

»Mein Gott«, flüsterte sie. »Hast du Fieber?«

»Vielleicht«, sagte ich. »Seit gestern Nacht kann ich nicht mehr denken. Vielleicht ist das eine Art von Fieber. Ich habe kaum Theater spielen können. Die Nacht hat kein Ende nehmen wollen, hier, allein ohne dich. Und am Tag haben sich die Stunden nur so dahingeschleppt.«

Ich rieb mein Gesicht über die Seide vor ihrem Bauch und roch ihre Haut und presste ihre Schenkel mit beiden Händen an mein Gesicht.

Sie stand reglos. »Oh, mein Gott. Ich habe das nicht geahnt ...« Und dann flüsterte sie: »So sehr willst du mich?«

»Ja«, sagte ich.

»Und das kann nicht warten?«

»Gestern Nacht«, sagte ich, »da wollte ich dich nicht gehen lassen. Ich wollte die beiden wegschicken und den Funk absagen.«

»Und mich hierher bringen?«

»Ja.«

»Und mich auf dein Bett legen?«

»Ja.«

»Chouchou, es sind vier Jahre, die dazwischenliegen. Glaubst du nicht, dass wir uns nach vier Jahren viel zu erzählen haben?«

»Doch«, sagte ich. »Aber ohne Worte.«

Sie beugte sich über mich und nahm meinen Kopf in ihre Hände, und als ich den seidenen Rock über ihre Hüften zog, ergab sie sich meinem Drängen.

»Du verrückter Junge, du. Du lieber, lieber, verrückter Junge.«

Meine Finger glitten an ihren langen Beinen hoch, und als sie fanden, was sie suchten, stockte mir der Atem. Ich zog ihr die winzige Spitzenhose aus und rieb mein Gesicht an ihrem Bauch und an ihren Schenkeln und spürte das Zittern unter ihrer warmen Haut. Ich küsste das dunkle Dreieck zwischen ihren Beinen und fand die Lippen unter den krausen Haaren, und als die Frau sich aufrichtete und den Kopf stöhnend nach hinten legte und ihre Arme willenlos hängen ließ, spürte ich verwundert das Drängen ihrer vollen Lippen auf meinem suchenden Mund.

»Ich möchte dich küssen.«

»Aber ja«, stöhnte sie. »Ja, du Dummer, ja!«

Ihre Hände tasteten nach meinem Kopf, und dann öffnete sie sich meinem Mund. Meine Zunge fand einen kleinen Hügel, und ich spielte damit, und als sie zu zittern begann, tanzte meine Zunge über den Hügel, erst zaghaft suchend, dann immer fröhlicher und immer wilder, und der Hügel wuchs mir entgegen, wuchs in meinen Mund hinein. Das war wie im Wald sein, wie meinen Kopf in weiches, warmes Moos pressen, und das Moos war wie nach einem Sommerregen, wie nach einem Gewitter, wenn die heiße Luft noch voller Knistern ist und der Wald sich berauscht an dem Duft aus Moos. Und dann saßen Tropfen auf dem Moos, Silberperlen, und es waren die Perlen der Frau, und sie liefen wie Tränen über mein Gesicht, und von weit her kam ihr Stöhnen. »Hör auf ... ich sterbe ... wenn du nicht aufhörst, sterbe ich ...« Ich ließ von ihr ab und küßte die Tränen von ihren Schenkeln.

Dann beugte sie ihr Gesicht zu mir. Atemlos. Mit dem Flackern der Kerzen in den Augen. Sie nahm ihre goldene Kette zwischen die Zähne und wischte sich die Haare aus dem Gesicht und hockte sich auf mein Bett. Sie hatte noch ihre Bluse an, aber ihre Beine waren nackt, und ihr Kinn lag auf ihren kräftigen Knien.

»Komm.«

Ich wollte meinen Pullover ausziehen, aber sie schüttelte den Kopf und tastete nach dem Gürtel an meiner Hose und griff nach mir mit beiden Händen und legte sich zurück und zog mich zwischen ihre Beine und hatte Irrlichter in ihren dunklen Augen.

Später legte sie ihren Kopf auf meine Brust und zwängte ein Knie zwischen meine Beine.

»Weißt du«, sagte sie. »Mein ganzes Leben ist wirr, und wenn ich du wäre, würde ich mich auch gar nicht anrufen. Aber du bist du, rufst an. Und ich bin froh darüber. Und weißt du, was?«

»Was?«

»Willst du es wirklich wissen?«

»Ja.«

»Ich liebe dich, verdammt nochmal.«

Wir tranken den billigen Wein, und sie sagte: »Eine Frau von dreißig Jahren kannst du wohl keine Vollwaise mehr nennen, aber ich habe mich manchmal so gefühlt. Weißt du, dass ich meinen Mann verloren habe?«

»Ich weiß«, sagte ich. »Sein Name stand in der Zeitung. Als einer der Männer um Stauffenberg.«

Sie nickte. »Er hat sich noch am gleichen Tag erschossen. Mit seinem Dienstrevolver. Weil das Attentat misslungen war. Als es klar war, dass Hitler lebte, hat er sich eine Kugel in den Kopf gejagt. In seinem Dienstzimmer in der Bendlerstraße. Als Letztes hat er noch einen Brief an Marie geschrieben. Mir hat er keine Zeile hinterlassen. Nur diesen Gruß für seine Tochter. Der Brief hat die Gestapo auf meine Fährte gehetzt.«

Ich holte die Flasche und füllte mein einziges Glas bis an den Rand.

»Der Tod meines Mannes hat mich doch sehr bewegt«, sagte sie. »Obgleich er mir schon jahrelang aus dem Weg gegangen ist. Trotzdem. Es gab sehr viel, was uns verbindet. Nicht nur das Kind.« Sie versuchte, mich in der Dunkelheit zu sehen. »Komm«, sagte sie. »Gib mir einen Kuss. Mir ist kalt.«

»Soll ich dich zudecken?«

»Zudecken kann ich mich selber, verdammt nochmal. Du sollst mich küssen. Das kann ich nämlich nicht selbst besorgen. Und wenn du mich küsst, ist mir nicht mehr kalt.«

Ich küsste sie. »Danke. Hör nie auf, mich zu küssen. Deine Lippen sind wie für mich gemacht.«

Dann rollte sie sich auf den Bauch. »Vom Tod meines Vaters habe ich erst nach dem Krieg erfahren. Sie haben ihn zu Tode geprügelt. Im KZ. Ganz hier in der Nähe. In Neuengamme.«

Sie trank, und ich sagte:

»Macht es dir was aus, mir von deinem Vater zu erzählen?«

»Keineswegs. Ich spreche gerne über ihn, weil er ein wunderbarer Mann gewesen ist. Ein Luftikus. Ein Spieler. Aber ein wunderbarer Mann. Sie waren sehr verliebt, meine Mutter und er. Doch dann ist sie sehr jung gestorben. An Tuberkulose. Das war damals noch eine unheilbare Krankheit. Mutter war Brasilianerin, schön, zerbrechlich und wohlhabend. Den größten Teil ihres Vermögens hat Vater durchgebracht. Weil er sein ganzes Leben lang nie gearbeitet hat.« Sie lachte. »Kannst du dir das vorstellen, Chouchou? Konsul von Brasilien, aber sonst nie gearbeitet?«

»Ich könnte mir das gut vorstellen«, sagte ich. »Nicht arbeiten müssen wäre herrlich.«

»Die Nazis haben ihn gehasst, und er hat die Nazis gehasst, und er hat keinen Hehl daraus gemacht. Dann ist Brasilien in den Krieg eingetreten, 1942 war das, glaube ich. Da hat Vater seine diplomatische Immunität eingebüßt. Trotzdem haben sie ihn lange Zeit nicht angefasst. Sie konnten ihm nichts anhängen, aber dann hatten sie was. Wenn es nicht so traurig wäre, müssten wir jetzt darüber lachen.«

»Erzähle«, sagte ich.

»Er hat BBC London abgehört. Nachts. Du erinnerst dich, das Programm mit dem Beethoven-Erkennungssignal ... Tam – Tam – Tam – Taaammm ... Jede Nacht hat er das deutschsprachige Programm abgehört. Und weil er etwas schwerhörig war, hat er eine Decke über sich gestülpt, über sich und das Radio, verstehst du, und da hat er die Lautstärke schön aufdrehen können. Dann ist Fliegeralarm gekommen, und in ganz Hamburg wurde der Strom abgeschaltet, und Vater ist in den nächsten Bunker gelaufen. Nach der Entwarnung gab es wieder Strom. Das Haus stand noch, aber eine Luftmine hatte alle Fenster rausgerissen. Aus den Fensterhöhlen tönte es laut und weit bis in alle Straßen: Tam – Tam – Tam – Taaammm ... Tam – Tam – Tam – Taaammm ...«

»Wenn ich mir das vorstelle, frieren mir die Knochen ein«, sagte ich.

»Vater fand es zum Lachen. Vor dem Haus haben schon die Polizisten gewartet. Vater hat sich zu ihnen gestellt und BBC angehört und gelacht, und als sie ihn abgeführt haben, soll er immer noch gelacht haben.«

Als ein Auto die Straße entlangfuhr, tanzten die weißen Lichterscheiben über Hanna hinweg und über die Wand hoch zur Decke.

»Was ist das für ein Bilderrahmen?«, fragte sie. »Da, an der Wand?«

»Das ist Tina«, sagte ich.

»In einem Rahmen ohne Bild?«

»Ich habe kein Foto von ihr. Außerdem brauche ich keines.«

»Nur den Rahmen?«

»Ja. Ein Rahmen genügt.«

»Verrückt«, sagte sie. »Würdest du auch ein Bild von deiner heutigen Freundin aufhängen?«, fragte sie.

»Von dir, ja«, sagte ich. »Dein Bild werde ich neben Tinas Rahmen aufhängen. Weißt du noch, wie glücklich wir waren, alle drei? In Meersburg?«

»Ja«, sagte sie. »Wir hätten uns alle drei lieben sollen. Das wäre besser gewesen.«

ENTSCHEIDENDE BEGEGNUNG
Hamburg 23. Mai 1948

Als die regnerische Unbeständigkeit des Jahres endlich vorüber war, wurde der Himmel sehr hoch. Ich stand zum ersten Mal in Hannas Zimmer und starrte in den Himmel über der Stadt. Hanna wollte wissen, was ich dachte.

»Das ist so eine Sache mit dem Himmel«, sagte ich. »Er hat sich ziemlich weit von seiner Frau entfernt.«

Hanna lachte. »Wer ist denn die Frau des Himmels?«

»Die Erde.«

»Ach so, ja richtig«, lachte sie. »Da hätte ich von selbst drauf kommen können.«

»Monatelang macht es die Erde ihrem Mann sehr schwer, sie zu verstehen oder sie zu durchschauen, denn sie hüllt sich in einen dichten Nebel ein.«

»Und dann?«

»Dann zieht sich der Himmel von ihr zurück und streckt sich ganz hoch und weit von ihr entfernt über die Erde hin.«

»Und dann?«

»Dann sehnt sich die Frau nach ihm zurück und stöhnt

und stößt leise Seufzer aus, und das ist dann der Nebel, der
zum Himmel aufsteigt. Der Mann beklagt die unnütz verlorene Zeit, und er beginnt zu weinen, und seine Tränen
fallen auf die Frau hernieder, und das ist dann der Regen.«

»Oder der Tau«, sagte sie.

»Wie du willst«, sagte ich. »Wenn es dir so lieber ist,
dann ist es meinetwegen auch der Tau.«

Dann gab sie mir eine Tasse Tee und wollte wissen, ob
ich einen Schuss Rum in den Tee möchte. »Ja«, sagte ich,
»aber einen großen.«

Und dann kam Hannas Tochter in das Zimmer. Sie
stand in der Tür, war noch ein Kind, ein kleines Mädchen,
zehn Jahre alt, vielleicht auch neun, und auch so klein, wie
Mädchen in dem Alter sind. Als sie mich sah, verschluckte
sie ihr Lachen.

Ich musste nach innen horchen. Weil mein Herz mit einem Male schneller ging.

Wir waren überrascht. Alle drei. Und standen nachdenklich voreinander in unserer Überraschung. Ich sah die
beiden an. Erst die Mutter. Dann die Tochter. Und sie sahen zu mir her.

Wir bewegten uns nicht mehr. Erstarrten in dem Zimmer. Wurden zu einem Bild.

Ich sehe das Bild noch deutlich vor mir. Sehr deutlich. Das
Bild ist noch nicht alt. Ein Aquarell.

Neben einem Tisch mit Kacheln steht eine Frau.
Schlank, groß, fremdländisch. Nicht hierher gehörig. Und
wohl auch sich selber fremd.

Das flache Licht des späten Tages malt das Zimmer gelb.

Eine hohe Tür ist halb geöffnet. Zwischen den Zimmern
steht ein Mädchen. Dunkel verschwitzte Kinderhaare.
Grüne Augen. Oder vielleicht auch blau. Schwer zu sagen.

Sie will sich abwenden. Mit einer Hand, die auf der Klinke liegt. Und einem Mund, der vor Überraschung offen steht. Die Kinderschreie von den Spielen auf der Wiese sind noch nicht ganz heraus aus ihrem Mund.

Und noch einer steht im Zimmer. Ich. Der Neue. An das Fenster gelehnt. Mit dem Rücken zum Tag. Und dem Gesicht im Schatten.

In dieser Stunde steht die Zeitrechnung meines Lebens still. Nicht lange. Nur so lange, wie ein Herz braucht, um wieder ruhiger zu schlagen. Meine Zeitrechnung hat sich vorübergehend selber angehalten. Der Kalender nicht. Der tägliche Kalender blättert unbekümmert weiter um. In den Kalender meines Lebens heften sich fast täglich neue Bilder. Frauen. Theaterlogen. Komödianten. Dekorationen. Straßen. Senderäume. Vorhänge. Straßenbahnen. Bäume. Gesichter. Lachen. Tränen. Körper. Münder. Augen. Immer wieder Augen.

Mit meiner Zeitrechnung hingegen ist das anders. Ganz anders. Denn die habe ich ja scharf getrennt. In die Jahre vor Tina. Und in die Jahre nach ihr. Und das bleibt auch so. Meine Zeitrechnung stößt mir niemand um. Niemand.

Doch dann kommt unerwartet dieser neue Tag, und es ist der 25. Mai, und das Jahr ist 1948, und ich nehme ein kleines Mädchen in meine Zeitrechnung auf. Marie.

Das ist die Veränderung in meinem Leben.

Das ist der neue Zeitabschnitt.

Ich beginne meine Jahre für Marie.

Und die Jahre mit ihr.

8.

HANNAS TOCHTER
Frühjahr 1948

Wie sie nun dastand in der hohen Tür zwischen den beiden Zimmern, dunkel, zerbrechlich, verwundert und schweigend, da sagte ich: »Wie schön, dass du doch noch gekommen bist, Marie. Ich habe auf dich gewartet. Bald muss ich im Theater sein. Viel länger hätte ich nicht warten können.«

Ich sah aus dem Fenster. »Du wohnst in einem schönen Haus, Marie, und in einer schönen Straße. Alles ist so friedlich hier. Die Wiese da vorn an der Alster ist ein herrlicher Spielplatz. Das kannst du mir glauben, so schön habe ich noch nie gewohnt.«

Hanna hörte schweigend zu, und Marie hatte Augen wie Tina. Ich sagte an ihrer Mutter vorbei: »Wir können uns ruhig die Hand geben, auch wenn deine Finger voller Modder sind. Dein Gesicht ist auch ganz schwarz. Als du reingekommen bist, dachte ich, du kommst aus einem Kral im schwarzen Afrika.«

Marie lachte.

»Du siehst ganz durchgefroren aus«, sagte Hanna. »In der Küche steht Tee. Und lass dir Badewasser ein. Ich komm dann nach dir sehen.«

»Ich auch«, sagte ich. »Ich komm dann auch nach dir sehen.«

»Das Mädchen schob die Lippen vor und prustete. »Du kannst doch nicht zu mir ins Badezimmer kommen ...«

»Warum denn nicht?«

»Na, weil sich das nicht schickt, wenn ich nackig ausgezogen bin ...«

»Wenn du willst, ziehe ich mich auch aus«, sagte ich. »Dann sind wir beide gleich.«

»Na, du bist mir vielleicht einer ...«, sagte das Mädchen.

»Der Junge macht nur Spaß«, lachte die Mutter.

»Überhaupt nicht«, sagte ich. »Ich mache überhaupt keinen Spaß. Was ist denn schon dabei, wenn ich der Marie den Rücken schrubbe? Im Sommer fahren wir sowieso alle nach Sylt. Da soll es einen langen Strand geben und viele hohe Dünen, und alle Leute schwimmen nackt im Meer.«

»Mammi auch?«

»Ich glaube schon«, sagte Hanna. »Warum eigentlich nicht?«

»Du würdest dich vor ihm nackig ausziehen?«

Hanna schüttelte den Kopf. »Ich muss schon sagen, das ist eine merkwürdige Konversation, die wir hier haben. Und das gleich am ersten Tag.«

»Doch«, sagte ich. »Das würde deine Mammi schon tun. Es ist ja schließlich nichts dabei, oder?«

»Ich glaube nicht«, sagte Hanna. »Und außerdem fällt es mir schwer, dem Jungen etwas abzuschlagen.«

Die Kleine sah mich an. »Wie heißt du? Junge?«

»Ja.«

»Ist das dein richtiger Name?«

»Ja. Gefällt er dir nicht?«

»Weiß nicht«, sagte sie. »Mir gefällt Marie auch nicht, und trotzdem heiße ich so.«

Sie stand noch immer in der Tür. »Na, das wird ja vielleicht was«, sagte sie.

»Warum?«, fragte Hanna.

»Klingt komisch«, sagte Marie. »Onkel Junge ...«

»Ich mach dir einen Vorschlag«, sagte ich. »Lass den Onkel weg. Und nenn mich Junge.«

»Darf ich das?«, fragte sie.

Hanna nickte.

»Also gut«, sagte Marie. »Ich nenn dich Junge. Aber dann musst du mich Mädchen nennen.«

»Abgemacht«, sagte ich. »Abgemacht, Mädchen.«

Am nächsten Tag hasteten dicke weiße Wolken wie sturmgepeitschte Segelschiffe durch einen blau gebleichten Himmel. Wir standen am Fenster von Hannas Zimmer und sahen, dass der Sturm nur mit den Wolken tobte. Uns hier unten hatte er vergessen.

»Das Wetter ist viel zu schön, um in der Stube zu hocken«, sagte ich.

»Was können wir da draußen anstellen?«, fragte Marie.

»Mal überlegen«, sagte ich. »Vielleicht sollten wir die Welt erobern. Mehr kann man heute wohl nicht tun.«

»Weißt du denn, wie man das macht?«, fragte sie. »Die Welt erobern?«

»Nein. Ich hab's noch nie versucht. Aber wir können ja mal rausgehen und damit anfangen. Das kann ja nicht so schwer sein.«

Als die Häuser aufhörten, verlor sich die Straße in den Wiesen am See.

Die meisten Bäume sahen noch verkrüppelt aus. Zerfetzt durch die Bomben von ein paar Jahren vorher. Nur eine große Trauerweide war noch einmal davongekommen. Sie hatte sich neue Blätter angesteckt und beugte sich weit über den Uferrand hinaus und ließ ihre hellen Blätter in das unbewegte Wasser hängen.

»Hör zu, Mädchen«, sagte ich. »Wir fangen erst mal mit einer kleinen Welt an.«

»Warum?«

»Wir sollten uns am Anfang nicht gleich übernehmen, findest du nicht? Lass uns klein anfangen. Gleich am ersten Tag die ganze Welt erobern, übersteigt ganz sicher unsere Kräfte.«

»Na gut«, sagte sie. »Womit fangen wir an?«

»Mit der Welt hier unter der Trauerweide. Sie ist schön rund, siehst du? Da, wo die Weide ihren Vorhang in das Wasser taucht, ist sie rund. Und hinter uns ist auch alles rund, weil die Weide ihre Zweige auf die Wiese hängen lässt. Und damit ist alles so, wie wir es brauchen. Denn unsere Welt hat Land und Wasser, ebenso wie die große Welt der anderen Leute. Wie findest du das?«

»Eigentlich gut«, sagte sie. »Allerdings hat das Ganze ein Problem.«

»Welches?«

»Wenn wir nicht da sind, kommen andere Kinder hierher und erobern sich unsere Welt zurück.«

»Unmöglich«, sagte ich. »Weil die anderen Kinder den Schlüssel nicht haben. Nur wir haben den Schlüssel zu unserer Welt.«

Marie wollte wissen, wo der Schlüssel sei. Ich nahm einen kleinen Stein auf und warf ihn in das Wasser. »Siehst du die Ringe? Siehst du, wie sie lautlos davongleiten, rund und groß und immer größer?«

»Ja«, sagte sie. »Gleich stoßen sie an die Zweige der Weide. Und was ist dann?«

»Dann sind wir zu Hause«, sagte ich. »Wenn die Ringe sich ganz weit aufgemacht haben, sind wir zu Hause. Hier. In unserer Welt. Und kein anderer hat den Schlüssel.«

Wir setzten uns unter den Baum und lehnten uns an seinen Stamm. Sie kroch ganz nah an mich heran und sagte: »Junge, leg deinen Arm um meine Schulter, vielleicht wird's dann ein bisschen wärmer, denn bei uns zu Hause ist es doch verdammt kalt.«

Dann saßen wir nur so da und starrten in das spiegelblanke Wasser. Nach einer Weile stieß sie mich an. »Kennst du Geschichten?«

»Was für Geschichten?«

»Egal, was. Tiergeschichten. Kennst du Tiergeschichten?«

»Mal überlegen«, sagte ich. »Du wohnst in der Kleinen Rabenstraße ... Soll ich dir die Geschichte von dem Raben erzählen, der die Welt erschaffen hat?«

»Das stimmt nicht«, sagte sie. »Das war kein Rabe. Es war Gott, der die Welt erschaffen hat.«

»Möglich«, sagte ich. »Sicher ist es so gewesen. Und ich will mich ja auch nicht mit dir darüber streiten, Mädchen. Aber du musst bedenken, dass unsere Welt eine Kugel ist. Und auf dieser Kugel gibt es viele Menschen, Hunderte von Millionen Menschen, aber nur einen Himmel, und alle Menschen sehen zu dem gleichen Himmel hoch und suchen ihren eigenen Gott. Die Menschen haben viele Götter, aber nur den einen Himmel, und den müssen sich die Götter wohl oder übel teilen.«

»Du meinst, es gibt nicht nur unseren Gott?«

»Woher soll ich das wissen, Mädchen? In der Schule habe ich das so gelernt, wie du es gelernt hast, aber nimm nur mal die Eskimos ...«

»Was ist mit den Eskimos?«

»Die haben einen anderen Gott.«

»Was für einen?«

»Den Raben.«

»Nicht möglich ...«

»Doch.«

»Junge, bist du schon mal bei den Eskimos gewesen?«

»Nein. Leider nicht. Aber irgendwann fahre ich mal hin.«

»Nimmst du mich dann mit?«

»Aber klar. Ich weiß noch nicht genau, wann das ist, aber bevor ich abfahre, sage ich dir Bescheid.«

»Also gut«, sagte das Mädchen. »Dann erzähl mal, wie die Geschichte geht mit diesem Raben.«

»Ganz einfach, Marie. Die Eskimos sagen, dass der Rabe die Welt erschaffen hat. Und als er damit fertig war, hat er gerufen: ›Ich bin euer Vater. Ich bin der Rabe. Vergesst mich nicht.‹«

»Und dann?«

»Dann ist er davongeflogen.«

»Und hat sich nie wieder sehen lassen?«

»Nein, Marie. Und du musst bedenken, dass unser Gott sich ja auch nie wieder hat sehen lassen.«

»Das ist wahr.« Sie kramte ein Taschentuch aus ihrer Manteltasche.

»Du prustest in das Taschentuch wie ein alter Seemann«, sagte ich.

»Hör mal, Junge«, sagte sie. »Auf dem Straßenschild da an der Ecke sitzt ein Rabe.«

»Tatsächlich?«

»Ja. Schon immer. Er ist aus Eisen. Da drüben. Auf dem Schild ›Kleine Rabenstraße‹. Hast du das noch nicht gesehen?«

»Nein.«

»Vielleicht ist er das. Vielleicht ist er hierher geflogen und hat sich in einen eisernen Raben verwandelt, und nun hockt er da an der Straßenecke auf dem Schild.«

»Durchaus möglich«, sagte ich. »Kann sein, dass er das ist.«

»Glaubst du, dass die Eskimos ihn vermissen?«

»Weiß nicht«, sagte ich. »Wenn ich Eskimo wäre, ich würde ihn vermissen.«

Marie sprang auf. »Ich habe eine Idee.«

»Erzähle.«

»Wenn wir zu den Eskimos fahren, schrauben wir ihn ab.«

»Wieso? Ist er nur angeschraubt?«

»Ja«, sagte sie. »Mit nur einer dicken Schraube. Bevor wir losfahren, schrauben wir ihn ab und nehmen ihn mit, und dann haben die Eskimos ihren Raben wieder.«

»Gut«, sagte ich. »Das machen wir.«

»Glaubst du, dass die Eskimos sich freuen, wenn wir ihnen den Raben wiederbringen?«

»Weiß nicht«, sagte ich. »Und ich weiß auch gar nicht, wie das aussieht, wenn ein Eskimo sich freut.«

»Und du?«, sagte das Mädchen. »Wenn du ein Eskimo wärest, würdest du dich freuen?«

»Oh, ja«, sagte ich. »Wenn du den Raben bringst, dann ganz besonders. Wenn ich ein Eskimo bin und du bringst mir den Raben, dann freue ich mich ganz besonders.«

SELBSTGESPRÄCH IN HANNAS BETT
Ende Juli 1949

Da liegst du nun in ihrem Bett. Das Fenster steht weit offen. Laue Luft weht über die Dächer der anderen Häuser und dreht sich neugierig durch Hannas Zimmer und streicht über Hannas nackte Haut und streicht über dich hinweg, und wenn sie alles betastet hat, weht sich die Luft wieder durch das Fenster in die Nacht hinaus.

Wie viele Männer wohl vor dir hier gelegen haben? Der Arzt mit den verwaschenen Augen. Der ganz bestimmt.

Und wie viele noch? Hör auf mit diesen quälenden Gedanken. Mit deiner Eifersucht auf das, was gestern war, zerstörst du dir das Heute.

Manchmal denke ich, du bist nur in dieses Haus gezogen, um ganz nahe bei Marie zu sein. Stimmt das?

Nein. Nicht ganz. Mit der Deutung machst du's dir zu leicht. Ich liebe beide. Das ist die volle Wahrheit. Ich liebe Hanna. Und Marie. Aber da ist doch ein großer Unterschied in meiner Liebe.

Na gut. Dann sag. Wie ist das mit deiner Liebe zu dem Kind?

Leicht zu sagen. Aber schwer, damit zu leben. Weil meine Liebe zu der Kleinen melancholisch ist. Ein Schleier liegt auf dem Gefühl für sie. Ich finde in ihr alles wieder, was ich einmal gewesen bin. Was ich längst verloren habe. Die Unschuld des Gedankens. Und des Handelns. Und die Unbekümmertheit des Glaubens an das Gute. Schon lange habe ich das alles abgestreift. Wie Parzival das Kleid aus bunten Flicken.

Marie denkt noch, das Ganze sei ein Spiel. Eines Tages wird auch sie so sein wie ich. Leider.

Da schläft sie nun im Zimmer nebenan. Und du liegst hier bei ihrer Mutter. Ob das Kind wohl nachts das Wimmern ihrer Mutter hört? Die kurzen, spitzen Schreie?

Junge, du bist ein Glückskind der Natur. Da gibt es keine Frage. Denk nur mal, wie viele Männer dich um dieses Bett beneiden. So eine wie Hanna gibt es nicht allzu oft. Kühl nach außen. Und wild im Bett. Besonders, wenn sie was getrunken hat. Manchmal trinkt sie etwas viel.

Neulich, das war gut. Der Besuch von Martin Weber. Als er vor uns stand, sind seine Augen nass gewesen. Er hängt wohl sehr an Hanna. Sie schwört, dass nichts gewesen ist zwischen ihnen, damals, in der Schweiz. Aber das ist sicher nur die halbe Wahrheit. Es ist immer etwas zwischen einem Mann und einer Frau, die sich ständig wieder treffen. Weil sie sich ja sonst gar nicht erst treffen würden. Und wenn sie sich vornehmen, dass nichts zwischen ihnen sein soll, dann ist auf jeden Fall schon mal der Wunsch zwischen ihnen, später die Entsagung. Und in dem Fall ist es schon besser, dass wirklich etwas zwischen ihnen ist.

Gut, dass Martin wieder nach Berlin gezogen ist. Er fühlt sich da zu Hause. Nirgendwo sonst. Nur in Berlin. Kein Wunder, schließlich ist das seine Heimat.

Meine auch. Aber nur weil Tina da begraben ist. Und außerdem noch meine beiden anderen Toten. Ob das wohl der Sinn von Heimat ist: Gräber?

Halb zwei. Komm. Streck dich, Junge. Kannst auch ruhig mal was gähnen. Vielleicht wacht Hanna davon auf. Heute klingelt dir kein Wecker. Seit gestern sind Theaterferien. Und die Kleine braucht nicht in die Schule.

Martin sagt, dass er bald Wiedergutmachung bekäme. Für seine Druckerei. Und für die verlorenen Jahre. Hanna bekäme sogar noch mehr. Wegen ihres Vaters. Wenn du denkst ... Neuerdings wollen sie das Leiden und die Ermordeten mit Geld aufwiegen ...

Hanna schläft. Ein Bein hochgestellt. Und die Hände liegen auf dem dunklen Dreieck zwischen ihren Beinen.

Martin sagt, er hätte schon viel früher zu uns kommen wollen. Aber da hätten die Sowjets Berlin blockiert, und Martin sei nicht mehr rausgekommen. Das muss was gewesen sein, die Blockade von Berlin! Die Menschen haben wohl gefeiert wie verrückt. Als ob jeder Tag der letzte wäre. Kein Wunder. Zwölf Jahre Diktatur. Dann drei Jahre Frieden. Und dann die Russen um dich rum. Martin sagt, die Alliierten hätten mitgefeiert. Wer dienstfrei war, hat mitgefeiert. Engländer, Amerikaner. Die Franzosen wohl nicht so sehr. Und Flugzeuge konnten die Franzosen auch nicht schicken. Denn sie haben ja kaum selber welche. Aber die anderen sind geflogen. Amerikaner und Engländer. Tag und Nacht. Mit Kohle und Verpflegung. Und mit Kleidern. Einen ganzen Sommer lang. Und den Winter durch. Auch im Frühjahr noch. Fünfzehn Monate. Das ist eine lange Strecke Zeit. Für die Piloten. Und für die am Boden.

Wie spät es jetzt wohl ist?

Zehn nach zwei. Gegenüber macht einer Licht. Der kann wohl auch nicht schlafen.

Jetzt haben wir also ein Grundgesetz. Eine Republik haben wir zwar noch nicht. Die kommt wohl im Oktober. Aber das Gesetz ist da. Wann wird gewählt? Ich glaube, im September.

Martin Weber sagt, das Grundgesetz sei gut. Im Sender liegt die amerikanische Verfassung aus. Die gefällt mir besser, da gibt es keine Frage, aber das ist ja auch ein anderes Land. Für unser Land ist das sehr gut, was wir jetzt haben:

»Die Würde des Menschen ist unantastbar.

Jeder hat das Recht auf die freie Entfaltung seiner Persönlichkeit.

Die Freiheit der Person ist unverletzlich.

Niemand darf gegen sein Gewissen zum Kriegsdienst mit der Waffe gezwungen werden.

Jeder hat das Recht, seine Meinung in Wort, Schrift und Bild frei zu äußern.«

Es war gut, dass du das Grundgesetz gekauft hast. In Maries Zimmer hängt es nicht schlecht. Nicht alles, das ist klar, aber die wichtigsten Sätze gehören an die Wand gehängt. Hanna sagt, so was gehört nicht an die Wand ins Kinderzimmer. Aber zwischen die Ölschinken da im Wohnzimmer gehört es auch nicht. Hanna hat das schließlich eingesehen. Und nun hängen die paar Seiten da im Kinderzimmer. Fertig. Amen.

Tja, da liegst du nun in Hannas Bett, und es ist bald drei. An Schlaf ist nicht zu denken. Ziemlich einsam, hier so rumzuliegen.

Weck Hanna auf.

Meinst du?

Ja. Küss sie. Überall. Dann reckt sie sich schläfrig und rollt sich in deine Arme.

Und wenn sie nicht will?

Hast du schon mal erlebt, dass Hanna nicht will?

Da hast du Recht.

Eben. Hanna will immer.

NOTIZEN FÜR HANNAS TOCHTER
EIN JUNGER MANN SPRICHT MIT EINEM KIND
KLEINE RABENSTRASSE
12. September 1949

Dies ist die schönste Stunde des Tages: wenn du den Stein ins Wasser wirfst und wir den Ringen zusehen, die uns eine Welt aufschließen, die nur dir und mir gehört. Und wenn ich mich dann unter die Weide hocke und meinen Rücken gegen diesen regenschwitzenden Stamm lehne und du dich in meinen Schoß fallen lässt und wir uns so fest aneinander klammern, dass uns niemand mehr trennen kann, dann ist das eben die schönste Stunde des Tages.

Manchmal schweigen wir.

Doch meistens hast du viele Fragen. Die von gestern hat mir meine Antwort schwer gemacht.

»Wen liebst du mehr? Mammi, oder mich?«

So. Und nun? Was mache ich denn nun mit dir, dem Kind, das sich vor der Lüge fürchtet? Ganz klar: Ich stelle mich nicht in die lange Reihe der Männer deiner Mutter, die dich angelogen haben. Von mir kriegst du die Wahrheit. Allerdings mit Weglassungen. Das Wahre mit Kürzungen. Weil ohne dieses Weglassen von etwas Wahrheit mein Glück zu Scherben geht. Und damit deines auch.

»Ich liebe euch beide, Marie. Und du kannst es mir glauben. Aber da gibt es einen Unterschied in meiner Liebe.«

»Welchen Unterschied?«

»Deine Mutter ist schon eine richtige Frau, verstehst du? Hanna kann ich lieben wie eine Frau, die schon viel vom Leben weiß.«

»Und du weißt nicht viel vom Leben?«

»Doch. Ein bisschen schon. Aber dich liebe ich so, wie ich selber bin. Verstehst du das?«

»Nein.«

»Na gut. Hör zu. Wenn ich ins Theater gehe, dann bin ich wie ein Kind. Ich stell mich auf die Bühne und spiele Kinderspiele. Wie kann denn einer Schauspieler sein, der kein Kind mehr ist? Unmöglich kann er das sein. Nur Kinder stehen nachts am Fenster und halten ihre Hände auf und rufen zu den Sternen hoch: ›Sterntaler, kommt zu mir.‹ Es ist ganz klar, Marie, dass die großen Leute so was nie machen würden. Die großen Leute wissen, dass die Sterne oben in dieser Dunkelheit am Himmel hängen bleiben. Sie wissen das ganz einfach. Punkt. Und basta. Aber für uns ist das nicht Punkt und basta. Wir halten die Hände auf, und die Sterne fallen in unsere Hände, und wir legen uns ins Bett und halten die Sterne an unsere Ohren, und wir hören ihr Singen, und dieser Sternengesang ist ein ganz unwiederbringlicher Gesang, und wenn wir dann aufwachen und es am Himmel hell ist und du in die Schule musst und ich ins Theater zur Probe und unsere Hände sind leer, sternenleer, dann sind wir trotzdem keinen Krümel traurig.«

»Nein. Ich bin morgens niemals traurig.«

»Bei den großen Leuten ist das leider anders. Sie sind morgens meistens traurig. Weil sie sich was anderes herbeigewünscht haben. Nicht am Fenster, nachts. Sondern irgendwann. Überhaupt. Und immer etwas Wichtiges. Was auf ewig bleibt. Nur bei ihnen bleibt. Bei niemand sonst. Und das ist dumm, verstehst du? Weil nichts auf ewig bei einem bleibt. Nichts und niemand. Ganz bestimmt nicht das Herbeigewünschte. Da sollten sie niemals ihre Hände drüberschlagen. So ein erwünschtes Glück kommt selten. Verstehst du?«

»Nein.«

»Aus so einem erwünschten Glück musst du was machen! Da kannst du doch nicht einfach die Hände drüberschlagen, gefangen nehmen und sagen, jetzt bleibst du hier!«

»Nein?«

»Nein.«

»Was denn?«

»Weiß auch nicht. Aber irgendwas machen musst du schon.«

»Sag mal, was wir machen sollen, Junge.«

»Lass mich nachdenken.«

»Also?«

»Es gibt nur eine Lösung.«

»Welche?«

»Glücklicher sein als deine Träume.«

»Das verstehe ich nicht.«

»Ich auch nicht.«

»Warum sagst du es denn, wenn du es nicht verstehst?«

»Das ist ja das Schlimme, Mädchen. Es ist schlimm, und ich weiß es selber, aber ich sage manchmal Sachen, und ich meine sie nicht unbedacht, aber das ist nun mal so, und du musst dich daran gewöhnen, denn ich denke manchmal so was vor mich hin, und dann klingt es für alle Leute unverständlich.«

»Junge, jetzt sag mal selber, wie ich dich lieben soll, wenn du Sachen sagst, die du selber nicht verstehst?«

»Sieh mal, das ist so: Ich kann nicht immer alles gleich durchdenken. Es muss auch manchmal etwas geben, was wir nicht durchdenken müssen.«

»Wirklich?«

»Ja. Unbedingt. Alles Richtige, was wir so tun, kommt direktenwegs aus dem Gefühl. Wenn du dann nachdenkst, wird was richtig Richtiges daraus. Aber ursprünglich kommt alles aus dem Gefühl. Hier. Aus dem Bauch. Irgendwo hier in dieser Gegend. Aus dem Bauch. Nicht aus dem Kopf. Aus dem Gefühl. Frag mich nicht, warum. Es ist so. Verlass dich drauf.«

AUS DEM NICHTS HERAUS
9. März 1950

Hanna sitzt vor meinem Spiegel und sieht selbst, wie schön sie ist.

Ich komme von der Bühne und habe noch die Stimmen dieser Stunden in den Ohren und auch noch das Fieberpochen in den Schläfen.

Hanna hat dieses teure weiße Kleid an. Es ist tief ausgeschnitten. Ich streife es von ihren Schultern und küsse ihre Brüste und hebe die Frau vom Stuhl. Mein Schweiß tropft dunkle Flecken auf die Seide, und meine Hände wischen Bühnenschmutz über das weiße Kleid. Ich lege die Frau auf das durchgelegene Sofa, das sicher schon seit hundert Jahren in hundert Theatern mitgespielt hat, und auf dem sicher schon Hunderte von Frauen mit Hunderten von Schauspielern gelegen haben, und werfe meine verschwitzte Jacke in die Ecke und strecke mich glücklich aus, weit über ihren langen Körper hin, und sage ihr, wie gut es ist, dass sie mich endlich einmal abholt, und ich sage ihr, dass sie ungewöhnlich schön ist und dass ich sie liebe.

Dann steht Bertold in meinem Zimmer. »Madame, machen Sie das Beste aus ihrer unbequemen Lage. Vergewaltigungen in Schauspielergarderoben werden strafrechtlich nicht verfolgt.«

In Hannas dunklen Augen tanzen die Glühbirnen von meinem Spiegel. Ihre Arme strecken sich weit über die Sofalehne hin. Ihre kleinen Brüste stehen nackt zwischen dem weit offenen Kleid. Sie deckt ihre Brüste nicht zu, und ihr Lachen ist wie ein dunkles Gurren. »Lassen Sie uns allein, Herr Bellegarde. Dieser junge Hengst hier ist mit mir ganz offensichtlich noch nicht fertig.«

»Sagen Sie bitte, Gnädigste«, grinst Berti. »Ist er immer so wild?«

»Ja«, sagt Hanna. »Gott sei Dank. Wenn er nachlässt, schicke ich ihn zurück auf seine Weide.«

»Hol dir ein Glas, Berti«, sage ich. »Und hol Lisa. Hanna hat eine Pulle Sekt gebracht.«

Ich ziehe Hanna von der armseligen Liege. Sie stellt sich vor den Spiegel.

»Willst du mich so, Junge? So verschmiert und nackt?«

»Ja.«

»Soll ich so bleiben? Ich meine für Lisa und den Schwulen?«

»Wie du willst«, sage ich. »Mach das, wie du willst.«

Sie lacht und zieht das Kleid zu ihren Schultern hoch. Dann kommt Berti zurück, und Lisa steht hinter ihm. »Was feiern wir denn heute?«

Lisa ist auch ganz verschmiert, mit Abschminke im Gesicht und Wimperntusche unter den Augen und einem rot verwischten Mund.

»Du siehst wild aus«, sage ich zu Lisa.

»Möglich«, sagt sie. »Aber deine Freundin auch.«

Hanna lacht.

Beide Frauen glühen in dem Licht der langen Reihe kleiner Lampen an dem Spiegel. Schwer zu sagen, welche schöner ist.

»Also«, sagt Bertold. »Was feiern wir heute?«

»Unser einjähriges Wiedersehen«, sagt Hanna. »Heute vor einem Jahr habe ich da draußen im Hof gestanden, frierend im Schnee.«

»Ich erinnere mich«, sagt Lisa. »Mit einem Arzt haben Sie da gestanden.«

»Der Sekt ist nicht kalt genug«, sagt Bertold. »Soll ich ihn unter die Wasserleitung stellen?«

»Nein«, sage ich. »Wir sind durstig. Bis er kalt ist, das dauert zu lange.«

»In der Zeitung steht, dass Sie verbitterte Feinde sind«, sagt Hanna. »Bertold Bellegarde und Junge Unrast ... Rivalenkämpfe um den Erfolg.«

»Alles Unsinn, was da in der Zeitung steht«, sagt Bellegarde. »Nehmen Sie nur die Kritiken. Der Junge hat ganz selten mal eine gute Kritik. Ist Ihnen das nicht aufgefallen?«

»Oh, doch«, sagt Hanna. »Anfangs hat er sich das sehr zu Herzen genommen.«

»Und jetzt?«

»Jetzt liest er keine mehr.«

»Ehrlich?«

»Ehrlich«, sage ich.

»Erstaunlich«, sagt Bellegarde.

»Kritiker sind Arschlöcher«, meint Lisa.

»Nein«, sagt Berti. »Das kannst du nicht behaupten.«

»Sie bringen es selbst zu nichts«, ruft Lisa, »zu gar nichts. Sie können nicht spielen, nicht inszenieren und keine Stücke schreiben, und deshalb sind sie innerlich verletzt. Ihr könnt es mir glauben, sie sind alle Arschlöcher.«

»Prost«, sage ich. »Lasst uns darauf trinken.«

»Der Junge hat eine Art Theater zu spielen, die aussieht, als würde er sich nicht anstrengen«, sagt Bellegarde. »Das verwirrt die Kritiker. Sie sind noch an die großen Gesten von gestern gewöhnt. Daran liegt es.«

»Prost«, sage ich. »Können wir jetzt endlich darauf trinken?«

»Das Publikum liebt ihn«, sagt Bertold. »Das Publikum weiß Bescheid, hat Gespür für das Echte. Aber die Kritiker sehen es nicht.«

»Wollen es nicht sehen«, sagt Lisa.

»Zum letzten Mal«, sage ich. »Sonst trinke ich alleine.« Wir stoßen an.

»Erst wenn du runterkommst von der Bühne und was trinkst, merkst du, wie durstig du bist«, sage ich. »Auf der Bühne weiß das keiner, wie durstig er ist.«

»Der Arzt«, sagt Lisa. »Der Arzt im Schnee vor einem Jahr. Der hat Sie heiraten wollen, oder?«

»Ja«, antwortet Hanna. »Woher wissen Sie das?«

»Er hat es mir erzählt. Damals. Auf dem Weg zu Ihrem Auto. Haben Sie das Auto noch?«

»Ja«, sagt Hanna. »Es ist schon ziemlich klapprig.«

»Besser als gar keins«, sagt Lisa. »Wir anderen hier haben keins.«

»Madame«, sagt Bertold, »Sie sollten ihn heiraten, Madame.«

»Wen?«

»Den Jungen.«

»Du bist verrückt«, ruft Lisa.

»Überhaupt nicht«, sagt Bertold. »Die drei leben doch jetzt schon wie eine Familie. Madame, das Kind und der Junge.«

Hannas Augen sind ganz tief geworden. Ich kann mich nicht mehr darin sehen. Nur ganz tief hinten kann ich etwas sehen. Dunkel. Ängstlich. Hanna selber. In dem tiefen Dunkel da. Hanna. Und sehr erschrocken.

»Herr Bellegarde, wollen Sie sich lustig machen?«

»Keineswegs, Madame.«

»Ich bin zu alt für ihn.«

»Nichts da! Sie sind bezaubernd.«

»In zehn Jahren würde er mich verlassen, verdammt nochmal. Wenn nicht noch früher ...«

»Na und?«, sagt Lisa. »Mir wär's recht.«

»Was wäre Ihnen recht?«

»Zehn Jahre mit diesem Lachen«, sagt Lisa. »Mir wär das recht. Diese versponnenen Gedanken und seine Wildheit, und überhaupt ...«

»Wie überhaupt?«

»Seine Jugend«, sagt Lisa. »Wenn ich zehn Jahre mit so einem jungen Kerl wie dem da haben könnte, ich würde sie nehmen. Seine Jugend würde ich mir nehmen. Festhalten. Lange. Klar, dass er eines Tages seine drei Hemden in einen Koffer packt und pfeifend aus dem Zimmer geht. Aber dann habe ich etwas, woran ich denken kann, versteht ihr? Und das ist immer noch besser, als zehn Jahre lang alles Mögliche an Männern gehabt zu haben.«

»Stimmt«, sagt Bellegarde. »Lisa hat Recht.«

»Sie können Berti glauben«, sagt Lisa. »Davon versteht er was. Berti versteht was von jungen Männern.«

»Kinder«, sagt Hanna, »gebt mir noch was zu trinken. Ihr macht mich ganz verwirrt.«

Berti gießt die Gläser voll. Es ist guter Sekt.

Hanna wirft mir einen Blick zu.

»Sehen Sie sich ihn an«, sagt sie. »Da sitzt er, trinkt und sagt keinen Ton.«

»Was soll ich denn sagen, Hanna?«

»Das ist wahr«, sagt Lisa. »Was soll er denn schon groß sagen? Es hat ihn ja keiner was gefragt.«

Hanna tastet sich mit den Fingerspitzen über ihre Stirn.

»Du siehst aus wie Marie«, sage ich. »Lass uns jetzt nach Hause gehen.«

Die Nacht ist ziemlich warm für diese Jahreszeit, und der Motor springt sofort an.

»Hör mal zu, Hanna, fahr noch nicht sofort los.«

»Warum? Was ist?«

»Ich wollte das da drin nicht sagen, weil die beiden das ja gar nichts angeht, verstehst du, aber es ist wahr.«

»Was ist wahr?«

»Es ist wahr, dass ich dich gern heiraten möchte.«

»Verdammt nochmal«, sagt sie. »Einfach so aus dem Nichts heraus?«

»Ja«, sage ich. »Einfach so. Und mach doch mal das Licht im Auto an.«

»Warum?«

»Damit du mein Gesicht sehen kannst.«

»Warum?«

»Weil ich es wirklich meine.«

»Chouchou, hast du viel getrunken heute?«

»Mach jetzt keine Sachen, Hanna. Ich habe den ganzen Tag gearbeitet, und außer dem Glas Sekt eben habe ich nichts gehabt, denn wenn du mir nichts gibst, gibt mir sowieso kaum einer was.«

Sie legt ihren Kopf aufs Steuerrad, und ich streiche ihr über den Rücken und warte, bis sie fertig ist mit dem Weinen. »Willst du?«

Sie nickt, und dann sagt sie, dass es ganz bestimmt der blödeste Fehler in ihrem Leben ist, aber wenn ich wirklich will, dann heiraten wir eben.

EIN UNGLEICHES PAAR
Sylt Ostern 1950

Wir teilen uns den Strand mit den Möwen. Das ist wie der Anfang der Zeit. Ein schwerer Himmel reißt sich selbst in Fetzen. Eisgrüne Wellen steigen gläsern zu den Wolken hoch. Sturmböen peitschen die Krustenhaut der Dünen mit langen, dürren Gräsern. Möwen taumeln schreiend durch den dunklen Sturm.

»Hanna«, sage ich, »hör mal zu. So ist der Anfang der Welt gewesen. So wie heute. Kein bisschen anders. Nicht wie auf Bildern, unter Palmen, mit einem weiten blauen Himmel und bunten Vögeln und tausend Blumen; Eva nackt und Adam nackt, und alles, was sie zum Leben brauchen, ist schon da. Geschenkt. Greifbar. So kann das nicht gewesen sein.«

»Nein?«

»Nein. Gott war am Anfang unentschlossen. Glaub mir das. Er hat das alles erst mal ausprobiert. Und aus Versehen ist ein Sturm daraus geworden. So ein Kampf wie heute. Wo keiner wissen kann, wie das alles mal ausgehen soll, wer gewinnen wird, das Wasser oder der Himmel oder die Erde.«

»Und wer hat gewonnen, deiner Meinung nach?«

»Adam und Eva.«

»Bei solcher Kälte?«

»Ja. Gott hat ihnen Seemannspullover gegeben.«

Hanna lacht.

»Wirklich wahr, Hanna. So wie unsere. Und Cordhosen. Und Gummistiefel. Alles so wie das, was wir hier anhaben.«

»Chouchou, du bist verrückt. Ich liebe dich.«

»Ich liebe dich auch, Hanna. Und jetzt gehen wir schwimmen.«

»Schwimmen? Willst du, dass ich mir den Tod hole?«

Sie sieht mir zu, wie ich mich ausziehe und durch die Dünen zum Wasser renne. Dann zerbricht das grüne Glas der ersten hohen Welle über mir und wirft mich mit den Scherben auf den Strand zurück. Der Schlag ist hart, und der Sand will mir die Haut aufreißen, aber das Wasser ist herrlich warm, viel wärmer als der Wind. Ich renne dem Sog nach, der meine Füße ins Meer zerren will, und tauche unter der nächsten Welle hindurch und kämpfe mich durch die Gischt in ein Tal aus brodelndem Frieden.

Ich lege mich auf den Rücken und lasse mich nach oben tragen zu einem gischtigen Kamm, und da oben schreit der Sturm, aber wenn die Welle mich dann wieder tief nach unten in ihren Schoß nimmt, greift die Stille nach mir, und ich schlucke das Salz des Meeres.

Von den höchsten Höhen dieses Sturmes kann ich Hanna sehen. In den Dünen. Unter mir. Tiefer als die Berge dieses aufgebrachten Meeres. Dürr steht sie da. Suchend. Wie ein hochgestreckter Akt von Giacometti.

Dann stürzt sich Regen auf das Meer. Der Tag wird schwarz. Ich kann Hanna nicht mehr sehen. Eine Welle wirft mich in den Sand. Dann ist Hanna neben mir. Ich

höre ihre windzerfetzten Worte. »Verheiratet ... paar Tage
erst ... wieder mal ... alleine lassen ...«

Ich sage nichts. Kein Wort. Greif sie mir. Lach mit ihr.
Sie steckt voller Furcht. Ich beiße ihr die Furcht von ihren
starren Lippen.

Das Haus steht hinter dem Roten Kliff und hat viel Platz
um sich herum. Überall wächst flaches Gestrüpp, Heide-
kraut, Blaubeeren. Wenn die Böen über die weite Fläche
fegen, duckt sich das Gestrüpp verängstigt auf den Boden.

Es ist ein rotes Backsteinhaus mit einem Dach aus Stroh.
Weiter hinten steht noch ein Haus. Irgendwo im Regen.

Unten im Haus ist ein Krämerladen. Die Frau kommt
aus dem Dunkel. Ihre Schulter stößt an den Ständer mit
Ansichtskarten.

»Mein Gott, Sie sind ja richtiggehend blau gefroren! Gehen Sie schnell nach oben. Nehmen Sie ein heißes Bad.
Ich bringe Ihnen eine Sylter Welle auf Ihr Zimmer.«

Auf der Treppe nach oben bleibt Hanna stehen. »Weißt
du, die Leute hier sind sehr verwirrt.« Sie lehnt sich an die
Wand und lacht. »Sie können sich nicht vorstellen, dass
wir verheiratet sind.«

»Wenn Ostern vorbei ist, werden sie es in der Zeitung
lesen.«

»Na gut, aber jetzt ist Ostern noch nicht vorbei. Und
diese Spießer können es sich nicht vorstellen. Sie haben
dich für meinen Sohn gehalten.«

»Tatsächlich?«

»Ja.« Sie presst die Hände zwischen ihre Beine und
beugt sich nach vorn. »Blond wie du bist ... für meinen
Sohn!«

»Hör auf zu lachen, Hanna.«

»Du und mein Sohn ...«

»Geh weiter, Hanna. Leg dich ins Bett. Inzest ist eine tolle Sache.«

»Bitte nicht, Chouchou ... Sag bloß nichts mehr ... Noch ein Wort, und ich mach mir in die Hose ...«

Am Abend sitzen wir in dem niedrigen Zimmer neben der Küche. Wir schlürfen Wein.

»Ostern ist sonst ein wichtiges Geschäft für uns«, sagt die Wirtin. »Aber die Kälte dieses Jahr ...«

»Sie tun mir Leid«, sagt Hanna.

»Mir auch«, sage ich. »Aber nicht mehr lange. Ich habe Hunger. Und Mitleid hat noch keinen Menschen satt gemacht.«

»Bitte sehr«, sagt die Wirtin. »Wir haben heute Kutterscholle. In Speck gebraten. Falls das recht ist.«

»Jetzt hast du sie beleidigt«, sagt Hanna.

»Möglich«, sage ich. »Aber dieses Gequatsche stiehlt uns nur die Zeit. Heute ist schon Sonnabend. Montag muss ich nach Berlin. Wir haben nur noch morgen.«

»Weißt du«, sagt Hanna, »unsere Heirat, das ist mein glücklichster Tag gewesen.«

»Marie war auch sehr aufgeregt.«

»Ja. Marie war auch so aufgeregt wie ich. Hat es dir was ausgemacht, dass ich dem Standesbeamten einen Kuss gegeben habe?«

»Nein.«

»Er hat es verdient. Findest du nicht auch?«

»Nein.«

»Chouchou, sei kein Spielverderber. Ich habe dem Standesbeamten doch nur einen Kuss gegeben, weil er unsere Trauung so feierlich gestaltet hat.«

»Also gut, wenn du willst, fahren wir irgendwann mal wieder vorbei und geben ihm noch einen Kuss. Aber nur, wenn er das bisschen Text auch auswendig kann, denn bei uns hat er die paar Sätze nur vom Blatt gelesen.«

Ich nehme unsere Flasche mit aufs Zimmer und sehe Hanna in der Wanne zu. »Hanna, wenn du schlucken willst, mach Zeichen. Mund auf. Hochgestreckt. So. Wie ein Fisch. Dann kommt mein Glas. Verstehst du? So.«

»Du bist lieb.« Sie sieht auf. Mit überblanken Augen.

»Chouchou?«

»Ja?«

»Das Fest gestern. In der Kleinen Rabenstraße. Unser Hochzeitsfest.«

»Was ist damit?«

»Ich habe es für dich gegeben.«

»Nein. Nicht für mich. Für dich. Oder für Martin. Vielleicht auch noch für die anderen feinen Leute da aus Hamburg. Für mich bestimmt nicht. Ab elf hab ich bei Marie am Bett gesessen und ihr was vorgelesen.«

»Chouchou, ich liebe Feste.«

»Ich weiß. Das war ja schon in Konstanz so.«

»Gib mir was zu trinken. Und sag mir, wie du es fandest, dass ich diese vielen schönen Frauen für dich eingeladen habe.«

»Das war sehr nett von dir. Hier ist dein Glas.«

»Danke, Chouchou. Alle diese schönen Frauen aus deinem Ensemble. Und nicht eine einzige darunter, mit der du nicht geschlafen hast.«

»Verstehe, Hanna. Deshalb hast du sie eingeladen ...«

»Was meinst du?«

»Um zu triumphieren.«

»Vielleicht ...«

»Um den anderen zu sagen, ›mit euch hat er gespielt. Aber mich hat er geheiratet.‹«

Sie lacht. »Chouchou, du bist gar nicht so dumm, wie du manchmal aussiehst.«

»Frau Unrast, komm raus aus dieser Wanne da. Trockne dich ab. Du wirst jetzt übers Knie gelegt.«

»Ich glaube nicht, dass mir so was Spaß macht. Aber wenn du unbedingt willst, können wir es ja mal probieren. Chouchou?«

»Ja?«

»Drei Monate alleine in Berlin. Das hältst du nicht aus. Ohne eine Frau hältst du das nicht so lange aus. Dazu bist du zu vital.«

»Du kannst mich ja besuchen kommen.«

»Ja. Wir kommen dich besuchen, Marie und ich. Aber trotzdem ...«

»Was meinst du?«

»Wenn du dir unbedingt eine andere nehmen musst, dann nimm sie dir. Aber mach es so, dass ich davon nichts merke.«

»Hör auf zu reden. Komm jetzt aus der Wanne raus.«

DREIHUNDERT KILOMETER ÖSTLICH
Berlin-Grunewald Juli 1950

Es ist gut, am siebten Tag mal nichts zu tun. Es ist gut, drehfrei zu sein. Ich liege hinter dem Gehrhus auf der Wiese und döse zu den Kiefern hoch und lese Camus. Manche Seiten muss ich immer wieder lesen, aber es fällt mir kaum auf, dass ich sie immer wieder lese.

Zwischen den Seiten steckt eine Postkarte. Kirchtürme sind darauf zu sehen. Und ein See, mitten in der Stadt. »Lieber Junge, letztes Wochenende, das war schön bei dir in Berlin. Aber als ich wieder unter unserem Baum an der

Alster saß, habe ich doch weinen müssen. Kuss. Dein Mädchen.«

Der Baum steht nur dreihundert Kilometer weit von mir entfernt. Und selbst auf schlechten Straßen ist die Fahrt dahin nicht lang. Aber an der Grenze halten sie die Autos stundenlang zurück. Zwischen Stacheldraht. Zwischen dem einen Deutschland und dem anderen.

Mittags kommt Martin Weber über die Hotelterrasse.

»Sag mal, Junge, hast du schon mit Hanna telefoniert?«

»Nein. Sonntags lasse ich sie ausschlafen. Ich rufe sie bisschen später an. Nachher, wenn wir zum Essen gehen.«

»Sie ist schon lange wach. Ich hab bereits mit ihr geklönt.«

»Und?«

»Ich soll's dir schonend beibringen.«

»Was?«

»Sie hat das Nachbarhaus gekauft.«

»Also doch.«

»Ja«, sagt Martin Weber. »Fremdenheim Rabenstraße. Sie hat es sich nun einmal in den Kopf gesetzt.«

»Leider«, sage ich. »Hanna braucht den Rummel.«

Vom Hotel kommt ein Kellner zu uns rüber und stellt zwei Biere vor uns hin. »Schönen Gruß vom Küchenchef«, sagt er. »Weil Sie doch morgens meistens durstig sind.«

»Danke«, sage ich. »Das stimmt. Und nicht nur morgens.«

»Prost«, sagt Martin.

»Auf die Party-Jule«, sage ich. »Lass uns einen auf die Party-Jule trinken.«

Martin nickt. »Ihr seid ein ungleiches Gespann«, sagt er. »Die Party-Jule und der Mann, der nicht gerne viele Menschen um sich hat.«

»Ja«, sage ich. »Die Wirtin von der Alster und der Kerl, der durch das Land zigeunert.«

»Hanna ist geschäftstüchtig«, sagt er. »Du hättest sie zu deiner Managerin machen sollen.«

»Nein«, sage ich. »Liebe und Geschäft – das sind verfeindete Geschwister.«

NOTIZEN BEI FÖHN
Starnberg 14. November 1950

In meinem Zimmer in dem kleinen Haus ist alles so, wie es im letzten Sommer war. Und auch der bunte Ball liegt noch vor der Glastür auf der Wiese. Am letzten Tag der Ferien hat Marie damit gespielt. Dann blieb er liegen. Dem Bauern, der im Sommer diese Wiese mäht, hab ich gesagt, dass der Ball da liegen bleiben muss. Hohes Gras ist weit über ihn hinausgewachsen.

Jetzt regnet es. Schon tagelang. Die Luft ist warm und dampft.

Diesen Sommer war der Himmel hoch. Das ist noch gar nicht lange her. Bayrisch blau. So nennen das die Leute hier.

Wir hatten schöne Ferien.

Manchmal hör ich noch das Lachen von dem Kind.

Marie ist inzwischen sehr gewachsen. Für sie waren wohl das Schönste diese Königsschlösser. Ludwigs wirre Architektenträume. Neuschwanstein, Hohenschwangau. Herrenchiemsee auch. Das kleine Schloss in Berg hat sie mit der linken Hand aus ihren Kinderträumen fortgewischt. Zu klein. Zu still. Zu wenig Brunnen. Und kaum steinerne Figuren.

Die Berge haben ihr nicht viel bedeutet. Sie kannte das. Aus ihrer Kindheit in der Schweiz.

Die meisten Tage im August haben wir für uns gehabt. Und noch ein Stück von dem September. Dann ging der Film los, und die beiden sind zurückgefahren. Nach Hamburg. Und da sind sie jetzt.

Hanna war bezaubernd. Jeden Tag. Und nachts hat sie mich nur selten schlafen lassen.

Als sie ankam, war ihr alter Opel voller Kisten. Champagner. Krug. Ihre Lieblingsmarke. Jetzt liegen im Keller nur noch leere Flaschen.

Einmal ist sie mit ins Studio gefahren. Die Fahrt war schön. Über Hohenschäftlarn. Durch die Wiesen. Doch in Geiselgasteig war sie recht still. Die Leute von der Produktion haben kaum gemerkt, dass sie im gleichen Raum war. Beim Anprobieren der Kostüme ist sie weggegangen. Auf dem Weg nach Haus hat sie gesagt: »Chouchou, das ist deine Welt. Leb in dieser Seifenblase lieber ohne mich.«

UNGESAGTE ANTWORT AUF DEN
LETZTEN SATZ
16. Dezember 1950

Nein, meine Welt ist keine Seifenblase. Mein Tag fängt morgens an um sechs. Ab halb neun drehe ich. In den Bavaria Studios. *Tonio Kröger*. Nach Thomas Mann.

Ich habe damit große Sorgen, denn die Novelle eignet sich nicht so recht für einen Film. Sehr lyrisch. Und für einen Film zu lang. Das fürchte ich. Zu lang für unser Publikum.

Und diese Andeutung von Knabenliebe, die macht mir doch ganz schön zu schaffen. Denn es kann auf der Leinwand ja nur wirklich Wirkung haben, wenn es auch ähn-

lich halb verdeckt-verwirrt verstanden wird, so, wie es aufgeschrieben steht. Und das ist vor der Kamera nicht leicht.

Abends hab ich dann den großen Spaß. Um fünf ist
Schluss im Atelier. Dann fahr ich in die Kammerspiele, leg
mich auf meine Couch in der Garderobe, lese Zeitung,
mach das Licht aus, döse noch ein wenig vor mich hin.

Um halb acht kommt Doris dann in das dunkle Zimmer.
Sie spielt die Frau zwischen beiden Männern in dieser Ko-
mödie aus Amerika. Die Süße küsst mich wach. »Steh auf.
Das Feuerwerk geht los!«

Jeden Abend volles Haus. Jeden Abend viel Gelächter.
Verwünschtes Herz. Drei Personen auf der Bühne. Und viel
Spaß im Publikum. Seifenblase, zugegeben. Aber eine
bunte, kluge und mit viel Spaß.

Nachts hocke ich dann in verschiedenen Kneipen.
Schwabing meistens, esse was. Dann gehe ich zu Ken. Das
ist ein Maler. Aber sein Geld macht er wohl mit dieser
Kneipe. Manchmal ist Erich Kästner da. Dann reden wir
die halbe Nacht. Und wenn ich dann richtig schön betrunken bin, geht meistens noch ein Mädchen mit. Eine von
den Hübschen, die sich bisschen was alleine fühlen.

GLÜCK UND FLAUTE
München 15. März 1951

Um fünf war ich mit Wenzel May verabredet, aber als ich
in das Vier Jahreszeiten komme, ist er noch nicht da. Der
Hotelportier winkt mir zu, aber ich habe keine Lust, mit
ihm zu reden. In der Halle drängen sich Männer ohne
Frauen. Franzosen. Sie sind ziemlich laut und aufgeregt.

In der Bar ist noch nichts los. Als ich reinkomme, legt
der Barmann seine Zeitung weg.

»Sie sind früh dran«, sagt er.

»Robert«, sage ich, »das ist die schönste Stunde des Tages in einer Bar. Wenn ich mal reich bin, schaffe ich mir eine eigene Bar an, in der nie einer sitzt. Nur der Barmann und ich.«

»Interessanter Gedanke«, sagt Robert. »Was trinken wir denn heute? Pils vom Fass, wie immer?«

»Ja. Ist mein Freund May schon hier gewesen?«

»Nein. Bis jetzt ist noch niemand hier gewesen.«

Neben ihm liegt eine Zeitung. »Sehen Sie da besser nicht rein«, sagt er.

»Warum?«

»Wegen der Filmkritik. Sie kommen ziemlich schlecht weg dabei.«

»Ich weiß, Robert. In den anderen Blättern nehmen sie mich auch ganz schön auseinander.«

»Also, ich beneide Sie da kein Stück, Herr Unrast. Immer diese Sachen in der Zeitung. Ich möchte so nicht leben müssen.«

»Nein, Robert, ich möchte am liebsten so auch nicht leben müssen, aber es ist nun mal das einzige Leben, das ich kenne.«

»Wie fühlt sich das denn an, wenn man so auseinander genommen wird?«

»Dumpf, Robert. Erst mal fühlt es sich dumpf an. Und dann machst du einen Schnellkursus als Mechaniker.«

»Wie meinen Sie das?«

»Wenn sie dich auseinander nehmen, dann gehen sie sehr sorglos mit deinen Einzelteilen um, und danach sammelst du alles auf, was du einmal gewesen bist, und dann baust du dich mühselig wieder zusammen.«

»Ich glaube, Sie sind der härteste Bursche, den wir hier so haben, Herr Unrast.«

»Robert, sei bitte nicht enttäuscht, aber das sieht nur so aus.«

»Nehmen Sie es sich bloß nicht zu Herzen«, sagt der Barmann. »Hier ist Ihr Bier.«

Gegen Viertel nach fünf kommt Wenzel May. Er fuchtelt mit seiner Aktentasche über seinem Kopf herum.

»Mein lieber Junge«, sagt er. »Wirst du gleich den Mund aufmachen! Tach, Robert. Gib mir einen Whiskeysoda.«

»Nehmen Sie lieber einen Doppelten. Und heitern Sie mir den Mann da auf.«

»Warum? Was ist?«

»Hör zu, Wenzel«, sage ich. »*Tonio Kröger* ist ein Reinfall. Gestern Abend war ich noch in Essen. In der Lichtburg. Die letzte Vorstellung war nur zu einem Drittel voll.«

»Ich weiß«, sagt er. »Ich habe mir die Besucherzahlen geben lassen. Es sieht ziemlich blamabel aus.«

»Kannst du dich noch erinnern, Wenzel, wie es im Oktober in der Lichtburg war? Was? Weißt du das noch?«

»Und ob!«, sagt Wenzel. »Einmalig ist es gewesen! Absoluter Hausrekord.«

»Was war das für ein Film?«, will der Barmann wissen.

»*Liebeswalzer*«, sagt Wenzel, »mit der Doris als Königin Luise.«

»Oh, die ist toll«, sagt der Barmann. »Die Doris ist der reinste Zucker. Die Jungfrau der Nation.«

»Robert, hör auf«, sage ich. »Du redest schon in Schlagzeilen. Es ist grässlich, wenn Menschen in Schlagzeilen reden.«

»Verzeihen Sie«, sagt der Barmann.

»Du brauchst es dir nicht zu Herzen zu nehmen«, sagt Wenzel, »aber das hättest du sehen sollen, wie das gewesen ist, letzten Oktober, als der Junge und die Doris zur Lichtburg gekommen sind. Da waren alle Straßen abgesperrt.«

»Ich weiß«, sagt Robert. »Es stand ja in allen Zeitungen. Mit Fotos. Zehntausend Mädchen rings ums Kino, und sie haben geschrien. Ganz hysterisch waren die. Stimmt's?«

»*Liebeswalzer*«, sage ich. »Bei so was rennen sie rein, und bei *Tonio Kröger* sind alle Kinos leer.«

»Junge«, sagt Wenzel, »ich will dir mal was verklickern, ob du es nun hören willst oder nicht. Die Leute wollen sich amüsieren. Lachen wollen die Leute. Bisschen Kitsch wollen sie haben. Kapier das doch endlich mal! Keiner will nachdenken! Das tun sie ja den ganzen Tag. Warum sollen sie dann noch Geld an der Kinokasse zahlen, bloß, um wieder nachdenken zu dürfen?«

»Richtig«, sagt der Barmann. »So ist es richtig.«

»Das war doch der Fehler«, sagt Wenzel. »Damals, gleich nach dem Krieg. Tolle Filme haben sie gemacht, der Käutner und der Jugert und der Staudte und was weiß ich. Aber das waren Trümmerfilme. Und die Leute mussten über Trümmer klettern, um Trümmerfilme zu sehen, und das haben sie eben nicht lange mitgemacht. Und sind weggeblieben. Aber dann sind die Amerikaner gekommen mit Orson Welles und Ginger Rogers und Fred Astaire und James Stewart und mit diesen Tanzfilmen und mit diesen Komödien, und auf einmal waren alle Kinos wieder voll.«

»Richtig«, sagt der Barmann. »Gebt dem Volke, was des Volkes ist.«

»Ja«, sage ich. »*Schwarzwaldmädel. Grün ist die Heide.* Man kann gar nicht so viel essen, wie man kotzen möchte.«

»Ich will dir die Wahrheit anvertrauen«, sagt Wenzel zu dem Barmann. »Dieser Junge Unrast ist das größte Arschloch unter der Sonne, und von mir aus kannst du das ruhig weitersagen.«

»Mann o Mann«, sagt Robert. »Und da wird er nicht mal böse.«

»Wir kennen uns schon etwas länger«, sage ich.

»Muss wohl so sein«, sagt der Barmann.

»Junge, die letzte Runde hast du klar verloren«, sagt Wenzel May. »Und deshalb nehm ich dich jetzt aus dem Ring. Vorübergehend. Du steigst vorübergehend aus dem deutschen Ring. Und nur für kurze Zeit.«

»Verstehe. Und wo geh ich hin?«

»Nach Hollywood.«

»Aha! Und was mache ich in Hollywood?«

»Einen Film.«

»Aha.«

»Mit Karl Bessinger.«

»Aha.«

»Bessinger macht Regie und Produktion. Für United Artists.«

»Aha.«

»Du hörst dich an wie 'ne Schallplatte mit Sprung mit deinem Aha, Aha!«

»Erzähle endlich«, sage ich. »Sonst nimmst du Robert noch den ganzen Spaß.«

»Also«, sagt Wenzel, »der Bessinger verfilmt dieses Stück, das du an den Kammerspielen spielst, *Verwünschtes Herz*. In Amerika heißt es *The girl and the moon*. Und das Raffinierte an der Sache ist, dass er zwei Versionen daraus macht. Eine amerikanische und eine deutsche. Weil es ja nur drei Personen sind, verstehst du? Also nimmt er drei amerikanische Schauspieler für *The girl and the moon* und drei Deutsche für *Verwünschtes Herz*. Der Mann ist nicht dumm, sage ich dir. Zwei Filme in der gleichen Dekoration! Kaum Mehrkosten. Drei Gagen mehr und drei Flugscheine von hier nach Los Angeles und ein bisschen Filmmaterial mehr, das ist alles. Aber dann hat er für den Welt-markt einen amerikanischen Film in Englisch und für un-sern Markt einen in deutscher Sprache und mit deutschen Stars. Also, was sagst du?«

»Nicht so schnell, Wenzel. Da kann ich nicht sofort was sagen.«

»Lass dir ruhig Zeit.«

»Wann soll er denn da drüben sein?«, fragt der Bar-mann.

»Am 3. Juni.«

»Geht nicht«, sage ich. »Da drehe ich doch bei der Bava-ria.«

»Eben nicht«, sagt Wenzel.

»Wie meinst du das?«

»Sieh mal, mein Junge, das ist so: Wenn dein Produzent kalte Füße hat, wegen *Tonio Kröger*, dann kann er daran nicht viel machen. Nun hat er aber auch noch einen Ver-trag für drei weitere Filme mit dir. Und wenn er die nicht mit dir drehen will, dann braucht er das auch nicht zu tun. Kann ihn keiner zwingen. Aber zahlen muss er, verstehst du? Um die teure Pinkepinke kommt er nicht drumrum. Und, mein lieber Mann, das schmerzt ja dann ganz fürch-terlich ...«

»Und weiter?«, sagt der Barmann.

»Und nun kommt der schlaue May und sagt zu dem Produzenten: Wir entlassen Sie aus dem Vertrag. Hier, nehmen Sie das Stück Papier. Zerreißen Sie es. Der Junge will keinen Streit. Seine Freiheit will er. Sonst nichts.«

»Und?«

»Manchmal, Junge, muss man den Mut haben, alles auf eine Karte zu setzen.«

»Was meinst du?«

»Schreib die drei deutschen Filme ab. Setz lieber alles

auf den einen da in Hollywood. Wenn der einschlägt, sieht dein Leben sowieso ganz anders aus.«

»Möglich«, sage ich.

»Merkwürdig«, sagt der Barmann. »Eben waren wir noch ganz bedrückt, weil der *Tonio Kröger* eine Pleite ist.«

»Da hast du es«, meint Wenzel. »So ist das nun mal im Leben.«

»Ich dachte immer, nur wer Erfolg hat, darf nach Hollywood«, sagt Robert.

»Bei dem Jungen läuft das anders«, sagt Wenzel. »Weil die Deutschen ihn nicht mehr haben wollen, kann Hollywood ihn kriegen.«

»Verrückt«, sage ich.

»Ja«, sagt der Barmann. »Total verrückt.«

9.

KALIFORNISCHES TAGEBUCH
Juni 1951

Das ist so eine Sache mit der geschenkten Heiterkeit. Sie macht mich manchmal schwindlig. Beim Aufwachen. Wenn ich mich frage, wo ich bin. Wenn ich mir sage: Hollywood. Dann kneif ich mich. Und muss darüber lachen. Und schüttele meinen Kopf. Und kneif nochmal.

Hollywood.

Es bleibt dabei. Jeden Morgen wieder. Keine dieser hellen Stunden bringt mich zurück in meine Welt von neulich.

Ich strecke mich. Und freue mich. Und gähn mich aus. Ich streck mich jeden Morgen aus in meinem Lachen.

EIN TAG UNTER VIELEN

Sieben Uhr früh

Die erste Palme meines Lebens fächert ihre Streifenblätter gleich unter dem Fenster meiner kleinen Wohnung an die weiße Wand. Später, auf dem Weg zum Studio, fahre ich unter vielen anderen Palmen durch. Sie stehen links und rechts am Sunset Boulevard, riesig hoch und dünn, mit breiten Kronen, zwei Reihen dürrer Indianer mit Kopfputz auf dem Weg zur Paramount, morgens, vor Drehbeginn zu einem neuen Western. Abends traben sie dann am Straßenrand im Gänsemarsch zurück und zeigen mir den Weg nach Hause.

Am Ende der langen Reihe dünner Palmen reckt sich das Chateau Marmont wie ein Fremdling, weiß und hoch, über seine flach gestreckten Nachbarn in den blauen Himmel. Ein Architekt, dessen Namen keiner weiß, hat kräftig in seinen Steinbaukasten gegriffen und alles drangebaut, was es so gibt an Zinnen, Türmen, Säulen, Dachterrassen und Balkons.

Mein Apartment hat keinen Balkon. Es ist klein und von der billigeren Sorte. Aber wenn die Fenster offen stehen, wirkt es wie ein Gartenzimmer. Mittags weht ein heißer Wüstenwind die langen Vorhänge in den Raum, und in der Kühle der Nacht rolle ich mich fest in meine Decken ein. Oft kommt der Duft von Jasmin und Rosen aus den Gärten zu mir hoch und lässt mich lange Zeit nicht schlafen.

Der Eingang zum Hotel ist düster. Holzgetäfelt. An den Eichenwänden hängen Fotos von berühmten Leuten. Die Telefonistin sagt, die haben alle hier schon mal gewohnt.

Morgens um sieben ist es noch kühl in der finsteren Halle. Ich renne durch die Galerie berühmter Gesichter und mache Morgentraining gleich neben dem Swimmingpool. Wenn ich total außer Puste bin, lass ich mich ins Wasser fallen.

Acht Uhr früh

Wenn ich zu Schwab's Drugstore gehe, lasse ich das Auto in der Garage stehen. Ich gehe gerne die paar Häuserblocks zu Fuß. Meist bin ich der Einzige, der hier zu Fuß geht auf diesen verfallenen Bürgersteigen.

Morgens um acht riecht es nach Bohnerwachs und heißem Kaffee bei Schwab's, und die Leute, die da an der Frühstücksbar rumhocken, sind fast immer die vom Tag vorher. Sie schlürfen ihren Kaffee, lesen *Variety* und *Hollywood Reporter* und machen Striche an den Rand der Zeitung, wenn ein Studio Komparsen braucht oder wenn in einem Film noch kleine Rollen offen sind. So gegen neun schlendern sie zu ihren zerbeulten Autos und fahren mutlos ab.

»Wie wär's mit Kaffee?«, sagt der Mann hinter der Kaffeemaschine.

»Einverstanden«, sage ich. »Und paar *donuts.*«

»*Hey*«, sagt das Mädchen neben mir. »Jeden Morgen kommst du hier rein, so wie wir alle, in Jeans und T-Shirt und so, trinkst deinen Kaffee, so wie wir alle, und dabei bist du was ganz Berühmtes ...«

»Nu hör bloß auf«, sage ich. »Bei dir ist von Jeans nie was zu sehen. Du machst hier jeden Morgen großen Glanz, in deinem bunten Sommerkleid und deinen *boobs* bis oben hochgeschnallt. Pass bloß auf, dass du die nicht noch höher schnallst, sonst springen sie dir noch raus da oben.«

»Ja«, lacht sie. »Ist das nicht schlimm? Ich muss das machen. Sonst nehmen mich die Fotografen nicht. Wenn ein Mädchen keine *boobs* hat, wird sie nicht genommen.«

»Kommt das nicht auf den Fotografen an?«

»Ach was. Die sind doch alle gleich. Erst sagen sie dir, du sollst 'n Bikini mitnehmen, weil die Fahrt zum Strand geht, aber sobald du den anhast, ziehn sie ihn dir aus.«

»Machst du Fotos für Kalender?«

»Ja, manchmal auch Mode, alles Mögliche.«

»Du kannst mir ja mal so 'n Kalender geben«, sage ich. »Wenn du einen übrig hast.«

»Gern«, sagt sie. »Und wenn ich gewusst hätte, dass du wer Berühmtes bist, dann hätte ich schon viel früher mal 'n bisschen mit dir gequatscht.«

»Jetzt weiß ich«, sagt der Mann hinter der Kaffeemaschine. »Ich bin nicht gleich drauf gekommen, aber jetzt weiß ich. *Variety* schreibt, Sie sind der erste Deutsche in Hollywood seit Emil Jannings.«

»Wir sind zu dritt aus Deutschland hier«, sage ich.

»Ja«, meint der Mann, »aber der andere ist Österreicher. Und das Mädchen kommt aus der Schweiz. Oder?«

»Doch«, sage ich. »Das ist wahr.«

»Ich weiß nicht, ob Österreicher oder Schweizer hier schon mal gearbeitet haben, seit der Krieg zu Ende ist«, sagt der Mann. »Aber von den Deutschen sind Sie ganz bestimmt der erste.« Er streckt mir seine Hand entgegen. »Mein Name ist Chuck, und ich freue mich, Ihre Bekanntschaft zu machen.«

»Mein Name ist Junge, und ich weiß, dass das schwer auszusprechen ist.«

»Keineswegs, Jongen«, sagt er. »Habe ich es richtig gesagt? Jongen?«

»Ja. Ganz richtig. Ganz fabelhaft.«

»Na, sehen Sie ... Hier ist Ihr Kaffee und die beiden *donuts.*«

»Wie sind die beiden anderen? Die Schweizerin? Und der Mann aus Wien? Auf dem Bild hier sieht er unglaublich sexy aus.«

»Wenn es Ihnen nichts ausmacht«, sagt der Mann, »es würde mich auch sehr interessieren, von Ihren Kollegen mehr zu hören.«

»Das Mädchen habe ich erst hier kennen gelernt. Hellen Hausermann aus Zürich. Sie spielt am Neuen Schauspielhaus. Mit siebzehn war sie schon gut. Als Heilige Johanna.

Es soll grandios gewesen sein. Jetzt ist sie achtzehn und macht schon ihren zweiten Film.«

»Ist sie hübsch?«, will das Mädchen wissen.

»Ja. Von der gesunden Sorte. Gesund hübsch, wenn du weißt, was ich meine.«

»Ich wette, sie ist in dich verknallt«, sagt das Mädchen.

»Hör auf, Val«, sagt der Kaffeemann. »Ich glaube nicht, dass Jongen so was gerne öffentlich bespricht.«

»Ist doch ganz normal, dass man sich in seinen Partner verliebt«, sagt Val.

»Der Österreicher ist ein alter Freund von mir«, sage ich. »Oskar Barendorf. Wir nennen ihn Ossi. Ich weiß gar nicht, wie viele Filme er gemacht hat. Meine Mutter hat ihn schon angehimmelt.«

»Was? So alt ist der schon?«

»Weiß nicht. Er muss so um die fünfzig sein, aber er wirkt viel jünger. Und die meisten Frauen werden ganz verrückt, wenn sie ihn sehen.«

»Tatsächlich?«

»Ja. Er hat diese melancholischen braunen Augen. Wenn er irgendwo eingeladen ist, dann steht er nur still in der Ecke und sagt kaum ein Wort, aber die Frauen werden ganz nervös.«

»Na, dann wird sich die Kleine wohl in sexy Ossi verknallt haben«, sagt Val.

»Möglich«, sage ich. »Und wenn es soweit ist, Val, komme ich schnell rübergerannt und erzähl es dir.«

»Da siehst du es«, sagt der Kaffeemann, »Jongen mag es nicht, wenn du so persönlich wirst.«

Neun Uhr früh

Hellen und Ossi sind noch nicht am Pool. Ich gehe auf mein Zimmer und lerne Text. Diesmal habe ich es etwas schwerer, weil ich umlernen muss. Das Drehbuch hält sich nicht an den Text des Theaterstückes. Und der Theatertext sitzt tief bei mir im Kopf.

Kurz vor elf

Wir trudeln den Sunset Richtung Osten entlang. Das Verdeck ist runtergeklappt, und ich halte beim Fahren mein Gesicht in die Sonne. Wir sitzen alle drei vorne auf der Bank. Hellen sitzt in der Mitte und hat ihre Arme auf unsere Schultern gelegt.

»Das ist lieb von euch, dass ihr mich auch mal mitnehmt«, sagt Hellen.

»Lass deinen Hofhund zu Hause, und wir nehmen dich öfter mit«, sage ich.

»So ein Blödsinn, seine eigene Managerin mitzubringen«, sagt Ossi. »Als ob es in Hollywood nicht genügend Manager gäbe.«

»Lass nur«, sagt Hellen. »Sie macht ihre Sache gut. Regine gibt sich große Mühe. Jeden Abend sind wir bei wichtigen Leuten zum Dinner eingeladen. Gestern Abend waren wir bei Elia Kazan. Vorgestern bei den Zanucks.«

»Ich weiß«, sagt Ossi. »Sie reicht dich rum. Auf einem silbernen Tablett. Darfst du eigentlich deine Kleider anbehalten, wenn du auf dem Tablett herumgereicht wirst?«

»Hör auf«, sagt Hellen. »Du bist gemein.«

»Ja«, sage ich. »Hör schon mit diesen Dämlichkeiten auf.«

Als ich in die Fairfax einbiege, sagt Ossi: »Wo willst du eigentlich hin?«

»Zum Farmers Market.«

»Oh, ja!«, sagt Hellen. »Da bin ich schon mal gewesen.«

»Und was wollen wir da?«, fragt Ossi.

»Rumstromern«, sage ich. »Orangen kaufen. Auf umgekippten Kisten sitzen und Saft aus den Orangen saugen. Das Hemd voll kleckern. Faul sein.«

»Klingt gut«, sagt Ossi.

»Du, Junge«, sagt Hellen, »hast du auch Bammel vor der Probe?«

»Nein. Warum?«

»Ich habe jeden Morgen Magenbrummen. Wie früher vor der Schule.«

»Kann ich mir denken«, sagt Ossi. »Wegen Karl.«

»Ja«, sagt Hellen. »Dieser Bessinger ist der reinste Diktator. Beim kleinsten Fehler, den man macht, schreit er rum wie verrückt.«

»Früher haben fast alle Regisseure immer nur rumgebrüllt«, sagt Ossi. »Das war so die Methode.«

»Was für eine Methode?«

»Blödsinnige Methode«, sagt Ossi. »Erst haben sie einen Schauspieler zerstört, menschlich fertig gemacht, verstehst du, und wenn er dann nur noch ein Flatterbündel war, dann haben sie ihn wieder aufgebaut und mit ihm gemacht, was sie wollten, und dabei soll dann eine große Leistung herausgekommen sein. Schöpfungs-Methode, verstehst du?«

»So ein Blödsinn.«

»Sag ich doch.«

»Der Bessinger ist noch von der alten Schule«, sagt Hellen. »Ein Wiener Jude, glaube ich.«

»Der Mann ist ein Genie«, sagt Ossi. »Mit sechsundzwanzig war der schon Direktor vom Theater an der Wien.«

»Und dann?«

»Dann sind die Nazis in Wien einmarschiert, und er hat sich retten müssen.«

»Der weiß, was er will«, sage ich.

»Und ob!«, sagt Ossi. »In New York hat er ganz klein wieder angefangen. Als Schauspieler am Broadway. Und sieh dir mal an, wo er heute wieder ist.«

»Der Diktator von Hollywood«, sagt Hellen.

»Es ist schwer mit ihm«, sagt Ossi. »Aber der Mann kann was.«

»Ihr nehmt ihn ja nur in Schutz, weil er Jude ist«, sagt Hellen. »Ich bin Schweizerin. Ich brauch das nicht. Wenn ich Österreicher wäre oder Deutscher, dann würde ich ihn vielleicht auch in Schutz nehmen.«

»Hellen«, sage ich. »Wenn ich nicht so gut gelaunt wäre, würde ich jetzt anhalten und dir deinen Schweizer Rütli-Arsch versohlen.«

»Nun hört schon auf«, sagt Ossi. »Hört jetzt endlich auf mit diesen Dämlichkeiten.«

Ein Uhr mittags

Die Halle ist ein riesiges Quadrat. Kühl und dunkel. Und erdrückend. Wenn du allein beim Eingang stehst, merkst du überhaupt erst mal, wie klein du bist. Du kommst dir fast verloren vor. Du stehst da rum und sagst kaum was. Als wärst du in einer Kathedrale. Ganz weit oben hängen ein paar runde Leuchten. Lange Lichterfinger deuten von den Leuchten durch die Finsternis und weiter unten durch viel Staub. Ganz genau wie in so einer Kathedrale.

Auf dem dunklen Boden dieser Riesigkeit verlieren sich ein paar Sperrholzwände. Ein bunter Kubus. Wie von Kinderhänden hingestellt. Ein Puppenhaus. Mit allem, was dazugehört. Schlafzimmer, Bad, Treppenhaus und Fahrstuhl. Ein New Yorker Puppenhaus. Mit Wolkenkratzern vor den Fenstern. Ein Puppenhaus in großer Höhe. Sechzigster Stock. Wenn nicht noch mehr.

An den Kathedralenwänden stehen Zirkuswagen. Mit Namen an den Türen. Gene Tierney. Nächster Wagen: Hellen Hausermann. Dann: David Niven. Gleich danebn: Oskar Barendorf. Danach viel Dunkelheit. Und dann noch mal zwei: Junge Unrast. William Holden.

Ich klopfe an bei ihm.

»Was machst du heute Abend?«, fragt er.

»Weiß nicht«, sage ich. »Vielleicht geh ich ins Playhouse. Die spielen *Mice and men*. Wie ist denn Karls Stimmung heute?«

»Gut«, sagt Bill. »Fromm wie ein Lamm. Hör zu, Jongen, ins Playhouse kannst du morgen gehn. Ich hab da diesen Film gemacht mit Billy Wilder, *Stalag 17*, und wir haben nachher 'ne kleine Privatvorführung, für ein paar Freunde. Billy sagt, er freut sich, wenn du kommst.«

»Gemacht«, sage ich. »Wenn du willst, bring ich dich noch zum Parkplatz.«

Es ist bruttig heiß da draußen, wie wir so zwischen den Hallen durch zu seinem Auto schlendern.

Er legt seinen Arm auf meine Schulter. »Sag mal, Jongen, wie ist das jetzt mit dir in Los Angeles? Fühlst du dich wohl?«

»Sehr.«

»Nicht fremd?«

»Kein bisschen. Ich fühl mich hier zu Hause. Auf Anhieb hab ich mich hier wohl gefühlt.«

»Erstaunlich. Die meisten Europäer kommen hier an und erwarten, Europäer anzutreffen, und dann haben sie mit uns zu tun und merken, dass wir nicht ihre Brüder sind, verstehst du? Wir sind nicht eure Brüder. Allenfalls Cousins. Und zwar entfernte. Dieser Atlantik zwischen uns ist unermesslich weit. Und unser Leben hier ist zweihundert Jahre Leben in der Wildnis gewesen. So was verändert.«

An seinem Auto fragt er:

»Hast du dich schon an diese vielen flachen Häuser gewöhnt?«

»Ja.«

»Millionen Häuser und Millionen Gärten. Für einen Europäer muss das ganz fremd sein.«

»Sieht aus wie viele Dörfer«, sage ich. »Hier 'n Dorf und da 'n Dorf, und alles aneinander geklebt.«

»Ja«, sagt Bill, »das ist wahr. Das ist Los Angeles: Viele Dörfer auf der Suche nach einer Stadt.«

Nachmittags so gegen drei

Die Welt wird eng. Sie ist in diesen Kubus hier gedrängt. Sperrholzplatten. Zimmer ohne Decken. Und das endlose Dunkel eines Kathedralenhimmels über uns.

Harsches Licht aus Arbeitslampen steil von oben. Bessingers Augen liegen in schwarzen Höhlen. Seine Glatze glänzt, selbst wenn er ab und an im Schatten steht. Der Kameramann trägt einen Hut mit breiter Krempe. Sein Gesicht hat kaum Kontur.

Bessinger lässt sich den Sucher geben und hält ihn vors Auge.

»Ich bin der Kamerawagen ... fahre vor euch her ... Fahrt über acht Seiten Text ... Geht nicht so langsam ... Jetzt hier

rein ins Bad ... Junge, lassen Sie sich nicht von ihr verde-
cken ... Nun wieder rüber in den Korridor ... Keine Sorge,
Junge, wenn wir drehen, ist die Wand nicht da, sie geht
hydraulisch hoch ... Hellen, nicht so weit nach links ... So
ist's gut ... Und weiter ... Schlafzimmer ... Hellen zögert in
der Tür ... Junge dreht sich um ... nimmt sie sich ... zieht sie
heran ... und ... Kamera fährt näher ... und ... strahlender
das Lachen, Junge ... fest zugreifen ... die Kleine zerbricht
schon nicht ... Hand etwas höher, Junge ... das kriege ich
sonst niemals durch die Zensur ... Hellen, Augen auf ...
Lehn dich nach hinten ... aber lass die Augen auf ... Gut
so ... Und ... Cut! ...«

Text. Viel Text. Schneller Text. Heiter. Leicht. Salzwas-
ser tropft in meine Augen. Brennt wie Feuer.

Hellen lässt die Schultern hängen. Ein verlorenes Kind.
Hebt sich auf Zehenspitzen. Küsst meinen Mund. Schlurft
müde durch die Dunkelheit der Hallenweite zu ihrem Gar-
derobenwagen.

Ich geh nach draußen an die Sonne. Finde ein Stück Rasen. Streck mich in der Sonne aus.

Abends gegen zehn

Das ist so eine Sache mit einer Privatvorführung. Irgendwann ist der Spaß zu Ende, die Lichter gehen an, und sie
sehen zu dir hin und wollen wissen, was du von ihrer Arbeit hältst.

Manch einer drechselt Sätze, die auf alles passen.

»Gary, alter Schlingel! Zwei Stunden lang ein alter Schlingel!«

Oder: »Donnerwetter, Stanley! Ein Film! Da hast du
doch tatsächlich wieder mal so einen Film gemacht!«

Bill und seine Freunde sitzen in den Reihen hinter mir. Die Frauen in den weichen Sesseln ähneln sich in ihrer Kühle. Kleine Nasen, hübsche Münder, groß geschminkte Augen. Schön. Doch leicht zu vergessen. Sie sehen mich an. Und lächeln.

»Junge«, sagt Billy Wilder, »es tut mir Leid. Wir haben nicht daran gedacht.«

»Woran haben Sie nicht gedacht?«

»Dass Sie Deutscher sind. Der Film geht mit den Deutschen nicht sonderlich gut um. Wir hätten Sie nicht einladen sollen.«

»Wenn Ihnen das Leid tut, dann müsste Ihnen das mehrere Millionen Mal Leid tun«, sage ich. »Siebzig Millionen Mal.«

»Was soll das bedeuten?«, fragt Billy.

»So viele Deutsche gibt es«, sage ich. »An die siebzig Millionen.«

Wilder lacht. »Kommen Sie, wir gehn rüber zu Bill, einen trinken.«

Draußen, auf den beleuchteten Wegen, legt er mir den Arm um die Schulter. »Junge«, sagt er. »Ich kenne nur die Deutschen von damals. Kaum anzunehmen, dass sie heute anders sind.«

»Doch«, sage ich. »Nach dem, was mit ihnen geschehen ist, müssen sie anders sein. Es geht nicht anders.«

»Wenn sie anders sind, wie sind sie dann?«

»Weiß nicht«, sage ich. »Alles Mögliche. Siebzig Millionen Mal verschieden. Verwirrt, beschämt, böse, bitter, naiv, verbohrt, apathisch, gutmütig, verletzt, glücklich, verärgert, traurig, hoffnungsfroh, fleißig, abwartend ...«

»Verstehe, Junge«, sagt er. »Also können wir Hoffnung haben?«

»Ja. Wir können Hoffnung haben.«

Kurz nach Mitternacht

Marie, ich stehe an meinem Fenster und sehe auf die weit
gedehnte Stadt hinunter, die zu keiner Zeit zu schlafen
scheint. Hier gehen die Lichter niemals aus. Reklame-
leuchten blinken die Nacht taghell. Morgens wollen sie in
allen Farben weiterblinken, aber die Sonne macht sie
blass. Dann wird ihr Blinken ziemlich sinnlos, aber niemand dreht ihr blasses Leuchten ab. Autos rollen ohne
Unterlass den Sunset Boulevard entlang. Die Nachtklubs
da hinten, Stückchen weiter westlich, haben bis in die frühen Morgenstunden noch Betrieb. Manchmal lassen sie
die Türen offen stehen. Dann hämmert sich der Jazz bis
tief hinein in meine Träume.

10.

DAS CALLGIRL
Mitte Juni 1951

Ich hockte in der Abendsonne vor Halle 12 und wartete auf Ossi. Als er endlich angerollt kam, hatte er ein Mädchen bei sich sitzen. Sie war ganz eng an ihn rangerückt und tat sehr verliebt. »Das, Prinzessin, ist der Junge«, sagte Ossi.

»Hello, Jongen«, sagte sie. »Ossi hat den ganzen Tag nur von dir gequatscht. Ich hatte schon den Verdacht, ihr habt was zusammen.«

»Steig ein«, sagte Ossi. »Wird Zeit, dass wir nach Hause kommen. Ich muss noch kochen.«

Er fuhr die Melrose entlang und nahm die Vine zum Sunset, weil er wusste, dass ich die Melrose nicht ausstehen kann. Wenn du die Melrose langrollst und das Verdeck runterhast, und du willst den Himmel sehen, dann ist der Himmel in Streifen geschnitten. Die ganze Straße lang hängen Kabel an krummen Masten und schneiden den Himmel in kleine Streifen.

Im Chateau Marmont sagte Ossi: »Fahr schnell rauf in deine Bude. Stell dich unter die Dusche. Und pack die Überraschung aus.«

»Was für eine Überraschung?«, sagte ich.

»Du wirst schon sehen«, sagte er.

Als ich meine Tür aufschloss, wehten die Vorhänge weit ins Zimmer hinein. Vor dem Fenster stand ein großer Pappkarton, schmal und hoch, mit Herzen draufgedruckt und einer roten Schleife.

Ich rief bei Ossi an, unten in der Wohnung, aber die Prinzessin nahm den Hörer ab.

»Nur eine Frage«, sagte ich. »Die Überraschung ist doch nicht etwa deine Idee?«

»Allerdings, *loverboy*.«

»Dann weiß ich auch, was drin ist in der Kiste.«

»Na gut, also sag gleich, was drin ist.«

»Ein Mädchen.«

»Spielverderber«, sagte sie. »Quatsch jetzt nicht lange rum und pack sie endlich aus. Die steht da schon ziemlich lange drin. Hoffentlich ist sie nicht erstickt.«

Ich ließ mein Taschenmesser aufschnappen und schnitt ein großes Loch in den Karton und sagte: »Komm her, wo ist dein Gesicht? Streck jetzt hier dein Gesicht raus. So was Blödes!«

»Ja«, sagte das Mädchen. »Das ist wirklich was Blödes. Erst habe ich gedacht, das ist 'ne himmlische Idee, wenn du einem Mann eine Freude machen willst, doch wenn du länger in so 'ner Kiste stehst, dann musst du zugeben, dass das wirklich 'ne ziemlich blöde Idee sein kann.«

Schweißtropfen liefen ihr in die Augen. Ich wischte ihr den Schweiß aus dem Gesicht.

»Danke«, sagte sie und lachte. Ihr Lachen war so, wie Kinder lachen. Sie legte ihren Kopf zur Seite, und ich sah das Seltsame an ihr.

»Ich heiße Vivien, und lässt du mich jetzt bitte hier raus?«

Sie sah aus wie eine Farmerstochter. Ihr Mund wollte lächeln, aber in den Augen stand ein Schatten. Es waren Augen mit vielen Tiefen, und ganz hinten saß der Schatten.

Ich schnitt den Karton auf, wie man ein Bild aus einem Rahmen schneidet, und sie sagte: »Nun, wie findest du mich?«

»Ägyptisch«, sagte ich.

»Ägyptisch?«

»Wie eine Mumie. Eine von diesen aufrecht stehenden Kokons. Sie haben dich in dieses rote Band eingewickelt, wie Mumien eingewickelt werden.«

»Es gehört zu der Überraschung«, sagte sie. »Du sollst mich auswickeln.«

»Warum soll ich dich auswickeln?«

»Weil ich dein Geschenk bin. Sie haben mich dir geschenkt, verstehst du, und das ist wie zu Weihnachten. Da ist doch das Auspacken der Geschenke das Allerschönste an diesem Fest, oder nicht?«

Ich zog an dem roten Band, und sie drehte sich aus dem Kokon, wie diese kleinen silbernen Tänzerinnen sich auf Spieldosen drehen. Als das rote Band zu Boden fiel, senkte sie den Kopf. Ihr Haar fiel wie ein Vorhang vor das Gesicht. Ein weißblonder kurzer Vorhang, aber er bedeckte ihr Gesicht bis hin zu den Lippen.

»Vivien«, sagte ich, »bitte zieh dich an.«

»Jetzt sag bloß, du findest mich schön?«

»Weiß nicht, Vivien. Ganz genau weiß ich es nicht.«

»Nein?«

»Dein Körper ist wie eine Landschaft. Du bist wie ein Bauernmädchen. Wie ein nacktes Bauernmädchen in einem weiten Land.«

»Du bist süß. Jedes Mädel würde alles dafür geben, wenn ein Kerl so was Süßes zu ihr sagen würde. Und wenn du es wirklich willst, dann geh ich mich jetzt anziehen.«

Ich hörte, wie sie die Dusche andrehte, und goss mir in der Küche einen Glen Fiddich ein. Draußen wurde es schnell dunkel. Ich setzte mich ins Fenster und sah auf die Lichter der Stadt hinunter und hörte das Mädchen barfuß aus dem Badezimmer kommen.

»Sag mal, Jongen, wenn ich angezogen bin, willst du dann, dass ich nach Hause gehe?«

»Weiß nicht.«

»Wenn du mich wegschickst, fahre ich nach Haus und bin allein. Ich könnte ein paar Leute anrufen, aber um die Zeit haben alle schon ihr *date* oder sind in einer miesen Laune. Dann hocke ich zu Hause rum, lese und fühl mich saumäßig allein.«

»Ich bin ganz gerne mal allein«, sagte ich.

»Wirklich? Bei mir ist das anders. Wenn ich allein bin, fühle ich mich traurig.«

»Na gut«, sagte ich. »Da schicke ich dich wohl besser nicht in deine Traurigkeit zurück.«

»Du bist süß«, sagte sie.

Dann rief Ossi an. »Wickel die Kleine wieder ein und trag sie zu uns runter.«

»Nein«, sagte ich. »Wir bleiben lieber hier oben.«

»Findest du das nicht ein bisschen unhöflich, nachdem ich mir mit dem Kochen so viel Mühe gemacht habe?«

»Mann«, sagte ich. »Du hörst dich wie 'ne Hausfrau an.«

»Na gut. Aber wenn du die Kleine über Nacht bei dir behältst, dann kostet das noch mal zwanzig extra, und die zahlst du.«

»Warte«, sagte ich. »Warte mal ...«

»Gar nicht, mein Lieber«, sagte er. »Da gibt's nichts zu warten. Die Überraschung geht auf meine Rechnung. Die Nacht zahlst du. Oder hast du dir das etwa anders vorgestellt?«

»Nein. Überhaupt nicht.«

»Na also«, sagte er. »Außerdem kannst du von Glück sagen. Meine kostet dreimal so viel. Die Prinzessin ist 'n richtiges Callgirl, verstehst du? Deine macht das ja nur so nebenbei. Will wohl Schauspielerin werden, aber keiner nimmt sie. Und da macht sie wohl diese Fotos. Und wenn sonst nichts mehr geht, dann besorgt ihr die Prinzessin einen Job mit Männern.«

Ich setzte mich ins Fenster und rauchte. Als Vivien aus dem Badezimmer kam, sah sie sich mein Gesicht an und sagte: »Du hast es dir anders überlegt.«

»Hör zu, Vivien«, sagte ich. »Du wirst es vielleicht nicht glauben, aber ich habe noch nie einer Frau Geld dafür gegeben ...«

Sie sah mich an und nickte.

»Verstehe. Du hast es vorher nicht gewusst, und jetzt hast du telefoniert, und sie haben es dir gesagt, oder?«

»Ja«, sagte ich. »Vorhin hab ich es nicht gewusst.«

»Verstehe«, sagte sie noch einmal. »Trotzdem. Schick mich nicht weg.«

»Sieh mal, das ist so, wenn eine Frau zu mir sagen würde, komm ins Bett, es kostet dich soundso viel, dann würde ich überhaupt nichts zu Stande bringen.«

Sie nickte.

»Es muss so sein, dass ich gar nicht weiß, ob du mich willst«, sagte ich. »Es muss einfach so über uns kommen.«

»Du hast Recht. So sollte es sein, aber oft geht das alles ganz anders. Besonders für eine Frau. Wenn es dir möglich ist, dann schick mich jetzt trotzdem nicht nach Hause. Wir brauchen ja nichts zu tun. Wenn du nicht willst, sitzen wir hier und tun nichts. Wir könnten Freunde sein. Wie wäre das? Könnten wir nicht Freunde sein?«

»Einverstanden«, sagte ich. »Wir sollten das mal versuchen.«

»Und wenn du Hunger kriegst, dann schickst du mich in die Küche und haust mir auf den Hintern und sagst: Nu los, *honey*, koch uns was zu essen.«

Ich holte ein paar Kerzen. »Lagerfeuer«, sagte ich. »Wir

spielen Lagerfeuer und zünden uns 'ne Friedenspfeife
an.«

»Jongen«, sagte sie. »Ich bin richtig froh, weil du mein
Freund sein willst.«

Später saßen wir am Boden, stocherten auf unseren Tel-
lern herum und hatten keine rechte Lust, etwas zu essen.

»Ein Mädel kann sich gut mit dir unterhalten«, sagte sie.
»Du bist so gebildet. Ich lese unheimlich viel, aber es wird
wohl noch lange dauern, bis ich gebildet bin.«

Ich sagte: »Ossi behauptet, du willst mal Schauspielerin
werden. Eigentlich kann ich mir das gut vorstellen.«

»Ja«, sagte sie. »Das habe ich schon immer gewollt, und
ich nehme auch jeden Tag Unterricht. Wenn du willst,
kannst du mit mir eine Wette machen.«

»Was für eine Wette?«

»Dass ich es schaffe. Wäre das nicht himmlisch?«

»Viv«, sagte ich, »wenn wir beide fest genug dran glauben, dann schaffst du es.«

Als es kühl wurde, schloss ich die Fenster. Nur das Fenster
zum Hang hin ließ ich offen, weil der kühle Wind niemals
von den Hügeln kam. Die Kerzen flackerten noch einmal
aufgeregt, als ich die Fenster runterzog. Das Flackerlicht
wischte über Viviens Gesicht.

»Es ist sicher schon spät«, sagte sie.

»Ja, ziemlich.«

»Morgen wirst du auf mich schimpfen.«

»Warum?«

»Beim Drehen. Weil du nicht genug geschlafen hast.«

»Nein, Viv. Ich bin froh, dass du hierher gekommen
bist.«

»Ist das die Wahrheit?«

Ich nickte.

»Das ist lieb von dir«, sagte sie. »Und ich weiß auch, was wir jetzt machen. Willst du es hören?«

»Ja. Schieß los. Erzähle.«

»Du bist ein braves Kind, das jetzt da reingeht und sich die Zähne putzt. Ich räum inzwischen hier alles schön weg und mach die Küche ein bisschen sauber. Dann setze ich mich zu dir ans Bett, damit keiner von uns beiden einsam ist, und wenn du eingeschlafen bist, schleiche ich mich raus und fahr nach Hause.«

Ich schüttelte den Kopf. »Oh, Viv ...«

»Was ist?«

»Stell dir mal vor, du sagst zu einem Kind, Weihnachten fällt dies Jahr aus ...«

Es wurde eine Nacht zwischen Traum und Tag. Ich war oft in einem tiefen Schlaf. Jedes Mal wenn ich aufwachte, war Viv da. Sie saß neben mir und sah mich an.

»Oh, Jongen ... Sag mir doch nur mal, ob es schön ist so ...«

»Ja, Viv, sehr.«

Sie war wie ein Kind. Es war, wie von einem Kind geliebt zu werden.

So gegen sechs wurde der Himmel hell. Er nahm eine goldene Farbe an. Viv sagte: »Möcht nur mal wissen, ob du immer lächelst, wenn du schläfst.«

Sie sah frisch und unbekümmert aus.

»Jongen?«

»Ja?«

»Ob ich mal wiederkommen darf?«

»Wann du willst, Farmerstochter.«

»Morgen?«

Ich nickte. »Wann du willst.«

KARL BESSINGER
Ende Juni 1951

Als er zu toben begann, sah ich Hellens kleine Gestalt in dem grellen Lichtkreis stehen und wusste erst eine Zeit lang nicht, was ich tun sollte, weil sie mir Leid tat. Schließlich ging ich zu ihr hin und legte meinen Arm um ihre Schulter und sagte: »Mach dir nichts draus, der hört ganz sicher irgendwann mal wieder auf.« Ich sah mir den Mann an und dachte, hoffentlich sehe ich niemals so aus in meiner Wut, mit diesem roten Gesicht, den schwülstigen Lippen und der Spucke, die aus dem Mund herausfliegt und die dann im Licht der Scheinwerfer aufleuchtet.

Und ich dachte, dass das alles ja ein bisschen lächerlich war, richtiger Kinderkram, mit dem tobenden Regisseur vor der Kamera und dem Drehbuch am Boden und den stampfenden Füßen auf den zerfetzten Seiten des Buches. Dann kam der tobende Mann näher, und der schreiende Mund schob sich ganz nah vor meine Augen. Seine gellenden Sätze zerbrachen an meinem Gesicht, und ich sah, dass ich es war, mit dem er tobte.

Da musste ich lachen und an die frühen Jahre denken, an diese Brüller in Sonthofen und an die Brüller auf dem Kasernenhof und an den tobenden Flamen, den ich erschossen hatte, und ich musste denken, wie rasch doch die Vergangenheit entschwunden war und dass etwas Unwiederbringliches an der Art gewesen ist, wie sich die Vergangenheit von mir losgesagt hatte.

Wie nun der Mann so weitertobte, sagte ich zu mir, dass sie unwiederbringlich bleiben muss, diese Vergangenheit. Dass ich sie niemals wiederhaben will. »Genug!«, sagte ich. »Ich verbitte mir dieses Geschrei. Und es gibt auch keinen Grund dafür.«

Aber er hörte nicht auf. Er wollte mir Angst machen. Aber daraus wurde nichts. Im Gegenteil. Mein Zorn kam zu mir zurück. Ich griff den Mann bei der Jacke und wollte ihn in seine Besinnung zurückschütteln, aber dann sah ich den Beleuchter. Er kam auf mich zugelaufen. Der Kerl meinte es ernst. Ich ging ihm entgegen und griff mir einen Stuhl und hielt ihn hoch, und da wurde es ganz still im Atelier. Ich sagte: »Bleib stehen, Mann! Rühr dich nicht mehr!«

Der Kerl fror ein in seinem Lauf, und aus dem Dunkel kam eine Stimme. »Lass sein, Jongen! Hör auf damit! Schluss jetzt!«

Das war Bill, und ich rief zurück: »Einverstanden, Bill. Lass uns endlich Schluss machen mit dieser Brüllerei!«

»Stell den Stuhl weg, Jongen!«

»Bill«, sagte ich, »du findest es vielleicht lächerlich, wenn ich jetzt so was sage, aber es ist wahr, Bill, ich habe das alles schon mal gehabt. In meiner Kindheit, und ich habe schon lange nicht mehr daran gedacht, aber jetzt bei diesem Gebrüll muss ich wieder daran denken.«

Ich ließ den Stuhl kreisen, und als ich ihn losließ, schoss er durch das grelle Licht und krachte in eine Reihe Scheinwerfer hinein. Funken sprangen hoch. Ein Arbeiter riss eilig ein Kabel aus der Verteilerkiste. Ich wischte mir meine Handflächen an der Hose trocken und ging langsam aus dem Atelier.

Als ich geblendet durch die Sonne lief, kamen meine klaren Gedanken wieder zu mir zurück. Ich ging rüber in die *commissary* und bestellte mir einen Tomatensaft mit Zitronenscheiben drauf und 'ner ganzen Menge Pfeffer.

Es war erst zehn Uhr am Morgen. Eine ganze Weile tat sich gar nichts. Aber dann kam einer der Regie-Assistenten und sagte:

»Jongen, wir sind bereit, wir können drehen.«

»Wenn ihr bereit seid, dann ist das ja gut«, sagte ich. »Aber ich bin es nicht.«

»Ich weiß, Mann, ich weiß es ja. Nun hat er sich mal wieder ausgetobt. Aber jetzt ist er damit fertig und fromm wie meiner Oma ihr zahnloser Kater, und du kannst wieder reinkommen.«

»Nein. Bestell ihm, dass ich hier auf ihn warte.«

»Und dann? Was wird dann?«

»Nicht viel. Dann kommt er her und entschuldigt sich. Danach ist alles okay, und wir können wieder drehen.«

»Nun sag bloß, dass du das selbst für möglich hältst.«

»Ja. Geh rein und sag ihm das.«

»Mann, du hast vielleicht 'ne steile Art! Die ha'm sich schon überlegt, ob sie dir einen anhängen sollen, vor Gericht, wegen ›Bedrohung mit einer tödlichen Waffe‹, aber da es ja nur ein Stuhl gewesen ist, kommen die damit nicht weit. Also, nun mach keinen Scheiß, Mann, und komm wieder rein.«

Ich schüttelte den Kopf.

»Also gut«, sagte er, »ich geh zurück und sag ihm das, aber aus der Sache wird was Schlimmes.«

Es kam nur ganz selten mal ein Arbeiter in die *commissary* und kaufte sich eine Coke oder einen Salat. Meistens war ich allein mit dieser grell geschminkten Frau hinter der Theke, aber die kümmerte sich nicht um mich. Sie musste ihre Bleche putzen.

Ich trank meinen Saft und dachte, es ist klar, ich bin geformt durch meine Erlebnisse, aber vielleicht geht es dem Karl Bessinger ja ganz genauso. Sicher ist der auch nur ein Geschöpf der Umstände und brüllt und tobt, weil er Angst hat vor irgendwas. Angst vor seiner Verantwortung. Oder weil er schon früh gelernt hat, dass Brüllen ihm weiterhilft.

Nach einer ziemlich langen Zeit kam Bill und setzte sich auf den Stuhl mir gegenüber.

»Du hättest Karl nicht bedrohen sollen«, sagte er. »Die Sache mit dem Stuhl war schlecht.«

»Das ist wahr. Aber wenn ich angegriffen werde, dann weiß ich nicht mehr, was ich tue.«

Er nickte. »Wenn du jetzt wieder reinkommst, sagt auch keiner mehr was.«

»Es geht nicht, Bill. Ich bin zu sehr erregt.«

»Erklär mir mal, wie das bei dir ist mit so einer Erregung, Jongen.«

»Weißt du, auch nicht anders als bei so einer Geige, wenn einer draufhaut mit seinem Fiedelbogen und die Saiten zerspringen. Erst mal eine und dann die nächste.«

Bill wippte auf seinem Stuhl. »Mann, die haben dir ein ganz schönes Ding mitgegeben ...«

»Was meinst du?«

»Damals. In eurer Nazizeit. Da hast du ganz schön einen mitgekriegt.«

»Ich will dir sagen, was für'n Ding ich damals mitgekriegt habe. Wenn sie dir deine Jugend geklaut haben, dann kriegst du so was eben mit.«

»Und was ist das?«

»Ein starker Sinn für Gerechtigkeit. Und das kann nichts Schlimmes sein.«

»Nein«, sagte er. »Das nicht. Aber bilde dir bloß nicht ein, dass Bessinger sich bei dir entschuldigt. Es wäre besser, wenn du das mal klar erkennen würdest. Nicht aus deiner Sicht, sondern aus der Sicht von Hollywood. Bessinger ist der Produzent. Der Regisseur. Er ist verantwortlich für das Kapital. Das Kapital, mein Lieber, ist in dieser Stadt der liebe Gott. Und Bessinger ist sein Stellvertreter. So ein Stellvertreter kann Blitze schleudern.« – »Ich weiß«, sagte ich. »Er kann mich ins nächste Flugzeug setzen.«

»Und was wird dann?«

»Weiß nicht. Anzunehmen, dass meine Karriere in Deutschland dann auch zu Ende ist.«

»Weil sie sagen werden, du seist in Hollywood gescheitert?«

»Ja. Bill. So ungefähr dürfte es wohl laufen.«

Eine Weile saß er da und sagte nichts. Dann stand er auf. »Da kann ich wohl nichts mehr für dich tun.« Er dachte nach. »Doch. Eins kann ich noch machen.«

»Und was?«

»Wenn er dich rausschmeißt, geb ich für dich 'ne Abschiedsparty. Bei Romanov's.«

Wenn ein Freund geht, kann es vorkommen, dass er deine Hoffnung mit nach draußen nimmt.

Gegen zwölf stand Bessinger vor mir und nahm den Stuhl, den Bill vor kurzem erst verlassen hatte.

»Dickkopf«, sagte er. »Ja«, sagte ich. »Das Wort gilt wohl ganz sicher für uns beide.«

»Verschissener Dickkopf.«

»Ja. Von mir aus auch das.«

»Verschissener deutscher Dickkopf.«

»Vorsichtig, Karl.«

»Warum?«

»Jetzt hab ich nur noch drei Worte als Antwort.«

»Welche Worte, Junge?«

»Österreicher. Amerikaner. Oder Jude.«

»Wag es ja nicht, in diesem Gespräch das Wort Jude zu gebrauchen!« – »Doch.«

»Na also. Dann los.«

»Verschissener jüdischer Dickkopf.«

Er sah mich grinsend an. »Du traust dich eine ganze Menge. Komm wieder rein. Ich habe ganz jemand anderen angebrüllt vorhin. Du weißt das ganz genau.«

»Ja«, sagte ich. »Sie haben sich über Hellen geärgert.«

»Eben. Wenn ich so ein Mädchen anbrülle, dann heult sie ja nur und ist den ganzen Tag zu nichts mehr nutze.«

Er holte tief Luft und presste die Luft in seine Backen und machte daraus zwei Luftballons. Dann stieß er die Luft aus, und die Ballons zerplatzten in der Nähe seiner dicken Lippen.

»Also, wie ist das«, sagte er. »Ist das Entschuldigung genug?«

»Das war nur eine Erklärung«, sagte ich. »Aber wenn Sie wollen, können wir jetzt reingehen und weiterarbeiten.«

»Es tut mir Leid«, sagte er. »Im Ernst. Aber mein Gott, was bist du nur für ein Verschissener Dickkopf!«

Im Atelier schalteten sie die Scheinwerfer an, als sie uns zusammen reinkommen sahen. Bessinger stellte sich in das Lichtbündel und sagte: »Hört mal zu, *folks*, ich möchte nur, dass ihr es alle wisst. Ich habe mich soeben bei meinem Freund hier entschuldigt.«

Bill lachte. »Das ist gut. Und du kannst dich auch auf uns verlassen, Karl.«

»Wie meinst du das?«

»Keiner von uns wird auch nur ein Wort über diese ungewöhnliche Geschichte verlieren.«

»Von mir aus könnt ihr es in alle Winde posaunen«, sagte Karl.

»Nein«, meinte Bill. »Wir trauen uns das gar nicht erst. Verlass dich drauf.«

»Warum solltet ihr euch das nicht trauen?«

»Weil uns das nie einer glauben wird«, sagte Bill.

BRIEF AUS HAMBURG
Juli 1951

Viv gab mir einen Scotch. Ich hockte mich ins Fenster und las den Brief im letzten Licht des Tages.

»Jongen«, sagte Viv, »ich frag dich ja selten mal was, wenn diese Briefe aus Hamburg kommen. Aber heute machst du 'n ganz schlimmes Gesicht. Also erzähl mal ... steht in dem Brief was Schlimmes drin?«

»Marie soll in ein Internat.«

»Is' wahr?«

»Sie kommt in der Schule nicht gut mit. Und deshalb gibt Hanna sie in ein Internat.«

»Und was denkt die Kleine über diese ganze Sache?«

»Sie schreibt, ich soll entscheiden. Wo ich sie hinschicke, da geht sie hin.«

»Sie liebt dich mächtig, oder?«

»Ich glaube schon.«

»Und du?«

»Ja. Sehr sogar.«

»Sag mal, Jongen, ist es möglich, dass du die Mutter nur geheiratet hast, weil du so verrückt bist auf die Kleine?«

»Das ist keine Frage, Viv, das ist eine Unterstellung.«

»Hör mal zu, mein Süßer, du führst 'ne ziemlich komische Ehe mit 'ner bildschönen Frau, von der allerdings der Blütenstaub schon langsam runtergeht. Noch dazu schmeißt diese Schönheit ein Hotel, und du lässt sie da immer allein,

monatelang. Was ich damit meine, das kannst du dir schon
selber denken. Ich stell ja auch keine Behauptungen auf,
aber sieh mal, eine Frau will ja auch mal glücklich sein mit
'm Kerl im Bett. Lass dir da bloß nichts anderes einreden.
Und 'ne schöne Frau kann ja doch nicht immer nur Nein
sagen, nein nein nein nein, wie so 'ne Schallplatte mit
Sprung.«

»Viv, hör auf!« – »Warum?«

»Hannas Leben geht dich nichts an.«

»Und ob mich das was angeht! Sie ist deine Frau. Und
ich bin dein Freund. Und als dein Freund geht mich das
'ne Menge an! Hör mal zu, ich will dir mal was erzählen,
und das ist 'ne wahre Geschichte. Meine Mutter, die war
himmlisch, und ich liebe sie auch wirklich sehr, aber ohne
Kerle hat die keinen Schritt machen können. Wenn sie
nicht zu Hause war, dann konntest du ihr Auto vor irgendeinem Motel rumstehen sehen. Und die Kerle haben auch
bei uns zu Hause ganz einfach ihre Hände nicht von ihr
lassen können. Ab und an hat sie auch mal einen von den
Kerlen geheiratet. Dann kam einer, der war ein Major im
Marine Corps. Der hat sie nur geheiratet, weil er verrückt
nach mir war. An meiner Mutter hat er nie rumgetatscht,
aber an mir immer. Ich fand das richtig himmlisch, weil er
ja so ein hübscher Kerl war. Dann kam da der Tag, wo wir
allein im Haus waren, verstehst du?«

»Ich kann mir denken. Und? Wie alt bist du gewesen?«

»Acht. Das war's ja eben. Deshalb erzähl ich dir das alles, weil ich nicht will, dass es dir genauso geht. Also, da
hat mich der Kerl morgens in sein Bett geholt und mit mir
rumgeschmust, und dann hat er mit mir gemacht, was er
wollte. Und frag mich jetzt bloß nicht mit so 'nem mitleidi-
gen Dackelgesicht, ob das schlimm für mich gewesen ist,
denn das war schlimm. Noch bis vor ein paar Jahren hab

ich richtige Angst vor Männern gehabt, und keiner hat mich anfassen dürfen. Aber dann bringt die Natur die Sache von ganz allein in Ordnung, verstehst du, die Natur bringt dir ganz langsam bei, dass du 'ne Frau bist und dass du 'n Mann brauchst, aber auf deine Weise, und von da an geht dann alles so schön, wie's gehn soll. Auf jeden Fall, für den Major ist es von da an nicht mehr so schön gegangen. Dem haben sie die Uniform ausgezogen und ihn ziemlich lange eingebuchtet. Der hat sein Leben verpfuscht, und wenn ich daran denke, dass es dir genauso ergehen könnte, dann macht mich das ganz wirr im Kopf.«

»Mach dir da keine Sorgen.«

»Aber du liebst die Kleine.«

»Ja, Viv. Doch ganz, ganz anders.«

»Ich glaub dir. Außerdem bist du ganz anders als dieser Major. Du bist 'n wahrer Gentleman. Aber ich hab es dir trotzdem erzählt, denn du musst dir das nur mal vorstellen ...«

»Vivien, ich will mir das nicht vorstellen müssen.«

»Nein, das meine ich doch nicht! Ich meine doch nicht im Ernst, dass du dir vorstellen sollst, wie das war, als der Major das mit mir gemacht hat.«

»Was dann?«

»Wie das ist, wenn ich dich besuchen komme.«

»Wo?«

»In Deutschland. Stell dir das nur mal vor: Ich komm dich besuchen, und deine Frau sagt, wenn Sie den sehen wollen, empfehle ich Ihnen einen kurzen Sprung rüber in den Knast.«

JOE MCCARTHY
Ende Juli 1951

Wir saßen in unseren Stühlen und fühlten die Trägheit des Mittags. Wir tranken Kaffee und rauchten.

»Gestern Abend bin ich aus einem Lokal rausgeflogen«, sagte ich.

Bessinger lachte. »Besoffen, was?«

»Nein. Ich war mit meiner Freundin da, und wir haben uns ganz ruhig verhalten. Aber sie haben uns rausgeschmissen.«

»Rumgeknutscht in der Öffentlichkeit, wie? So was kannst du hier nicht machen.«

»Auch nicht.«

»Red nicht so lange drumrum, Junge. Sag endlich, was los war.«

»Weißt du, Viv ist ganz verrückt auf dieses Malibu, und weil es auch 'ne schöne Nacht war gestern, sind wir rausgefahren in dieses Restaurant am Meer. Du sitzt draußen in dieser gläsernen Veranda über dem Meer, und unter dir lassen sich die Wellen träge über die Steine fallen. Wenn du Glück hast, kannst du weit draußen die Lichter der Fischerboote sehen.«

»Ja«, sagte Karl. »Wird höchste Zeit, dass ich mich auch mal wieder verliebe.«

Ich lachte.

»Also, was war?«, fragte Karl.

»Viv war neugierig wie immer. Sie hat alles wissen wollen, wie das bei mir in der Kindheit war. Du weißt ja, wie solche Gespräche laufen. So ein Mädchen will ganz genau wissen, wie die Sandkiste ausgesehen hat, in der du gespielt hast.«

»Und dann?«

»Und dann hat sie wissen wollen, wie das mit dem Eisernen Vorhang ist. Und wie das sein kann, dass eine Grenze mitten durch eine Stadt läuft. Ich habe ihr alles erzählt, so gut ich das kann. Aber es war nicht leicht, weil Viv keine Ahnung hat, was Kommunismus ist. Da hab ich ihr das auch alles mal erklären müssen, verstehst du? Diese Sache mit der industriellen Revolution. Und dann Marx und Engels. Lenin. Die Oktober-Revolution. Und das Bündnis zwischen Roosevelt und Stalin. Eben den ganzen Weg bis heute, verstehst du? Bis zu diesem geteilten Deutschland und bis zu Bert Brecht.«

»Junge«, sagte Karl. »Ich kann mir schon denken, was jetzt kommt ...«

»Du hättest dieses Bauernmädchen sehen sollen, Karl. Wie die zugehört hat!«

»Und?«

»Und dann stand plötzlich der Manager an unserem Tisch, und ich sagte: ›Ja gern, der Chablis ist sehr gut, stellen Sie doch bitte noch eine Flasche in den Kühler.‹ Aber Viv schüttelte den Kopf und hatte ganz große Augen und sagte: ›Nein, darum geht es nicht.‹ Ich habe sie gefragt, worum es denn sonst gehen soll. Na ja, da hing plötzlich 'ne Menge Schweigen in dem Raum, und als Nächstes sagte Viv: ›Die wollen, dass wir das Lokal verlassen.‹

›Lokal verlassen?‹, fragte ich. ›Das muss mir bitte erst mal einer erklären.‹ Da sagte der Manager: ›Kommunisten sind in unserem Haus unerwünscht.‹

›Tatsächlich?‹, habe ich gesagt. ›Und wie steht es mit den Schwarzen? Dürfen die hier auch nicht rein? Oder Indianer? Und wie halten Sie es mit den Juden?‹

Ich sage dir, Karl, das war was! Du hättest das Gesicht des Mannes sehen sollen! Kein bisschen Humor! Keinen

Krümel davon. Na, jedenfalls sagte er dann, dass ich keine Unannehmlichkeiten machen solle, denn es täte ihm Leid, wenn er den Sheriff rufen müsse, und je friedlicher ich sein würde, desto besser für alle.

Ich hab nur mit dem Kopf geschüttelt, denn schließlich bin ich ja kein Kommunist, und ich hab dem Mann das auch gesagt. Daraufhin ruft einer vom Nebentisch: ›Jetzt halten Sie doch endlich Ihre Kommunistenschnauze! Wir haben es doch alle mit angehört, den ganzen Abend schon, wie Sie diesem armen Mädchen den Kopf voll stopfen wollten mit ihren roten Parolen!‹

Karl, ich sage dir, es ist fast zu 'ner Schlägerei gekommen, denn plötzlich stand einer auf und kam rüber und brüllte: ›Rote Sau! Nimm jetzt endlich deine kleine Nutte und schieb ab, oder ich hau dir deine Sowjetfresse in kleine Stücke!‹ Da habe ich mich zum ersten Mal umgesehen, und es ist ja sehr dunkel in dem Lokal, aber ich habe den Hass in den Augen der Leute erkennen können. Selbst in den Augen von Frauen. Nicht bei allen, das ist klar. Es gab auch 'ne ganze Menge Leute, die weggesehen haben, die so getan haben, als ginge sie das Ganze nichts an. Karl, es hat nicht einen Einzigen gegeben, der aufgestanden ist und gesagt hat: ›Nun lassen Sie doch diese beiden jungen Leute in Ruhe, denn, schließlich, was haben die uns schon getan?‹

Keinen hat es gegeben. Nicht einen Einzigen. Und das war wie damals, Karl. Wie in meiner Kindheit.«

Bessinger nickte. Er trank seinen Kaffee und sah den Beleuchtern zu. »Schlimm. Es ist wirklich schlimm.«

»Aber es ist auch zum Lachen«, sagte ich.

»Was soll daran zum Lachen sein?«

»Die einen schimpfen mich einen Nazi, und die anderen schmeißen mich als Kommunist aus ihrer Kneipe ...«

Karl fuhr sich mit der Hand über den kahlen Schädel. »Ich will dir mal was sagen, Junge. Diese Amerikaner sind immer ein gesundes Volk gewesen. Gesund in ihrem Denken. Aber jetzt ist doch eine ziemliche Spannung unter den Leuten entstanden. Das liegt an dem Kalten Krieg. Und an der Bombe. Denn die Russen haben diese Bombe jetzt auch, und da fühlen sich die Amerikaner bedroht. Zum ersten Mal in ihrer Geschichte.«

Er presste seinen Pappbecher zusammen und warf ihn in den Papierkorb.

»Und dann kommt noch etwas hinzu«, sagte er. »Das ist meine eigene Theorie, aber dieses ständige Bombardement der Menschen mit dieser schreienden Reklame, Tag und Nacht, mit Licht und Lärm, aus dem Radio, aus dem Fernsehen, dieser ständige Druck auf das Unterbewusstsein lässt ja niemanden mehr zur Ruhe kommen. Und so, verstehst du, Junge, entsteht zusätzlich zu dieser Spannung auch noch die Reizbarkeit. Du kannst getrost davon ausgehen, dass diese amerikanische Bevölkerung nicht mehr mit der gleichen gesunden Ruhe an ihre Probleme herangeht wie noch vor 1941. Und aus so einer Reizbarkeit entsteht die Hexenjagd.«

»Meinst du, dass es daran liegt?«

»Ganz sicher, Junge. In so einer Lage beginnt die Hexenjagd. Das war schon immer so. Zu allen Zeiten und bei allen Völkern, verstehst du? Und hier in den Staaten ist es dieser Joe McCarthy, der die Hexenjagd anführt. Ein Senator. Ein eigennütziges kleines Stinktier ist das. Der wittert seine Stunde als Politiker, und wenn er Ambitionen auf das Amt des Präsidenten hätte, dann würde mich das nicht weiter wundern.

Also, jetzt will ich dir sagen, wie er das angefangen hat, dieses Miststück McCarthy. Erst mal geht er auf die Armee los und auf die Beamtenschaft und will ganz Washington von Kommunisten säubern. Selbst vor Harry Truman macht er nicht Halt und beschmeißt ihn mit Dreck. Als er merkt, dass er dafür doch wohl noch ein paar Nummern zu klein ist, macht er das, was alle machen, wenn sie Publicity brauchen. Er stürzt sich auf Hollywood. Und was hier geschieht, ist schlimm, weil Leute wie John Wayne und Adolphe Menjou und diese Klatschtante Hedda Hopper auf den *bandwagon* von McCarthy springen und die Fahnen schwenken und jetzt alles jagen, was nach Kommunisten riecht. Jeder Liberale wird gejagt. Und wer nicht mitheult in diesem grässlichen Gesang, der wird vor das Komitee gezerrt, Stars, Autoren, Schauspieler, Regisseure, alle. Sie werden gezwungen, die Namen ihrer Freunde zu nennen, und wenn sie das tun, können sie sich einen Strick kaufen, und wenn sie es nicht tun, können sie sich ebenso aufhängen.

Ja, so ist das, Junge. Das ist wohl die schwärzeste Stunde Hollywoods, in die du hineingelaufen bist. Aber mit den Nazizeiten kannst du das alles nicht vergleichen. Glaub mir das getrost. Du musst bedenken, die Amerikaner sind eben doch ganz anders als die Deutschen. So ein Unrecht sieht sich der Bürger hier nicht lange an. Wenn er sieht, wo das Unrecht steckt, schlägt sein Herz für den Gejagten. Du wirst es sehen: Lange dauert das nicht mehr, und der Zorn der Leute richtet sich gegen den Verfolger. Du wirst es sehen, Junge. Die Tage von McCarthy sind gezählt.«

ZWEI FRAUEN
August 1951

Die Lichter der Stadt malten unser Zimmer bunt.

»Woran denkst du?«, flüsterte Viv.

»An den Film«, sagte ich. »Das ist eine traurige Sache, Viv, wenn so ein Film zu Ende geht. Am ersten Tag sind sich alle fremd und machen etwas übertrieben auf lustig. Später setzt dann die Trägheit der Arbeit ein, und du gewöhnst dich an die Namen der Leute hinter der Kamera. Mit manchen gehst du abends auch mal einen trinken, und dann sind das deine Freunde. Freunde auf Zeit. Sie wissen es ebenso wie du. Aber vielleicht steht so 'n Beleuchter eines Tages mal wieder vor dir und sagt: ›Kennst du mich noch? Ich bin der Teddy von damals. Der Nachname ist unwichtig. Teddy Beleuchter genügt.‹« Ich konnte in der bunten Dunkelheit ihr Lächeln sehen. »Ach Viv«, sagte ich, »ich hab einen schönen Beruf. Und das Leben ist herrlich.«

»Ja«, sagte sie. »In ein paar Stunden wird's hell, und dann steigst du in dein Flugzeug, und das brummt dich rüber zu einem anderen Teddy Beleuchter oder in das Bett von dieser Schönheit da in Hamburg, mit der du manchmal verheiratet bist oder was weiß ich. Auf jeden Fall bringt es dich zu der Kleinen, auf die du so verrückt bist. Von so her gesehen hast du schon Recht, das Leben ist herrlich.«

»Hör auf«, sagte ich.

»Sieh mal«, sagte sie. »Wenn du nachher wegfliegst, dann tut das 'n bisschen weh, und vielleicht werde ich auch 'n bisschen weinen, aber eigentlich ist das ja so wie bei Teddy Beleuchter, oder nicht?«

»Weiß nicht, Viv.«

»Doch. Weil du ganz bestimmt mal wiederkommst. Und dann stehst du da mit 'm offenen Mund, und ich weiß auch nicht, was ich sagen soll, und dann legst du mich aufs Bett, und ich küss dich von oben bis unten, und wenn du ganz wild wirst und um dich trittst, wie so'n Bronco, und wenn ich denke, ich kann dich nicht mehr bändigen, dann brüll ich dir ins Ohr: ›Ich bin die Viv, und der Nachname ist unwichtig, und ich freu mich, dass du endlich wieder da bist, alter Freund!‹«

Als ich aufwachte, saß sie halb am Boden und hatte ihren Kopf auf meinen Bauch gelegt. »Ich muss nachdenken.«

»Worüber?«

»Solange du hier warst, ist alles gut gewesen. Ich habe mich beschützt gefühlt.«

»Du brauchst keinen Schutz, Viv. Männer sehn dich an und denken, sie müssen dich beschützen. Aber das ist kompletter Unsinn. Du brauchst keinen Schutz.«

»Glaubst du?«

»Unbedingt. Willst du wissen, woraus du gemacht bist?«

»Sag mal.«

»Aus Eisen.«

»Du irrst dich, Jongen.«

»Ich halte jede Wette, dass ich mich nicht irre. Und sonst? Woran hast du sonst noch gedacht?«

»An Bessinger. Glaubst du, der macht wirklich 'ne Probeaufnahme von mir?«

»Ja. Er ist von dir begeistert.«

»Bessinger ist so 'n richtiger geiler alter *daddy*.«

»Bill wird dabei sein. Er hat es mir versprochen.«

»Wirklich? Dann ist es gut. Wenn Bill dabei ist, brauchst du dir keine Sorgen mehr zu machen.«

Später verblassten die Lichter der Stadt. Hellgraue Morgenwolken trennten sich vom Meer und legten sich über die Häuser in dem breiten Tal und schickten ihr fades Licht in unser Zimmer. Zusammen mit dem Morgen kam auch der kühle Wind vom Meer. Er spielte um die Vorhänge herum und ließ sie ins Zimmer wehen, und dann entdeckte er die Frau und strich über sie hin. Ich legte mich schützend über sie und ließ meine Arme über ihre ausgestreckten Arme gleiten und rieb meine Achselhöhlen über ihre Brüste. Ich presste sie in die Kissen. Als sie meine Erregung spürte, öffnete sie ihre Schenkel, weit, und schickte mir den kleinen Hüter ihrer Tür entgegen, und der stand steil auf und kämpfte mit dem Eindringling, und die beiden glitten lange Zeit übereinander, und dann brach das Stöhnen aus der Frau, und sie drängte mir ihren Leib entgegen, und ich wurde zu der Woge, die so alt ist wie die Zeit und die sich über die Frau stürzt und sich von ihr fortspült und dann wiederkommt und den willenlosen Körper der Frau grollend auf den Strand wirft.

Ich war die Woge und ich war der Mann. Jener Mann, ganz am Anbeginn, der Abschied nehmen muss von seiner Frau und der sich die Frau zum Abschied nimmt und der nicht die Tränen sehen will, die in den Augen solcher Frauen sind.

Wir lagen in dem grauen Licht.

»Was ist mit dir?«, sagte Vivien. »Du bist so still.«

»Weißt du, das wird ein weiter Weg zurück nach morgen.«

»Versteh ich nicht.«

»Mein Leben ...«

»Was ist damit?«

»Es fängt morgen wieder an. Und zwar da, wo ich es vor langer Zeit zurückgelassen habe.«

»Ach so«, sagte sie.

»Der Weg zurück in die Vergangenheit ist eine Reise in ein fremdes Land.«

Sie lag ganz still und sah zum Fenster hin. »Freust du dich auf den Flug?«

»Auf den Flug schon«, sagte ich. »Sehr sogar.«

»Wie ist das denn so, wenn du fliegst?«

»Weißt du, ich bin da mittendrin zwischen dem Brüllen der Motoren und lasse dieses weite Land unter mir durchziehen. Stunde um Stunde. Ich stell mir vor, wie das damals gewesen ist, mit den ersten Siedlern und mit ihren Planwagen.«

»Und dann?«

»Dann kommt der Nachtflug. Dreizehn Stunden. Ich seh aus dem Fenster, und wenn der Mond scheint, kann ich die Eisschollen im Meer treiben sehen.«

»Ich weiß nicht, ob mir an so was viel gelegen wäre«, sagte Viv, »aber erzähl mal weiter.«

»Dann kommt Hamburg. Da ist erst mal eine Pressekonferenz. Und dann werden da wohl auch Hanna und das Mädchen sein. Na ja, und dann bin ich eben wieder angelangt. Und was dann geschieht, Viv, ist für dich schon übermorgen.«

»Ja, Jongen. Dann fängt wohl unser Übermorgen an. Und für das kleine Mädchen auch. Sag mal ehrlich, freust du dich auf sie?«

»Ja. Sehr.«

Eine Weile lag sie schweigend neben mir. Dann sah ich ihr Lächeln. »Jongen«, sagte sie leise. »Du hast 'ne ganze Menge Glück im Leben, und so was hat nicht jeder, wirklich nicht, und wenn du wissen willst, warum, dann sage ich dir das. Aber nur, wenn du nicht böse wirst. Und auch nicht, weil ich ein Heulbaby bin. Ich bin nämlich kein Heulbaby. Oder glaubst du das?«

Ich schüttelte stumm den Kopf.

»Übermorgen, wenn es Nacht ist, dann kommt die andere zu dir ins Bett. Die Schönheit auf dem Bild da drüben. Hanna. Deine Frau. Auf dem Bild sieht sie aus, als ob sie 'n bisschen dünner ist als ich, aber das macht nichts, Hauptsache, 'n Kerl wie du hat 'ne Frau im Bett. Und wenn du sie dir dann nimmst, dann kannst du dir sagen, dass du zwei Frauen hast. Eine hier und eine da drüben, und beide sind ganz verrückt auf dich. Aber die in Kalifornien ist noch dazu dein Freund. Das ist was ganz Seltenes. Und deshalb hast du Glück, Jongen. Glaub mir das. Du hast Glück. Und einen Freund. Und zwei Frauen.«

11.

GEDANKEN EINES SPAZIERGÄNGERS IM REGEN
Hamburg Mitte Dezember 1951

Wie eng das hier geworden ist. Enge Straßen. Und so viele Häuser. Wo die Stadt zu Ende ist, fängt hinter einem Stückchen Wiese gleich wieder eine Siedlung an.

Mieses Wetter. Nieselregen. Doch der letzte Sommer war sehr schön. Ja, die Zeit auf Sylt war gut. In den Dünen, ganz weit oben, da am Ellenbogen triffst du nur ganz selten mal auf andre Leute.

Marie ist sehr gewachsen in der letzten Zeit. Zu komisch, wie sie sich nicht ausziehn wollte. Weil sie jetzt schon so zwei kleine Hügel hat. Marie ist hübsch. Marie wird mal ein schönes Mädchen.

Es war auch gut, dass sie zum ersten Mal die Tage hatte, als ich in ihrer Nähe war. Bei der Wanderung durchs Watt ist das passiert. Ich hab ihr gleich darauf ein Fest gegeben. Im Wattenlöper. Wir haben am Fenstertisch gesessen. Mit roten Gesichtern. Und dem Sonnenbrand auf unsren Schultern. Sekt haben wir getrunken.

»Wenn eine Frau geboren wird, dann muss es ein Fest geben«, habe ich gesagt. »Aber nur für hübsche. Hässliche Weiber müssen sich an Nebeltagen in die Welt der Männer schleichen.«

Da haben sie beide gelacht. Marie war stolz, und ich habe Shakespeare zitiert.

»Soll ich vergleichen einem Sommertage dich,
Die du lieblicher und milder bist?
Des Maien teure Knospen drehn im Schlag
Des Sturms, und allzu kurz ist Sommers Frist.«

Marie hat gestrahlt. Ebenso wie Tina damals, als Florian
das 18. Sonett rezitiert hatte. Marie hat ein bisschen die
Augen von Tina. Und auch in ihrer Art wird sie wohl mal
wie Tina sein.

Hanna hat uns oft allein zum Strand geschickt. Weil sie
abends zu viel getrunken hatte. Das kommt jetzt leider
häufig vor. Am nächsten Tag geht's ihr dann schlecht.
Marie und ich waren dann allein am Strand. Ich konnte
mich nicht satt sehen an ihr. Wenn sie an den hellgrünen
Glaswänden dieser grollenden Wellen entlanglief, mit ihrer schmalen, hohen Gestalt und den wehenden schwarzen Haaren, dann hätte ich für das Talent zum Malen viel
gegeben.

Meist sind wir ganz weit rausgeschwommen. Besonders
an Tagen mit hohem Wellengang. In den Dünen haben wir
uns dann frierend wie die Kinder aneinander gedrängt.
Und uns ganz nah in die Augen gesehen. So nah, dass wir
nur noch ein Riesenauge vor uns hatten. Im kalten Wind
hat sie dann gezittert. Wie eine kleine Geliebte.

Ja, der Sommer war schön. Aber dann musste Marie in
ihr Internat. Nach Montreux. Hanna brachte sie im Schlafwagen dorthin. Auf dem Bahnsteig haben wir mit sehr viel
Schweigen rumgestanden.

Dann kam der Oktober, und ich war ziemlich einsam.
Hanna blieb den ganzen Tag nebenan in dem Hotel. Anfangs bin ich oft mal rübergegangen. Aber es saßen immer
wieder andere Männer bei uns am Tisch. Sie sprachen zu
Hanna mit einer Art von Unterwürfigkeit. Beim Handkuss

waren ihre Lippen fest geschlossen. Aber ich konnte die Lippen sagen hören:

›Mein Gott, wie habe ich diese Frau geliebt ... und wie gern würde ich sie noch immer lieben dürfen.‹

Abends, wenn sie dann endlich zu mir rüberkam, meistens spät, hatte sie fast immer was getrunken. Und nahm mir das Buch aus der Hand, lächelte kokett und stieg herausfordernd aus ihren Kleidern. Sie war die wildeste Geliebte, die sich ein Mann nur wünschen kann.

Dann kam die Nacht, und ich kann sie nicht so schnell vergessen. Da hat sie viel kaputtgemacht. Sie war unersättlicher als in den Nächten sonst und biss ihren Schrei in die Kissen. Aber ich habe ihren Schrei gehört. »Mein Gott, du hast einen Schweif wie ein Hengst ... kein anderer Mann ist so ... ein Hengst wie du ...«

Seither schlaf ich auf der Couch. Sie trinkt jetzt weniger. Und zum Essen kommt sie meist zu mir. Ob das wohl lange anhält? Woll'n mal sehn.

Tja. Im Oktober war ich viel allein. Marie hat mir gefehlt. Ich habe viel gelesen. Huxley, Waugh. Andre Gide. Einsame Leute lesen viel.

Ich bin auch viel gelaufen. Dann hab ich in einem Fenster diesen Wagen gesehen. Einen Mercedes. Lange Kühlerhaube. Kabriolett. Zweisitzer. Innen hellgraues Leder, außen alles dunkelblau. Ich hab ihn gleich nach der Probefahrt gekauft. Meinen Volkswagen haben sie in Zahlung genommen. Die Ersparnisse haben für den Rest gereicht.

Mein Gott, ist das hier eng geworden. Wirklich wahr. Eng wieder aufgebaut. Ich bin froh, dass ich den Mercedes habe. Manchmal fahre ich nach Friesland rüber und laufe lange über die alten Deiche. Wenn ein Mann früher einsam war, hat er mit seinem Pferd gesprochen. Der Einsame von heute erzählt sich was mit seinem Wagen.

Jetzt hat der Wind gedreht. Es wird kalt. Der Regen pladdert härter als vorher. Ich geh nach Haus und mach mir einen Grog. Dann pack ich die Geschenke ein. Weihnachten ist ja bald. Und in vier Tagen kommt Marie. Das wird gut. Wenn das Mädchen erst mal da ist, wird es gut.

UNWILLKOMMENER GAST
Amsterdam Februar 1952

Es war einer dieser Tage, an denen das Land wie Silber ist, weil die Sonne einen Silberschleier vor dem Gesicht trägt, aber es war eine müde Sonne, und sie stützte sich auf verschneite Felder und ließ starr gefrorenen Rauhreif aufleuchten, der auf allen Bäumen hing.

Ich fuhr über alte Landstraßen durch altes Land und horchte auf das leise Singen der Maschine unter der langen Kühlerhaube und horchte auf das Sausen des Windes an meinem Fenster und sagte mir, dass die Einladung nach Amsterdam wie gerufen kam, denn es wurde höchste Zeit, diese vielen Pferde auf einer langen Straße mal richtig lange traben zu lassen. Als ich vor dem Hotel bei der Prinsengracht ankam, liefen Kinder Schlittschuh. Ich setzte mich auf die Mauer bei der Gracht und sah den Kindern zu. Sie hatten rote Backen und sahen aus wie auf einem Bild von Breughel.

In der Hotelhalle war das Licht gedämpft. Der Mann, der auf mich wartete, winkte mir aus einem Ledersessel zu.

»Mynheer Ruysdael?«, sagte ich.

Er nickte. »Ja, das bin ich. Und heute ist ein schwerer Tag in meinem Leben.« Sein Gesicht war alt und sah nach hohem Blutdruck aus. Er nahm meine Hand und legte sie auf sein Herz. »Verehrter Herr Unrast, ich weiß gar nicht, wo ich beginnen soll ...«

»Lassen Sie sich Zeit«, sagte ich. »So viel Zeit, wie Sie wollen.«

»Es geht darum, dass ich Sie nicht in mein Kino bitten darf, denn da stehen an die zweitausend Demonstranten und werfen die Scheiben ein. Die Leute verlangen, dass ich Ihren Film nicht spiele.«

»Und warum?«

»Weil es ein deutscher Film ist. Sie dürfen nicht vergessen, lieber Herr Unrast, dass dieses Land Unmenschliches hat erdulden müssen unter der deutschen Besatzung im Kriege. Ich dachte jedoch, das sei allmählich vergessen. Nicht wirklich vergessen, doch wenigstens hingenommen. Ich dachte mir, sieben Jahre ist das jetzt alles her. Inzwischen ist ja doch schon etwas Gras über die Gräueltaten gewachsen. Es ist an der Zeit, dass wir mit unserem deutschen Nachbarn in Frieden leben. Ich habe tatsächlich geglaubt, verehrter Herr Unrast, ich könne es wagen, könne es schon einmal wieder riskieren, einen deutschen Film zu zeigen. Zumal es ja der *Tonio Kröger* ist und Thomas Mann doch immer ein erklärter Gegner der Nazis war. Er war ja selbst in der Emigration. Nun, das weiß ja schließlich jeder.«

Ich setzte mich in den Sessel neben ihn und wartete.

»Es ist der Hass«, sagte er dann. »Der Hass ist immer noch sehr groß. Mein Gott, wie lange soll denn das noch so gehen? Als ich vorhin zum Kino kam, habe ich es nicht glauben wollen! Da stehen die Menschen und tragen ihre alten Uniformen, wissen Sie, diese Sträflingssachen aus den KZs, und werfen mir die Scheiben ein. Ich habe mich dem Sprecher des Komitees gestellt und wollte ihn umstimmen, aber mit dem Mann ist nicht zu reden. Es fällt mir sehr schwer, Ihnen das erzählen zu müssen.«

»Berichten Sie mir ruhig alles.«

»Der Sprecher hat mich gewarnt. Er hat gesagt: ›Wagen Sie es ja nicht, diesen deutschen Schauspieler hierher zu bringen. Denn wir reißen ihn in Stücke!‹ Das, Herr Unrast, hat mich sehr erregt. Sie dürfen mir das glauben, und ich habe ihm gesagt, dass es ein Verbrechen sei, Unrecht mit Unrecht zu vergelten. Ich habe ihm auch gesagt: ›Sehen Sie sich doch diesen Schauspieler bloß an, Mynheer! Der ist ja noch ganz jung, der war doch damals noch ein Kind, der hat sich ja gar nicht schuldig machen können!‹ Danach habe ich ihn gefragt, ob es denn so weitergehen solle mit dem vernichtenden Hass auf Schuldlose, wie es die Nazis gemacht haben? Wissen Sie, Herr Unrast, was dieser Mann mir zur Antwort gegeben hat?«

»Sagen Sie es mir, bitte.«

»Wir werden den Deutschen nie vergeben, nicht einmal ihren Kindern!«

Wir saßen eine Weile nur so still da, sahen uns an und wussten nicht, was wir sagen sollten. Dann ging ich rüber zur Bar und ließ mir einen Whisky geben.

Als ich zu Ruysdael zurückkam, sagte er: »Der Herr, der so gesprochen hat, ist Jude. Ich bin selber einer. Ich lese die gleiche *Heilige Schrift* wie er. Jedoch der andere da lebt mit dem Gedanken an die Rache. Auge um Auge ... Sie wissen schon. Wer oft verfolgt wird, holt sich wohl Kraft aus derartigen Gedanken.«

»Mynheer Ruysdael«, sagte ich. »Gehn Sie zu dem Mann zurück und sagen Sie ihm, er könne getrost nach Hause gehen, denn der Deutsche sei auch gegangen.«

»Ich danke Ihnen«, sagte der alte Mann. »Von ganzem Herzen.«

»Machen Sie sich den Kopf nicht weiter schwer damit, Mynheer«, sagte ich. »Sie haben mir mit Ihrer Einladung nach Amsterdam zu einer wunderschönen Fahrt verholfen. Und es gibt so viel zu sehen hier. Ich hol jetzt mein Auto aus der Hotelgarage und seh mich noch ein bisschen um in Ihrem Land. Vielleicht kauf ich mir ein paar Schlittschuhe und schlendere so 'n bisschen auf Kufen über Ihre Grachten.«

»Nein«, sagte er. »Das geht nicht. Leider.«

»Was meinen Sie?«

»Wir müssen noch eine schwere Stunde gemeinsam durchstehen, denn im Konferenzraum wartet die Presse. Ich habe die wichtigsten Filmjournalisten aus allen Teilen Hollands auf meine Kosten hierher eingeladen, denn ich konnte ja nicht ahnen, dass Ihr *Tonio Kröger* auf Proteste stoßen würde. Inzwischen haben die Journalisten die Demonstration in Augenschein genommen und sind jetzt zurückgekommen, um Sie zu treffen. Sollten Sie, verehrter Herr Unrast, der Presse aus dem Wege gehen, wird Ihnen das als Flucht ausgelegt werden. Oder glauben Sie nicht?«

»Doch«, sagte ich. »Da haben Sie Recht. Und wenn Sie mir jetzt noch einen Whisky besorgen, dann kann die Sache losgehen.«

Wir saßen an einem langen Tisch. Mir gehörte der Platz am Stirnende, und an dem anderen Stirnende saß Mynheer Ruysdael. Was er dachte, konnte ich nicht sehen, denn sein Gesicht lag im Schatten des dunklen Raumes.

Der Tisch war voll beladen mit Brot und Wurst und Käse. Die Männer kauten kräftig. Sie kehrten mir ihre Rücken zu. Draußen wurde es allmählich dunkel. Die Fenster gingen auf eine Gracht hinaus. Ich konnte Kinder sehen, die ihre Schlittschuhe abschraubten und durch die Gasse liefen und sich in der Dunkelheit verloren.

Die Journalisten ließen sich viel Zeit mit ihrem Abendmahl. Später wurde Kaffee gebracht und Cognac, und sie zündeten sich Zigarren an. Mit ihren abgekehrten Rücken ließen sie mich wissen, dass ich nicht willkommen war.

Es wurde heiß in dem Raum. Der Zigarrenrauch biss sich in meine Augen.

Ich griff nach einem Messer und schlug an mein Glas. Als das Glas umfiel, drehten sich die Gesichter dem Glas zu.

»Falls es Ihr Rückgrat nicht verletzt, dann lassen Sie Ihre Gesichter noch ein wenig länger in meine Richtung gedreht«, sagte ich. »Leider spreche ich Ihre Sprache nicht. Ich kann Ihnen deshalb nur die zwei anderen anbieten, die ich zur Verfügung habe. Meine eigene. Und die englische. Deutsch spreche ich natürlich besser, aber es ist anzunehmen, dass diese Sprache hier nicht erwünscht ist. Andererseits habe ich gelesen, dass die meisten Holländer besser deutsch sprechen als englisch, und so besteht die Hoffnung, dass Sie mich in Deutsch zu Ihnen sprechen lassen.«

»Bitte, tun Sie das Herr Unrast«, sagte Mynheer Ruysdael.

»Die Umstände, unter denen wir hier zusammengekommen sind, veranlassen mich, die Frage nach dem guten Willen zu stellen«, sagte ich. »Die Frage nach der Höflichkeit erübrigt sich. In dieser Runde gibt es keine. Sie beweisen das dem Gast aus Deutschland mit Ihren hartnäckigen Rücken bereits seit einer Stunde.

Bleibt also die Frage nach dem guten Willen.

Die Demonstranten vor dem Kino können die Gräueltaten nicht vergessen. Sie können sich von ihrem Hass nicht trennen. Und sie wollen auch dem Unschuldigen nicht die Last einer Schuld von seiner Schulter nehmen, die er gar nicht zu empfinden vermag.

Ich teile nicht die Ansicht dieser Demonstranten. Aber ich teile ja schließlich auch nicht ihren Hass. Ich verstehe diese Menschen. Ich begreife ihren Hass. Allerdings mit Bedauern. Denn so ein Hass erstickt die Gedanken. Und tötet die Hoffnung.

Nun zu Ihnen, meine Herren. Und zu der Frage nach dem guten Willen.

Ich glaube nicht, dass Sie mich hassen. Würden Sie dies tun, so wäre das schändlich von Ihnen. Denn schließlich haben Sie ja vom gleichen Tisch mit mir gegessen. Sie essen das Brot Ihres Landsmannes Ruysdael, Sie rauchen seine Zigarren, und Sie verletzen mit Ihrer demonstrativen Unhöflichkeit nicht nur den Gast, sondern auch den Gastgeber, und schlussendlich verletzen Sie die Informationspflicht, die Sie den Lesern Ihrer Zeitungen gegenüber haben.

Seit einer Stunde frage ich mich, was Sie überhaupt an diesem Tisch hier wollen. Denn wenn Ihr Verhalten eine Demonstration gegen mein Land darstellen soll, so wäre es eindrucksvoller, Sie schlössen sich den anderen vor dem Kino an. Demonstration an diesem Tisch ist sinnlos. Denn Ihre abgekehrten Rücken sieht außer mir ja keiner.

Machen wir uns doch nichts vor. Was Sie brauchen, ist eine runde Geschichte. Wenn Sie mich provozieren und ich falle darauf rein und verliere die Nerven, dann haben Sie den hässlichen Deutschen, über den Sie ganz offensichtlich so gern berichten wollen.

Also: Sie wollen gar nicht über ein Ereignis berichten. Sie wollen ein Ereignis konstruieren.

Sie sind zu einer Pressekonferenz angereist, bei der sich zum ersten Mal nach dem Krieg ein deutscher Schauspieler den Journalisten Ihres Landes stellt. Wie können Sie aber über diesen Mann berichten, wenn Sie seine Anwesenheit nicht zur Kenntnis nehmen wollen? Sind Sie es nicht Ihren Lesern schuldig, herauszufinden, wer dieser Deutsche ist? Oder beschränken Sie sich auf die bedauernswerte Feststellung, ein Deutscher sei wie der andere, und unter den Toten in den Konzentrationslagern hat es überhaupt nie auch nur einen einzigen Deutschen gegeben? Sollten Sie dies je behaupten, dann würden Sie sich einer Lüge schuldig machen. Diese Lüge holt Sie eines Tages ein. Es wird nicht lange dauern, und Ihre Landsleute finden die volle Wahrheit über uns Deutsche heraus. An dem Tag hat Ihre Lüge Sie dann eingeholt.

Guter Wille setzt Klugheit voraus. Nun, wie viel von dieser Klugheit ein jeder von uns mitbekommen hat, das mag er selbst entscheiden. Ich für mein Teil komme zu der Erkenntnis, dass ich nicht ganz gescheit bin. Denn wer mit offenem Mund so eine harsche Voreingenommenheit erkennt und die Ignoranz seiner Gegenüber deutlich sieht und ungeachtet dessen um guten Willen und Verständnis bittet, der ist wirklich nicht ganz gescheit.

Das, meine Herren, war's, was ich Ihnen sagen wollte.«

Es blieb eine Weile still in dem Raum. Ich kramte mein Taschentuch hervor und wischte mir den Schweiß von der Stirn.

Der Mann neben mir sagte: »Ich habe ein Tonband laufen lassen, damit Sie es nur wissen.«

»Ich bin nicht blind«, sagte ich. »Von mir aus können Sie es gerne senden. Falls Sie den Mut dazu haben.«

Ich goss mir Bier ein und trank einen Genever.

Neben Ruysdael beugte sich ein grauhaariger Mann über den Tisch. »Was Sie da gesagt haben, Herr Unrast, ist ziemlich unverschämt. So gewinnt man keine Freunde.«

»Wahrscheinlich haben Sie Recht«, sagte ich. »Ehrlichkeit schafft nur selten Freunde.«

»Woher nehmen Sie den Mut, so mit uns zu sprechen?«, fragte er.

»Aus meinem Leben«, sagte ich. »Aus meinen längst gedachten Gedanken. Aus meiner Freude auf das Morgen.«

»Bester Herr«, sagte er. »Die Antwort ist mir zu abstrakt.«

»Na gut«, sagte ich. »Versuchen wir's mal konkret. Versuchen wir's mal mit einer konkreten Frage. Also: Sind Sie von den Nazis verfolgt worden?«

»Jeder Holländer ist von Ihren Landsleuten verfolgt worden«, sagte er. »Nehmen Sie dies bitte zur Kenntnis.«

»Zu abstrakt«, sagte ich. »Habe ich noch eine Frage frei?«

»Bitte sehr.«

»Sind Sie schon mal von einem SS-Richter zum Tode verurteilt worden?«

»Gott behüte, nein!«

Ich sah den ganzen Tisch entlang. Von Gesicht zu Gesicht.

»Irgendjemand anders?«, fragte ich. »Befindet sich jemand in diesem Raum, der damals verurteilt worden ist?«

»Zum Tode?«

»Ja.«

Sie schwiegen. Alle.

»Nein«, sagte Mynheer Ruysdael.

»Doch«, sagte ich.

Es wurde sehr still in dem Raum. Die Luft war abgestanden. Rauchig. Heiß. Die Männer des Abendmahls saßen aufrecht in ihren Stühlen. Ihre Gesichter waren grau. Ausdruckslos. Ungläubig. Oder verlegen.

»O mein Gott«, flüsterte Ruysdael.

»Der hat mir damals wirklich sehr geholfen«, sagte ich.

»Mynheeren«, sagte der alte Mann, »ich glaube, wir haben Herrn Unrast sehr viel abzubitten.«

»Nein«, sagte ich. »Lassen Sie das nur. Aber ich hätte gern gewusst, ob ich jetzt endlich gehen kann.«

»Bitte, bleiben Sie«, sagte der Grauhaarige. »Lassen Sie uns miteinander reden.«

ERZÄHLTE ZEIT
Chatel St. Gloire Juni 1955

Es war ein sehr heißer Nachmittag, als wir die Hügel hinauf durch die abgemähten Wiesen fuhren. Manchmal kamen uns hoch beladene Heuwagen entgegen. Dann gab es viel Geschrei der Bauern, aber wenn ich dann rückwärts in die Wiesen rollte, fuhren sie an uns vorbei zu Tal und lachten uns zu und winkten. Marie sah auf den See hinunter, der sich silbrig-blau zwischen Wiesen spiegelte.

»Der See und dein Auto haben die gleiche Farbe«, sagte sie. »Oh, ich liebe dein Auto. Du hast das schönste Auto der Welt gekauft.«

Zwischen uns war jetzt keine Befangenheit mehr. Marie war nun wirklich schon ein großes Mädchen, aber es gab keine Befangenheit mehr zwischen uns. Es ging sehr viel Ruhe von Marie aus, und niemand sah ihr die fünfzehn Jahre an. Sie war schlank und groß geworden, mit herrlich langen Beinen und einem festen kleinen Busen, der sich gegen ihre hoch zugeknöpfte Bluse presste.

»Marie«, sagte ich, »das Auto kann gar nicht großartig genug sein, denn ich fahre das schönste Mädchen der Welt darin spazieren.«

»O Junge, bitte«, sagte sie. »Sag bloß so was nicht ...«

»Es ist wahr«, sagte ich. »Du siehst wie eine Irin aus mit deinen langen schwarzen Haaren und diesen Augen, die manchmal grün sind und manchmal blau.«

»Bist du schon mal in Irland gewesen, Junge?«

»Nein. Aber wenn du willst, fahren wir mal hin.«

Ich hatte das Verdeck aufgeklappt. Der Wind wehte um unsere Gesichter. Wir fuhren über einen Bach und durch einen Wald. Auf einer Wiese stand ein altes Haus mit einer Schweizer Fahne.

»Lass uns da anhalten«, sagte Marie. »Ich glaube, das ist ein Restaurant, und vom Garten aus wird man den See sehen können.«

Die Wirtin brachte uns Brot und Ziegenkäse und eine Karaffe roten Wein. »Das ist ein Schweizer Merlot. Er wird Ihnen bestimmt schmecken.«

»Und bringen Sie uns auch etwas Perrier«, sagte Marie.

»*Mon Dieu,* wie schön Sie sind«, sagte die Wirtin. »*Quel couple.* Sie sind ein schönes Paar. Möge Gott Sie beschützen.«

Als die Frau gegangen war, sagte ich: »Also erzähl mal, wie geht es in der Schule?«

»Keine Schwierigkeiten mehr. Nur noch in Latein.«

»Und sonst?«

»Auf und ab. Meistens auf.« Sie sah mich an. »Manchmal denke ich, Mammi hat mich hierher geschickt, um die Rivalin loszuwerden.«

»Blödsinn. Wie kommst du denn auf so was?«

»Du brauchst nur Simone de Beauvoir zu lesen. Da findest du so was. Aber kannst du mir bitte einen Gefallen tun?«

»Ich weiß. Nicht von der Schule reden.«

»Bitte, wenn's geht.«

»Also gut«, sagte ich. »Du bestimmst das Gesprächsthema.«

»Ich habe nur eines.«

»Und was ist das?«

»Nicht was, sondern wer. Du.«

»Marie, hör auf.«

»Wirklich wahr. Ich mach mir große Sorgen um dich. Seit dem letzten Sommer. Weißt du noch, wie wir uns auf dem Steg gesonnt haben? Bei der Segelschule? Ich hab dich gefragt, warum du neuerdings immer daheim rumhockst und liest und schreibst und keine Filme mehr machst. Weißt du das noch?«

»Ja. Ich seh dich noch da auf dem Steg sitzen.«

»Ich hab dich gefragt, warum du keine Filme mehr machst, und du hast geantwortet: ›Weil mich keiner mehr haben will.‹ Ich hab dich schon vorher lieb gehabt, du weißt das, Junge. Schon immer habe ich dich lieb gehabt, aber als du das gesagt hast, habe ich dich noch viel mehr lieb gehabt.«

»Und warum?«

»Weil du so ehrlich zu mir bist. Selbst dann, wenn du was Schlechtes über dich selber sagen musst, sagst du es. Du belügst mich nicht. Seit dem Sommer denke ich oft an dich und mach mir Sorgen.«

»Es ist nicht nötig, dass du dir Sorgen um mich machst.«

»Junge«, sagte sie. »Wenn du mir bloß einmal erzählen würdest, wie es wirklich um dich steht. Dann wüsste ich, dass ich dir was wert bin. Und dann werde ich auch nie aufhören, dich zu lieben. Das ist ein heiliges Versprechen.«

»Na gut«, sagte ich, »dann fangen wir mal mit der Tatsache an, dass ich ein Querkopf bin. Die Filme, die sie in Deutschland machen, gefallen mir nicht. Ein paar Jahre habe ich das mitgemacht. Ich hab mir zwar immer nur die guten ausgesucht, und die meisten Angebote habe ich abgelehnt, aber auch bei den besten Angeboten sperrt sich meist was in mir. Wenn ich ins Kino gehe und sehe, was die Franzosen machen oder die Engländer oder was aus Hollywood kommt, dann schnürt es mir die Kehle zu, verstehst du? Dann seh ich Montgomery Clift, und meine Augen werden nass. Weil ich froh bin, dass es welche gibt, die so spielen dürfen, wie ich es immer wollte. Aber ich bin dann auch verzweifelt, weil mich keiner solche Filme machen lässt. Und das, Marie, das sage ich dir, das ist manchmal verdammt schwer.«

»Ja«, sagte sie. »Ich kann mich gut in dich reindenken.«

»Wir machen gutes Theater in Deutschland, gute Musik, und unsere Autoren schreiben gute Bücher, und da ist es eben nicht einzusehen, dass wir nicht auch gute Filme machen können.«

»Junge«, sagte sie. »Du hast jetzt richtig Feuer in den Augen. Wie manchmal im Film, wenn du böse bist.«

»Ich war dumm, Marie, denn ich habe es nicht gleich erkannt. Der Gedanke liegt doch auf der Hand. Wenn bei uns keine guten Filme gemacht werden, aber du kennst ein Land, in dem das anders ist, dann geh dahin. Oder nicht?«

»Doch. Unbedingt. Und weiter?«

»Ich bin nicht gleich drauf gekommen. Erst mal bin ich im eigenen Land herumgewandert und wollte meinen Produzenten eine Geschichte einreden. Einen Film, der spielt heute. 1952. Ein deutscher Junge verliebt sich in eine Sabra, in ein Mädchen, das in Israel geboren ist. Das sind Romeo und Julia, und Montague und Capulet, und das ist aufregend, oder glaubst du nicht?«

»Doch.«

»Du findest das, und ich finde das, aber außer dir und mir findet das keiner. Selbst deine Mutter hat gesagt, ich solle mich nicht lächerlich machen. Unter den deutschen Produzenten gab es keinen, der den Film machen wollte.

Wenn du in Deutschland das Wort Jude in den Mund nimmst, zucken alle zusammen, und wenn du einem deutschen Produzenten sagst, er soll so eine Geschichte drehen, dann macht er sich in die Hose.«

»Und weiter?«

»Bei uns zu Haus gibt's nur noch Kompromisse. Ich hab mich darauf eingelassen. Hab mitgemacht. Ein Mitmacher ist aus mir geworden. Zwei Filme habe ich gedreht: *Victoria,* so 'n bisschen an Hamsun angelehnt. Der andere war *Kabale und Liebe,* und damit haben wir den armen Schiller aber wirklich im Grabe rumgedreht.«

»Wieso?«

»Beide Geschichten haben sie verwässert und Zucker reingekippt. Ich habe mich gewehrt, aber ich bin allein gewesen. Es hat nur noch Diskussionen gegeben und Reibereien. Bis in die Presse ist das gegangen, weil diese Leute ja den Mund nicht halten können. Ich hätte es von Anfang an wissen müssen, aber ich war nun mal so dämlich und hab den Krieg nicht vorausgesehen. Tja, und dann hat der Krieg angefangen. Einer gegen alle. Unrast gegen den Rest des Landes. Und da bin ich allein rumgestanden in der Gegend und hab gewusst, dass ich nicht gewinnen kann. Aber es war zu spät, und wenn es zu spät ist, dann ist das eben so, und das Ganze ist ziemlich dämlich, findest du nicht?«

»Nein. Alles andere als das. Zum Heulen ist es. Aber ich heule nicht. Also erzähl weiter.«

»Nun, es ist gekommen, wie es kommen musste. Die beiden Filme sind auf den Bauch gefallen. Erst mal hat die Presse uns in der Luft zerrissen. Und dann hat das Publikum wohl gedacht, wer da reingeht, kommt mit der Pest wieder raus. Jedenfalls waren die Kinos leer, und von einem Tag zum andern hat sich keiner mehr bei mir gemeldet. Kein Produzent und kein Verleiher. In den Jahren zuvor haben sie viel Geld mit mir verdient, Millionen, und die wollten sie jetzt nicht gern durch mich wieder loswerden.

Das Telefon hat geschwiegen. Ich hätte es ebenso gut in den Keller stellen können. Mit der Post kamen nach wie vor die Autogrammbitten ins Haus, Hunderte, täglich. Aber keiner hat mehr ein Drehbuch geschickt. Und mein Freund Wenzel May, der Manager, hat sich die Fingernägel abgekaut. Dabei hatte er auch vorher kaum mehr welche dran. Wenn ich mal einen von den alten Freunden sprechen wollte und die angerufen hab, dann waren sie nicht zu sprechen.

Ich sage dir, Mädchen, das war eine verrückte Zeit. Auf der Straße haben sich die Menschen gefreut, wenn sie mich gesehen haben, und sind rübergekommen und haben mir auf die Schulter gehauen und wollten Autogramme haben. Doch die Produzenten hatten mich weggeworfen. Auf die Müllhalde. Da lagen schon ein paar andere Schauspielerleichen rum.«

Marie sah auf ihre Hände. »Armer Junge. Ich habe gefühlt, dass du nicht glücklich bist, aber genau gewusst habe ich es nicht.«

»Du hättest mir nicht helfen können.«

»Doch.«

»Und wie?«

»Weiß nicht«, sagte sie. »Vielleicht nur bei dir sein.«

»Ja, da hast du Recht. Das wäre gut gewesen.«

Ich sah, dass wir den Wein ausgetrunken hatten, und ging ins Haus, neuen holen. Als ich zurückkam, sagte Marie: »Man kann wirklich nicht behaupten, dass meine Mutter dir geholfen hat.«

»Sie hatte sicher irgendwelche Gründe.«

»Gibt es denn niemand, der dir helfen kann?«

»Nein. Niemand. Das kann ich nur alleine machen. Und ich bin schon ganz kräftig dabei, glaube mir.«

»Und wie?«

»Weißt du, erst mal musste ich aus der ganzen Sache raus. Da habe ich mit diesen Dichterlesungen angefangen. Erinnerst du dich?«

»Und wie! Ich hab noch alle Postkarten. Jeden Tag kam eine aus einer anderen Stadt. Die dummen Trinen im Pensionat sind ganz zickig geworden, weil ich jeden Tag eine Postkarte bekommen habe. Immer von demselben Mann.«

»Ach, Marie, der Wein ist wirklich gut und mein Kopf wird faul. Sag mal selber, ist denn das nicht herrlich, hier zu sitzen?«

»Ja, wenn du willst, können wir uns da auf die Wiese legen und uns ganz fest in den Arm nehmen, weißt du, wie früher, wie unter unserem Baum. Aber falls es dir nichts ausmacht, möchte ich doch erst noch hören, was du nun vorhast.«

»Erst mal werde ich nach England gehen.«

»Nach England?«

»Ja, Marie, nach London. Wenn du am Montag wieder in die Schule musst, steige ich auf mein blaues Pferd und fahr nach London.«

»Wann bist du denn auf die Idee gekommen?«

»Vor ein paar Monaten. Ich war in Paris und wollte mir Arbeit suchen, aber ich hab keine finden können, und da hat ein Kellner zu mir gesagt: ›Warum fahren Sie denn in Gottes Namen nicht nach London? Ich wette mit Ihnen, dass die Engländer Sie nehmen.‹ Der Mann hat 'ne Nase für solche Sachen, weißt du, und deshalb hab ich das blaue Pferd aus 'm Stall geholt, mir an der Kanalküste 'ne Fähre

gesucht, und dann sind wir in London eingeritten, und
jetzt geht wahrscheinlich das große Leben los.«

»Wirklich?«

»Ja. Willst du hören, wie das alles gekommen ist?«

Marie nickte. Dann legte sie ihre Hände auf meine Hände, und ich sagte: »Tochter, schenk bitte nochmal nach
und gib mir 'n Stück von dem Brot und etwas Käse, und
dann sag, was du hören möchtest.«

»Erzähl von Paris. Aber ich will nicht, dass du mich
Tochter nennst.«

»Ist mir nur so rausgerutscht. Also: Paris. Ich war gerade
in Saarbrücken, im Winter, und habe Heinrich Böll rezitiert. Das war das Ende meiner Tournee. Ich wusste nicht,
wohin, und da bin ich nach Paris gefahren.«

»Einfach so?«

»Einfach so.«

»Und?«

»Erst mal bin ich zwei Tage lang durch die Stadt gestie-
felt. Ich sage dir, das ist vielleicht 'ne schöne Stadt! Wenn
du mit der Schule fertig bist, gehen wir ja die Welt erobern, du und ich, das ist ja abgemacht, und ich finde, wir
sollten damit in Paris anfangen.«

Marie legte ihr Gesicht auf meine Hände.

»Also, du weißt ja, wie das mit mir ist«, sagte ich.
»Wenn ich in eine neue Stadt komme, such ich mir erst
mal ein Lokal, so als Hauptquartier. In Paris habe ich mir
Chez Alexandre ausgesucht. Das war ein guter Griff,
denn der Oberkellner hat mich auf Anhieb gemocht.
Monsieur Henri. Er stammt aus Polen. Als er gemerkt
hat, dass ich nicht französisch spreche, haben wir uns auf
Deutsch unterhalten. Dann hat er rausgefunden, dass ich
Schauspieler bin und Arbeit suche, und da hat er gesagt:
›Wenn Sie nichts dagegen haben, *cher monsieur,* dann wer-

de ich Madame Stern anrufen. Das ist eine feine alte Dame. Betty Stern. Früher war sie einmal sehr reich und elegant, in Berlin, denn ihr Mann war der berühmte Bankier Stern. Einmal in der Woche hielt sie *soirée,* und alle berühmten Künstler waren bei ihr zu Gast, Albert Bassermann und Max Reinhardt, Elisabeth Bergner, Marlene Dietrich und Emil Jannings und wie sie alle heißen. Als Hitler an die Macht kam, hat er Monsieur Stern als einen der Ersten verhaften lassen. Und wohl auch umbringen lassen, soviel ich weiß. Madame Stern ist mit ihrer kleinen Tochter nach Paris geflohen, aber auch hier hat sie Schweres erdulden müssen, *cher monsieur,* denn sobald die deutschen Truppen Frankreich besetzten, wurde Madame Stern in ein Lager verbracht. Nun, sie hat es überlebt, und ihre hübsche Tochter auch. Jetzt betreibt Madame Stern eine kleine Künstler-Agentur, und falls es Ihnen recht ist, *cher monsieur,* werde ich Madame jetzt einmal antelefonieren.‹

Dann kam er zurück und sagte, Madame sei ganz exaltiert gewesen, als sie den Namen Unrast gehört habe, und wünsche mich unverzüglich zu treffen. Von da an waren Betty Stern und ich unzertrennlich.«

»Das war Glück«, sagte Marie. »Ist sie hübsch?«

»Wer? Betty?«

»Ja. Kann doch sein, dass sie hübsch ist.«

»Mädchen«, sagte ich, »Betty ist gut sechzig Jahre alt und klein und dick und schmuddelig. Sie trägt immer nur ein und dasselbe schwarze Kleid, und das ist voller Zigarettenasche, und ihre schwarzen Nylonstrümpfe rutschen ihr ständig runter. Anfangs hat mich das gestört, wenn sie so mit mir über die Champs-Elysées flaniert ist, und die Strümpfe sind ihr runtergerutscht, und dauernd ist sie stehen geblieben und hat sich die Strümpfe wieder hochgezogen. Aber dann habe ich mir gesagt, lass doch Bettys Strümpfe rutschen, ist doch egal, Bettys Strümpfe sind nicht wichtig, Betty ist wichtig. Sie ist der beste Mensch, den ich getroffen habe.«

»Ist sie das wirklich?«

»Ja, Mädchen, diese alte Frau ist ein wahrer Engel. Gütig, voller Verständnis und Humor. Und mit viel Geduld. Du musst dir das nur mal vorstellen, eine Woche lang hat sie mich durch alle Büros geschleppt und durch alle Restaurants, in denen Produzenten mittags anzutreffen sind, und hat den Leuten gesagt: ›*Cher monsieur,* dieser junge Mann hier ist das größte Talent, das Sie sich vorstellen können! Sie machen einen Fehler, wenn Sie ihn nicht engagieren!‹«

»Wie süß von ihr«, sagte Marie. »Aber sicher war dir das peinlich.«

»Sehr sogar.«

»Und? Hat es was genützt?«

»Nein. Obwohl ich schon ein paar Stunden Französisch an der Berlitz-Schule genommen hatte. Und dann war wieder Sonntag, und wir saßen bei Alexandre an der Bar, Betty und ich. Wir warteten auf Monsieur Henri. Der war mal eben zum Buchmacher rüber. Jeden Sonntagmorgen hat Henri unser Geld genommen und seins dazugetan, und dann ist er rüber zum Buchmacher und hat gesetzt. Henri kannte jedes Pferd in Longchamp, und meistens haben wir auch gewonnen. Also, an dem Sonntagabend kommt er mit Geld zurück und sagt: ›Ich habe es mir gründlich überlegt, *chère madame,* und bin zu der Überzeugung gelangt, dass wir es hier im *cinéma français* so schnell zu nichts bringen werden. Die Stimmung hier zu Lande ist noch nicht so recht freundlich einem deutschen *acteur* gegenüber. Und glauben Sie mir, ich bin ein *garçon très primitif,* ein ziemlicher Dummkopf, aber für zwei Dinge habe ich eine Nase. Erstens für Pferde und zweitens für Länder, in die man emigrieren sollte. Und so empfehle ich Monsieur Unrast dringend, sein Glück in England zu versuchen.«

Marie schüttelte den Kopf und lächelte. »Ich könnte dir stundenlang zuhören«, sagte sie. »Du bist zum Küssen.«

»Ist das wahr?«, sagte ich. »Wenn du willst, kannst du mir einen geben.«

Sie beugte sich über den Tisch und presste ihre Lippen auf meinen Mund. »So?«

»Ja. Danke.«

»Jetzt habe ich eine Gänsehaut«, sagte sie.

»Kein Wunder«, sagte ich. »Denn das war ja auch ein richtig schöner Kuss.«

»Warst du damit zufrieden?«

»Ja. Sehr.«

»Also, dann erzähl weiter.«

»Nachts, auf der Fahrt durch die Stadt, hat Betty gesagt, dass ich sie nicht zu ihrer Wohnung fahren solle, sondern nur bis zur Notre-Dame, weil das so eine schöne Kirche sei, wirklich wie geschaffen fürs Gebet. Und da ich doch nun weiterzöge, um in London mein Glück zu suchen, da müsse sie nun unbedingt in die Notre-Dame und für mich beten.

Als ich sie fragte, ob sie denn katholisch sei, sagte sie: ›Nein. Aber das tut nichts zur Sache. Ich geh jetzt da rein in die schöne große Kirche und knie mich nieder und dann sage ich zu dem lieben Gott, Herrgott, sage ich zu ihm, ich weiß, dass ich im falschen Haus zu dir bete, aber da du der große Herrgott bist, der alles weiß, wirst du auch wissen, dass die nächste Synagoge viel zu weit entfernt ist für mich arme alte Frau.‹«

Marie sprang auf und presste die Hände zwischen ihre

Knie und lachte. Ich sah sie an und dachte, wie sehr ich sie liebe.

»In London ist es anders gewesen«, sagte ich. »Da war ich anfangs sehr allein. Aber das hat mir nichts ausgemacht. Ich war gern allein. Und habe niemanden vermisst.«

»Mich auch nicht?«

»Marie, dich kann ich gar nicht vermissen, auch wenn ich dich nicht sehe. Weil ich mir angewöhnt habe, mit dir zu sprechen.«

»Du meinst, du sprichst so vor dich hin wie diese alten Männer auf den Bänken da unten in der Stadt?«

»Ja, Marie, genau so. Ich weiß nicht, mit wem diese alten Männer reden, aber ich rede mit dir, verstehst du? Ich lauf durch die Tate Gallery und lass dich neben mir herlaufen. Und wenn ich dir sagen will, was ich von den Bildern von Rouault halte, dann sage ich dir das eben.«

»Darüber muss ich nachdenken«, sagte sie.

»Was gibt's da nachzudenken?«

»Ich weiß nicht, ob ich das mag«, sagte Marie. »Aber erzähl mal weiter. Was hast du in London gemacht?«

»In London ist das schwer mit so einem Lokal als Hauptquartier, weil die Pubs nicht den ganzen Tag geöffnet sind. Also habe ich mir eine kleine Wohnung genommen, ziemlich billig, in der Edgeware Road. Dann bin ich in die Schule gegangen und hab erst mal richtig Englisch gelernt. Vormittags Schule und nachmittags Agentensuche. Wenn du keinen Agenten hast, kommst du in England bei keinem Produzenten durch die Tür. Es ist nicht leicht, einen Agenten zu überreden, dich zu nehmen, weil Agenten viel lieber nur solche Schauspieler auf ihre Liste setzen, die es schon zu was gebracht haben.«

»Aber du bist doch schon wer.«

»In Deutschland schon. Aber sonst? Deutsche Filme laufen nicht im Ausland.«

»Also hat dich niemand gekannt? Ich meine, in England hatten die noch nie von dir gehört?«

»Nein. Daher muss ich ganz von vorn anfangen.«

Marie kniff die Augen zusammen. Die Sonne war tiefer gewandert und schien ihr voll ins Gesicht. An den anderen Tischen saßen jetzt viele Menschen bei Kaffee und Kuchen. Es war mir gar nicht aufgefallen, dass andere in den Garten gekommen waren.

»Lass uns ein Stück spazieren gehen«, sagte ich. »Unterwegs erzähle ich dir von meinem Freund Stanton.«

Wir gingen über die Wiese. Marie legte meinen Arm um ihre Schulter und versuchte, große Schritte zu machen. Als wir an den Bach kamen, legten wir uns ins Gras.

»Der Einzige in ganz London, der schon mal was von mir gehört hatte, war ein Amerikaner. Er heißt Stanton.«

»Boroshnikoff?«, rief sie. »Sag bloß, du meinst den Regisseur. Stanton Boroshnikoff ...«

»Genau den meine ich. Und ich finde es wunderbar, dass du seinen Namen kennst.«

»Alle kennen seinen Namen. Alle bei uns im Filmklub. Wir sind ganz verrückt auf seine Filme. Ich glaube, er ist noch ziemlich jung, oder?«

»Es ist reiner Zufall, aber wir sind im gleichen Jahr am gleichen Tag geboren.«

»Wie merkwürdig ... O Junge, was bin ich froh, dass du nach England gefahren bist. Wo hast du Boroshnikoff denn kennen gelernt?«

»Bei einem Agenten. Al Parker. Ich musste lange im Vorzimmer warten, und als Boroshnikoff aus Parkers Büro kam, sagte er: ›Hey, sind Sie nicht dieser deutsche Schauspieler, der den Tonio Kröger gespielt hat und der jetzt diesen Streit hat mit diesen deutschen Produzenten, die viel zu dämlich sind, um einen guten Schauspieler von einer Pflaume zu unterscheiden?‹«

»Das hat er gesagt, Junge?«

Ich nickte. »Und dann hat er dafür gesorgt, dass Al Parker mich auf seine Liste nimmt. Seit der Stunde sind wir unzertrennlich gewesen. Jeden Abend haben wir zusammengehockt. Im Copperpenny auf der Kings Road. Oder unten bei den Docks. Manchmal auch 'n Stück weiter die Themse rauf in einem Pub, wo 's gute Steaks gibt. Dann, so nach ein paar Wochen, ist deine Mutter plötzlich aufgetaucht. Sie hatte sich ihren Besuch als Überraschung ausgedacht. Plötzlich stand sie vor uns, vor Stan und mir. Wir haben was zusammen getrunken, und schon nach ein paar Minuten hat Stanton zu ihr gesagt: ›Ich weiß, warum Sie gekommen sind ... Sie wollen ihn abholen ... Sie wollen ihn wieder zu Hause haben, da, wo ihn die Leute nicht verstehen. Wo sie zwar die gleiche Sprache sprechen, aber wo sie ihn nicht verstehen.‹

Hanna hat ihn auf Anhieb gehasst, weil er ihr dies so auf den Kopf zugesagt hatte. Den ganzen Abend haben wir nur gestritten. Deine Mutter behauptete, dass in Deutschland schon alle über mich lachen würden, weil ich bei den englischen Produzenten die Klinken putzte, wo ich doch in Hamburg am Schauspielhaus spielen könnte. Aber weil ich mal in Hollywood gewesen bin, sei mir jetzt in Deutschland wohl nichts mehr gut genug.

Stan hat nur den Kopf geschüttelt. ›Es ist doch ganz gleichgültig, ob die Deutschen lachen oder weinen. Wichtig ist, dass ein Mann sein Ziel verfolgt. Und wollen Sie wissen, was der wahre Erfolg ist? Erfolg ist, wenn ein Mann sein Leben so lebt, wie er es will.‹

Ja, Marie, so ist das gewesen. Es war sehr unerfreulich an dem Abend.«

Sie rollte sich auf den Bauch und sah mich an. »Ich glaube, da ist noch viel mehr vorgefallen. Und ich möchte, dass du mir nichts verschweigst.«

»Marie«, sagte ich. »Wozu soll das gut sein?«

»Für unser Vertrauen. Findest du nicht, dass es wichtig ist, wenn wir uns vertrauen?«

»Also gut«, sagte ich. »Mal sehn, was daraus wird, wenn du alles weißt.«

»Warum? War es so hässlich damals?«

»Ja«, sagte ich. »Hässlich. Das ist das richtige Wort. Wir haben noch lange geredet, deine Mutter und ich. Nachts, als wir allein waren. In meiner billigen Behausung an dieser Edgeware Road. Es hat sich herausgestellt, dass diese ganze Selbstsicherheit verloren geht, wenn Hanna ihre kleine Welt verlässt. Ihre mondäne Welt. Ihre Rabenstraße. Da kommt das Damenhafte dann abhanden. Das Abgeklärte. Ich will es dir sagen, Mädchen: Wenn deine Mutter Grenzen überschreitet, verlässt sie der Mut. Ihre Selbstsicherheit macht sich davon.«

»Und in der Schweiz?«, fragte Marie. »Damals, im Krieg? Glaubst du, dass sie damals auch unsicher war?«

»Das ist wohl was anderes gewesen. Das war keine Reise. Das war eine Flucht. Damals hat sie ihr Leben retten müssen.«

»Dazu gehört Mut«, sagte Marie.

»Sehr viel sogar«, sagte ich. »Aber das war keine Flucht in ein fremdes Land. Wenn du es genau besiehst, dann ist das keine richtige Grenze, die du da überschreitest. Du gehst von Konstanz-Nord nach Konstanz-Süd. Das ist alles. Die Menschen sind sich im Grunde ähnlich. Selbst die Sprache ist die gleiche.«

»Ja«, sagte Marie. »In der deutschen Schweiz schon.«

»Die Sprache, Marie, das ist eine wesentliche Sache. Deine Mutter sagte, für sie sei es zu spät, nochmal in die Schule zu gehen, in Paris oder in London, für sie käme das nicht mehr infrage. Plötzlich hatte sie Lebensangst. Und sie stand meinen neuen Freunden ganz fremd gegenüber. Nimm nur Stan Boroshnikoff. Der hat eine klare Schärfe des Verstandes, und es ist ihr unheimlich, zu sehen, wie nah wir uns sind, Stan und ich.

Ja, und da hat deine Mutter etwas ganz Dummes angestellt in jener Nacht. Sie glaubte, mich zu verlieren. Nicht an eine andere Frau. Auch nicht an dich. Sondern an Freunde. Sie glaubte, mich an eine wahre Freundschaft zu verlieren. Und da hat sie mich unter Druck setzen wollen. Sie wollte mich zwingen. Mich zu sich zurückzwingen. Mit Gewalt.«

»Mit Gewalt?«

»Sie wollte mich erpressen. Mit Schlaftabletten, aufgelöst in Wasser, ein ganzes Glas voll, verstehst du? Aber sie hat es auf eine Weise angestellt, dass ich es merken musste. Sie wollte ja, dass ich Angst vor ihr bekomme. Denn es sollte entweder ihr Wille sein, oder ihr Tod. Die Entscheidung lag bei mir. Wenn ich nicht mit ihr zurück nach Hamburg ginge, dann hatte ich mich für ihren Tod entschieden. Dann würde ich das Urteil an ihr vollstrecken und hätte mein ganzes Leben mit dem Gedanken an dieses Urteil leben müssen.«

Marie setzte sich auf. Ihr Gesicht stand direkt vor der Sonne. Ich konnte nicht sehen, was sie dachte.

»Ich habe ihr das Glas aus der Hand geschlagen«, sagte ich. »Den Rest der Nacht hat sie auf dem Bett gelegen und geweint. Im Morgengrauen habe ich sie zum Flughafen gefahren und sie in die erste Maschine nach Hamburg gesetzt.«

Das Mädchen senkte den Kopf.

»Ja, Marie, so ist das nun. Du hast es wissen wollen. Jetzt weißt du's, und wenn du mir einen Gefallen tun willst, dann sag jetzt was.«

»Wie wird das, wenn sie's nochmal versucht?«, sagte Marie leise. »Was machen wir bloß, wenn sie es wieder tun will und du nicht da bist, um ihr das Glas aus der Hand zu schlagen?«

»Wenn ich nicht da bin, tut sie's nicht. Sie hat das Zeug auch damals gar nicht schlucken wollen, verstehst du? Alles, was sie gewollt hat, war, mich erschrecken. Mich prüfen. Ihre Macht über mich prüfen. Sie hat sich nicht wirklich umbringen wollen, glaube mir.«

»Woher willst du das wissen?«

»Ich hab mich mit Psychiatern unterhalten. Wie benommen habe ich da rumgesessen in ihren Sprechstunden und hab die Leute ausgefragt. Sie sagen alle dasselbe: In der Nacht damals hat sie's nicht wirklich tun wollen. Und jetzt, in Hamburg, hat es keinen Sinn, es zu tun. Weil ich ja nicht in der Nähe bin. So ein angedrohter Selbstmord hat nur Sinn, wenn der andere in der Nähe ist. Der andere, der sich unterwerfen soll.«

Wir saßen eine ganze Weile stumm. »Ist das der Grund, warum du nicht mehr zu ihr zurückgehst?«, sagte sie dann.

»Ja.«

Sie streckte sich im Gras aus und sah zu den Bergen hoch.

»Ist es schlimm?«, fragte ich.

»Was meinst du?«

»Dass ich es dir erzählt habe.«

»Nein«, sagte sie. »Glaube mir. Wenn du mich angelogen hättest, das wäre schlimm gewesen.«

Als die Sonne unterging, fuhren wir nach Genf zurück. Der Empfangschef im Hotel du Rhône sagte, dass er sich freue, mich zu sehen. Er gab uns zwei Einzelzimmer mit Verbindungstür und hörte nicht auf, Marie anzustarren. Ich gab ihm einen Schein und sagte, er solle sich um unsere Koffer kümmern und den Wagen parken.

Marie nahm meine Hand und zog mich nach draußen. »Komm, ich zeige dir die Altstadt.«

Beim Abendbrot war sie schweigsam. Erst als sie wissen wollte, wie Boroshnikoff denn so sei, und ich ihr sagte: »Der ist wie 'n echter Russe, mit so viel schwarzen Haaren im Gesicht wie Rasputin, obgleich er in New York geboren ist, in der Bronx, und sein Geld mit Schachspielen verdient hat, bevor er seinen ersten Film zusammenfinanziert hatte«, als ich ihr das alles erzählte, da lachte sie endlich wieder.

Dann wollte sie wissen, ob ich nicht noch länger bleiben könnte. »Nein, mein Mädchen«, sagte ich, »leider. Der Stan macht einen Film, und die Hauptrolle soll für mich sein. Aber wir müssen die Rank Organisation erst noch davon überzeugen, dass ich der Richtige für die Rolle bin. Und deshalb muss ich so schnell es geht zurück.«

Später meinte sie, wenn ich erst mal richtig in London verwurzelt wäre, dann würde ich sie sicher nicht mehr in Montreux besuchen kommen. »So ein Unsinn«, sagte ich. »Sieh mich doch an ... Bin ich denn mit meinen sechsundzwanzig Jahren nicht bereits einer von diesen schrulligen alten Männern, die auf der Straße mit sich selber reden, weil ihre große Liebe neben ihnen hergeht? Unsichtbar, aber nebenher?«

Da hat sie gelacht und wissen wollen, ob sie wirklich meine große Liebe sei, und ich habe gesagt: »Ja.«

Nichts weiter. Nur ja.

»Gut«, hat sie gesagt. »Dann ist alles gut.«

Nach dem Essen waren wir noch in einem Lokal, in dem viele junge Leute tanzten. Wir lehnten an der Wand und sahen den Tänzern zu. Marie trank ihre Coke und ich meinen Whisky, und wir lehnten an der Wand und sahen uns an und gingen nach draußen. Eine Weile hockten wir noch auf der Ufermauer herum und sahen in die wirbelnden Wasser der beleuchteten Fontäne, und dann gingen wir ins Hotel zurück.

Ich nahm eine Dusche und legte mich aufs Bett und hörte ihrem Singsang zu. Nach einer Weile kam Marie drüben aus dem anderen Bad und zog sich ein Nachthemd an und wanderte in ihrem Zimmer hin und her. Dann setzte sie sich auf ihr Bett und sah verloren aus.

»Was ist?«, fragte ich.

»Weiß nicht«, sagte sie. »Es liegt wohl an der Verbindungstür. Ich seh dich da drüben in deinem Zimmer, aber du kommst mir vor wie ganz weit weg.«

»Es liegt an dem Tag«, sagte ich. »Weil es so ein schöner Tag gewesen ist. Da trennt man sich nur schwer voneinander.«

»Ja«, sagte sie. »Das ist es. Ich kann mich nicht von dir trennen.«

»Dann komm her«, sagte ich.

Sie kam zu mir rüber und legte sich neben mich. Wir deckten uns nicht zu, denn es war sehr warm im Zimmer. Die Nachtluft, die durch das offene Fenster kam, hatte noch was von der Hitze des Nachmittags bei sich.

»Können wir uns ganz fest in den Arm nehmen, so wie wir es immer unter dem Baum gemacht haben?«, fragte sie. »Oder ist es dir zu heiß?«

Wir hielten uns eng umschlungen und hörten auf die Schläge unserer Herzen.

»Bist du schon schläfrig?«, fragte sie.

»Ja«, sagte ich.

»Schade«, sagte sie. »Ich dachte, du würdest mir noch was erzählen, denn ich bin überhaupt nicht müde.«

Nach einer Weile sagte sie: »Du fasst dich gut an, Junge. So hart und mager.«

»Du dich ebenfalls«, sagte ich. »Auch ganz hart und mager.«

Sie lachte.

»Ein Glück, dass uns keiner so sieht ...«, sagte ich.

»Die Türen sind abgeschlossen«, sagte Marie. »Es kann uns keiner sehen.«

»Das ist gut. Weil die mich sonst ins Gefängnis werfen.«

»Warum?«

»Verführung einer Minderjährigen«, sagte ich. »Oder Verführung einer Abhängigen. Für so was buchten die einen Mann ein. Und schmeißen den Schlüssel weg.«

»So 'n Quatsch. Du verführst mich doch gar nicht. Oder?«

»Nein.«

»Na also«, sagte sie.

Ich hielt sie in meinen Armen, und nach einer Weile konnte ich an ihrem Atem hören, dass sie eingeschlafen war.

AUS DEM LEBEN EINES JAGDFLIEGERS
London Mitte Juni 1955

Als ich nach London zurückkehrte, hatte Boroshnikoff schon sein eigenes Büro in den Pinewood Studios. Vorn saß die Sekretärin, und in dem Zimmer dahinter war ein großer Raum mit einem gewaltigen Tisch und vielen Büchern.

Stanton saß vor einer alten Schreibmaschine, die zwischen den Büchern fast verschwand, und hackte mit zwei Fingern darauf herum.

Ich sah mich in dem Zimmer um. »Ein eigenes Büro. Ich bin beeindruckt.«

»Mann, wo warst du bloß so lange? Ich habe dich zum Wochenende zurückerwartet.«

»Übers Wochenende war ich am Genfer See. Ich musste mich da um jemanden kümmern.«

»Ein Mädchen, was? Hast du ein Mädchen da an dem See?«

»Ja«, sagte ich. »Ein ganz besonderes Mädchen.«

Er fuhr sich durch die Haare. »Judy, bring Kaffee. Und, Judy, dieser Weiberheld hier heißt Jongen. Du wirst ihn jetzt öfter bei uns sehen. Gewöhn dich lieber gleich an ihn.«

Judy brachte Kaffee, und Stan sagte: »Also, der Zug rollt. Mach einen großen Satz und spring aufs Trittbrett.«

»Wie hoch muss ich springen?«

»Riesig hoch. Hör zu, ich brauch 'ne Probeaufnahme von dir. Das *Frontoffice* muss umgestimmt werden.« Er griff mit beiden Händen in seinen schwarzen Bart. »Die wollen einen Star. Ich aber brauch 'n richtigen Kerl. Also machst du 'ne Probeaufnahme für mich. Knurr nicht. Ich weiß, du bist schon wer. Und wer schon was ist, der macht keine

Probeaufnahmen mehr. Aber in diesem Fall machst du eine, oder ich trete mir meine spitzen Stiefel an deinem Hintern stumpf.«

»Bevor du trittst – erzähle.«

»Die haben hier bei Rank alle möglichen Schauspieler unter Vertrag. Stars. Und die wollen sie natürlich einsetzen, weil sie die sowieso bezahlen müssen, ob die drehen oder nicht. Und weil sie alle große Namen haben, die an der Kinokasse was bedeuten. So. Nun haben aber alle diese Stars eine Macke: Sie sind Engländer, verstehst du? Engländer aus so 'nem Bilderbuch. Die gehen wie Engländer, die heben ihre Augenbrauen hoch wie Engländer, fassen Teetassen an, wie nur 'n Engländer 'ne Tasse anfasst, und wenn sie reden, nehmen sie die Zähne kaum auseinander.«

»Und?«

»Mann, ich mache einen Film über das Leben und Sterben eines Deutschen, und wenn dieser Mann schwitzt, dann muss die Leinwand schwitzen, und wenn der Kerl eine Frau anfasst, dann ist das kein Gentleman aus Oxford, sondern einer, der ganz unvornehm zugreift, weil er verzweifelt ist. Und außerdem ist er einer, der beladen ist mit der Tragödie der Deutschen.«

»Wer ist der Mann?«

Stan machte sein Rasputin-Gesicht. »Ein Flieger. Ein Jagdflieger. Zweiter Weltkrieg. 178 Abschüsse. Nord-Afrika. Hans-Peter Reimers.«

»Stan«, sagte ich. »Das ist vielleicht 'ne Überraschung.«

»Warum?«

»Reimers war der ›Falke von Afrika‹. Sein Foto hing bei mir überm Bett. Alle Jungs hatten sein Foto. Er war unser Held. Hitlerjugendführer. Jagdflieger. Und Hitlers erklärter Liebling.«

»Richtig. Na und?«

»Du und Hitlers Liebling? Das passt nicht zusammen.«

»Schade, Jongen«, sagte er. »Du hast immer noch diesen Nazischeiß im Kopf.«

»Hab ich nicht. Aber erzähl mal.«

»Hast du doch! Was du da über den Reimers runterleierst, ist 'ne Wiederholung von dieser verkackten Nazipropaganda. In Wahrheit war das alles ganz anders. Die Wahrheit steht in den Akten vom MI_5, beim Secret Service, hier in London, und die haben mich das lesen lassen. Das ist vielleicht 'ne Geschichte! Wenn ich dir die erzähle, dann stehn dir die Haare zu Berge!«

Er goss Kaffee nach. »Also, in Wahrheit war das so: Erst mal nannten sie ihn Hanne, nicht Hans-Peter, und da ging er noch in Berlin aufs Gymnasium. Seine Eltern waren ganz kräftige Nazis. Begeistert. Dem Führer ergeben. Vor allem die Mutter. Ich glaube, von dem Hitler hätte sie sich am liebsten 'n Kind machen lassen. Verblendet! Verrückt! Hanne war in der Hitlerjugend und war auch dem Führer ergeben. Ist ja klar. Das Abitur hat er so mit Biegen und viel Brechen hingekriegt. Das muss so 1937 gewesen sein. Dann kam der Militärdienst, und da hat er sich zur Luftwaffe gemeldet. Militärisch war mit ihm nicht viel los, aber fürs Fliegen muss er wohl 'ne Menge Talent gehabt haben. Navigation war seine schwache Seite. Einmal ist er auf einem Feldweg gelandet und hat die Bauern gefragt, wie das Dorf hieße und in welcher Richtung die nächste Stadt wohl läge.

Dann kam dieser unglückselige Tag, dieser 1. September 1939, und Deutschland ist über Polen hergefallen. Ich glaube, Reimers war damals fast fertig mit dem Militärdienst, und er hatte schon seine Pläne für ein Leben als Zivilist gemacht. Aber dann kam eben der Krieg, und Reimers musste weiterfliegen. Erst in Frankreich, dann Schlacht über England. Sein Flugzeug war eine Messerschmitt 109.

Und nun setzt das Schicksal ein, das Ungewöhnliche. Schon so früh, verstehst du? Der Flieger, der vorher kaum aufgefallen war, fällt plötzlich auf. Nicht, weil er ein besserer Pilot ist als die anderen. Nein, deswegen nicht. Leutnant Reimers fällt auf, weil er den Killerinstinkt hat. Sein Finger drückt im richtigen Moment auf den Knopf. Und dieser richtige Moment ist nur ein Bruchteil von einer Sekunde. Wenn er den Gegner im Visier hat, löst er kein Tausendstel zu früh aus. Aber auch kein Tausendstel zu spät. Er feuert in dem einzig richtigen Tausendstel einer Sekunde. Und die Fluglage spielt für ihn dabei keine Rolle. Rückenflug. Steigflug. Sturzflug. Alles unwichtig. Hanne Reimers schießt. Und trifft.

Lange Blende. Februar 1941. Die Italiener kriegen in der Wüste Prügel. 130 000 Mann ergeben sich in Nordafrika. Mussolini schreit um Hilfe. Hitler schickt Rommel. Das Afrika-Korps sagt: ›Wir brauchen einen Mann wie Reimers.‹

Und an der Stelle setzt die Legende ein. Hanne Reimers fliegt und fliegt, schießt und schießt und tötet und tötet. Hundert Luftsiege. Hundertzwanzig. Hundertvierzig.

Es macht ihm nichts aus zu töten. Einmal fährt er in die Wüste hinaus, sieht sich den toten Engländer an, der in dem Wrack seiner Spitfire hängt. Ein Panzermann sammelt die Sachen des Toten ein. Ehering, Uhr, Fotos von den Kindern. Reimers wirft nur einen kurzen Blick auf die Familie, die jetzt ohne Vater ist. Dann zuckt er die Schultern und geht gleichgültig davon. Reimers ist ein arroganter Held geworden, verstehst du, ein Sieggewohnter. Du kannst ihn in dieser Phase seines Lebens gefühllos nennen. Eine gefühllose Tötungsmaschine.

Dann kommt der Tag, an dem der Führer ihn sehen will. Ich glaube, er hat speziell einen Orden für Hanne Reimers machen lassen. Das Eichenlaub mit Schwertern und Brillanten. Hitler will ihm den Orden persönlich um den Hals hängen. Die Reise zum Führerhauptquartier ist ein ziemlicher Schlag für das Afrika-Korps, denn dieser eine Reimers ist so viel wert wie zehn andere Piloten. Wenn der Falke nicht fliegt, dann spüren das die Männer in ihren Panzern da unten in dem Sand.

Und nun, Jongen, nun setzt die Tragödie ein.

Hauptmann Reimers steht seinem Führer gegenüber. Seinem Idol. Er steht dem Mann gegenüber, für den er sich jeden Tag geschlagen hat. Und was geschieht? Was, glaubst du, Jongen, geht in Reimers vor? Ein Erdbeben, Jongen! Eine Welt stürzt in ihm zusammen! Denn dieser Adolf Hitler, dieser Gott des Hanne Reimers, ist schlaff, faselig, unsicher, farblos, unbeherrscht. Ein kranker Mann, der Furcht verbreitet.

Beim Abendbrot sitzen sie nebeneinander. Goebbels ist da und Göring, und wohl auch Keitel. Wenn sie von den Fronten sprechen, geht es nur um Armeen, um eine namenlose Masse. Mit dem Schicksal des Einzelnen gehen sie achtlos um. Das Fußvolk ist lediglich zum Siegen da. Oder zum Sterben. Dazwischen gibt es nichts. Der unbekannte Gefreite des Ersten Weltkrieges hat den unbekannten des Zweiten längst vergessen.

Manchmal wird ein Witz gerissen. Doch die Witze sind gewöhnlich. Billig. Dumme Schülerwitze. Der Gott von Hanne Reimers kennt keinen Humor. Einmal lacht der Gott. Und auch das eine Mal nur leise. Er kichert. Mit einer spitzen Weiberstimme.

Benommen fährt der Held nach Hause. Angeschlagen. Verwirrt. Angefüllt bis an den Rand mit Zweifeln. Er hat

Urlaub, in Berlin, bei seiner Mutter. Hanne Reimers liegt tagelang im Bett. Untätig. Dumpf. Ohne Lebenslust. Die Mutter zeigt ihm voller Stolz die Zeitungen, weil ja überall Fotos drin sind, von dem Führer und dem Falken. Sie macht ihm die Hölle heiß, denn ein junger Mann muss sich doch auch mal amüsieren, und so zieht er denn schließlich eines Abends auch mal los.

In der Nachbarschaft machen sie 'ne Party. Lauter junge Leute. Alle hauen auf den Putz, sind ausgelassen. Das tut dem Hanne gut. Sie geben ihm zu trinken. Und das tut ihm noch besser. Und schließlich ist da ein Mädchen, das ihm gut gefällt. Sie spricht deutsch mit einem lustigen Akzent, denn sie ist Schwedin. Sie arbeitet in Berlin für das Schwedische Rote Kreuz.

Das Mädchen heißt Brit. Sie will dem jungen Mann ausweichen, denn sie hasst seine Uniform, weil es die Uniform der Eroberer ist, und sie hasst seinen Orden, den ein Mann dafür bekommt, dass er andere Männer tötet.

Und nun, Jongen, stehen wir vor dem Angelpunkt im Schicksal dieser beiden Menschen. Weißt du, die Geschichte lässt mich nicht mehr los.

Das Mädchen sagt ihm, dass er sich woanders umsehen soll, weil sie kein Flirt sei für deutsche Helden. Und da sieht sie, wie ihn das trifft, und wie ihn das ganz unsicher macht, und ganz ratlos, verstehst du? An der Stelle setzt bei ihr das Mitleid ein. Sie holt ihn sich von der Tür zurück und kümmert sich um ihn und stellt voller Verwunderung fest, dass in dieser großen Heldenuniform ein kleiner Junge steckt. Ein trauriger Junge. Ein verlorener kleiner Kerl. Von der Sekunde an sieht sie durch die Uniform hindurch, und wenn sie zusammen auf dem Wannsee segeln gehen, hat er sowieso nur 'ne Badehose an, und wenn sie abends irgendwo tanzen, trägt er einen Anzug von früher, als er noch auf dem Gymnasium war. Das Mädchen muss sich sagen, dass sie voller Vorurteile gewesen ist. Denn eine Uniform sagt über einen Mann so gut wie gar nichts aus. Als sie erkennt, welche Art Mensch in diesem Hanne Reimers steckt, verliebt sie sich in ihn.

Und dann, Jongen, geschieht Erstaunliches. Brit blättert durch die Seele ihrer neuen Liebe. Sie sieht bis in die entferntesten Ecken seiner Vergangenheit. Und sie stellt fest, wie zart der Mann ist, wie verletzlich. Dieser Krieger und verletzlich! Sie erfährt, dass ihm die Nazis niemals Urlaub gegeben haben. Alle anderen Piloten durften in die Heimat. Einmal im Jahr zwei Wochen. Nur Hanne Reimers nicht. Er war unersetzlich. Ohne den Falken in der Luft hatten sie zu hohe Verluste am Boden. Wenn du denkst – auf diesem lausigen Wüstenboden.

Nun, die beiden haben ein paar schöne Sommertage zusammen. Als sie sich das erste Mal lieben, merkt das Mädchen, dass ihr Liebhaber doch noch sehr jung ist. Zwar schon einundzwanzig. Aber rührend unerfahren. Reimers hat noch nie 'ne Frau gehabt.

Ich weiß Jongen, du fragst dich, warum? Und ich hab mich auch gefragt. Die Antwort ist im Grunde leicht. Von der Schulbank runter in die Fliegerei. Dann der Krieg. Niemals Urlaub. Kaum mal einen Tag frei. Und der Kerl ist schüchtern. Da fahren sie ihn abends mal rüber in den Puff von Bengasi zu diesen hustenden Beduinenweibern. Oder nach Tripolis zu den schwammigen Huren aus Italien. Aber an so was geht ein Ästhet wie dieser Reimers ja nicht ran. Da legt er sich lieber in sein Zelt und stellt sich vor, Marlene Dietrich streift ihn mit ihren langen Haaren ...

Nun aber ist er in Berlin. Und in Berlin ist Brit. Das Mädchen aus Schweden führt ihn in die Liebe ein, und ich

sage dir, die Kleine muss 'n goldenen Gürtel für Liebes-
kunst getragen haben, denn der Reimers schwebte nur
noch so durch die Tage. Die beiden sind kaum mehr aus
den Betten rausgekommen, und zwischen Lieben und Wachen und Schlummern und Träumen haben sie sich von
ihren Sorgen erzählt. Er hat von Hitler gesprochen und
von seinen quälenden Zweifeln, und sie hat ihm von den
Konzentrationslagern erzählt und von den anderen Verbrechen. Da hat er gemerkt, wie sehr dieses Mädchen die
Nazis hasst. In so einer Stunde hat sie ihm gestanden, dass
ihre Arbeit beim Roten Kreuz nur ein Deckmantel war,
denn in Wahrheit sei sie in Berlin gewesen, um den Ver-
folgten zur Flucht nach Schweden zu verhelfen.

Eine Woche haben die beiden in Berlin verlebt, und in
der einen Woche hat Hanne Reimers so gut wie alles abge-
schüttelt, was sie ihm in neun Jahren in den Kopf geblasen
haben.

Aber, dass er sich noch immer etwas schwankend fühlte,
das ist doch klar. Auch verständlich, dass er sich nicht von
der Schwedin trennen wollte. Immerhin hat sie ihm die
Liebe beigebracht. Vielleicht verpflichtet so was. Ich weiß
gar nicht mehr, wie meine damals ausgesehen hat. Kannst
du dich noch an deine erste Frau im Bett erinnern, Jongen?
Na, egal. Judy, mach nochmal Kaffee!

Also. Der Urlaub ist zu Ende. Hauptmann Reimers
muss nach Rom. Mussolini will den Falken auch mal sehen. Außerdem will er ihm einen Orden geben. Und sich
mit dem Jüngling fotografieren lassen. Mussolini braucht
Reklame. Du weißt, wie so was geht.

Da steht er also nun im Fenster seines Abteils, und das
Mädchen steht auf dem Bahnsteig. Die Luftwaffenkapelle
spielt einen schneidigen Marsch, und der Zug rollt an. Da
lehnt Reimers sich plötzlich aus dem Fenster und greift

sich das Mädchen und zieht sie zu sich ins Abteil. Die Menge jubelt, und der Zug fährt aus dem Bahnhof. ›Brit‹, sagt Reimers zu der Schwedin, ›ich kann mich nicht von dir trennen. Du kommst mit nach Rom.‹ Als das Mädchen sagt, dass sie Ausländerin sei und Berlin nicht verlassen dürfe, da fasst er an seinen Hals, wo Hitlers Orden hängt, und sagt: ›Brit, dann wollen wir doch mal sehen, ob so ein Ding was nützt in unserm Leben.‹

Als Nächstes steht Reimers vor Mussolini und lässt sich den Orden an die Brust stecken, und da sagt dieser Duce: ›Mein Sohn, kann ich dir denn vielleicht einen Wunsch erfüllen?‹ Nun, Hanne Reimers braucht nicht lange nachzudenken, denn da oben im Albergo Hassler wartet ja das Mädchen, und da sagt er: ›Duce, ich bin zum ersten Mal in Ihrer schönen Stadt, und ein paar Tage hier, die würden mir schon gefallen.‹ Daraufhin lässt Mussolini sich mit Göring verbinden und schindet drei Tage Extra-Urlaub raus.

Am vierten Tag ist großer Bahnhof auf der Stazione Termini, verstehst du, und alle sind da, italienische Generale und deutsche Generale, und eine Kapelle von den Bersaglieri, und die Presse ist da, aber der Falke von Afrika ist nicht da. Der Zug dampft ohne ihn aus der Halle, und die Gendarmerie geht auf die Suche. Später schaltet sich die Gestapo ein. Und die findet ihn. In einem schäbigen Hotel. Außerhalb von Frascati. Das Mädchen ist bei ihm. Und ob du's glauben willst oder nicht, Jongen, Reimers steckt in Zivil! Seine Uniform und diese Orden liegen im Schrank, aufgerollt, in eine Papiertüte gestopft. Und was findet die Gestapo in Reimers Taschen? Was glaubst du? ... Du nickst ... Du ahnst es schon ... Falsche Pässe! Schweizer Pässe. Fahrkarten in die Schweiz. Und so an die hundert Schweizer Franken.

Was nun, Jongen? Wenn du jetzt die Gestapo bist, was

machst du dann? Du hast gerade den anderen Fliegerhelden umgebracht, diesen Mölders, und hast ihm ein Staatsbegräbnis gegeben. Und vor dem Mölders hast du es schon ein paarmal so gemacht, mit anderen Helden, die das Volk so angebetet hat wie diesen hier ... Als Gestapo fragst du dich in so 'ner Lage, ob es nicht einen anderen Weg gibt, und du schlägst dem Reimers vor, dass alles vergeben werden könnte. Vergeben und vergessen. Er muss nur den Mund halten. Und weiter fliegen.

Jongen, ich sage dir, das klingt nach einem herrlichen Ausweg, wenn du so tief da drinsteckst an dem Ende einer ausweglosen Gasse! Oder findest du nicht? Na also. Reimers findet das auch. Er nimmt das Angebot an und wird an die Front zurückgebracht. Bei seinem Geschwader wundern sie sich, dass er 'n paar Offiziere von der SS bei sich hat. Die schlagen ihre Zelte auch gleich neben dem von Hauptmann Reimers auf, aber du weißt das ja sicher noch aus eigener Erfahrung, Jongen, wenn schon mal die SS in der Nähe ist, dann pfeifst du 'n Lied und gehst denen aus dem Weg, aber du stellst keine dummen Fragen.

Abends, beim Bier, will Hanne Reimers von den Gestapo-Leuten wissen, was aus Brit geworden sei. Sie sagen ihm, dass Brit lebt. Solange der Falke lebt und fliegt, lebt auch Brit. Da weiß er, dass sie das Mädchen im KZ haben. Und da sieht er sich auch ganz deutlich im richtigen Licht. Er weiß, dass er ein Scheißkerl ist. Ein Feigling. Denn welcher Mann rettet schon seine eigene Haut und rettet nicht das Mädchen? Brit. Die Frau, die ihn liebt. Sag mal, welches Stinktier macht so was, Jongen? Ich kenne welche, und du kennst welche, einverstanden, aber wer das macht, ist ein Scheißkerl, und Reimers hat das auch gewusst. Er hat gewusst, dass er ein Scheißkerl ist. Und wenn er geflogen ist, dann ist er mit seiner ganzen Munition zurückgekommen. Er ist jedem Luftkampf ausgewichen und hat nicht mehr geschossen. Die Folge war, dass die SS sich den Mann ›mal vorgenommen‹ hat. Du weißt ja, was das heißt. Von da an hat er nur noch an der Bar rumgehangen. Schnaps und Bier. Tag und Nacht. Und wenn er betrunken war, hat er auch wieder geschossen. Und getroffen. Der Killerinstinkt war zu ihm zurückgekommen. Aber nur, wenn er betrunken war.

An einem frühen Morgen hat es mal einen Alarmstart gegeben, und er musste im Pyjama in die Maschine. Jongen, glaub es oder glaub es nicht, er hatte bei jedem Start Bier dabei. An jenem Tag hat er drei Starts gemacht und eine ganze Menge Spitfires abgeschossen, und im Wehrmachtsbericht haben sie ihn gelobt. Drei Tage später hat er Selbstmord gemacht.

Es gibt keinen Beweis dafür, aber für mich ist es ganz klar. Er war Selbstmord. Und in diesem Tod liegt auch das Ende eines klassischen Helden. Es ist der einzige Ausweg für einen kühnen Kopf, verstehst du? Für einen Krieger, der erst spät erkennen konnte, dass er einem Tyrannen diente. Und für einen Mann, der schwere Schuld auf sich geladen hat.

Nun, Jongen, jetzt kommt die letzte Szene. Und wir machen sie auch im Film so, wie sie gewesen ist. Wir folgen mit unserem Film dem tatsächlichen Leben. Deshalb musst du auch diese Probeaufnahme machen, weil ich keinen Engländer haben will, der so tut, als ob er ein Deutscher wäre. Ich will dich haben. Du bist ja selbst einer aus dem tatsächlichen Leben damals.

Also. Die letzte Szene. Reimers kommt mit seiner Staffel von einem Luftkampf zurück. Sie waren nah an Kairo dran. Die Me 109 vom Reimers ist ziemlich durchsiebt.

Seine Ölleitung ist getroffen. Während des Fluges reißt sie auf und schmeißt heißes Öl über seine Flugzeugkanzel. Er kann nichts mehr sehen. Die anderen fliegen neben ihm her und sprechen ihn über Bordfunk zum Feldflughafen zurück. Aber auf einmal ist da eine Rauchentwicklung. Kurz danach schlagen Flammen aus dem Motor. Die Männer in den Maschinen neben ihm rufen in ihre Mikrofone: ›Steig aus, Hanne!‹

›Warte doch nicht, bis die Kiste explodiert!‹

›Wir sind über den deutschen Linien, Hanne!‹

›Spring!‹

Und Hanne springt. Die anderen Maschinen kreisen, bleiben nah bei dem stürzenden Körper, und die Piloten sehen es mit an: Hanne Reimers öffnet nicht den Schirm. Sein Körper stürzt der Erde entgegen. Bohrt sich tief in den kargen Sand hinein.«

Stan sah mich an.

»Und das Mädchen?«, fragte ich.

»Sie hat das KZ nicht überlebt.«

Ich ging zu Judy und holte die Kanne mit dem Kaffee. »Es ist mir vorgekommen, als würde die Vergangenheit mich nicht mehr einholen«, sagte ich. »Jetzt hat sie mich eingeholt.«

»Da können wir rennen, so weit wir wollen«, sagte Stan. »Die holt uns immer wieder ein. Wir müssen nur das Beste draus machen.«

»Wie ist das Drehbuch?«, fragte ich.

»Ganz gut. Aber es fehlt noch Echtheit. Und 'ne Menge Härte.«

»Lass mich die Änderungen vornehmen«, sagte ich.

»Wer denn sonst? Ist doch klar, dass du die machst. Wer von uns beiden war denn um die Zeit da in Berlin? Du oder ich?«

Ich gab ihm seinen Kaffee, und er sagte: »Also, du machst die Probeaufnahme. Oder gibt's da noch 'ne Frage?«

»Nein«, sagte ich. »Da gibt es keine Frage.«

DER KREIS
LONDON – HAMBURG – PARIS
Juli/August 1955

Es regnete fast jeden Tag. Auf der Fahrt durch London hatten die Scheibenwischer meines blauen Pferdes jeden Morgen viel zu tun.

Morgens um sechs gab's kaum Verkehr. Um diese frühe Stunde war es auch in den Studios noch schön still. Judy kam erst um neun, Stan so eine halbe Stunde später. Meine paar geschenkten Stunden in der Stille, allein an dieser robusten Schreibmaschine, war meine Zeit auf dem Weg zurück in die Vergangenheit.

Im Geiste stieg ich in eine S-Bahn ein und fuhr mit Hanne Reimers raus zum Wannsee. Und sah mir Brit genauer an. Aus dem Gedächtnis sind Wortfetzen zu mir zurückgekommen. Schnelle Sätze. Berliner Eigenarten. Und abgebrochene Witze, die das Rattern der Räder übertönten. Ich gab die Sätze an die Randfiguren weiter. Denn was ist schon das Leben dieses Hanne Reimers ohne Randfiguren, mit Sätzen aus der Zeit?

Dem Piloten selbst hab ich ein bisschen was von Kleist hineingeschrieben, seine Art zu sein, zu leben und dann auch zu sterben. Ich bin behutsam umgegangen mit dem Anderen in der Seele von Reimers, denn ich wollte den Flieger so belassen, wie er gewesen ist. Aber ein wenig was von der Spaltung eines Kleist habe ich dem Reimers mitgegeben. Mir schien das wichtig. Es ist diese Spaltung, die ja oft in Männern um Berlin herum zu finden ist.

Dann habe ich mich um Brit gekümmert. In den Akten des MI_5 stand über sie nicht viel drin. Sie war ein Schicksal unter vielen. Ein Mädchen, das nach Deutschland kam, um sich zu verlieben. Und um zu sterben. In einem KZ zu sterben.

Ich habe der Schwedin die Züge einer anderen gegeben. Einer anderen Toten. Meiner Toten. Tina. Sie hatte sich so sehr ihr Bild gewünscht. So habe ich sie nun gemalt. Auf meine Weise. Mit Worten. Und ihr den Namen Brit gegeben. Niemand weiß davon. Selbst Stanton nicht. Er fand Tina faszinierend. »Deine Brit da, die hat was ganz Spezielles. In so ein Mädchen hätte ich mich auch verliebt.«

Anfang August hatte ich das Drehbuch fertig. Eine Woche später bin ich in Fliegerstiefel und Lederjacke gestiegen und habe die Probeaufnahme gemacht. Als Stan mir ein Ritterkreuz umhängen wollte, habe ich es so umgedreht, dass das Hakenkreuz auf meine Brust zu liegen kam und nicht mehr zu sehen war. Ein Bühnenarbeiter hat das mit angesehen. Er erzählte es den anderen. Und da haben sie gesungen. *»For he's a jolly goodfellow, for he's a jolly goodfellow ...«*

Während der Wartezeit hockte ich mit Stan abends in der Kneipe rum. Es ist schwer, Geduld zu haben, wenn deine Zukunft davon abhängt, was eine Hand voll Männer in dem Direktionsbüro entscheiden. Dann kam das Ergebnis, und ich hatte die Rolle. Wir gaben ein Fest im Copperpenny. Jeder, der im Lokal war, durfte auf meine Rechnung trinken.

Nach so einer Meldung von dem Glück fällt manchmal

Schatten auf die neue Lage. Al Parker kam nach ein paar Tagen mit der Sprache raus.

»Die Rank Organisation will 'ne Option von dir haben. Für sieben Jahre. Wenn du gut ankommst mit dem *Falken,* dann woll'n sie dich für sieben Jahre haben. Pro Jahr zwei Filme.«

»Unmöglich«, sagte ich.

»Was is 'n daran unmöglich?«

»Ich will nicht angebunden sein. Stell dir bloß mal vor, sieben Jahre lang muss ich spielen, was die wollen ...«

»Ich kann 'ne Klausel erreichen, dass du deine eigenen Geschichten einbringen darfst.«

»Al, ich will nach Hollywood zurück. Und nicht erst in sieben Jahren.«

»Wenn du unbedingt nach Hollywood willst, dann mach dir erst mal hier 'n Namen. Sag mir mal 'n Studio in Hollywood, das 'n Deutschen haben will. Was? Da sagst du gar nichts, wie? Aber 'n Deutschen, der sich in England 'n Namen gemacht hat, den nehm' die.«

Ich sagte Al, dass er für sieben Jahre unterschreiben solle, und fuhr nach Dover auf die Fähre.

Als ich in der Kleinen Rabenstraße ankam, war Marie nicht da. Hanna hatte ein großes Essen vorbereitet. Mir zu Ehren. Auf dem Platz von Marie saß ein fremdes Mädchen. Eine Französin. Blass. Ihr Englisch war ganz gut. »Sie brauchen mich nicht so anzustarren«, sagte sie. »Ich bin es nicht.«

»Wer sind Sie nicht?«

»Marie. Ich bin Chantal, eine Freundin von Marie aus dem Internat. Ihre Marie ist bei meinen Eltern. Schüleraustausch, verstehen Sie?«

»Verstehe. Und wo leben Ihre Eltern?«

»In Paris.« Das Mädchen lachte. »Ich schreibe Ihnen die Adresse auf. Wenn Sie wollen, rufe ich Marie an und sage ihr, dass Sie unterwegs sind.«

»Wir rufen sie gemeinsam an«, sagte ich. »Morgen Früh. Jetzt ist es zu spät.«

Ich weiß nicht, wie spät es war, als wir endlich die paar Schritte durch die Nacht zu Hannas Haus hinübergingen.

»Wie ungewohnt, dich hier zu haben«, sagte sie. »Schön ungewohnt.« In ihrer Stimme war Rauch und Wein und ein unechtes Lachen. »Darf ich dich um etwas bitten?«

»Was möchtest du?«

»Ich möchte, dass du mich belügst. Dass du so tust, als ob du mich noch ein bisschen gern hättest. Wenigstens diese Nacht. Oder noch mal eine andere Nacht, bevor ich zu alt für dich werde. Weißt du, ich liebe dich noch immer. Daran wird sich auch nichts mehr ändern.«

In der Nacht wachte ich auf, weil sie das Licht anmachte und Sekt eingoss.

»Wie lange bleibst du?«

»Bis morgen Früh.«

»Und dann? Paris? Zu Marie?«

»Ja. Wenn sie einverstanden ist.«

»Warum sollte sie nicht einverstanden sein? Sie liebt dich doch. Ober glaubst du nicht, dass sie dich liebt?«

»Mit fünfzehn weiß man noch nicht, was Liebe ist.«

»Man liebt in jedem Alter. Mit sechs fängt das schon an. Ob man es weiß oder nicht, spielt dabei keine Rolle.« Sie trank und legte den Kopf zurück. Das Licht der Lampe malte ihre kleinen Brüste weiß. »Und du? Wie steht es mit dir? Liebst du Marie?«

»Ja. Ich liebe sie.«

»Na, das ist ja schön«, sagte sie. »Na, das ist ja geradezu rührend, wie ehrlich du sein kannst. Also, sag dann auch, hast du sie schon verführt?«

»Nein.«

»Was spielst du mit ihr? Schlange und Kaninchen? Lässt dir Zeit mit ihr, was? Schließlich soll ja das Warten das Schönste sein an so einer Liebelei.«

»Hanna, warum schickst du sie nach Paris, ohne mir ein Wort zu sagen?«

»Oh, weißt du, das war so eine Laune des Augenblicks.«

»Du wolltest mich prüfen.«

»Vielleicht ...«

»Du hast die Enttäuschung von meinem Gesicht ablesen wollen, wenn ich hier ankomme und das Haus ist leer, weil Marie nicht da ist.«

Hanna fuhr sich mit der Hand durch die Haare. »Du liebst sie wirklich.« Sie hielt mir ihr Glas entgegen. »Willst du auch was trinken?«

»Nein, danke.«

»Junge, ich habe es immer gewusst. Es wird mit uns nicht ewig gut gehn. Gleich von Anfang an habe ich es dir gesagt, verdammt nochmal, erinnerst du dich nicht?«

»Doch. Das hast du gesagt.«

»Ich habe mich immer vor dem Tag gefürchtet, an dem ich zu alt für dich bin.«

»Du bist nicht zu alt für mich, Hanna. Das ist es nicht. Und du weißt es ganz genau.«

»Vielleicht, Junge. Vielleicht bin ich noch nicht zu alt für dich, aber eines Tages werde ich es sein, doch nun haben wir ein anderes Problem, und das Problem ist, dass meine Tochter zu jung für dich ist.«

»Hanna, lass uns aufhören damit.«

»Nein, wir werden überhaupt nicht aufhören damit!

Wenn du es dir genau überlegst, ist es doch ganz natürlich, dass du meine Tochter liebst. Ich sollte geschmeichelt sein! Denn vielleicht liebst du in ihr das, was ich einmal gewesen bin. Vor langer Zeit bin ich einmal so gewesen wie Marie. Du erkennst das instinktiv. Es sollte mich glücklich machen. Denn auf diese Weise liebst du mich ja weiter. In Fortsetzung, sozusagen.«

»Hanna, verfall jetzt nicht in solche Sachen. Hör auf zu trinken. Fall nicht in diesen großen Topf mit Kitsch.«

Sie stand bei der Lampe und legte den Kopf zurück und trank und hörte gar nicht zu.

»Ich werde euch nicht im Wege stehen«, sagte sie. »Denn ich habe dich ja jetzt schon verloren. Wenn du nur ein einziges Mal ehrlich sein kannst, dann musst du zugeben, dass ich dich schon vor langer Zeit verloren habe. Oder willst du das etwa abstreiten?«

»Nein, Hanna.«

»Na also. Wenn ich dich schon verliere, ist es da nicht besser, ich verliere dich an meine Tochter? Eines Tages wird sie auf irgendeinen Kerl reinfallen. Jede Frau fällt zunächst mal auf so einen dreckigen Kerl rein. Ich bin auch auf so einen Schmutzfinken von einem Kerl reingefallen und musste ihn im Auto spazieren fahren, ihn und meine beste Freundin, und die beiden haben auf dem Rücksitz rumgebumst, und ich habe im Rückspiegel alles mit ansehen müssen. Das ist sehr bitter für ein junges Mädchen, glaube mir. Junge, du kannst mir gratulieren, denn meine Tochter hat sich nicht so einen Schmutzfinken ausgesucht, sondern dich. Allerdings haben wir ein Problem. Willst du wissen, welches?«

»Nein.«

Hanna lachte. »Deine neue Liebe ist zu jung für dich. Eines Tages wird sie dir davonrennen. Weil sie merkt, dass du älter wirst. Und dann, mein Lieber, dann wirst du an mich denken!«

Ich holte meine Uhr vom Nachttisch. Gleich vier. In einer Stunde ist es hell, dachte ich. Dann wird Hanna einen Weinkrampf kriegen. Und danach liegt sie den ganzen Morgen krank im Bett.

»Junge«, sagte sie, »ich werde euch nicht im Wege stehen. Wenn es soweit ist, werde ich meinen Platz in deinem Leben räumen.«

»Hanna, hör auf mit diesen albernen Drohungen.«

»Das sind keine Drohungen, Junge. Das ist ein Versprechen. Wenn du sie verführst, gehe ich. Vielleicht ist es ja auch umgekehrt. Möglich, dass sie dich verführt. Aber das ändert nichts. Wichtig ist nur, dass ich euch eure Freiheit gebe. Aber lass der Kleinen noch ein paar Jahre Zeit. Ich bitte dich darum. Lass auch mir noch etwas Zeit. Nur noch diese paar Jahre. In dieser Zeit werde ich Marie für dich formen. Du wirst eine wundervolle kleine Geliebte bekommen. Verlass dich nur auf mich. Eines Tages lege ich sie dir ins Bett.«

Ich stand auf und ging zur Dusche rüber. Als ich wieder rauskam, lag Hanna auf dem Bett und lachte. »Oh, wie kannst du schön empört sein! Wenn du empört bist, siehst du zum Verlieben aus.«

Ich holte meine Sachen aus dem Schrank und schnallte die Riemen um den Koffer und war heiß-rot-wütend wegen Hannas Lachen.

Als ich in der Tür war, sagte sie: »Kriege ich keinen Kuss?«

»Nein.«

»Nie wieder?«

»Weißt du, Hanna, es schüttelt mich.«

Auf dem blauen Pferd lag noch der Tau der Nacht. Die Luft war schwül. In den dunklen Himmel färbte sich schon etwas Licht aus Ost. Ich klappte das Verdeck zurück und warf den Koffer hinter meinen Sitz. Hannas Hotelportier kam in die Tür geschlurft. Ich ließ mich mit dem Zimmer von Chantal verbinden. »Ich hatte gehofft, dass Sie sich melden würden«, sagte sie. »Wie viel Uhr ist es?«

»Zu früh zum Aufwachen. Aber ich brauche die Telefonnummer von Marie.«

»BALZAC 3928. Wollen Sie zu mir kommen? Wir könnten Sie anrufen ...«

»Nein, jetzt nicht«, sagte ich. »Schlafen Sie weiter.«

Auf der Fahrt durch die Stadt herrschte kaum Verkehr. Vor den Elbbrücken fuhr ich an einer Kolonne von Lastwagen entlang. Eine halbe Stunde später ging in meinem Rückspiegel die Sonne auf. Hamburg lag weit hinter mir.

Ich fuhr, solange die Sonne bei mir blieb. Dann malte sie den Himmel rot und brannte sich in meine Augen und brannte wohl auch meine müden Augen rot.

In Chalons sur Marne schlenderten die Menschen dicht gedrängt über alle Straßen. Girlanden hingen von den Häusern, und Trikoloren waren an allen Fenstern aufgesteckt. Kinder tobten ausgelassen überall herum.

Als ich das Hotel du Serf sah, dachte ich, dass es mir gefiel. Vor dem Abendbrot ließ ich mir Paris geben. BALZAC 3928. Das Telefon hing neben der Küche. Ich musste lange warten. Die Köchin gab mir ein Glas Wein. Dann sagte sie: *Voilà votre communication.*«

Ich nahm den Hörer und sagte: *»Bon soir.«* Am anderen Ende sprudelte eine Stimme: *»Bon soir, bon soir, bon soir!* Oh wie habe ich auf dich gewartet! Seit Stunden starre ich diesen Apparat an. Wo bleibst du bloß?«

Mein Herz begann wie wild zu schlagen.

»Mammi hat vorhin angerufen und gesagt, dass du auf dem Weg zu mir bist.«

»Hat sie das wirklich getan?«

»Ja! Ich finde das ganz fabelhaft von ihr. Du etwa nicht?«

»Ich hätte das nicht erwartet.«

»Sie war sehr aufgekratzt. ›Mach dich hübsch für ihn‹, hat sie gesagt, ›denn er ist ziemlich böse mit mir, aber wenn du lieb zu ihm bist, verzeiht er mir vielleicht.‹ Wie findest du das?«

»Nicht gut.«

»Warum nicht?«

»Hör zu, Mädchen«, sagte ich. »Das ist jetzt alles ohne Wichtigkeit. Wichtig ist nur, dass wir uns sehen.«

»Ja«, sagte sie. »Und wo?«

»Bei Alexandre. An der Avenue George V. Wenn ich noch nicht da bin, erzähl Monsieur Henri, wer du bist. Er gibt dir was zu trinken und passt auf dich auf.«

»Gut. Und wann?«

»Um elf.«

»So spät erst? Wie stellst du dir das vor? Ich werde sowieso die ganze Nacht nicht schlafen.«

»Vor elf macht Alexandre ja nicht auf.«

»Dann treffen wir uns woanders. Ich weiß, wo. Bei den Bücherständen an der Seine. Gegenüber Notre-Dame, gleich hinter dem Boulemiche. Ist das gut? Bitte sag, dass das gut ist, und sag auch, dass neun Uhr gut ist.«

»Neun Uhr ist gut, Marie.«

»Oh, Junge, ich bin schon ganz verrückt vor Freude.«

»Mir geht's wie dir, Marie. Aber jetzt gib mir mal schnell die Mutter von Chantal.«

»Es ist niemand hier. Und falls du sie nur sprechen willst, damit sie mich morgen Früh rauslässt, dann ist das nicht nötig, denn Mammi hat ihr schon alles erklärt. Ich habe den ganzen Tag frei, aber dann wird die Sache schlecht.«

»Wieso?«

»Abends geht der Zug. Wir fahren nach Aix-en-Provence. Die Chevaliers haben da ein Ferienhaus. Der Schlafwagen geht um halb acht.«

»Das hat mir Hanna nicht gesagt.«

»Nein? Merkwürdig, findest du nicht?«

»Ja. Sehr.«

»Bist du jetzt traurig?«

»Frag nicht. Morgen wird alles gut. Morgen um neun.«

Wir liefen ziellos durch die Straßen, eng umfasst, und unsere Schritte hallten von den Hauswänden wider. Manchmal blieben wir stehen und sahen uns an. Es war gut, sich anzusehen.

Die meisten Lokale hatten geschlossen, denn im August ist es den Leuten zu heiß in Paris, da fahren sie lieber ans Meer. Aber das Odeon hatte immerhin geöffnet. Wir setzten uns in den Schatten dieser weit überhängenden Marquisen, bestellten *Crudité* und *Sole Meunière* und tranken *Blanc de Blanc* und stützten unsere Gesichter in die Hände und sahen uns an.

Marie sagte leise: »Warum kommst du eigentlich nicht mit?«

»Nach Aix-en-Provence?«

»Ja. Die Chevaliers sind nette Leute. Sie hätten sicher nichts dagegen.«

»Nein, Marie. Ich fahre lieber nach London zurück.«

»Warum?«

»Es ist für mich eine Qual, wenn wir zusammen sind, und andere Leute sind dabei und starren uns ständig an.«

»Da hast du Recht. Mir geht es genauso. Dabei tun wir gar nichts, was andere stören könnte. Andere Leute küssen sich dauernd, auch wenn sie nicht alleine sind. Meine Mutter küsst dauernd alle möglichen Männer, bei jeder Party, also soll sie nur still sein.«

»Sie ist nicht still.«

»Ich weiß schon, was die alle denken«, sagte Marie. »Die stellen sich alles Mögliche vor, was du mit mir machst, weil du ja ein Mann bist, und ich kann mir auch denken, wie schwer das für dich sein muss, nichts mit mir zu machen.«

»Nein, Marie«, sagte ich. »Zerbrich dir bloß nicht deinen Kopf.«

»Wenn die wüssten«, sagte sie. »Du gibst mir ja noch nicht mal einen Kuss. Manchmal denke ich, du liebst mich gar nicht so richtig, weil du mir nicht mal einen Kuss gibst.«

»Weißt du, Marie«, sagte ich. »Sie können es sehen.«

»Wer?«

»Die anderen.«

»Was können die sehen?«

»Wie wir uns mit den Augen küssen.«

Sie sah mich an und dachte nach.

»Ja«, sagte sie. »Das ist wahr. Jetzt zum Beispiel, oder? Jetzt küsst du mich mit den Augen.«

»Ja.«

»Darf ich dich was fragen?«

»Alles.«

»Bist du glücklich mit mir?«

»Ja. Sehr.«

»Auch, wenn du es nicht mit mir machen kannst?«

»Marie, denk bloß nicht lange darüber nach.«

»Wenn du willst, kannst du es mit mir machen. Möchtest du?« – »Nein.«

»Ich würde es dich aber machen lassen, dass du das nur weißt, denn ich will, dass du glücklich bist.«

»Ich bin glücklich.«

»Das ist gut. Ich nämlich auch. Ich bin ganz verrückt vor Glücklichsein mit dir.«

Ich gab ihr nur wenig von dem Wein, und dann schlenderten wir ziellos weiter und stöberten in Galerien herum. Als ich sah, dass sie immer wieder vor Lithos von Miró stehen blieb, kaufte ich eines für sie, ein besonders fröhliches, eines, das so ist, wie Kinder malen.

Es war heiß in den Straßen. Auf der Ile St. Louis zog sie sich die Schuhe aus, weil ihr die Füße brannten. Wir setzten uns ans Ufer und sahen den Anglern zu. »Wie soll das nur mit uns weitergehen?«, sagte sie plötzlich.

»Wir werden uns eine lange Zeit trennen müssen«, sagte ich.

»Das habe ich befürchtet«, sagte sie. »Ich hab es kommen sehen.«

»Wirklich?«

»Ja. Es ist ja alles nur so schwer, weil du mit meiner Mutter verheiratet bist. Und deshalb willst du, dass wir uns jetzt mal eine längere Zeit nicht sehen.«

»Ja. So ungefähr. Außerdem kann es ja auch sein, dass ich nur so eine Schwärmerei für dich bin.«

»Junge, das ist gemein! Wie kannst du nur so etwas sagen?«

»Ich hab dir nicht wehtun wollen, Marie.«

»Schon gut«, sagte sie. Dann blinzelte sie in die Sonne. »Doch wie soll das nun werden mit uns beiden?«

»Du gehst deinen Weg weiter, und ich bleibe in London«, sagte ich. »Wir schreiben uns, so oft es geht, und erzählen uns unsere Gedanken. Ab und an telefonieren wir. Denn wenn ich dich schon nicht sehe, muss ich wenigstens mal deine Stimme hören.«

»Und?«

»Und ich will, dass du so lebst wie andere Mädchen. Verstehst du? Sei unbeschwert. Sei fröhlich. Mach auch ab und an mal ruhig 'n bisschen dummes Zeug.«

Sie schüttelte den Kopf.

»Weißt du«, sagte ich. »Wenn wir nicht aufpassen, bewerfen sie uns mit Dreck. Und wir werden nie glücklich sein können. Ich meine, zusammen. Kann sein, dass unser Glück zerbricht, wenn sie uns mit ihrem Dreck bewerfen.«

Marie dachte nach. »Wenn ich nun mache, was du sagst, und ich seh dich lange nicht, aber ich kann dich nicht vergessen? Wenn ich traurig bin, was mach ich dann?«

»Dann kommst du zu mir. Und bleibst bei mir.«

»Junge?«

»Ja?«

»Meinst du das ganz genauso, wie du es sagst?«

»Ja, Marie. Sieh mal, das ist so: Unser Leben ist ein großer Kreis. Ich stehe hier, am Anfang dieses Kreises, und du wanderst los und siehst dir alles an, was es unterwegs so gibt, und ich bleib hier stehen und warte, bis du wieder bei mir angelangt bist.«

»Soll das ein großer Kreis werden oder ein kleiner Kreis?«

»Das liegt an dir. Wenn du Sehnsucht nach mir hast, wird das ein sehr kleiner Kreis.«

»Ich glaube, dass das ein ziemlich kleiner Kreis wird«, sagte sie. »Mach dich nur darauf gefasst.«

»Auf was?«

»Dass ich mich sehr beeilen werde.«

EINE PRESSEKONFERENZ
London Januar 1956

Dienstagnachmittag, am 26. Januar, stürzte sich ein Sturm auf die unbeschriebenen Blätter meines neuen Lebens. Es gibt keine bessere Beschreibung für das Zerfleddern. Ein einzelner Mann hatte diesen Sturm entfacht. Bis zu diesem Tag war ich dem Mann niemals begegnet.

Der Tag hatte besser angefangen als die meisten sonst. Ich war in meiner neuen Wohnung aufgewacht. Am Eaton Square. Das Nachtasyl von Edgeware Road lag hinter mir. Ich nahm das als ein gutes Omen für den neuen Anfang in meinem Leben. Und für die Pressekonferenz am Nachmittag.

Es ist ein ziemlicher Unterschied, plötzlich am Eaton Square aufzuwachen. Der Platz ist lang gestreckt und hat einen grünen Park in der Mitte. Die Autos fahren zwischen dem Park durch und kommen gar nicht erst an die Häuser ran. Auf diese Weise ist es in der Wohnung ungewöhnlich still.

Das zweite gute Omen an dem Morgen kam mit der Zeitung. In der *Herald Tribune* war ein Foto von Viv. Sie stand lachend neben Bessinger. Die Farmerstochter und ihr Regisseur. Unter dem Bild stand, dass ihr Film in den Staaten alle Rekorde an der Kasse bricht.

Ich riss das Foto aus der Zeitung und schrieb quer drüber »Ich freu mich« und schickte es an die Adresse von Karl.

Dann fuhr ich raus zu Stan nach Pinewood. Er hatte Bibi Nordmaling engagiert, diese Schwedin. Klein, schlank, helle Haare, viele Sommersprossen. Sie war nicht so schön wie Tina. Aber sie hatte ihre Frische. Und die Fröhlichkeit von Tina war auch in ihr. Es gab keine Frage, wie sie die

Brit spielen würde. Gut. Sehr gut sogar. Und damit war es erreicht. Tina durfte weiterleben, auch, wenn außer mir das niemand wusste.

Die Pressekonferenz war auf zwei Uhr angesetzt. Im Odeon Leicester Square. Es war ein kalter Tag mit einem verschleierten Himmel. Vor dem Kino sagte Stan: »Sie führen uns furchtbar vielen Leuten vor. Ich frage mich, warum?«

»Was meinst du?«

»Die Leute, die sie eingeladen haben. Zweiundsechzig Journalisten. Nicht nur aus London. Von überall. Wales, Schottland, Irland, Yorkshire.« Er rieb sich die Nase. »Von überall.«

»Ist doch sehr gut.«

»Vielleicht gut. Vielleicht schlecht.«

»Du bist ein Pessimist.«

»Möglich. Pessimist. Na, wenn schon.«

»Ich heiße Ridgeley«, sagte der Pressemann von Rank, »und wir sollten gleich hineingehen. Alles wartet schon.«

Der Raum war hell beleuchtet. An zwei Tischen saßen Frauen. Sonst waren nur Männer da. Ihre Gesichter schwammen wie Monde auf einer flachen See. Ich dachte, aus den Monden kommt Rauch. Wie sonderbar das aussieht.

Ein Kellner brachte uns zu einem Tisch, an dem niemand saß, und stellte Scotch und Soda vor uns hin. Ich nahm einen großen Schluck.

Ridgeley stellte sich ans Mikrofon. »Meine Damen und Herren, die Rank Organisation ist stolz darauf, Sie mit zwei außergewöhnlichen Talenten bekannt machen zu dürfen. Der eine, Stanton Boroshnikoff, ist aus New York zu uns gekommen, und den anderen, Jongen Unrast, haben wir erst kürzlich aus den Trümmern von Berlin gegraben, hahaha ... Bildlich gesprochen.

Diese beiden Herren werden auf prinzipale Weise tätig werden, wenn wir nächste Woche mit den Außenaufnahmen zu dem neuen Rank-Film *Der Falke von Afrika* beginnen. Sie haben die Pressemappen vor sich liegen und hoffentlich auch einen Blick hineingeworfen, hahaha. Es ist anzunehmen, dass Sie viele Fragen haben. Ich schlage vor, dass Sie mit dem Regisseur des Films beginnen.«

»Nein«, sagte eine Stimme aus dem Lautsprecher neben mir. Ich sah mich um und fand den Mund, aus dem die Stimme kam.

»Ah, hier kommt ein Einspruch«, sagte Ridgeley. »Unser alter Freund David Stone von der *London News* wünscht offensichtlich das Procedere zu ändern.«

»Bedauere außerordentlich, *old chap*«, sagte der Journalist. »Aber ich habe zunächst eine Frage an Mr. Unrast.«

»Aber bitte«, sagte Ridgeley. »Nur zu.«

Der junge Mann beugte sich über sein Mikrofon. »Mr. Unrast, waren Sie Nazi?«

Manche Schläge kommen unerwartet. Und treffen dann besonders hart.

Um meinen Kopf legte sich die Stille aus dem Raum. Nur weiter hinten quietschte die Spule eines Taperecorders. Der Frager grinste mich an. Er war es gewohnt, Debatten zu gewinnen. Ich dachte, dass es nichts mehr zu verlieren gab.

»Ja«, sagte ich.

Die Antwort kam für ihn unerwartet. Sie passte nicht in seinen Plan. Das Murmeln der anderen hörte sich an wie Stöhnen. Weiter hinten schlug einer auf den Tisch und lachte.

Der Mann von der *London News* legte sich im Stuhl zurück. »Erlauben Sie eine weitere Frage, Mr. Unrast.«

»Bitte, Mr. Stone.«

»Sind Sie noch immer Nazi?«

Ich dachte, dass das ein grober Fehler war von diesem Mann und dass er jetzt zu schlagen war.

»Ich habe schon viele dumme Fragen gehört, Mr. Stone«, sagte ich zu ihm.

»Ah, ja?«

»Ah, ja.«

»Und?«

»Ihre Frage ist mit Abstand die dümmste.«

»Ist sie das wirklich? Und warum, wenn ich fragen darf?«

»Für den Fall, dass ich noch immer Nazi wäre, würde ich es hier kaum zugeben. Und falls ich jetzt beteuern sollte, dass ich keiner mehr bin, würden Sie mir nicht glauben. Also, Mr. Stone, wozu stellen Sie eine so dumme Frage?«

Am Tisch neben mir lachte eine Frau hellauf. Sie nickte mir zu und kniff die Augen zusammen. In ihrer Hand hielt sie eine Zigarette. Der Mann ihr gegenüber gab ihr Feuer.

Boroshnikoff lehnte sich nah an mich heran. »Gut. Mach so weiter. Denk an Machiavelli. Trenn den Kerl von der Herde.«

»Tut mir Leid, Mr. Boroshnikoff, aber ich bin noch nicht fertig mit Ihrem Freund«, sagte der Journalist.

»Bitte«, sagte Stan. »Machen Sie nur weiter.«

»Sind Sie jemals Bewacher in einem Konzentrationslager gewesen?«, fragte Stone.

»Nein«, sagte ich. »Und wenn Sie so weiterfragen, wird die Sache ärgerlich.«

»Nun, nun, doch nicht gleich ärgerlich«, sagte Stone.

»Wie steht's mit der SS? Waren Sie nicht vielleicht doch bei der SS? Denken Sie ruhig nach, bevor Sie antworten.«

»Mr. Stone«, sagte ich. »Haben Sie schon mal für sich die Tatsache entdeckt, dass man an einer Frage das Wesen des Fragers ablesen kann?«

»Stellen Sie mein Wesen in Frage?«

»Es liegt nicht in meiner Absicht, Sie zu kränken, Mr. Stone. Andererseits liegt es auch nicht in meiner Absicht, mich überhaupt mit Ihrer Person zu beschäftigen.«

»Sie sprechen mit der Arroganz der Herrenrasse, Mr. Unrast ...«

»Es ist ganz offensichtlich, dass Sie mich provozieren wollen, Mr. Stone, aber die Art, mit der Sie das tun, ist ziemlich primitiv. Finden Sie das nicht selbst bedauernswert?«

»Primitiv?«

»Ja, Mr. Stone. Und es ist bedauernswert, dass Sie diese Pressekonferenz auf das Niveau Ihrer Primitivität herunterziehen wollen.«

»Dies sind beleidigende Worte, Sir!«

»Auch nicht beleidigender als Ihre Unterstellung, dass ich mich an Verbrechen gegen die Menschlichkeit beteiligt haben könnte!«

»Nun, es hätte ja sein können ...«

»Nein, es hat nicht sein können, Mr. Stone! Und wenn Sie sich die Mühe machen würden, meine Biografie zu lesen, die ausgedruckt vor Ihnen liegt, dann würden Sie feststellen, dass ich bei Hitlers Machtergreifung 5 Jahre alt war und bei Kriegsende an der Schwelle von 16 zu 17.«

»Soll ich dies als Entschuldigung werten, Mr. Unrast?«

»Nein. Nur als Erklärung, Mr. Stone. Als einen Fingerzeig, um Sie auf den Weg des normalen Nachdenkens zurückzuführen.«

»Ich glaube, ich habe genug gehört«, sagte der Journalist. Er stand auf und steckte seinen Notizblock ein.

»Aber ich noch nicht«, sagte ich. »Gestatten Sie mir auch mal eine Frage?«

»Aber selbstverständlich.«

»Sie unterstellen, dass ich Nazi bin. Oder war. Worauf stützen Sie diesen Verdacht?«

»Sehen Sie in den Spiegel, Mr. Unrast ... Groß, blond, blaue Augen ...«

»Verstehe«, sagte ich. »So also muss ein Nazi sein. So wie ich.«

»Ja«, sagte Stone. »Sie sehen so aus.«

Ich schüttelte den Kopf. Zorn kam in mir hoch. »Wie ist das eigentlich, wenn man mit Vorurteilen lebt, Mr. Stone?«

»Manche Vorurteile sind berechtigt. Sie sollten sich daran gewöhnen.«

»Und der Antisemitismus, Mr. Stone? Wie ist es damit?«

»Was meinen Sie?«

»Auch der Antisemitismus ist auf Vorurteilen aufgebaut. Ich weiß das aus Erfahrung, und Sie wissen es sicher auch aus Erfahrung, und ich wehre mich dagegen, schon seit Jahren, aber solange es Menschen wie Sie gibt, Mr. Stone, hat es kaum Sinn, dass ich gegen diese Vorurteile ankämpfe, denn Leute wie Sie bauen die alten Vorurteile immer wieder auf.«

»Glauben Sie nicht, dass dieses Gespräch zu weit geht, Mr. Unrast?«

»Nein. Sie wollen ja noch nicht einmal den Ursprung des Problems erkennen. Wie können wir denn da zu weit gehen? Ihr Verhalten ist mir nicht neu, Mr. Stone. Es gibt viele Juden, die ihren Hass nicht ablegen können. Ich verstehe das. Aber ich bedauere es auch.«

»Woher wollen Sie wissen, dass ich Jude bin?«

»Sehen Sie in den Spiegel, Mr. Stone.«

»Aaah, jetzt verstehe ich. Sie wollen den Spieß umdrehen, was? Klein, krumme Nase, große Ohren ... also bin ich Jude ...«

»Ja, Mr. Stone. Sie sehen so aus.«

Boroshnikoff war ganz ruhig, als er im Wagen neben mir saß, aber ich war ziemlich aufgewühlt. David Stone hatte den Tag zertrümmert. Mit dem Rest war nichts mehr anzufangen.

»Die Pubs sind noch zu«, sagte ich.

»Ja«, brummte Stan. »Lass uns zu mir fahren, einen trinken.«

In Stans Wohnung lehnte ich meine Stirn an die Fensterscheibe. Der Himmel sah nach Regen aus.

Stan gab mir einen Glen Fiddich mit Wasser. »Das ist wohl die erste Pressekonferenz in der Geschichte Londons, die abgebrochen wurde.«

»Ja. Ich hätte besser den Mund gehalten.«

»Schon«, sagte Stan. »Besser wäre das schon gewesen, doch nun steckt der Karren im Dreck. Mal sehn, wie wir ihn da wieder rausholen.«

Er ließ die Eiswürfel in seinem Glas klimpern. »Du hast den Mann komplett demontiert. Ridgeley sagt, dieser Stone wird einen Boykott der Presse gegen dich erreichen.«

»Glaubst du, das geht?«

»In England geht alles.«

»Der Mann ist ziemlich primitiv.«

»Schon«, sagte Stan. »Aber eine Sache musst du dir merken. Wir Juden hören es nicht gern, wenn uns ein anderer erzählt, dass wir welche sind. Wir laufen rum und sagen mit Witz und auch mit Stolz, dass wir Juden sind, aber wenn uns ein anderer sagt, dass wir das sind, dann zucken wir zusammen.« Er nahm einen Schluck. »Sag mal ...«

»Was?«

»Deine Frau, diese verängstigte Streitkuh, die hat doch an dem Abend, als sie mal hier war, 'ne ganze Menge erzählt von euch damals, oder?« – »Ja.«

»Und wie so was verbindet, die schwierigen Zeiten damals. Wie euch beide das verbindet, weil ihr doch Verfolgte rübergeschafft habt in die Schweiz. Sag mal, stimmt das, was sie da gemurmelt hat?«

»Ja. Das stimmt.«

»Du hast Juden in die Schweiz geschafft?«

»Nein. Ich nicht. Hanna hat sie in die Schweiz geschafft.«

»Und du?«

»Ich hab sie nach Konstanz gebracht. Aber das waren nur zwei Reisen. Einmal war es ein Freund meines Vaters, der war aber kein Jude. Der war Anti-Nazi und musste türmen. Und dann nochmal zwei Juden.«

»Mein lieber Mann, ist das vielleicht nichts? Der Staat Israel sollte dir 'n Orden verleihen. Denn ich glaube nicht, dass es viele Deutsche gibt, die so was von sich sagen können.«

»Doch«, sagte ich. »In unserer Gruppe waren Leute, die haben das jahrelang gemacht. Weiß der Teufel, wie viele die gerettet haben. Und sie selber sind dabei draufgegangen. Von denen lebt heute keiner mehr.«

»Wieso? Hat die Gestapo euch erwischt?«

»Ja. Wir sind aufgeflogen. Von unserer alten Gruppe gibt's nur noch Hanna und mich.«

Er stellte sich neben mich ans Fenster. »Dann war das wohl unter deiner Würde?«

»Was war unter meiner Würde?«

»Dem Stone eine aufs Maul zu hauen und ihm das alles zu sagen.«

»Sieh mal, Stan, das ist so: Wenn ich dem Stone das erzähle, dann ist das wie eine Debatte gewinnen, aber es ist auch wie das Andenken meiner Toten verkaufen.«

DER FALKE VON AFRIKA
Almeria Februar/März 1956

Das Dorf hatte eine lange, gerade Straße mit Asphalt und einer Reihe von Platanen links und einer Reihe Platanen rechts. Ohne die Platanen hätte jeder, der nach Almeria kam, gewettet, er sei in Marokko, denn die flachen Häuser, die grün und hellblau neben der Asphaltstraße standen, sahen ziemlich arabisch aus. Entlang der ganzen Straße gab es Geschäfte, und jede zweite Öffnung zur Straße hin war ein Kaffeehaus. Ich konnte da sitzen und dem Staub zwischen den Bäumen zusehen, wie er so am Abend in der flachen Sonne zwischen den Platanen rumtanzte und nach oben stieg und unwichtig wurde. Denn weiter oben wurde der Himmel schon ziemlich früh dunkel, und tanzender Staub vor einem dunklen Himmel wird sehr schnell eine ziemlich unwichtige Sache.

Es war gut, auf der Straße vor so einem Kaffeehaus zu sitzen und einen Schwarzen zu trinken und einen Carlos Primero mit dem Schwarzen im Mund zu vermischen und sich zu sagen, dass es höchste Zeit wurde, mal wieder vor einer Kamera zu stehen.

Abends gab es nichts anderes, als dazusitzen und an die Szenen zu denken, die du am Tag gedreht hast, da hinten in der Wüste, und dich zu fragen, ob du gut genug gewesen bist. Es war wichtig, einen zu trinken, weil du dir sagen musstest, dass die Szenen besser sind als du. Wenn du nur halb so gut bist wie das wirkliche Geschehen, dann ist das schon 'ne Menge, und nun tu mir einen Gefallen und erfinde hier nicht zugespitzte Kunst, sondern mach die Qual von diesem Reimers richtig und sein Sterben so, wie es sein muss. Mach die Überraschung echt, denn der Selbstmord ist eine Überraschung. Jeder Selbstmord muss so eine Art von Überraschung für den Selbstmörder selber sein. Also zerbrich dir nicht den Kopf, wie du was wirkungsvoller gestalten kannst, denn wirkungsvoll ist falsch. Versenk dich in das Leuchten von diesem Reimers, dann leuchtest du auch selber. Und wenn dann diese andere Sache kommt, diese große Trunkenheit, dann nimm dich bloß in Acht, denn Szenen voller Trunkenheit sind für einen Schauspieler die schlimmsten Fallen. Wenn Reimers betrunken ist und fliegt und weitertrinkt, weil er Tina verraten hat, dann stehst du vor einer Falle, Junge, und in die stürzen alle rein, die sich beim Spielen solcher Szenen nicht so gerne selber quälen wollen. Sie lallen, machen müde Augen, schwanken ziemlich stark und glauben, damit sei es dann getan. So was machst du nicht, mein Junge. Nein. Du weißt es besser: Die echte Trunkenheit findet ganz tief drinnen in dir selbst statt.

Das hatte was für sich, wirklich wahr, abends da zu sitzen, unter den Platanen, und auf Stan und Judy und die anderen zu warten, die noch nicht fertig waren mit der Arbeit.

Die Häuser auf der anderen Straßenseite hatten hohe Berge in ihrem Rücken. Staubige Wege liefen von den Bergen zu der Straße runter, und wenn sie an den Lehmhütten der Arbeiter vorbeikamen, öffneten sie sich weit und machten den Kindern Platz zum Spielen. Manchmal stürzte sich ein kalter Wind von den Bergen auf die Kinder und wirbelte Staub und Lehm und alte Zeitungen hoch und verwirbelte alles zu einem riesigen Kreisel. Wenn so was vorkam, hockten sich die Kinder auf den Boden und schlugen ihre Schürzen über ihre Köpfe. Danach spielten sie weiter. Und der Wind, der seine Gewalt verloren hatte, wehte nur noch ein wenig weißen Staub wie kranke, kleine Wellen über die Straße aus Asphalt.

Das Zeltlager da draußen in der Wüste hatten die Spanier gut gebaut, das musste man ihnen lassen. Kein Unterschied zwischen den alten Fotos und diesem neuen Feldflughafen. Mein großer Spaß an jedem Morgen war die Me 109. Die Piloten hatten mir beigebracht, wie man damit am Boden rollt, und es machte mir einen unendlichen Spaß, auf die Kamera zuzubrausen und die Szene auf diese Weise zu beginnen, echt, in der engen Kanzel, mit dem Geruch von Benzin und Schweiß in meinem Kopf.

Dann kamen die Szenen mit der SS. Auf dem Weg sagte Stan: »Hoffentlich macht es dir nicht zu viel aus, wenn du die Uniformen siehst.«

Draußen in der Wüste habe ich mich vor die Männer gestellt, die diese Uniformen anhatten, und in mir hat sich nichts gerührt. Ich stand vor ihnen und dachte, dass es von mir aus die Uniformen dieses anderen Kriegsverbrechers sein könnten, die von dem Napoleon. Uniformen kannst du vergessen. Nur das mit der Gewalt, das vergisst sich nicht so leicht. Denn die ist immer da. Überall. Und immer wieder läufst du in sie rein. Neulich Nacht zum Beispiel.

Die Jungen haben herrlich gesungen, alles Spanier, in so einer Lehmhütte am Fuß des Berges. Arme Kerle sind das. Arbeiter hinter der Kamera. Was die an Pesos kriegen, reicht für nichts und gar nichts. Gelegenheitsarbeiter sind das. Und sie machen alles, wenn es nur was bringt. Weil sie fünf Kinder haben oder acht. Die Lehmhütte war nur ein großer Raum. Abends ist es da ziemlich dunkel drin, denn die nackte Birne, die da von der Decke hängt, bringt nicht mehr als 25 Watt.

Das hat ziemlich ungleich ausgesehen, mein Mercedes vor der Hütte. Aber die Sache war in Ordnung, denn erst mal haben die Kinder alles ausgeladen, was da so drin war in meinem blauen Pferd. Fische. Fleisch. Brot. Schokolade. Und Wein. Rioja heißt der Wein.

Dann haben die Kinder im Auto gesessen und haben gebrummt wie zehn starke Motoren und auf die Hupe gedrückt, und Anselmo hat gesagt, so ein Tag ist für die Kinder schöner als Weihnachten. Die Frauen sind zum Kochen reingegangen, und wir haben vor der Hütte gesessen und Wein getrunken. Dann hat einer seine Gitarre geholt. Es klingt herrlich, wenn diese Spanier ihre Lieder singen, die so sind, als wäre ihnen die Hoffnung verloren gegangen und sie wühlten nun in dem sandigen Boden rum und suchten nach diesem bisschen Hoffnung.

Als es dunkel wurde, kamen zwei Uniformierte von der Guardia Civil. Ihre Mützen waren aus schwarzem Lack gemacht. Sie sahen aus wie Helme aus einer Zeit, die alle längst vergessen hatten.

Die Gardisten sagten, dass wir die öffentliche Ruhe stören und dass der Capitan den Gesang verboten hat.

Anselmo meinte, es sei wohl besser reinzugehen in die Hütte, und eines Tages werden sie alle umgebracht, diese Faschistenschweine, und ihr Franco als Erster.

Die Frauen hatten gut gekocht, und ihre Männer holten sich die Frauen her und gaben ihnen zur Belohnung saugende Küsse. Sie griffen in die schweren Hintern, und die Frauen lachten kokett. Ihre Gesichter waren rot vom Wein.

Jetzt gab es in den Liedern keine Wehmut mehr, sondern Stolz. Der Gesang wurde laut und kriegerisch, aber der Spaß war schnell zu Ende, denn plötzlich krachten Stiefel gegen die Tür, und das Holz flog zu uns in die Hütte. Dann standen die Gardisten in dem fahlen Licht der nackten Lampe und zerbrüllten den Gesang.

»Was wollen die, Anselmo?«

»Wissen, wer der Anführer ist«, sagte er. »Wer die Verantwortung trägt.«

»Ich trage die Verantwortung«, sagte ich.

»Mach das nicht«, sagte Anselmo.

»Doch. Sag es denen in deiner Sprache.«

Anselmo sagte es ihnen, und die Gardisten wollten auf mich zukommen.

»Es ist spät«, sagte ich. »Gehen Sie raus, und wenn, kommen Sie morgen wieder. Morgen Früh.«

»So was gibt's nicht bei uns«, sagte Anselmo. »Dieses Faschistenpack braucht nicht bis morgen Früh zu warten.«

»Dann sag denen, dass ich kein Spanier bin und dies für heute Nacht mein Haus ist und dass ich verlange, dass die Gardisten mein Haus verlassen!«

Das war eine schwierige Sache für die Gardisten, und die Männer, die am Boden hockten, lachten hämisch, weil sie die Verwirrung in den Gesichtern der Gardisten sehen konnten.

»Am liebsten würden die sich jetzt kratzen«, sagte Anselmo. »Am Arsch und am Kopf. Zur gleichen Zeit. Weil die jetzt gewaltig nachdenken müssen. Und ohne Arschkratzen kann keiner von denen denken.«

Dann sagte der eine Gardist was zu mir, und ich sah Anselmo fragend an.

»Er will wissen, ob du die Freundlichkeit hättest, draußen mit ihm zu sprechen.«

»Draußen schon«, sagte ich. »Draußen geht die Sache in Ordnung.«

Dann gingen wir alle in die Dunkelheit hinaus, und der Gardist befahl Anselmo, mir zu sagen, dass ich meine Hände nach vorn strecken solle, der Handschellen wegen. Wir hätten republikanische Lieder gesungen.

Der Gardist wollte nach meinem Handgelenk greifen, aber ich schob seinen Arm beiseite. »Anselmo, es ist nun mal so, dass ich jähzornig bin. Wenn er mich noch einmal anfasst, brennt bei mir 'ne Sicherung durch.«

Anselmo sagte es ihm. Der Gardist grinste. Dann hat er seine Hände auf meine Schultern gelegt, und ich habe zugeschlagen. Ich habe aus beiden Händen eine Faust gemacht und ihm von unten mit aller Kraft unters Kinn geschlagen. Der Mann flog rückwärts in den Staub. Beim Aufprall machte sein Kopf ein dumpfes Geräusch. Der andere Gardist nahm seinen Karabiner von der Schulter, aber wir waren zu viele, und er wusste nicht, auf wen er zuerst anlegen sollte.

Wir gingen in die Hütte zurück und tranken noch etwas Wein, aber von den Männern wollte keiner mehr was sagen, und weil die Kinder schliefen, wollte auch keiner mehr was singen. Als ich im Hotel Fatimah den Nachtportier aus dem Schlaf klingelte, wunderte ich mich, dass da keiner von der Guardia Civil auf mich wartete.

Ein paar Stunden später war Sonntag. Ich wollte ausschlafen, aber Stan hämmerte an die Tür und setzte sich an mein Bett. »Wer dich zum Freund hat, kriegt 'n Abonnement für Ärger mitgeliefert. Wenn du das nächste Mal 'ne Revolution anfängst, dann gib mir bitte 'ne frühe Warnung.«

»Wollen die mich immer noch verhaften?«, sagte ich.

»Verhaften?«, sagte er. »Die wollten dich in dünne Scheiben schneiden und über die Grenze streuen. Weißt du, wann die Produktion mich heute Früh aus dem Bett geschmissen hat? Um sechs. Mit einem Gardisten. Der hatte deinen Ausweisungsbefehl in der Hand.«

»Wirklich wahr?«

»Glaubste, ich mach Witze um diese Zeit am Sonntagmorgen? Judy liegt oben im Bett und sehnt sich nach mir, und ich beruhige die Guardia Civil, und du denkst, ich mach Witze.«

»Wie hast du diese Bande denn beruhigt, Stan?«

»Ich habe mit meinem Botschafter gedroht«, sagte er. »Und mit deinem. So was zieht. So ein Faschistenland kann in diesen Tagen keine Unruhe von außen brauchen.« Er sah mich von der Seite an. »Aber das eine merk dir. Von jetzt an lass ich dich abends nicht mehr alleine durch die Gegend laufen.«

»Das wäre nett von dir, Stan. Ich wäre dir dankbar.«

Er hielt mir eine Zigarette hin, aber ich schüttelte den Kopf. Dann sah er die Fotos von Marie am Fenster hängen.

»Ist sie das?«

»Wer?«

»Das Mädchen, von dem du niemals sprichst?«

»Ja.«

»Mein Gott, das ist ja noch 'n Kind.«

»Weißt du«, sagte ich. »Da ist einmal ein Mädchen in meinem Leben gewesen. Es klingt vielleicht anders, als du es erwartet hast, Stan, aber ich habe nur einmal einen Menschen richtig geliebt. Sie ist verschüttet worden, bei einem Bombenangriff. Als ich sie gefunden habe, hatte sie mich schon verlassen. Aber eigentlich hat sie mich nie verlassen. Ob das wohl schwer zu verstehen ist?«

»Nein«, sagte er. »Ich verstehe das sehr gut.«

»Und nun ist sie wieder da«, sagte ich.

Er lehnte sich gegen die Wand und sah mich an.

»Das Mädchen damals hieß Tina«, sagte ich. »Es war klar, dass da niemand war, der uns trennen konnte. Du weißt, was ich damit meine. Aber dann habe ich sie doch verloren. Ich habe gedacht, wie ungerecht es ist, dass wir nur so eine kurze Zeit zusammen sein durften, denn wenn zwei Menschen richtig glücklich sind, dann muss man sie auch zusammen lassen.«

Stan riss noch mal ein Streichholz an. »Diese spanischen Zigaretten gehn dauernd aus.«

»Also, Stan«, sagte ich. »Jetzt kommt die Sache, die ich meine. Alle diese Jahre sind auf rätselhafte Weise so angelegt, dass ich an langen Schnüren geführt werde. Alles führt mich auf eine Begegnung hin, verstehst du, und das ist die Begegnung mit einem kleinen Mädchen, und die ist an dem Tag gerade so acht Jahre alt. Und nun darfst du nicht lachen, Stan. Denn als Marie so überraschend vor mir stand, da habe ich gewusst, dass ich meine große Liebe weiterleben darf. Für so was gibt es keine Erklärung. Ich habe es gewusst, mehr kann ich dir nicht sagen. Der Tod von damals ist nur eine Unterbrechung gewesen, Stan. Und wenn du jetzt denkst, ich sage, dass es damals eine Frau gegeben hat, die wichtig war, und nun gibt es endlich wieder eine neue, dann hast du mich falsch verstanden. Wahrscheinlich drücke ich mich nicht klar genug aus, oder?«

»Weiß nicht.«

»Also lass es mich mal anders versuchen. Aber gib Acht, Stan, denn wenn ich jetzt was von Liebe sage, dann meine ich nicht so eine vorübergehende Sache. Ich meine die wirkliche Liebe. Oder die große Liebe, wie wir das manchmal nennen, verstehst du?«

»Ja, ich verstehe. Aber sag es doch mal ganz kurz.«

»Kurz?«

»Ja. In einem Satz, wenn's geht.«

»Lass mal nachdenken.«

»Hast du's?«

»Ja. Ich glaube, ja.«

»Dann sag mal.«

»Meine Liebe von damals und meine Liebe von heute, das sind Geschwister. Ich liebe sie alle beide.«

Stan nickte. »Es soll mir bloß keiner erzählen, dass dein Leben ohne sonderliche Ereignisse verläuft«, sagte er. »Weißt du was? Ich geh jetzt mal nachsehn, wie sehr sich Judy nach mir verzehrt. Und wenn wir damit fertig sind, gehn wir alle drei runter ins Dorf und setzen uns unter die Platanen und bestellen Frühstück und bleiben da erst mal 'n paar Stunden sitzen.«

PINEWOOD FRÜHLING
London April 1956

Ich weiß nicht mehr, welches Datum es war, doch als ich von der Fähre kam und durch London rollte, war der April erst ein paar Tage alt. Der Himmel sah nach Frieren aus. Eine frostige Sonne hatte ihn mit einem kalten Gelb bemalt. Stürmische Böen fegten vom Meer heran. Wenn sie mit ihren kalten Peitschen auf die Menschen einschlagen wollten, drehten sich die Menschen um und hielten ihre Hüte fest.

Vom Eaton Square aus rief ich Stan in Pinewood an. Er war geflogen, Judy auch, zusammen mit den Schauspielern und der Crew, und deshalb waren sie schon seit drei Tagen zu Hause.

Judy hörte sich sehr leise an. »Heiter mir den Stanton mal 'n bisschen auf. Wenn du die Bosse hier in Pinewood siehst, dann wird's dir schlecht. Nur lange Gesichter. Warte mal, ich stell dich durch zu Stan.«

Als er sich meldete, sagte ich: »Hey, Rasputin, was ist denn los?«

»Ach, weißt du, die wollen den Film nicht weitermachen.« »Wer?«

»Das *Front Office*. Die hohen Herren. Ich bin hier angekommen und hab ihnen unsere Muster gezeigt. Und da haben sie nur deutsche Jagdflieger in der Wüste gesehen. Da wollten sie eben, dass ich mit dem Film aufhöre.«

»Du machst Witze.«

»Nein, kein Witz. Die scheißen sich in die Hosen. Sie sagen, der Film hat keinen Kassenstar, und die Presse boykottiert uns, und da scheißen sie sich eben in die Hosen.«

»Die Presse boykottiert uns?«

»Ja. War ja auch nicht anders zu erwarten. Nimm dir ruhig 'n Whisky auf den Schreck, ich wart solange.«

»Ich brauche keinen. Erzähl weiter.«

»In der ganzen Zeit, seit der Pressekonferenz, ist nur eine Sache über uns erschienen. In so einem Radaublatt. Da ist 'n Bild von dir drin, und da drüber steht: ›Nazi-Luftwaffe wird verherrlicht.‹«

»Verstehe. Und deshalb will Rank den Film abbrechen?«

»Nicht nur deshalb. Vergiss nicht, wir haben schon 'ne Menge Geld ausgegeben. Jede Drehwoche kostet ja ziemlich. Denk nur mal an die Flugzeuge. Nun sagen die hohen Herren, sie brechen den Film lieber ab. Dann haben sie zwar einen gewissen Verlust, aber wenn sie den Film zu Ende drehen, wird's schlimmer. Bist du noch da?«

»Ja, Stan. Ich höre.«

»Ich sage dir, das ist 'ne schwer wiegende Entscheidung für so Leute, die sich an ihren Stühlen festhalten.«

»Na ja. Und nun?«

»Ach, weißt du, wir müssen sie zu ihrem Glück zwingen.«

»Und wie?«

»Ich habe den hohen Herren gesagt, dass ihre Köpfe rollen, wenn der Film abgebrochen wird, weil ich das ganze Projekt zu Warner Brothers nehme. Wenn der Film die ersten Millionen einspielt, wird man sich fragen, wer denn wohl den *Falken* hat zu Warners fliegen lassen, und dann werden eben gewisse Köpfe rollen.«

»Und?«

»Ich habe ihnen vierundzwanzig Stunden gegeben.«

»Und du hast Warners im Rücken?«

»Stell nicht so dumme Fragen«, sagte er. »Erinner mich daran, dir mal das Pokern beizubringen.«

»Stan, was du machst, dazu gehört 'ne Menge Mut.«

»Unsinn. Das ist kein Mut. Das ist *Chuzpe*. Aber pass auf, Jongen, du musst was mit der Presse machen. Wenn du uns nicht sofort in die Presse bringst, dann brechen die den Film endgültig ab.«

»Na gut. Ich lass mir was einfallen.«

»Ich schick dir den Ridgeley. Der arme Kerl ist übel dran.«

»Warum?«

»Diese Presseleute bei Rank haben in ihrem Vertrag 'ne Klausel, und da steht drin, dass sie jede Woche soundsoviele Zeilen in die Zeitung bringen müssen, verstehst du? Sonst fliegen sie raus.«

»Verstehe, Stan. Sag Ridgeley, er soll um sechs im Queen's Arms sein. Um die Zeit ist da noch wenig los, und bei mir zu Hause gibt's kein Bier vom Fass.«

Es war gut, durch London zu fahren, auch wenn Sturmböen die Leute manchmal vor das Auto schoben. Der Türsteher vor dem Dorchester sagte: »Schön, Sie wieder mal zu sehen, Mr. Unrast.«

»Mir geht's ganz genauso, Alistair«, sagte ich, »und bitte binden Sie mein blaues Pferd irgendwo an. Der Motor läuft noch.«

Ich kaufte alle Zeitungen des Tages, setzte mich an einen kleinen Tisch ganz hinten in der Bar und bestellte mir einen großen Scotch.

Ich sagte mir, es hat keinen Sinn, die ersten Seiten zu studieren. Die Lücke liegt weiter hinten, im Mittelteil der Zeitung.

Eine ganze Menge war inzwischen in der Welt geschehen, aber ich machte mir weiter keine Mühe damit. Auf der Filmseite war das Foto von einem jungen Mann mit breiten Schultern und gewellten Haaren. Neben ihm stand Viv. Der Gewellte war ein Footballspieler. Viv hatte ihn geheiratet.

Ich legte Geld auf den Tisch und ging nach draußen. Die Sturmböen hatten zugenommen. Ich blieb eine Weile in so einem Hausflur stehen und dachte an Viv und dass sie diesen reichen Jungen geheiratet hatte. Um sechs lief ich die paar Schritte rüber ins Queen's Arms.

Außer Ridgeley saß niemand an der Bar. Er sah aus, als hätte er einen ruhigen Tag hinter sich. Wer nicht mehr weiß, wie's weitergehen soll, findet sich mit allem ab.

»Sie können mir glauben«, sagte er. »Ich habe alles versucht, aber es ist nichts zu machen.«

»Haben Sie was Negatives versucht?«, fragte ich.

»Wie meinen Sie das?«

»Haben Sie versucht, eine Geschichte rauszubringen, wo ich schlecht wegkomme?«

»Da sei Gott vor«, sagte er. »Das ist ja alles, was David Stone erreichen will.«

»Nein«, sagte ich. »Stone will, dass ich totgeschwiegen werde.«

»Ganz offensichtlich ist ihm das gelungen.«

»Eben. Wenn er 'ne Attacke hätte reiten wollen, dann hätte er die Sache mit dem Juden und dem Deutschen rausgebracht. Doch dann hätte der Deutsche geantwortet. Vielleicht sogar in einer Fernsehdiskussion. Nicht alle Engländer glauben unbesehen, was einer sagt, bloß weil er Jude ist.«

»Im Gegenteil.« Er lachte.

»Dieser Stone weiß ganz genau, dass er mit einer Attacke gegen mich nur eins erreicht, und das ist eine Polemik. Aber die will er verhindern. Jede Polemik in der Öffentlichkeit macht mir einen Namen. Und das will Stone verhindern. Deshalb werde ich totgeschwiegen.«

»Ja«, sagte Ridgeley. »Da ist was Wahres dran. Ich hab das leider nicht erkannt.«

»Hören Sie zu«, sagte ich. »Was wir brauchen, ist eine ganz miese Geschichte über mich, und ich halte jede Wette, dass die gedruckt wird. Nicht hier in London, denn hier sitzen die Freunde von Stone, aber so lang kann der Arm von Stone nicht sein, dass wir nicht 'ne miese Geschichte über mich in Manchester unterbringen oder in Liverpool, und wenn die Welle dann nach London überschwappt, haben wir das Schweigen durchbrochen.«

»Die Idee ist gut«, sagte er. »Obgleich ich Ihnen so was gern erspart hätte.«

Ich ging zu dem Mann am Zapfhahn und bestellte uns noch zwei Stout.

»Vorhin habe ich mit Bibi Nordmaling gesprochen«, sagte Ridgeley. »Sie wartet in ihrem Hotel auf mich.«

»Ist sie schon in London?«

»Seit drei Tagen. Ein reizendes Geschöpf, wirklich. Ich soll Ihnen sagen, dass sie es nicht erwarten kann, den Mann kennen zu lernen, der mit allen Streit anfängt.«

»Wieso? Kennt sie die Sache über Stone und mich?«

Er nickte. »Wissen Sie, es ist ein Leichtes, Bibi in die Zeitung zu bringen. Im Bikini. Sie verstehen. Aber so ein Aufhänger ist mir für unseren Film zu billig.«

»Das ist wahr«, sagte ich.

»Ich hatte mich sehr darauf gefreut, für Sie beide zusammen die Pressearbeit zu machen, glauben Sie mir, Mr. Unrast, denn Bibi und Sie zusammen, das gibt ein Paar mit viel *appeal*.«

»Ja«, sagte ich. »Die Schöne und das Biest.«

»Reizvoll«, sagte er. »Ein reizvoller Gedanke. Aber wie machen wir aus Ihnen ein Biest?«

»Hören Sie zu, Ridgeley«, sagte ich. »Wir nehmen sechs Fotos von mir und bringen die auf der Frauenseite unter. Ich meine diese Fotos, wo ich in die Kamera reinrede, wissen Sie?«

»Ja. Ich weiß. Und?«

»Vorhin hab ich mir die Frauenseiten angesehen. Da gibt's nur eine Diskussion, und die geht darum, ob die Frauen einen Job annehmen sollen oder Kinder kriegen und das Haus versorgen oder beides.«

»Ich weiß. Das ist so eine Art von Revolution, die sich da anbahnt. Die Frauen wollen ihre Unabhängigkeit. Und wenn die Männer in ihren Leserbriefen schreiben, dass es ihnen lieber ist, die Frauen zu Hause zu haben, dann werden sie auf den Frauenseiten beschimpft. Und zwar auf eine geradezu niederträchtige Weise.«

»Eben. Genau da liegt der Aufhänger. Die Frauen hier wollen doch immer wissen, was so einer vom Kontinent denkt. Also bringen Sie diese Fotos von mir unter, auf denen ich in die Kamera rede. Das sieht ja so aus, als würde ich die Frau direkt ansprechen. Und dann setzen Sie unter jedes Foto ein paar Schlagworte, und der ganze Satz geht so: ›Die Frau und der Ofen gehören in die Küche.‹«

»Oh, mein Gott«, sagte Ridgeley, »das gibt einen entsetzlichen Sturm der Entrüstung!«

»Eben«, sagte ich. »Das ist alles, was wir wollen. Wissen Sie, wir sind stärker als dieser Stone. Denn wir haben nichts zu verlieren.«

Ein paar Tage später schlug Ridgeley eine Zeitung auf und hielt sie vor sein Gesicht.

»Mr. Unrast, Sie haben es so gewollt.«

Quer über zwei Seiten war die Leiste mit meinen Fotos. Den Satz von dem Ofen und der Frau hatten sie ziemlich fett gedruckt.

»Ich hoffe, es ist Ihnen jetzt nicht unangenehm«, sagte Ridgeley, »denn es ist eine Lawine daraus geworden. Sechs Zeitungen drucken den Artikel nach. Eine davon ist der *Daily Mirror*.«

»Gut«, sagte ich. »Dann haben wir es ja wohl geschafft.«

»Das schon, aber die Redaktion in Manchester ist noch einen Schritt weitergegangen. Es ist ein Preisausschreiben daraus geworden. Wer die beste Antwort auf so einen ungeheuerlichen Satz weiß, gewinnt 50 Pfund.«

»Großzügig«, sagte ich. »Und welcher Satz hat gewonnen?«

»Ein Mann, der so was von sich gibt, soll aus dem Trog mit Schweinen fressen.«

Stanton lachte. »Wir haben die Schlacht gewonnen. Du deine und ich meine. Wir haben die Schlacht gewonnen.«

BIBI
London Mai 1956

Das ist eine merkwürdige Sache mit dem Wetter in London. Du brauchst nicht auf den Kalender zu sehen. Wenn es warm wird und die Sonne scheint mehr als drei Tage in einem Stück, dann ist es Mai.

Die Luft im Atelier war heiß und stickig, und als Stan sagte, sie machten einen Umbau und wir hätten gut 'ne halbe Stunde Zeit, ging ich mit Bibi in den Garten. Wir legten uns ins Gras. Ich zog mein Hemd aus und ließ mir den Rücken bräunen.

»Junge«, sagte Bibi, »macht es dir was aus, wenn ich von der Szene spreche, die wir eben gedreht haben?«

»Es ist lustig«, sagte ich. »Du bist der einzige Mensch in diesem Land, der meinen Namen richtig aussprechen kann.«

»Also, macht es dir was aus?«

»Nein. Und selbst wenn, es würde nichts ändern. Du bist nun mal so ein Quälkopf, der alles diskutieren muss.«

»Stört dich das?«

»Nein. Du bist wundervoll.«

»Wirklich?«

»Ja. Schieß los. Was willst du wissen?«

»Diese Szene eben ... im Bett ... nackt ... und wir lieben uns ... und vierzig Leute stehen rum und sehen zu ...«

»Ja«, sagte ich. »Ich weiß, was du meinst.«

»Du bist so verzweifelt gewesen in der Szene. So stürmisch ... fordernd ... Ich weiß gar nicht, was das war. Doch, ich weiß es. Du hast mich erschreckt. Weil alles so echt gewesen ist. Weil du mich wirklich geliebt hast. In der Sekunde wolltest du mich ganz lieben, verstehst du, mit allem ... wie das so ist ... eben richtig, und das hat mir den

Atem genommen. Alles ist auf mich übergesprungen, diese ganze Qual von diesem deutschen Flieger, dein Drängen, und da habe ich dich auch geliebt. Mein Kuss war so wild wie deiner, und deshalb hast du jetzt auch diese Schrammen auf dem Rücken, weil meine Hände mir nicht mehr gehorcht haben, und mein ganzes Lieben war so, wie ich wohl bin, wenn ich liebe, und deshalb weiß ich auch, dass ich heute mein letztes Geheimnis verschenkt habe. Nun gehört mir gar nichts mehr.«

»Das ist schlimm, Bibi.«

»Ja. Ich fühle mich jetzt bloßgestellt vor allen Menschen. Das war meine Seele, die ich da entblößt habe. Wenn ich das nächste Mal mit meinem Mann ins Bett gehe, wird er finden, dass ich eine andere Frau geworden bin.«

Sie gab mir eine Zigarette.

»Junge?«

»Ja?«

»Dieses Mädchen Brit, das du da für mich geschrieben hast ... Kennst du diese Frau?«

»Ja. Ich habe sie gekannt. Sie lebt nicht mehr.«

Ich rollte mich auf den Rücken und rauchte in den Himmel hinein.

»Weißt du, es ist alles so ungewöhnlich.«

»Was?«

»Diese Szene. Als du mir das Hemd von den Schultern gestreift hast ... Und dein Kopf zwischen meinen Brüsten ... Dann dein Weinen ... So ein stilles Weinen... Das hat mich sehr berührt. Ich hab da mit einem Mal gewusst, wie das ist, wenn man ein Kind hat ... Dein Mund, der nach meinen Brüsten suchte, verstehst du? Das hat nicht im Drehbuch gestanden. Und wenn du darüber nachdenkst, dann ist das ziemlich ungewöhnlich für einen Film, oder?«

»Kann sein.«

»Sag mal, Junge, als du geweint hast ... war das so, dass du an die andere denken musstest? An die, die nicht mehr lebt?«

»Ja.«

Sie nickte.

»Du hast zwar meine Brüste geküsst, aber ich glaube nicht, dass es für dich wichtig gewesen ist, ob es meine Brüste waren oder die einer anderen Frau.«

»Weißt du, Bibi, was ich in einer Szene mache, ist nicht so richtig ausgedacht. Es fängt damit an, dass ich dich vor mir sehe. Dein Gesicht. Deine Augen. Aber dann sehe ich deine Augen nicht mehr. Ich höre sie. Verstehst du? Ich höre deine Augen. Und sehe deine Worte.«

»Oh, Junge ...«

»Wenn dann die Tränen über deine Brüste laufen, weiß ich nicht gleich, dass es meine Tränen sind.«

»Armer Junge.«

»Warum?«

»Ich glaube, der Film schmeißt dich nochmal zurück in die Zeit von damals. Du musst ein zweites Mal da durch.«

»Da kannst du Recht haben, aber du musst da keine große Sache draus machen.«

»Na, hör mal zu, ich seh dich doch, wie du da in den Drehpausen rumläufst. Wie Balzac.«

»Wie Balzac?«

»Wie so eine Statue. Du beugst dich vornüber, und das ist, als würdest du dich einem starken Sturm entgegenstemmen. Auf deinen Schultern sitzt die Sorge.«

»Das ist richtig. Vergiss nicht, ich habe diesen Film auf meinen Schultern.«

»Nein. Boroshnikoff hat den Film auf seinen Schultern. Und das ist gut so. Stan ist ein Genie. Jeder weiß das. Stan macht schon nichts falsch.«

»Das stimmt.«

»Und du bist so wild ... so unangenehm ... so rührend ... so echt ... Ich sage dir, ich habe so was noch nicht erlebt. Wenn du die Kraft hast, das bis zum letzten Drehtag durchzustehen, dann weiß ich schon, was passiert.«

»Was wird passieren?«

»Dann wirst du über Nacht berühmt, und ich werde stolz auf dich sein, in ein paar Jahren, wenn alle Leute von dir reden.«

Als der Tag zu Ende war, fragte ich sie, ob sie mit mir essen wolle.

»Nein, heute nicht. Vielleicht ein andermal. Trotzdem schönen Dank.«

Bevor ich nach Hause fuhr, ging ich nochmal zur Bar rüber. Mal sehen, wer da so rumsaß. Die Bar war leer, nur Rod Steiger war da und stierte in eine Tasse. Ich fragte ihn, ob alles in Ordnung sei.

»Ja«, meinte er. »Ich hab nur einen schweren Tag hinter mir. Ich trinke noch diesen Kaffee hier, und dann gehe ich in mein Hotel zurück.«

Der Barmann gab mir einen Scotch, als Peter Finch reinkam. Er hatte Ronnie Frazer bei sich und zwei Mädchen. Wir gaben ein paar Runden aus und überlegten, wo wir hingehen sollten. Das eine Mädchen lachte unentwegt, aber die andere war wohl ganz anschmiegsam. Ihr Name war Belinda. Als Finchy sagte: »Los, wir gehn jetzt in den 400 Club«, war mir das sehr recht.

Als wir draußen in unsere Autos stiegen, fuhr die Limousine der Produktion vorbei. Ich sah Bibi hinter dem dunklen Fenster. Aber sie winkte nicht.

Den Tag darauf war sie sehr verschlossen. Wenn Pause war, ging sie meist in ihre Garderobe. Am Nachmittag kam sie zu mir in den Garten. »Sag mal, kriege ich heute keinen Kuss?«

»Komm her«, sagte ich und nahm ihr Gesicht in beide Hände.

Bibi sah mich traurig an. »Schade. Der ganze Zauber ist verflogen.«

Abends stand sie überraschend in der Bar. Sie sprach die meiste Zeit mit Finchy. Dann kam Belinda rein und sah Bibi und war ein bisschen unnatürlich.

»Du kannst ruhig 'n Knicks machen«, sagte ich, »und allen erzählen, wie lustig es gestern Abend gewesen ist, denn wir sind hier unter Freunden. Bibi ist auch 'n Freund.«

»Na, dann ist es ja gut«, sagte Belinda. Sie lachte Bibi an. »Ich dachte schon ...«

»Denk nicht, trink was«, sagte Finchy und sah zu, wie Belinda mich abküsste.

Nach einer Weile kam Ronnie rein. »Also, was soll denn heute Abend mal so sein?«

»Ja«, sagte Belinda zu mir, »wo gehn wir heute hin?«

Bibi warf mir einen kurzen Blick zu und legte ihre Hände auf den Bartisch.

»Tut mir Leid, Leute«, sagte ich. »Aber Bibi und ich sind schon verabredet.«

Auf dem Weg zurück in die Stadt saßen wir wie Fremde nebeneinander. Ich fuhr nicht sehr schnell, denn ich hatte das Verdeck nach hinten geklappt, und Bibis kurze Haare wehten um ihr Gesicht herum. Sie hatte ihren Kopf zurückgelegt wie ein schweigsamer kleiner Junge.

Es war noch früh, und vor dem White Elephant war viel

Platz zum Parken. Wir waren die ersten Gäste. Als der Maître uns sah, drückte er hastig seine Zigarette aus.

»Aaah, da ist er ja wieder, unser Mr. Unrast. Und schon wieder ohne Krawatte ... Bitte um Vergebung, Madame, aber er ist nun mal ein Rebell.«

Er gab uns einen guten Tisch und hielt uns die Speisekarte hin, aber Bibi wollte nur einen gemischten Salat und Räucherlachs.

»Dann geben Sie mir eben dasselbe«, sagte ich. »Aber einen schönen Chablis dazu.«

Als Maurice gegangen war, steckte Bibi zwei Zigaretten in ihren Mund, und ich gab ihr Feuer. Sie wischte den Lippenstift von der Zigarette, die für mich war. »Glaubst du, dass ich von hier aus telefonieren kann?«, fragte sie. »Ich meine, mit Stockholm?«

»Schreib die Nummer auf«, sagte ich. »Maurice bringt so eine Verbindung schnell zu Stande.«

Ich weiß nicht, wie lange sie gesprochen hat. Als sie zurückkam, sah sie wieder wie ein kleiner Junge aus.

»Er ist ein wunderbarer Mann«, sagte sie. »Glaube mir.«

»Das glaube ich dir«, sagte ich. »Aber es wäre mir lieber, wenn wir jetzt nicht weiter von ihm sprechen müssten.« Ich trank meinen Wein.

»Du bist doch auch verheiratet, oder?«, sagte sie dann.

»Ja.«

»Wenn deine Frau solche Sachen in der Presse sieht, von dir und mir, weißt du, diese dumme Sache da am Strand, *Die Schöne und das Biest,* was denkt deine Frau dann? Quält sie das? Ich meine, vor Eifersucht?«

»Wahrscheinlich«, sagte ich. »Aber wenn ich meiner Frau was bedeuten würde, dann säße sie jetzt hier mit mir an diesem Tisch und nicht du, verstehst du? Damit will ich dich nicht kränken, aber das ist nun mal eine Tatsache.

Und für deinen Mann gilt genau dasselbe. Ich kenne ihn zwar nicht, aber ich sage über deinen Mann genau dasselbe.«

Als der Salat kam, stocherte sie nur darin herum. Wir tranken Chablis, und wenn wir uns ansahen, waren wir ein wenig scheu.

»Darf ich weiter fragen?«, sagte sie.

»Ja, Quälkopf, frag.«

»Wie ist das mit dir und Rank für sieben Jahre?«

»Wenn du mich das fragst, verdirbst du mir den Abend.«

»Du hast sowieso keinen Appetit. Also los. Sag schon.«

»Das ist ja nur 'ne Option, aber trotzdem ... so was hängt wie 'n Damoklesschwert über mir. Deshalb gebe ich dem *Front Office* laufend zu verstehen, dass ich es nicht wert bin, in so einen erlauchten Stall für sieben Jahre aufgenommen zu werden.«

»Und wie machst du das?«

»Sieh mal, Bibi, die haben doch sowieso nur Ärger mit mir, und da mache ich ihnen eben noch 'n bisschen mehr davon. Es ist so, dass die Produktion vier Drehbücher zur Auswahl vorlegen muss. Davon darf ich nur zwei ablehnen, aber ich hab gleich alle vier zurückgeschickt.«

»Tatsächlich?«

Ein junger Kellner kam und sah Bibi ganz begeistert an. Er stellte noch eine Flasche in den Kühler.

»Ich darf auch Vorschläge machen«, sagte ich. »Zwei Geschichten pro Jahr.«

»Und?«

»Die erste habe ich schon auf den Tisch gelegt.«

»Von wem ist die Geschichte? Von dir?«

»Ja.«

»Erzähl mal.«

»Es ist eine Liebesgeschichte. Stanton ist ganz vernarrt in die Geschichte.«

»Dann machst du aber einen großen Fehler, Junge.«

»Wieso?«

»Wenn Stanton vernarrt ist in deine Geschichte, dann nimmt doch Rank den Film und macht nicht lange Sachen.«

»Bibi«, sagte ich. »Du weißt ja nicht, worum es geht.«

»Dann sag. Worum geht es?«

»Ein deutscher Junge verliebt sich in ein Mädchen aus Israel.«

»Oh, Gott.«

»Siehst du? Die Eltern des Mädchens sind verzweifelt. Sie können den Gedanken nicht ertragen. Und die Eltern des Jungen sind tief im Herzen Antisemiten, aber die Nazizeiten sind vorbei, und da wagen sie es nicht mehr, es laut zu sagen.«

»Und?«

»Und? Nun ja, die beiden müssen es alleine schaffen. Sie müssen sich ein neues Land suchen, weil sie zusammen leben wollen. Die beiden sagen, die Vergangenheit darf nicht vergessen werden, aber wir beide leben nicht gestern, sondern morgen.«

»Also kein Selbstmord am Schluss? Die beiden sind nicht Romeo und Julia?«

»Doch. Irgendwann sind wir alle mal Romeo und Julia. Aber die beiden sterben nicht. Sie wollen leben. Miteinander leben.«

»Da läuft mir die Gänsehaut über den Rücken, Junge. Das ist eine aufregende Geschichte.«

»Ja. Aber Rank macht das nie. Wenn die da oben im *Front Office* meine israelische Geschichte lesen, dann schmeißen sie die Arme in die Luft und schreiben mir einen Brief, und da steht drin, dass sie leider keine Verwendung für mich haben.«

»Das glaube ich auch«, sagte Bibi.

»Du kannst dich drauf verlassen.«

»O Junge, ich beneide dich«, sagte sie.

»Tu das nicht.«

»Doch. Du kannst schreiben. Und du bist ein Mann. Das macht vieles leichter.«

»Täusch dich nicht, Bibi.«

»Was meinst du?«

»Es ist leicht, am Tag mit allem fertig zu werden, aber nachts, Bibi, nachts ist doch alles ziemlich anders.«

Draußen war es schon dunkel, aber die Luft erinnerte sich noch an die Wärme des Tages. Bibi wollte das Verdeck offen lassen. Sie hatte nur dieses dünne Kleid an, aber sie hielt mir ihren Arm hin. »Fühl nur. Mir ist nicht kalt.«

In der Stadt flammten Lichter hell in allen Farben. Der Himmel über uns war ein trauriger Himmel. Er hatte keine Sterne. Die Wolken waren auch armselig, weil sie sich so voll getrunken hatten mit den billigen Lichtern der Stadt.

Ich fuhr ein bisschen herum und dann die Park Lane entlang und bog zu ihrem Hotel ab. Aber als ich vor dem Connaught hielt, stieg sie nicht aus.

Ich hörte auf, weiter durch die Stadt zu fahren, und als wir am Eaton Square ankamen, sagte ich: »Weißt du, ewig sollten wir hier nicht sitzen bleiben.«

»Nein«, sagte sie. »Wir sollten hier überhaupt nicht sitzen. Ich weiß nicht, wie's dir geht, aber für mich wäre es besser gewesen, wir hätten uns nie getroffen.«

Ich hob sie aus dem Auto. Sie war ganz klein und ganz leicht. Ich hätte nie gedacht, dass sie so leicht sein könnte.

Es war das erste Mal, dass ich eine Frau zu meinem Bett hin trug, und das machte mich ganz wild im Kopf. Ich trug sie die Treppe runter und riss die Vorhänge auseinander, damit sie die Nacht sehen konnte, und stieß die Terrassentür auf. »Es ist nur ein kleiner Garten, aber es gibt keinen besseren Platz zum Sonnen, denn wenn du hier liegst, kann dich niemand sehen.«

Dann ließ ich sie aus meinen Armen gleiten. Sie stand vor meinem Bett, steif und unbeholfen. »Hast du das mit dieser Belinda genauso gemacht?«

»Nein«, sagte ich, »und wenn ich dir die Wahrheit sage, wirst du über mich lachen.«

»Mir ist nicht nach Lachen zu Mute.«

»Ich habe schon eine Ewigkeit keine Frau mehr gehabt.«

»Ist das wirklich wahr?«

»Ja. Fühl nur, wie meine Hände zittern.«

Ich streifte ihr die Kleider vom Körper und kniete mich vor sie hin und legte meinen Kopf an ihren Bauch und hörte die hämmernden Schläge ihres Herzens. Sie brauchte lange, bevor sie sich bewegte und ihre Arme auf meine Schultern legte. Als ich ihre Schenkel streichelte, beugte sie sich zu mir nieder und legte ihren Kopf neben meinen Kopf und küsste meinen Hals.

Ich stand auf und hob sie mit mir hoch und sah die tanzenden Lichter auf ihrer Haut. Es waren die Lichter der Stadt. Sie fielen von den Wolken zu uns ins Zimmer, sprangen über uns hinweg und tanzten auf ihrer hellen Haut herum.

Als ich sie auf das Bett legte, rollte sie sich unter mir zusammen und lag ganz still. Ich streichelte sie, sacht und tröstend, und da griffen ihre Hände nach meinem Rücken. Sie streckte sich unter mir aus und spürte das Klopfen meines Phallus auf ihrem Bauch und öffnete ihre Beine. Zögernd. Langsam. Unendlich langsam. Sie griff nach meinem Gesicht und hielt es dem Licht der Nacht entgegen, weil sie wissen wollte, ob es in meinen Augen etwas zu lesen gab. Dann lachte sie. Ihr Lachen lief durch meinen Körper. »Nimmst du dir eigentlich immer alles, ohne zu fragen?«

»Ja«, sagte ich. »Denn es schenkt dir sowieso keiner was.«

Sie presste ihre Lippen auf meinen Mund und nahm meine Hände und streckte meine Arme mit ihren Armen weit über uns hinaus und wartete mit stockendem Atem auf den Suchenden.

Ich wanderte nur ganz langsam in sie hinein, und ihr Leib nahm mich auf, und ihre kleinen Muskeln waren gleitend und fordernd.

»Mein Gott, du bist wunderbar«, sagte ich in ihren Mund hinein. »So eng und heiß ... Du bringst mich um den Verstand ... Das darf nicht aufhören ... Niemals ... aufhören ...«

Ich drängte mich tiefer in sie hinein, und sie schrie auf. Ich blieb still in ihr, bewegte mich nicht mehr und beugte mich über sie und küsste ihre Brüste und nahm ihre Knospen zwischen meine Zähne und ließ meine Hand über ihren Bauch wandern und tastete nach dem kleinen Hüter ihres Tores und rieb meine Fingerspitzen über ihn hin und hörte das Stöhnen der Frau und spürte ihr Beben. Sie schrie und stöhnte und warf sich herum in ihrem Beben und riss mit ihren Fingern meinen Rücken auf und grub ihre Zähne in meine Lippen. »Lass mich ... nicht ... allein ... Ich sterbe ... Komm jetzt ... zu mir ... Lass mich nicht ... allein.«

Ich suchte ihre Augen und hörte nach innen, hörte auf den Strom meines Lebens und sagte: »Das ist ein Strom ...

Er brennt sich durch meinen Körper ... Er wird uns beide verbrennen ...«

»Gib ihn mir ... gib mir den Strom ... bitte ... lass mich nicht länger warten ...«

Und dann schoss der Feuerball durch mich hindurch und ergoss sich in den engen Leib der Frau, und sie atmete schwer und lachte und küsste mich und legte sich zurück und schloss die Augen.

In der Nacht sah sie mich am Fenster stehen.

»Denkst du jetzt wieder dasselbe?«, fragte sie.

»Was meinst du?«

»Du hast es mir gesagt.«

»Was habe ich dir gesagt?«

»Es ist leicht, am Tag mit allem fertig zu werden, aber nachts, o Gott, da ist doch alles ziemlich anders ...«

»Weißt du«, sagte ich. »Ich habe ziemlich lange allein gelebt. Da gewöhnt man sich so was an. Solche Gedanken.«

»Hat das was mit der Kleinen zu tun? Mit diesem jungen Mädchen da, auf allen Fotos und in hundert Rahmen?«

»Was soll das mit ihr zu tun haben?«

»Hast du wegen dieser Kleinen wie ein Mönch gelebt?«

»Ja. Aber ich möchte nicht, dass wir darüber reden.«

»Oh, so wichtig ist das? Also gut, Junge. Wir reden nicht mehr darüber. Komm zu mir. Bitte. Ich habe nicht gewusst, dass ich unersättlich bin. Aber ich bin es wohl.«

Es blieben uns noch drei Wochen. Die Rückkehr nach Stockholm war etwas, das sie sehr bedrückte.

Wir gingen nur ganz selten aus. Sie wollte nicht, dass uns die Presse allzu oft zusammen sah.

Nach Drehschluss ließ sie sich von Pinewood aus erst

mal ins Connaught fahren. Jeden Abend. Weil das ihre Zeit war, mit Stockholm zu sprechen. Nachts kam sie dann zu mir. Und zog sich lächelnd aus. Und kroch ins Bett. Mit dem ersten Licht des Tages bestellte sie eine Taxe und fuhr in ihr Hotel zurück. Nur sonntags nicht. Sonntags schliefen wir aus und machten Frühstück und legten uns nackt in den Garten. Wenn ich ihr sagte, dass sie schön sei und dass man sie in Bronze gießen müsste, sagte sie: »Bronze ist gut. Da sieht man nicht die Sommersprossen.«

»Ich liebe deine Sommersprossen«, sagte ich.

»Wie kannst du so was lieben? Ich bin übersät damit. Tausende und Tausende von Sommersprossen.«

»Hör zu«, sagte ich. »Das sind Sterne. Und wenn du nackt bist, bist du niemals richtig nackt.«

»Sterne?«

»Ja. Dunkle Sterne an einem hellen Himmel.«

Als sie kochte, holte ich die Post aus dem Kasten bei der Tür.

»Schreibt dir das junge Mädchen oft?«, wollte sie wissen.

»Ja.«

»Schreibt sie dir, wie ihr Leben abläuft und was sie denkt?«

»Ja.«

»Und dass sie dich vermisst?«

»Ja.«

»Rufst du sie manchmal an?«

»Ja. Aber sie lassen mich nicht immer mit ihr sprechen.«

»Nein?«

Ich schüttelte den Kopf. »Meist weiß ich erst hinterher, was ich ihr eigentlich sagen wollte.«

»Das klingt nach Liebe«, sagte Bibi.

Als ich den Brief von Rank gelesen hatte, sagte ich:

»Hör auf zu kochen. Zieh dir ein Kleid über deine Sterne. Wir gehen Austern essen und Dom Perignon trinken. Wir gehen feiern.«

»Warum? Was ist?«

»Rank hat die Option fallen lassen.«

Sie kam um den Tisch herum und küsste mich. »Es ist wohl zwecklos, es dir zu sagen, dass ich dich schon sehr lieb habe.«

Als der Film abgedreht war, fuhren wir nach Cornwall und liefen unterhalb der Kliffs den Strand entlang. Nachts lagen wir meistens wach.

»Es ist merkwürdig«, sagte sie. »Aber ich habe gar kein schlechtes Gewissen. Ich fliege zu meinem Mann zurück, und wenn er mich was fragt, werde ich ihm sagen, dass er mich nichts fragen soll, denn es darf niemanden geben, der etwas über uns beide erfährt. Ich möchte, dass nur wir beide es wissen.«

»Ja«, sagte ich. »Das finde ich gut.«

»Weißt du, ich habe endlich einmal in meinem Leben ein kleines Geheimnis durchlebt, aber es ist eigentlich ein großes Geheimnis, und ich liebe dich.«

Dann kam der graue Morgen, und alles war endgültig. Sie stieg in ein Taxi. Ich durfte sie nicht zum Flugplatz bringen.

LONDONER SOMMER
1956

Im August regnete es. Marie schrieb ziemlich oft. Wenn ich ihre Schrift sah, konnte ich sie vor mir hergehen sehen. Schmal. Hoch. Aufrecht. Jeder Brief begann mit den Worten »Liebster Junge«. Dann kam ein Brief mit einem Strich durch meinen Namen. Auf dem Papier stand »Liebster«. Und dann mein Name. Aber den hatte sie durchgestrichen.

Als ihr Geburtstag näher kam, packte ich die gesammelten Werke von Shakespeare für sie ein. Ich besorgte mir Ölpapier und gab mir große Mühe mit dem Verpacken, denn es regnete unaufhörlich, und es war wichtig, dass diese Ausgabe trocken blieb, weil es eine besonders schöne war. Die von der Oxford University Press. In einem großen Format. Auf indischem Papier gedruckt. Die Frau in dem Postamt war sehr freundlich. Ich sagte mir, dass es wichtig sei, wenn freundliche Hände dieses Buch zu Marie brächten, denn dieser Geburtstag war ihr siebzehnter. Und dann sagte ich mir, dass die Verpackung zum Teufel gehen könne, Hauptsache, dem Mädchen war mein Shakespeare in der Schule nicht verleidet worden. Merkwürdig, welche Wege die Gedanken laufen, wenn einer liebt.

Die erste Hälfte des Augusts habe ich im Britischen Museum zugebracht. Die Bibliothek da ist sicherlich die beste der Welt. Wenn du eine Geschichte schreibst, die in Israel spielt, dann hast du die Bibliothek im Britischen Museum als zweitbeste Wahl. Die erste wäre, hinfliegen ins Gelobte Land und lange dableiben. Aber wenn das nicht geht, ist eine Fahrt durch den Regen zum Britischen Museum die denkbar beste zweite Wahl.

Drei Wochen später fing ich mit dem Drehbuch an und schrieb auf die erste Seite: *Zwei Liebende.*

Das ist so eine Sache, wenn du dir ein Mädchen ausdenkst und ihr Leben einhauchst. Denn lange bevor du den Mann erfindest, der sich in sie verliebt, hast du dich schon selbst in sie verliebt, und sie macht mit dir, was sie will, und läuft dir in alle Richtungen davon.

Ich gab meiner den Namen Daliah und biblische Züge, ein lang gestrecktes Gesicht, eine schmale Nase und einen langen Hals, was bedeutet, dass ich aus ihr eine klassische jüdische Schönheit machte, die in dem Wüstenland von heute lebt. Daliah ist keineswegs sanft, sondern kratzbürstig und mit einem ziemlichen Temperament ausgestattet. Wenn ich das alles zusammennehme, dann ist das schon ein Mädchen, mit dem ein Mann alle Hände voll zu tun hat.

Dem Jungen gab ich meine Züge. Damit meine ich nicht das Äußerliche, sondern die Züge meiner Gedanken. Dieses Rechthaberische. Die Unduldsamkeit, wenn es zum Vorurteil kommt. Auch die Verlorenheit, wenn er vor der Dummheit steht. Ich schrieb meinen aufbrausenden Zorn hinein. Und meinen Dickkopf. Und auch meine Freude auf den nächsten Tag.

Ich gab ihm den Namen Richard, weil sich das englisch ebenso gut ausspricht wie deutsch, und wenn die beiden sich begegnen, dann sprechen sie englisch, denn sie begegnen sich auf einem Flughafen, in einer Wartehalle, bei Nebel. Sie sitzen die ganze Nacht beisammen, zwischen dem anderen Strandgut aus allen Ländern. In solchen Nächten sprechen die, die sich fremd sind, englisch miteinander. In der Frühe lichtet sich der Nebel. Die Maschinen starten wieder, und die beiden wissen, dass sie sich nicht trennen wollen. Aber das ist eine von diesen Stunden ohne Ausweg. Sie sagt ihm, dass sie in Haifa wohnt, und schreibt eilig die Adresse auf. Er hat keinen Zettel. Da reißt er eine Seite hinten aus seinem Pass heraus. Sie liest den Namen seines Landes, erschrickt und läuft davon.

Nun ist das mit dem Davonlaufen so eine eigene Sache. Es gelingt nur dann, wenn der andere sich nichts daraus macht. Aber dieser Richard in meiner Geschichte, der will das anders, und so geht er nach Haifa und sagt: »Weißt du, so ein Pass hat 'ne Menge leere Seiten. Über mich steht da außer meinem Namen kaum was drin. Den Pass kannst du von mir aus ablehnen, aber ich will dir mal was sagen. Ich bin ein Mann und nicht 'n Stück Papier. In mich musst du erst mal tief hineinsehen, musst ausloten, wer ich bin, und sehn, ob meine Gedanken was wert sind und wie ich so im Leben bin, mit dir und mit anderen. Wenn du mich dann 'n bisschen kennst und immer noch weglaufen willst, dann brauchst du nur Bescheid zu sagen, weil ich dann von alleine gehe.«

Ich wusste, dass ich eine außergewöhnliche Geschichte vor mir hatte, und ließ mir beim Schreiben Zeit damit.

An manchen Abenden kam Stan vorbei. Dann nahm er sich die neuen Szenen vor. Wenn er gelesen hatte, sagte er: »Nicht schlecht. Mach man so weiter.«

Manchmal brachte er Judy mit. Dann kochte sie, und wir blieben zu Hause. Wenn Stan alleine kam, fuhren wir erst mal rüber auf ein paar Bier in den Coppercattle. Dann schlenderten wir die King's Road rauf und runter und ließen uns die Speisekarten zeigen, und wenn uns davon nichts gefiel, nahmen wir das blaue Pferd und suchten uns was anderes, drüben in Soho.

Stan ging es nicht gut in dem Sommer. Er hatte sich eine hartnäckige Erkältung eingefangen. Das viele Husten machte ihm meistens schlechte Laune. Trotzdem saß er jeden Tag im Schneideraum. Wenn ich ihn abends im Coppercattle nach unserem *Falken* fragte, meinte er: »Ich will dir nicht zu viel versprechen, aber so viel sage ich schon: Du wirst dich wundern.«

Wenn er Judy mitbrachte, landeten wir im Kino. Stan und ich sind in dem Sommer viel ins Theater gegangen. Wenn das Sadler's Wells Ballett einen Abend gab, hatten wir immer Karten. Doch wir brauchten bloß mit Judy loszuziehen, und schon landeten wir im Kino.

Einen Monat später lief ein Film mit Viv, und deshalb hatten sie wohl die ganze Stadt verändert. Es kam mir tatsächlich vor, als hätten sie die ganze Stadt neu angestrichen. Du konntest denken, sie würden eine neue Wahl ausschreiben und Viv war zum nächsten Bürgermeister vorgeschlagen worden, denn sie hatten ihr Bild überall hingeklebt.

Es war klar, dass wir in die Premiere gingen, Stan, Judy und ich. Bereits nach der ersten Szene wusste ich, dass die Farmerstochter es geschafft hatte. Viv war zum Verlieben, und das Publikum verliebte sich auch in sie. Ich hatte nie gewusst, dass Viv singen und tanzen konnte, und, mein Gott, konnte das Mädchen tanzen! Der Film hieß *Girl supreme* und war die Geschichte eines Mädchens vom Lande, das zum teuren Mannequin aufsteigt. Sie hatten Viv meist nur halb bekleidet fotografiert, und die Männer im Kino fraßen sie auf mit ihren Blicken. Ich saß im Kino und sagte in Gedanken zu ihr: Es ist gut, dass du es geschafft hast, Viv, und ich beeil mich jetzt, es auch so weit zu bringen.

Auf dem Heimweg sagte Stan: »Das ist der neue Star von Hollywood. Gar keine Frage. Der neue Star.«

PREMIERE UND MARIE
Oktober 1956

Sie hatten unsere Premiere auf einen Donnerstag angesetzt. Den ganzen Morgen war ich voller Unruhe und lief meist ziellos in der Stadt herum. Gegen Mittag fuhr ich zum Flughafen und stand da rum und wartete auf Marie und malte mir das Wiedersehen aus. Ich war angefüllt mit Freude. Und mit Sorge. Hanna war auch auf dem Weg zu mir, aber Marie kam mit der Maschine aus Genf, und die landete eine halbe Stunde früher.

Das war meine Rettung, denn ich hätte es nicht ertragen können, die beiden gleichzeitig zu sehen.

Als Marie durch die Passkontrolle kam, nahm die Halle eine helle Färbung an. Dann stand sie vor mir, und ich sah ihr glückliches Lächeln, aber ich brachte kein Lächeln zu Stande, sondern sagte nur: »Mein Gott, wie schön du bist.«

»Es ist sehr schwer, immer nur an dich zu denken«, sagte sie, »und dich nie zu sehen.«

Ich presste sie an mich und fühlte, wie sie zitterte. Sie legte ihr Gesicht in meine Hände. Dann fing sie an zu weinen. Ich küsste ihr die Tränen aus dem Gesicht und wiegte sie in meinen Armen. »Oh, Marie, wenn du nur wüsstest.«

»Ich weiß«, sagte sie. »Es ist beides. Glücklich und unglücklich. Geht es dir genauso?«

»Ja«, sagte ich. »Mir geht es ebenso wie dir.«

Als Hanna kam, sah sie sofort, dass Marie geweint hatte.

»Warum?«, fragte sie.

»Warum wohl?«, sagte ich. »Mir ist es ebenso ergangen.«

»Habt ihr euch denn so unendlich lange nicht gesehen?«

»Fünfzehn Monate und siebenundzwanzig Tage«, sagte Marie.

»Das ist allerdings lange«, sagte Hanna. »Ganz besonders diese siebenundzwanzig Tage ...«

Ich hatte die Wohnung nicht besonders aufräumen müssen. Unordnung und Unruhe sind für mich ein und dasselbe. Hanna sah auf die vielen Fotos von Marie. Dann warf sie den Kopf zurück und lachte heiser. Alles an ihr war älter geworden. Auch das Lachen.

»Eins ist sicher«, sagte sie zu Marie. »Mit all diesen Fotos von dir in seiner Wohnung wird er nur mal selten eine finden, die sich hier von ihm vernaschen lässt.«

»Mammi, bitte! Hör auf!«, sagte Marie und warf sich in einen Sessel. »Hast du den Garten gesehen? Mir gefällt es hier.«

»Mir auch«, sagte Hanna. »Fragt sich nur, wo wir schlafen werden.«

Ich zeigte ihnen das zweite Schlafzimmer.

»Hier«, sagte ich. »Es hat noch nie jemand hier drin übernachtet. Ich hab sonst keine Gäste.«

»Oh«, sagte Hanna, »ich wusste nicht, dass wir Gäste von dir sind.«

»Sei nicht so empfindlich«, sagte ich. »Es ist nicht meine Schuld, dass unsere Sprache nur ein Wort für so was zur Verfügung hat. Gästezimmer. Die Franzosen sind da besser dran. *Chambre des amis*. Zimmer der Freunde.«

»Das ist gut«, sagte Hanna. »Wir wollen es so halten. In diesem Zimmer schlafen deine Freunde.«

Dann sah sie die Rosen auf den Nachttischen.

»Oh, wie lieb! Ich nehme an, die Teerosen sind für mich, und Marie bekommt die roten.«

»Ja«, sagte ich. »So hatte ich mir das gedacht.«

»Danke«, sagte Marie.

»Lasst uns in die Küche gehen«, sagte ich. »Da wartet ein Hummer und 'n eiskalter Chablis.«

Die beiden hatten großen Hunger. Marie trank den Wein mit Wasser.

»Oh, der Chablis tut gut«, sagte Hanna. »Ich habe noch etwas Nachdurst von gestern Abend. Meine Freunde haben mir eine Abschiedsparty gegeben. Anschließend habe ich kaum geschlafen.«

»Ja«, sagte ich. »Deine Augen sehen müde aus.«

»Chouchou«, sagte sie, »deine Frau ist achtunddreißig Jahre alt. Da werden Augen schon mal müde.«

Dann lehnte sie sich im Stuhl zurück und hielt ihr Glas hoch. »Freunde, heute ist ein wichtiger Tag für den Jungen. Für uns alle drei. Deshalb verspreche ich euch, dass ich ab jetzt mein Schandmaul halten werde. Lasst uns auf glückliche Tage trinken.«

»O ja, Mammi«, sagte Marie. »Das wäre wirklich schön.«

Wir ließen die Gläser aneinander klirren und tranken. »Da muss noch etwas gesagt werden«, meinte Hanna dann. »Es ist nicht leicht für eine Frau, wenn sie die schönsten Jahre ihres Lebens hinter sich lassen muss. Und deshalb bitte ich euch, bringt es mir schonend bei. Seid rücksichtsvoll mit mir. Gebt mir ein bisschen was ab von eurer Liebe. Und glaubt mir, ich mache irgendwann mal Platz. Ich werde euch nicht den Weg versperren.«

Marie schüttelte den Kopf. »Mammi, bitte ... wirklich ... warum musst du so was sagen?«

»Lass nur, Mädchen«, sagte ich. »Es war gut, was deine Mutter da gesagt hat.«

»Na also«, lachte Hanna. »Und nun hol mal die andere Hälfte von dem Hummer aus dem Eisschrank. Die weite Reise muss sich ja schließlich lohnen.«

Am Nachmittag schlossen sich die beiden in mein Badezimmer ein. Als ich ihnen durch die Tür zurief, dass ich um halb acht das Auto schicke, riefen sie zurück, »Ja, ist gut, mach nur«, und kicherten wie zwei junge Mädchen vor ihrem ersten Ball.

Vor dem Haus wartete ein Chauffeur in Uniform neben seiner schwarzen Limousine. Als wir zum Leicester Square kamen, war der Platz abgesperrt und Menschen standen in dichten Reihen um das Kino rum.

Es war noch heller Tag, aber riesige Scheinwerfer strahlten jetzt schon das Odeon an. Als ich über den roten Teppich zum Foyer hinging, sprangen mir die Fotografen entgegen, und ein Team vom Fernsehen blendete mich mit seinen schmerzend hellen Lampen. Die Menschen hinter der Absperrung starrten mir ins Gesicht und hielten ihre Münder offen, aber sie wussten mit meinem Gesicht nichts anzufangen. Als einer auf das Plakat über dem Kino zeigte, ging ein Murmeln durch die Leute. Sie trampelten die Barrieren nieder und wollten Autogramme von mir haben.

Beim Namenschreiben sah ich Ridgeley angelaufen kommen. Er rückte mir die Smokingfliege zurecht und lachte. »Die Presse wartet. Es ist im Raum von damals, Jongen, aber David Stone ist heute nicht dabei.«

Als wir die paar Stufen runtergingen, stellte er sich in die Tür und rief: »Meine Damen und Herren, hier kommt der Hauptdarsteller, Mr. Jongen Unrast!«

Die Leute applaudierten. Dann prasselten die Blitze los. Es wurde ein Wirbel. Der Wirbel drehte sich in meinem Kopf. In allen Sprachen redeten sie auf mich ein. Sie nahmen mich bei den Händen und zogen mich zu einer Frau. Helles Kleid. Helle Haare. Ein helles Gesicht. Ich sah, dass die Frau lachte, und dann kam ihre Stimme zu mir. »Oh, Junge, ich freu mich so für dich!«

Ich legte meine Hände auf ihre Schultern und erkannte diese Schultern, denn sie waren nackt.

»Verzeih, Bibi, aber ich sehe nichts. Es ist wegen der Blitze, weißt du?«

»Ich weiß«, lachte sie. »Versuch mal meinen Mann zu erkennen. Hier. Gleich neben mir.«

Ich nahm die Hand des Mannes und sah ihm ins Gesicht. Seine Augen sahen traurig aus.

Ein Fotograf rief: »Bibi, wie wär's mit einem Kuss für Ihren Partner?«

»Gern«, sagte Bibi und nahm mein Gesicht in ihre Hände. »Junge, ich gratuliere dir.«

»Wieso mir?«

»Ich war heute Nachmittag schon in der Vorstellung. Mit meinem Mann. Du weißt doch, wie neugierig ich bin ...«

»Und der Film ist gut?«

»Der Film ist einmalig. Und du bist so, dass man es nicht beschreiben kann. Atemberaubend. Ich habe sehr über dich weinen müssen. Aber das habe ich dir ja alles vorausgesagt, weißt du es noch?« Sie zog mich zu ihrem Mund herunter. Das Feuerwerk der Fotografen sprang mir durchs Gehirn.

Und wieder kamen Hände aus der Dunkelheit. Sie zogen mich von Bibi fort. Ridgeley sagte: »Fernseh-Interview« und »Radio-Interview« und »New York«, »dann BBC« und »Rias«, »Paris«, »CBS Los Angeles«. Ich hörte die Kameras surren und suchte nach den Fragen auf den Lippen der schweißnassen Gesichter um mich herum, aber die Gesichter wechselten, sie sprangen vor ins Licht und tauchten wieder zurück in ihre Schatten, und es wurde ein Tanz daraus, ein Tanz der Gesichter, es wurde eine Gavotte daraus, und die Fragen waren die Geigen, und dann fielen die Fragen übereinander und wurden zu den

Stimmen des Chores, und meine Antworten waren die Synkopen.

Ich weiß nicht mehr, wie lange das so ging mit diesem Reigen, aber dann kam Ridgeley und gab mir einen großen Scotch mit wenig Wasser und schob mich durch die Menge zu Stanton hin.

»Ja, Jongen, das ist nun wohl die Stunde der Wahrheit für uns beide«, sagte er. »Die Stunde der Wahrheit.«

Ich versuchte meinen Scotch zu trinken, aber immer wieder hinderten mich Journalisten mit ihren Fragen. Als Ridgeley sagte: »So, wir müssen nun wohl ins Foyer hinüber, die Ehrengäste wollen begrüßt werden«, trank ich das Glas mit einem Schluck leer.

Sie stellten uns in einer Reihe an dem roten Teppich entlang, Stan, Bibi und mich. Wir schüttelten diese vielen Hände, und die Zeit schleppte sich dahin, aber dann konnte ich sehen, wie Marie aus dem Auto stieg.

Wie sie nun durch die Menschenmenge zu mir kam, in dem schwarzen Kleid mit ihren schwarzen Haaren und den hellen Augen, jung, unglaublich jung, und schön, mit diesen zarten Hügeln ihrer Kinderbrüste unter dem tiefen Ausschnitt ihres Kleides, da war ich heiter, ohne Sorgen, ohne Zweifel an mir oder dem nächsten Tag.

Als Marie mich sah, stieß sie einen kleinen Schrei aus und lief ihrer Mutter davon und fiel mir um den Hals. Die Menschen in dem Foyer lachten. Die Fotografen drängten sich um uns herum. Ich holte Hanna herbei und sagte zu den Menschen: »Wenn ich bekannt machen darf ... diese stürmische Liebe von mir heißt Marie ... und die schöne Dame hier ist ihre Mutter ... meine Frau ... Hanna Unrast.«

Aus den Gesichtern, die da um uns wogten, kam Murmeln und Lachen und ein paar Sätze, die ich nicht verstand. Marie stand eng an mich gedrängt. Ein Zittern wie bei Fieber lief durch das Mädchen. Ich nahm ihr Zittern in mich auf. Hanna legte ihren Mund an mein Ohr.

»Das war sehr schön von dir«, flüsterte sie. »Du hast das sehr schön gesagt. Ich werde dir das nie vergessen.«

Später standen wir in der Loge, weit oben über den vielen Köpfen, und das Orchester spielte *God save the Queen*. Als die Lichter im Saal dunkel wurden, flüsterte Hanna: »Oh Junge, ich bin so aufgeregt.« Marie griff nach meiner Hand.

Der Film begann sehr gedehnt, fast zart. Die Landschaft um Berlin spielte eine wichtige Rolle, aber dann kamen immer mehr Menschen ins Bild und wurden zu Massen und wurden zu Gebrüll und zu Stampfen, und dann stampfte der kleine Reimers zwischen den großen Leuten, und als der Krieg ausbrach, hatten die Nazis den Hanne Reimers schon lange und fest in beiden Händen.

Ich beugte mich zu Stan und sagte: »So was habe ich bisher nur einmal ähnlich gut gesehen. Das war in dem Film von Abel Ganz, weißt du, in diesem Stummfilm über Napoleon.«

»Ja«, sagte Stan. »Von dem haben wir doch alle gelernt.«

Dann stieg das Bild des Piloten auf der Leinwand auf. Es war mein Bild. Mein Gesicht. Riesig groß. Viele Meter hoch. Es war ein kaltes Gesicht. Die Kälte fiel auf die Menschen in dem Saal. Ich konnte mein Gesicht nicht ertragen.

»Stan«, sagte ich. »Weißt du, es ist zu viel für mich.«

Er sah mich aus dem Dunkel heraus an und nickte. »Komm, ich geh mit dir an die frische Luft.«

Als ich mich an Hanna vorbeischob, sagte ich: »Marie

merkt nicht, dass ich weggehe. Sie starrt nur auf das Bild da vorn. Sag ihr, dass ich wiederkomme.«

Stan suchte nach dem Weg zum Hof, aber er konnte ihn nicht finden, und auf der Straße stand noch immer diese Menschenmenge von vorhin, aber die Bar im Presseraum war menschenleer. »In Ermangelung von frischer Luft biete ich dir alten Scotch«, sagte Stan.

Wir lehnten uns an die Bar. Irgendwo weit über uns in dem großen Kino lief unser Film.

»Du wolltest unbedingt, dass ich den Film zum ersten Mal mit Publikum sehe«, sagte ich.

»Ja«, sagte Stan. »Es sollte so 'ne Art von Überraschung für dich sein.«

»Mein Herz hat geflackert wie verrückt.«

»Ich weiß, Jongen«, sagte er. »Ich kenne das.«

Der Scotch brannte Feuerflammen durch meinen Bauch.

»Heute Nachmittag waren die Kritiker drin«, sagte Stan. »Ich kenn nur vier von ihnen. Den von der *Times* und den vom *Guardian* und dann diese beiden anderen von *Daily Mail* und *Daily Mirror*.«

»Und?«

»Die sind anschließend zu mir gekommen. Sonst machen die das ja selten, aber heute sind sie zu mir gekommen.«

»Tatsächlich?«

»Ja. Ich glaube, die sind ganz schön beeindruckt gewesen.«

»Erzähl mal.«

»Dich hatten sie ja noch nie gesehen. Bibi kannten sie schon aus 'n paar anderen Filmen, und jeder weiß, wie gut sie ist. Aber dich haben sie heute zum ersten Mal gesehen. Sie haben gesagt, dass du nicht mehr aufzuhalten bist, und das kommt sicher auch so. Deshalb ist es ganz gut, dass wir hier alleine sind und einen trinken, denn ich muss dir mal was sagen.«

Ich trank und wartete.

»Dieser Film wird dich nach ganz oben tragen. Und da oben wird es schwer.«

»Warum?«

»Weil sie sich da alle verängstigt festhalten. Denn das ist ziemlich eng da oben. Und ziemlich hoch. Ich mach dir keine Sachen vor. Da oben wird's dir schwindlig. Und es sitzen auch nicht viele da oben 'rum, aber alle, die da oben sind, haben Angst vor dem Sturz, denn von so einem Sturz erholt sich keiner mehr. Und deshalb setzen sie auf Nummer sicher und machen Filme, die Geld bringen sollen, verstehst du? Gängige Sachen. Alles, was gefällig ist.«

Ich ging hinter die Bar und holte die Flasche.

»Am schlimmsten sind die Agenten«, sagte er. »Weil die auf einmal verrückt spielen und Gagen verlangen, die sich keiner leisten kann. Jedenfalls kann sich solche Gagen kein Produzent leisten, der gute Filme machen will. Also hängen die da oben rum und halten sich an diesen gängigen Sachen 'ne ganze Weile fest und machen Geld, und deswegen fallen sie auch von da oben runter. Du kannst zuhören, wie's beim Aufprall dröhnt.«

»Mach dir keine Sorgen, Stan. Ich glaube nicht, dass ich bei so was mitmache.«

»Ich wollte es nur mal gesagt haben.«

»Und was ist mit dem Film?«

»Wie meinst du, was ist damit?«

»Was haben die Kritiker zu deinem Film gesagt?«

»Oh, die sind der Meinung, dass dieser mein bisher bester sei.«

»Haben die das wirklich gesagt?«

»Ja. Aber das Beste von allem ist das Publikum. Ich war

heute Nachmittag schon zweimal drin. Um eins und um
vier. Erst mal hassen sie dich und sind eiskalt. Ist ja auch
klar, denn immerhin müssen sie mit ansehen, wie du am
laufenden Band die englischen Piloten aus dem Himmel
holst, aber dann kommt die Szene mit Hitler, und in deinen Augen kann jeder alles lesen. Von da an drängt sich
das Publikum auf deine Seite.«

»Tatsächlich?«

»Na hör mal zu, sonst würde ich es ja nicht sagen.«

»Stan«, sagte ich. »Es ist wahr, wir stehn hier rum und
trinken einen, und oben läuft unser Film, aber ich kann
das alles noch gar nicht glauben.«

»Ist auch schwer«, sagte er. »Ist schwer. Aber hör mal,
dein Mädchen da, diese Marie ...«

»Was ist mit ihr?«

»Ein Zauber. Aber du hast mir was unterschlagen.«

»Was?«

»Von deiner Frau hast du kein Wort gesagt. Dass du dieses Mädchen liebst, das ja. Das hast du gesagt. Aber dass
du die Tochter deiner Frau liebst, das hast du nicht gesagt.«

»Mach dir keine Sorgen«, sagte ich. »Es wird schon alles
gut gehen.«

»Jongen«, sagte er, »das ist so 'ne Sache mit dir. Du
kommst in ein Zimmer, und vorher haben da alle Leute
ganz friedlich gesessen, und du bleibst auch nur 'n paar
Minuten, und wenn du wieder rausgehst, hast du alle Leute in dem Zimmer durcheinander gebracht.«

»Wirklich?«

»Verlass dich drauf.«

»Ist mir noch gar nicht aufgefallen.«

»Ist aber so«, sagte er. »Na ja. Auf jeden Fall ist die Kleine ein Zauber. Wollen nur hoffen, dass da nichts Tragisches draus wird.«

»Hör auf, du alter Pessimist«, sagte ich.

»Na, kann doch sein«, sagte er. »Mann, Jongen, du suchst dir aber auch immer was Schweres aus.«

Kurz vor Schluss holte uns Judy zurück in unsere Loge.

Stan hatte eine Telemann-Musik über den letzten Flug gelegt. Als ich an Hanna vorbeiging, sah ich ihre nassen Augen. Marie saß weit nach vorn gebeugt.

Auf der Leinwand stürzte der Mann seinem Wüstentod entgegen. Ich lehnte mich zurück, schloss die Augen und fiel mit ihm durch den Himmel und hörte das Schweigen von der Leinwand und das Schweigen aus dem Parkett, und dann gingen die Lichter an, und Scheinwerferfinger zeigten auf unsere Loge. Die Menschen erhoben sich aus ihren Sitzen und sahen zu uns herauf und klatschten Beifall. Als einer »Bravo« rief, stellten sich andere zu ihm und machten aus seinem Ruf einen Rhythmus.

»Bravo – Bravo – Bravo.«

Es muss so gegen drei gewesen sein, als wir wieder in die Wohnung kamen. Wir hatten ein Bankett hinter uns und viele Tänze. Marie ging gleich ins Bad und blieb lange unter der Dusche. Ich setzte mich raus in den Garten. Es war zwar kühl, aber es war gut, so in der Nacht zu sitzen. Hanna goss sich in der Küche einen Chablis ein und gab mir einen Glen Fiddich. Wir saßen still in der Dunkelheit und rauchten.

»Ich verstehe dich jetzt«, sagte Hanna nach einer ganzen Zeit. »Ich verstehe jetzt, warum du nach England gegangen bist, und ich habe dir vieles abzubitten.«

»Es ist gut, Hanna«, sagte ich. »Wir sollten nicht weiter darüber sprechen.«

»Oh, es war lustig«, sagte sie. »Lustig und rührend. Weißt

du, da sind doch diese Szenen mit dir und Bibi im Bett und später auch im Boot. Ihr seid beide nackt, und ich sage dir, Marie hat nicht hinsehen wollen. Sie hat ihre Hände ganz still im Schoß liegen gehabt und auf ihre Hände gesehen, aber auf die Leinwand hat sie lange Zeit keinen Blick werfen wollen.«

Hanna lachte. »Es wird schwer werden für die Kleine«, sagte sie dann. »Sie wird sich an die vielen Frauen in deinem Leben erst gewöhnen müssen.«

»Nein«, sagte ich. »Die wird's nicht geben.«

»Na, dann ist es ja gut«, sagte Hanna. »Weißt du, junge Mädchen sind schnell mal eifersüchtig, und dann denken sie, was dem recht ist, ist mir billig, und dann stürzen sie sich in Sachen, die ihnen später Leid tun.«

»Sprichst du aus Erfahrung?«

»Ja«, sagte sie. »Und das war keine schöne Erfahrung.«

Dann drückte sie ihre Zigarette aus und nahm den letzten Schluck. »Der Tag war sehr ereignisreich. Aber es war ein guter Tag. Ich danke dir. Wenn wir beide im Bett liegen, rufen wir dich. Dann kannst du kommen, dir deinen Gutenachtkuss holen.«

Als ich allein war, spürte ich die Müdigkeit. Dann rief Hanna meinen Namen, und ich tastete mich durch die Dunkelheit ihres Zimmers.

»Gute Nacht, Hanna«, sagte ich und gab ihr einen Kuss.

»Gute Nacht, Chouchou.«

Dann beugte ich mich über Marie und sagte: »Schlaf gut, mein Mädchen«, und suchte ihren Mund und küsste sie.

»Du auch«, sagte Marie. »Schlaf du auch gut.«

Ich ging in mein Zimmer hinüber, zog meinen Smoking aus und legte mich ins Bett und schlief auf der Stelle ein.

Am nächsten Morgen schien die Sonne. Ich lief zum Sloane Square und kaufte alle Morgenblätter. Als ich zurückkam, war das Frühstück fertig. Hanna hatte ihre Sonnenbrille auf. Auf Marie lag noch der Tau der Nacht.

Es war gut, den heißen Kaffee zu schlürfen und nicht allein zu sein. Marie las die Kritiken vor. Sie waren durchweg gut. Sie nannten es eine deutsche Tragödie. Von mir schrieb einer, ich hätte mir mit dem Film einen Platz in der Reihe der Großen erobert.

»Sieh dir das an«, sagte Hanna, »so etwas haben sie zu Hause noch nie über dich geschrieben.«

Marie stand auf und tanzte durch die Küche. »Ich finde, wir sollten feiern.«

»Einverstanden«, sagte ich. »Erst fahr'n wir 'n bisschen rum und zeigen dir was von der Stadt, und dann legen wir bei Wheelers ein paar Pfund auf den Tisch und sagen, dass die uns mal richtig gut behandeln sollen.«

Bevor wir losfuhren, rief ich Stan an, aber er war nicht da.

Ich klappte das Verdeck runter und zog den Mädchen dicke Pullover über ihre Kleider. Als wir am Leicester Square vorüberrollten, standen Menschen in einer langen Schlange um den ganzen Platz herum.

»Was machen die da?«, wollte Marie wissen.

»Die stehn nach Karten an«, sagte ich.

»Wirklich wahr? Für unseren Film?«

»Ja«, sagte ich. »Kommt mir fast so vor.«

»Jetzt hast du's wohl geschafft«, sagte Hanna leise. »Nun bist du wohl nicht mehr aufzuhalten.«

Wir blieben noch zwei Tage zusammen. Hanna fiel von einer guten Stimmung in eine miserable. Sie kannte keine gerade Linie mehr.

Am Sonntag flogen sie wieder zurück. Im Auto sagte kaum einer mal was. Nach dem Einchecken wollte Hanna schnell noch in die Bar, weil sie einen Fernet Branca brauchte. Sie ließ sich zweimal nachschenken. Dann wurde ihr Flugzeug aufgerufen. In der Milchglastür drehte sie sich noch einmal um. Aber sie winkte nicht. Sie lachte nur. Und schüttelte den Kopf. Dann ging sie unsicher in den tiefen Raum hinter der Tür. Bis zu der Maschine nach Genf blieb nicht viel Zeit. Wir liefen in der langen Halle auf und ab.

»Schreibst du oft?«

»Ja. Oft.«

»Versprochen?«

»Heiliges Ehrenwort.«

»Mammi sagt, du hast Angst, dass ich mich mit anderen Jungen abgebe.«

»Das ist nicht wahr. Ich hab so was nie gesagt.«

»Ich hab mir schon gedacht, dass sie das erfunden hat. Weißt du, manchmal will sie mich wohl in Verwirrung bringen.«

»Möglich.«

»Hast du noch immer Angst, dass sie dir was anhaben kann? Meinetwegen?«

»Weiß nicht. Aber wir sollten nicht davon sprechen.«

»Wenn wir nicht davon sprechen, dann bedeutet das, sie kann dir was anhaben, und ich muss weiter in Montreux bleiben, oder?«

»Ja. Noch eine Weile.«

»Und meinen Kreis weiterwandern?«

»Ja, Marie. So ungefähr.«

Dann wurde ihr Flugzeug aufgerufen. Ich nahm ihr Gesicht in meine Hände und küsste sie.

»Bis bald, mein Mädchen.« Ich hielt sie fest in meinen Armen und wollte sie nicht mehr loslassen. Wir standen lange so. Beim letzten Aufruf gingen wir zur Passkontrolle. Vor der Milchglastür küssten wir uns noch einmal.

»Es ist wohl besser, wenn ich gehe, Liebster. Macht es dir was aus, wenn ich dich so nenne?«

»Nein. Such dir jeden Namen aus. Gib mir jeden Namen, den du willst.«

»Bis bald, Liebster.«

»Bis bald, mein Mädchen.«

Ich blieb stehen und sah ihr nach. Dann fiel die Milchglastür zu.

Auf der Fahrt nach Hause war mir jammervoll zu Mute.

NOVEMBER
London 1956

Es wollte nie wieder Tag werden. Schwere Wolken legten sich wie satte Schwämme auf die Erde. Die Luft, die durch mein Fenster kam, war schwer und warm. In meinem Zimmer brannten ständig alle Lampen. Das machte den Tag da draußen dunkler noch als dunkel.

Stan sagte, dass es jetzt wirklich höchste Zeit sei mit dem Drehbuch für die Israel-Geschichte.

Es war gut, das Buch zu schreiben. Weil es gut war, nicht den ganzen Tag lang an Marie zu denken.

Am 20. November brachte ich das Manuskript zu Stan. Er lag im Bett und hatte hohes Fieber.

Am nächsten Tag rief er an. »Die Sache ist gut. Für so 'nen ersten Wurf überraschend gut. Aber ich brauche doch 'n paar Änderungen. Komm morgen rüber. Bring deine Schreibmaschine mit. Wir stellen einen Tisch hier vor mein Bett. Da kannst du schreiben. In einer Woche haben wir das Drehbuch so, wie wir es brauchen.«

Als wir mit der Arbeit fertig waren, ging es ihm mit jedem Tag schlechter. Die Ärzte fanden heraus, dass er eine Lungenentzündung hatte, und ließen ihn in die London Clinic schaffen.

Ich ging jeden Tag hin und brachte ihm was zu lesen. Manchmal spielten wir 'ne Stunde Schach. Nachmittags kam Judy.

Stan sagte: »Hör zu, Jongen, du musst nach Israel. Ich wollte da selber hin, aber die Sache kann nicht länger warten. Mann, Jongen, wir liegen gut im Rennen. Die Zeitungen sind voll mit uns. Der Film macht große Kasse. Nicht nur hier im Odeon. Auch in New York, Los Angeles, Berlin. Die anderen Länder ziehen nach. In Paris kommen wir Weihnachten raus. Im Elysée. Das ist 'n gutes Kino.«

Er musste husten. Es dauerte eine ganze Weile.

»Der *Falke* gibt uns *momentum*«, sagte er dann. »Das dürfen wir nicht verlieren. Wenn wir die Israel-Sache machen wollen, müssen wir jetzt rangehn. Nicht erst, wenn ich wieder gesund bin. Jetzt.«

»Na gut«, sagte ich. »Ich fliege also für dich nach Israel.«

»Richtig«, sagte Stan. »Du musst uns 'ne Drehgenehmigung besorgen. Geh zu diesem Herschel Wildstein. Das ist der liebe Gott für Film in Israel. Wie heißt das Ministerium noch mal, Judy?«

»Industrie und Commerz.«

»Industrie und Commerz. Ich sage dir, dieser Wildstein ist der liebe Gott. Wenn der den Kopf schüttelt, können wir in Israel nicht drehen.«

»Glaubst du, dass ich der Richtige für so was bin?«

»Nein. Überhaupt nicht. Du bist nur der eine von uns beiden. Aber der andere liegt hier im Bett und hustet wie so 'ne Kameliendame. Also, was ist, soll Judy da 'n Telegramm hinschicken und sagen, dass du kommst?«

»Ja«, sagte ich. »Aber mit Behörden habe ich eigentlich nicht gern zu tun.«

»Nein«, sagte Stan. »Das kann man dir auch nicht sonderlich verübeln.«

BRIEF AUS ISRAEL
Tel Aviv 8. Dezember 1956

Lieber Stan,

es ist nun mal so, dass die Sache nicht geht. Finde dich damit ab. Ich hab dir das ja am Telefon schon gesagt. Aber da hast du dich aufgeregt, und das ist ja für dich nun wirklich nicht gut, weil Lungenentzündung und Aufregung eben schlecht zusammenpassen. Deshalb fand ich's richtiger, so ein Telefongespräch sehr kurz zu halten.

Es nützt auch nichts, dass du mir die Schuld gibst. Du hättest den Rabbiner von New York mit 'ner ganzen Packung Engelszungen herschicken können, und selbst dem hätte Herschel Wildstein nicht die Drehgenehmigung gegeben.

Wir müssen uns beide mit dem Gedanken abfinden, dass dieser Wildstein unsere Geschichte nicht will. Es ist nicht so, dass Israel diese Geschichte nicht will oder die Menschen auf der Straße oder die Farmer in den Kibbuzim es verfluchen, wenn eine Sabra einen Deutschen liebt. Es ist ganz einfach so, dass Herschel Wildstein das verflucht. Punkt. Schlussum. Basta. Setz so einen kleinen Mann in eine Behörde und gib ihm die Gewalt der Entscheidung, und er geht auf seine Weise mit seiner Macht um. Nicht immer zum Nutzen des Landes, dem zu dienen er bestellt wurde. Und auch kein bisschen anders als die gleichen kleinen Leute in anderen Ländern, damals und heute, wenn sie in ähnlichen Positionen Macht haben und über dich und mich befinden können.

Du weißt ja, wie viel Zeit sich die Leute bei Behörden lassen. Ich musste ziemlich warten, bis Herschel Wildstein unser Drehbuch endlich lesen konnte. Währenddessen bin ich im Land herumgefahren.

Stan, dies ist ein abenteuerliches Land. Schön. Aufregend. Wild. Karg. Und was die Menschen aus der Wüste gemacht haben, ist kaum zu beschreiben. Wir haben zwar alles darüber gelesen, aber kein Buch kann wiedergeben, was ich hier gesehen habe. Es ist ein ewiger Jammer, dass wir in Israel nicht drehen dürfen, denn das Licht über dieser Wüste ist fast unwirklich. Flach, hart, golden. Biblisch. Ja, ich glaube, es gibt kein besseres Wort. Es kommt vor, dass sich eine Wolke teilt, und dann tastet ein goldener Strahl nach dem Sand und lässt die Fenster eines Hauses aufblitzen, und Stan, ich sage dir, das sieht aus wie der Finger Gottes. Es ist einfach nicht denkbar, dass das Buch der Bücher in einem anderen Land geschrieben worden ist. Am Toten Meer gibt es einen Kibbuz, der heißt Engedi. Als ich da zwischen den Palmen und den Häusern herumgelaufen bin, kam ein Mann auf seinem Traktor angefahren und hielt an und wollte wissen, ob er mir irgendwie weiterhelfen könnte. Ich habe ihm gesagt, wenn ich nicht als Eindringling angesehen werde, dann möchte ich mich ganz gerne mal umschauen dürfen, weil ich aus Deutschland käme und ja noch nie einen Kibbuz gesehen habe. Ich sage dir, Stan, es war herrlich. Der Mann war so alt wie ich. Sein Name ist Zeev, und er hatte noch nie einen Deutschen gesehen. Ich meine, er hatte noch nie einen Deutschen von heute gesehen, du verstehst schon, einen Deutschen, der kein Jude ist und der eben immer noch in Deutschland lebt. Und da saßen wir dann im Gras, und er hat Limonade geholt, und dann hat er mich über Deutschland ausgefragt und ich ihn über Israel, und wir haben uns sehr gut verstanden.

Er sagte zum Beispiel, dass er es ganz richtig findet, dass Westdeutschland jetzt wieder eine Armee aufstelle. Ich habe ihm widersprochen, aber er meinte, Neutralität führe zu gar nichts, man müsse schon Stellung beziehen, und schließlich habe die DDR ja auch eine Armee aufgestellt. Im Übrigen wisse er schon, wovon er spreche, denn er sei Major bei den Panzern.

Dann hat er wissen wollen, was ich gewählt habe, bei der Wahl zum Bundestag. Ich habe gesagt, SPD, aber meine Frau vermutlich CDU.

Wie ich mich dazu gestellt habe, als neulich diese Hakenkreuze an die Synagogen geschmiert worden seien, hat er wissen wollen, in Köln und anderswo. Da habe ich ihm erzählt, dass ich in meinem Artikel für den *Daily Mirror* geschrieben habe, der Rabbiner von Köln solle doch die Hakenkreuze so lange an der Synagoge lassen, bis die Bürger zu ihm kommen und sagen, sie hätten sich jetzt wirklich lange genug für diese Unverbesserlichen geschämt. Aber abwaschen soll er die Hakenkreuze erst, wenn er glaubt, dass der Antisemitismus eingeschlafen ist.

Stan, ich könnte dir noch viel mehr erzählen, denn ich musste dableiben und mit den Kibbuzniks essen. Es ist ein kleines Fest daraus geworden.

Aber für heute will ich dir nur von dem Unterschied berichten, der mir bei zwei Menschen begegnet ist. Auf der einen Seite habe ich Zeev getroffen, der in Israel geboren ist und in der Wüste Orangenbäume pflanzt und sein Land verteidigt. Auf der anderen Seite traf ich Herschel Wildstein, der aus Deutschland stammt und so sehr leiden musste, dass er sich jetzt in seinem Hass verfangen hat, und der sein Leiden ewig währen lässt.

Neben diesen beiden Menschen, die von verschiedenartigen Planeten zu kommen scheinen, gibt es natürlich noch ein paar Millionen anderer, und bis ich zurück bin, werde ich einige von ihnen kennen lernen.

Wir können also hier nicht drehen. Es wird uns nicht erlaubt, in Israel zu drehen, weil Herschel Wildstein findet, für diesen Film sei es noch zu früh. Du kannst dir denken, wie ich widersprochen habe. Ich habe ihm gesagt, wenn es überhaupt was ist, dann ist es zu spät, denn wenn die Ufa damals, lange vor der Nazizeit, viele solcher Filme gedreht hätte, dann wäre vielleicht manches verhindert worden, was die Deutschen ihren jüdischen Mitbürgern angetan haben.

Wildstein wollte davon nichts hören. Er sagte, für die Israelis sei es ein unerträglicher Gedanke, dass ein Deutscher seine Hände auf den nackten Körper eines jüdischen Mädchens lege.

Wörtlich, Stan! Er hat das wörtlich so gesagt.

Das hat mich ziemlich erschreckt. Und ich habe ihm vorhalten müssen, dass dieser Deutsche ja nichts verbrochen hat. Wenn zwei sich lieben, dann hat doch die Nationalität damit nichts zu tun, und die Rasse auch nicht oder die Religion, oder alle drei zusammen.

»Doch«, hat er gesagt. »Wenn der junge Mann der Sohn eines Mörders ist, dann schon.«

Und das, Stan, habe ich nicht hinnehmen können. Denn das ist Sippenrache.

Ich weiß nicht, wie du darüber denkst, aber wenn es zu Sippenrache kommt, denken viele an das Otterngezücht im *Alten Testament*. Für mich ist der Begriff Sippenrache eine Erinnerung an die Angst meiner Jugendjahre, der quälende Gedanke, dass meine Eltern hingerichtet werden könnten oder meine Freunde. Für eine Tat, die nicht sie begangen haben, sondern ich.

Es blieb mir nichts übrig, als ihm das auch so zu sagen. Du kannst dir denken, dass unser Gespräch damit beendet war.

Er ist aufgestanden und hat mich gefragt: »Sie unterstellen mir doch nicht etwa, so zu denken, wie die Menschen Ihres Landes unter Hitler gedacht haben?«

»Das ist eine Frage«, habe ich gesagt, »die müssen Sie sich selbst beantworten.«

Ja, Stan, so ist das gewesen. Meine diplomatischen Fähigkeiten sind verheerend. Zugegeben. Aber du musst auch bedenken, dass Herschel Wildstein nicht allein sein kann mit seiner Meinung. Würdest du vielleicht gern in einem Land drehen, in dem Menschen sagen, wir kommen zu früh mit unserem Film? Was geschieht, wenn wir in Israel drehen und Menschen, denen Schlimmes zugefügt wurde, kommen an den Drehort und hindern uns an unserer Arbeit? Willst du Proteste haben, rings um deine Kamera?

Menschen wie Wildstein protestieren gegen unser Denken und stützen sich dabei auf die Erfahrung der Vergangenheit. Nun, wir beide, du und ich, wollen nur eine Geschichte erzählen und dafür sorgen, dass die Vergangenheit sich nicht wiederholt. Mit diesen Gedanken im Kopf bin ich der Meinung, dass du Recht hast, wenn du sagst, wir gehen mit den *Zwei Liebenden* nach Amerika. Du warst zwar verärgert und hast das am Telefon aus deiner Wut heraus gesagt, aber es stimmt: Carmel kann wie Haifa aussehen, wenn wir es nur richtig fotografieren, und die Wüsten in Kalifornien sehen auch nicht anders aus als der Negeb, und im Übrigen gibt es keine Landschaft auf der Welt, die es in den Staaten nicht ganz genauso gibt.

Dieser Brief geht nicht per Post. Eine Stewardess der BEA wird ihn dir bringen. Auf diese Weise hast du ihn schon morgen. Vielleicht kann Judy dem Mädchen ein paar Theaterkarten geben. Mit einem Gruß von mir.

Ich bleibe noch ein paar Tage hier. Will noch mal nach Norden rauf. Das Land ist einmalig. Aber das habe ich dir vorhin ja schon gesagt.

Nächste Woche bin ich wieder in London. Werd endlich gesund. Grüß Judy. Sei umarmt.

Dein Junge.

AUFBRUCH
London Dezember 1956

Jeder Tag in Israel ist das Durchleben einer langen Zeit gewesen, aber als mich der Mann an der Passkontrolle in mein altes Dasein zurückgestempelt hat, bin ich gar nicht so lange fort gewesen. Der Monat war immer noch Dezember und das Jahr 1956. Aus dem Lautsprecher brüllten Weihnachtslieder, und Knecht Ruprecht sprach wie ein Cockney.

Als ich durch die Milchglastür ging, dachte ich an Marie und dass diese Tür hinter ihr zugefallen war.

Draußen sah ich Judy in der langen Halle stehen. Ihr Auto hatte kaum Platz für meine Beine. Ich lehnte mich gegen die Tür und zog meine Knie vors Gesicht.

Judy sah mich an. »Angst?«

»Ziemlich«, sagte ich. »Du fährst wie 'ne Verrückte.«

»Stan wartet. Und wenn der wartet, ist er wie 'n Tiger im Käfig. Frag mich bloß nicht, ob er wieder gesund ist, denn so gesund ist der noch nie gewesen. Und jetzt packt er seine Sachen, verstehst du?«

»Nein.«

»Deine Rückkehr ist mein Aufwiedersehen.«

In meinem Trenchcoat war noch eine von diesen winzigen Flaschen aus der Bordbar. Mehr als ein Schluck war da nicht drin.

»Stan gibt mir jetzt den Abschied«, sagte Judy. »Er ist im Dorchester. Mit diesem Chuck Kaufman von Warners. Suite Nummer 421. Die warten da auf dich.«

»Wieso gibt Stan dir den Abschied?«

»Weil er nach Amerika geht. Es hängt nur noch von dem Kaufman ab. Weißt du, wer das ist?«

»Nein.«

»Vizepräsident von Warner Brothers, verantwortlich für Produktion. Wenn der euren Film nimmt, dann geht Stan nach Hollywood, und alles, was mir von ihm bleibt, ist ein kräftiger Kniff in meinen Hintern und die Erinnerung an 'ne Menge Bart auf meinem Mund.«

»Du bist ziemlich pessimistisch.«

»Nein, das ist so. Jongen, ich sage dir, ich hab mal wieder einen Fehler gemacht. Ich dumme Kuh hab den Stan genommen. Hab mich für das Genie entschieden. Dich hätte ich nehmen sollen.«

»Meinst du?«

»Ja. Ein Mann wie du lässt ein Mädel nicht so einfach sitzen, stimmt's?«

»Weiß nicht.«

»Erzähl mir bloß nicht, dass du genauso bist wie die anderen Männer ...«

»Ja, Judy. Gar kein bisschen anders.«

Es wurde schon langsam dunkel, als ich in die Suite von diesem Chuck Kaufman kam. Die beiden hatten nicht bemerkt, dass es schon schummerig war, denn sie hatten schon seit Stunden in dem großen Zimmer gesessen und geredet, und dann merkt man ja auch nicht, dass sich der Tag langsam davonschleicht.

»Ohne großes Rumreden«, sagte Kaufman, »mein Name ist Chuck und ich möchte auch, dass du mich so nennst, denn eins will ich dir sagen, wir werden noch viele Sachen zusammen machen, denn wenn ich einem Talent gegenüberstehe, dann weiß ich das zu würdigen, und deshalb hoffe ich auch, dass du nichts dagegen hast, wenn ich dich Jongen nenne.«

»Gerne«, sagte ich. »Wirklich gerne, Chuck, aber ihr solltet mal das Licht anknipsen, damit ich sehen kann, ob dieser fette Schatten da tatsächlich Rasputin ist und ob er noch lebt, denn letztes Mal war er halb tot.«

Chuck lief durch alle Räume und schaltete die Lampen einzeln an. Stan kam rüber und nahm meine Hand und schlug seine dicke Tatze drauf. »Warum hat das denn bloß in Israel so lange gedauert? Hast du dich beschneiden lassen?«

»Um Gottes willen«, rief Chuck, »wir brauchen doch wenigstens einen Gojim in dem Film! Aber Spaß beiseite, wenn du nach Hollywood kommst, kannst du was erleben, Jongen. Alle sind gespannt auf dich.«

»Fall bloß nicht auf den Kerl da rein«, sagte Stan. »Chuck lügt, wenn er dir guten Morgen sagt. Sonst wäre er ja auch nicht Vizepräsident geworden.«

»Da ist was Wahres dran«, sagte Chuck. Er ging zur Bar rüber und warf ein paar Eiswürfel in ein Glas mit einem langen Stiel. »*Pardner*, du bist jetzt schon 'n paar Stunden im Sattel. Denk bloß nicht, dass dieser Brunnen hier trocken ist.«

Ich nahm mir einen Scotch mit Wasser. »Also, nun erzählt mal.«

»Wir machen den Film«, sagte Chuck. »Das Drehbuch braucht 'n paar Änderungen, aber sonst habt ihr unser Wort. Warners machen mit.«

»Die Konditionen stimmen noch nicht ganz«, sagte Stan, »aber das lässt sich richten.«

»Nun sei mal ehrlich«, sagte Chuck. »Die Konditionen stimmen, aber ihr müsst jetzt erst mal das Drehbuch ändern, damit wir 'ne echte Kalkulation erstellen können, denn schließlich kann niemand eine Kalkulation machen, wenn er nicht das endgültige Drehbuch hat.«

»Erzählt mal, was geändert werden soll«, sagte ich.

»Es liegt am Drehort«, sagte Stan. »Denk mal an die Straßenszene in Beersheba. Das kriegen wir als Dekoration nicht hin, verstehst du? Wenn die beiden in Tel Aviv sind, geht das schon leichter, weil's in Los Angeles 'ne ganze Menge Straßen gibt, die ziemlich ähnlich sind. Aber sonst stellen wir uns um und pfeifen auf die Landschaft. Die beiden Gesichter sind unsere Landschaft. Das Mädchen und der Junge. Und die Augen. Einverstanden?«

Ich nickte.

»Deshalb brauchen wir weniger Dialog. Oder, sagen wir mal, anderen Dialog.«

»Durch die Änderungen wird der Film auch billiger«, sagte Chuck.

»Möglich«, sagte Stan. »Aber dafür werden Jongen und ich entsprechend teurer.«

Draußen vor dem Hotel sagte Stan: »Ich habe zu viel geraucht. Lass uns 'n paar Schritte durch die Luft gehen.«

Wir schlenderten die Park Lane entlang.

»Ich glaube, wir sollten umziehen«, sagte Stan.

»Wohin?«

»Nach Hollywood. Macht dir das was aus?«

»Nein. Überhaupt nicht. Wann willst du rüber?«

»Weiß nicht«, sagte Stan. »Möglichst bald. Vielleicht schon dieser Tage.«

Am Grosvenor House mussten wir auf die andere Straßenseite rüber, weil sie einen großen Empfang hatten und die Polizei die Zufahrt absperrte.

»Wenn du willst, kannst du später nachkommen, aber ich hab schon ein Haus für uns organisiert.«

»Wo?«

»Hollywood Hills. Über diesem See da. Kaufman hat es besorgt. Die Miete ist günstig.«

»Was sollen wir mit einem ganzen Haus?«

»Es sind zwei Häuser. Ein richtiges Haus und dann noch eins für Gäste. Wenn wir ankommen, knobeln wir.«

»Weißt du was, Stan, lass uns jetzt knobeln.«

»Na gut.«

Er kramte einen Schilling aus der Tasche.

»Kopf – und du kriegst das große Haus, Zahl – und du nimmst das kleine.«

»Wirf den Schilling, Stan.«

Er warf. Zahl.

Wir gingen zur Ecke vor und warteten auf ein Taxi.

»Mach keine großen Sachen mit dem Packen«, sagte Stan, »Judy wird sich um alles kümmern.«

»Ich weiß«, sagte ich. »Sie ahnt das schon.«

»Misch dich bloß nicht in meine Sachen«, sagte Stan. »Schließlich kümmer ich mich ja auch nicht um deine Frauen.«

»Das ist mir auch lieber so«, sagte ich.

»Willst du das blaue Pferd auf ein Schiff packen?«, fragte er.

»Ja. Unbedingt.«

»Na gut. Judy wird sich um alles kümmern.«

Dann kam ein Taxi, und ich lief auf die Straße, weil es sonst nicht angehalten hätte.

»Erst zu dir«, sagte Stan und rief dem Fahrer meine Adresse durch das Schiebefenster zu.

Dann rutschte er sich auf dem Sitz zurecht. »Würdest du Weihnachten gern zu Hause sein?«

»Zu Hause?«, sagte ich. »So was hab ich mal gehabt. Aber das ist schon lange her.«

»Möglich«, sagte Stan. »Möglich, dass du so einer von den Heimatlosen bist.«

»Weiß gar nicht, ob das stimmt«, sagte ich.

»Nein?«

»Nein.«

»Also, dann sag mal. Wo ist denn dein Zuhause?«

»Bei Marie.«

»Tatsächlich?«

»Ja«, sagte ich. »Bloß – ich habe ihr das noch nicht erzählen können.«

12.

HAUS IN DEN HÜGELN
Hollywood Dezember 1956

Es war ein schönes Haus, im spanischen Stil, und wir zahlten nur fünfhundert die Woche dafür. Stan meinte, das sei für diese Gegend billig. Ich war froh, dass Stan das Haupthaus hatte, denn alles war groß da drüben. Jeder Raum hatte ziemliche Ausmaße. Dagegen war mein Gästehaus gemütlich. Die Decke im Wohnzimmer hatte dunkle Balken, und der ganze Raum war ständig in helles Licht getaucht, denn die Fenster gingen bis zum Boden und ließen sich wie Türen öffnen. Den Tisch mit meiner Schreibmaschine hatte ich vor das Fenster gestellt, das nach Westen raus ging. Wenn ich beim Schreiben hochsah, war vor mir der Swimming-pool, und weit unten im Tal waberte heiße Luft über dem Häusergewirr von Los Angeles.

Die Hügel ringsum waren grün. Der mexikanische Gärtner sagt, nach dem Regen sind alle Hügel immer so. Später brennt die Sonne alles wieder braun und gelb. Dann kommt die Wüste wieder durch. Aber hier oben konnte uns das nicht stören, denn unsere Blumen blühten das ganze Jahr. Bougainvillea kletterte an beiden Häusern hoch und malte mit Tausenden von kleinen Blüten alle Wände rot. Dahinter standen hohe Bäume, die ich noch nie gesehen hatte. Die Äste schimmerten silbern, und die Blüten waren von einer Farbe, die ich für Lila hielt, aber Stan sagte, das sei Lavendel und die Bäume hießen Jacaranda.

Marie wird es hier gut gefallen. Da gab's für mich nicht die geringste Frage.

Ich hatte mir einen Plattenspieler gekauft, und wenn ich keine Änderungen zu schreiben hatte, dann drehte ich die Musik laut und legte mich an den Pool und las. Ich spielte meist Beethoven und Mozart. Manchmal auch Vivaldi. Es war erstaunlich, wie gut diese Musik in diese Landschaft passte.

Bill Holden kam oft vorbei und brachte einen Haufen lustiger Leute mit. »Ich hab dir ja prophezeit, dass du zurückkommst«, sagte er.

Abends waren wir ständig eingeladen. Jede Nacht eine andere Party. Bei Ciro's oder im Mocambo oder im Troc. Manchmal auch bei Bill. Oder in den Villen von Beverly Hills. Bei reichen Leuten, die wir gar nicht kannten.

Wenn ich mittags beim Rasieren in den Spiegel sah, starrten mich gläserne Augen an. Trübe. Wie bei einem Säufer. Ich nahm mir vor, nach der Silvesterparty mit dieser Art von Leben aufzuhören.

Beim Wiedersehen mit Viv hatten wir Tränen in den Augen. Stan auch. Sie saß meist auf meinem Schoß, und wenn wir am Pool lagen, rückte sie ganz nah an mich heran.

Stan hat große Augen gemacht, als dieser weiße Rolls-Royce angefahren kam und Viv ausgestiegen ist. Die beiden haben sich auf Anhieb gut verstanden, aber Stan war ein paar Tage etwas brummig. Ich hatte ihm nicht gesagt, dass wir uns kennen. Das nahm er übel.

»Mach nicht so ein Gesicht, Stan«, sagte Viv zu ihm. »Er ist der einzige Freund, den ich habe.«

Wir lagen auf dem Bauch am Pool, und Viv sagte: »Es war sehr einsam ohne dich. Ich hab geheiratet, weißt du, aber das war genauso einsam, und ich hab auch schon die Scheidung eingereicht.«

»*Cheerio*«, sagte Stan. »Auf so was muss getrunken werden.«

»Ich hab euren Film dreimal gesehen«, sagte Viv. »Jongen, du weißt ja, dass ich sonst nicht so leicht mal heule, aber bei eurem Film hab ich mir die Augen aus dem Kopf geflennt.«

»Tatsächlich?«

»Oh, ich sage dir! Beim ersten Mal hab ich geheult, weil ich dich wiedergesehen habe, und von dem Film hab ich kaum was gesehn, aber die nächsten beiden Male hab ich über den Film geflennt.«

Dann hielt sie Stan ihr Glas entgegen. »*Cheers,* Stan! Ich glaub, du bist jetzt auch mein Freund.«

»Mädchen«, sagte Stan, »da kannst du Häuser drauf bauen.«

Von da an kam Viv jeden Tag vorbei. Wenn ich schreiben musste, lag sie nackt am Swimming-pool, und wenn Stan sich mal zu ihr setzte, machte ihr das überhaupt nichts aus.

Es schien, als ob wir unzertrennlich wären. Auch auf den Partys tauchten wir gemeinsam auf. Hedda Hopper und Louella Parsons machten in ihren Kolumnen eine große Sache aus uns dreien. Erst machten sie eine große Sache, und dann wurden sie verärgert, weil sie nichts erfahren konnten. Warum es uns Spaß machte, diese Klatschtanten zu ärgern, weiß ich nicht. Wahrscheinlich brachten sie die schlechtesten Seiten in uns zum Vorschein. Als sie schrieben, einer von uns beiden sei Vivs wahrer Scheidungsgrund, störte sich Viv kein bisschen daran.

Zu Weihnachten brachte sie einen Tannenbaum und Geschenke.

Stan und ich fuhren nach Westwood und kauften ihr einen Stapel Bücher und ein paar Platten.

Dann kam der erste Weihnachtstag. Ich rief Hanna an und wünschte ihr ein frohes Fest. Es war viel Trubel um sie herum, und sie war ziemlich betrunken.

»Du hättest herkommen sollen, verdammt nochmal.«

»Nein, Hanna, es ist besser so.«

»Vor wem hast du eigentlich mehr Angst, he? Vor Marie oder vor mir? Ich bin sicher, die meiste Angst hast du vor dir selber. Weil du deine dreckigen Hände nicht von der Kleinen lassen kannst.«

»Hör auf damit, Hanna. Und frohe Weihnachten.«

»Was? Na ja, ist doch wahr! Also mach das, wie du willst. Frohe Weihnachten.«

Dann gab sie mir Marie.

»Du machst es mir sehr schwer«, sagte das Mädchen.

»Warum?«

»Ich sehe dich nie. Wenn ich dir einen Kuss geben will, muss ich dein Bild nehmen. Es steht auf meinem Nachttisch. Ich kann dir sagen, es macht ziemlich traurig, wenn man immer nur so 'n Foto küssen muss.«

Aus der Leitung kam ein Echo. »Foto küssen muss ... Foto küssen muss ...«

»Es geht nicht anders«, sagte ich.

»Liebster?«

»Ja?«

»Denkst du an mich?«

»Oft. Dauernd. Weißt du, es kann nicht mehr lange dauern mit dieser Warterei.«

»Glaubst du?«

»Ganz sicher. Und ... Marie ...«

»Was?«

»Mein ganzes Leben hängt von dir ab.«

»Oh, Liebster ... Wenn du an mich denkst, bist du niemals traurig?«

»Doch, manchmal schon.«

»Wirklich?«

»Marie«, sagte ich. »Du darfst es nie vergessen. Ich liebe dich.«

Als ich eingehängt hatte, blieb ich lange allein. Ich nahm mir einen Scotch, legte mich aufs Bett und rauchte eine Zigarette. Es ist sehr schwer, sich nach so einem Gespräch nicht ganz verloren zu fühlen.

In der Nacht habe ich Viv über Marie erzählt. Sie hat es hingenommen und gelächelt, aber ihre Traurigkeit war auch gleich da. Ganz hinten, tief in ihren Augen.

»Verstehe«, sagte sie. »Von mir wirst du nie Schwierigkeiten kriegen. In 'n paar Jahren kommt dein Mädchen, und dann sollst du mal sehen, wie gut ich zu ihr sein werde. Du kannst mir das ruhig glauben. Oder glaubst du mir das etwa nicht?«

»Doch, Viv. Ich glaub dir das.«

»Es ist schlimm mit dir«, sagte sie. »Jetzt bist du endlich wieder da, aber eigentlich bist du auch schon wieder weg.«

Dann sahen wir eine Weile in die Glut unserer Zigaretten.

»Jongen«, sagte Viv später. »Diese Frau da in Hamburg, weißt du? Die welke Schöne, mit der du verheiratet bist ...«

»Was ist mit ihr?«

»Die hat's nicht leicht.«

»Das ist klar«, sagte ich. »Für Hanna ist das eine verdammt schwere Sache.«

Ich habe es nicht wissen können, aber als ich das sagte, war Hanna schon ein paar Stunden tot.

EIN UNFALL
Hamburg Dezember 1956

In dieser Nacht schlief ich ganz fest. Vom Meer her war kühle Luft in das Tal gezogen, und ich hatte die Glastüren vor der Nachtkälte geschlossen. Als das Telefon lärmte, warfen die Scheiben das Lärmen in den Raum zurück.

Ich ging ins andere Zimmer rüber, und als ich »hallo« sagte, weinte sie. Es war Marie, und sie weinte. Die Telefonistin wollte meinen Namen wissen und ob ich das Gespräch annähme, und ich sagte: »Ja, verdammt nochmal! Können Sie denn nicht hören, wie das Mädchen weint?«

Als die Telefonistin endlich aus der Leitung ging, sagte ich: »Hör zu, mein Herz, jetzt wein dich nur erst mal aus. Nimm dir so viel Zeit, wie du willst.«

Ich lehnte am Fenster und hörte ihren abgerissenen Sätzen zu.

Hanna hatte sich totgefahren.

Die Nachricht kam nicht überraschend. Ich presste meine Stirn gegen das kalte Glas und dachte, dass dieser Tod nicht überraschend kam. Es war klar, dass Hanna etwas unternehmen musste. Ich habe schon lange damit rechnen müssen. Meine Zukunft hatte sie nie zerstören wollen. Diese Art von Rache passte nicht zu ihr. Aber ihr eigener Tod war ein Ausweg. Wer vor dem Scherbenhaufen seines Lebens steht, nimmt den Tod ganz sicher als Erlösung. Und wer sein Leben zu einem Ende bringt, gibt die Scherben an die anderen weiter. An die Schuldigen. Jede Scherbe ist ein bisschen Schuld. Das ist die Strafe für die Überlebenden. Seht, wie ihr zurechtkommt mit den Scherben! Wie schwer ihr wohl tragen müsst an eurer Schuld?

Für Hanna hätte es noch eine andere Möglichkeit gegeben. Eine andere Art von Rache. Ich habe mit dem Albtraum viele Nächte wach gelegen. Denn es gibt Mütter, die sagen: »Es ist mein Kind. Ich habe ihm das Leben gegeben. Und was ich gegeben habe, das darf ich auch wieder nehmen.«

Ich lehnte am Fenster und hörte die Tränen in der Stimme von Marie und dachte: Wenn Hanna dich mitgenommen hätte, wäre mein Leben jetzt auch am Ende.

»Marie«, sagte ich. »Wie ist das mit dir? Bist du unverletzt davongekommen?«

»Wie meinst du?«

»Bei dem Unfall. Oder warst du nicht mit drin im Auto?«

»Nein. Sie wollte zwar unbedingt, dass ich mitkomme, und hat mich fast reingezerrt in den Wagen. Sie war betrunken. Wir hatten uns gestritten.«

»Worum ist es gegangen?«

»Oh, es war so furchtbar. Muss ich das jetzt erzählen?«

»Nein, mein Herz. Ich bin bald bei dir. Aber sag mir schnell, was da geschehen ist.«

»Es war nach dem Weihnachtsfest. Du hattest angerufen, und die Leute haben über dich gesprochen. Als alle weggegangen sind, hat sie weitergetrunken. Dann hat sie den Streit angefangen. Es ist um dich gegangen. Das war so gegen drei. Und dann wollte sie nach Lübeck fahren. Ich habe alles versucht, ihr das auszureden, und bin ihr auch noch bis auf die Straße nachgerannt, und da hat sie mich eben in den Wagen zerren wollen, aber ich habe mich losgerissen, und dann ist sie alleine weggefahren.«

»Warum wollte sie nach Lübeck?«

»Weiß nicht. Freunde. Wie immer, wenn sie betrunken ist.«

»Was für Freunde?«

»Du kennst sie nicht. Männer.«

»Und zu denen solltest du mitgehen?«

»Ja.«

»Lieber Himmel«, sagte ich. »Sie macht es einem leicht, sich mit allem abzufinden.«

»Wie meinst du das?«

»Hässlich«, sagte ich. »Ich habe es hässlich gemeint.«

»Bitte«, sagte sie. »Ich möchte nicht, dass du jetzt was Hässliches sagst.«

»Nein, mein Mädchen. Du hast Recht. Erzähle weiter.«

»Die Polizei sagt, außer ihr sei wohl niemand auf der Autobahn gewesen. Wegen Weihnachten, verstehst du? Und um vier Uhr früh. Aber es war Glatteis, und an den Spuren hat die Polizei sehen können, dass sie geschleudert ist.«

»Und dann?«

»Der Grünstreifen hat sie aufgehalten. Die Polizei sagt, auf dem gefrorenen Rasen ist es nicht ganz so glatt. Und dann ist sie auf dem Streifen weitergefahren, gut einen Kilometer lang.«

»Bis zur nächsten Brücke«, sagte ich. »Und an der ist sie zerschellt.«

»Ja. Woher weißt du das?«

»Ich kenne die Strecke, da sind überall Brücken. Es ist idiotisch, auf dem Grünstreifen zu fahren. Aus Versehen fährt da keiner.«

»Du meinst, sie hat sich das so vorgenommen?«

»Weiß nicht, Marie. Was sagt die Polizei?«

»In dem Bericht steht, es war ein Unfall und dass alles mit sehr viel Alkohol zusammenhängt.«

»Hat sie irgendwas hinterlassen? Eine Nachricht für uns?«

»Auf ihrem Schreibtisch liegt was für dich.«

»Und was steht da drauf?«

Marie fing wieder an zu weinen. Ich sagte, dass sie jetzt stark sein müsse und ich sei ja gleich auf dem Weg zu ihr. Ich ließ ihr Zeit, aber ich sprach die ganze Zeit zu ihr, und dann war sie wieder ruhig.

»Sie hat geschrieben, dass du ein Schuft bist«, sagte Marie. »Aber wir lieben dich trotzdem, alle beide.«

»Nun«, sagte ich. »Das kann alles Mögliche bedeuten.« Ich wollte ihr nicht sagen, dass ich wusste, was es bedeutete.

»Wann kommst du?«, fragte sie.

»Auf der Stelle. Ich glaube, die erste Maschine nach New York geht um sechs. Von da muss ich sehen, wie ich weiterkomme.«

»Wie lange dauert das? Der ganze Flug?«

»Oh, mein Mädchen, mehr als vierundzwanzig Stunden.«

»Das ist lange«, sagte sie. »Aber ich stehe das schon durch.«

»Ich renn jetzt los«, sagte ich.

»Ja. Mach schnell. Und komm heil hier an.«

»Du, Marie?«

»Ja?«

»Du hast kein einziges Mal Liebster gesagt.«

»Oh, weißt du, es ist alles so kalt. Das Haus hier und das Telefon und deine Stimme. Mir ist es ganz eisig. Verstehst du das?«

»Ja. Ich verstehe das.«

»Du, die Polizei wollte, dass ich sie identifiziere. Aber ich glaube nicht, dass ich das fertig bringe.«

»Nein. Geh da nicht hin. Sag den Leuten, dass ich das mache.«

»Wenn dir das nichts ausmacht? Weißt du, du bist mit dem Tod aufgewachsen, schon als Kind. Das hast du mal gesagt. Dir macht das vielleicht nicht so viel aus, dahin zu gehen in das Leichenschauhaus.«

»Nein, mein Herz, lass das meine Sorge sein.«

»Ich möchte sie nicht so sehen müssen. Verstehst du das?«

»Aber ja. Ich sage dir doch, dass das meine Sache ist.«

»Das ist gut. Ich danke dir. Und komm schnell, Liebster.«

Vor dem Fenster drängte sich der Tag in einen dunklen Himmel. Als ich mich unter die Dusche stellte, war mir jammervoll zu Mute.

Der Flug war endlos lang. Ich flog der Zeit entgegen. Durch den Tag, durch eine Nacht und wieder durch den Tag. Es war ein Flug durch Ewigkeiten. Ich zählte die verlorenen Stunden, die mir die Zeit entgegenwarf.

Wie sie nun dastand in dem kalten Licht der Wartehalle, schwarz gekleidet, blass, übermüdet, verwirrt, aber mit leuchtenden Augen, da dachte ich, dass sie das junge Mädchen hinter sich gelassen hat, das sie einmal gewesen ist.

Ich nahm sie in meine Arme und hielt sie fest an mich gepresst. Als sie zu weinen anfing, küsste ich die salzigen Tropfen von ihren Augen.

Es waren viele Menschen in der Halle, und es machte mir nicht viel aus, dass sie uns anstarrten. Menschen sind nun mal so. Wenn du bekannt bist, können sie ihre aufdringliche Neugier nicht unterdrücken. Ich hatte das inzwischen gelernt. Aber dann kam so ein Pressefotograf rüber, und das war mir nicht recht, und ich sagte ihm das auch. Er nickte und drehte sich um, aber als Marie mir einen Kuss gab, lief wieder so ein greller Blitz über ihr Gesicht.

Ich sagte zu dem Fotografen: »Nicht jetzt! Es ist mir nicht recht, dass Sie uns fotografieren, und Sie können mir glauben, dass ich das nicht noch einmal sage!«

Ich nahm meinen Koffer und legte meinen Arm um Marie. Als wir durch die Tür nach draußen gehen wollten, knallte uns der Fotograf noch einmal so einen Blitz entgegen. Der Kerl war ziemlich kräftig, aber als er sah, dass ich den Koffer fallen ließ, wollte er davonrennen.

Ich erwischte ihn unten auf der Straße und drehte ihn zu mir um. Als ich ihm ins Gesicht schlug, dachte ich daran, dass Marie mir zusah.

Es ist eine hässliche Sache, wenn zwei Männer sich prügeln. Auf den, der zusieht, macht das einen hässlichen Eindruck. Es ist auch ein bisschen lächerlich, und das Klatschen der Schläge hat was Armseliges an sich. Ich weiß das alles, aber es ist eine Sache, ob man etwas weiß, und eine andere Sache, wenn so ein Kerl Marie in den Schmutz seiner Zeitung ziehen will.

Ich schlug mir die Knöchel an seiner Kamera blutig, weil er sich die immer vors Gesicht hielt. Als er sich nach vorn beugte, trat ich ihm mit dem Knie unters Kinn. Er fiel in den Rinnstein. Ich klappte seine Kamera auf und zog den Film aus der Spule und warf alles zusammen in den dreckigen Schnee.

Als ich zu Marie zurückging, sagte ein Mann: »Sie sollten sich was schämen, Herr Unrast.« Und dann war da noch einer, der sagte: »Sie glauben wohl, bloß weil Sie prominent sind, können Sie sich alles erlauben?«

»Im Gegenteil«, sagte ich. »Es gibt Stunden, da möchte ich wie ein Mensch behandelt werden.«

»Das war ziemlich dumm«, sagte Marie auf dem Weg zum Taxi. »Du hättest das nicht sagen sollen.«

»Was meinst du?«

»Dass du wie ein Mensch behandelt werden möchtest. Ich hätte beinahe laut losgelacht.«

»Ja«, sagte ich. »Das war dumm.«

»Aber als du den verprügelt hast, das war gut.«

»Wirklich? Ich hab mir schon ausgemalt, dass wir im Taxi sitzen und du sagst, ›Wenn du so gewalttätig bist, dann kriege ich richtig Angst vor dir.‹«

»Überhaupt nicht! Wenn so einer kommt und was von uns beiden will und du verprügelst den, dann finde ich das gut.«

»Wirklich?«

»Wirklich. Wenn du da bist, fühle ich mich sicher.«

»Mädchen«, sagte ich, »du bist eine junge Dame ganz nach meinem Herzen.«

Später standen wir am Fenster und sahen in die Nacht hinaus. Der Wind heulte am Haus vorbei. Am Ende der Straße stürzte er sich auf den See.

»Die Kinder des Windes«, sagte Marie. »So hast du diese Sturmböen genannt. Damals. Ich war noch klein, und wir haben hier am Fenster gestanden, und du hast gesagt, das sind die Kinder des Windes. Sie heulen in Einsamkeit.«

Ich ging an die Bar und mischte Scotch mit Wasser und wartete darauf, dass die Wärme in meinen müden Kopf stieg.

»So ein Zimmer«, sagte ich, »ist nicht mehr dasselbe. Du brauchst nur zu wissen, dass die Frau, die es eingerichtet hat, nie mehr hierher zurückkommt, und jeder Gegenstand hat seine Bedeutung verloren. Bald wird Staub auf allem liegen. Fühlt sich an wie im Museum sein. Jetzt schon.«

»Ja«, sagte Marie. »Und wenn alles vorbei ist, möchte ich nicht mehr hierher zurückkommen.«

»Weißt du was?«, sagte ich. »Wir verkaufen alles. Auch die beiden Häuser.«

»Oh, das wäre gut!«, rief Marie. »Vielleicht kann ich dann die letzten Stunden hier vergessen. Ich möchte so an sie denken, wie sie mal gewesen ist. Früher. Nicht, wie sie in den letzten Stunden gewesen ist. Verstehst du das?«

»Du hast Recht. Im Lauf der Zeit wird das schon so werden.«

»Ja. Das wird gut. Wir trennen uns von allem. Auch von den Pelzen. Und von ihrem Schmuck. Dann brauche ich an das alles nicht mehr zu denken.«

»Ich dachte immer, ein Mädchen hängt an Juwelen, die von der Mutter stammen«, sagte ich.

»Möglich, dass es anderen so geht. Aber ich will niemals etwas auf mir tragen, das sie einmal getragen hat, weil es ein Geschenk von dir gewesen ist. Von dir oder von den anderen Männern. Und ich möchte gern, dass du mich verstehst.«

»Ich verstehe dich«, sagte ich. »Und ich liebe dich.«

Mein Kopf war müde, und meine Muskeln waren von der Müdigkeit gespannt.

»Weißt du«, sagte Marie. »Als sie sich mit mir gestritten hat, das war hier in diesem Zimmer, und es war hässlich.«

»Die Sache mit den Männern?«

»Ja. Das auch. Es war zu hässlich, und ich möchte nicht, dass du mich jemals danach fragst. Geht das?«

»Ja, mein Herz. Mach dir keine Sorgen.«

»Vielleicht erzähle ich es dir eines Tages, aber nicht jetzt. Bist du mir deswegen böse?«

»Nein. Mach dir um so was keine Sorgen.«

»Das ist lieb von dir. Du bist so lieb. Und ich werd auch sehr gut zu dir sein. Du wirst sehen.«

»Ich weiß das.«

»Von mir wirst du nie eine Enttäuschung erleben, weil ich mir das vorgenommen habe. Du kannst dich auch darauf verlassen.«

»Das wäre schön«, sagte ich. »Wenn das für uns beide so gehen könnte, dann wär das sehr schön.«

»Weißt du, ich habe ihr das gesagt, genau das Gleiche.«

»Tatsächlich? So, wie du es mir jetzt sagst?«

»Ja. Ganz genauso. Und dann hat es diesen Streit gegeben, und ich habe ihr gesagt, dass ich zu dir will.«

»Du meinst, sofort? Noch in der gleichen Nacht?«

»Ja. Ich habe es hier nicht mehr ausgehalten, aber ich wollte auch nicht mehr ins Internat zurück. Die ganze Zeit habe ich so ein Heimweh nach dir gehabt. Sieh mal, du bist der Einzige, der gut zu mir ist. Und ich liebe sonst keinen Menschen. Nur dich.«

»Das hast du ihr gesagt?«

»Ja. Und da ist sie dann losgefahren, und dann kam dieser Unfall, und nun hat sich alles verändert. Diese vielen Stunden, als ich auf dich warten musste, habe ich nur darüber nachgedacht, und jetzt weiß ich, dass sich alles verändert hat. Wir müssen uns damit abfinden.«

»Ja«, sagte ich. »Vieles ist jetzt anders geworden.«

»Weißt du, ich bin da durch die Straßen gelaufen und habe mir gesagt, dass jetzt alles gut wird, weil ich frei bin. Ich brauche nur noch das zu tun, was du bestimmst, und ich war sicher, dass du hier ankommst und sagst: ›Pack deine Sachen, wir gehn nach Kalifornien.‹ Aber dann habe ich eben darüber nachgedacht und gesehen, dass das nicht geht. Willst du wissen, warum?«

»Sag es mir.«

»Weil sie sich umgebracht hat. Damit hat sie uns alles zerstört. Verstehst du?« – »Ja.«

»Wenn sie noch lebte und du mich zu dir nach Kalifornien geholt hättest, dann wäre das eine ganz klare Sache. An dem Tag etwa, an dem ich mit der Schule fertig bin, und ich bin alt genug, auch mal selbst was für mich zu entscheiden. Und da ist das eben eine ganz klare Sache. Doch wenn wir jetzt, kaum dass sie tot ist, nach Kalifornien gehen, dann ist das, als würden wir uns darüber freuen, dass sie uns endlich nicht mehr im Wege steht. Aber das ist ja nicht so. Und deshalb frage ich dich, ob du mit so einem Gedanken leben könntest?«

»Nein.«

»Weißt du, es ist wichtig, dass ich erst an dem Tag zu dir komme, wenn alles soweit ist. Erst dann. Ich meine, wenn wir beide es wollen. Wenn ich sowieso zu dir gekommen wäre. Und wenn wir uns sagen, es ist schade, dass sie nicht mehr lebt, aber das hat damit nichts zu tun, denn selbst wenn sie an dem Tag noch am Leben wäre, dann müsste das unser Tag sein, dieser eine wichtige Tag, und an dem komme ich zu dir, und das ist wichtig und sonst ist gar nichts.«

»Es ist gut, Marie«, sagte ich. »So wollen wir es machen.«

»Bist du jetzt traurig?«

»Nein.«

»Ich dachte mir, dass du traurig sein wirst, wenn ich dir sage, es ist besser, ich gehe ins Internat zurück.«

»Nein«, sagte ich. »Du hast Recht. Also werden wir es so machen.«

Marie konnte lange nicht zur Ruhe kommen. Ich nahm sie in meine Arme und streichelte sie. Da wurde sie schläfrig und ging in ihr Zimmer. Ich legte mich auf die Couch, und wir ließen die Tür zu Maries Zimmer offen.

»Weißt du noch?«, sagte sie. »Es war schön, damals in

dem Hotel in Genf, als wir uns ganz fest in die Arme genommen haben, und dann sind wir zusammen eingeschlafen.«

»Du bist zuerst eingeschlafen«, sagte ich. »Kaum hast du in meinen Armen gelegen, bist du eingeschlafen.«

»Hier geht das nicht«, sagte sie.

»Nein, Marie. Hier nicht. Auf diesem Haus hier liegt ein Schatten.«

In der Nacht hatte ich einen Albtraum, und Marie schüttelte mich wach.

»Wach auf, Junge! Du machst mir Angst!«

Als ich zu mir kam, hatte sie meinen Kopf in ihren Händen.

»Marie«, sagte ich. »Warum? Was ist?«

»Oh, Junge, es war schlimm! Du hast geschrien und um dich geschlagen.«

»Mach bloß die Lampen aus«, sagte ich. »Mein Kopf ist wie mit Watte voll gestopft.«

»Nein«, sagte sie. »Ich muss dich erst abreiben. Du bist ganz nass geschwitzt.«

»Das war nur 'n Albtraum. Deshalb.«

»Warum? Was war? Erzähl.«

Sie holte ein Handtuch und rubbelte mich ab.

»Weißt du, das war so«, sagte ich. »Hanna ist mit dir zusammen losgefahren. Ich hab dich zurückhalten wollen, aber sie hat dich in den Wagen gezerrt, und dann seid ihr losgefahren, und du hast dich umgedreht und immer nur gelacht.«

»Oh, wie furchtbar. Und dann?«

»Dann wollte ich euch einholen, aber euer Auto ist schneller gewesen, und irgendwann sind wir zu einer Brücke gekommen, zu einer ganz hohen Brücke, und dann seid

ihr plötzlich zur Seite gebogen und habt das Brückengelän-
der durchbrochen und seid in diese tiefe Schlucht gestürzt.«

»Wie schrecklich.«

»Ja. Schlimm.«

»Und dann?«

»Dann war ich auf dem Friedhof und habe Hanna begraben, aber das war sehr schwer, denn der Boden war gefroren. Die Sonne hat geschienen, und es war so ein ganz
kochend heißer Tag, aber der Boden war steinhart gefroren. Dann sind zwei Russen gekommen und haben mir geholfen.«

»Zwei Russen?«

»Ja. Zwei Kriegsgefangene.«

»Wie merkwürdig.«

»Ja. Früher war das eben so. Früher sind die frei rumge-
laufen, und wenn du ihnen was zu essen gegeben hast,
dann haben sie dir geholfen. Manche von ihnen haben
den Leuten auch auf Friedhöfen geholfen.«

»Ach so. Und dann?«

»Erst haben wir Hanna begraben, und dann wollten diese Kerle, dass ich dich neben ihr begrabe, aber das habe
ich nicht gemacht. Ein ziemlicher Streit ist daraus geworden, aber ich habe dich nicht hergegeben.«

»Nein? Warum nicht?«

»Weil Hanna dich umgebracht hat, und wie kann ich
dich denn da zu deiner Mutter geben, wo sie dich doch ermordet hat?«

»Das ist ziemlich verworren, findest du nicht?«

»Schon, aber du musst auch bedenken, dass es ein Albtraum war.«

»Das stimmt. Und dann?«

»Dann habe ich zum ersten Mal richtig gewusst, was
Hass ist.«

»Wie meinst du das?«

»Ich habe noch nie jemanden wirklich gehasst in meinem Leben.«

»Aber in dem Traum schon?«

»Ja. Ich habe an dem Grab gestanden und ihr gesagt, dass ich sie hasse und dass ich ihr nie vergeben werde, weil sie dir etwas angetan hat, und weil du das Liebste bist, was ich auf der Welt habe, und wer dir etwas antut, den hasse ich, und wenn einer dir was antut, dem werde ich das nie vergeben können.«

»Glaubst du, dass das auch im Leben so ist?«

»Ja«, sagte ich. »Ich glaube schon. Aber dann war da noch was.«

»Und was war?«

»Ich hab mich dann zu diesem Herschel Wildstein umgedreht. Das ist ein Mann in Israel, der sich von seinem Hass nicht trennen kann. Ich weiß nicht, ob er das Liebste verloren hat, was es für ihn in seinem Leben gegeben hat, aber er hat viele Menschen verloren. Hier bei uns, in den Lagern. Ich glaube, er hat alle verloren, Freunde, Familie, und nun ist er so ganz in seinen Hass verstrickt und kann sich davon nicht trennen. Er will auch nicht um Vergebung gebeten werden. Nun, zu dem habe ich mich dann umgedreht und ihm gesagt, dass ich ihn jetzt verstehe und dass ich ihm viel abzubitten habe, denn mir ginge es jetzt wohl ganz genauso.«

Am nächsten Morgen kam Martin Weber aus Berlin, und ich dachte, dass er alt geworden war. Sein Körper schien mir ziemlich knochig, und er ging etwas nach vorn gebeugt, aber seine Augen waren noch ganz klar. Er hatte noch immer diese dunklen Augen mit dem vielen klaren Weiß drumrum.

Als er Marie sah, nahm er ihre Hände und legte sie an sein Gesicht und lächelte. »Ach, es ist alles nicht so schlimm ... Ach, Marieken, es wird schon wieder werden.«

Am dritten Tag war alles vorüber. Wir begruben Hanna da, wo ihre Eltern lagen.

Die Menschen, die zu der Trauerfeier kamen, waren mir fast alle fremd. Es waren viele. Als sie Marie sahen, gingen sie zu ihr hin und gaben ihr die Hand. Ich stellte mich hinter Marie und legte meine Arme auf ihre Schultern. Auf diese Weise merkten Hannas Freunde ziemlich schnell, dass mit mir nicht gut zu reden war.

Danach fuhren wir ziellos durch die Straßen.

»Hört mal zu«, sagte ich. »Wir sollten nicht so schnell zum Haus zurückfahren.«

»Das ist wahr«, sagte Martin. »Aber wo willst du hin?«

»Wir sollten aufs Land rausfahren und unsere Fröhlichkeit zurückerobern.«

Marie nickte mir im Rückspiegel zu. Als ich sie länger ansah, lächelte sie.

Es war gut, über die hart gefrorenen Wiesen zu laufen und unseren Füßen zuzusehen, wie sie in die groben Krümel des Ackers einbrachen, und wenn wir zu einem Teich kamen und ich über das Eis rannte und Marie hinter mir herzog und ich ihr helles Lachen hören konnte, dann war das gut.

Der Tag war kalt, und weil die Menschen in ihren Häusern geblieben waren, lag sehr viel Friede über dem Land. Später setzte sich die Sonne wie eine kühle gelbe Scheibe auf den oberen Rand der Wälder, und Nebelschwaden zogen über den See. Als Marie fror, gingen wir mit schnellen

Schritten am Ufer entlang und wirbelten den flachen Nebel durcheinander.

»Hört mal zu«, sagte ich. »Dr. Unrast verordnet seinen Patienten heute frische Aale.«

»Vorzüglich«, sagte Martin. »Und wo, wenn ich fragen darf?«

»In dem Haus da vorne«, sagte ich. »In der Räucherkate. Da hängen frische Aale die ganze Zeit im Rauch. Wenn du die Pelle abziehst, ist sie noch ganz warm.«

»O Junge«, sagte Marie. »Mir läuft das Wasser schon im Mund zusammen.«

»Aber sonst gibt's nichts. Nur Aale und Schwarzbrot«, sagte ich. »Und Aquavit natürlich. Den musst du aus 'm Zinnlöffel trinken. Gläser gibt's keine. Aquavit aus 'm Löffel und Astra aus der Flasche.«

»Junge«, sagte Martin Weber. »Liebster Junge ...«

»Nein, das geht nicht«, rief Marie. »Das Wort darfst du nicht gebrauchen, Onkel Martin.«

»Wie meinst du?«

»Liebster«, sagte Marie. »Tut mir Leid, aber das Wort gehört mir. Ich nenne ihn so.«

»Oh, holla und hopsa!«, lachte der alte Mann. »Bitte um Vergebung, aber ich habe ja auch nur sagen wollen, dass der Junge seinem Vater zum Verwechseln ähnlich ist, wenn es um diese wundervollen, einfachen Genüsse unseres Lebens geht.«

In der Räucherkate stand ein breiter Kachelofen. Wir lehnten uns mit dem Rücken dagegen. Dann kam der Fischer in die Stube und sagte: »Menschenskinner nee, unser Junge Unrast ... Der Falke von Ofriko ... dat is aber mol wedder scheun ... Menschenskinner nee ... Un denn man ook herzliches Beileid ... Et stand ja nun mol in die Gazetten ...«

Er stellte Brot auf den Tisch und Bier und Aquavit und brachte die Aale. »Ihr hevt wohl veel to beschnakken.«

Als ich nickte, schlug er mir auf die Schulter und ließ uns allein in der Stube.

Es war herrlich, so an dem blank gescheuerten Tisch zu sitzen und die Aale mit den Händen abzupellen und Marie die Mundwinkel mit einem Stück Brot trocken zu reiben, wenn ihr das Fett zum Kinn runterlief.

Marie sah uns zu, wie wir den Schnaps aus Löffeln tranken, aber sie wollte nichts davon haben und nahm lieber kleine Schlucke von meinem Bier. Dann wollte sie wissen, wo sie sich das Fett von den Händen waschen solle. Ich nahm ihre Hände und goss Aquavit hinein und rieb sie mit einem Handtuch sauber.

»Ich will es euch nicht verhehlen«, sagte Martin. »Dies ist für mich das glücklichste Beisammensein seit Jahren. Wenn Hanna uns jetzt so sehen könnte – ich bin sicher, sie wäre mit uns zufrieden.«

»Weiß nicht«, sagte Marie. »Vielleicht auch nicht. Was ist, wenn sie uns die Schuld geben würde?«

»Oh, Kind«, sagte Martin.

»Marie hat Recht«, sagte ich. »Wir müssen darüber sprechen.«

Ich gab ihm den Aquavit und das Handtuch und sah mir die Sorgsamkeit an, mit der er seine Finger sauber machte.

»Es hat keinen Sinn, der Sache auszuweichen«, sagte ich. »Marie will die Frage schon seit ein paar Tagen stellen. Ich habe es ihrem Gesicht angesehen.«

»Hast du das wirklich?«, fragte Marie.

Als ich nickte, sagte Martin: »Es führt zu nichts.«

»Doch«, sagte Marie. »Ich möchte es gern wissen.«

»Was willst du wissen?«

Marie saß aufrecht auf ihrem Stuhl. Es lag eine neue

Ernsthaftigkeit auf diesem Mädchen. Ich sah sie an und sagte mir, dass es niemanden geben wird, der sich dieser Ernsthaftigkeit entziehen könne.

»Ob es meine Schuld ist«, sagte sie dann. »Ob sie sich meinetwegen totgefahren hat.«

»Nein«, sagte ich. »Nicht deinetwegen. Rede dir das bloß nicht ein.«

»Es ist doch aber möglich«, sagte Marie. »Denn ich habe ihr gesagt, dass ich zu dir will, denn du bist der Einzige für mich auf dieser Welt. Ich habe ihr das gesagt, vergiss das nicht!«

»Nun hör mir einmal gut zu, Marie«, sagte ich. »Wenn du so etwas zu einem Menschen sagst und der Mensch bringt sich um, dann hast du den Menschen nicht umgebracht, sondern es ist immer noch so, dass der andere Mensch sich umgebracht hat.«

Ich beugte mich vor und dachte, wie sehr wir dieses Mädchen verletzt hatten, Hanna und ich, und dass es damit jetzt Schluss sein müsse.

»Niemand kann dir einen Vorwurf daraus machen, Marie. Wir suchen uns unsere Gefühle nicht aus, verstehst du? Wir reden sie uns auch nicht ein. So ein Gefühl ist ganz einfach da und wächst in uns, und wenn es mal so richtig gewachsen ist, dann fällt es verdammt schwer, sich sein Gefühl auszureden. Niemand kann das. Ich auch nicht. Und ich muss gestehen, ich hab es nicht einmal versucht. Ich habe dich gesehen und habe an mein eigenes Leben gedacht und mir gesagt, dass ich endlich mein Glück wiedergefunden habe, und das gebe ich doch nicht so einfach her! Ich bin zwar alles andere als weise, erst achtundzwanzig Jahre alt, aber ich kann dir sagen, dass das 'n verdammt schweres Leben gewesen ist bisher, und ich möchte, dass du das bedenkst, Marie. Selbst wenn's mal ruhiger war, ist es ein ständiger Kampf gewesen, und wenn ich dann mein Glück finde, dann gebe ich das Glück doch nicht einfach so auf! Das darf niemand von mir verlangen. Ich kämpfe um mein Glück, weil ich das so gelernt habe, denn es hat mir noch nie einer was geschenkt, und wenn es um Hanna geht, dann mache ich den Kampf für sie zwar so schmerzlos, wie es eben geht. Nun ist es aber trotzdem so, dass es in jedem Kampf einen Verlierer gibt. Die Frage ist nur, was aus dieser Welt werden soll, wenn jeder Verlierer sich gleich umbringt.«

Marie sah mich aus hellen Augen an. Um ihre Augen lief ein Kranz von schwarzen Wimpern, und tief drinnen in ihren Augen konnte ich mich selber sehen.

»Marie«, sagte ich, »deine Mutter hat vor einem Scherbenhaufen gestanden. Vor den Scherben ihres Lebens. In solche Glassplitter, Marie, sind Worte eingeritzt. Enttäuschungen. Jahreszahlen. Eigene Schuld. Liebeleien. Scham. Hoffnung. Taumel. Nächte. Sinnlose Nächte. Trunkene Nächte. Verlorene Zeit. Und immer wieder Namen. Männernamen.«

»Ja«, sagte Martin Weber. »Der Junge hat ganz ohne Zweifel Recht.«

»Mein Name ist auch dabei«, sagte ich. »Denk nicht, dass ich mich da rausreden will. Das wäre ebenso dumm, wie nach dem Schuldigen zu suchen. Denn wenn eine Seele in Scherben geht, dann hat da nicht ein Einziger gestanden und mit einem Vorschlaghammer alles in Stücke geschlagen. Glaube mir, das ist nicht so. Im Leben ist das nicht so, dass du Schuldige suchen musst, wenn du vor deinen eigenen Scherben stehst. Denn du bist dein Leben. Nur du. Nicht die anderen um dich herum. Du bestimmst, was geschieht. Du träumst deine Träume. Du lebst. Du liebst. Du kämpfst. Du machst deine Fehler. Und deine

Hoffnung wird nur von dir selbst bestimmt. Und weil das alles so ist, darf ein Mensch auch nicht mit dem Finger auf andere zeigen und sagen, die da sind schuld, alle diese anderen da.«

Ich ging in die Küche und sagte dem Fischer, dass wir noch gern Aquavit und Astra hätten. Dann sagte ich zu Martin Weber: »Weißt du, ich habe selbst schon mal daran gedacht, ob ich noch Lust am Leben hätte, wenn Marie plötzlich nicht mehr da wäre, so wie Tina damals nicht mehr da gewesen ist. Aber was mich böse macht, Martin, das ist, wenn einer den anderen die Scherben übergibt, damit sie sich schuldig fühlen.«

»Das ist sicher alles richtig«, sagte Martin. »Nun bist du jedoch sehr gesund, an Leib und Seele, und deshalb hast du nicht bedacht, dass ein Mensch mit einer labilen Seele anders handeln könnte, als du es tust.«

»Schon«, sagte ich. »Aber Hanna ist doch nicht krank gewesen.«

»Doch«, sagte Martin. »Seelisch schon. An der Launenhaftigkeit und ihrem Überschwang war das nur unschwer abzulesen. Das war schon damals so, als du mich zu ihr nach Konstanz brachtest. Ein Blatt im Wind ist sie gewesen. Und der Wind hatte sie schon damals arg herumgeweht.«

»Du meinst also, sie hat es nicht böse gemeint«, sagte Marie leise.

»Nein. Ich kann mir das nicht denken.«

»So, mein Mädchen«, sagte ich. »Nun haben wir darüber gesprochen, und ich möchte, dass du eines ganz klar weißt. Wenn es eine Schuld gibt, dann müssen wir die ganz woanders suchen. Auf gar keinen Fall bei dir.«

»Es führt zu nichts«, sagte Martin. »Jetzt habt ihr den schönen Abend zerstört. Warum hört ihr nicht endlich damit auf?«

»Weißt du«, sagte Marie, »es musste einmal besprochen werden.« Sie füllte noch ein paar Mal unsere Löffel, und als wir in der Nacht den See entlangliefen, schwankte ich ein wenig. Martin stolperte hinter mir her und sang ein leises Lied.

»Was singst du da?«, fragte ich.

»Weiß nicht«, sagte Martin Weber. »Irgend so ein Lied.«

Marie lief vor mir durch die Nebelfelder. Es war ein flacher Nebel, der ihr nur bis zu den Schultern reichte.

Am nächsten Tag flog sie zurück nach Genf.

Als ich allein war, sah ich sie noch immer durch die Nebelfelder laufen.

13.

SCHAUSPIELER UND MÄDCHEN
Hollywood Frühjahr 1957

Es ist nun mal so, dass ich nie ein guter Schachspieler gewesen bin. Es war nie meine Art, mein Leben vorauszuplanen. Ich wusste zwar mit diesen Figuren auf einem Schachbrett umzugehen, aber wenn Stan und ich mal eine Partie machten, verlor ich so gut wie regelmäßig, und sobald es darum ging, die nächsten Züge in meinem Leben vorauszuplanen, war ich hoffnungslos verloren.

Mit der Arbeit war das anders. Wenn es um die Arbeit ging, gelang es mir schon, alles sorgsam zu durchdenken. Aus der Israel-Geschichte habe ich ein gutes Drehbuch gemacht. Und abgeliefert habe ich auf Termin. Stan hat den Film gründlich vorbereiten können. Gleich danach habe ich mich an die nächste Geschichte gemacht. An einen Film für Viv und mich.

Im Beruf ist das immer so gewesen. Da gelang mir vieles mit der Planung. Aber in meinem Leben traf mich vieles unerwartet. Der letzte Schlag war härter als die Schläge vorher. Tödlich. Das Tödliche lag in der Hoffnungslosigkeit, die er hinterließ.

Marie glaubte plötzlich nicht mehr an uns beide.

Das hat sie mir geschrieben. Mitte Januar ist der Brief gekommen. Sie schrieb, dass es für uns beide keine Zukunft geben könne. Immer, wenn sie an mich denken würde, stünde ihre Mutter zwischen uns. Unveränderbar. Wie ein Bild. Auf einer gläsernen Scheibe. Das Bild ihrer Mutter. Ihr Gesicht. Höhnisch. Grinsend.

Marie hat das anders aufgeschrieben. Nicht so hart und trocken, wie das in meinen Kopf jetzt eingemeißelt ist. Bei Marie ist alles zarter. Blumenreicher. Und von einer tiefen Qual. Am Schluss schrieb sie, dass sie mich vergessen müsse. Sie bat mich um Verständnis. Und als sie das geschrieben hatte, bat sie auch noch um Vergebung.

Ihre Schrift war steil. Und stolz. Auf diesem Papier gab es keine verlorenen Tränen.

Ich steckte den Brief zwischen ihre Fotos an der Wand und stand die ganze Nacht davor und starrte ihre Worte an. Dann holte ich das blaue Pferd aus dem Stall. Ich fuhr zum Sunset Boulevard hinunter und dachte mir, dass es wohl am besten wäre, zum Meer zu fahren. Es war mir jämmerlich zu Mute.

In der Nacht musste es geregnet haben. Es kann schon mal vorkommen, dass ein Sturmtief vom Pazifik in das Tal zieht und sich über der Wüste zu Tode regnet. Dann hängen die Fahnen bei den Gebrauchtwagenhändlern triefend nass zum Boden runter, und das Wasser stürmt eilig durch die tiefen Rinnen und nimmt den Staub mit sich. Nach solchen Nächten sehen die Bäume wie frisch gewaschen aus, und die Luft riecht nach einem neuen Tag.

Als ich zum Meer kam, fuhr ich den Pacific Coast Highway nach Süden runter und dachte: Es ist klar, dass ich Marie nicht schreiben werde. Wenn ich ihr jetzt schreibe, wird das ein jammervoller Brief, und Marie ist in einem solchen Zustand, da kann sie wirklich keinen jammervollen Brief gebrauchen.

Dann tauchte die Pier in meinen Scheinwerfern auf, und ich dachte, dass es gut sein wird, am Ende des Steges zu sitzen und an die Inseln zu denken, die weit da draußen hinter dem vielen Wasser liegen. Hawaii. Samoa. Tahiti. Inseln hinter dem Horizont. Ich hatte sie mit Marie erobern wollen.

Ich lief über die hölzernen Bohlen und sah den Strand unter mir und dachte, dass ich damit ja hätte rechnen müssen, denn ich hatte ja zu Marie gesagt, dass sie ihren Kreis zu Ende laufen müsse. Warum soll sie denn nicht ihre eigenen Fehler machen dürfen? Denk nur mal, wie viel Fehler du schon gemacht hast, bei dem Marathonlauf auf deinem eigenen Kreis?

Die Buden auf der Pier waren geschlossen. Das Karussell auch. Nur ganz hinten, über dem Meer, brannte in einer Frühstücksbude Licht. Als ich zu den großen Pollern kam, schaufelte ein Fischer seinen Fang in Plastikeimer um. Die Schaufeln waren seine Hände. Sie warfen die glitzernden Fische durch den Schein der Kerosinlampe in die dunklen Tiefen seiner Plastikeimer.

Es waren kleine Fische, und ich fragte ihn, wozu die gut sein sollen, und er sagte, dass dies die Köder sind für die großen Fische, denn sobald die Sonne aufginge, kommen die Freizeitangler auf die Pier, und denen verkauft er dann die kleinen Fische, weil die damit ihre großen Dinger angeln wollen. »Ja, so ist das. Überall in diesem Leben«, sagte er. »Immer die Kleinen und die Großen, und im Grunde ist es doch ganz egal.« Und dann musste er selber lachen.

Ich nahm ihm die schweren Eimer ab. Er kletterte die Eisenleiter hoch. Als er mich im Licht der Frühstücksbude sah, sagte er: »*Holy smoke,* ich will verdammt sein, wenn Sie nicht dieser Jongen Unrast sind, und ich will Ihnen mal was sagen, dieser Film da mit dem deutschen Flieger, das war 'ne große Sache!«

Er wischte die Schuppen von seinen Händen. »Ich fühle mich sehr geehrt, weil ich Ihre Bekanntschaft machen darf. Sie müssen wissen, meine Frau ist ganz verrückt aufs Kino. Von der erfahre ich alles, was über euch Kinoleute so in der Zeitung steht. Deshalb weiß ich auch, dass Sie 'ne große Aussicht haben, den Oscar zu gewinnen, und ich will Ihnen mal was sagen, Sie haben den auch verdient, verdammt nochmal! Denn dieser Flieger da in Afrika, das war 'ne wirklich große Sache, und ich werde für Sie beten, dass Sie den Oscar auch bekommen.«

Ich ging rüber zur Bude und ließ mir zwei Dosen Bier geben. Dann saßen wir in der Nacht und baumelten mit den Beinen. Es war gut, so auf der Pier zu sitzen, Bier zu trinken, dem Fischer zuzuhören und sich zu sagen, dass das nun mal so ist mit dem Unglück. Am Anfang schmerzt es am meisten, und vielleicht geht es ja auch nie ganz weg, aber irgendwann wird das dann trotzdem mit dem Weiterleben leichter.

»Und jetzt?«, sagte der Fischer. »Haben Sie schon wieder einen neuen Film?«

»Ja«, sagte ich. »Im Februar fangen wir an, Boroshnikoff und ich.«

»Wieder 'ne Fliegergeschichte?«

»Nein. Es geht darum, dass ein Deutscher eine Israeli liebt, und die beiden haben es sehr schwer, wegen der Vergangenheit, verstehen Sie?«

»Oh, das ist gut«, sagte er. »Das ist 'n gutes Thema. Wenn das so 'n Nigger wäre und 'ne Weiße, dann wäre es ein verdammt beschissenes Thema, aber 'ne Jüdin und 'n Deutscher, das finde ich 'ne große Sache. Und wer spielt die Jüdin?«

»Sally Marton«, sagte ich. »Aus New York.«

»O die!«, rief er. »Das ist 'ne gute Wahl! Ein kleiner Teufelsbraten. Der möchte jeder mal so 'n bisschen in die Jeans langen, glaube ich. Und die sieht ja auch ganz schön jüdisch aus. Wir ha'm alle Platten von ihr, weil sie ja wirklich gut singen kann. Singt sie in dem Film denn auch?«

»Nein«, sagte ich.

»Eigentlich schade«, sagte er. »Weil sie doch so gut singt.«

Wir tranken die Dosen aus, und er sagte: »Ich gebe Ihnen ein paar Fische mit. Für Ihre Frau.«

»Lassen Sie nur«, sagte ich. »Ich habe keine Frau.«

»Nehmen Sie trotzdem welche mit«, sagte er. »Die Sache ist ganz einfach. Sie machen nur Öl heiß, mit 'ner Menge Kräuter allerdings, und dann schmeißen Sie die Fische rein. Schmeckt gut. Sie werden schon sehen.«

Als der Himmel hell werden wollte, sagte er: »Also keine Frau, was? Na ja, Recht haben Sie. Immer diese tollen Weiber um einen rum, diese Sally oder diese Schwedin. Eben alle diese tollen Weiber – da müsste man ja ganz schön behämmert sein, wenn man da immer ein und dieselbe langweilige Alte zu Hause rumhocken hat, was?«

»Nein«, sagte ich. »Sie irren sich. Ganz so ist das nicht.«

»Ich will Ihnen mal was sagen, und das ist die volle Wahrheit. Ich hab 'n Freund, der schwört, dass er 'n Plakat über seine Alte legt, wenn er sie bedient. Unter dem Plakat liegt seine Alte, aber er tut so, als wär's die Jane Russell.«

Ich ging rüber zu den Abfalltonnen und warf meine Bierdose zu den Fischresten und den Apfelsinenschalen.

Der Fischer kam hinterher und lachte. »Ich wette, Sie finden meinen Freund und mich ganz schön geschmacklos, was?«

»Lassen Sie es gut sein«, sagte ich. »Es macht mir nichts aus.«

»Sagen Sie mal, ist Ihnen irgendwas zugestoßen?«, meinte er. »Laufen Sie deshalb vor Tagesgrauen hier auf der Pier rum, weil Ihnen was zugestoßen ist?«

»Ja«, sagte ich. »Kann sein. Kann sein, dass mir was zugestoßen ist.«

Als ich nach Haus zurückkam, konnte ich das Fieber fühlen. Ich hatte schon seit Ewigkeiten kein Fieber mehr gehabt, nicht seit diesen Trümmertagen damals in Hamburg. Es war auch nicht so ein übliches Fieber, das aus dem Körper kommt. Dies war ein anderes Fieber, und es höhlte mich von innen aus. Es war ein Fieber der Seele. Einen besseren Ausdruck gibt es nicht dafür. Ich fühlte mich nicht richtig krank, aber es war auch nicht so, als ob ich noch richtig leben würde. Ich stand auf zwei Beinen und ging an die Arbeit, und niemand sah mir etwas an, aber tief innen lebte mein Fieber. Das Feuer machte sich daran, mich totzubrennen.

Mitte Februar fuhren wir in die Colorado-Wüste. Die Berge standen ein bisschen zu weit weg im Hintergrund, aber sonst sah die Salton Sea auch nicht viel anders aus als das Tote Meer. Und weil es immer wieder regnete, machte das nicht viel aus, denn die Berge steckten meistens in den Wolken.

Der Februar ist der Regenmonat in dieser Wüste. Oft mussten wir in unseren Zelten sitzen und auf den Regen hören. Es war ein böser Regen, voller Gewalt, und wenn er weiterzog, ließ er uns einen grauen Himmel zurück und einen heißen Wind, der die Wüste trocken machte und uns eine harte Kruste für die Arbeit schaffte.

Es war gut, diesen Regen zu haben. Wir hatten uns die Drehzeit danach ausgesucht. Denn so ein blauer Himmel über den Wüsten Israels zerstört das Drama. Unsere Geschichte musste unter einem schweren Himmel leben. Wir hatten alles so gewollt.

Ebenso, wie der Sturm durch diese weite Landschaft fegte, so fielen wir über Sally Marton her. Wir wischten ihr die Schminke aus dem Gesicht. Stan stürmte auf sie ein, und ich wischte ihr die Schminke aus dem Gesicht. Als ihre Züge so nackt waren wie die Seele dieser Liebenden, ließen wir von ihr ab.

Wir blieben wochenlang da draußen in der Wüste, und mit jeder Woche lief mir ein Stück von meiner Kraft davon. Abends ließ ich mir das Essen rüberbringen. Der Gedanke, mit anderen zu reden, war mir unerträglich. Nach ein paar Tagen kam Stan abends in mein Zelt und machte eine Flasche auf.

»Was ist?«, sagte er. »Wieso diese Veränderung?«

»Es ist das Seelenfieber«, sagte ich. »Ich weiß nicht, ob du das verstehst.«

»Nein«, sagte er. »Noch nie davon gehört.«

»Ich auch nicht«, sagte ich. »Und es ist keine gute Sache, aber wenn ich mit mir allein bin, ist es schon zu ertragen.«

Er nickte. »Na gut. Aber wenn's schlimmer wird, sag mir Bescheid.«

»Versprochen«, sagte ich. »Wenn meine Seele verbrennt, bist du der Erste, der davon erfährt.«

Stan lachte. »Verrückter Kerl.«

Es war gut, im Zelt zu sitzen und mit Stan einen zu trinken und nur ab und an mal was zu sagen.

»Sally wird gut«, sagte Stan. »So, wie sie jetzt ist, wird sie wunderbar.«

»Ja«, sagte ich. »Echt. Jetzt ist sie echt. Jetzt stinkt sie nicht mehr nach New York.«

»Nein. Jetzt stinkt sie wie 'ne Sabra.«

»Ja«, sagte ich. »Herrlich.«

Ich gab ihm eine Zigarette, und er sagte: »Und bei dir? Wie ist das eigentlich so bei dir?«

»Was meinst du damit, Stan?«

»Du bist auch ganz in Ordnung. Nun ist uns das ja nicht viel Neues. Du bist eben in Ordnung, was sollen wir da noch lange drüber reden?«

»Hör auf zu reden«, sagte ich. »Wer braucht das schon?«

»Wenn so 'ne Szene kommt und die hat viel Gewicht, dann bist du richtig gut«, sagte er.

»Aber in den leichten Szenen nicht«, sagte ich.

»Nein. Da nicht.«

»Ich weiß«, sagte ich. »Es ist mal so gewesen, dass das meine starke Seite war, auf der Bühne stehen und lachen und breitbeinig dastehen und die Frau anlachen und das Publikum lachen machen – das hab ich mal ganz gut gekonnt.«

»Es geht immer noch ganz gut«, sagte Stan. »Aber ich kann dir ansehen, dass dir das schwer fällt.«

»Ja«, sagte ich. »Hoffentlich merkt das keiner.«

»Ich merke es«, sagte Stan. »Sonst merkt das keiner.«

Ich goss noch mal Whisky in die Gläser.

»Das ist 'ne ganz merkwürdige Sache«, sagte ich. »Mein Vater war auch elf Jahre älter als meine Mutter, aber als die beiden sich getroffen haben, war sie schon neunzehn, und das ist ein riesengroßer Unterschied.«

»Das ist wahr«, sagte Stan.

»Ich bin diese gleichen elf Jahre älter, aber als ich Marie zum ersten Mal gesehen habe, war sie acht, und das ist eben der Unterschied.«

»Das, und Hanna«, sagte Stan. »Die Mutter ist auch der Unterschied.«

»Ja, das ist wohl so«, sagte ich. »Hab ich dir schon mal von meinem Großvater erzählt?«

»Nein. Aber mach mal.«

»Er ist Lokomotivführer gewesen. Zwischen Paderborn und Kassel, und das ist wirklich keine lange Strecke, aber unterwegs hat er immer diese kleinen Mädchen vom Lande vernascht, und eine davon war meine Großmutter.«

»Ein Mann nach meinem Herzen«, sagte Stan. »Erzähl weiter.«

»Die beiden sind zusammengeblieben, und dann haben sie wohl ein ganz gutes Leben gehabt.«

»Das ist ja alles ganz rührend«, sagte Stan. »Aber warum bringst du das jetzt hoch?«

»Weil das 'n schönes Leben gewesen ist, was die beiden gehabt haben, verstehst du? Besser. Nicht dieses Leben, das wir so haben.«

»Nun sag bloß, du würdest gerne so 'n Mann auf so 'ner Lokomotive sein!«

»Doch, Stan. Manchmal denk ich so.«

»Jetzt hör bloß auf! Oder erklär mir mal, warum?«

»Weil so ein Leben leichter ist, verstehst du? Nicht so kompliziert. In dem Leben, das wir so haben, gibt's überhaupt nichts Leichtes.«

»Mann«, sagte Stan, »jetzt werd mir nur nicht melancholisch.«

Nach einer Weile schlug Sally die Lappen zum Zelteingang hoch. »Ach, hier bist du, Stanton. Ich konnte mir überhaupt nicht denken, wo du steckst.«

»Hallo, Sally«, sagte ich.

»Hallo«, sagte sie. »Mir stinkt das hier in dieser Wüste. Ich hoffe, dir geht es ganz genauso.«

»Eigentlich nicht, Sally.«

»Geh schon mal rüber, Honigbär«, sagte Stan. »Geh schon mal rüber in mein Zelt. Ich komme in zwei Minuten nach.«

Als sie gegangen war, sagte Stan: »Du hättest sehr glücklich sein können.«

»Wie meinst du das?«

»Mit Marie. Es war falsch, auf sie zu hören.«

»Ja. Das ist wahr.«

»Du hättest sie gleich mitbringen sollen«, sagte Stan. »Ihr hättet sehr glücklich zusammen sein können.«

»Ja«, sagte ich. »Ganz schön, sich so was auszumalen.«

Anfang April waren wir wieder zurück. Das Haus in den Hügeln sah frisch gewaschen aus. Neben meiner Schreibmaschine lag ein Stoß Briefe. Der mexikanische Gärtner hatte sie dahin gelegt. Es war spät, und ich dachte, dass ich mir die Post morgen mal in aller Ruhe ansehen werde, aber dann sah ich ihre steile Schrift, und ich schob meinen kleinen Finger unter den Kniff des Couverts und nahm das Blatt heraus.

Sie hatte lange, lange gebraucht, sich durchzuringen und mir diesen Gruß zu schicken. Denn was zurücklag, lag jetzt schon Monate zurück. Sie war in Zermatt gewesen. Zum Skifahren. Mit dem ganzen Internat. Und es ist eben so, dass der, der einen Fehler macht, nicht weiß, wo er beginnen soll. Sie hatte sich viele Fehler vorzuwerfen. Tatsächlich zwei.

Sie hätte nicht versuchen sollen, mich zu vergessen. Weil das nicht möglich ist. Weil ihr Leben ohne mich nicht denkbar ist. Sie weiß das jetzt. Und hat es vorher nicht gewusst. Das war der eine Fehler.

Über den anderen würde sie nur ungern sprechen. Jedoch, wenn ich tatsächlich sagen würde, dass ich alles wissen müsse ... Möglich, dass ich ihr nie wieder schreiben werde. Doch eines sollte ein Mann wie ich bedenken:

Wenn eine Frau glaubt, dass sie sich schämen muss, dann will sie die Erkenntnis dieser Scham ganz einfach nicht mit einem anderen Menschen teilen. Ob ich diesen Gedanken, bitte, wohl verstehen könnte?

Ich ging nach draußen und machte sehr viel Licht.

Stan kam raus und sagte: »Ist was?«

»Ja. Ich lese einen Brief«, sagte ich.

Ich legte mich auf die Steinplatten neben den Pool. Es war ziemlich kalt zwischen den beiden Häusern. Nachts ist es um diese Jahreszeit noch ziemlich kalt. Ich tauchte eine Hand ins Wasser. Das Wasser war wärmer als die Luft. Dann rollte ich mich auf den Bauch und las den Brief ganz langsam weiter.

Sie schrieb, dass sie ein paar versteckte Zweifel an mir hätte. Ob ich sie wirklich lieben würde? Wirklich? Richtig? Ganz einfach so? Oder hätte ich sie nur erziehen wollen? Für mich? Ich wüsste schon. Für mich. Als Mann?

In meiner Kehle saßen Tränen. Trockene Tränen.

Ich hörte meiner eigenen Stimme zu. »Mein armes Mädchen ... Lieben ... und erziehen ... das passt nun wirklich nicht zusammen ... Wenn einer so liebt wie ich, dann passt das nicht zusammen.«

Dann kam noch einmal eine kleine Seite. Ich solle mir nur keine Sorgen machen. Sie würde das schon überstehn. Genau genommen gab es ja nur ein Problem. Weil sie mich eben nicht vergessen könne.

Und dann hatte sie ihren Namen druntergeschrieben.

Marie.

Und ganz weit unten noch einen Satz. »Was mach ich nun mit meinem Leben ohne dich?«

Die Nacht war ohne Ende. Ich lag auf meinem Bett und dachte über diese Sache nach, die ich schreiben wollte.

Diese Sache, die mein Leben ist. Alles, was so war. Auch das Schlechte über mich. Auch diese ganze Menge Qual. Und die Fehler. Und die Frauen. Die Wichtigkeit der Frau in meinem Leben. Wie ich mich verlieren kann in meiner Liebe. Denn es ist nun mal so, dass der Mann sich selbst aufgibt in der Liebe zu einer Frau. Das ist die volle Wahrheit. Es gibt kein größeres Aufgeben in so einem Leben.

Ich lag auf dem Bett und sagte mir: Nun ist es soweit, es ist so gefügt, und meine Liebe zu Marie ist der Anfang für dieses Leben, und wenn es ein Ende in diesem Leben gibt, dann wird es auch mit Marie sein. Oder in der Nähe von Marie. Es wäre gut, wenn der Himmel Marie in dieser Sache beistehen würde.

Ich lag auf dem Bett und rauchte eine Zigarette, und dann kam Stan ins Zimmer und setzte sich zu mir.

»Weißt du«, sagte ich. »Es wird schön sein, wenn sie endlich hier ist.«

»Wer?«

»Marie.«

»Hör auf«, sagte Stan.

Draußen lief der Gärtner vorbei. Er sah uns auf dem Bett sitzen. Dann tat er so, als hätte er uns nicht gesehen.

»Ich fühl mich sehr viel wohler«, sagte ich. »Weil ich endlich weiß, wo 's langgeht.«

»Na gut«, sagte Stan. »Aber wo geht's lang?«

»Es war alles falsch, was ich gemacht habe«, sagte ich.

»Möglich. Und ich hab dir ja schon gesagt, dass du das Mädchen nicht so leicht hättest aufgeben sollen.«

»Weißt du, Stan, es klingt ziemlich dämlich, wenn ein Mann das sagt, aber es ist ein ziemlich langer Weg gewesen.«

»Du meinst, von da, wo du herkommst, bis hierher?«

»Ja«, sagte ich.

»Mach das nicht«, sagte er. »Mit so was langweilst du jeden.«

»Ich hab nur mal so dran denken müssen.«

»Von der Bronx bis hier ist die Strecke ganz genauso lang«, sagte er.

»Das ist wahr. Lass uns nicht mehr drüber reden.«

»Na schön. Aber eins ist schlimm.«

»Und was?«

»Dass wir nie erwachsen werden.«

»Ja. Kommt mir auch so vor.«

»Wir wissen einfach nicht, wie wir das mit den anderen anfangen sollen.«

»Richtig. Aber mit wem, zum Beispiel?«

»Mit den anderen«, sagte er. »Mit Marie.«

»Das stimmt nicht«, sagte ich. »Du wirst schon sehen.«

»Hoffentlich«, sagte er. »Aber komm jetzt raus, 'n paar Längen schwimmen. Wir müssen ziemlich bald ins Studio rüber.«

»Wenn's dir nichts ausmacht«, sagte ich. »Spring schon mal rein.«

Ich sah ihm durch das Fenster nach. Er machte große Wellen in dem Pool.

Dann rief ich das Fernamt an und verlangte ihre Schule in Montreux.

Es gab gar keine Frage, dass man sie diesmal rufen würde. Um diese Stunde nahmen sie in Montreux den Tee.

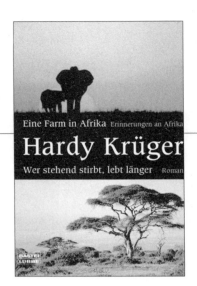

Faszination Afrika: Dunkles, lockendes Land!

Bei Dreharbeiten zu dem Film *Hatari* verliebte sich Krüger in die großartige Tierwelt und Landschaft Ostafrikas. Er entschloss sich, dort eine Farm zu kaufen. Seine Eindrücke und ungewöhnlichen Erlebnisse beim Aufbau der Farm schildert er in Eine *Farm in Afrika*.
Wer stehend stirbt, lebt länger erzählt die spannende Geschichte eines Mannes, dem das Land am Fuße des Kilimandscharo zur zweiten Heimat wurde. Er kämpfte dafür, Ostafrika denen zurückzugeben, denen es einst gehört hatte.

ISBN 3-404-15071-6

Wenn Hardy Krüger ins Erzählen kommt, dann spricht er selten von sich, sondern fast immer von anderen. Darum nennt er sein Buch auch nicht »Erinnerungen«, sondern lieber »Begegnungen« – mit Kanzlern wie Konrad Adenauer und Helmut Schmidt oder Schauspielern und Regisseuren wie Stanley Kubrick, John Wayne, Orson Welles und Sean Connery, einem Marschall und einem legendären Bücherfreund. Es sind Begegnungen eines Schauspielers, der schon sehr jung berühmt wurde und seinen Weg in einer Welt suchen mußte, in der es nicht immer leicht war, ein Deutscher zu sein, einer Welt aber auch, in der das Abenteuer Film nicht weniger Überraschungen bot als das Abenteuer Leben ...

ISBN 3-404-14434-1

»Ein Buch voller Wärme, Sketche und köstlicher Verwechslungskomödien.«
Hamburger Abendblatt

»Ich glaube, dass sich das Leben oftmals wie ein Clown benimmt. Tragisches erzählt das Leben gern mit einem Grinsen im Gesicht. Ein andermal aber, wenn wir im Zelt vor Lachen brüllen, lässt der Clown Tränen über seine weiße Schminke fließen.«

Der beliebte Schauspieler und Erzähler verwandelt die heitersten Begebenheiten seines Lebens in spannende Geschichten. Ein herrliches Lesevergnügen, das zuweilen auch nachdenklich stimmt.

ISBN 3-404-61533-6